## ***ACCESO GRATIS** a la Lectura en la Nube*

Para visualizar el libro electrónico en la nube de lectura envíe junto a su nombre y apellidos una fotografía del código de barras situado en la contraportada del libro y otra del ticket de compra a la dirección:

**ebooktirant@tirant.com**

En un máximo de 72 horas laborales le enviaremos el código de acceso con sus instrucciones.

La visualización del libro en **NUBE DE LECTURA** excluye los usos bibliotecarios y públicos que puedan poner el archivo electrónico a disposición de una comunidad de lectores. Se permite tan solo un uso individual y privado

# LA ACCIÓN CONCERTADA SOCIAL Y LAS FÓRMULAS NO CONTRACTUALES EN LA PROVISIÓN DE SERVICIOS DE ATENCIÓN A LA PERSONA EN EL ESTADO ESPAÑOL

# LA ACCIÓN CONCERTADA SOCIAL Y LAS FÓRMULAS NO CONTRACTUALES EN LA PROVISIÓN DE SERVICIOS DE ATENCIÓN A LA PERSONA EN EL ESTADO ESPAÑOL


**MARIA VICTÒRIA FORNS I FERNÁNDEZ**
*Profesora Agregada de Trabajo Social y Servicios Sociales*
*Codirectora de la Càtedra d'Inclusió Social*
*Universitat Rovira i Virgili*

**ANDREA GARRIDO JUNCAL**
*Profesora Contratada Doctora de Derecho Administrativo*
*Universidad de Santiago de Compostela*

**JOSEP RAMON FUENTES I GASÓ**
*Profesor Titular de Derecho Administrativo, acreditado como Catedrático*
*Director de la Càtedra d'Estudis Jurídics Locals Marius Videl i Martin*
*Universitat Rovira i Virgili*
Edición

**JESSICA VIVAS ROSO**
*Profesora de la Especialización en Derecho Administrativo*
*Universidad Central de Venezuela*
Coordinación

Estudio preliminar de
**VICENÇ AGUADO I CUDOLÀ**
*Catedrático de Derecho Administrativo*
*Universitat de Barcelona*



**tirant lo blanch**
Valencia, 2025

En caso de erratas y actualizaciones, la Editorial Tirant lo Blanch publicará la pertinente corrección en la página web www.tirant.com.



© TIRANT LO BLANCH
EDITA: TIRANT LO BLANCH
C/ Artes Gráficas, 14 - 46010 - Valencia
TELFS.: 96/361 00 48 - 50
FAX: 96/369 41 51
Email: tlb@tirant.com
www.tirant.com
Librería virtual: www.tirant.es
DEPÓSITO LEGAL: V-2298-2025
ISBN: 979-13-7010-252-4

Si tiene alguna queja o sugerencia, envíenos un mail a: *atencioncliente@tirant.com*. En caso de no ser atendida su sugerencia, por favor, lea en *www.tirant.net/index.php/empresa/politicas-de-empresa* nuestro procedimiento de quejas.

Responsabilidad Social Corporativa: http://www.tirant.net/Docs/RSCTirant.pdf

# *Listado de autorías*

Dra. Belén Andrés Segovia
*Profesora Ayudante Doctora de Derecho Administrativo*
*Universitat Jaume I*

Dra. Noelia Betetos Agrelo
*Profesora Lectora de Derecho Administrativo*
*Universitat de Barcelona*

Dr. Vicenç Aguado i Cudolà,
*Catedrático de Derecho Administrativo*
*Universitat de Barcelona*

Dra. María Antonia Arias Martínez
*Profesora Titular de Derecho Administrativo*
*Universidad de Vigo*

Inés María Caldentey Ferrer
*Jefa del Departamento de Servicios Jurídicos*
*Consejería de Familia y Servicios Sociales*
*Illes Balears*

Dra. Josefa Cantero Martínez
*Catedrática de Derecho Administrativo*
*Universidad de Castilla-La Mancha*

Dr. José Ignacio Cubero Marcos
*Profesor Titular de Derecho Administrativo*
*Universidad del País Vasco/Euskal Herriko Unibertsitatea*

Dr. José Cuesta Revilla
*Profesor Titular de Derecho Administrativo*
*Universidad de Granada*

Dra. María del Carmen de Guerrero Manso
*Profesora Titular de Derecho Administrativo*
*Universidad de Zaragoza*

Dra. Maria Victòria Forns i Fernández
*Profesora Agregada de Trabajo Social y Servicios Sociales*
*Codirectora de la Càtedra d'Inclusió Social*
*Universitat Rovira i Virgili*

Dr. Josep Ramon Fuentes i Gasó
*Profesor Titular de Derecho Administrativo, acreditado como Catedrático*
*Director de la Càtedra d'Estudis Jurídics Locals Marius Videl i Martin*
*Universitat Rovira i Virgili*

Dra. Sara García García
*Profesora Ayudante Doctora de Derecho Administrativo*
*Universidad de Valladolid*

Dra. Andrea Garrido Juncal
*Profesora Contratada Doctora de Derecho Administrativo*
*Universidad de Santiago de Compostela*

Dr. José María Gimeno Feliú
*Catedrático de Derecho Administrativo*
*Universidad de Zaragoza*

Dra. Diana Paola González Mendoza
*Investigadora Postdoctoral Margarita Salas de Derecho Administrativo*
*Universidad de Oviedo*

Dr. Ricard Gràcia Retortillo
*Profesor Agregado de Derecho Administrativo*
*Universitat de Barcelona*

Dr. Enrique Hernández-Diez
*Profesor Contratado Doctor de Derecho Administrativo*
*Universidad de Extremadura*

Dra. Ximena Lazo Vitoria
*Profesora Titular de Derecho Administrativo*
*Universidad de Alcalá*

Dra. Eva María Menéndez Sebastián
*Catedrática de Derecho Administrativo*
*Universidad de Oviedo*

Dr. Luis Miguez Macho
*Instituto de Estudos e Desenvolvemento de Galicia*
*Catedrático de Derecho Administrativo*
*Universidad de Santiago de Compostela*

Teresa Moreo Marroig
*Exinterventora Delegada*
*Expresidenta, Tribunal de Recursos Contractuales*
*Illes Balears*

Dr. Javier Requejo García
*Viceinterventor General*
*Ajuntament de Tarragona*
*Profesor Asociado de Derecho Administrativo*
*Universitat Rovira i Virgili*

Dr. Aritz Romeo Ruíz
*Profesor Contratado Doctor de Derecho Administrativo*
*Universidad Pública de Navarra*

Dr. Josep Maria Sabaté Vidal
*Secretario General*
*Diputació de Tarragona*
*Profesor Asociado de Derecho Administrativo*
*Universitat Rovira i Virgili*

Dr. David San Martín Segura
*Profesor Contratado Interino de Derecho Administrativo*
*Universidad de La Rioja*

Dra. Blanca Soro Mateo
*Catedrática de Derecho Administrativo*
*Universidad de Murcia*

Dr. Antonio Villanueva Cuevas
*Profesor Titular de Derecho Administrativo*
*Universidad de Castilla-La Mancha*

Dr. Francisco Villar Rojas
*Catedrático de Derecho Administrativo*
*Universidad de La Laguna*

Dra. Jessica Vivas Roso
*Profesora de la Especialización en Derecho Administrativo*
*Universidad Central de Venezuela*

# ÍNDICE



***Capítulo I***
***El nuevo marco jurídico de la provisión de servicios de atención a la persona***
*José María Gimeno Feliú*

## *Capítulo II*
## *Servicios sociales de interés general y la acción concertada social: una relación necesaria*

*Jessica Vivas Roso*
*Josep Ramon Fuentes i Gasó*



## *Capítulo III*
## *La acción concertada y las fórmulas no contractuales en la provisión de servicios de atención a la persona en materia social*

*Andrea Garrido Juncal*

## *Capítulo IV*
## *La acción concertada y las fórmulas no contractuales en la provisión de servicios de atención a la persona en materia de salud*

*Josefa Cantero Martínez*

### *Capítulo V*
### *La acción concertada y las fórmulas no contractuales en la provisión de servicios de atención a la persona en materia educativa*

*Luis Míguez Macho*



### *Capítulo VI*
### *La acción concertada social y las fórmulas no contractuales en la provisión de servicios públicos locales*

*Josep Maria Sabaté Vidal*

***IX.3. La acción concertada social y las fórmulas no contractuales en la provisión de servicios de atención a la persona: Galicia***

*María Antonia Arias Martínez*

### *IX.5. La acción concertada social y las fórmulas no contractuales en la provisión de servicios de atención a la persona: Asturias*

*Eva María Menéndez Sebastián*



### *IX.6. La acción concertada social y las fórmulas no contractuales en la provisión de servicios de atención a la persona: Cantabria*

*Diana Paola González Mendoza*

***IX.7. La acción concertada social y las fórmulas no contractuales en la provisión de servicios de atención a la persona: La Rioja***

*David San Martín Segura*



***IX.8. La acción concertada social y las fórmulas no contractuales en la provisión de servicios de atención a la persona: Murcia***

*Blanca Soro Mateo*

### *XI.10. La acción concertada social y las fórmulas no contractuales en la provisión de servicios de atención a la persona: Aragón*

*María del Carmen de Guerrero Manso*



### *IX.11. La acción concertada social y las fórmulas no contractuales en la provisión de servicios de atención a la persona: Castilla-La Mancha*

*Antonio Villanueva Cuevas*

### *IX.12. La acción concertada social y las fórmulas no contractuales en la provisión de servicios de atención a la persona: Canarias*

*Francisco José Villar Rojas*



### *IX.13. La acción concertada social y las fórmulas no contractuales en la provisión de servicios de atención a la persona: Navarra*

*Aritz Romeo Ruiz*

## *IX.14. La acción concertada social y las fórmulas no contractuales en la provisión de servicios de atención a la persona: Extremadura*

*Enrique Hernández-Diez*

### *IX.15. La acción concertada social y las fórmulas no contractuales en la provisión de servicios de atención a la persona: Illes Balears*

*Teresa Moreo Marroig*
*Inés María Caldentey Ferrer*

***IX.18. La acción concertada social y las fórmulas no contractuales en la provisión de servicios de atención a la persona: Ceuta y Melilla***

*Noelia Betetos Agrelo*

# *Nota a la edición*

Los servicios de atención a la persona en materia social —también conocidos como servicios sociales— son considerados como uno de los pilares del Estado del bienestar, por lo que los poderes públicos tienen bajo su responsabilidad coadyuvar a la satisfacción de las personas que tienen un conjunto de necesidades específicas que, por su especial naturaleza, no pueden ser satisfechas por sí mismas, ni directa, ni indirectamente.

En atención a la especial naturaleza que revisten estos servicios, la obra que a continuación se presenta ofrece una visión de 360° sobre la acción concertada y las fórmulas no contractuales en la provisión de servicios de atención a la persona en el Estado español.

Para ello se ha estructurado en dos partes: la primera, que aborda aspectos generales sobre las fórmulas no contractuales en la provisión de servicios de atención a la persona, más allá incluso del ámbito de los servicios sociales, alcanzando los sanitarios y los educativos; y la segunda, que analiza el régimen jurídico de las fórmulas no contractuales y, en particular, de la acción concertada social en cada una de las Comunidades Autónomas (CCAA) del Estado español.

Así, la primera parte se inicia con el trabajo del Prof. Dr. José María Gimeno Feliú sobre las distintas posibilidades de regulación de la colaboración de la Administración Pública con terceros contratistas y, en su caso, con el denominado tercer sector en la provisión de servicios a las personas en el ámbito de la salud o de los servicios sociales. En su trabajo el autor considera que son varias las posibilidades jurídicas que existen en esta materia y que la opción que se adopte no puede desconocer que se trata de una actividad de interés general que se rige, principalmente, por los principios de universalidad, solidaridad, eficiencia económica y adecuación.

La Dra. Jessica Vivas Roso y quién suscribe estas letras, partiendo del estudio del concepto europeo de servicios sociales de interés general (SSIG), analizan la idoneidad del concierto social como figura jurídica no contractual para garantizar la prestación de los servicios sociales en España. El concierto social se construye como una institución jurídica que permite avanzar hacia un nuevo sistema de cooperación basado en la complementariedad y la cohesión social —parámetros que, de acuerdo con el Derecho de la Unión Europea, orientan los SSIG— en la que las organizaciones sin ánimo de lucro se convierten en el socio preferente de las Administraciones Públicas para garantizar las prestaciones del Sistema Público de los Servicios Sociales, con el fin de mejorar la calidad de vida de las personas y su mejora continua y, por ello, debe considerarse el mecanismo idóneo para la prestación de los servicios sociales en España.

Por su parte, la Profa. Dra. Andrea Garrido Juncal describe en su capítulo el contexto en el que se ha desarrollado el concierto social, como tercera vía de gestión de los servicios de atención a la persona en materia social, y presenta algunas reflexiones generales que contribuyen al debate de si el concierto social carece de futuro alguno o, por el contrario, se trata de una fórmula a la que se le puede augurar una vida.

La Profa. Dra. Josefa Cantero Martínez analiza la figura de la acción concertada sanitaria, como nueva modalidad de gestión indirecta de los servicios públicos sanitarios con entidades sin ánimo de lucro, que se basa en la idea de solidaridad y eficiencia presupuestaria. Según la autora, se trata de una figura polémica que se aparta de la normativa contractual, excluyendo de la competición a las entidades mercantiles y afecta al principio de la libre competencia, y por ello, se ha dedicado a su estudio, dado que, podrían traducirse en una huida de los trámites y de las normas de contratación pública, aunque con determinadas cautelas, toda vez que también en estos supuestos es preciso garantizar los principios de no discriminación, transparencia y eficiencia en la utilización de recursos públicos.

El Prof. Dr. Luis Míguez Macho presenta un estudio del régimen jurídico de los conciertos educativos en el ordenamiento jurídico español, que ha estructurado en cinco puntos: los requisitos relativos a su celebración, duración y renovación; las obligaciones que suponen para la Administración educativa; las obligaciones para los centros concertados en relación con la impartición de las enseñanzas objeto del concierto, su régimen económico y la publicidad del concierto, la organización de los propios centros, el régimen de contratación del personal docente, el régimen de admisión del alumnado y el proyecto educativo; y las consecuencias aplicables en caso de incumplimiento, así como su extinción. Concluye su trabajo, exponiendo las particularidades que para los conciertos educativos se derivan de las previsiones del artículo 27 de la Constitución española.

Después, el Dr. Josep Maria Sabaté Vidal analiza cómo se concreta en el ámbito local el Sistema Público de Servicios Sociales, y en particular, cómo se articula la relación entre los servicios públicos locales y los que desarrollan las entidades de iniciativa social o mercantil, para lo cual, revisa los antecedentes legales, el marco legal vigente y las especialidades que respecto al régimen general de prestación de servicios públicos presenta esta materia.

El Dr. Javier Requejo García analiza el rol del órgano de control interno local ante la posibilidad de la concertación social. Por ello, el autor presenta las principales pautas de actuación que deben adoptar los órganos de control interno, destacando las particularidades del marco normativo aplicable, los riesgos asociados y las mejores prácticas para asegurar una gestión transparente y eficaz.

Finaliza la primera parte de esta obra con el trabajo de la Profa. Dra. Maria Victòria Forns i Fernández, en el que se destaca el rol que pueden desempeñar las profesionales del Trabajo Social miembros de los equipos o comités evaluadores de las entidades que aspiran a la suscripción de conciertos sociales con las distintas Administraciones públicas para la prestación de servicios sociales, entendiendo que estas profesionales al ser una parte fundamental del Sistema Público de Servicios Sociales, cuentan con una experticia y unos conocimientos que pueden aportar valor en las distintas etapas del concierto social y pueden contribuir a realizar una mejor selección de la entidad que prestaría los servicios sociales; así como un mejor seguimiento y control de la ejecución del concierto social.

La segunda parte de la obra, que como ya se ha apuntado, estudia los diferentes regímenes jurídicos del concierto social en las diferentes CCAA, comienza con el capítulo del Prof. Dr. José Ignacio Cubero Marcos, que analiza el régimen jurídico de la Comunidad Autónoma del País Vasco o Euskadi, en el cual, la concertación no se limita exclusivamente a entidades sin ánimo de lucro, sino que extiende a sociedades mercantiles. El autor destaca que se omiten cuestiones esenciales en torno a la cualificación profesional del personal de las entidades, la estabilidad y dignidad en sus condiciones laborales o, las garantías del mérito y capacidad exigibles en la selección del personal encargado de prestar el servicio público.

A renglón seguido, el Prof. Dr. Ricard Gracia Retortillo presenta su amplio análisis sobre el régimen jurídico de la Comunidad Autónoma de Catalunya, destacando sus particularidades respecto al contexto general y al comparado de otras CCAA. El autor también expone sus comentarios al Proyecto de Ley de Instrumentos de Provisión del Sistema Público de Servicios Sociales, que se está tramitando en el Parlament de Catalunya en la actualidad, destacando que se ha perdido la oportunidad para regular ampliamente la concertación social en todos sus extremos.

La obra continúa con el trabajo de la Profa. Dra. María Antonia Arias Martínez sobre la Comunidad Autónoma de Galicia, en el que se analiza la implementación del concierto social, destacando sus características, ventajas y desafíos, especialmente, el hecho que, a pesar de que el marco normativo gallego ofrece un desarrollo detallado del concierto social desde el año 2020, su aplicación práctica ha sido limitada.

Posteriormente, se podrá observar el trabajo del Prof. Dr. José Cuesta Revilla sobre la Comunidad Autónoma de Andalucía, específicamente, en los campos de la Atención Infantil Temprana, los Servicios Sociales y la Discapacidad, en los que se ha revelado como una modalidad de contratación muy útil, configurado como un contrato administrativo especial que se enmarca dentro de los modos de gestión indirecta que contempla la Ley de Contratos del Sector Público, aunque se modula conforme a una serie de reglas concretas que se analizan en este trabajo.

Seguidamente, la Profa. Dra. Eva María Menéndez Sebastián analiza la concertación y las fórmulas no contractuales en la provisión de servicios de atención a la persona en la Comunidad Autónoma del Principado de Asturias, para lo cual realiza una breve mención a la regulación del concierto sanitario y el educativo y posteriormente aborda el concierto social, con especial referencia a las dudas que viene generando en general y particularmente, en esta Comunidad Autónoma.

El estudio del régimen jurídico cantábrico le ha correspondido a la Profa. Dra. Diana Paola González Mendoza, quien, partiendo del análisis del reparto competencial entre el Estado y la Comunidad Autónoma de Cantabria en materia de servicios sociales y de la influencia de las directivas en esta materia, presenta sus consideraciones respecto de las previsiones de la ley de derechos y servicios sociales relativas al concierto social, que a su decir, resultan insuficientes y dejan en claro la necesidad de desarrollar y ajustar la figura del concierto social al nuevo panorama normativo.

Por su parte, el análisis del régimen jurídico de la Comunidad Autónoma de La Rioja ha sido realizado por el Prof. Dr. David San Martín Segura, que destaca que se ha regulado la acción concertada en los servicios sociales públicos, mediante una previsión introducida en la Ley autonómica en la materia del año 2018, que opera una amplia remisión al desarrollo reglamentario que no ha sido culminado hasta la fecha y que ha provocado la inaplicación del concierto social, al tiempo que deja dudas sobre sus posibilidades de regulación y aplicación futura.

Seguidamente, la Profa. Dra. Blanca Soro Mateo expone sus consideraciones respecto de la irrupción y desarrollo del concierto social y de los convenios de colaboración en el ordenamiento jurídico de la Comunidad Autónoma de la Región de Murcia, que desde el año 2015, cuenta con una normativa en esta materia en la que se reserva el concierto social como una figura reservada a las entidades privadas con ánimo de lucro y que desde el año 2021, incorpora a las entidades de iniciativa social como posibles partes del concierto social.

La Profa. Dra. Belén Andrés Segovia analiza la Ley 7/2017, de 30 de marzo, de acción concertada para la prestación de servicios a las personas en el ámbito sanitario de la Comunidad Autónoma de la Comunidad Valenciana, en la que se fijan los principios desde los que se ha de realizar la acción concertada y se da cumplimiento a las garantías que exige el procedimiento de concertación en la provisión de servicios de atención a la persona.

A continuación, la Profa. Dra. María del Carmen de Guerrero Manso analiza el régimen jurídico de la Comunidad Autónoma de Aragón, que fue una de las primeras CCAA en regular la acción concertada, en el que se estudia: el régimen competencial, el proceso de aprobación de la Ley de 2016, su contenido, el desarrollo normativo y la propuesta de un nuevo Anteproyecto de Ley que está actualmente en tramitación. También presta especial atención a algunos aspectos clave de la regulación aragonesa, como las tres vías distintas para la prestación de determinados servicios sociales y sanitarios o la reserva de la acción concertada a entidades públicas o privadas sin ánimo de lucro, y a cómo la reciente jurisprudencia incide sobre esta regulación.

El Prof. Dr. Antonio Villanueva Cuevas ha tenido a su cargo el análisis del régimen jurídico de la Comunidad Autónoma de Castilla-La Mancha, específicamente, la Ley 14/2010, de 16 de diciembre, de servicios sociales, el Decreto 52/2021, de 4 de mayo, por el que se regula el concierto social para la gestión de servicios sociales y atención a las personas en situación de dependencia y la Ley 1/2020, de 3 de febrero, del Tercer Sector Social. El autor pone énfasis en el hecho que normativa autonómica califica los conciertos sociales como "no contractuales", y si ello cumple con los requisitos que el Tribunal de Justicia de la Unión Europa ha establecido para no aplicarles las Directivas sobre contratación pública.

Por otra parte, el Prof. Dr. Francisco José Villar Rojas presenta su análisis sobre el régimen jurídico del concierto social en la Comunidad Autónoma de Canarias, que lo presenta como una figura distinta de los contratos públicos, pero con los que comparte una inevitable cercanía. Para el autor, es razonable que, por sus características se establezca un régimen particular para regular la colaboración de entidades de iniciativa social, sin ánimo de lucro, con los servicios sociales, basado en los principios de universalidad y de solidaridad. Sin embargo, el autor estima que esta especialidad no puede ir más allá de lo estrictamente necesario para la consecución de esos fines y que resulta necesario adaptar la regulación a los criterios señalados por la jurisprudencia europea.

El análisis del régimen jurídico de la Comunidad Foral de Navarra le ha correspondido al Prof. Dr. Aritz Romeo Ruiz, que, como consecuencia de su régimen foral propio, dispone de competencias de naturaleza histórica en unos casos, y estatutaria en otros, que le permiten desarrollar una regulación propia en materia de concierto. Atendiendo a ello, el autor explica el sistema navarro en cuanto a los conciertos sociales, sanitarios y sociosanitarios, aportando una serie de propuestas de mejora de la norma actual, la Ley Foral 13/2017, de 16 de noviembre, de conciertos sociales.

Mientras que, el análisis del régimen jurídico de la Comunidad Autónoma de Extremadura ha estado a cargo del Prof. Dr. Enrique Hernández-Díez, que hace referencia a los enfoques y normas que precedieron a la legislación de 2018, que fue promulgada para ajustarse al régimen europeo y estatal habilitado por la legislación de contratos del sector público. Posteriormente, contextualiza los títulos competenciales que invocaron los poderes públicos autonómicos para dictar una normativa específica entre 2018 y 2022, en la que se diferencia la concertación social de las técnicas contractuales y subvencionales, al tiempo que expone una sistematización de las principales características de la legislación y su desarrollo reglamentario: su alcance, las modalidades, formas de adaptación y control de los conciertos y el impacto en otras regulaciones, entre otros aspectos.

Las profesoras Teresa Moreo Marroig y Inés María Caldentey Ferrer han sido las responsables de revisar la normativa desarrollada en la Comunidad Autónoma de las Illes Balears sobre la gestión de servicios a las personas, mediante fórmulas no contractuales, así como su aplicación práctica. El trabajo también hace énfasis en la regulación del control administrativo, como presupuesto básico de la concertación social y recoge, de forma resumida, aspectos claves de su puesta en marcha con algunas ventajas, retos y puntos de mejora.

La Profa. Dra. Ximena Lazo Victoria revisa el marco jurídico aplicable a la prestación de servicios a las personas a través de la fórmula del concierto social que ha dispuesto la Ley de Servicios Sociales de la Comunidad de Madrid de 2022, una de las leyes más recientes en esta materia, que se suma a la tendencia de la mayor parte de los legisladores autonómicos que han optado por regular esta figura con ocasión de la aprobación de su nueva legislación de servicios sociales.

La Profa. Dra. Sara García García ha tenido a su cargo el análisis del régimen jurídico que regula la prestación de los servicios sociales en la Comunidad Autónoma de Castilla y León, que comparte características similares con otras CCAA, entre las que destaca que se trata de un régimen amplio y complejo, pero que en el caso de Castilla y León, con el territorio más extenso del país y asolada por la despoblación y el envejecimiento, es aún más intrincado por sus condiciones y situación particular. Para la autora, entre los puntos conflictivos que presenta esta legislación se encuentran: la preferencia otorgada a las entidades sin ánimo de lucro para establecer conciertos lo que genera que las entidades privadas con ánimo de lucro tengan una limitada posibilidad de colaborar con la Administración para la prestación de los servicios sociales y la financiación del sistema y es que los servicios sociales no ofrecen un marco especialmente desarrollado en esta materia.

La obra cierra con el análisis que realiza la Prof. Dra. Noelia Betetos Agrelo al régimen jurídico de las ciudades autónomas de Ceuta y Melilla, en el que se clarifica el complejo régimen competencial y de gestión de los servicios en materia de servicios sociales, sanidad y educación, con el objetivo de ofrecer una visión general acerca del estado del arte en dichos territorios, destacando las dificultades que entraña la existencia de un marco normativo disperso y el hecho de que estén implicados múltiples actores en la provisión de los servicios sociales.

A todas las autoras y todos los autores, en nombre de la Profa. Dra. Maria Victòria Forns i Fernández y la Profa. Dra. Andrea Garrido Juncal y en el mío propio, debemos rendirles nuestro sincero agradecimiento por su magnífica colaboración desinteresada, sin la cual esta obra fruto de un esfuerzo colectivo, no habría visto la luz. Asimismo, nuestro más profundo agradecimiento al Prof. Dr. Vicenç Aguado i Cudolà, Catedrático de Derecho Administrativo de la Universitat de Barcelona por prologar esta extensa obra con tanto esmero y por haberle dedicado tan amables palabras y, sin duda, inmerecidas.

Un agradecimiento que hacemos extensivo a la Excma. Diputació de Tarragona por su inestimable contribución económica a la edición; así como a la colaboración del Ajuntament de La Pobla de Mafumet y al Servei d'Incineració de Residus Sòlids Urbans, SA (SIRUSA) y al soporte de la Càtedra d'Inclusió Social y la Càtedra d'Estudis Jurídics Locals Màrius Viadel i Martin.

Esta obra desde una perspectiva dogmática, que no descuida la vertiente práctica —en especial del ámbito local— pretende aportar un análisis multifacético y plural, pero ante todo jurídico, sobre la regulación de la acción concertada pública en los servicios sociales del Estado español, apuntando soluciones a distintos problemas interpretativos. Y todo ello, con la finalidad de proveer conocimiento y no mera información,

Y éste ha sido nuestro reto, que esperamos haber alcanzado con éxito; aunque, sin duda, serán sus lectoras y lectores quienes deberán corroborar o refutar nuestra aventurada apreciación. En cualquier caso, como decía nuestro querido y recordado Profesor Manuel Ballbé Mallol, ¡nunca debemos abandonar el método científico basado en el ensayo y el error, hasta llegar al éxito!

**JOSEP RAMON FUENTES I GASÓ**
*Profesor Titular de Derecho Administrativo, acreditado como Catedrático*
*Director de la Càtedra d'Estudis Jurídics Locals Marius Viadel i Martin*
*Universitat Rovira i Virgili*
*(en nombre de la edición)*

Tarragona, 20 de abril de 2025, Solemnidad del Domingo de Pascua

## Estudio Preliminar

# *La concertación y las formas no contractuales como instrumentos de políticas públicas de acción social*[1]

**VICENÇ AGUADO I CUDOLÀ**
*Catedrático de Derecho Administrativo*
*Universitat de Barcelona*

### *Sobre el contexto europeo y su impacto en el marco jurídico de la acción social*

El Derecho de la Unión Europea ha comportado una profunda transformación del Derecho administrativo a través de conceptos y nociones claves[2] como la de contratos públicos y la de servicios de interés general. Detrás de la construcción de estos conceptos clave, late con toda la intensidad el objetivo de asegurar la primacía, la aplicación y la eficacia del Derecho de la Unión Europea. De esta forma, los Estados miembros de la Unión no pueden esquivar este Derecho con el mero expediente de dar una denominación distinta a instituciones que han sido objeto de regulación por las instituciones comunitarias. Este es el caso del paquete legislativo en materia de contratos públicos, aprobado mediante las Directivas de 2014. Por tanto, si el legislador interno de un Estado miembro, ya sea estatal unitario o compuesto, ya sea el de las federaciones, comunidades autónomas y regiones que lo compone, califica una institución como no contractual, ello no quiere decir que ésta no lo sea y que a la mis-

---

1 Este trabajo se enmarca en el proyecto de investigación "Gobernanza conductual y bienes fundamentales: diseño, herramientas y garantías jurídicas de la actuación administrativa" (PID2023-146452NB-I00), financiado por MICIU/AEI /10.13039/501100011033 y por FEDER, UE

2 DÍEZ SASTRE, Silvia (2018). *La formación de conceptos en el Derecho público Un estudio de metodología académica: definición, funciones y criterios de formación de los conceptos jurídicos*. Marcial Pons.

ma no le sea de aplicación la legislación contractual europea. Con todo, para la aplicación de esta normativa europea, debe tenerse en cuenta que las Directivas establecen unos umbrales, por debajo de los cuales los Estados tienen un amplio margen de configuración al regular este ámbito. En el caso de los servicios sociales, sanitarios y educativos se establece un umbral más alto de 750.000 EUR que para el resto de servicios.

Deberemos acudir, por tanto, a la esencia de las instituciones, a su contenido, para determinar su naturaleza y con ello la aplicación de su régimen jurídico. Así, en el caso de los contratos públicos deberemos contemplar como criterios esenciales si el ente que celebra este negocio jurídico es un poder adjudicador y habrá que ver si el negocio jurídico tiene naturaleza onerosa. Dentro del carácter oneroso la jurisprudencia del Tribunal de Justicia de la UE viene incluyendo todas aquellas que comportan una ventaja y una obligación para cada una de las partes. O como dice la legislación española de transposición "en los casos en que el contratista obtenga algún tipo de beneficio económico, ya sea de forma directa o indirecta" (art. 2.1 de la Ley 9/2017, de 8 de noviembre, de contratos del sector público). Dentro de estas ventajas el TJUE incluye aquellas prestaciones consistentes en el mero reembolso de los gastos realizados para llevar a cabo las obligaciones asumidas[3].

Esta situación se ha producido, de forma significativa, con el denominado concierto social, que gran parte de la legislación autonómica en el Estado español en materia de servicios sociales ha calificado su naturaleza de no contractual, en un fenómeno que *Garrido Juncal* califica en este libro como "la huida del régimen de contratación pública". El tema, como no podía ser de otra manera, ha llegado al Tribunal de Justicia de la Unión Europea que ha puesto los puntos sobre las ies a través de las decisiones de los diversos casos planteados por Asade, una entidad con ánimo de lucro que entendía que no se le podía excluir de optar a que se le otorgara un concierto social. En estas situaciones, se llegó a la conclusión que estábamos ante un

---

3 Sobre el tema de la onerosidad ya tuve ocasión de abordarla en AGUADO I CUDOLÀ, Vicenç (2021). *La contratación pública responsable. Funciones, límites y régimen jurídico*. Thomson Reuters Aranzadi, pp. 139-142.

contrato público, si bien se admitió que resultaba compatible con el Derecho de la Unión Europea que pudieran establecerse en algunos ámbitos, en los que primaba el principio de solidaridad, una reserva para las entidades sin ánimo de lucro.

La propia jurisprudencia, en base al paquete legislativo de contratación pública, ha reconocido que los Estados miembros tienen una amplia libertad para configurar la organización de este tipo de servicios donde prevalece la solidaridad, como pueden ser los servicios de atención a la persona. Así ha destacado que puede realizarse mediante la simple financiación de estos servicios o bien a través de la concesión de autorizaciones a todos los operadores económicos que cumplan las condiciones legalmente establecidas sin estar sujetos a límites o cuotas, siempre que se respeten los principios de transparencia y de no discriminación.

Sobre el tema de la concesión de autorizaciones a todos los operadores económicos estaríamos ante una actuación de los particulares fuertemente intervenida en atención al tipo de servicio que se presta, el cuidado de las personas. Ello justificaría que la Administración impusiera determinados requisitos como, por ejemplo y entre otros, la suficiente solvencia económica y financiera, o la solvencia técnica como personal cualificado con titulación y experiencia en este ámbito que deben atender a los usuarios de dichos servicios. Se trataría de una actividad de control para asegurar la calidad del servicio que prestan a los usuarios. Ahora bien, podría plantearse la imposición de obligaciones de servicio público a los operadores como podría ser la realización de determinadas prestaciones que no fueran rentables desde una perspectiva de mercado.

En el caso de la simple financiación de estos servicios las Administraciones podrían vehicularse a través de disposiciones dinerarias con fondos públicos, como serían las subvenciones, o bien mediante transferencias, compensaciones, ayudas y prestaciones sociales económicas. En estos casos no estaríamos ante una contraprestación que daría lugar a un contrato público[4], por cuanto se tratarían de disposiciones a título gratuito ya sean para fomentar una actividad

---

4 SIBINA VIDAL, Carme (2022). "Delimitación entre contrato, convenio y subvención". En *QDL58 · Cuadernos de Derecho Local*

privada, como es el caso de las subvenciones, ya sean para garantizar determinados derechos de la ciudadanía, como sería la situación de las prestaciones sociales de carácter económico[5].

El creciente protagonismo que ha ido adquiriendo el contrato público en el ámbito de un mercado interior europeo comporta, como podemos constatar, una gran transformación del Derecho administrativo, una mejor delimitación y precisión del régimen jurídico aplicable, así como una clarificación de las reglas del juego en el gran tablero de ajedrez mundial. Esto, sin lugar a dudas, resulta necesario en un contexto económico y claramente competitivo, en el que como se ha señalado reiteradamente la contratación pública ocupa un puesto destacado en el PIB, no sólo de un Estado sino también de una organización supranacional como es la Unión Europea, que tiene una incidencia tan intensa en la vida cotidiana de la ciudadanía. Los movimientos geoestratégicos en un escenario de posibles guerras comerciales, ante las políticas arancelarias de la Administración TRUMP, plantean la acuciante necesidad que la Unión Europea disponga de instrumentos jurídicos y económicos potentes para hacer frente a los nuevos retos y desafíos. Como se ha recordado, los Estados miembros de forma individual poco tienen a hacer en este nuevo e inquietante contexto por lo que resulta necesario afirmar los mecanismos que dispone la Unión Europea que se erige como el interlocutor que puede defender desde una mejor posición los intereses de la propia Unión, de los Estados que la componen y de su ciudadanía.

Esta situación ha comportado un enfoque determinado, en el que el contrato público se ha erigido en el instrumento principal y en el que las demás fórmulas devienen excepciones al mismo, como reductos peculiares que deben acotarse, delimitarse y depurarse. La configuración a nivel interno de un recurso especial en materia de contratación, también por exigencia del Derecho de la Unión Euro-

---

5 La realización de prestaciones sociales de carácter económico no tiene como finalidad el fomento de una actividad privada, sino garantizar el ejercicio de derechos y prestaciones sociales. Al respecto, LÓPEZ PULIDO, Joan Pere (2023). "Prestaciones sociales. Naturaleza jurídica de las prestaciones sociales de carácter económico". En *La administración práctica: enciclopedia de administración municipal*, N°. 3,, pp. 35-40.

pea, y la creación de los tribunales administrativos contractuales han llevado a una extraordinaria *vis expansiva* de la noción de contrato público que se ha erigido de forma omnipresente en gran parte de la actuación administrativa. A ello debe añadirse la controvertida desaparición del contrato de gestión de servicios públicos[6]. En esta lógica, el contrato de servicios deviene una de las vías para llevar a cabo la externalización y gestión de servicios públicos. Un contrato cuyo objeto puede ser tanto la prestación de un servicio a la propia Administración, como puede ser una consultoría o un servicio de limpieza a un edificio público, como un servicio público como la sanidad, la educación y los servicios sociales en la que encontramos usuarios que tienen derechos a unas prestaciones y que no son una de las partes de dicho contrato.

El legislador para prever las posibles disfunciones que pudieran producirse de que en un mismo contrato cupieran objetos tan distintos previó a través de un artículo de la Ley de contratos del sector público las "especialidades de los contratos de servicios que conlleven prestaciones directas a favor de la ciudadanía"[7]. Así *Garrido Juncal* pone de relieve en este mismo libro como la Ley de contratos del sector público "muestra una despreocupación total hacia este servicio público y estas entidades, lo que favoreció que, al final, las CCAA se pusieran "manos a la obra" y surgiera así el concierto social en la normativa autonómica". Como vemos, se ha construido un determinado marco mental[8] en que servicios tan relevantes para la ciudadanía como es el propio cuidado de la persona devienen excepciones o especialidades de un régimen contractual pensado y construido para

---

6 HERNÁNDEZ GONZÁLEZ, Francisco Lorenzo (2016). "La controvertida supresión del contrato de gestión de servicios públicos" en *El Cronista del Estado Social y Democrático de Derecho* 60, disponible en la siguiente dirección electrónica: https://laadministracionaldia.inap.es/noticia.asp?id=1506183

7 FORTES MARTÍN, Antonio (2019). El (nuevo) contrato de servicios que conlleve prestaciones directes a favor de la ciudadanía ¿consolidación o disrupción del contrato de servicio público? Revista General de Derecho Administrativo 52. Disponible en la siguiente dirección electrónica: https://laadministracionaldia.inap.es/noticia.asp?id=1510107

8 LAKOFF, George (2017). *No pienses en un elefante: lenguaje y debate político.* Atalaya.

actividades económicas desde una lógica de mercado y no desde una perspectiva de solidaridad, igualdad y cohesión social.

La Unión Europea no es, sin embargo, un mero mercado interior, por muy importante que este sea, sino que incorpora una serie de valores y principios que son esenciales para la sociedad europea, entre los que se encuentra marcadamente el de la solidaridad y la cohesión social. Se trata de valores y principios que se encuentran en el Derecho primario de la Unión Europea ya sean en los mismos Tratados o en la Carta de Derechos Fundamentales que tiene el mismo valor que éstos. La solidaridad y la cohesión social tienen, por tanto, rango constitucional europeo y deben informar la aplicación del Derecho de la Unión Europea, incluida la legislación contractual aprobada por el Consejo y el Parlamento europeo.

*Gimeno Feliú* sistematiza en su capítulo tres posibilidades jurídicas: a) los acuerdos de cooperación directa; b) el nuevo modelo de acción concertada y sus posibilidades prácticas: y c) un "régimen especial" contractual en prestaciones directas a personas en los ámbitos sociales y sanitarios. En el primer caso de los acuerdos de cooperación directa, estaríamos ante la posibilidad de adjudicación directa a entidades sin ánimo de lucro en determinadas situaciones como la planteada en la Sentencia *Croce Rossa* italiana. Las condiciones para que ello se dé serian fundamentalmente que no persigan objetivos distintos de la solidaridad y eficacia presupuestaria, que no obtengan ningún beneficio de sus prestaciones y si bien es admisible el recurso a trabajadores debe respectarse estrictamente las exigencias que impone la normativa nacional. Por lo que se refiere al modelo de acción concertada lo plantea como una opción organizativa que requiere una cobertura legal expresa en el que se determine el alcance y significado, la tipología de servicios y prestaciones, así como su sistema retributivo. No podrán incluir prestaciones propias de los contratos de servicios puesto que tendrían naturaleza contractual. Estos casos suponen un control tanto de exigencias de calidad como de gestión y control. Por último, un régimen especial que contempla el paquete legislativo de las directivas de 2014 que permite reservar a las entidades sin ánimo de lucro en los ámbitos sanitarios y sociales.

Otro de los conceptos clave del Derecho administrativo es, sin lugar a dudas, el de servicios de interés general (SIG) en cuanto referidos a actividades esenciales para la ciudadanía que deben ser cubiertos para asegurar la cohesión social y territorial, pese a que no sean rentables para el mercado, por lo que justifica la imposición de obligaciones de servicio público, así como la posibilidad de establecer derechos de carácter especial o exclusivo[9]. La noción de SIG ha supuesto un importante impacto a la tradicional noción de servicio público, pero ello no quiere decir que ésta última quede sustituida por la anterior, sino que operan en planos diferenciados, pero sí que deberá tener en cuenta las importantes transformaciones que aquella ha incorporado.

El Derecho de la Unión Europea reconoce la importancia de los SIG al máximo nivel normativo a través del Protocolo 26 al Tratado de Funcionamiento, distinguiendo en los servicios de interés económico general (SIEG) y los de carácter no económico (SIGNE). En los primeros estarían servicios como los postales o las telecomunicaciones, mientras que en los segundos encontraríamos la justicia, la policía o los regímenes legales de seguridad social. Esta distinción tiene consecuencias jurídicas relevantes por cuanto "las disposiciones de los Tratados no afectarán en modo alguno a la competencia de los Estados miembros para prestar, encargar y organizar servicios de interés general que no tengan carácter económico". Ello comporta que no estén sometidos a las normas de la competencia y del mercado interior, si bien pueden estar sometidas a otras normas del Derecho de la Unión Europeo.

A estas dos nociones de SIEG y de SIGNE, se ha añadido otra que es la de servicios sociales de interés general (SSIG), que es detalladamente examinada por *Vivas Roso* y por *Fuentes i Gasó*. Si bien estos últimos no tienen el mismo reconocimiento normativo que los anteriores, encontramos diversas comunicaciones de la Comisión Europea[10] que han avanzado en el proceso de reconocimiento de sus par-

---

9 PARISIO, Vera; AGUADO I CUDOLÀ, Vicenç; NOGUERA DE LA MUELA, Belén (Coord.) (2017). *Servicios de interés general, colaboración público privada y sectores específicos.* Giapichelli y Tirant lo Blanch.

10 Comunicación de la Comisión, de 26 de abril de 2006, "Aplicación del programa comunitario de Lisboa. Servicios sociales de interés general en la Unión Europea" [COM (2006) 177 final - no publicada en el Diario Oficial]; Comunicación de la Comisión titulada "La Agenda social" [COM (2005) 33 final - no publicada en el Diario Oficial]; Comunicación de la Comisión al Parlamento Europeo, al Consejo, al Comité Económico y Social Europeo y al Comité de las

ticularidades a nivel europeo. En este sentido, se ha ido destacando una serie de elementos como la solidaridad, el carácter polivalente y personalizado, la ausencia de ánimo de lucro, la participación de voluntariado, la integración en una tradición cultural y la relación asimétrica entre prestadores y beneficiarios[11].

*Sobre la gestión de servicios de atención a la persona en el Estado español; una perspectiva de Derecho autonómico comparado*

En este libro se realiza un completo y exhaustivo análisis de una de las más relevantes formas de gestión de los servicios de atención a la persona como es la concertación y las fórmulas no contractuales desde una perspectiva más general en los primeros ocho capítulos, algunos de los cuales nos hemos referido en el apartado anterior. Entre estos servicios de atención a la persona encontramos los que hay en materia de salud, como pone de relieve el capítulo de *Cantero Martínez*, donde además de la acción concertada con los importantes límites que pone el Derecho de la Unión Europea al proclamar su naturaleza contractual, encontramos la figura del convenio de vinculación. Este último convenio es el que más se aproxima a las fórmulas organizativas no contractuales en los que basta con el cumplimiento de determinados requisitos para su incorporación al sistema de salud público. Como pone de relieve la autora, aquí no hay selección del sujeto privado sino planificación. Otro ámbito significativo es el de la educación en el que encontramos el capítulo de *Míguez Macho* en el que se aborda el concierto educativo al que considera como una figura híbrida entre la subvención y el contrato público, si bien se aproxima más en cuanto su naturaleza a los contratos de gestión de servicios públicos.

Una especial atención al ámbito local se encuentra en los capítulos de *Sabaté i Vidal* y en el de *Requejo García*. En el primero se des-

---

Regiones, de 12 de mayo de 2004, "Libro Blanco sobre los servicios de interés general" [COM (2004) 374 final - no publicada en el Diario Oficial]; Libro Verde de la Comisión, de 21 de mayo de 2003, sobre los servicios de interés general [COM (2003) 270 final - Diario Oficial C 76 de 25.3.2004].

11 Ver el capítulo en esta obra de *Gimeno Feliú*. así como el de *Vivas Roso* y *Fuentes i Gasó*.

taca como el influjo y vis atractiva de la contratación pública han condicionado la denominada acción concertada, poniéndose más el acento en la libre competencia que en asegurar las prestaciones a la ciudadanía. Reclama un marco legislativo claro que de certezas a las entidades locales para la provisión de estos servicios. En el segundo trabajo se plantea desde una perspectiva de intervención cual es la actuación del órgano de control interno ante el concierto social. El papel de este órgano deviene fundamental para asegurar que los conciertos sociales se ajusten a los principios de legalidad, eficacia y transparencia, poniéndose de relieve la necesidad que realice controles preventivos y permanentes.

Para cerrar la parte general encontramos el capítulo de *Forns i Fernández* en el que se plantea la posibilidad de participación del colectivo de los trabajadores sociales en los comités evaluadores de organizaciones que quieren subscribir conciertos sociales con las Administraciones públicas competentes. Estos profesionales se han constituido en personal de referencia en los servicios sociales básicos y comunitarios. La interesante propuesta que realiza la autora es que además de ello puedan participar en los mencionados comités evaluadores de forma que la discrecionalidad o apreciación técnica se realice en base a profesionales expertos y especializados. Ello permitiría poner el énfasis no solamente en la acreditación de los prestadores de estos servicios, sino también de forma significativa en el seguimiento y control de su actividad, lo que puede contribuir a asegurar una mayor calidad en la realización de las prestaciones.

El noveno capítulo hace referencia a los casos específicos de las diecisiete comunidades autónomas, por riguroso orden de aprobación de sus estatutos de autonomía, más las ciudades autónomas de Ceuta y Melilla. Se trata de un capítulo extenso donde cada uno de los autores que analiza el marco jurídico de cada comunidad autónoma nos ofrece un detallado estudio del cual se puede extraer los principales rasgos comunes de estos mecanismos, así como las singularidades más destacadas. Cabe elogiar la perspectiva que, en este punto, asume este libro de realizar un análisis desde el Derecho comparado autonómico y que no siempre es habitual llevarla a cabo de esta forma sistemática y transversal. Tal perspectiva resulta cada vez más necesaria para perfeccionar el funcionamiento de un Estado compuesto como es el español. Quisiera recordar, como puse de relieve en otro lugar[12] que el Estado autonómico ha sido un motor fundamental de construcción del Estado del bienestar español. Por ello, este libro constituye todo un tratado en mayúsculas de Derecho comparado autonómico en el ámbito de la acción social. A continuación realizaré una breve panorámica sobre las aportaciones realizadas en cada comunidad autónoma.

Por lo que se refiere a Euskadi, *Cubero Marcos* destaca como la legislación establece servicios socio sanitarios bien definidos en las carteras, así como se potencian conciertos y convenios. Con todo, pone de relieve acertadamente algunas carencias en relación a asegurar la cualificación técnica de los empleados que prestan este servicio y las garantías de mérito y capacidad que serían necesarias. Critica el hecho que la concertación en Euskadi no se limita a las entidades sin ánimo de lucro por el impacto que criterios meramente mercantiles puedan repercutir en la calidad y en la continuidad del servicio.

Sobre el caso de Catalunya, *Gracia Retortillo* se refiere solamente a los servicios sociales. Este autor destaca como los servicios sociales si bien han consolidado un sistema tendencialmente universal de derechos en la práctica resulta de difícil cobertura y garantía, destacando los desajustes entre las necesidades que se demandan y la oferta de provisión de servicios y prestaciones. Alude también al impacto de las crisis económicas que ha generado que los cuidados hayan pasado a tener un lugar destacado en las agendas públicas. Asimismo, nos hace referencia a la consolidación de un sistema multinivel que si bien es marcadamente autonómico tiene una incidencia relevante tanto del Estado como de los entes locales. Respecto a las formas de gestión advierte este autor de la falta de correspondencia entre la legislación de servicios sociales y la legislación de contratación del sector público. Este autor destaca la singularidad que la legislación catalana prevé como fórmulas no contractuales el concierto social y la gestión delegada, dependiendo de si se prestan en establecimientos privados o en establecimientos de titularidad de la Administración pública a

---

12 AGUADO I CUDOLÀ, V. (2009). "El derecho a los servicios sociales en el Estatuto de Autonomía de Catalunya" en Martínez López-Muñiz (Dirs.). Derechos sociales y estatutos de autonomia; denominaciones de origen; nuevo estatuto del PDI universitario, AEPDA, pp. 233-247.

través de terceros. Las notas más esenciales de estas fórmulas es su calificación como no contractual, su carácter preferente respecto a otros medios de gestión y el hecho que pueden optar entidades con o sin ánimo de lucro si bien deben estar debidamente acreditadas cumpliendo determinados requisitos. El autor viene a concluir que pese a su calificación no contractual estamos en realidad ante instrumentos que deben encuadrarse dentro de la noción de contrato público. Ante ello plantea dos alternativas. La primera consistiría en mantener la acción concertada como un contrato del sector público en el que el legislador concreta su régimen jurídico en el marco de las bases estatales, las cuales no permitirían reservar estos contratos para entidades sin ánimo de lucro. La segunda sería establecer un régimen no basada en una selección comparativa sino en una evaluación previa de los proveedores basadas en criterios previos, transparentes y no discriminatorios.

Respecto a Galicia, *Arias Martínez* pone de relieve como el legislador está en sintonía con la concepción del concierto social como alternativa a la clásica figura del contrato público. Se articula en base a unos criterios de acceso entre los que encontramos el arraigo, la experiencia o la tenencia de medios adecuados. Este sistema si bien no excluye a las entidades sin ánimo de lucro, da preferencia a las que no lo tienen. Como singularidad destacable del caso gallego como pone de relieve la autora es la previsión normativa de dos procedimientos de concertación: el de adhesión y el de asignación. Mientras que el primero se basa en priorizar la elección de la persona usuaria, concertando plazas, prestaciones o programas en las correspondientes convocatorias; en cambio el segundo se basa en una selección de prestadores de servicios s,y números de plazos. La autora pone de relieve que no ha encontrado ninguna convocatoria por el sistema de adhesión, mientras que en el de asignación ha localizado una veintena de convocatorias.

La experiencia de Andalucía que es detallada por *Cuesta Revilla* se fundamenta en el concierto social como modo preferente de gestión indirecta, si bien opta claramente por la naturaleza de contrato del sector público, si bien se configura como un contrato especial, que se modula en función de una serie de reglas. El autor se centra en los ámbitos de la atención infantil temprana, los servicios sociales y la discapacidad. El autor destaca como, a diferencia de otras comunidades autónomas, donde en el concierto social hay una preferencia exclusiva para las entidades sin ánimo de lucro, en el caso andaluz encontramos una "preferencia limitada" en el caso que el resto de licitadores hayan presentado ofertas equivalentes.

Para el Principado de Asturias encontramos el capítulo de *Menéndez Sebastiàn* que se refiere a los ámbitos sanitario, educativo y de servicios sociales, si bien se centra en este último. La regulación asturiana tiene una regulación similar, si bien como nos da noticia el autor está en proceso de modificación. Esta normativa vigente configura el concierto social de una forma un tanto confusa, fija la prioridad para las entidades de iniciativa social, centrando el objeto en la reserva y en la ocupación de plazas para uso exclusivo de las personas usuarias de los servicios sociales de responsabilidad pública y la gestión integral de prestaciones técnicas, programas, servicios o centros. Esta autora plantea la posibilidad que establece la legislación asturiana de realizar, como algo diferenciado del concierto social, convenios con entidades sin ánimo de lucro, aspecto que suscita el problema de los convenios que encierran en realidad contratos del sector público. Del proceso de modificación, que se basa en los trabajos de un comité de expertos, nos da noticia que aborda las modalidades de gestión de los servicios sociales, directa e indirecta, la adaptación de la jurisprudencia europea y la relevancia del principio de buena administración que comporta la necesidad de motivar y justificar la elección del medio de gestión más adecuado. No está de más recordar que los principios de buena administración son uno de los principios tradicionales en el ámbito de la contratación pública como ya puso de relieve la el Real Decreto de revisión de precios de 1919 y la Ley de bases de contratos del Estado de 1963[13].

---

[13] Sobre los orígenes del principio de buena administración en la contratación pública vid. AGUADO I CUDOLÀ, Vicenç (2021). *La contratación pública responsable. Funciones, límites y régimen jurídico.* Thomson Reuters Aranzadi, p. 123; NETTEL BARRERA, A. C.; AGUADO I CUDOLÀ, V. (2024). "Derechos humanos y buena administración desde el Derecho administrativo y la gobernanza" en la obra coordinada por los mismos autores *Derechos humanos y buena administración desde el Derecho administrativo y la gobernanza,* Tirant lo Blanch, p. 24. Específicamente adopta esta perspectiva GIMENO FELIÚ, José María (2024). *Hacia una buena administración desde la contratación pública. De la cultura de la burocracia y el precio a la estrategia y el valor de los resultados,* Marcial Pons.

Sobre Cantabria *González Mendoza* pone de relieve como la normativa de esta comunidad autónoma no ha tenido una modificación sustancial derivada de las Directivas de contratación ni de la Disposición adicional 49 de la Ley de contratos del sector público. No se establece una fórmula alternativa a la gestión de estos servicios prestados por entidades sin ánimo de lucro. La autora propone que se clarifique el objeto de los conciertos en la normativa autonómica o que se amplíe su objeto de forma que haya un amplio margen de opciones de servicios sociales a través de esta fórmula. Ello sí, respetando los límites presupuestarios y el Derecho de la Unión Europea.

La situación de La Rioja es abordada en el capítulo de *San Martín Segura* donde pone de relieve la inestabilidad legislativa en esta Comunidad Autónoma con motivo de las discrepancias políticas en torno al papel de la iniciativa privada y de las entidades sin ánimo de lucro. El autor critica la indefinición a nivel legal que aboca al reglamento a adoptar decisiones que son más propias del legislativo. Esta inestabilidad comporta que pese a la existencia de esta cobertura normativa el concierto social haya permanecido como inédito

El caso de Murcia es tratado por *Soro Mateo* donde el concierto social se reservaba en su regulación inicial a las entidades sin ánimo de lucro. Esta regulación fue objeto de una importante reforma con la ley de servicios sociales de 2021 que prevé las figuras del concierto social y del convenio social. En la primera pueden intervenir tanto entidades de iniciativa social como entidades de iniciativa privada mercantil, sin establecer preferencias, de acuerdo con los requisitos previstos normativamente y respetando los principios de publicidad, transparencia y no discriminación. La segunda queda reservada a entidades de iniciativa social justificándose como forma más idónea en aspectos como la singularidad del servicio, su carácter innovador y experimental.

Por lo que se refiere a la Comunitat Valenciana encontramos el capítulo de *Andrés Segovia*. Como pone relieve la autora, la acción concertada está presente en el ámbito sanitario, educativo, el cuidado de menores o personas de edad avanzada, si bien se centra en la legislación de 2017 que se refiere específicamente a los servicios sanitarios. Esta normativa requiere el establecimiento de un plan de control que evite la concentración *de facto o de iure* en una sola entidad de la gestión del servicio, así como la publicidad suficiente. Se establecen causas tasadas para la extinción o cesión, si bien asegurando la continuidad y regularidad del servicio.

Respecto a Aragón *De Guerrero Manso* subraya la vinculación del concierto social o acción concertada no solamente con la cláusula del Estado social, sino también con el principio de buena administración al que anteriormente hemos hecho referencia. Como destaca la autora, la Comunidad de Aragón que fue una de las pioneras estableció tres posibles vías: la gestión directa o con medios propios, la indirecta a través del régimen de contratos del sector público y mediante acuerdos de acción concertada reservada a entidades sin ánimo de lucro. Ahora bien, como pone de relieve la autora tanto la jurisprudencia del Tribunal de Justicia de la Unión Europea como del Tribunal Superior de Justicia de Aragón han señalado la naturaleza contractual de estos acuerdos. También destaca, otros aspectos, como el controvertido principio de "la implantación en la localidad donde vaya a prestarse el servicio". Estas cláusulas de arraigo territorial deben considerarse como regla general contrarias al Derecho de la Unión Europea. La autora da noticia de una futura regulación como sería un Anteproyecto de ley de acción concertada para los ámbitos social y sanitario. Este anteproyecto para evitar que las convocatorias de conciertos queden desiertas permite acuerdos tanto para entidades públicas o privadas, persigan o no ánimo lucrativo, siempre que cumplan con determinados tipos de requisitos. Ahora bien, se establece prioridad a las sin ánimo de lucro en base al principio de solidaridad. Un aspecto importante del Anteproyecto es que, como he señalado al principio de este estudio preliminar, es el tema de los umbrales. De forma que se prevé un régimen más ágil y flexible para los servicios inferiores a 750.000 EUR priorizando la calidad del servicio prestado.

Sobre Castilla-La Mancha *Villanueva Cuevas* advierte de la excesiva generalidad de la ley al utilizar la noción de concertación de forma que tienen cabida tanto fórmulas contractuales como no contractuales, así como dirigido tanto a entes locales como a entidades privadas. Pone de relieve también, como hemos señalado anteriormente, el problema de las cláusulas de arraigo territorial que ha sido solventado a través de su no introducción como criterios de valoración en las bases de tales convocatorias.

Refiriéndose a Canarias, *Villar Rojas* pone de relieve cómo las características de los servicios de atención a la persona deben tener un régimen propio para regular la colaboración de entidades de iniciativa social, que no tengan ánimo de lucro, con fundamento en los principios de solidaridad y universalidad. Ahora bien, la aplicación de la jurisprudencia del Tribunal de Justicia de la Unión Europea comporta que no pueda las fórmulas previstas por la legislación canaria no puedan ser considerados como un "instrumento no contractual", sino que su naturaleza jurídica es, en realidad, la de un contrato de servicios. El autor destaca la necesidad de una justificación precisa de la reserva a entidades sin ánimo de lucro más allá de aceptar acríticamente que estas entidades cumplen estos requisitos. Por tanto, si bien considera que es posible la aceptación del concierto social como preferencia para estas entidades sin ánimo de lucro resulta ineludible una adecuada justificación del porqué de esta preferencia. La necesidad de adaptación también advierte que debe realizarse en los criterios de valoración y adjudicación de ofertas en temas como el arraigo territorial, asimismo los plazos del contrato de servicios y el régimen de modificación y revisión.

Con relación a la Comunidad Foral de Navarra, *Romeo Ruiz* remarca las peculiaridades del régimen foral basadas en razones históricas y estatutarias. La legislación navarra excluyó a los conciertos del régimen contractual. En materia de conciertos de salud y servicios sociales se establece un régimen sencillo si bien inspirado en el derecho de la contratación pública. El autor apunta una serie de mejoras normativas que podrían introducirse como serían normas procedimentales mínimas para la adjudicación abierta con publicidad, el procedimiento negociado sin publicidad y para las adjudicaciones directas. Asimismo, entiende necesario clarificar y limitar el régimen de adjudicación directa y sin publicidad. También resalta la necesidad de determinar los criterios de valoración para la adjudicación. Un aspecto relevante de la aportación de este autor es plantear la introducción de cláusulas responsables que guarden relación con el objeto del concierto, no sólo de carácter social, sino también de carácter ambiental y de innovación.

La situación de Extremadura, como destaca *Hernández-Díez*, figura en diversos indicadores tanto europeos como estatales de relevante vulnerabilidad social por lo que resulta particularmente necesario una regulación clara en este ámbito. La regulación extremeña ha estado a caballo entre las fórmulas contractuales y subvencionales. A partir de 2018 la pretensión del legislador ha sido como subraya el autor en base al Preámbulo de la Ley: "introducir una alternativa a la financiación a la ofrecida por el régimen de subvenciones o contratos". Esta alternativa estaría en la Ley extremeña de subvenciones. El autor considera que se trata de una regulación cuidadosa sobre un ámbito específicamente sensible, que se adecua a los principios de transparencia, concurrencia e igualdad y que se orienta al valor superior de la protección de personas vulnerables que son las beneficiarias de estos servicios.

Tratando les Illes Balears, *Moreo Marroig* y *Caldentey Ferrer* consideran que la regulación del concierto comporta un procedimiento ágil que permite con rapidez la provisión de servicios a las personas vulnerables. Con todo plantean que las fórmulas no contractuales tienen algunas dificultades, entre las que encontramos su desconocimiento, la adecuación a la regulación básica estatal. El tema en el que ponen especial énfasis es el del control ante la situación que parece que el sistema actual previsto en la Ley de 2009 no parece estar funcionando. Consideran que este control es necesario para asegurar la calidad de los servicios a los usuarios y que supone un requisito de implementación de estas fórmulas no contractuales.

Examinando la legislación de la Comunidad de Madrid, *Lazo Vitoria* señala como se regula en la ley madrileña de servicios sociales de 2022 que incorpora por primer vez como forma de prestación indirecta al concierto social, sumándose a la tendencia realizada por la mayoría de legisladores autonómicos. La regulación se realiza en base a la disposición adicional 49ª de la Ley de contratos del sector público. La legislación madrileña tiene como objetivo el fortalecimiento de las fórmulas de colaboración con entidades privadas. Esta legislación configura el concierto como un instrumento no contractual siendo el objeto la reserva de plazas en centros o servicios, como la gestión de programas, prestaciones o centros. Por lo que se refiere a los sujetos pueden ser físicas o jurídicas de carácter privado cualquiera que sea su naturaleza, cuyo acceso se realizará de acuerdo con los principios de libertad de acceso, publicidad y transparencia. Un punto destacado que pone de relieve la autora es el tema de la exclusión del beneficio industrial cuya interpretación más lógica es como ella misma pone de manifiesto comporta que los destinatarios naturales son las entidades sin ánimo de lucro. Por último, hace notar la remisión en bloque de esta ley al reglamento que, en la fecha de redacción del trabajo, todavía no se había aprobado.

El marco legislativo de Castilla y León es contemplado en el capítulo de *García García* que manifiesta como si bien tiene unas características compartidas en sus elementos fundamentales con la mayoría de comunidades autónomas tiene unas condiciones propias que dificultan su aplicación. En concreto, esta Comunidad Autónoma se caracteriza por un amplio territorio, con numerosos y dispersos municipios, a los que debe añadirse los fenómenos de la despoblación, no sólo en los pueblos pequeños sino también en las ciudades, así como el envejecimiento. El concierto se configura como un instrumento de gestión indirecta de carácter no contractual que se excluye de la aplicación de la normativa de contratación pública. Entre loa aspectos problemáticos encontramos la cuestión del copago y el de la preferencia a las entidades sin ánimo de lucro. Respecto al copago señala como la jurisprudencia ve legítima la naturaleza de precio público que prevé la normativa castellanoleonesa. Por lo que se refiere a las entidades sin ánimo de lucro encontramos una cuestión que es general para otras comunidades autónomas.

Y, finalmente, encontramos el caso de las ciudades autónomas de Ceuta y Melilla a cargo de *Betetos Agrelo* que resalta como éstas, a diferencia de las comunidades autónomas no tienen competencia en materia de servicios sociales, si bien se realizó el traspaso de medios personales, materiales y presupuestarios para llevar a cabo estos servicios. Estas ciudades autónomas, si bien no tienen potestad legislativa, sí que han aprobado normas reglamentarias para adaptar la legislación del Estado a sus especialidades. Pone de manifiesto como si bien Melilla tiene una cartera de servicios sociales, Ceuta carece de la misma, si bien el Reglamento de Servicios Sociales Comunitarios de esta última ciudad le atribuye idénticas facultades para gestionar directamente servicios de información, valoración, orientación y asesoramiento y la tramitación y concesión de las ayudas sociales. La autora pone de relieve como en el ámbito de los servicios sociales de estas ciudades se ha hecho uso recurrente de la figura de los convenios administrativos, a través de los cuales se conceden subvenciones para la prestación de determinados servicios. Por lo que se refiere al tema sanitario se plantea una situación similar en cuanto estas ciudades autónomas. En este caso analiza el papel del Instituto Nacional de Gestión Sanitaria (INGESA) como entidad gestora de la Seguridad Social adscrita al Ministerio de Sanidad. Por lo que se refiere a la gestión de los servicios sanitarios se señala que se realizan a través de la suscripción de conciertos, poniendo como ejemplo el caso de la prestación farmacéutica. Y, finalmente, se aborda el tema de los servicios educativos si bien estas ciudades autónomas no tienen reconocidas competencias pueden proponer a la Administración General que integra la normativa con las peculiaridades docentes de los centros situados en sus territorios Encontramos, además, regulación reglamentaria realizada en este ámbito por las propias ciudades. Por lo que se refiere a los conciertos resulta frecuente, como destaca la autora, que el Estado recurra a los conciertos educativos entre los que encontramos los que financian la creación y sostenimiento de escuelas infantiles y los dirigidos a medidas específicas para alumnado en situación de desventaja social. Y, finalmente, los convenios suscritos con la Universidad de Granada y la UNED en relación al servicio universitario de educación superior. Todo ello pone de relieve como concierto y también en determinados casos los convenios han sido fórmulas utilizadas en estas ciudades para la gestión de estos servicios, teniendo en cuenta la peculiaridad de las mismas por su naturaleza de entidad local, siendo la normativa que aprueban de carácter reglamentario y su margen competencial.

*Sobre los coordinadores y los autores de la obra*

Como he destacado en otro lugar, el Derecho administrativo ha venido dedicando tradicionalmente gran parte de sus esfuerzos a sectores muy lucrativos como es el urbanismo o la regulación y los servicios económicos, descuidando más el ámbito de la acción social y los servicios de atención a la persona[14]. La causa de ello recae en que éstos últimos históricamente se han considerado más como una obligación moral de las administraciones públicas, a través de nociones clásicas como la de beneficencia, que una fuente de derechos

---

[14] AGUADO I CUDOLÀ, Vicenç (Coord.) (2008). *El sistema de serveis socials a Catalunya. Garantir drets, prestar serveis*. Institut d'Estudis Autonòmics.

para las personas. La actividad administrativa se centraba más bien a controlar a las entidades que se dedicaban a realizar este tipo de servicios de atención a la persona, más que en construir un régimen jurídico propio de los servicios públicos, como legitimación del quehacer administrativo y fundamento de los derechos de las personas a recibir unas prestaciones que cubrieran sus necesidades vitales[15]. Tal situación resulta en cierto modo paradójica por la relevancia que ello tiene en la propia calidad de vida de la ciudadanía. Afortunadamente, esta tendencia va cambiando y en la actualidad existe la consciencia de la relevancia de afirmar unos servicios de carácter tendencialmente universalistas que sirvan de fundamento de los derechos de la ciudadanía y que legitimen la actuación de las administraciones públicas. Así, por una parte, la legislación va reconociendo derechos de contenido social que, en la medida que el ordenamiento jurídico ha concretado, ha posibilitado que sean exigibles a las administraciones públicas que están obligadas a hacerlos efectivos. Por otra parte, cada vez más autores vienen dedicándose a estos últimos temas, tal y como pone de manifiesto el magnífico libro que tengo el honor de realizar este breve estudio preliminar.

El Estado del bienestar español se ha construido de forma tardía y con una inversión todavía escasa con relación a otros modelos europeos. Fundamentalmente, la protección social ha pivotado en torno a la Seguridad Social con un régimen de pensiones y subsidios, así como la asistencia sanitaria en un régimen tendencialmente universalista. En cambio, el modelo de servicios sociales ha descansado en la familia y ha sido configurado como un cajón de sastre en el que ha tenido cabida todo aquello que no era cubierto a través de los demás sistemas de protección social. Los cambios producidos en las estructuras familiares, en los que prácticamente ha desaparecido la importante red que suponía la familia extensa, así como la nueva composición de la sociedad en el que el Estado español se ha convertido en una tierra de acogida de inmigrantes, plantean nuevos retos y desafíos en un Estado del bienestar débil, que todavía estamos

15 AGUADO I CUDOLÀ, Vicenç (2002). "La beneficencia: de la actividad de policía al servicio público: el caso de la Mancomunidad de Cataluña". En TORNOS MAS, Joaquín (Coord.): *Los servicios sociales de atención a la tercera edad: el caso de Cataluña*, Tirant lo Blanch.

en proceso de construcción y que se ve amenazado por tendencias neoliberales. Tales tendencias no sólo están presentes en el ámbito político, sino también de forma significativa en los foros académicos que han construido todo un instrumentario para reconfigurar las relaciones entre Estado y sociedad fundamentadas más en criterios de mercado que de solidaridad.

El establecimiento del Estado español como un Estado social establece un marco de derechos y obligaciones que los poderes públicos no pueden ignorar, que tiene un contenido jurídico y no meramente programático. Pese a que estamos ante un Estado social en construcción y con unas dotaciones presupuestarias claramente insuficientes, en relación a determinados modelos europeos, desde determinados marcos mentales se ha dedicado a advertir de su falta de sostenibilidad como pretexto para buscar otras alternativas como la del Estado garante, en el cual los poderes públicos deberían dedicarse a garantizar, desde un segundo plano, más que a prestar servicios.

La edición de esta obra ha ido a cargo de los Profesores M. Victòria FORNS, A. GARRIDO i J. R. FUENTES. La primera Profesora de Trabajo Social y Servicios Sociales, los otros dos Profesores de Derecho Administrativo. Todos ellos comparten la preocupación por dotar de una acurada reflexión científica de los instrumentos jurídico que permiten hacer efectivos estos derechos sociales. A ellos, se añade la eficaz labor de coordinación realizada por la Profesora de Derecho Administrativo Jessica VIVAS ROSO de la Universidad de Venezuela. Como autores destacan una casi treintena de autores de una gran parte de las universidades españolas que han tratado con gran rigor y dedicación los temas que les han sido encomendados. Mis felicitaciones y mi enhorabuena a todos ellos, por la gran calidad de sus trabajos y por realizar este examen tan riguroso y exhaustivo de un tema tan relevante que requerirá cada vez más una mayor atención. Se trata, sin lugar a dudas, de un libro de lectura obligada para quienes quieran conocer y entender los instrumentos jurídicos para garantizar derechos y prestar servicios en este ámbito tan relevante como son los servicios públicos de atención a la persona.

*Capítulo I*

# *El nuevo marco jurídico de la provisión de servicios de atención a la persona*[1]

**JOSÉ MARÍA GIMENO FELIÚ**
*Catedrático de Derecho administrativo*
*Universidad de Zaragoza*

**Resumen:** La figura de la concertación constituye una excepción a la aplicación de las reglas de la contratación pública utilizada para la prestación de servicios a las personas en los ámbitos tan sensibles como la sanidad, educación y servicios sociales, que puede ser objeto de desarrollo legal por las entidades competentes. En este capítulo se realiza un análisis de las distintas posibilidades de regulación de la colaboración de la Administración Pública con terceros contratistas y, en su caso, con el denominado tercer sector en la provisión de servicios a las personas en el ámbito de la salud o de los servicios sociales

**Palabras clave:** servicios a las personas, TFUE, concertación, derechos sociales.



1 Este trabajo es resultado de las actividades del proyecto de investigación de generación del conocimiento concedido por Ministerio titulado "Hacia la buena Administración desde la contratación publica en el contexto de la Unión Europea de la salud". PID2023-150327NB-I00. También del grupo de investigación reconocido por el Gobierno de Aragón ADESTER (Derecho Administrativo de la Economía, la Sociedad y el Territorio), proyecto S22_23R (BOA núm. 80 de 28/04/2023).

**Abreviaturas empleadas:**

LCSP: Ley 9/2017, de 8 de noviembre de Contratos del Sector Público
LGS: Ley 14/1986, de 25 de abril, General de Sanidad

## I.1. INTRODUCCIÓN. UNA NECESARIA DELIMITACIÓN CONCEPTUAL

En la prestación de servicios a las personas en los ámbitos tan sensibles como la sanidad, educación y servicios sociales interesa de especial modo la correcta prestación aun nivel óptimo de calidad de dichos servicios atendiendo al mejor resultado que pueda obtenerse. Lo que tiene su importancia a la hora de articular los mecanismos jurídicos para su puesta en funcionamiento, de tal manera que pueden utilizarse fórmulas no contractuales o, en su caso, prever singularidades al concreto contrato público[2]. Y así se ha contemplado en las Di-

---

[2] Opción validada, sobre la base del principio de solidaridad, por la STJCE, de 17 de junio de 1997, (ponente P. J. G. Kapteyn), apartado 32, que admite excepciones al principio de libre competencia en el caso de contratos en el marco del sistema de la seguridad social en favor de entidades sin ánimo de lucro. Desde esta premisa, puede afirmarse que el proceso de transposición de la Directiva europea sobre contratación publica (Directiva 2014/24/UE, de 26 de febrero de 2014, sobre contratación pública y por la que se deroga la Directiva 2004/18/CE) a la legislación interna, permite diseñar un nuevo marco regulatorio alejado del tradicional modelo de contratación pública, pues los artículos 76 y 77, de alcance potestativo para los Estados, habilitan tanto la reserva de contratos como un régimen singular en el ámbito de la salud y de los servicios sociales en servicios a personas (y de educación). Incluso debe considerarse, de acuerdo con el artículo 76.2 de la citada Directiva, la conveniencia de adaptar el modelo sanitario y de servicios sociales a las personas, centrado en las características antes relacionadas, poniendo en valor, pero no de manera excluyente, la colaboración de entidades del tercer sector con una importante implantación social, en tanto se ha acreditado que es un modelo de éxito, de contrastados resultados económicos y de muy elevada calidad prestacional y de responsabilidad institucional. Los poderes públicos, como ya se ha advertido en este estudio, siguen "*teniendo libertad para prestar por sí mismos esos servicios u organizar los servicios sociales de manera que no sea necesario celebrar contratos públicos, por ejemplo, mediante la simple financiación de estos servicios o la concesión de licencias o autorizaciones a todos los operadores económicos que cumplan las condiciones previamente fijadas por el poder adjudicador, sin límites ni cuotas, siempre que dicho sistema garantice una publicidad suficiente y se ajuste a los principios de transparencia y no discriminación*" (Considerando 114). Esta excepción, aunque poca clara, parece lógico extenderla a todo

rectivas de contratación pública de 2014 que prevén esta excepción y la opción de un régimen singular de contratación. Es decir, una prestación típica puede ser, o no, un contrato público dependiendo de su concreta articulación jurídica. Esto es lo que sucede en la prestación de servicios sociales cuando se utiliza la fórmula de la concertación. Lo que se explica porque prevalece el interés general a la mejor satisfacción del servicio frente al principio de competencia y mercado[3].

Así, la concertación es una excepción a la aplicación de las reglas de la contratación pública que puede ser objeto de desarrollo legal por las entidades competentes[4].

## I.2. LOS SERVICIOS SOCIALES (Y SOCIO-SANITARIOS) DIRIGIDOS A LAS PERSONAS Y SU NO VINCULACIÓN A LAS REGLAS DEL MERCADO DESDE LA PERSPECTIVA DEL DERECHO EUROPEO DE LA CONTRATACIÓN PÚBLICA

Conviene recordar que ya desde hace tiempo la Comisión Europea ha venido indicando que son valores esenciales de la Comunidad

---

servicio a la persona, social o sanitario, a la vista de la redacción del articulado descrito. Y, en su caso, deberá respetar las mismas reglas y principios. Me remito a lo expuesto en GIMENO FELIÚ, José María, "Servicios de salud y reservas de participación ¿una nueva oportunidad para la mejora del SNS? (Análisis de los artículos 74 a 77 de la nueva Directiva 2014/24/UE sobre contratación pública)", *Revista Derecho y Salud* 26 (2), 2015, pp. 65-85.

3 Vid. DOMÍNGUEZ MARTÍN, Mónica, "La acción concertada de los servicios a las personas en la ley de contratos del sector público y en la legislación autonómica ¿instrumentos no contractuales para la prestación de servicios públicos destinados a satisfacer carácter social?", en TOLIVAR ALAS, Leopoldo y CUETO PÉREZ, Miriam (dirs.), *La prestación de servicios socio-sanitarios: nuevo marco de la contratación pública*, Valencia, 2020, pp. 47-75. DOMÍNGUEZ MARTÍN, Mónica, "Los contratos de prestación de servicios a las personas. Repensando las formas de gestión de los servicios sanitarios públicos tras las Directivas contratos de 2014 y la Ley 9/2017 de Contratos del Sector Público", *Revista General de Derecho Administrativo* (50), 2019, pp. 1-17.

4 De especial interés el trabajo de LAZO VITORIA, Ximena, "Prestación de servicios a las personas: ¿concierto social o contrato?", *Revista de Estudios de la Administración Local y Autonómica. Nueva Época* (20), 2023, pp. 31-46.

la protección de la salud humana, la igualdad entre hombres y mujeres, y la cohesión social y territorial[5]. Esta especificidad procede del carácter vital de las necesidades que han de satisfacer, garantizándose de este modo la aplicación de derechos fundamentales, como la dignidad y la integridad de la persona. Por ello, los servicios sanitarios (o sanitario/social posibilitan una serie de medidas que pueden ser tenidas en cuenta en su concertación o contratación:

- "funcionamiento sobre la base del principio de solidaridad, que requiere, en particular, la no selección de los riesgos o la falta de equivalencia a título individual entre cotizaciones y prestaciones;
- carácter polivalente y personalizado, que integre las respuestas a las distintas necesidades para garantizar los derechos humanos fundamentales y proteger a las personas más vulnerables;
- ausencia de ánimo de lucro, especialmente para abordar las situaciones más difíciles y que se explican, a menudo, por motivos históricos;
- participación de voluntarios y benévolos, expresión de una capacidad ciudadana;
- integración marcada en una tradición cultural (local); en particular, esto se advierte en la proximidad entre el proveedor del servicio y el beneficiario, lo que permite tener en cuenta las necesidades específicas de este último;
- relación asimétrica entre prestadores y beneficiarios que no se puede asimilar a una relación «normal» de tipo proveedor-consumidor y que requiere la aplicación de la fórmula del pago por terceros".

Por otra parte, el sistema de prestaciones sociales y socio-sanitario dirigido a las personas se caracteriza por ser un modelo esencialmente público. Diversas organizaciones públicas prestan asistencia universal y de calidad a la ciudadanía en Cataluña. Es un modelo consolidado, cuyos ejes son preservar la calidad asistencial y su carác-

---

5 COMISIÓN (CE), "Aplicación del programa comunitario de Lisboa. Servicios sociales de interés general en la Unión Europea" (Comunicación) COM(2006) 177 final, 26 de abril de 2006.

ter universal. En este contexto, han existido históricamente y existen en la actualidad relaciones jurídicas con entidades privadas en aras a complementar el modelo público. La experiencia existente en ámbitos como la atención a la salud mental o la prestada a pacientes de larga estancia con procesos de rehabilitación o tratamientos paliativos, entre otros, en los que la colaboración de entidades del tercer sector ha permitido complementar el sistema y dotar de calidad a prestaciones tan sensibles y con importantes índices de variabilidad, confiere una enorme relevancia a la correcta solución jurídica de la "organización de las prestaciones".

La Directiva europea sobre contratación pública (Directiva 2014/24/UE) permite diseñar un marco regulatorio distinto del tradicional modelo de contratación pública, dado que en los artículos 76 y 77 de la Directiva se habilita tanto para reservar determinados contratos en el ámbito de los servicios a las personas, como para establecer un régimen singular en el ámbito de la salud y de los servicios sociales en servicios a personas, además de en el ámbito de la educación[6].

Debe considerarse, de acuerdo con el artículo 76.2 de la Directiva, la conveniencia de adaptar el modelo sanitario y de servicios sociales a las personas, de modo que manteniendo las características ya citadas de calidad y universalidad, ponga también en valor la colaboración de entidades del tercer sector con una importante implantación social. Este modelo mixto está acreditado como un modelo de éxito, con contrastados resultados económicos y de muy elevada calidad prestacional y responsabilidad institucional. Los poderes públicos mantienen la libertad para prestar por sí mismos determinadas categorías de servicios, entre ellos los servicios que se conocen como servicios a las personas, como ciertos servicios sociales, sanitarios, incluyendo los farmacéuticos, y educativos, organizándolos por sí mismos, de manera que no sea necesario celebrar contratos públicos, a través de mecanismos como la simple financiación de estos servicios o la concesión de licencias o autorizaciones a todos los operadores

---

6 GIMENO FELIÚ, José María, "La colaboración público-privada en el ámbito de los servicios sociales y sanitarios dirigidos a las personas. Condicionantes europeos y constitucionales, *Revista Aragonesa de Administración Pública* (52), 2018, pp. 12-66.

económicos que cumplan las condiciones previamente fijadas por el poder adjudicador, sin límites ni cuotas, siempre que se garantice una publicidad suficiente y se cumplan los principios de transparencia y no discriminación, tal como se señala en el considerando 114 de la Directiva 2014/24/UE.

Con carácter previo al análisis de las distintas posibilidades de regulación de la colaboración de la Administración Pública con terceros contratistas y, en su caso, con el denominado tercer sector en la provisión de servicios a las personas en el ámbito de la salud o de los servicios sociales —objeto al que se circunscribe el presente estudio—, conviene advertir que estas "relaciones jurídicas" se deben diseñar con una filosofía propia, alejada de la óptica del mercado[7]. Es decir, debe atenderse, sin apriorismos ideológicos, a una visión estratégica que alinee correctamente los interés públicos en juego con el fin de obtener la mejor prestación posible a los ciudadanos[8].

---

7 En este sentido, GIMENO FELIÚ, *Revista Derecho y Salud*, 2015, pp. 65-85. Estos servicios tienen la consideración de servicios de interés general y deben responder a los principios de universalidad, igualdad de acceso, equidad, continuidad de las prestaciones, transparencia y calidad. Por ello, el Protocolo núm. 26 del Tratado de Lisboa declara que "*las disposiciones de los Tratados no afectarán en modo alguno a la competencia de los Estados miembros, para prestar, encargar y organizar servicios de interés general que no tengan carácter económico*" (artículo 2).

8 COMISIÓN (UE), "Aplicación y mejores prácticas de las políticas nacionales de contratación pública en el mercado interior" (Informe) COM(2021) 245 final, 20 de mayo de 2021. En el Informe se concluye que "*resulta fundamental aplicar de manera más estricta las consideraciones de la contratación pública estratégica a fin de contribuir a una recuperación integradora, promover una transición justa y fortalecer la resiliencia socioeconómica, en consonancia con el Pacto Verde Europeo como nueva estrategia de crecimiento para la UE*". COMISIÓN (UE), "Adquisiciones sociales — Una guía para considerar aspectos sociales en las contrataciones públicas— 2.a edición", (2021/C 237/01), 18 de junio de 2021. En esta guía se incide en que "*Con el fin de plantar cara a los retos sociales, las autoridades públicas deben redoblar sus esfuerzos para obtener buenos resultados en todos los aspectos de la sostenibilidad (sociales y éticos, medioambientales y económicos)*". La OIRESCON, en su informe sobre contratación estratégica advierte de la insuficiencia de la visión estratégica de la contratación pública en España. Urge una nueva cultura en la gestión pública que promueva una interpretación funcional (y no formal) que debe alinearse con los objetivos estratégicos. OIRESCON, "Informe especial de supervisión relativo a la contratación estratégica en el 2020", https://obcp.es/sites/default/files/2022-03/Informe%20OIRESCON%20-%20Contrataci%C3%B3n%20

No puede desconocerse que la Comisión Europea ha venido recordando que son valores esenciales de la Comunidad la protección de la salud humana, la igualdad entre hombres y mujeres y la cohesión social y territorial[9]. Esta especificidad procede del carácter vital de las necesidades que han de satisfacerse, garantizándose de este modo la observancia de derechos fundamentales, como la dignidad y la integridad de la persona. Por ello, los servicios sanitarios (o sanitario/sociales, como sucede con los pacientes psiquiátricos) posibilitan la incorporación de una serie de medidas que pueden ser tenidas en cuenta en su licitación:

- "funcionamiento sobre la base del principio de solidaridad, que requiere, en particular, la no selección de los riesgos o la falta de equivalencia a título individual entre cotizaciones y prestaciones;
- carácter polivalente y personalizado, que integre las respuestas a las distintas necesidades para garantizar los derechos humanos fundamentales y proteger a las personas más vulnerables;
- ausencia de ánimo de lucro, especialmente para abordar las situaciones más difíciles y que se explican, a menudo, por motivos históricos;
- participación de voluntarios y benévolos, expresión de una capacidad ciudadana;
- integración marcada en una tradición cultural local; en particular, esto se advierte en la proximidad entre el proveedor del servicio y el beneficiario, lo que permite tener en cuenta las necesidades específicas de este último;
- relación asimétrica entre prestadores y beneficiarios que no se puede asimilar a una relación «normal» de tipo proveedor-consumidor y que requiere la aplicación de la fórmula del pago por terceros"[10].

---

p%C3%BAblica%20estrat%C3%A9gica.pdf (última visita, 19 de diciembre de 2024).

9 COMISIÓN (CE), "Aplicación del programa comunitario de Lisboa. Servicios sociales de interés general en la Unión Europea" (Comunicación) COM(2006) 177 final, 26 de abril de 2006.

10 *Ídem,* pp. 4-5

Asimismo, parece oportuno delimitar el significado de la gestión sanitaria pública y de los servicios sociales, así como el alcance de la colaboración con el sector privado (mediante técnicas contractuales u otras) y los límites europeos y nacionales al respecto, en tanto lo que se prestan son servicios "dirigidos a ciudadanos" y vinculados a prestaciones básicas que forman parte del "núcleo" del Estado social. En este terreno, *la eficiencia no puede ser interpretada desde criterios exclusivamente economicistas, sino que debe velarse por un adecuado estándar de calidad en la prestación del servicio*[11].

Interesa destacar la previsión que sobre estos servicios realiza la Directiva 2014/24/UE, en su considerando 114:

> "Determinadas categorías de servicios, en concreto los servicios que se conocen como servicios a las personas, como ciertos servicios sociales, sanitarios y educativos, siguen teniendo, por su propia naturaleza, una dimensión transfronteriza limitada. Dichos servicios se prestan en un contexto particular que varía mucho de un Estado miembro a otro, debido a las diferentes tradiciones culturales. Debe establecerse un régimen específico para los contratos públicos relativos a tales servicios, con un umbral más elevado que el que se aplica a otros servicios.
>
> Los servicios a las personas con valores inferiores a ese umbral no revisten normalmente interés para los proveedores de otros Estados miembros, a menos que haya indicios concretos de lo contrario, como en la financiación por la Unión de proyectos transfronterizos.
>
> Los contratos de servicios a las personas, cuyo valor esté situado por encima de ese umbral deben estar sujetos a normas de transparencia en toda la Unión. Teniendo en cuenta la importancia del contexto cultural y el carácter delicado de estos servicios, debe ofrecerse a los Estados miembros un amplio margen de maniobra para organizar la elección de los proveedores de los servicios del modo que consideren más oportuno. Las normas de la presente Directiva tienen en cuenta este imperativo al imponer solo la observancia de los principios fundamentales de transparencia e igualdad de trato y al asegurar que los poderes adjudicadores puedan aplicar, para la elección de los proveedores de servicios, criterios de calidad específicos, como los establecidos en el Marco Europeo Voluntario de Calidad para los Servicios Sociales publicado por el Comité de Protección Social. Al determinar los procedimientos que hayan de utilizarse

11 Sobre el significado de la eficiencia y su diferencia con una idea economicista de menor precio, puede consultarse GIMENO FELIÚ, José María, "Reglas básicas para mejorar la eficiencia y la transparencia en la contratación pública", *Presupuesto y Gasto Público* (82), 2016, pp. 137-158.

para la adjudicación de contratos de servicios a las personas, los Estados miembros deben tener en cuenta el artículo 14 del TFUE y el Protocolo no 26. Al hacerlo, los Estados miembros también deben perseguir los objetivos de simplificación y reducción de la carga administrativa de poderes adjudicadores y operadores económicos; es preciso aclarar ello también puede suponer basarse en disposiciones aplicables a los contratos de servicios no sometidos al régimen específico.

Los Estados miembros y los poderes públicos siguen *teniendo libertad para prestar por sí mismos esos servicios u organizar los servicios sociales de manera que no sea necesario celebrar contratos públicos, por ejemplo, mediante la simple financiación de estos servicios o la concesión de licencias o autorizaciones a todos los operadores económicos que cumplan las condiciones previamente fijadas por el poder adjudicador, sin límites ni cuotas*, siempre que dicho sistema garantice una publicidad suficiente y se ajuste a los principios de transparencia y no discriminación".

La existencia de amplias especialidades en este ámbito ya había sido validada, basándose en el principio de solidaridad, por el STJCE, de 17 de junio de 1997, en la que admitió excepciones al principio de libre competencia en el caso de contratos en el marco del sistema de la seguridad social en favor de entidades sin ánimo de lucro.

La posterior STJUE, Sala Quinta, de 28 de enero de 2016, (ponente D. Šváby), abrió nuevas perspectivas a esta colaboración de entidades sin ánimo de lucro en el ámbito de las prestaciones a personas en los sectores sanitarios y sociales[12]. El Tribunal de Justicia advirtió que la regla general es que un contrato no queda excluido del concepto de contrato público por el solo hecho de que la retribución prevista se limite al reembolso de los gastos soportados en la prestación del servicio o de que sea celebrado con una entidad sin ánimo de lucro, de acuerdo con lo que había señalado en la STJUE, Sala Quinta, de 11 de diciembre de 2014, (ponente D. Šváby). Sin embargo, reconoce que en los casos de servicios sanitarios a personas es posible que una normativa nacional habilite la adjudicación directa, sin forma alguna de publicidad, a asociaciones de voluntariado, siempre que

---

12 Sobre el significado de esta jurisprudencia ver: GIMENO FELIÚ, *Revista Aragonesa de Administración Pública*, 2018, pp. 25-37. Vid. también BERNAL BLAY, Miguel Ángel, "La contratación de los servicios a las personas", en GALLEGO CÓRCOLES, Isabel y GAMERO CASADO, Eduardo (dirs.), *Tratado de Contratos del Sector Público* vol. 3, Valencia 2018, pp. 2864-2865.

el marco legal y convencional en el que se desarrolla la actividad de esos organismos contribuya realmente a una finalidad social y a la prosecución de objetivos de solidaridad y de eficiencia presupuestaria[13].

La jurisprudencia del TJUE *concluye que los artículos 49 TFUE y 56 TFUE no impiden que una normativa nacional habilite a las autoridades locales atribuir la prestación de servicios de transporte sanitario mediante adjudicación directa, sin forma alguna de publicidad, a asociaciones de voluntariado,* siempre que el marco legal y convencional en el que se desarrolla la actividad de esos organismos contribuya realmente a una finalidad social y a la prosecución de objetivos de solidaridad y de eficiencia presupuestaria. Asimismo, establece una importante cautela de ámbito general, y recuerda que el principio general del derecho de la Unión de prohibición del abuso de derecho, no habilita una aplicación de esa normativa que ampare prácticas abusivas de las asociaciones de voluntariado o de sus miembros. Así pues, la actividad de las asociaciones de voluntariado sólo puede ser ejercida por trabajadores dentro de los límites necesarios para su funcionamiento normal.

En cuanto al reembolso de los costes, debe procurarse que no se persiga fin lucrativo alguno, ni siquiera indirecto, al amparo de una actividad de voluntariado, y que el participante pueda obtener únicamente el reembolso de los gastos efectivamente soportados como consecuencia de la prestación de la actividad, dentro de los límites establecidos previamente por las propias asociaciones[14]. En todo caso, y este dato es muy relevante, existen dos límites que deben ser respetados. El primero, que tal opción se justifique en el principio de eficiencia, pues como se puso de relieve en el apartado 60 de la STJUE, de 11 de diciembre de 2014, (así como en el apartado 63 de esta sentencia comentada), la licitud del recurso a asociaciones de voluntariado está sujeta en especial a la condición de que ese medio

---

13 GIMENO FELIÚ, José María, "Un paso firme en la construcción de una contratación pública socialmente responsable mediante colaboración con entidades sin ánimo de lucro en prestaciones sociales y sanitarias", https://www.obcp.es/opiniones/un-paso-firme-en-la-construccion-de-una-contratacion-publica-socialmente-responsable (última visita, 19 de diciembre de 2024).

14 STJUE, Sala Quinta, de 11 de diciembre de 2014, FJ 62.

de actuación contribuya efectivamente al objetivo de eficiencia presupuestaria. Por tanto, las modalidades de puesta en práctica de ese medio de actuación, según las establezcan los conciertos concluidos con esas asociaciones y en su caso un posible acuerdo marco, también deben contribuir al logro de ese objetivo. En segundo lugar, que esas actividades comerciales sean marginales en relación con el conjunto de las actividades de dichas asociaciones y que apoyen la prosecución de la actividad de voluntariado de éstas. La normativa europea habilita, por tanto, que los Estados puedan diseñar un régimen legal *ad hoc* para la provisión de los servicios de salud a las personas mediante sistemas singulares de contratación pública, de reserva de contratos e, incluso, de acuerdos directos.

En esta línea se inserta la STJUE, Sala Cuarta, de 14 de julio de 2022 (ponente C. Lycourgos)[15]. En ella, el Tribunal de Justicia puntualiza, en primer lugar, "al ser el concepto de «contrato público» un concepto del Derecho de la Unión, la calificación que el Derecho español da a los acuerdos de acción concertada carece de pertinencia" (FJ 55). "Por tanto, la calificación por el derecho interno de tales acuerdos como "instrumentos organizativos de naturaleza no contractual», no basta para que queden fuera del ámbito de aplicación de la Directiva 2014/24" (FJ 56). Por otra parte, solo las actividades de carácter económico, en el sentido ser realizadas normalmente a cambio de una retribución, pueden, por tanto, ser objeto de un contrato público de servicios (FJ 60 y 61), sin que *la circunstancia de que el contrato se celebre con una entidad sin ánimo de lucro excluya que dicha entidad pueda ejercer una actividad económica* (FJ 62). En este sentido se señala en la sentencia:

> "63 Asimismo, pueden considerarse actividades económicas los servicios prestados a cambio de una retribución que, sin corresponder al ejercicio de prerrogativas del poder público, *se prestan en interés público y sin ánimo de lucro, en competencia con los ofrecidos por operadores que actúan con ese ánimo* (véase, por analogía, la sentencia de 6 de sep-

15 Un interesante comentario de la misma por MORENO MOLINA, José Antonio, "Acuerdos de acción concertada con entidades privadas de iniciativa social. Análisis por el TJUE de la normativa valenciana", *Contratación administrativa práctica: revista de la contratación administrativa y de los contratistas* (184), 2023, pp. 1-20.

tiembre de 2011, Scattolon, C-108/10, EU:C:2011:542, apartado 44 y jurisprudencia citada).

[...]

65 Dicho esto, no ocurre necesariamente así en el caso de las prestaciones sociales específicas que llevan a cabo operadores privados y cuyo coste asume bien el propio Estado, bien esos organismos de seguridad social. En efecto, *de la jurisprudencia del Tribunal de Justicia también se desprende que la consecución de una finalidad social o la toma en consideración del principio de solidaridad en el marco de una prestación de servicios no impide, en cuanto tal, considerar como actividad económica esa prestación* (véanse, en este sentido, las sentencias de 29 de noviembre de 2007, Comisión/Italia, C-119/06, no publicada, EU:C:2007:729, apartados 36 a 41, y de 12 de septiembre de 2000, Pavlov y otros, C-180/98 a C-184/98, EU:C:2000:428, apartado 118).

67 En tercer lugar, el *carácter oneroso* de un contrato público supone que cada una de las partes se obliga a realizar una prestación en contrapartida de otra prestación, *sin excluir, no obstante, que la contrapartida del poder adjudicador consista únicamente en el reembolso de los gastos soportados por prestar el servicio pactado* (véase, en este sentido, la sentencia de 10 de septiembre de 2020, Tax-Fin-Lex, C-367/19, EU:C:2020:685, apartados 25 y 26 y jurisprudencia citada). Por tanto, un contrato no puede quedar excluido del concepto de «contrato público de servicios» por el solo hecho de que, como parece ocurrir en el caso de autos, la retribución prevista se limite al reembolso de los gastos soportados por la prestación del servicio (sentencia de 28 de enero de 2016, CASTA y otros, C-50/14, EU:C:2016:56, apartado 52)".

Ciertamente, en el artículo 77, apartados 2, d), y 3, de la Directiva 2014/24/UE se establece que un poder adjudicador solo puede adjudicar un contrato público a una "organización" sobre la base del procedimiento previsto en dicho artículo por un período no superior a tres años y a condición de que dicho poder adjudicador no haya adjudicado ya a esa "organización" un contrato para los servicios contemplados en el referido artículo en los tres años precedentes. Sin embargo, el art. 77 establece unas condiciones estrictas que deben cumplir esas "organizaciones", en cuanto a su propiedad o su gestión, el destino de los eventuales beneficios y su estructura. La normativa valenciana que motivaba al cuestión prejudicial resuelta por la STJUE de 14 de julio de 2022 obligaba a reservar a las entidades privadas sin ánimo de lucro la facultad de participar en los procedimientos de adjudicación de los acuerdos de acción concertada, realizando además una selección entre ellas, sin exigir que dichas entidades cumpliesen todas las condiciones establecidas en el artículo 77 de la Directiva 2014/24/UE.

No obstante, el art. 77 de la Directiva 2014/24/UE no agota los supuestos en los que los contratos públicos que tengan por objeto la prestación de un servicio contemplado en el anexo XIV de dicha Directiva pueden reservarse a determinadas categorías de operadores económicos. En efecto, el artículo 76 de la Directiva 2014/24/UE establece determinadas excepciones al régimen general, aplicables a la adjudicación de todos los contratos públicos relativos a los servicios sociales y otros servicios específicos enumerados en el anexo XIV de la propia Directiva. En el art. 76 se obliga a los Estados miembros, por una parte, a establecer normas de adjudicación que impongan a los poderes adjudicadores la obligación de respetar los principios de transparencia y de igualdad de trato de los operadores económicos y, por otra parte, a velar por que *dichas normas permitan a los poderes adjudicadores tener en cuenta las particularidades de los servicios* objeto de tales procedimientos de adjudicación. Es decir, los Estados miembros han de permitir que los poderes adjudicadores puedan garantizar la calidad, la continuidad, la accesibilidad, la asequibilidad, la disponibilidad y la exhaustividad de estos servicios, las necesidades específicas de las distintas categorías de usuarios, la implicación y la responsabilización de los usuarios y la innovación. En resumen, usando las palabras del Tribunal de Justicia:

> "85 Por tanto, como confirma el considerando 114 de la Directiva 2014/24, el régimen jurídico que esta establece en su artículo 76 se caracteriza por el *amplio margen de maniobra de que disponen los Estados miembros para organizar, del modo que consideren más oportuno, la elección de los prestadores de los servicios* enumerados en el anexo XIV de la antedicha Directiva. Asimismo, se desprende de ese considerando que los Estados miembros también deben tener en cuenta el Protocolo n. 26, que consagra, en particular, la *amplia capacidad de discreción de las autoridades nacionales para hacer que los servicios de interés económico general se presten del modo lo más cercano posible a las necesidades de los usuarios*"[16].

No obstante, resultarán aplicables en todo caso los principios de igualdad de trato y transparencia. En este sentido, el hecho de que

---

16 STJUE de 14 de julio de 2022.

las entidades privadas con ánimo de lucro no tengan la posibilidad de participar en tales procedimientos de adjudicación de contratos públicos constituye una diferencia de trato entre los operadores económicos contraria a al principio de igualdad de trato, "salvo que tal diferencia esté justificada por circunstancias objetivas". La solidaridad y el equilibrio financiero sí constituirían justificaciones objetivas suficientes:

> "90 Así pues, el recurso exclusivo a las entidades privadas sin ánimo de lucro para garantizar la prestación de tales servicios sociales puede estar motivado tanto por los *principios de universalidad y de solidaridad,* propios de un sistema de asistencia social, *como por razones de eficiencia económica y de adecuación,* toda vez que permite que esos servicios de interés general sean prestados en condiciones de equilibrio económico en el orden presupuestario, por entidades constituidas esencialmente para servir al interés general y cuyas decisiones no se guían, como señala el Gobierno español, por consideraciones puramente comerciales (véase, por analogía, la sentencia de 28 de enero de 2016, CASTA y otros, C-50/14, EU:C:2016:56, apartado 57).
>
> 91 Cuando está motivada por tales consideraciones, *la exclusión de las entidades privadas con ánimo de lucro de los procedimientos de adjudicación de los contratos públicos que tienen por objeto la prestación de tales servicios sociales no es contraria al principio de igualdad, siempre y cuando dicha exclusión contribuya efectivamente a la finalidad social y a la consecución de los objetivos de solidaridad y de eficiencia presupuestaria que sustentan ese sistema* (véanse, por analogía, las sentencias de 11 de diciembre de 2014, Azienda sanitaria locale n. 5 «Spezzino» y otros, C-113/13, EU:C:2014:2440, apartado 60, y de 28 de enero de 2016, CASTA y otros, C-50/14, EU:C:2016:56, apartado 63)"[17].

De acuerdo con la jurisprudencia del Tribunal de Justicia, las entidades privadas a las que se reservan tales contratos *no pueden obtener ningún beneficio, ni indirecto,* de sus prestaciones, aunque sí el reembolso de los costes variables, fijos y permanentes. *Tampoco pueden obtener ningún beneficio a sus miembros.* En consecuencia, las entidades prestadoras solo podrán recurrir a trabajadores en los límites necesarios para su funcionamiento normal y *los voluntarios obtendrán únicamente el reembolso de los gastos efectivamente soportados como consecuencia de la prestación de la actividad.*

---

[17] Ídem

"96 Es preciso añadir, además, que el artículo 76 de la Directiva 2014/24 *se opone, en cambio, a que tales contratos públicos puedan adjudicarse directamente, sin un proceso competitivo, a una entidad sin ánimo de lucro que no sea una entidad de voluntariado* (véase, a este último respecto, la sentencia de 28 de enero de 2016, CASTA y otros, C-50/14, EU:C:2016:56, apartado 70). Por el contrario, *este artículo exige que, antes de proceder a tal adjudicación, el poder adjudicador compare y clasifique las ofertas respectivas de las diferentes entidades sin ánimo de lucro que hayan manifestado su interés, teniendo en cuenta, en particular, el precio de esas ofertas, aun cuando dicho precio esté constituido, como en el caso de autos, por el total de los costes cuyo reembolso deberá garantizar el poder adjudicador*"[18].

Por lo que atañe al principio de transparencia, resulta exigible un grado de publicidad adecuado que permita *abrir a la competencia los procedimientos de adjudicación y controlar su imparcialidad.* En consecuencia, *todos los requisitos y condiciones del procedimiento de licitación deben ser formulados de forma clara, precisa e inequívoca,* con el fin de que todos los licitadores razonablemente informados y normalmente diligentes puedan comprender su alcance exacto e interpretarlos de la misma forma y, por otra parte, se delimite el poder discrecional de la entidad adjudicadora. Una puntualización interesante respecto a esa publicidad:

"101 En el caso de autos, como ha señalado la Abogada General en el punto 116 de sus conclusiones, de la normativa nacional controvertida en el litigio principal parece deducirse que la publicidad de los anuncios de licitación a que se refiere se garantiza únicamente mediante la publicación en el Diari Oficial de la Generalitat Valenciana. De ser así, extremo que corresponde verificar al órgano jurisdiccional remitente, *tal publicación no constituiría una medida de publicidad* conforme con el artículo 75 de la Directiva 2014/24"[19].

En conclusión:

"102 De todas las consideraciones anteriores se desprende que los artículos 76 y 77 de la Directiva 2014/24 deben interpretarse en el sentido de que no se oponen a una normativa nacional que reserva a las entidades privadas sin ánimo de lucro la facultad de celebrar, previo examen

---

18 Ídem

19 Ídem

> competitivo de sus ofertas, acuerdos en virtud de los cuales esas entidades prestan servicios sociales de asistencia a las personas, a cambio del reembolso de los costes que soportan, sea cual fuere el valor estimado de esos servicios, aunque dichas entidades no cumplan los requisitos establecidos en dicho artículo 77, *siempre y cuando, por una parte, el marco legal y convencional en el que se desarrolla la actividad de esas entidades contribuya efectivamente a la finalidad social y a la consecución de los objetivos de solidaridad y de eficiencia presupuestaria que sustentan esa normativa y, por otra parte, se respete el principio de transparencia*, tal como se precisa, en particular, en el artículo 75 de la mencionada Directiva".

Por lo demás, el Tribunal de Justicia declara que utilizar como criterio de selección la implantación de las entidades privadas sin ánimo de lucro *en la localidad* donde vaya a prestarse el servicio, es decir, la posibilidad de exigir que los licitadores estén implantados, *desde el momento de la presentación de sus ofertas*, en el territorio de la localidad concernida por los servicios sociales que deben prestarse resulta una condición claramente desproporcionada.

Este criterio jurisprudencial ha sido avalado por el Auto del TJUE, Sala Novena, de 31 de marzo de 2023, (ponente C. Lycourgos)[20]. En esta cuestión prejudicial se vuelve a plantear la posibilidad de la reserva en exclusiva a la acción concertada con entidades sin ánimo de lucro excluyendo las de carácter privado que no tengan ese carácter y el tribunal responde acompañando sus reflexiones de determinados condicionantes. Así, afirma en considerando 50:

> "En el presente caso, siempre y cuando el órgano jurisdiccional remitente compruebe que así es, *el recurso exclusivo a las entidades privadas sin ánimo de lucro para garantizar la prestación de los servicios sociales y sanitarios que pueden ser objeto de un acuerdo de acción concertada parece estar motivado tanto por los principios de universalidad y de solidaridad, propios de un sistema de asistencia social, como por razones de eficiencia económica y de adecuación, toda vez que permite que esos servicios de interés general sean prestados en condiciones de equilibrio*

---

20 El Auto resuelve cuestión prejudicial planteada por el Tribunal Superior de Justicia de Aragón en el litigio entre la Asociación Estatal de Entidades de Servicios de Atención a Domicilio (ASADE) y la Consejería de Sanidad de la Diputación General de Aragón en relación con la legalidad del Decreto 62/2017, de 11 de abril, del Gobierno de Aragón, sobre Acuerdos de Acción Concertada de Servicios Sanitarios y Convenios de Vinculación con Entidades Públicas y Entidades sin Ánimo de Lucro (Boletín Oficial de Aragón, n.º 76, de 21 de abril de 2017).

*económico en el orden presupuestario, por entidades constituidas esencialmente para servir al interés general y cuyas decisiones no se guían, como señala el Gobierno español, por consideraciones puramente comerciales* (véase, en este sentido, la sentencia ASADE I, apartado 90 y jurisprudencia citada)". (Destacado nuestro)

Y, seguidamente en considerando 51:

"Cuando está motivada por tales consideraciones, la exclusión de las entidades privadas con ánimo de lucro de los procedimientos de adjudicación de los contratos públicos que tienen por objeto la prestación de tales servicios no es contraria al principio de igualdad, siempre y cuando dicha exclusión contribuya efectivamente a la finalidad social y a la consecución de los objetivos de solidaridad y de eficiencia presupuestaria que sustentan ese sistema (sentencia ASADE I, apartado 91 y jurisprudencia citada)."

Interesa remarcar la previsión del apartado 52:

"Es preciso además subrayar, por lo que respecta al referido objetivo de eficiencia presupuestaria, que la exclusión de las entidades privadas con ánimo de lucro de estos procedimientos de adjudicación no contraviene el Derecho de la Unión solo porque un procedimiento de adjudicación en el que hubieran podido participar habría podido eventualmente permitir la prestación del mismo servicio de ayuda a las personas con un menor coste para el poder adjudicador. En efecto, la eficiencia presupuestaria, en el contexto de la prestación de los servicios de que se trata en el litigio principal, debe valorarse a la luz de las particularidades inherentes a esa prestación, relativas a la necesidad de garantizar que la exclusión de las entidades con ánimo de lucro contribuya efectivamente a la finalidad social y a los objetivos de solidaridad perseguidos por ese poder adjudicador".

Definitivamente, el Auto declara:

"Los artículos 76 y 77 de la Directiva 2014/24/UE del Parlamento Europeo y del Consejo, de 26 de febrero de 2014, sobre contratación pública y por la que se deroga la Directiva 2004/18/CE, deben interpretarse en el sentido de que no se oponen a una normativa nacional que reserva a las entidades sin ánimo de lucro la facultad de celebrar, con observancia de los principios de publicidad, de competencia y de transparencia, *acuerdos en virtud de los cuales esas entidades prestan servicios sociales o sanitarios de interés general, a cambio del reembolso de los costes que soportan, sea cual fuere el valor estimado de esos servicios, cuando la utilización de tales acuerdos persiga satisfacer objetivos de solidaridad, sin mejorar necesariamente la adecuación o la eficiencia presupuestaria de la prestación de dichos servicios respecto del régimen de aplicación general a los procedimientos de adjudicación de contratos públicos, siempre que:*

*– por una parte, el marco legal y convencional en el que se desarrolla la actividad de esas entidades contribuya efectivamente a la finalidad social y a la consecución de los objetivos de solidaridad y de eficiencia presupuestaria que sustentan esa normativa y,*

*– por otra parte, se respete el principio de transparencia, tal como se precisa, en particular, en el artículo 75 de la mencionada Directiva".*

Por tanto, normativa y jurisprudencia europeas habilitan a los Estados miembros para diseñar un régimen legal *específico* para la provisión de los servicios sociales y de salud a las personas mediante sistemas singulares de contratación pública, de reserva de contratos y, en determinadas circunstancias, incluso de acuerdos directos[21]. *Es decir, se valida el modelo de acción concertada que se presenta como figura diferente del contrato público.*

Debe tenerse en cuenta que *los servicios de salud y los servicios sociales son servicios de interés general, con unos perfiles muy singulares que obligan a poner el acento en la calidad de la prestación del servicio y por ello los modelos de organización de cada Estado pueden incluir las singularidades de su propio sistema de relación con la sociedad civil y, en especial, con entidades privadas caracterizadas por su vocación y compromiso de solidaridad.*

Esto explica que pueda existir un régimen no contractual para la prestación de estos servicios, como expresamente se contempla en la Disposición Adicional 49 de la Ley 9/2017, de 8 de noviembre de

---

[21] La Comisión de la Unión Europea ha intervenido de forma activa en el fomento y establecimiento de un marco jurídico de la colaboración público privada para la promoción de infraestructuras, equipamientos y servicios públicos, buscando en esta fórmula el menor impacto en las cuentas públicas, así como la participación del sector privado en la financiación y gestión de infraestructuras y servicios públicos.
En el ámbito sanitario esta colaboración, bien diseñada, y siempre desde la lógica del carácter público del modelo, puede aportar mejoras en la prestación del servicio y mayor eficiencia, incluso económica, al no existir ánimo de lucro. En estos casos nos encontramos ante cierta «publificación» de la actividad privada al servicio del interés general. Vid. GIMENO FELIÚ, *Revista Aragonesa de Administración Pública,* 2018, pp. 12-66.

Contratos del Sector Público (en adelante, LCSP)[22]. El régimen de acción concertada —que no concierto, que es una modalidad contractual— es una opción organizativa —similar a la que se articula en el sector educativo— que exige una previsión legal expresa que determine el alcance y significado de esta acción concertada, las modalidades de servicios y prestaciones y el sistema retributivo (opción adoptada en Aragón por la Ley 11/2016, de 15 de diciembre, de acción concertada para la prestación a las personas de servicios de carácter social y sanitario, y en Valencia por la Ley 7/2017, de 30 de marzo, sobre acción concertada para la prestación de servicios a las personas en el ámbito sanitario)[23].

---

22 LAZO VITORIA, Ximena, "La figura del 'concierto social' tras las directivas europeas de contratación pública", https://www.obcp.es/opiniones/la-figura-del-concierto-social-tras-las-directivas-europeas-de-contratacion-publica (última visita, 19 de diciembre de 2024).

23 Por supuesto, tal y como viene sucediendo, los centros que opten por un modelo de acción concertada deberán disponer de autorización administrativa e inscripción en el registro oficial de centros y establecimientos correspondiente, superando un proceso de acreditación sustentado en rigurosos estándares de calidad previamente establecidos por la Administración competente. También implica el cumplimiento de un conjunto de obligaciones de gestión y control fijadas legalmente y desarrolladas reglamentariamente. Corresponderá a la Administración competente, dentro de las directrices de planificación, establecer tanto los aspectos básicos a los que deben someterse los conciertos en esta materia como su alcance. En concreto, el número máximo de centros concertados, la tramitación de la solicitud para acogerse a tal modalidad, la duración máxima del concierto y las causas de extinción; las obligaciones de la titularidad del centro concertado y de la Administración; el sometimiento del concierto al derecho administrativo, y, en su caso, las singularidades del régimen del personal adscrito al servicio.

Para ello deberán existir unas Bases de Acción Concertada que determinarán los derechos y obligaciones derivados de la citada selección, estableciéndose las condiciones técnicas y económicas para la prestación de la concreta actividad concertada. Los centros que accedan al régimen de concertación deberán formalizar con la Administración el correspondiente acuerdo. La elección de centro privado concertado no implicará en ningún caso un trato menos favorable, ni una desventaja, para los ciudadanos, y deberá respetarse la equivalencia de la prestación. La cuantía global de los fondos públicos destinados al sostenimiento de los centros privados concertados, para hacer efectiva la gratuidad de las prestaciones objeto de acción concertada, se establecerá en los presupuestos de las Administraciones correspondientes. Vid. GIMENO FELIÚ, José María, "Las

### I.3. POSIBILIDADES PARA LA "REACTUALIZACIÓN" PRÁCTICA DEL MODELO DE SERVICIOS A LAS PERSONAS DESDE UNA PERSPECTIVA DE COLABORACIÓN/CONCERTACIÓN

La Directiva 2014/24/UE de contratación pública no interfiere en la organización que de los servicios sanitarios y sociales a las personas haga cada Estado miembro. Debe recordarse que los poderes públicos mantienen la libertad de prestar por sí mismos determinadas categorías de servicios, en concreto los servicios que se conocen como servicios a las personas, como ciertos servicios sociales, sanitarios, incluyendo los farmacéuticos, y educativos u organizar los mismos de manera que no sea necesario celebrar contratos públicos, por ejemplo, mediante la simple financiación de estos servicios o la concesión de licencias o autorizaciones a todos los operadores económicos que cumplan las condiciones previamente fijadas por el poder adjudicador, sin límites ni cuotas, siempre que dicho sistema garantice una publicidad suficiente y se ajuste a los principios de transparencia y no discriminación, tal y como se dice en el considerando 114 de la Directiva 2014/24/UE.

La nueva regulación europea ofrece nuevas posibilidades de organización del modelo de colaboración con el sector público en este campo, con especial atención a las notas de calidad, profesionalización, solidaridad y cohesión social. Y esa opción normativa puede ser desarrollada por la Comunidad Autónoma de Cataluña. Para ello es necesaria una norma legal que prevea y regule esta posibilidad. *A falta de ese marco legal específico, se deberán aplicar las reglas ordinarias de la contratación pública, lo que podría comportar ciertos efectos "perversos"*. En este sentido, si la opción política adoptada responde a una sensibilidad social en estos sectores clave, tan vinculados entre nosotros a la prestación de importantes servicios a las personas, en un entorno de colaboración público-privada guiado por el principio de solidaridad y calidad, en tal caso deberá regularse esta posibilidad.

Existen varias posibilidades jurídicas:

---

condiciones sociales en la contratación pública: posibilidades y límites", *Anuario de Derecho Local* (1), 2017, pp. 272-284.

### *A) Acuerdos de cooperación directa*

Respecto a este supuesto es preciso recordar la doctrina fijada por la STJUE de 11 de diciembre de 2014, en la que se declara que:

> "los artículos 49 UE y 56 FUE deben interpretarse en el sentido de que no se oponen a una normativa nacional que prevé que el suministro de servicios de transporte sanitario de urgencia y de extrema urgencia debe confiarse, con carácter prioritario y mediante adjudicación directa, sin ningún tipo de publicidad, a los organismos de voluntariado con los que se haya celebrado un convenio, siempre que el marco jurídico y convencional en el que se desarrolla la actividad de esos organismos contribuya efectivamente a la finalidad social y a la consecución de los objetivos de solidaridad y de eficacia presupuestaria en los que descansa esa normativa".

Esta sentencia resuelve la cuestión prejudicial suscitada por el Consiglio di Stato —el máximo órgano de la jurisdicción contencioso-administrativo— acerca, en primer lugar, de la compatibilidad con los artículos 49, 56, 105 y 106 del Tratado de Funcionamiento de la Unión Europea, de una norma interna que prevé que el transporte sanitario se adjudique de forma prioritaria a las organizaciones de voluntariado, *Croce Rossa* italiana y otras instituciones o entes públicos autorizados, reembolsándoles los gastos efectivamente soportados. En segundo lugar, se pronuncia sobre la compatibilidad con la normativa europea de contratos públicos de una norma nacional que permite la adjudicación directa del servicio de transporte sanitario, debiéndose considerar oneroso un acuerdo marco que prevea el reembolso no meramente de gastos, sino también de los costes fijos y de carácter duradero. El asunto surge cuando, conforme a lo previsto en la normativa italiana y de la Región de Liguria reguladora del servicio nacional de salud y del voluntariado, dicha región celebró un acuerdo marco con varias entidades representativas de organizaciones de voluntariado para la regulación de las relaciones entre las empresas sanitarias y hospitalarias, por un lado, y las organizaciones de voluntariado y la *Croce Rossa* italiana, por otro. Dicho acuerdo marco regional previó la posterior suscripción de convenios de transporte sanitario de urgencia y extrema urgencia —lo que tuvo efectivamente lugar— con las organizaciones de voluntariado representadas por las entidades firmantes. Disconformes, varias entidades cooperativas interpusieron un recurso que dio lugar a las actuaciones judiciales que, tras la inicial sentencia de instancia, llevaron al Consejo de Estado a plantear la cuestión prejudicial.

El Tribunal de Justicia admite la compatibilidad del acuerdo marco regional y los convenios con las normas europeas. Para ello, parte de que tanto el acuerdo marco como los convenios están incluidos en el ámbito de la Directiva 2004/18/CE de 31 de marzo de 2004, sobre coordinación de los procedimientos de adjudicación de los contratos públicos de obras, de suministro y de servicios, más allá de la circunstancia de que en ellos se prevean como únicas transferencias financieras a favor de las organizaciones de voluntariado los reembolsos de costes en que hubiesen incurrido. Debiendo considerarse, por tanto, contratos de servicios, el Tribunal aclara el régimen jurídico aplicable conforme a la Directiva, que depende en lo esencial de que sea superior el valor del servicio de transporte o el de los servicios médicos. En el primer caso, siempre que se supere el umbral deberán aplicarse todas las normas de procedimiento de la Directiva, mientras que cuando el valor de los servicios médicos sea superior a los del servicio de transporte o cuando no se supere el umbral, se aplicarán únicamente los artículos 23 y 35.4 de la Directiva siempre que, circunscritas las actividades de que se trate a un solo Estado, pueda acreditarse un interés transfronterizo cierto que concurre en el caso a juicio del Tribunal de Justicia.

Pues bien, sobre tales bases afirma el Tribunal de Justicia que:

> *"la adjudicación, sin ninguna transparencia, de un contrato a una empresa situada en el Estado miembro de la entidad adjudicadora de ese contrato es constitutiva de una diferencia de trato en perjuicio de las empresas que pueden estar interesadas en ese contrato, que están situadas en otro Estado miembro. Si no está justificada por circunstancias objetivas, dicha diferencia de trato que, al excluir a todas las empresas establecidas en otro Estado miembro, opera principalmente en perjuicio de éstas, constituye una discriminación indirecta por la nacionalidad, prohibida con arreglo a los artículos 49 TFUE y 56 TFUE".*

El factor clave, por tanto, es la existencia de esas "circunstancias objetivas" que justifiquen la diferencia de trato entre empresas.

Considera el Tribunal de Justicia que concurren en el caso tales "*circunstancias objetivas*", están reguladas en el ordenamiento interno y efectivamente justifican la diferencia de trato dado que, sólo tras prever que "*la prestación de servicios de transporte sanitario es una actividad de interés general que se rige por los principios de universalidad, solidaridad, eficiencia económica y adecuación*", la normativa italiana establece que "*serán prestados por las propias empresas sanitarias y otras entidades suministradoras públicas o asimiladas empleando sus propios medios y personal*» y «*cuando no sea posible,* [...por] *otras entidades*", en cuyo caso, y aquí surge el régimen jurídico que dio lugar al conflicto, "*los servicios de transporte sanitario que se presten en representación del Servicio Regional de Salud deberán ser encomendados, con carácter prioritario, a organizaciones de voluntariado, la Cruz Roja italiana u otra institución u organismo público autorizado, para garantizar que dicho servicio de interés general se presta en condiciones de equilibrio económico en lo que atañe al presupuesto*" (artículo 75 ter de la Ley Regional de Liguria 41/2006). Tal preferencia y la adjudicación directa, en las circunstancias del caso analizado, son compatibles con el ordenamiento europeo.

Esto significa que *un contrato de prestaciones personales de carácter sanitario o social, podría estar excepcionado de las reglas de concurrencia propias de un contrato típico de servicios o productos, dado su marcado carácter estratégico desde la perspectiva de correcta prestación.*

Esta opción ha sido "validada" por la citada STJUE de 28 de enero de 2016, al reconocer la posibilidad de adjudicación directa. En este caso hay una serie de principios que deben respetarse para validar esta posibilidad:

a) Se requiere que, cuando actúan en ese marco, las asociaciones de voluntariado no persigan objetivos distintos a los de *solidaridad* y de *eficacia presupuestaria* que lo sustentan[24];

---

24 Sobre este aspecto, la STJUE, Sala Tercera, de 21 de marzo de 2019, (ponente D. Šváby), define el concepto de entidades sin ánimo de lucro en los siguientes términos: "*(59) constituyen «organizaciones o asociaciones sin ánimo de lucro», en el sentido del artículo 10, letra h), de la Directiva 2014/24, [ídem redacción al artículo 19.2.f LCSP] las organizaciones o asociaciones que tienen como objetivo desempeñar funciones sociales, carecen de finalidad comercial y reinvierten los eventuales beneficios con el fin de alcanzar el objetivo de la organización o asociación*". Señala por otra parte en su apartado 60, que las organizaciones o asociaciones sin ánimo de lucro, tampoco han de considerarse equivalentes a aquellos operadores a los que se reservan determinados contratos.

b) Que no obtengan *ningún beneficio* de sus prestaciones, independientemente del reembolso de los costes variables, fijos y permanentes necesarios para prestarlas, ni proporcionen ningún beneficio a sus miembros;
c) Si bien es admisible el recurso a trabajadores, puesto que en su defecto se privaría a esas asociaciones de la posibilidad efectiva de actuar en numerosos ámbitos en los que puede ponerse en práctica normalmente el principio de solidaridad, la actividad de esas asociaciones debe respetar estrictamente las exigencias que les impone la normativa nacional (STJUE de 28 de enero de 2016, apartado 61).

Asimismo, establece una importante cautela de alcance general y recuerda que el principio general del derecho de la Unión de prohibición del abuso de derecho impide una aplicación de esa normativa que ampare prácticas abusivas de las asociaciones de voluntariado o de sus miembros. Así pues, la actividad de las asociaciones de voluntariado sólo puede ser ejercida por trabajadores dentro de los límites necesarios para su funcionamiento normal. En cuanto al reembolso de los costes, debe procurarse que no se persiga fin lucrativo alguno, ni siquiera indirecto, al amparo de una actividad de voluntariado, y que el participante pueda obtener únicamente el reembolso de los gastos efectivamente soportados como consecuencia de la prestación de la actividad, dentro de los límites establecidos previamente por las propias asociaciones (STJUE de 28 de enero de 2016, apartado 62).

Admitida así esta posibilidad, el Tribunal de Justicia, en respuesta a la segunda cuestión prejudicial afirma (de conformidad a la STJUE de 28 de enero de 2016), que cuando concurren todas las condiciones que a la luz del derecho de la Unión permiten a un Estado miembro prever el recurso a asociaciones de voluntariado, se puede atribuir a éstas la prestación de servicios de transporte sanitario mediante adjudicación directa, sin forma alguna de publicidad y sin que resulte necesario realizar una comparación entre los organismos de voluntariado.

En todo caso —y este dato es muy relevante—, *hay dos límites que deben ser respetados*. El primero, que tal opción se justifique en el *principio de eficiencia*, pues como se puso de relieve en el apartado 60 de la STJUE de 11 de diciembre de 2014, así como en el apartado 63 de la STJUE de 28 de enero de 2016, la licitud del recurso a asociaciones de voluntariado está sujeta en especial a la condición de que ese medio de actuación *contribuya efectivamente al objetivo de eficiencia presupuestaria.* Por tanto, las modalidades de puesta en práctica de ese medio de actuación, según las establezcan los conciertos concluidos con esas asociaciones y en su caso un posible acuerdo marco, también deben contribuir al logro de ese objetivo. En segundo lugar, que esas actividades comerciales sean marginales en relación con el conjunto de las actividades de dichas asociaciones y que apoyen la prosecución de la actividad de voluntariado de éstas.

En consecuencia, es posible una previsión legal de cooperación directa con los límites expuestos, que tendrá un marcado carácter excepcional.

En respuesta a una cuestión prejudicial planteada como consecuencia del recurso contra la normativa valenciana, en la STJUE de 14 de julio de 2022, el Tribunal de Justicia examinó la posibilidad de que determinados contratos de servicios sociales puedan ser reservados a entidades sin ánimo de lucro. El Tribunal aclara que el hecho de que se trate de entidades sin ánimo de lucro no excluye su consideración como operador económico, del mismo modo la limitación de la contraprestación a los gastos efectivos que realice el contratista no excluye la consideración del negocio jurídico como un contrato público. A partir de ahí, examina dos tipos de posibilidades de contratación específica de estos servicios con una entidad con ánimo de lucro.

Por un lado, de acuerdo con el art. 77 de la Directiva 2014/24/UE, se podrá adjudicar un contrato relativo a los servicios sociales, culturales y de salud a "organizaciones" que cumplan todas las condiciones siguientes:

a) Que su objetivo sea una misión de servicio público.

b) Que los beneficios se reinviertan con ese objetivo o, en caso de que se distribuyan, ello se haga con base en consideraciones de participación.

c) Que su propiedad o dirección se basen en la propiedad de los empleados, en principios de participación o exija la participación de los empleados, los usuarios o las partes interesadas.

d) Que el contrato no exceda de tres años y que en los tres años anteriores no se haya hecho uso de la excepción para adjudicar uno de estos contratos a la organización en cuestión.

Están además los supuestos en los que los contratos públicos que tengan por objeto la prestación de un servicio sanitario, social o educativo pueden reservarse a entidades sin ánimo de lucro, en el marco del art. 76 de la Directiva 2014/24/UE, siempre que se trate de servicios de interés económico general. La exclusión de las entidades con ánimo de lucro es una medida contraria al principio de igualdad de trato, salvo que se pueda justificar de forma objetiva. La justificación ha de venir de los principios de universalidad y de solidaridad, o de razones de eficiencia económica y de adecuación, que permitirían que esos servicios de interés general sean prestados en condiciones de equilibrio presupuestario. Es decir, la exclusión de entidades lucrativas sólo podrá considerarse justificada cuando contribuya efectivamente a la finalidad social y a la consecución de los objetivos de solidaridad y de eficiencia presupuestaria. Para justificar esos elementos, de acuerdo con la jurisprudencia del Tribunal de Justicia, las entidades privadas a las que se reservan tales contratos no pueden obtener como consecuencia de la prestación ningún beneficio, ni indirecto, aunque sí el reembolso de los costes variables, fijos y permanentes. Tampoco pueden obtener ningún beneficio a sus miembros, por lo que las entidades prestadoras solo podrán recurrir a trabajadores en los límites necesarios para su funcionamiento normal y los voluntarios obtendrán únicamente el reembolso de los gastos efectivamente soportados.

Con la única excepción de que se trate de una entidad de voluntariado, el cumplimiento de esas condiciones no permite la adjudicación directa del contrato a una entidad sin ánimo de lucro, sino que deberá realizarse una selección con arreglo a criterios objetivos, previamente publicados, teniendo en cuenta entre otras cuestiones el precio de las ofertas, aunque ese precio se limita a la cobertura de gastos. Todos los requisitos y condiciones del procedimiento de licitación deben ser formulados de forma clara, precisa e inequívoca, además de hacerse público el resultado de la licitación, con una publicidad suficiente.

Es decir, el resultado de solidaridad y eficiencia presupuestaria puede justificar la exclusión de entidades con ánimo de lucro, siempre que los objetivos perseguidos efectivamente se consigan, pero no permite en sí misma la adjudicación directa.

### B) *El nuevo modelo de acción concertada y sus posibilidades prácticas*

En el ámbito de la salud, la Ley 14/1986, de 25 de abril, General de Sanidad regula la posibilidad de colaboración de sujetos privados en la prestación del servicio público sanitario a través de la posible vinculación de centros privados a la red sanitaria pública por una doble vía: la del *concierto,* prevista en el Título VI (art. 90 LGS), y la más intensa del *convenio* a que se refieren los artículos 66 y ss. LGS. A primera vista, la diferencia entre ambas estriba en que el convenio supone la plena integración del establecimiento privado en la red hospitalaria pública, quedando sometido a un régimen sustancialmente idéntico al de los centros públicos, mientras que el concierto supone una vinculación más difusa, limitada a determinadas prestaciones que el sector público no está capacitado para garantizar.

Otra distinción primaria de estas dos figuras reside en que la regulación de los convenios para la vinculación de centros privados a la red pública en la LGS tiene carácter supletorio y puede, por tanto, ser desplazada por la legislación autonómica, en contraste con la naturaleza "básica" del régimen del concierto establecido en la propia Ley.

En todo caso, la primacía de la regulación de la contratación pública desplaza las especialidades sanitarias, que deben replantearse desde otra lógica. Lo que no impide utilizar figuras como el concierto como instrumento de "homologación" de entidades privadas para que puedan prestar ciertas funciones asistenciales del entorno público.

El régimen de acción concertada, como complemento al modelo de asistencia pública sanitaria y de prestación de servicios sociales, es una opción organizativa que exige su previsión legal expresa, determinando su alcance y significado, las modalidades de servicios y prestaciones y el sistema retributivo. En ningún caso podrá ocultar prestaciones que merezcan consideración de contrato de servicios.

Tal y como viene sucediendo, en un modelo de acción concertada los centros deberán *disponer de autorización administrativa e inscripción en el registro oficial de centros y establecimientos sanitarios, superar un proceso de acreditación sustentado en estándares rigurosos de calidad establecidos* por la Administración sanitaria o de servicios sociales. Implica, además, el *cumplimiento de un conjunto de obligaciones de gestión y control,* fijadas legalmente y desarrolladas reglamentariamente.

Corresponderá a la Administración pública competente en Cataluña, dentro de las directrices de planificación, establecer los aspectos básicos a los que deben someterse los conciertos sanitarios y de servicios sociales y su alcance. En concreto, el número máximo de centros concertados, la tramitación de la solicitud de acogerse a tal modalidad, la duración máxima del concierto y las causas de extinción; las obligaciones del titular del centro concertado y de la Administración sanitaria; el sometimiento del concierto al derecho administrativo y, en su caso, las singularidades del régimen del personal sanitario.

Existirán una Bases de Acción Concertada en las que se determinarán los derechos y obligaciones derivados de la selección, estableciéndose las condiciones técnicas y económicas para la prestación de la actividad concertada. Los centros que accedan al régimen de concertación deberán formalizar con la Administración el correspondiente concierto.

La elección de centro sanitario o de servicios sociales privado concertado no implicará en ningún caso un trato menos favorable, ni una desventaja, para los ciudadanos y deberá respetarse la equivalencia de prestación de la cartera de servicios.

La cuantía global de los fondos públicos destinados al sostenimiento de los centros privados concertados, para hacer efectiva la gratuidad de las prestaciones sanitarias o de servicios sociales objeto de concierto, se establecerá en los presupuestos de las Administraciones correspondientes. Interesa destacar que se sufragan los costes reales, dado que se prestan servicios al margen del mercado y donde no impacta el principio de riesgo y ventura. Así, incertidumbres que afecten a los costes deben ser objeto de compensación mediante el oportuno ajuste de la tarifa.

### *C) Un "régimen especial" contractual en prestaciones directas a personas en los ámbitos sociales y sanitarios*

La justificación de la posibilidad de una regulación simplificada y de reserva de contratos se explica en el considerando 6 de la Directiva 2014/24/UE, que advierte que "*conviene aclarar que los servicios no económicos de interés general deben quedar excluidos del ámbito de aplicación de la presente Directiva*". También, el considerando 114 afirma que:

> "Determinadas categorías de servicios, en concreto los servicios que se conocen como servicios a las personas, como ciertos servicios sociales, sanitarios y educativos, siguen teniendo, por su propia naturaleza, una *dimensión transfronteriza limitada. Dichos servicios se prestan en un contexto particular que varía mucho de un Estado miembro a otro, debido a las diferentes tradiciones culturales* (...)
>
> Los contratos de servicios a las personas, cuyo valor esté situado por encima de ese umbral deben estar sujetos a *normas de transparencia* en toda la Unión. Teniendo en cuenta la importancia del contexto cultural y el carácter delicado de estos servicios, debe ofrecerse a los Estados miembros un *amplio margen de maniobra* para organizar la elección de los proveedores de los servicios del modo que consideren más oportuno. Las normas de la presente Directiva tienen en cuenta este imperativo al imponer solo la *observancia de los principios fundamentales de transparencia e igualdad de trato y al asegurar que los poderes adjudicadores puedan aplicar, para la elección de los proveedores de servicios, criterios de calidad específicos*, como los establecidos en el Marco Europeo Voluntario de Calidad para los Servicios Sociales publicado por el Comité de Protección Social. Al determinar los procedimientos que hayan de utilizarse para la adjudicación de contratos de servicios a las personas, los Estados miembros deben tener en cuenta el artículo 14 del TFUE y el Protocolo n.º 26. Al hacerlo, los Estados miembros también deben perseguir los objetivos de simplificación y reducción de la carga administrativa de poderes adjudicadores y operadores económicos; es preciso aclarar ello también puede suponer basarse en disposiciones aplicables a los contratos de servicios no sometidos al régimen específico.
>
> Los Estados miembros y los poderes públicos siguen teniendo libertad para prestar por sí mismos esos servicios *u organizar los servicios sociales de manera que no sea necesario celebrar contratos públicos, por ejemplo, mediante la simple financiación de estos servicios o la concesión de licencias o autorizaciones a todos los operadores económicos que cumplan las condiciones previamente fijadas* por el poder adjudicador, sin límites ni cuotas, siempre que dicho sistema garantice una publicidad suficiente y se ajuste a los principios de transparencia y no discriminación".

Esto explica por qué el artículo 77 de la Directiva 24/2014/UE prevé incluso la *posibilidad de reserva de esos contratos:*

"1. Los Estados miembros podrán disponer que los poderes adjudicadores estén facultados para reservar a determinadas organizaciones el derecho de participación en procedimientos de adjudicación de contratos públicos exclusivamente en el caso de los servicios sociales, culturales y de salud que se contemplan en el artículo 74 y que lleven los códigos CPV 751210000, 751220007, 751230004, 796220000, 796240004, 796250001, 801100008, 803000007, 804200004, 804300007, 805110009, 805200005, 805900006, desde 850000009 hasta 853230009, 925000006, 926000007, 981330004 y 981331108.

2. Las organizaciones a que se refiere el apartado 1 deberán cumplir todas las condiciones siguientes:

a) que su objetivo sea la realización de una *misión de servicio público* vinculada a la prestación de los servicios contemplados en el apartado 1;

b) que los *beneficios* se reinviertan con el fin de alcanzar el objetivo de la organización; en caso de que se distribuyan o redistribuyan beneficios, la distribución o redistribución deberá basarse en consideraciones de participación;

c) que las estructuras de dirección o propiedad de la organización que ejecute el contrato se basen en la *propiedad de los empleados o en principios de participación* o exijan la participación activa de los empleados, los usuarios o las partes interesadas; y

d) que el poder adjudicador de que se trate no haya adjudicado a la organización un contrato para los servicios en cuestión con arreglo al presente artículo en los tres años precedentes.

3. La duración máxima del contrato no excederá de tres años.

4. En la convocatoria de licitación se hará referencia al presente artículo".

Es decir, que resulta posible en contratos de prestaciones directas a ciudadanos en el ámbito sanitario o social, adoptar medidas de licitación más "específicas", que atiendan a las especialidades expuestas, y la reserva de contratos es una de ellas.

Junto a esta opción de reserva de contratos o "cooperación directa", *existe la posibilidad de un procedimiento singular que ponga la atención en las propias características del servicio sanitario.* Al hilo de lo expuesto anteriormente, el artículo 76 de la Directiva 2014/24/UE, habilita a:

"1. *Los Estados miembros establecerán normas nacionales para la adjudicación de los contratos sujetos a lo dispuesto en el presente capítulo,* a fin de garantizar que los poderes adjudicadores respetan los *principios de transparencia y de igualdad de trato de los poderes económicos.* Los

Estados miembros serán libres de determinar las normas de procedimiento aplicable, siempre que tales normas permitan a los poderes adjudicadores tener en cuenta la especificidad de los servicios en cuestión.

*2. Los Estados miembros velarán porque los poderes adjudicadores puedan tener en cuenta la necesidad de garantizar la calidad, la continuidad, la accesibilidad, la asequibilidad, la disponibilidad y la exhaustividad de los servicios, las necesidades específicas de las distintas categorías de usuarios, incluidos los grupos desfavorecidos y vulnerables, la implicación y la responsabilización de los usuarios y la innovación.* Además, los Estados miembros podrán disponer que la elección del proveedor de servicios se haga sobre la base de la oferta económicamente más ventajosa, teniendo en cuenta criterios de calidad y de sostenibilidad en el caso de los servicios sociales".

Es decir, es posible establecer unas normas "distintas" de contratación pública en el ámbito de los contratos sanitarios a las personas, que ponga en el acento en aspectos técnicos y de calidad.

Resulta posible y muy conveniente la articulación de un procedimiento «especial» de contratación, donde podrían tenerse en cuenta los siguientes aspectos:

### a) La "especial" valoración de la solvencia de las empresas licitadoras

Parece lógico exigir una *solvencia económica y financiera* suficiente en una cuantía referida al volumen de negocios en el ámbito de las actividades correspondiente al objeto del contrato en relación como máximo a los tres últimos ejercicios disponibles, a determinar en cada caso en el pliego de cláusulas administrativas particulares (en nuestro parecer, la cuantía no debería ser nunca inferior al 75% del precio anual del contrato o del lote al que se concurre). Muy especialmente, debe prestarse atención a la *solvencia técnica* (o profesional) acreditada mediante requisitos técnicos de acreditación o estándares de calidad; experiencia previa en la gestión de los servicios objeto del contrato a determinar en cada caso en el pliego de cláusulas administrativas particulares (en nuestro parecer, esa experiencia tendría una duración mínima que no debería ser nunca inferior a tres años, con un importe anual no inferior al 60% del precio anual del contrato o del lote al que se concurre); disposición de equipo humano profesional en materia de gestión de los servicios licitados;

y *reinversión de un porcentaje mínimo de los beneficios* en la mejora de la gestión de los servicios adjudicados *o distribución de beneficios en base a criterios de participación.* Para evitar un indebido juego empresarial y con el fin de preservar la calidad del servicio, debería establecerse la *imposibilidad de subcontratar la prestación principal,* a la vez que podría valorarse la exigencia de autorización previa en la subcontratación de prestaciones accesorias.

### b) La determinación de criterios de adjudicación que pongan en valor la relación calidad/precio

Frente a criterios "economicistas", el objeto de la prestación aconseja utilizar unos criterios de adjudicación que insistan en la calidad de la prestación. Hay varias posibilidades. En primer lugar, sobre la ponderación de los distintos criterios debería tenerse en cuenta los siguientes principios:

1. Ponderación superior de los criterios de valoración mediante un juicio de valor (subjetivos) sobre la ponderación de los criterios evaluables de forma automática (objetivos) y exigencia de un comité de expertos no integrados en el órgano proponente del contrato para la evaluación de los criterios subjetivos.
2. Condicionar la valoración de los criterios objetivos a la obtención de un mínimo (60%) de puntuación de los criterios subjetivos.

Al margen de los criterios admisibles por la legislación general de contratos, debería fomentarse la utilización de criterios específicos directamente vinculados al objeto del contrato, que pueden proporcionar una mejor calidad de la prestación y, de este modo, ayudar en la selección de la oferta económicamente más ventajosa. Entre las posibilidades existentes pueden citarse:

1. Inclusión, como criterio subjetivo vinculado al objeto del contrato, de un *Plan de Gestión* en el que, más allá de los requisitos mínimos establecidos en el pliego de prescripciones técnicas, se incluyan y valoren elementos como la determinación de los objetivos asistenciales; los medios de control y garantía de la calidad; los instrumentos para favorecer la

accesibilidad y la resolución de los servicios; los mecanismos para posibilitar la participación de los profesionales en la gestión; las estrategias de mejora de la gestión y prestación de los servicios; las políticas de coordinación y potenciación del trabajo en red con otros dispositivos asistenciales; los planes para mejorar la respuesta a la demanda no urgente de servicios y para resolver situaciones de incremento de la demanda y la atención domiciliaria; los programas de atención a colectivos socialmente vulnerables y los programas de promoción de la salud, los programas docentes y los programas de investigación e innovación, todos ellos en relación con los servicios objeto del contrato.

2. Inclusión, como criterio subjetivo, de mecanismos favorecedores de la autonomía de gestión de los profesionales debidamente documentados y justificados.
3. Inclusión en los criterios subjetivos de los relativos a calidad de los recursos personales adscritos al contrato, que permitan valorar la mayor idoneidad de los profesionales directivos, la idoneidad del personal en atención a su titulación y especialización, los programas de formación y los sistemas de incentivos a los trabajadores por cumplimiento de objetivos.
4. Exigencia de incorporar a los pliegos *criterios de valoración relativos a cláusulas sociales y medioambientales,* pero *nunca la proximidad* de las empresas candidatas o de sus estructuras de gestión y control al centro de trabajo, pues tal opción fue considerada ilegal, entre otras, en la Sentencia del Tribunal de Justicia de 22 de octubre de 2015, que condenó al Reino de España, y más recientemente en la STJUE de 14 de julio de 2022, pero si la subrogación del personal existente; *económicas,* ponderando el compromiso de reinvertir un porcentaje mínimo de beneficios en la mejora de la gestión de los servicios adjudicados o por encima de este porcentaje mínimo fijado como criterio de solvencia técnica; y *estratégicas,* como la participación en alianzas estratégicas de proveedores públicos y trabajo en red, siempre que se pueda justificar una mayor calidad del servicio).

### c) La necesaria regulación de supuestos de anormalidad en estos contratos

Para garantizar una correcta ejecución, en estos servicios debe regularse el sistema de anormalidad de ofertas, que debe tener carácter obligatorio e indisponible. Al efecto se deberán prever fórmulas *ad hoc* que contemplen tanto aspectos de la oferta técnica como de la oferta económica, determinando que es constitutivo de una oferta desproporcionada o anormal el incumplimiento de disposiciones de obligado cumplimiento en materia de protección del empleo, condiciones de trabajo o costes salariales mínimos por categoría profesional y requiriendo el desglose de los precios para acreditar la viabilidad de las proposiciones económicas, en su caso.

### d) Determinación de condiciones especiales de ejecución

Además de las medidas sobre interlocución contractual (designando a un responsable del contrato), ejecución contractual; inspección, control y ejercicio de la potestad sancionadora; y seguimiento y evaluación de los contratos que deben adoptar deseablemente las entidades adjudicadoras en el ámbito de las facultades que les confiere la Directiva 2014/24/UE.

En concreto, en estos contratos se debe incluir como condición especial de ejecución tanto la prohibición de "deslocalización" de servicios que produzca una precarización laboral, como la fijación de una retribución mínima que preserve la calidad del servicio y evite la conflictividad laboral. Posibilidad admitida por el Tribunal de Justicia en la STJUE, Sala Cuarta, de 17 de noviembre de 2015, (ponente A. Prechal), al considerar legal la obligación, impuesta a los licitadores y a sus subcontratistas en el contexto de la adjudicación de un contrato público, de comprometerse a pagar un salario mínimo al personal que ejecute las prestaciones objeto de ese contrato.

En España, el Acuerdo 80/2016 del Tribunal Administrativo de Contratos Públicos de Aragón contempló también esa posibilidad. El Tribunal de Justicia considera que una disposición nacional que establece que todos los licitadores y sus subcontratistas deberán comprometerse frente al poder adjudicador a pagar al personal que vaya a ejecutar el contrato público de que se trate un salario mínimo determinado por la Ley, debe calificarse de "condición especial en relación con la ejecución del contrato" referida a "consideraciones de tipo social" en el sentido del artículo 26 de la Directiva 2004/18/CE. En consecuencia, declara que dicho artículo debe interpretarse en el sentido de que no se opone a una normativa de una entidad regional de un Estado miembro que obliga a los licitadores y a sus subcontratistas a comprometerse, mediante una declaración escrita que deberá presentarse junto con la oferta, a pagar al personal que llevará a cabo las prestaciones objeto del contrato público un salario mínimo fijado por dicha normativa y que no se opone a una normativa de una entidad regional de un Estado miembro, como la controvertida en el asunto principal, que prevé la exclusión de la participación en un procedimiento de adjudicación de un contrato público a los licitadores y a sus subcontratistas que se nieguen a comprometerse, mediante una declaración escrita que deberá presentarse junto con la oferta, a pagar al personal que llevará a cabo las prestaciones objeto del contrato público considerado un salario mínimo fijado por dicha normativa.

En definitiva, son varias las posibilidades jurídicas, incluso la de no hacer nada y aplicar las técnicas contractuales "ordinarias". La opción que se adopte, en su diseño concreto, no puede desconocer las peculiaridades de una prestación de indudable trascendencia social, en la que los propios matices de cómo se haya venido prestando en los últimos años aconsejan una especial atención a cómo se viene desempeñando —y se debe desempeñar— la actividad de servicios a las personas en los ámbitos sociales y sanitarios. Todo ello porque no puede desconocerse que es una actividad de interés general que se rige, principalmente, por los principios de universalidad, solidaridad, eficiencia económica y adecuación.

Es preciso destacar que el derecho europeo de la contratación pública habilita que un contrato de prestaciones personales de carácter sanitario o social, se pueda exceptuar de las reglas de concurrencia propias de un contrato típico de servicios o suministro e incluso celebrarse directamente con entidades del tercer sector sin ánimo de lucro que colaboran, con una finalidad de solidaridad, con los fines públicos, dado el marcado carácter estratégico de esa colaboración desde la perspectiva de la correcta prestación.

En todo caso, parece lógico un desarrollo legal que incluya las distintas opciones jurídicas descritas, sin decantar o excluir una concreta opción, preservando la posibilidad de una aplicación práctica complementaria.

## I.4. CONCLUSIONES

Las nuevas Directivas de contratación pública (23, 24 y 25 de 2014, de 26 de febrero) persiguen dos objetivos complementarios. Primero, incrementar la eficiencia del gasto público, para lo cual resulta crucial aumentar la eficiencia de los procedimientos de contratación, lo que pasa por su racionalización y simplificación.

Complementariamente, permitir que los compradores utilicen mejor la contratación pública en apoyo de objetivos sociales comunes, como proteger el medio ambiente, hacer un uso más eficiente de los recursos naturales y de la energía, luchar contra el cambio climático, promover la innovación y la inclusión social y asegurar las mejores condiciones posibles para la prestación de servicios públicos de alta calidad. Y no puede olvidarse, en palabras de Enrico Letta, que Europa es más que un mercado[25].

La vigente regulación europea de la contratación pública y su transposición en España mediante la LCSP obligan a repensar el modelo de la contratación en el ámbito de la salud cuando se trata de prestaciones a ciudadanos. Es cierto que se impide el uso de ciertos instrumentos tradicionales, pero existen posibilidades organizativas para implementar un nuevo modelo eficaz, eficiente y sensible al propio objeto prestacional.

La competencia corresponde a las Comunidades Autónomas. Existe una competencia compartida que exige el adecuado "equilibrio" de regulaciones y en este sentido sirve de referencia la STC, Pleno, de 30 de abril de 2015 (ponente Francisco Pérez de los Cobos). Esto no debe desincentivar el desarrollo competencial, pues la opción de no regular convierte *de facto* en exclusiva la competencia del

---

25 LETTA, Enrico, "Much market than a more", https://www.consilium.europa.eu/media/ny3j24sm/much-more-than-a-market-report-by-enrico-letta.pdf (última visita, 19 de diciembre de 2024).

Estado, lo que supone negar, en sí mismo, las propias capacidades de la Comunidad Autónoma. Toda Comunidad Autónoma goza de un amplio margen de maniobra para establecer un marco normativo específico en orden a regular la contratación de los servicios públicos a las personas (sanitarios y sociales) y hacerlo de forma diferenciada de los restantes servicios públicos, al objeto de asegurar la consecución de los objetivos de los sistemas sanitario y social de cada uno de los Estados miembros, debiendo preservar exclusivamente la igualdad de trato entre todos los licitadores y la transparencia.

Se podría establecer un modelo de acción concertada para complementar la cartera de prestación de servicios, dando preferencia a entidades sin ánimo de lucro y entidades de economía social. Esta opción no es una privatización de servicios, sino que implica más bien cierta "publificación" de la gestión de centros privados, en tanto se regula y controla su colaboración en la prestación de ciertas actividades de la cartera de servicios por la Comunidad Autónoma, con el fin de preservar la universalidad y equidad del modelo prestacional público.

Asimismo, en la medida en que existe una consolidada "red social" implicada en la prestación de estos servicios desde las lógicas de la solidaridad y la profesionalidad, podrían preverse sistemas de reserva de contratos e incluso, con los requisitos expuestos, de cooperación directa. Y, por supuesto, en desarrollo de la habilitación legal estatal, se puede "singularizar" el régimen de la contratación pública de estos servicios para poner en valor la calidad de la prestación y, en especial, el quién la va prestar.

En definitiva, toda Comunidad Autónoma puede aprobar una disposición legal para regular el modelo de concertación y colaboración en la prestación de servicios sanitarios y sociales a las personas con el fin de implementar un modelo eficaz, eficiente y sensible al propio objeto prestacional. Las opciones explicadas en este estudio pueden ser incluidas, lo que permitirá una gestión estratégica en la prestación de los servicios sanitarios en la Comunidad Autónoma que ponga el acento en la solidaridad y la eficiencia social.

*En este sentido, es conveniente una "reactualización del modelo" de prestación de servicios a las personas, que preserve la idea de eficacia y eficiencia en un modelo de colaboración público-privado, que atienda a las particula-*

*ridades del denominado tercer sector*, que tanto valor añadido aporta a la defensa de los principios de la sanidad de calidad y universal. Se trata de un modelo, por lo demás, ya implantado de forma consensuada en la Comunidad Autónoma de las Islas Baleares (Ley 12/2018) y que está funcionando con normalidad y a satisfacción de los distintos operadores.

## I.5. JURISPRUDENCIA

Auto del TJUE núm. 289/2023, de 31 de marzo de 2023, (ponente C. Lycourgos). (ASUNTO C-676/20).

STC núm. 84/2015, de 30 de abril de 2015 (ponente Francisco Pérez de los Cobos). (Rec. de inconstitucionalidad 1884/2013).

STJCE núm. 301/1997, de 17 de junio de 1997 (ponente P.J.G. Kapteyn). (ASUNTO C-70/95).

STJUE núm. 2440/2014, de 11 de diciembre de 2014, (ponente D. Šváby). (ASUNTO C-113/13).

STJUE núm. 760/2015, de 17 de noviembre de 2015, (ponente A. Prechal). (ASUNTO C-115/14),

STJUE núm. 56/2016, de 28 de enero de 2016, (ponente D. Šváby). (ASUNTO C-50/14).

STJUE núm. 234/2017, de 21 de marzo de 2019, (ponente D. Šváby). (ASUNTO C-465/17).

STJUE núm. 559/2022, de 14 de julio de 2022 (ponente C. Lycourgos). (ASUNTO C-436/20).

## I.6. BIBLIOGRAFÍA

BERNAL BLAY, Miguel Ángel, "La contratación de los servicios a las personas", en GALLEGO CÓRCOLES, Isabel y GAMERO CASADO, Eduardo (dirs.), *Tratado de Contratos del Sector Público* vol. 3, Valencia 2018, pp. 2841-2874.

COMISIÓN (CE), "Aplicación del programa comunitario de Lisboa. Servicios sociales de interés general en la Unión Europea" (Comunicación) COM(2006) 177 final, 26 de abril de 2006.

COMISIÓN (UE), "Aplicación y mejores prácticas de las políticas nacionales de contratación pública en el mercado interior" (Informe) COM(2021) 245 final, 20 de mayo de 2021.

COMISIÓN (UE), "Adquisiciones sociales —Una guía para considerar aspectos sociales en las contrataciones públicas— 2.a edición", (2021/C 237/01), 18 de junio de 2021.

DOMÍNGUEZ MARTÍN, Mónica, "La acción concertada de los servicios a las personas en la ley de contratos del sector público y en la legislación autonómica ¿instrumentos no contractuales para la prestación de servicios públicos destinados a satisfacer carácter social?", en TOLIVAR ALAS, Leopoldo y CUETO PÉREZ, Miriam (dirs.), *La prestación de servicios sociosanitarios: nuevo marco de la contratación pública,* Valencia, 2020, pp. 47-75.

DOMÍNGUEZ MARTÍN, Mónica, "Los contratos de prestación de servicios a las personas. Repensando las formas de gestión de los servicios sanitarios públicos tras las Directivas contratos de 2014 y la Ley 9/2017 de Contratos del Sector Público", *Revista General de Derecho Administrativo* (50), 2019, pp. 1-17.

GIMENO FELIÚ, José María, "La colaboración público-privada en el ámbito de los servicios sociales y sanitarios dirigidos a las personas. Condicionantes europeos y constitucionales, *Revista Aragonesa de Administración Pública* (52), 2018, pp. 12-66.

GIMENO FELIÚ, José María, "Las condiciones sociales en la contratación pública: posibilidades y límites", *Anuario de Derecho Local* (1), 2017, pp. 272-284.

GIMENO FELIÚ, José María, "Reglas básicas para mejorar la eficiencia y la transparencia en la contratación pública", *Presupuesto y Gasto Público* (82), 2016, pp. 137-158.

GIMENO FELIÚ, José María, "Un paso firme en la construcción de una contratación pública socialmente responsable mediante colaboración con entidades sin ánimo de lucro en prestaciones sociales y sanitarias", https://www.obcp.es/opiniones/un-paso-firme-en-la-construccion-de-una-contratacion-publica-socialmente-responsable (última visita, 19 de diciembre de 2024).

GIMENO FELIÚ, José María, "Servicios de salud y reservas de participación ¿una nueva oportunidad para la mejora del SNS? (Análisis de los artículos 74 a 77 de la nueva Directiva 2014/24/UE sobre contratación pública)", *Revista Derecho y Salud* 26 (2), 2015, pp. 65-85.

LAZO VITORIA, Ximena, "Prestación de servicios a las personas: ¿concierto social o contrato?", *Revista de Estudios de la Administración Local y Autonómica. Nueva Época* (20), 2023, pp. 31-46.

LAZO VITORIA, Ximena, "La figura del 'concierto social' tras las directivas europeas de contratación pública", https://www.obcp.es/opiniones/la-figura-del-concierto-social-tras-las-directivas-europeas-de-contratacion-publica (última visita, 19 de diciembre de 2024).

LETTA, Enrico, "Much market than a more", https://www.consilium.europa.eu/media/ny3j24sm/much-more-than-a-market-report-by-enrico-letta.pdf (última visita, 19 de diciembre de 2024).

MORENO MOLINA, José Antonio, "Acuerdos de acción concertada con entidades privadas de iniciativa social. Análisis por el TJUE de la normativa valenciana", *Contratación administrativa práctica: revista de la contratación administrativa y de los contratistas* (184), 2023, pp. 1-20.

OIRESCON, "Informe especial de supervisión relativo a la contratación estratégica en el 2020", https://obcp.es/sites/default/files/2022-03/Informe%20OIRESCON%20-%20Contrataci%C3%B3n%20p%C3%BAblica%20estrat%C3%A9gica.pdf (última visita, 19 de diciembre de 2024).

*Capítulo II*

# *Servicios sociales de interés general y la acción concertada social: una relación necesaria*[1]

**JESSICA VIVAS ROSO**
*Profesora de la Especialización en Derecho Administrativo*
*Universidad Central de Venezuela*
*Coordinación*

**JOSEP RAMON FUENTES I GASÓ**
*Profesor Titular de Derecho Administrativo, acreditado como Catedrático*
*Universitat Rovira i Virgili*

**Resumen:** A partir del estudio del concepto europeo de servicios sociales de interés general, este trabajo analiza la idoneidad del concierto social como figura jurídica no contractual para garantizar la prestación de los servicios sociales en España.

**Palabras clave:** servicio público, atención a la persona, concierto social, servicios de interés general, Unión Europea.

**Índice:** 

**Abreviaturas empleadas:**

LCSP: Ley 9/2017, de 8 de noviembre, de Contratos del Sector Público
LOEPSF: Ley Orgánica 2/2012, de Estabilidad Presupuestaria y Sostenibilidad Financiera

---

1 Este trabajo se ha realizado en el marco del Grup de Recerca Territori, Ciutadania i Sostenibilitat de la Universitat Rovira i Virgili, reconocido como grupo de investigación consolidado y que cuenta con el apoyo del Departament de Recerca i Universitats de la Generalitat de Catalunya (2021 SGR 00162).

LRSAL: Ley 27/2013, de 27 de diciembre, de racionalización y sostenibilidad de la Administración Local
LRBRL: Ley 7/1985, de 2 de abril, Reguladora de las Bases del Régimen Local
SIEG: Servicios de interés económico general
SIG: Servicios de interés general
SIGNE: Servicios de interés general no económicos
SSIE: Servicios sociales de interés general
TJUE: Tribunal de Justicia de la Unión Europea
UE: Unión Europea

## II.1. INTRODUCCIÓN

Cualquier discusión, análisis o interpretación que se realice del concierto social como institución jurídica debe ir atada al tipo de servicio y/o prestaciones que se quieren garantizar con este tipo de acuerdos y es por ello que en el presente capítulo se ha querido analizar la necesaria relación que existe entre los servicios sociales de interés general y los conciertos sociales porque consideramos que así puede entenderse en mejor manera, por qué el concierto social se convierte en el mecanismo idóneo para garantizar los servicios a las personas.

Para ello debe comenzar por recordarse que el concepto de servicio público dentro de la división tripartita clásica de actividades sobre las que se construyó el derecho administrativo (policía, fomento y servicio público) ha sido el que mayores dificultades ha tenido para su definición, y en parte, ello ha sido consecuencia de las constantes transformaciones sociales. Sin embargo, tal como afirma *Gimeno Feliú* pueden identificarse al menos dos posiciones clásicas en torno a dicho concepto: una objetiva, que se centra en delimitar las actividades prestacionales que deben ser garantizadas por el Estado con el fin de asegurar el disfrute de los derechos de las personas, y una subjetiva, que se basa en la idea de que el servicio público es una actividad excluida del régimen de mercado y por ello, existe unas formas específicas de relacionamiento entre el sector público y el sector privado que se rigen por fuertes regulaciones de derecho público, dejando en un segundo plano, el derecho de las personas a obtener unas determinadas prestaciones[2].

El derecho de la Unión Europea (UE) ha incidido significativamente en la reconstrucción del concepto de servicio público a partir de la necesidad de hacer efectivo el mercado interior de servicios a nivel comunitario, lo que requería de la liberalización y apertura a la competencia de muchas actividades que de acuerdo al derecho interno de los Estados miembros podrían quedar incluidas dentro de la noción clásica de servicio público.

La UE viene a introducir un nuevo concepto, los servicios de interés general (SIG), con el que se pretenden identificar aquellas actividades que han sido objeto de procesos de liberalización, y que por tanto deben llevarse a cabo de acuerdo con los principios de la competencia[3]. Este concepto en palabras de *González Ríos* trajo consigo importantes implicaciones jurídicas que tuvieron impacto en: 1. El régimen de acceso y ejercicio de la actividad prestacional del servicio que se trate; 2. El régimen de atribuciones competenciales de los Estados miembros; 3. Establecimiento de reglas para proteger los derechos de los usuarios de los SIG, y; 4. El régimen de contratación pública[4].

Dentro del concepto de los SIG encontramos: 1. Los servicios de interés económico general (SIEG) que son prestados a cambio de una remuneración y se encuentran sujetos a las normas europeas del mercado interior y de la competencia, 2. Los servicios de interés general no económicos (SIGNE), como la policía, la justicia y los regímenes obligatorios de seguridad social que no están sometidos a una legislación europea específica, ni a las normas del Tratado sobre

---

2 GIMENO FELIÚ, José María, "La colaboración público-privada en el ámbito de los servicios sociales y sanitarios dirigidos a las personas. Condicionantes europeos y constitucionales", *Revista Aragonesa de Administración Pública* (52), 2018, p. 17.

3 TORNOS MAS, Joaquín, "El concepto de servicio público a la luz del derecho comunitario", *Revista de administración pública* (200), 2016, p. 201.

4 GONZÁLEZ RÍOS, Isabel, "La indefinición normativa del concepto de servicios de interés general y su ámbito material", en GONZÁLEZ RÍOS, Isabel (dir.), *Servicios de interés general y protección de los usuarios: (educación, sanidad, servicios sociales, vivienda, energía, transportes y comunicaciones electrónicas),* Madrid 2018, p. 54.

mercado interior y competencia, y; 3. Los servicios sociales de interés general (SSIG) que se prestan de forma personalizada con el fin de responder a las necesidades de usuarios vulnerables y se basan en el principio de solidaridad y de igualdad de acceso[5]. Estos últimos pueden ser de carácter económico o no, según cuál sea la forma en que se presta, organiza y financia el servicio[6].

Los SSIG serán objeto de análisis en este capítulo para comprender por qué, en atención a su especial naturaleza, figuras no contractuales como el concierto social son las que resultan más adecuadas para garantizarlos.

## II.2. LOS SERVICIOS SOCIALES DE INTERÉS GENERAL

Debemos comenzar señalando que las bases históricas del concepto de SIG pueden ubicarse en los inicios del proceso de integración europea, sin embargo, no sería hasta 1996 —con ocasión al proyecto de Carta Europea de los Servicios Públicos— cuando la Comisión emitiera la comunicación sobre "Los servicios de interés general en Europa", en la que señalaba la importancia de las misiones de interés general para lograr los objetivos fundamentales de la UE[7] y que la defensa de los SIG y su complementariedad con el mercado interior y la política comunitaria de competencia, constituía uno de los valo-

---

5 FUENTES i GASÓ, Josep Ramon, "Una aproximación introductoria: del servicio al servicio público y al servicio de interés económico general", en FUENTES i GASÓ, Josep Ramon (ed.), *Externalización e interiorización de la gestión de los servicios públicos locales: entre público y privado,* Valencia 2022, p. 45.

6 En distintos pronunciamientos el Tribunal de Justicia de la Unión Europea (TJUE) ha reconocido que tendrán carácter no económico aquellos servicios sociales que desempeñen una función "exclusivamente social" [Ver STFUE, Sala Quinta, de 22 de enero de 2022 (ponente M. Wathelet), asunto C-218/00]. En este sentido, corresponde a los Estados miembro con miras a garantizar la cohesión social, prestar los SSIG atendiendo a los principios de igualdad, calidad, continuidad y universalidad, pudiendo mediante ley fijar los medios y la forma en la que se van a prestar los mismos. Sobre este punto puede consultarse: DIPSE, Valentina, "Reflexiones en torno al concepto de servicio público en el art. 511 CP", *Estudios penales y criminológicos* (43), 2023, pp. 347-348.

7 COMISIÓN (CE), "Los servicios de interés general en Europa" (Comunicación) COM(96) 443 final, 11 de septiembre de 1996.

res comunes de la UE y su función esencial en la cohesión social y territorial de Europa conforme a los principios de igualdad, calidad y continuidad de dichos servicios[8].

A partir de allí la UE ha desarrollado diversos instrumentos que han servido para delimitar los SIG entre los que destacan: 1. El Libro verde sobre los servicios de interés general[9], 2. El Libro blanco sobre los servicios de interés general[10], 3. La comunicación sobre los servicios sociales de interés general[11], 4. El Nuevo compromiso europeo en el ámbito de los servicios de interés general[12], y; 5. La comunicación "un marco de calidad para los servicios sociales de interés general en Europa"[13]. No pretendemos realizar una explicación detallada de cada uno de estos instrumentos puesto que el interés en este trabajo se centra en los SSIG, sin embargo, nos concentraremos en: 1. El Libro blanco sobre los servicios de interés general, 2. La comunicación sobre los servicios sociales de interés general, y; 3. La comunicación "un marco de calidad para los servicios sociales de interés general en Europa". Se realizará especial énfasis en la segunda de las nombradas porque se trata de una comunicación especialmente dedicada a los SSIG en la que se delimitan sus características y más aún, se sientan las bases para diferenciar los contratos públicos del concierto social como mecanismo idóneo para garantizar los servicios a las personas[14].

---

8 FUENTES i GASÓ, Josep Ramon, "On public service and service of general economic interest: a conceptual approach", *Revista de Direito Econômico e Socioambiental* 12 (2), 2021, p. 247

9 COMISIÓN (CE), "Libro verde sobre los servicios de interés general" (Comunicación) COM(2003) 270 final, 21 de mayo de 2003.

10 COMISIÓN (CE), "Libro Blanco sobre los servicios de interés general" COM(2004) 374 final, 12 de mayo de 2004.

11 COMISIÓN (CE), "Aplicación del programa comunitario de Lisboa. Servicios sociales de interés general en la Unión Europea" (Comunicación) COM(2006) 177 final, 26 de abril de 2006.

12 COMISIÓN (CE), "Un mercado único para la Europa del siglo veintiuno. Servicios de interés general, incluidos los sociales: un nuevo compromiso europeo" (Comunicación) COM(2007) 725 final, 20 de noviembre de 2007.

13 COMISIÓN (UE), "Un marco de calidad para los servicios de interés general en Europa" (Comunicación) COM(2011) 900 final, 20 de diciembre de 2011.

14 MANENT ALONSO, Luis, "A acción concertada en servizos sociais tras a doutrina ASADE: do desconcerto á incerteza", *Administración & cidadanía: revista da*

Luego de la publicación del Libro Verde sobre los servicios de interés general se generó un gran interés por comprender la visión europea de los servicios sociales, incluidos los de asistencia sanitaria, cuidados de larga duración, seguridad social, empleo y vivienda social, por ello surge el Libro blanco sobre los servicios de interés general que recopila las conclusiones que la Comisión extrajo de una amplia consulta pública que se realizó sobre lo expuesto en el Libro Verde sobre los servicios de interés general.

Para la Comisión era necesario armonizar los mecanismos de mercado y la misión de los servicios públicos para avanzar en la fijación de un marco que permita el buen funcionamiento de los SIG. Respecto de los SSIG el libro blanco reconoce que éstos desempeñan un rol importante como parte integrante del modelo europeo de sociedad y que basándose en el principio de solidaridad y de desarrollo centrado en la persona, son los llamados a garantizar el disfrute efectivo de los derechos fundamentales de las personas así como un elevado nivel de protección social, al tiempo que refuerzan la cohesión social y territorial.

En el libro blanco sobre los servicios de interés general la Comisión reconoce que "la prestación de servicios de interés general puede gestionarse en concertación con el sector privado o encomendarse a empresas públicas o privadas", siendo en criterio de *Manent Alonso* el primer reconocimiento del derecho europeo de la posibilidad de utilizar fórmulas no contractuales para la gestión de los SSIG[15].

Posteriormente en abril de 2006 se publica la comunicación "Aplicación del programa comunitario de Lisboa. Servicios sociales de interés general en la Unión Europea" en la que se presentan un conjunto de características que delimitan y concretan los SSIG dada su especificidad y aclara las condiciones en que se les aplican las normas comunitarias.

Así, lo primero que intenta la Comunicación es presentar una definición de lo que se entiende por servicios sociales en la Unión Europea. Explica que dentro de esta categoría se encuentran: 1. Sistemas legales y sistemas complementarios de organización relaciona-

---

*Escola Galega de Administración Pública* 18 (2), 2023, p. 185

15 *Ídem*, p. 186

dos con salud, vejez, accidentes laborales, desempleo, jubilación o discapacidad, y; 2. Otros servicios prestados directamente a las personas entre los que se encuentran, por ejemplo, rehabilitación o formación lingüística para migrantes, formación o reinserción profesional, acceso a la vivienda, inclusión social de personas con discapacidad, entre otros. Aclara que para el derecho comunitario los SSIG no son una categoría distinta de los SIG a pesar de que "ocupan un lugar específico como pilares de la sociedad y la economía europeas"[16].

Como elementos característicos y distintivos de los SSIG la Comisión[17] reconoce los siguientes:

> "– funcionamiento sobre la base del principio de solidaridad que requiere, en particular, la no selección de los riesgos o la falta de equivalencia a título individual entre cotizaciones y prestaciones;
>
> – carácter polivalente y personalizado que integre las respuestas a las distintas necesidades para garantizar los derechos humanos fundamentales y proteger a las personas más vulnerables;
>
> – ausencia de ánimo de lucro, especialmente para abordar las situaciones más difíciles y que se explican, a menudo, por motivos históricos;
>
> – participación de voluntarios y benévolos, expresión de una capacidad ciudadana;
>
> – integración marcada en una tradición cultural (local); en particular, esto se advierte en la proximidad entre el proveedor del servicio y el beneficiario, lo que permite tener en cuenta las necesidades específicas de este último;
>
> – relación asimétrica entre prestadores y beneficiarios que no se puede asimilar a una relación 'normal' de tipo proveedor-consumidor y que requiere la aplicación de la fórmula del pago por terceros".

Es importante destacar de la definición europea de SSIG que —más allá de ser servicios que deben prestarse sin que se persiga un ánimo de lucro o crecimiento económico— que éstos responden a necesidades vitales de las personas que deben ser satisfechas para permitirles continuar con su desarrollo en algunas condiciones mínimas que también permitan el disfrute de sus derechos y que, por

---

16 COMISIÓN (CE), "Aplicación del programa comunitario de Lisboa. Servicios sociales de interés general en la Unión Europea", p. 4.

17 La Comisión declara que estos elementos fueron identificados después de realizar varias consultas a los Estados miembros y a organizaciones de la sociedad civil.

esta especial función que cumplen, existan relaciones especiales entre proveedores y consumidores y se fundamenten en el principio de solidaridad.

En la comunicación "Aplicación del programa comunitario de Lisboa. Servicios sociales de interés general en la Unión Europea" también se reconoce que los Estados miembros pueden elegir la forma cómo prestan y garantizan los SSIG: 1. De forma directa, 2. Externalizándolo hacia un socio exterior público o privado utilizando las reglas de la contratación pública, 3. Desarrollando formas de colaboración público-privadas institucionalizadas, como, por ejemplo, a través de la creación de entidades de capital mixto, y 4. Mediante financiaciones complementarias de la financiación pública[18].

Es decir, la Comisión no establece como vía exclusiva para la prestación de los SSIG el mecanismo de la contratación pública, sino que reconoce una variedad de opciones que pueden ser utilizadas para garantizarlos que toman en consideración que en estos casos estamos frente a una misión social de interés general en la que se debe asegurar, como mínimo, los principios de transparencia, igualdad de trato y proporcionalidad. Para *Manent Alonso* ello significa que el derecho comunitario habilita a los Estados miembro a establecer regímenes especiales para los SSIG que se alejen de una perspectiva económica o de mercado[19].

En tercer lugar, encontramos la comunicación "un marco de calidad para los servicios sociales de interés general en Europa" que retoma nuevamente a los SSIG reafirmando la definición que se había planteado en documentos anteriores como aquellos que cubren los riesgos principales de vida y desempeñan un cometido preventivo y de cohesión e inclusión social[20]. Pero también —y quizás este sea el elemento más destacable de la comunicación— reconoce la necesidad de plantear reformas a las normas de contratación pública para garantizar una mayor calidad de los SIG y concretamente, darle un

---

18 COMISIÓN (CE), "Aplicación del programa comunitario de Lisboa. Servicios sociales de interés general en la Unión Europea", p. 5.

19 MANENT ALONSO, *Administración & ciudadanía: revista da Escola Galega de Administración Pública*, 2023, p. 187

20 COMISIÓN (UE), "Un marco de calidad para los servicios de interés general en Europa", p. 4.

tratamiento específico a los SSIG que sea más sencillo y que tenga en cuenta "sus características y funciones específicas"[21].

A través de las tres comunicaciones mencionadas, la UE reconoce que los SSIG son una categoría destinada a dar cumplimiento a una serie de objetivos específicos, que según *Ortíz* pueden agruparse en: 1. Satisfacer las necesidades humanas tanto personales como familiares, 2. Deben garantizar los derechos humanos fundamentales de las personas y su dignidad humana, 3. Deben prestarse a toda la población independientemente la condición económica o social que posean, y; 4. Deben garantizar la no discriminación, la igualdad, el mejoramiento de las condiciones de vida y de salud, lo que requiere el involucramiento de diferentes actores/agentes sociales[22].

Así pues, entendemos que cuando el derecho europeo ha delimitado los SSIG lo ha hecho pensando en su valor e importancia, así como las posibles relaciones de cooperación y participación que pueden establecerse entre los distintos actores públicos, privados y sociales, intentando mantener el equilibrio entre las reglas del mercado interior y de la competencia y el principio de cohesión social[23].

Ahora bien, si trasladamos las premisas que sobre los SSIG ha establecido el derecho europeo al derecho español, podrá observarse que éstas se identifican con el conjunto de prestaciones que se garantizan a través del Sistema Público de Servicios Sociales que deberán tener como centro a la persona, su promoción y la de sus capacidades, así como el respeto a su dignidad[24].

---

21 *Ídem*, p. 8

22 ORTIZ, Sandra, "Una revisión a los servicios públicos de solidaridad en la Unión Europea", *Revista Digital de Derecho Administrativo* (20), 2018, pp. 500-501.

23 BARUTTI, Sarah y MORENO, Marta, "El derecho europeo aplicable a los servicios (sociales) de interés general", *Revista del Ministerio de Empleo y Seguridad Social* (97), 2012, p. 87. MORAL SORIANO Leonor, "La influencia del derecho español en la noción de servicio público europeo", en USCANGA BARRADAS, Abril; REYES DÍAZ, Carlos y PEÑA FREIRE, Antonio Manuel (coords.), *Los derechos como límites al poder*, México DF, 2023, p. 62.

24 FORNS i FERNÁNDEZ, Maria Victòria, "Los servicios sociales locales como garantes del Estado del Bienestar en el Estado Español. Análisis del régimen jurídico de la atención a la persona en Cataluña", *Revista de Direito Econômico e Socioambiental* 9 (3), 2018, p. 7.

Este sistema, en el que confluyen una diversidad de ordenamientos jurídicos y de sujetos[25], ha sido desarrollado por la legislación de las distintas Comunidades Autónomas[26] como mirada común, la de satisfacer necesidades vitales que no pueden ser satisfechas directamente por los beneficiarios del mismo, porque no poseen las condiciones o los medios para ello; y la ausencia de ánimo de lucro, porque aun cuando los destinatarios contribuyan con la prestación, su aporte sería insuficiente para cubrir los costos, por lo que es un sistema que responde principalmente al principio de solidaridad[27].

Así pues, los SSIG a pesar de encuadrarse dentro de la definición europea de SIG responden a necesidades sociales y culturales que son muy distintas a las que se pueden satisfacer a través de otras categorías como la de SIEG. Dichas necesidades pueden tener incluso raíces históricas y por ello, requieren contar con la fórmula más idónea para su prestación, especialmente en términos de calidad.

Aunque en el derecho europeo se ha reconocido la posibilidad de externalizar la prestación de los SSIG a través de las reglas de la contratación pública, también es posible optar por regímenes jurídicos más flexibles de colaboración público-privada que no se rijan por dichas reglas, siempre que se garantice la no discriminación, la igualdad, el mejoramiento de las condiciones de vida y de salud, lo que requiere el involucramiento de diferentes actores/agentes sociales[28].

Bien pudiera decirse que la prestación de los SSIG puede dejarse en manos de las reglas del mercado, pero ello pudiera significar la

---

[25] Nos referimos a centros, programas y establecimientos que pueden ser gestionados por entidades privadas de iniciativa social o de iniciativa mercantil. *Vid.* DARNACULLETA GARDELLA, "La colaboración público-privada en el ámbito de los servicios sociales", p. 71.

[26] Sobre este punto puede consultarse: FORNS i FERNÁNDEZ, Maria Victòria y ALEGRE AGÍS, Elisa, "The constitutional guarantee of the provision of local Social Services in Spain: A comparative regional study", *Revista de Investigações Constitucionais* 11 (1), 2024, pp. 1-31.

[27] ÁLVAREZ FERNÁNDEZ, Mónica, "El concierto social como fórmula alternativa (y no contractual) para la gestión indirecta de los servicios sociales públicos", *IUS ET VERITAS: Revista de la Asociación IUS ET VERITAS* (62), 2021, pp. 20-21

[28] LAZO VITORIA, Ximena, "Prestación de servicios a las personas: ¿concierto social o contrato?", *Revista de Estudios de la Administración Local y Autonómica. Nueva Época* (20), 2023, pp. 31-46.

violación de los derechos fundamentales de las personas que necesitan y acuden por dichos servicios, así como el fin del estado de bienestar[29].

## II.3. EL CONCIERTO SOCIAL COMO FÓRMULA IDÓNEA PARA LA PRESTACIÓN DE LOS SERVICIOS SOCIALES DE INTERÉS GENERAL

Tradicionalmente la contratación pública ha sido considerada como el mecanismo más idóneo para articular la colaboración público-privada con miras a garantizar la prestación de determinados servicios públicos y la satisfacción de las necesidades ciudadanas. En efecto, la contratación pública no es considerada como un fin en sí mismo, sino una herramienta jurídica al servicio de los poderes públicos para el cumplimiento efectivo de sus fines o sus políticas públicas. En este sentido, la contratación pública debería ser una técnica que permita conseguir objetivos sociales, ambientales o de investigación —e incluso, que se convierta en socialmente responsable[30]— para alcanzar la eficiencia en la gestión de los fondos públicos[31]

Asimismo, la contratación pública debe ser una herramienta de consecución efectiva y eficiente de la prestación demandada. Para poder lograrlo, se requiere poner especial interés a la fase de ejecución del contrato, con lo cual, se hace necesario que los Estados miembros puedan tener una visión holística de la contratación que abarque cada una de las etapas del proceso.

Ahora bien, con la reforma que realizó la UE de su normativa de contratación pública se buscaba abrirla a un escenario más competitivo, pero que permitiera a los Estados ser más eficientes y diseñar

---

29 GARCÍA GARCÍA, María Jesús, "Del servicio público al mercado regulado: Los servicios de interés económico general (SEIG) como instrumento de transformación", *Revista de estudios regionales* (129), 2024, p. 135.

30 GIMENO FELIÚ, José María, "La visión estratégica en la contratación pública en la Ley de Contratos del Sector Público: hacia una contratación socialmente responsable y de calidad", *Economía industrial* (415), 2020, p. 90.

31 GIMENO FELIÚ, José María, "Compra pública estratégica", en PERNAS GARCÍA, Juan José (coord.), *Contratación pública estratégica*, Pamplona, 2013, pp. 45-80.

políticas que permitan un mayor crecimiento en un contexto de globalización económica[32].

Bajo esta premisa, resalta *Gimeno Feliú* que uno de los objetivos de la reforma europea de la normativa de contratación fue asegurar la eficiencia de los fondos públicos, y en función de ello, la obligación de transparencia se convierte es un instrumento principal para garantizar una publicidad adecuada que permita abrir a la competencia el mercado de servicios y controlar la imparcialidad de los procedimientos de adjudicación[33].

Las Directivas de contratación pública —también conocidas como directivas de cuarta generación— no solo transformaron la visión que se tenía de la contratación, sino que, además, vinieron a reforzar la idea de que los servicios dirigidos a las personas —entre los que se encuentran los SSIG— podrían ser organizados por los poderes públicos a través de modalidades no contractuales.

Específicamente el considerando 54 de la Directiva 2014/23/UE, de 26 de febrero de 2014, relativa a la adjudicación de contratos de concesión (en adelante Directiva 2014/23/UE) establece:

> "Dada la importancia del contexto cultural y el carácter delicado de estos servicios, los Estados miembros deben disponer de amplia discrecionalidad para seleccionar a los prestadores de los servicios de la manera que consideren más apropiada (...) Los Estados miembros y las autoridades públicas siguen siendo libres de prestar ellos mismos estos servicios o de organizar los servicios sociales sin asignar concesiones, por ejemplo a través de la simple financiación de los mismos, o merced a la concesión de licencias y autorizaciones a todos los operadores económicos que cumplan unas condiciones establecidas de antemano por el poder adjudicador o la entidad adjudicadora, sin imponer límites o cuotas y siempre que se garantice una publicidad suficiente y se respeten los principios de transparencia y no discriminación"

---

32 FUENTES i GASÓ, Josep Ramon, *La concesión y el procedimiento administrativo: dos instituciones administrativas en simbiosis*, Valencia, 2021, p. 83.

33 GIMENO FELIÚ, José María, "El nuevo paquete legislativo comunitario de contratación pública: principales novedades. La orientación estratégica de la contratación pública", en RODRÍGUEZ-CAMPOS GONZÁLEZ, Sonia (coord.), *Las nuevas directivas de contratos públicos y su transposición*, Madrid, 2016, p. 19.

Reconoce así el legislador europeo que los SSIG por su especial naturaleza requieren de reglas especiales para la selección del proveedor de los mismos cuando el Estado miembro opte por delegar dicha función a un tercero. Ello es ratificado por la Directiva 2014/24/UE, de 26 de febrero de 2014, sobre contratación pública (en adelante Directiva 2014/24/UE) que en su considerando 114 dispone:

> "Determinadas categorías de servicios, en concreto los servicios que se conocen como servicios a las personas, como ciertos servicios sociales, sanitarios y educativos, siguen teniendo, por su propia naturaleza, una dimensión transfronteriza limitada. Dichos servicios se prestan en un contexto particular que varía mucho de un Estado miembro a otro, debido a las diferentes tradiciones culturales (...)
>
> Teniendo en cuenta la importancia del contexto cultural y el carácter delicado de estos servicios, debe ofrecerse a los Estados miembros un amplio margen de maniobra para organizar la elección de los proveedores de los servicios del modo que consideren más oportuno. Las normas de la presente Directiva tienen en cuenta este imperativo al imponer solo la observancia de los principios fundamentales de transparencia e igualdad de trato y al asegurar que los poderes adjudicadores puedan aplicar, para la elección de los proveedores de servicios, criterios de calidad específicos, como los establecidos en el Marco Europeo Voluntario de Calidad para los Servicios Sociales publicado por el Comité de Protección Social (...)
>
> Los Estados miembros y los poderes públicos siguen teniendo libertad para prestar por sí mismos esos servicios u organizar los servicios sociales de manera que no sea necesario celebrar contratos públicos, por ejemplo, mediante la simple financiación de estos servicios o la concesión de licencias o autorizaciones a todos los operadores económicos que cumplan las condiciones previamente fijadas por el poder adjudicador, sin límites ni cuotas, siempre que dicho sistema garantice una publicidad suficiente y se ajuste a los principios de transparencia y no discriminación".

Ello, además, ha sido reconocido por el TJUE al afirmar que cuando las directivas europeas de contratación pública excluyen de sus reglas determinadas categorías de servicios es porque comprende que se trata de "procedimientos mediante los cuales el poder adjudicador renuncia a comparar y clasificar las ofertas admisibles y a designar el operador o los operadores a los que se otorga la exclusividad del contrato" [STJUE, Sala Cuarta, de 14 de julio de 2022 (ponente C. Lycourgos), asunto C-436/20; STJUE, Sala Quinta, de 2 de junio de 2016 (ponente D. Šváby), asunto C-410/14, y STJUE, Sala Tercera, de 1 de marzo de 2018 (ponente D. Šváby), asunto C-9/17].

Tal y como afirma *Martín Egaña* el establecimiento de un régimen específico para los SSIG encuentra su justificación en el concepto y la esencia misma de dichos servicios, lo cual fue mencionado en el apartado anterior de este capítulo, pero que consideramos oportuno reafirmar: se trata de servicios que por su propia naturaleza responden a necesidades especiales y particulares de las personas que no pueden ser satisfechas por sí mismas y que varían en cada Estado miembro, motivo por el cual no se aplican las reglas de la contratación pública sino en determinados casos [es decir, cuando la contratación del servicio sea igual o superior al umbral de 750.000 €, tal y como establece el artículo 4 d) de la Directiva 2014/24/UE], lo que le otorga a los Estados miembros "un amplio margen de maniobra para la elección de los proveedores de los mismos, al imponerles únicamente la observancia de los principios fundamentales de transparencia e igualdad de trato, y permitirles la aplicación en dicha elección, de criterios de calidad específicos"[34].

Pero, además, la Ley 9/2017, de 8 de noviembre de Contratos del Sector Público, por la que se trasponen las Directivas de contratación pública, estableció en su artículo 11.6 como negocios excluidos de su ámbito de aplicación:

> "la prestación de servicios sociales por entidades privadas, siempre que esta se realice sin necesidad de celebrar contratos públicos, a través, entre otros medios, de la simple financiación de estos servicios o la concesión de licencias o autorizaciones a todas las entidades que cumplan las condiciones previamente fijadas por el poder adjudicador, sin límites ni cuotas, y que dicho sistema garantice una publicidad suficiente y se ajuste a los principios de transparencia y no discriminación".

Lo que se viene a reforzar mediante la disposición adicional 49ª de la LCSP que prevé que las Comunidades Autónomas, en el ejercicio de las competencias que tienen atribuidas puedan legislar para determinar instrumentos no contractuales para la prestación de los SSIG.

---

34 MARTÍN EGAÑA, Arantza, "Los servicios a las personas: La adjudicación directa como alternativa al concierto social", *Gabilex: Revista del Gabinete Jurídico de Castilla-La Mancha* (25), 2021, p. 24

Se aprecia entonces, cómo la legislación europea y la española en materia de contratación pública han reconocido el especial carácter que tienen los SSIG lo que habilita para que éstos puedan ser garantizados a las personas a través de esquemas y fórmulas que difieran de las fórmulas clásicas de colaboración público-privada de la contratación pública (concesión, contrato de servicios, entre otros).

El mecanismo que por excelencia ha sido utilizado en el derecho español para la prestación de los SSIG es el concierto social (denominado en algunas Comunidades Autónomas como acción concertada). La utilidad y frecuencia de su uso ha sido de tal magnitud que es considerado como el instrumento característico de los servicios dirigidos a las personas[35].

No corresponde a este capítulo detallar el régimen jurídico del concierto social en el derecho español porque ello se hará en diversos capítulos de esta obra, no obstante, se puede encontrar un concepto "común" del concierto social, con base en lo dispuesto en la legislación autonómica.

En efecto, según los legisladores autonómicos, el concierto social es entendido como una institución, mecanismo o instrumento que permite a las administraciones públicas garantizar la prestación de los SSIG que sean de su competencia acudiendo a un tercero que generalmente es una institución no empresarial sino de carácter social —varía dependiendo de cada Comunidad Autónoma, si esa institución debe tener o no ánimo de lucro[36]—, siendo públicos tanto el acceso a dicho sistema como su financiación y control.

Buena parte de la legislación autonómica ha considerado que el objeto del concierto social es la reserva y la ocupación de plazas para uso exclusivo de las personas usuarias de servicios sociales o aquellas

---

35 VAQUER CABALLERÍA, Marcos "Los servicios atinentes a la persona en el Estado social", *Cuadernos de Derecho Público* (11), 2000, p. 52

36 Las legislaciones autonómicas de Aragón, Asturias, Extremadura, Navarra y Valencia establecen con carácter exclusivo que los conciertos sociales se suscriben con entidades sin ánimos de lucro; las legislaciones de Andalucía, Cataluña, Galicia y Castilla y León, les otorgan un tratamiento prioritario a las entidades sin ánimos de lucro, pero no exclusivo y las legislaciones de Castilla-La Mancha e Islas Baleares permiten la participación de entidades con o sin ánimos de lucro sin establecer preferencia por alguno de ellos.

que pertenezcan a colectivos vulnerables, previa autorización del acceso por parte de las administraciones públicas[37], así como la gestión integral de prestaciones técnicas, tecnológicas, de servicios, programas o centros[38].

Explica *Martín Egaña* que a través del concierto social se busca la consecución de objetivos sociales de interés público y ello se realiza —atendiendo a los parámetros que establece el derecho europeo— mediante la observancia de los principios de igualdad y no discriminación, publicidad y transparencia, así como la gestión eficiente de los recursos del Estado[39].

Para *Álvarez Fernández* son notas características del concierto social[40]:

1. Es un mecanismo organizativo dirigido a la prestación de SSIG que utiliza para ello a entidades cuya financiación, acceso y control sean públicos y dirigidos a la satisfacción de objetivos sociales.
2. Se basa en los principios de solidaridad, promoción de la iniciativa social y calidad asistencial, y complementa los principios que rigen el Sistema Público de los Servicios Sociales: universalidad, igualdad, responsabilidad pública, solidaridad, participación cívica, globalidad, subsidiariedad, prevención y dimensión comunitaria, fomento de la cohesión social, normalización, coordinación, atención personalizada e integral, respeto por los derechos de la persona, fomento de la auto-

---

37 Las legislaciones autonómicas de Islas Baleares y Navarra otorgan mayor amplitud al objeto de los conciertos sociales, comprendiendo aquellos servicios incluidos en el catálogo de prestaciones y servicios sociales de la región.

38 Sobre este punto puede consultarse: LÓPEZ-VEIGA BREA, Jorge, "La contratación pública de los servicios a las personas tras la aprobación de las directivas europeas de cuarta generación. Un nuevo horizonte en las políticas sociales autonómicas", *Revista Galega de Administración Pública* 1 (53), 2017, pp. 155-176.

39 MARTÍN EGAÑA, *Gabilex: Revista del Gabinete Jurídico de Castilla-La Mancha,* 2021, p. 49

40 ÁLVAREZ FERNÁNDEZ, *IUS ET VERITAS: Revista de la Asociación IUS ET VERITAS,* 2021, p. 24

nomía personal, economía, eficiencia y eficacia, calidad de los servicios, continuidad de los servicios[41]

3. Su finalidad es precisamente la realización de prestaciones propias de los Sistemas Públicos de Servicios Sociales, y en función de ello, pueden establecerse medidas de preferencia o medidas de discriminación positiva, criterios sociales y de calidad como elementos necesarios para su adjudicación.
4. No persigue incentivar el desarrollo de actividades o iniciativas privadas, sino que persigue hacer efectivas determinadas actuaciones que buscan satisfacer las necesidades aquellas personas que acuden al Sistema Público y que se convierten usuarios (*uti singuli*) del mismo.
5. Reconoce el rol de las entidades sin ánimo de lucro en la gestión de los SSIG, su experiencia y la aportación de recursos humanos, económicos y materiales.

Entre los motivos que tienen las administraciones públicas para utilizar fórmulas no contractuales, como el concierto social, en la prestación de los SSIG, se encuentran:

1. El contrato de concesión tiene como fundamento que el concesionario asuma riesgos y responsabilidades que tradicionalmente son competencia de los poderes públicos; esto abarca el riesgo de demanda, el de suministro o ambos e implica que no esté garantizado que, en "condiciones normales de funcionamiento", el concesionario vaya a recuperar las inversiones realizadas ni a cubrir los costes en que hubiera incurrido como consecuencia de la prestación que realiza[42]. Por su parte, los SSIG están orientados a la gratuidad, por lo que quien presta el servicio no cobra una contraprestación a los usuarios, sino que recibe sus ingresos de la administración.

---

41 FORNS i FERNÁNDEZ, *Revista de Direito Econômico e Socioambiental*, 2018, pp. 7-8.

42 FUENTES i GASÓ, *La concesión y el procedimiento administrativo: dos instituciones administrativas en simbiosis*, p. 27.

2. El concierto social requiere la acreditación o autorización del tercero, por parte de la Administración, como condición previa a la prestación del servicio.
3. La extinción de la concesión implica trae como consecuencia la reversión de obras e instalaciones dedicadas a la prestación del servicio en favor del ente contratante. Esta particularidad, resulta contratarìa a los SSIG, en los que el particular puede seguir desarrollando la misma actividad cuando se extingue el contrato, solo que lo realizaría fuera del Sistema Público de Servicios Sociales[43].

Ahora bien, no se desconoce que existe un debate sobre la naturaleza contractual o no del concierto social o si esta modalidad puede resultar discriminatoria al estar delimitada a un tipo de organizaciones (principalmente aquellas que no tengan ánimos de lucro), sin embargo, consideramos que la observancia de los principios de solidaridad y cohesión social, aunado a la naturaleza especialísima de los SSIG hacen que el concierto social sea la vía idónea para garantizarlos y exceptuar la aplicación de la normativa de contratación pública.

Así lo ha reconocido el TJUE al afirmar que, aún y cuando no corresponde a los legisladores autonómicos definir qué tipo de relaciones público-privadas se exceptúan o no de las reglas del derecho europeo de la contratación pública, bajo el argumento que: "al ser el concepto de 'contrato público' un concepto del Derecho de la Unión, la calificación que el Derecho español da a los acuerdos de acción concertada carece de pertinencia" (STJUE, Sala Cuarta, de 14 de julio de 2022, asunto C-436/20) ha reiterado que, en aquellos procedimientos "mediante los cuales el poder adjudicador renuncia a comparar y clasificar las ofertas admisibles y a designar el operador o los operadores a los que se otorga la exclusividad del contrato no están comprendidos en el ámbito de aplicación de dicha Directiva [Directiva 2014/24/UE]" (STJUE, Sala Cuarta, de 14 de julio de 2022, asunto C-436/20).

---

43 DARNACULLETA GARDELLA, "La colaboración público-privada en el ámbito de los servicios sociales", p. 105

En el caso concierto social, tal como está recogido en la legislación autonómica, no prevalece el criterio económico ni el análisis de la "oferta más ventajosa" lo que se persigue es seleccionar a la entidad que pueda contribuir a la satisfacción de las necesidades de las personas y la consecución del estado del bienestar.

En cuanto al procedimiento para la formalización de un concierto social, este podrá realizarse, previa declaración de entidad apta para la concertación social, a través de las siguientes modalidades[44]:

1. Libre concurrencia, mediante la valoración de las solicitudes admitidas de acuerdo a criterios de adjudicación y de preferencia previamente definidos. Este procedimiento se rige por los principios de publicidad y transparencia, debiendo garantizar que todas las organizaciones que deseen participar y que cumplan con los requisitos establecidos en cada legislación autonómica puedan acceder al concierto social.
2. Por vía de adjudicación directa y sin publicidad a entidades sin ánimo de lucro, posibilidad ha sido reconocida por el derecho europeo, entre otras en la STJCE, de 17 de junio de 1997 (ponente P.J.G. Kapteyn), asunto C-70/95 y la STJUE, Sala Quinta, de 28 de enero de 2016, (ponente D. Šváby), asunto C-50/14.

El control y seguimiento de los servicios concertados podrá realizarse con actuaciones de auditoría durante la ejecución del concierto con miras a garantizar que los servicios prestados por el tercero se ajusten a los requerimientos de las personas y respeten los principios del Sistema Público de Servicios Sociales: universalidad, igualdad, solidaridad, participación cívica, atención personalizada e integral, respeto por los derechos de la persona, entre otros.

Así, como se ha expuesto en este apartado, el concierto social es una institución jurídica que, por sus especiales características, los fines que persigue y los intereses que posee lo convierte en el mecanismo idóneo para la prestación de los SSIG cuando las adminis-

---

44 Los detalles sobre los requisitos y pasos para el registro, acreditación, adjudicación, evaluación y control de los conciertos sociales en las diferentes Comunidades Autónomas podrán encontrarse en los diferentes capítulos de esta obra.

traciones públicas decidan encomendar esta función a un tercero privado.

## II.4. LA ESTABILIDAD PRESUPUESTARIA Y LA SOSTENIBILIDAD FINANCIERA COMO PRESUPUESTOS DE ELECCIÓN DEL CONCIERTO SOCIAL

Adicional a los elementos mencionados en el apartado anterior, otro factor que contribuye a la elección del concierto social como fórmula idónea para la prestación de los SSIG es el cumplimiento de las exigencias de los principios de estabilidad presupuestaria y sostenibilidad financiera que prevé el artículo 7.3 de la Ley Orgánica 2/2012, de Estabilidad Presupuestaria y Sostenibilidad Financiera (LOEPSF) que deberán observarse en la oportunidad de celebrar cualquier tipo de contrato, convenio o concierto administrativo por parte de una administración pública.

Este principio también se encuentra contenido en el artículo 85.2 de la Ley 7/1985, de 2 de abril, Reguladora de las Bases del Régimen Local (LRBRL) tras su modificación por la Ley 27/2013, de 27 de diciembre, de racionalización y sostenibilidad de la Administración Local (LRSAL). El artículo 85.2 de la LRBRL prevé que los entes locales para poder seleccionar la forma más idónea para la gestión indirecta de un servicio público, deben acreditar que aquel mecanismo seleccionado sea el más sostenible y eficiente dentro de las distintas opciones posibles, con lo cual hay que dar cumplimiento a los principios de estabilidad presupuestaria y sostenibilidad financiera que prevé el artículo 7.3 de LOEPSF.

Según la exposición de motivos de la LOEPSF, la estabilidad presupuestaria se alcanza cuando existe una situación de equilibrio o superávit, es decir; cuando las administraciones públicas no se encuentren déficit estructural, por su parte, la sostenibilidad financiera es un término que guarda relación con el impacto que una decisión puede tener en las generaciones futuras, quienes no tienen por qué soportar las cargas actuales ni ver restringida su capacidad de decisión sobre los problemas que, en su oportunidad, es corresponda enfrentar.

Explica *Lasa López* que la estabilidad presupuestaria "representa un valor estructural clave para la preservación y consolidación del modelo de bienestar español"[45], mientras que sobre la sostenibilidad financiera *Villar Rojas* sostiene:

> "La idea de sostenibilidad financiera aparece cuando el endeudamiento asumido (tanto financiero, como comercial) excede de tal modo de la capacidad de pago de las Administraciones públicas que pone en cuestión el cumplimiento de las tareas que tienen encomendadas, básicamente, la prestación de servicios públicos, incluso su propia existencia"[46]

En materia de servicios públicos —incluidos los SSIG— los principios de estabilidad presupuestaria y sostenibilidad financiera implican la necesidad de asegurar la calidad, continuidad y regularidad de los mismos, con base en los recursos disponibles, sin que ello implique endeudamientos o recortes respecto de otras necesidades públicas que deben ser satisfechas, pero tampoco, deterioro, mala calidad o cierre de los mismos. Ello significa que existe la obligación de evaluar el coste efectivo de los servicios públicos para poder determinar su precio y controlar el gasto presupuestario que se destina para su prestación a los ciudadanos[47].

Estos principios recobran su importancia en contextos o épocas de crisis económicas donde se pone bajo juicio cuáles necesidades deben ser satisfechas por las administraciones públicas dentro de la gran gama que existe, frente a la poca disponibilidad de recursos disponibles.

Y es que, bajo estos dos principios, las decisiones que tomen las administraciones públicas —y en especial los entes locales— respecto de cuáles servicios prestan y qué necesidades públicas deben ser satisfechas dentro de la variedad posible, así como la forma la forma

---

45 LASA LÓPEZ, Ainhoa, "La ruptura de la constitución material del estado social: la constitucionalización de la estabilidad presupuestaria como paradigma", *Revista de Derecho Político* (90), 2014, p. 220.

46 VILLAR ROJAS, Francisco, "La sostenibilidad (financiera) de los servicios públicos", *Revista de Derecho Público: teoría y método,* (7), 2023, pp. 14.

47 GUTIÉRREZ PONCE, Herenia, CHAMIZO GONZÁLEZ, Julián y CANO MONTERO, Elisa Isabel, "Estabilidad presupuestaria, financiamiento y responsabilidad social en los municipios españoles", *Contaduría y administración* 63 (3), 2018, p. 3.

de su prestación —sea mediante gestión directa o gestión indirecta— se encuentran restringidas puesto que los recursos públicos no son infinitos y toda decisión debe encontrarse suficientemente motivada y sustentada en los principios mencionados, puesto que lo contrario, no solamente sería un incumplimiento de las disposiciones legales vigentes sino a cualquier regla y principio de una adecuada gestión pública. Y es que como afirma *Balestero Casanova* "Todos los derechos, su acceso, protección y garantía, poseen costos asociados"[48].

Respecto al concierto social, en el Auto del TJUE, Sala Novena, de 31 de marzo de 2023, (ponente C. Lycourgos), asunto C-676/20, se señaló:

> "50 En el presente caso, siempre y cuando el órgano jurisdiccional remitente compruebe que así es, el recurso exclusivo a las entidades privadas sin ánimo de lucro para garantizar la prestación de los servicios sociales y sanitarios que pueden ser objeto de un acuerdo de acción concertada parece estar motivado tanto por los principios de universalidad y de solidaridad, propios de un sistema de asistencia social, como por razones de eficiencia económica y de adecuación, toda vez que permite que esos servicios de interés general sean prestados en condiciones de equilibrio económico en el orden presupuestario, por entidades constituidas esencialmente para servir al interés general y cuyas decisiones no se guían, como señala el Gobierno español, por consideraciones puramente comerciales (véase, en este sentido, la sentencia ASADE I, apartado 90 y jurisprudencia citada).
>
> 51 Cuando está motivada por tales consideraciones, la exclusión de las entidades privadas con ánimo de lucro de los procedimientos de adjudicación de los contratos públicos que tienen por objeto la prestación de tales servicios no es contraria al principio de igualdad, siempre y cuando dicha exclusión contribuya efectivamente a la finalidad social ya la consecución de los objetivos de solidaridad y de eficiencia presupuestaria que sustentan ese sistema (sentencia ASADE I, apartado 91 y jurisprudencia citada).
>
> Es preciso además subrayar, por lo que respeta al referido objetivo de eficiencia presupuestaria, que la exclusión de las entidades privadas con ánimo de lucro de estos procedimientos de adjudicación no contraviene el Derecho de la Unión solo porque un procedimiento de adjudicación en el que hubieran podido participar habría podido eventualmente permitir

---

48 BALESTERO CASANOVA, Magdalena, "Principio de sostenibilidad presupuestaria vs. principio de garantía de la seguridad social", *Revista de Derecho: Publicación de la Facultad de Derecho de la Universidad Católica de Uruguay* (24), p. 125.

> la prestación del mismo servicio de ayuda a las personas con un menor costo para el poder adjudicador. En efecto, la eficiencia presupuestaria, en el contexto de la prestación de los servicios de que se trata en el litigio principal, debe valorarse a la luz de las particularidades inherentes a esa prestación, relativas a la necesidad de garantizar que la exclusión de las entidades con ánimo de lucro contribuya efectivamente a la finalidad social ya los objetivos de solidaridad perseguidos por ese poder adjudicador".

Se observa que para el TFUE los principios de estabilidad presupuestaria y sostenibilidad financiera pueden ser orientadores en la selección del concierto social como mecanismo idóneo para la prestación de los SSIG y de entidades prestadoras sin ánimos de lucro, principios que en el derecho español son de obligatorio cumplimiento según dispone en la LOEPSF y la LRBRL.

La interpretación que realiza el TFUE reconoce una realidad, que en materia de SSIG estamos frente a la gestión de servicios que por su especial naturaleza no están encaminados a generar retribuciones económicas que permitan a las administraciones públicas recuperar los costes que se destinan a su prestación. Son servicios cuyos beneficiaros son personas que no cuentan con recursos económicos, que perteneces a colectivos vulnerables y que, por más que puedan realizar algún aporte respecto del servicio que reciben, ello no compensará el esquema de gastos que implica su puesta en funcionamiento.

De allí que, si en atención a estos principios, el concierto social resulta el mecanismo más idóneo para garantizar la prestación de los SSIG, no se puede considerar que su elección atente contra los principios de igualdad o libre competencia.

## II.5. CONCLUSIONES

Los SSIG constituyen uno de los pilares del estado del bienestar ya que ayudan a la supervivencia de las personas y satisfacen necesidades que por su especial naturaleza no pueden ser satisfechas por éstas ni directa ni indirectamente. En España, los SSIG se identifican con el conjunto de prestaciones que se garantizan a través del Sistema Público de Servicios Sociales que deberán tener como centro a la persona, su promoción y la de sus capacidades, así como el respeto a su dignidad. Son servicios:

> "con unos perfiles muy singulares que obligan a poner el acento en la calidad de la prestación del servicio, y donde los modelos de organización de cada Estado pueden incluir las singularidades de su propio sistema de relación con la sociedad civil y, en especial, con entidades privadas caracterizadas por su compromiso y vocación con fines de solidaridad. Pero siempre respetando los principios y distintos intereses en juego"[49].

La especial naturaleza de los SSIG ha ocasionado que sea objeto de debate cuál es el mecanismo que resulte más idóneo para garantizar su prestación y si ello debe hacerse siguiendo las reglas de la contratación pública o utilizando fórmulas alternativas a éstas.

A ello debe agregársele la crisis económica iniciada en los años 2007-2008 que se ha mantenido por casi 20 años con repuntes especialmente importantes como los del año 2020 a raíz de la pandemia sanitaria causada por la Covid-19. Dicha crisis ha condicionado la actuación de las administraciones públicas[50] y ha provocado "la aparición de nuevas necesidades sociales y la intensificación de otras ya existentes y una afectación directa a los derechos sociales"[51]; pero también, ha aumentado número de personas en situación de riesgo de exclusión social y ha ocasionado la reducción de ayudas institucionales destinadas a organizaciones que atienden a estas personas.

Bajo esta realidad, las distintas Comunidades Autónomas han optado por prestar los SSIG bajo un mecanismo de colaboración público-privada especial, el concierto social, que ha permitido la incorporación de entidades sin ánimos de lucro o de la económica social sin fines lucrativos en la prestación de servicios sociales convirtiéndolos en "agentes fundamentales, protagonistas y garantizadores de una

---

49 GIMENO FELIÚ, *Revista Aragonesa de Administración Pública,* 2018, p. 32.

50 MARTÍNEZ-ALONSO CAMPS, José Luis, "Los debates sobre los servicios públicos locales: Estado de la cuestión", *Revista Catalana de Dret Públic* (57), 2018, p. 76.

51 FORNS i FERNÁNDEZ, *Revista de Direito Econômico e Socioambiental,* 2018, p. 39.

asistencia social de proximidad, solidaria, adecuada, de calidad y estructurada en términos asistenciales"[52].

Ello tiene su justificación porque: 1. Los SSIG se basan en el principio de solidaridad, la cohesión social y el desarrollo centrado en la persona y, por tanto, son los llamados a garantizar el disfrute efectivo de los derechos fundamentales de las personas, así como un elevado nivel de protección social, 2. El concierto social como mecanismo que no responde a las reglas de la contratación pública ofrece la posibilidad de cambiar los patrones tradicionales de colaboración público-privada involucrando a actores especiales en la solución a los problemas sociales.

En conclusión, el concierto social es una institución jurídica que permite avanzar hacia un nuevo sistema de cooperación basado en la complementariedad y la cohesión social —parámetros que de acuerdo al derecho europeo orientan a los SSIG— en la que las organizaciones sin ánimo de lucro se convierten en el socio preferente de las administraciones públicas para garantizar las prestaciones del Sistema Público de los Servicios Sociales, orientados a mejorar la calidad de vida de las personas y la mejora continua.

Por ello resulta necesario continuar el debate y el análisis respecto de esta institución jurídica, realizando las reformas legales que sean necesarias para adecuarla en mejor medida a las pautas que ha establecido el TJUE con miras a garantizar una calidad de vida de las personas beneficiarias de estos servicios y contribuir a la consagración del estado del bienestar.

## II.6. JURISPRUDENCIA

Auto del TJUE núm. 289/2023, de 31 de marzo de 2023, (ponente C. Lycourgos). (ASUNTO C-676/20).

STJCE núm. 301/1997, de 17 de junio de 1997 (ponente P.J.G. Kapteyn). (ASUNTO C-70/95).

---

52 RIUS COMA, Martí, "La reconfiguración de la acción concertada reservada a la iniciativa no lucrativa basada en la regulación de los servicios de interés general de solidaridad", *Boletín de la Asociación Internacional de Derecho Cooperativo* (62), 2023, p. 47.

STJUE núm. 56/2016, de 28 de enero de 2016, (ponente D. Šváby). (ASUNTO C-50/14).
STJUE núm. 399/2016, de 2 de junio de 2016 (ponente D. Šváby). (ASUNTO C-410/14).
STJUE núm. 142/2018, de 1 de marzo de 2018 (ponente D. Šváby). (ASUNTO C-9/17).
STFUE núm. 36/2002, de 22 de enero de 2022 (ponente M. Wathelet). (ASUNTO C-218/00).
STJUE núm. 559/2022, de 14 de julio de 2022 (ponente C. Lycourgos). (ASUNTO C-436/20).

## II.7. BIBLIOGRAFÍA

ÁLVAREZ FERNÁNDEZ, Mónica, "El concierto social como fórmula alternativa (y no contractual) para la gestión indirecta de los servicios sociales públicos", *IUS ET VERITAS: Revista de la Asociación IUS ET VERITAS* (62), 2021, pp. 14-36.

BALESTERO CASANOVA, Magdalena, "Principio de sostenibilidad presupuestaria vs. principio de garantía de la seguridad social", *Revista de Derecho: Publicación de la Facultad de Derecho de la Universidad Católica de Uruguay* (24), pp. 107-127.

BARUTTI, Sarah y MORENO, Marta, "El derecho europeo aplicable a los servicios (sociales) de interés general", *Revista del Ministerio de Empleo y Seguridad Social* (97), 2012, pp. 77-100.

CASAS AVILÉS, Álvaro, "Acción social concertada: ¿son realmente los conciertos sociales "instrumentos no contractuales"? Extremadura y otras normativas autonómicas", *Boletín Digital de Contencioso-Administrativo* (34), 2023, pp. 49-76.

COMISIÓN (CE), "Los servicios de interés general en Europa" (Comunicación) COM(96) 443 final, 11 de septiembre de 1996.

COMISIÓN (CE), "Libro verde sobre los servicios de interés general" (Comunicación) COM(2003) 270 final, 21 de mayo de 2003.

COMISIÓN (CE), "Libro Blanco sobre los servicios de interés general" COM(2004) 374 final, 12 de mayo de 2004.

COMISIÓN (CE), "Aplicación del programa comunitario de Lisboa. Servicios sociales de interés general en la Unión Europea" (Comunicación) COM(2006) 177 final, 26 de abril de 2006.

COMISIÓN (CE), "Un mercado único para la Europa del siglo veintiuno. Servicios de interés general, incluidos los sociales: un nuevo compromiso europeo" (Comunicación) COM(2007) 725 final, 20 de noviembre de 2007.

COMISIÓN (UE), "Un marco de calidad para los servicios de interés general en Europa" (Comunicación) COM(2011) 900 final, 20 de diciembre de 2011.

DARNACULLETA GARDELLA, Mercé, "La colaboración público-privada en el ámbito de los servicios sociales", en DARNACULLETA GARDELLA, Mercé *et al.*, *La colaboración público-privada en la gestión de servicios sociales*, Madrid, 2022, pp. 71-133.

DIPSE, Valentina, "Reflexiones en torno al concepto de servicio público en el art. 511 CP", *Estudios penales y criminológicos* (43), 2023, pp. 334-361.

FUENTES i GASÓ, Josep Ramon, "Una aproximación introductoria: del servicio al servicio público y al servicio de interés económico general", en FUENTES i GASÓ, Josep Ramon (ed.), *Externalización e interiorización de la gestión de los servicios públicos locales: entre público y privado,* Valencia 2022, pp. 35-58.

FUENTES i GASÓ, Josep Ramon, "On public service and service of general economic interest: a conceptual approach", *Revista de Direito Econômico e Socioambiental* 12 (2), 2021, pp. 237-261.

FUENTES i GASÓ, Josep Ramon, *La concesión y el procedimiento administrativo: dos instituciones administrativas en simbiosis,* Valencia, 2021.

FUENTES i GASÓ, Josep Ramon, "El regim jurídic de la provisió de serveis d'atenció a les persones a Catalunya: El concert social després de les directives europees contractació pública", en FORNS i FERNÁNDEZ, M. Victòria (ed.), *La proteccion jurídica de la atencion a las personas en materia de servicios sociales: Una perspectiva interdisciplinar,* Barcelona, 2020, pp. 201-230.

FORNS i FERNÁNDEZ, Maria Victòria, "Los servicios sociales locales como garantes del Estado del Bienestar en el Estado Español. Análisis del régimen jurídico de la atención a la persona en Cataluña", *Revista de Direito Econômico e Socioambiental* 9 (3), 2018, pp. 3-54

FORNS i FERNÁNDEZ, Maria Victòria y ALEGRE AGÍS, Elisa, "The constitutional guarantee of the provision of local Social Services in Spain: A comparative regional study", *Revista de Investigações Constitucionais* 11 (1), 2024, pp. 1-31.

GARCÍA GARCÍA, María Jesús, "Del servicio público al mercado regulado: Los servicios de interés económico general (SEIG) como instrumento de transformación", *Revista de estudios regionales* (129), 2024, pp. 119-156.

GIMENO FELIÚ, José María, "La visión estratégica en la contratación pública en la Ley de Contratos del Sector Público: hacia una contratación socialmente responsable y de calidad", *Economía industrial* (415), 2020, pp. 89-97

GIMENO FELIÚ, José María, "Los contratos de servicios a las personas y su exclusión de la Ley de Contratos. La colaboración del tercer sector social en la prestación de los servicios locales", en MARTÍNEZ FERNÁNDEZ,

José Manuel (coord.), *La gestión de los servicios públicos locales en el marco de la LCSP, LRJSP y la LRSAL,* Madrid, 2019, pp. 689-710.

GIMENO FELIÚ, José María, "La colaboración público-privada en el ámbito de los servicios sociales y sanitarios dirigidos a las personas. Condicionantes europeos y constitucionales", *Revista Aragonesa de Administración Pública* (52), 2018, pp. 12-66.

GIMENO FELIÚ, José María, "El nuevo paquete legislativo comunitario de contratación pública: principales novedades. La orientación estratégica de la contratación pública", en RODRÍGUEZ-CAMPOS GONZÁLEZ, Sonia (coord.), *Las nuevas directivas de contratos públicos y su transposición,* Madrid, 2016, pp. 15-127.

GIMENO FELIÚ, José María, "Compra pública estratégica", en PERNAS GARCÍA, Juan José (coord.), *Contratación pública estratégica,* Pamplona, 2013, pp. 45-80.

GÓMEZ JIMÉNEZ, María Luisa, "Regulación de la provisión de servicios sociales de interés general de la Unión Europea y su traslación en los efectos de la directiva de servicios en España", en RUIZ OJEDA, Alberto (dir.), *Regulación y competencia en servicios de interés económico general (SIEG): análisis sectoriales y comparativos,* Málaga 2017, pp. 113-126.

GONZÁLEZ RÍOS, Isabel, "La indefinición normativa del concepto de servicios de interés general y su ámbito material", en GONZÁLEZ RÍOS, Isabel (dir.), *Servicios de interés general y protección de los usuarios: (educación, sanidad, servicios sociales, vivienda, energía, transportes y comunicaciones electrónicas),* Madrid 2018, pp. 25-57.

GUTIÉRREZ PONCE, Herenia, CHAMIZO GONZÁLEZ, Julián y CANO MONTERO, Elisa Isabel, "Estabilidad presupuestaria, financiamiento y responsabilidad social en los municipios españoles", *Contaduría y administración* 63 (3), 2018, pp. 1-21.

LASA LÓPEZ, Ainhoa, "La ruptura de la constitución material del estado social: la constitucionalización de la estabilidad presupuestaria como paradigma", *Revista de Derecho Político* (90), 2014, pp. 213-248.

LAZO VITORIA, Ximena, "Prestación de servicios a las personas: ¿concierto social o contrato?", *Revista de Estudios de la Administración Local y Autonómica. Nueva Época* (20), 2023, pp. 31-46.

LEÑERO BOHÓRQUEZ, María Rosario, "La naturaleza jurídica de la acción concertada como modalidad de gestión de los servicios a las personas", en DARNACULLETA GARDELLA, Mercé *et al.*, *La colaboración público-privada en la gestión de servicios sociales,* Madrid, 2022, pp. 135-195.

LÓPEZ-VEIGA BREA, Jorge, "La contratación pública de los servicios a las personas tras la aprobación de las directivas europeas de cuarta generación. Un nuevo horizonte en las políticas sociales autonómicas", *Revista Galega de Administración Pública* 1 (53), 2017, pp. 155-176.

GARRIDO JUNCAL, Andrea, "Las nuevas formas de gestión de los servicios sociales: elementos para un debate", *Revista Catalana de Dret Públic* (55), 2017, pp. 84-100.

MANENT ALONSO, Luis, "A acción concertada en servizos sociais tras a doutrina ASADE: do desconcerto á incerteza", *Administración & cidadanía: revista da Escola Galega de Administración Pública* 18 (2), 2023, pp. 183-205.

MANENT ALONSO, Luis, "La influencia del Tribunal de Justicia de la Unión Europea en la configuración de la acción concertada en los servicios sociales ", *Revista valenciana d'estudis autonòmics* (62), 2017, pp. 283-296

MARTÍN EGAÑA, Arantza, "Los servicios a las personas: La adjudicación directa como alternativa al concierto social", *Gabilex: Revista del Gabinete Jurídico de Castilla-La Mancha* (25), 2021, pp. 272-375.

MARTÍNEZ-ALONSO CAMPS, José Luis, "Los debates sobre los servicios públicos locales: Estado de la cuestión", *Revista Catalana de Dret Públic* (57), 2018, pp. 72-96.

MORAL SORIANO Leonor, "La influencia del derecho español en la noción de servicio público europeo", en USCANGA BARRADAS, Abril; REYES DÍAZ, Carlos y PEÑA FREIRE, Antonio Manuel (coords.), *Los derechos como límites al poder*, México DF, 2023, pp. 53-66.

ORTIZ, Sandra, "Una revisión a los servicios públicos de solidaridad en la Unión Europea", *Revista Digital de Derecho Administrativo* (20), 2018, pp. 487-509.

RIUS COMA, Martí, "La reconfiguración de la acción concertada reservada a la iniciativa no lucrativa basada en la regulación de los servicios de interés general de solidaridad", *Boletín de la Asociación Internacional de Derecho Cooperativo* (62), 2023, pp. 19-50.

TORNOS MAS, Joaquín, "El concepto de servicio público a la luz del derecho comunitario", *Revista de administración pública* (200), 2016, pp. 193-211.

VAQUER CABALLERÍA, Marcos "Los servicios atinentes a la persona en el Estado social", *Cuadernos de Derecho Público* (11), 2000, pp. 31-72.

VILLAR ROJAS, Francisco, "La sostenibilidad (financiera) de los servicios públicos", *Revista de Derecho Público: teoría y método*, (7), 2023, pp. 7-40.

*Capítulo III*

# *La acción concertada y las fórmulas no contractuales en la provisión de servicios de atención a la persona en materia social*

**ANDREA GARRIDO JUNCAL**
*Profesora contratada doctora de Derecho Administrativo*
*Universidad de Santiago de Compostela*

**Resumen:** El objetivo del presente trabajo es describir el contexto en el que se ha desarrollado una tercera vía de gestión de los servicios de atención a la persona en materia social, el denominado concierto social, con la intención de reflejar los riesgos y desafíos que esta plantea. Teniendo en cuenta que en la obra ya se incluyen capítulos que se dedican a analizar de forma pormenorizada la legislación aprobada en cada CA, el grueso de este trabajo se dedicará a realizar algunas reflexiones generales que entendemos pueden contribuir al debate de si esta modalidad de gestión indirecta no tiene futuro alguno o, por el contrario, se trata de una fórmula a la que le podemos augurar una larga trayectoria.

**Palabras clave:** concierto social, servicios sociales, comunidades autónomas, Unión Europea.



**Abreviaturas empleadas:**

CCAA: Comunidades Autónomas
CE: Constitución española
LCSP: Ley 9/2017, de 8 de noviembre de Contratos del Sector Público
TJUE: Tribunal de Justicia de la Unión Europea
TSJ: Tribunal Superior de Justicia

## III.1. LA CONSTRUCCIÓN DE UNA TERCERA VÍA DE GESTIÓN DE LOS SERVICIOS DE ATENCIÓN A LA PERSONA EN MATERIA SOCIAL: RIESGOS Y DESAFÍOS

Los servicios de atención a la persona en materia social —quizá más conocidos como servicios sociales por ser esta la terminología que se emplea en la mayoría de las leyes autonómicas aprobadas en esta materia— se pueden describir desde diferentes ángulos; en particular, desde la perspectiva finalista, desde el punto de vista de sus beneficiarios, así como de sus prestadores, o/y desde el prisma de sus elementos, esto es, la tipología de prestaciones que los integran[1].

Atendiendo a los sujetos que prestan los servicios sociales, cabría entender que estamos ante un servicio mixto, compartido o de carácter no monopolístico, reconociendo nuestro ordenamiento jurídico la libertad de prestación en este ámbito. De esta manera, por ejemplo, el art. 98 de la Ley 9/2016, de 27 de diciembre, de Servicios Sociales de Andalucía reconoce:

> "Las personas jurídicas de naturaleza privada y las personas físicas podrán crear centros y establecimientos de servicios sociales, así como gestionar servicios y prestaciones de esta naturaleza, con sujeción al régimen de autorización legalmente establecido y cumpliendo las condiciones fijadas por las disposiciones de esta ley y por la normativa reguladora de servicios sociales".

El objetivo del presente trabajo es describir el contexto en el que se ha desarrollado una tercera vía de gestión de los servicios de atención a la persona en materia social, el denominado concierto social, con la intención de reflejar los riesgos y desafíos que esta plantea. Teniendo en cuenta que en la obra ya se incluyen capítulos que se dedican a analizar de forma pormenorizada la legislación aprobada en cada CA, el grueso de este trabajo se dedicará a realizar algunas reflexiones generales que entendemos pueden contribuir al debate de si esta modalidad de gestión indirecta no tiene futuro alguno o, por el contrario, se trata de una fórmula a la que le podemos augurar una larga trayectoria.

---

[1] GARRIDO JUNCAL, Andrea, *Los servicios sociales en el s. XXI: nuevas tipologías y nuevas formas de prestación,* Madrid, 2020, pp. 81-120.

Al adentrarnos en este tema, hemos considerado oportuno recordar todos los argumentos que las CCAA emplearon en su día para respaldar la creación de esta figura, que busca darle un mayor protagonismo al tercer sector en la provisión de estos servicios diseñando un régimen jurídico alejado de las normas de competencia. A pesar de que se ha reiterado una y otra vez que la creación del concierto social estaría justificada, ya que les corresponde a las CCAA la competencia exclusiva en materia de servicios sociales y que estas únicamente se han ceñido a explorar una vía que las Directivas de contratación pública de cuarta generación dejaban abierta[2], también comprobamos que hay otros motivos que están detrás de este movimiento impulsado por los legisladores autonómicos.

A través del concierto social se pretende dar cobertura a las actuaciones de las entidades sin ánimo de lucro, actores que, según diferentes normas, estarían llamados a desempeñar un papel crucial en el diseño y la ejecución de las políticas sociales, pero que se encuentran con graves problemas a la hora de ejecutar su misión debido, entre otras razones, a que están muy condicionados por el carácter anual de la mayoría de las subvenciones públicas[3]. Para hacer frente

---

2 Es indudable que la prestación de los servicios a las personas (sociales, sanitarios y educativos) es un ámbito en el que los principios del mercado se flexibilizan, admiten generosas modulaciones y se definen nuevas coordenadas para la colaboración con las entidades sin ánimo de lucro. Como nos recuerda LAZO VITORIA, "el TJUE en sucesivos pronunciamientos (destacadamente los casos Sodemare, Spezzino y Casta 19) ha ido estableciendo importantes criterios interpretativos los cuales, posteriormente, han sido codificados mediante su inclusión en las Directivas de contratación de 2014". LAZO VITORIA, Ximena, "Prestación de servicios a las Prestación de servicios a las personas: ¿concierto social o contrato?", *Revista de Estudios de la Administración Local y Autonómica. Nueva Época* (20), 2023, p. 35.

3 Hace tiempo ya manifestamos que el fomento del tercer sector de acción social, que se predicaba en la Ley 43/2015, de 9 de octubre, del Tercer Sector de Acción Social, es difícilmente realizable cuando, al mismo tiempo, se rechaza un incremento del gasto público. En la Disposición adicional cuarta de este texto legal ni si quiera se declara que los gastos públicos se van a condicionar a la evolución general de la economía o a las disponibilidades presupuestarias. Vid. GARRIDO JUNCAL, Andrea, "Aspectos controvertidos y perspectivas de evolución del régimen jurídico del tercer sector y el voluntariado", *Anuario da Facultade de Dereito da Universidade da Coruña* (21), 2017, p. 141.

a ello, se ha centrado toda la atención y se ha apostado fuerte por el concierto social, despreocupándonos quizá de otras tareas no menos importantes[4]. Como detalla *Nogueira López*,

> "es dudoso que la subvención, por su propia naturaleza, régimen jurídico y tiempos, sea una vía adecuada para dar satisfacción a necesidades generales, no puntuales, que derivan directamente de los mandatos constitucionales de protección social a determinados colectivos vulnerables y que ayudan a corregir necesidades básicas y en muchas ocasiones urgentes (alimento, techo, calor, material educativo...)"[5].

A tenor de lo expuesto, nos demandamos entonces cuándo se revisará el sistema de subvenciones que actualmente "están instrumentadas de manera poco moderna, tediosa y con mucha burocracia administrativa", siendo conveniente "establecer sistemas de justificación más ágiles y reducir así los gastos de gestión y la carga administrativa"[6].

En el ámbito de los servicios sociales, la iniciativa privada puede ser ejercida por las entidades de iniciativa mercantil y por las entidades de iniciativa social. Con la irrupción del concierto social lo que se pone en juego, de acuerdo con los más extremistas, es la libertad de empresa que se reconoce en el art. 38 de la CE. Ante la amplitud de los servicios sociales que pueden ser objeto del concierto social, de un lado, y que algunas CCAA descartan que las entidades concertadas puedan ser entidades mercantiles, de otro lado, algunos temen

---

4 Aunque el gasto público ha ido incrementándose, el sistema de servicios sociales no se ha desplegado en su plenitud. Respecto del retraso histórico del Estado del Bienestar en España y sus causas, nos remitimos a FORNS FERNÁNDEZ, M. Victòria, "Estado del bienestar y servicios sociales: ¿un binomio en crisis?", en FORNS FERNÁNDEZ, M. Victòria (ed.), *La protección jurídica de la atención a las personas en materia de servicios sociales: Una perspectiva interdisciplinar*, Barcelona, 2020, pp. 103-142.

5 NOGUEIRA LÓPEZ, Alba, "¿El fin justifica los medios? Subvenciones y protección de personas vulnerables", en GAMERO CASADO, Eduardo y ALARCÓN SOTOMAYOR, Lucía (coords.), *20 años de la Ley General de Subvenciones: actas del XVII Congreso de la Asociación Española de Profesores de Derecho Administrativo*, Madrid, 2023, p. 296.

6 FRESNO, José Manuel, "Situación y retos de financiación en el Tercer Sector", https://www.fresnoconsulting.es/blog/situacion-y-retos-de-financiacion-en-el-tercer-sector/ (última visita, 20 de diciembre de 2024)

que el recurso a la concertación se imponga, adjudicándose menos contratos públicos y con el consiguiente perjuicio a los intereses comerciales legítimos de las empresas privadas, al excluirse el beneficio industrial y limitarse la retribución al reembolso de los costos soportados para prestar los servicios concertados en la normativa reguladora del concierto social[7].

La regulación autonómica del concierto social no solo se ha discutido desde la óptica de su adecuación al derecho de la Unión Europea, sino que también se ha cuestionado su conformidad con el modelo constitucional. En definitiva, el marco jurídico del con-

---

7 El Tribunal de Justicia del País Vasco se pregunta si, efectuado el concierto con una entidad con ánimo de lucro por no quedar garantizados esas condiciones con una entidad sin ese ánimo o por no existir la misma, el servicio prestado por la entidad con ánimo de lucro debe necesariamente limitarse al reembolso de los costos soportados para prestar servicios contratados o concertados. En este sentido, la STSJ del País Vasco, Sala de lo Contencioso-Administrativo, Sección 3º, de 3 de julio de 2024, (ponente: Antonio Iglesias Martín) anula el art. 9.3 del Decreto 168/2023, de 7 de noviembre, por el que se regulan el régimen de concierto social y los convenios en el Sistema Vasco de Servicios Sociales. Esta Sala considera que la financiación del régimen del concierto social en el País Vasco es contraria al art. 38 de la CE, en el que se "reconoce la libertad de empresa en el marco de la economía de mercado. Los poderes públicos garantizan y protegen su ejercicio y la defensa de la productividad, de acuerdo con las exigencias de la economía general y, en su caso, de la planificación". Así pues, sostiene: "reconocida la libertad de empresa, es claro que esta se ejerce con ánimo de lucro y que los poderes públicos (incluidas las Administraciones autonómicas) protegen su ejercicio y la defensa de la productividad. En consecuencia, no parece en modo alguno admisible que el silencio de la LSS pueda habilitar al reglamento para hacer una regulación contraria a los principios constitucionales señalados". Como complemento de lo anterior, se indica: "el reconocimiento de una discriminación positiva para que el servicio se preste por entidades sin ánimo de lucro en caso de igualdad de condiciones de calidad en la prestación de los servicios y establecimientos, así como en favor de aquellas entidades que acrediten la efectiva aplicación, a lo largo de su trayectoria, de una serie de características, es del todo punto lógico. Pero, en la misma medida en que se prioriza por esas entidades sin ánimo de lucro para satisfacer de los principios de universalidad, solidaridad, eficiencia económica y adecuación que rigen el sistema de servicios sociales, en congruencia con el modelo constitucional y comunitario, si se opta por una entidad con ánimo de lucro, habrán de aplicarse todas las consecuencias que se derivan de la propia naturaleza jurídica de las obligaciones contraídas con entidades con ánimo de lucro. Y esas consecuencias no son otra que el régimen de economía de mercado".

cierto social suscita no pocos problemas prácticos que han llegado al Tribunal de Justicia de la Unión Europea y los Tribunales Superiores de Justicia, cuyas decisiones han arrojado, a veces, más incógnitas que aclaraciones[8]. Por lo demás, no se puede ocultar que los servicios sociales tampoco son un terreno en el que parece que se respete el orden de distribución de competencias establecido en la CE y en los Estatutos de Autonomía, siendo las injerencias estatales continuas en este ámbito. Conforme a lo anterior y como reflexión final, se sugiere que, en la próxima reforma de la legislación básica sobre contratos y concesiones administrativas, se clarifique el problema que se aborda en este trabajo, pues esta sí que sería una injerencia oportuna y útil.

## III.2. LA HUIDA DEL RÉGIMEN DE CONTRATACIÓN PÚBLICA EN LA LEGISLACIÓN AUTONÓMICA DE SERVICIOS SOCIALES

Repasando la normativa dictada por las diferentes CCAA podrían realizarse con carácter preliminar, al menos, cinco consideraciones.

En primer lugar, se constata una tendencia creciente hacia la aprobación de un cuerpo normativo que se centre en exclusiva en las peculiaridades del concierto social. Detrás de esta actuación es evidente que está el deseo de diferenciar esta figura del contrato público; acogiéndose a la posibilidad abierta en la Ley 9/2017, de 8 de noviembre, de Contratos del Sector Público. En

---

8 Esta inseguridad jurídica está afectando a la gestión de los servicios de atención a las personas, que, como explica *Fuentes i Gasó*, es un ámbito de actuación especialmente sensible a causa de la vulnerabilidad de los colectivos a los cuales se dirigen y a la función que desarrollan, siendo garantes de los derechos de la ciudadanía. Vid. FUENTES I GASÓ, Josep Ramon, "El regim jurídic de la provisió de serveis d'atenció a les persones a Catalunya: El concert social després de les directives europees contractació pública", en FORNS FERNÁNDEZ, M. Victòria (ed.), *La protección jurídica de la atención a las personas en materia de servicios sociales: Una perspectiva interdisciplinar*, Barcelona, 2020, p. 202.

concreto, en el art. 11.6[9] y la Disposición adicional cuadragésima novena[10]

Sin perjuicio de lo anterior, se detecta que la redacción de una parte importante del articulado que afecta a los conciertos sociales se asimila o toma ejemplo, unas veces, la regulación dictada en materia de contratación pública y, otras veces, la de subvenciones. Esta fuente de inspiración es la que, a nuestro juicio, no ayuda a disipar las dudas acerca de si estamos realmente ante una nueva fórmula de relación con las entidades privadas. La decisión de categorizar el concierto social como un instrumento no contractual ha sido objeto de críticas y las empresas privadas con ánimo de lucro que operan en el sector han recurrido a la justicia. De hecho, por ejemplo, la STSJ del País Vasco, Sala de lo Contencioso-Administrativo, Sección 3º, de 3 de

---

9 Este precepto declara: "Queda excluida de la presente Ley la prestación de servicios sociales por entidades privadas, siempre que esta se realice sin necesidad de celebrar contratos públicos, a través, entre otros medios, de la simple financiación de estos servicios o la concesión de licencias o autorizaciones a todas las entidades que cumplan las condiciones previamente fijadas por el poder adjudicador, sin límites ni cuotas, y que dicho sistema garantice una publicidad suficiente y se ajuste a los principios de transparencia y no discriminación".

10 En esta Disposición se señala: "Lo establecido en esta Ley no obsta para que las Comunidades Autónomas, en el ejercicio de las competencias que tienen atribuidas, legislen articulando instrumentos no contractuales para la prestación de servicios públicos destinados a satisfacer necesidades de carácter social". Según *Álvarez Fernández*, esta previsión es completamente superflua y viene simplemente a evidenciar la conveniencia de desarrollar esta posibilidad de gestión indirecta de servicios sociales como modo adecuado (más adecuado) de realizar este tipo de actividades, dado que no corresponde a la LCSP habilitar a las CCAA para adoptar dicha normativa. Por una parte, porque las fórmulas no contractuales de gestión de servicios sociales quedan excluidas del ámbito de aplicación de la LCSP, por lo que, no tratándose de la celebración de contratos no opera la competencia básica estatal al respecto. Y, además, porque corresponde a las CCAA la competencia exclusiva en materia de asistencia social de acuerdo con el art. 148.1.20 de la CE. En consecuencia, es una competencia propia de las CCAA ordenar los servicios sociales en su territorio y organizar su prestación en los términos y con arreglo a los mecanismos que estimen más adecuados. Vid. ÁLVAREZ FERNÁNDEZ, Mónica, "El concierto social como fórmula alternativa (y no contractual) para la gestión indirecta de los servicios sociales públicos", *IUS ET VERITAS: Revista de la Asociación IUS ET VERITAS* (62), 2021, p. 23

julio de 2024, es el último pronunciamiento judicial con el que contamos y en el que algunas de las pretensiones de la parte demandada (la Confederación empresarial vasca) han sido estimadas[11].

En segundo lugar, cabe remarcar que, entre las formas de prestación de los servicios sociales, se distinguen los modos de gestión directa y los modos de gestión indirecta, intercalando ahora entre ellos el concierto social, que sería una forma a la que se le quiere otorgar el tratamiento de *tertium genus*, quizá porque se construye sobre la base de la preferencia por la iniciativa sin ánimo de lucro respecto de la empresarial. En este sentido, es más que significativo, por ejemplo, que en Castilla-La Mancha la habilitación para el desarrollo reglamentario del concierto social se haya previsto en la Ley 1/2020, de 3 de febrero, del tercer sector social de Castilla-La Mancha[12].

En tercer lugar, es preciso destacar que, si bien existen una serie de principios o características comunes al concierto social, el desarrollo normativo del mismo difiere de unas CCAA a otras. Mientras que unas CCAA han regulado el concierto en el ámbito social y sanitario (Aragón, Navarra, Extremadura), otras lo han hecho solo para la prestación de algunos servicios sociales (Andalucía, Asturias, Islas Baleares, Murcia y Valencia)[13]. Por otro lado, mientras que la regulación de unas CCAA sólo permite concertar con las entidades sin ánimo de lucro, otras lo abren a las entidades con ánimo de lucro. Por ejemplo, el concierto social aprobado en la Comunidad Autónoma de Galicia no es tan radical o ambicioso como el de otras CCAA, en las que esta modalidad de prestación queda reservada a las entidades sin ánimo de lucro. En esta CA este tipo de entidades solo tienen

---

11 Esta entidad impugnó el Decreto 168/2023, de 7 de noviembre, por el que se regulan el régimen de concierto social y los convenios en el Sistema Vasco de Servicios Sociales. La STSJ del País Vasco estima el recurso contencioso administrativo, anulando los arts. 9.3 y 15 a) de la citada norma.

12 Véase la Disposición final segunda de la Ley 1/2020, de 3 de febrero, del tercer sector social de Castilla-La Mancha.

13 FRESNO, José Manuel, "El concierto social en España: una oportunidad para mejorar la colaboración entre ONG y administraciones públicas", https://www.fresnoconsulting.es/upload/78/99/ElConciertoSocial.pdf (última visita, 20 de diciembre de 2024)

preferencia en caso de empate[14]. Este detalle, unido a que muchos de los criterios de selección de las entidades en los procedimientos de asignación de conciertos podrían ser incorporados en los procedimientos de contratación como cláusulas sociales, termina, como es lógico, restándole atractivo al concierto social gallego, siendo las resoluciones de concertación publicadas en el Diario Oficial de Galicia muy pocas. Por otra parte, es posible que otro factor que influya en el mayor o menor despliegue del concierto social en cada CA no tenga tanto que ver solo con el marco regulatorio aprobado, sino con el grado de implantación del tercer sector. Es decir, existen territorios en los que las entidades sociales no lucrativas están más arraigadas y son más numerosas, lo que favorece que las instituciones públicas sean más proclives a buscar vías de colaboración con ellas.

La cuarta consideración sobre el marco legal que declara formalmente que el concierto social está excluido del ámbito de aplicación de las normas de contratación del sector público, pasa por advertir que, de momento, no se ha concluido que este sea contrario al orden constitucional. Aunque el Estado ha mostrado sus recelos más de una vez, terminando por asumir el ejercicio de potestad para dictar normas por parte de las CCAA con la condición de que algunos preceptos se interpretaran y aplicaran en consonancia con la LCSP. En este sentido, no puede pasar desapercibida, por ejemplo, la Resolución de 12 de septiembre de 2019, de la Secretaría General de Coordinación Territorial, por la que se publica el Acuerdo de la Comisión Bilateral de Cooperación Administración General del Estado-Comunidad Autónoma de Illes Balears en relación con la Ley 12/2018, de 15 de noviembre, de servicios a las personas en el ámbito social en la Comunidad Autónoma de las Illes Balears.

Sin la necesidad de entrar ahora en el objeto de las discusiones, se observa que el Estado no ha estado muy acertado en la resolución de los interrogantes que suscitan los nuevos márgenes de interactuación de la Administración con las entidades privadas en el campo de los servicios sociales. Su desconfianza se ha reducido, sobre todo, a

---

14 Art. 13.1 del Decreto 229/2020, de 17 de diciembre, por el que se desarrolla el régimen de conciertos sociales en el ámbito de la Comunidad Autónoma de Galicia.

los preceptos dedicados a la selección de las entidades concertadas y se ha articulado solo desde el prisma de la posible conculcación de la legislación básica en materia de contratos. Con el compromiso de unos simples retoques en la normativa autonómica, el Estado se ha conformado, pero lo cierto es que los debates no han cesado e, incluso, se podría advertir que, con el acuerdo alcanzado por la Comisión Bilateral de Cooperación Administración General del Estado y la Comunidades Autónomas antes mencionado, las diferencias de opinión en este tema se han incrementado.

A mayor abundamiento, tampoco puede decirse que las conocidas como decisiones ASADE I[15] y II[16] del TJUE hayan alterado las intenciones de las CCAA. Después de julio de 2022 se aprobó, por ejemplo, la Ley 12/2022, de 21 de diciembre, de Servicios Sociales de la Comunidad de Madrid; texto legal en el que el concierto social se define como "el instrumento no contractual que permite la realización total o parcial de programas sociales, así como la provisión de prestaciones en el marco del Sistema Público de Servicios Sociales, por entidades privadas" (art. 72.1)[17].

---

15 STJUE, de 14 de julio de 2022 (ponente C. Lycourgos).

16 Auto del TJUE núm. 289/2023, de 31 de marzo de 2023, (ponente C. Lycourgos).

17 No obstante, tal y como advierte *Navalpotro Ballesteros*, "frente a la regulación más acabada de algunas CCAA, el legislador madrileño ha optado por el establecimiento de unas líneas esenciales que habrán de ser objeto de un desarrollo reglamentario posterior. Como es habitual en estos casos, ello tendrá la ventaja de favorecer la futura adaptación de la normativa de desarrollo a las cambiantes demandas de la realidad social, dada la mayor agilidad de la elaboración de disposiciones de carácter reglamentario sobre la tramitación legislativa, aunque también supone la necesidad de esperar un tiempo prudencial para la introducción efectiva del concierto social". Vid. NAVALPOTRO BALLESTEROS, Tomás, "El concierto social como fórmula para la prestación de los servicios sociales", *Revista jurídica de la Comunidad de Madrid*, 2023, p. 5. Lo que está fuera de toda duda es la interpretación de la decisión adoptada por el legislador madrileño (excluir el beneficio industrial de la retribución). Se quiere que los destinatarios naturales del concierto social regulado por la Ley 12/2022 sean, en realidad, las entidades sin ánimo de lucro. Vid. LAZO VITORIA, Ximena, "Fórmulas de xestión indirectas (contractuais e non contractuais) na nova Lei 12/2022, do 21 de decembro, de servizos sociais da Comunidade de Madrid. Primeira regulación legal do "concerto social" en Madrid", *Administración & cidadanía: revista da Escola Galega de Administración Pública* (17), 2022, p. 303.

Finalmente, conviene insistir en que no basta con cambiar el *nomen iuris* del negocio jurídico y lo que antes se llamaba concierto ahora lo llamamos concierto social, acuerdo concertado o acción concertada; ni con proclamar que el concierto social es una modalidad de gestión indirecta distinta a las previstas en la normativa de contratos del sector público. La postura adoptada por algunos legisladores autonómicos es errónea y de necesaria rectificación en este punto. El concierto social no solo se puede poner en relación con el concepto de contrato público que maneja el legislador europeo, sino que el esclarecimiento de su naturaleza jurídica aconseja determinar cuál es su ubicación en el cuadro de formas de la actividad administrativa de nuestro país.

En esta línea, compartimos la visión del Tribunal Superior de Justicia de Aragón, órgano que reconoce que es perfectamente admisible que en el 2016 la CA hubiera realizado la transposición parcial de la Directiva 24/2014/UE en el marco de sus competencias. Ahora bien, el problema al que nos enfrentamos ahora es el ajuste de esa inicial trasposición a los contenidos de la normativa básica estatal posterior, que es la LCSP, y saber si la normativa autonómica, tanto de rango legal como de rango reglamentario, que directa e indirectamente se está impugnando contraviene el ordenamiento de la Unión Europea en materia de contratación y las normas estatales de transposición[18].

## III.3. LOS ARGUMENTOS EN DEFENSA DE LA CONCERTACIÓN COMO FÓRMULA DE PROVISIÓN DE LOS SERVICIOS DE ATENCIÓN A LA PERSONA EN MATERIA SOCIAL

Para proteger el diseño jurídico autonómico del concierto social, las CCAA se han preocupado por alegar que, además de ostentar una competencia exclusiva en la materia de servicios sociales, con sus actuaciones lo que persiguen es hacer lo que otros entes autonómicos ya han hecho mediante sus respectivas leyes de servicios sociales y

---

[18] Véase STSJ de Aragón, Sala de lo Contencioso-Administrativo, Sección 1°, de 12 de febrero de 2024 (ponente Juan José Carbonero Redondo) FJ2.

potenciar el papel de las entidades de iniciativa social[19], lo cual está en plena consonancia con el principio de participación que se reconoce en prácticamente todos los sistemas autonómicos de servicios sociales[20] y la nueva oleada de leyes del tercer sector.

Es habitual escuchar que la iniciativa social trae causa del libre desarrollo de la personalidad (art. 10 de la CE), entronca con el derecho de asociación (art. 22 de la CE) y con el derecho de fundación (art. 34 de la CE), y, de un modo más amplio, con los valores de solidaridad social que forman parte del ordenamiento comunitario (art. 9 del Tratado de Funcionamiento de la Unión Europea y doctrina del Tribunal de Justicia); mientras que la iniciativa mercantil encuentra su fundamento en la libertad de ejercicio profesional y de empresa (arts. 35 y 38 de la CE) que, a su vez, engarza con las libertades económicas de establecimiento y de prestación de servicios que garantizan los Tratados de la Unión Europea (arts. 26.2, 49, 56 y concordantes TFUE)[21].

Apoyándose precisamente en la fundamentación jurídica de la iniciativa social, las leyes autonómicas de servicios sociales han optado por reconocerle un papel privilegiado y un peso específico. Dicha postura la encontramos claramente reflejada, por ejemplo, en la Ley 12/2007, de 11 de octubre, de servicios sociales de Cataluña. Tanto en el párrafo final del apartado IV del Preámbulo ("es preciso reconocer el papel esencial de las entidades del tercer sector en la creación del modelo de servicios sociales en Cataluña y de la extensa red que ponen al alcance de las personas en situación de exclusión social, de riesgo o de vulnerabilidad. Es por ello que es preciso garantizar el establecimiento de un modelo de cooperación y concertación público y privado que las fomente y les dé estabilidad"), como en una multiplicidad de sus preceptos, entre los que podemos remarcar el

---

19 Véase Preámbulo de la Ley 9/2015, de 20 de marzo, de primera modificación de la Ley 1/2003, de 24 de febrero, de servicios sociales del Principado de Asturias.

20 Véase Preámbulo de la Ley 5/2016, de 2 de mayo, por la que se modifica la Ley 3/2003, de 10 de abril, del sistema de servicios sociales de la Región de Murcia.

21 Véase VILLAR ROJAS, Francisco, "La iniciativa privada y prestación de los servicios sociales. Las redes o sistemas públicos de servicios sociales", en EZQUERRA HUERVA, Antonio (coord.), *El marco jurídico de los servicios sociales en España: realidad actual y perspectivas de futuro*, Madrid, 2012, pp. 87-120.

art. 78, que, a modo de cierre del título VI y bajo la rúbrica "acción de fomento de la iniciativa social", proclama en sus dos primeros párrafos:

> "1. Las entidades de iniciativa social son un elemento definitorio del sistema de servicios sociales y un elemento clave en el fomento de los servicios sociales.
>
> 2. La Administración de la Generalidad y los entes locales, a los efectos de lo establecido por el presente título, deben fomentar de modo preferente la creación y participación de las entidades sin ánimo de lucro en la realización de actividades de servicios sociales".

Otro argumento con el que pretenden respaldar sus actuaciones pasa por poner de relieve que el concierto es una forma de gestión de servicios con una larga tradición en nuestro ordenamiento jurídico y que la normativa sobre sanidad, educación o servicios sociales ya la contemplaba como una alternativa a la gestión directa o indirecta de los servicios. La raíz del problema está, según el legislador aragonés, en que el régimen jurídico al que debe ajustarse la celebración de los conciertos no siempre ha estado claro, hasta el punto de que, en los últimos años, y quizá por la falta de claridad de la normativa de contratos públicos, se ha venido asimilando el régimen de los conciertos al propio de una determinada modalidad de contrato público. Tal asimilación nunca ha tenido un encaje perfecto y, en la práctica, ha dificultado que en la organización de la prestación de servicios no económicos pero de interés general, como los sociales, sanitarios y educativos, pudieran participar en mayor medida las entidades del tercer sector sin ánimo de lucro[22].

El legislador extremeño concuerda con el aragonés en que la prestación de determinados servicios de interés general, como los sociales, sanitarios y educativos, a través de diversas modalidades de gestión sometidas a los clásicos procedimientos de contratación pública nunca han mostrado un encaje perfecto con la adecuada respuesta a los requerimientos de los servicios dirigidos a personas en especiales y complejas situaciones de vulnerabilidad, no garantizando una actuación eficaz y eficiente en la cobertura de las prestaciones que

---

22 Véase el Preámbulo de la Ley 11/2016, de 15 diciembre, de acción concertada para prestación de servicios de carácter social y sanitario de Aragón.

precisan las personas en tal situación, ni tampoco el cumplimiento de principios como su arraigo en el entorno o la continuidad de la atención prestada de forma integral, personalizada y con elevados niveles de calidad[23].

Desde el punto de vista del legislador extremeño, la modernización del régimen jurídico aplicable a la colaboración de las entidades privadas en la prestación de los servicios sociales se fundamenta en la necesidad de impulsar:

> "un innovador y exitoso modelo de gestión y financiación públicas que ha incrementado los niveles de calidad y afianzado la sostenibilidad, equidad y universalidad de la red de servicios del sector, transformando un marco de financiación sometido a la incertidumbre y la concurrencia anual propias del sistema de subvenciones, a uno basado en la estabilidad económica plurianual, garante de la calidad y la solidaridad del modelo de colaboración, en el que el valor añadido de la acción social es el eje central de todas sus prestaciones especializadas, que ahora precisa de actualización para adaptarlo a las exigencias de la normativa estatal y comunitaria para garantizar los principios de no discriminación, transparencia e igualdad de trato y la implementación de políticas innovadoras en la gestión de estos servicios públicos"[24].

Ante este panorama, algunas CCAA han visto el concierto social como un mecanismo de colaboración privada en la prestación de los servicios sociales cuyo diseño legal, se dice, incontables veces, representa una gran oportunidad para las entidades sin ánimo de lucro, pues no son pocas las CCAA que, por ejemplo, han decidido que

---

23 En la Comunidad Autónoma de Extremadura existe una dilatada experiencia en la provisión de servicios sociales especializados a través de un régimen asimilado al que en la actualidad se prevé en la ley de conciertos, si bien con notas caracterizadoras del régimen subvencional, como la justificación documental de los gastos realizados; en concreto, se refiere al Marco de Atención a la Discapacidad en Extremadura —MADEX—, regulado en virtud del Decreto 151/2006, de 31 de julio, cuyo objetivo fue el establecimiento de un régimen jurídico de acreditación de los centros y servicios que conllevaría la celebración de conciertos, con naturaleza convenial, para la prestación de servicios de atención especializada a personas con discapacidad en la Comunidad Autónoma de Extremadura.

24 Véase la Exposición de motivos de la Ley 13/2018, de 26 de diciembre, de conciertos sociales para la prestación de servicios a las personas en los ámbitos social, sanitario y sociosanitario en Extremadura.

los conciertos sociales puedan tener una duración inicial de cuatro años, siendo posible incluso su prórroga. Sin embargo, esta huida del régimen de contratación pública en la legislación autonómica de servicios sociales no parece que sea una solución alternativa viable, hasta el punto de que algunos ya señalan que "la alternativa no es concertar o contratar, sino contratar o contratar"[25].

## III.4. EL DISEÑO DEL MARCO REGULATORIO DEL CONCIERTO SOCIAL DESDE LA ÓPTICA DEL DERECHO DE LA UNIÓN EUROPEA: ¿SON CONTRATOS PÚBLICOS COMPRENDIDOS EN LA DIRECTIVA 2014/24/UE?

Debido a que no todas las entidades que conforman el sector privado son iguales y existen algunos servicios públicos con unas particularidades especiales, es bastante frecuente escuchar la siguiente afirmación: No en todos los procedimientos la competencia debe salvaguardarse de la misma manera.

Ahora bien, tras una lectura de los considerandos 36[26], 53[27] y 54[28] de la Directiva 2014/23/UE, de 26 de febrero de 2014, relativa

---

25 DARNACULLETA GARDELLA, M. Mercè, "Contratar o concertar la prestación de servicios sociales: ¿una alternativa viable?", https://www.gobiernolocal.org/acento-local/contratar-o-concertar-la-prestacion-de-servicios-sociales-una-alternativa-viable/#:~:text=De%20acuerdo%20con%20la%20legislaci%C3%B3n%20auton%C3%B3mica%2C%20las%20entidades,acuerdo%20de%20acci%C3%B3n%20concertada%2C%20tambi%C3%A9n%20denominado%20concierto%20social (última visita, 20 de diciembre de 2024)

26 La presente Directiva no debe aplicarse a determinados servicios de emergencia prestados por organizaciones o asociaciones sin ánimo de lucro, ya que sería difícil preservar la especial naturaleza de estas organizaciones en el caso de que los prestadores de servicios tuvieran que elegirse con arreglo a los procedimientos establecidos en la presente Directiva. Con todo, la exclusión no debe ampliarse más allá de lo estrictamente necesario; por ello, es preciso establecer explícitamente que los servicios de transporte de pacientes en ambulancia no deben excluirse. En este contexto, resulta aún más necesario aclarar que el grupo CPV 601, "Servicios de transporte terrestre", no incluye los servicios de ambulancia, que están incluidos en la clase CPV 8514. Por tanto, debe aclararse que los servicios englobados en el código CPV 85143000-3, que consisten exclusivamente

en servicios de transporte de pacientes en ambulancia han de quedar sujetos al régimen especial establecido para servicios sociales y otros servicios específicos ("el régimen simplificado"). Así pues, los contratos mixtos de concesión para la prestación de servicios de ambulancia en general quedarían también sujetos al régimen simplificado si el valor de los servicios de transporte de pacientes en ambulancia fuera superior al de otros servicios de ambulancia.

27 Dada la importancia del contexto cultural y el carácter delicado de estos servicios, los Estados miembros deben disponer de amplia discrecionalidad para seleccionar a los prestadores de los servicios de la manera que consideren más apropiada. La presente Directiva no obsta para que los Estados miembros apliquen criterios específicos de calidad a la hora de seleccionar a los prestadores de estos servicios, tales como los criterios expuestos en el Marco Europeo Voluntario de Calidad de los Servicios Sociales del Comité de Protección Social de la Unión Europea. Los Estados miembros y las autoridades públicas siguen siendo libres de prestar ellos mismos estos servicios o de organizar los servicios sociales sin asignar concesiones, por ejemplo a través de la simple financiación de los mismos, o merced a la concesión de licencias y autorizaciones a todos los operadores económicos que cumplan unas condiciones establecidas de antemano por el poder adjudicador o la entidad adjudicadora, sin imponer límites o cuotas y siempre que se garantice una publicidad suficiente y se respeten los principios de transparencia y no discriminación.

28 Es procedente excluir de la aplicación plena de la presente Directiva únicamente aquellos servicios con menor dimensión transfronteriza, como algunos servicios de carácter social, sanitario o educativo. Estos servicios se prestan en el marco de un contexto particular que varía mucho según el Estado miembro de que se trate debido a la existencia de diferentes tradiciones culturales. Debe establecerse, por tanto, para la concesión de estos servicios un régimen específico que tenga en cuenta el hecho de que van a reglamentarse por primera vez. La obligación de publicar, en el caso de concesiones de un valor igual o superior al umbral establecido en la presente Directiva, un anuncio de información previa y un anuncio de adjudicación de la concesión constituye una medida adecuada para informar a los posibles licitadores de las posibilidades económicas que se les ofrecen, y a todas las partes interesadas del número y tipo de contratos adjudicados. Por otro lado, en relación con la adjudicación de contratos de concesión en el ámbito de tales servicios, los Estados miembros deben establecer las medidas adecuadas para garantizar la observancia de los principios de transparencia e igualdad de trato de los operadores económicos, a la vez que para permitir que los poderes y entidades adjudicadores se adapten a la especificidad de estos servicios. Los Estados miembros deben velar por que los poderes y entidades adjudicadores puedan tener en cuenta la necesidad de garantizar la innovación y, de conformidad con el artículo 14 del TFUE y con el Protocolo no 26, un alto nivel de calidad, seguridad y accesibilidad económica, la igualdad de trato y la promoción del acceso universal y de los derechos de los usuarios.

a la adjudicación de contratos de concesión y los considerandos 6[29], 28[30] y 114[31] de la Directiva 2014/24/UE, de 26 de febrero de

---

29 Conviene recordar asimismo que la presente Directiva no ha de afectar a la legislación en materia de seguridad social de los Estados miembros. Tampoco debe tratar la liberalización de servicios de interés económico general reservados a las entidades públicas o privadas, ni la privatización de entidades públicas prestadoras de servicios.
Ha de recordarse también que los Estados miembros gozan de libertad para organizar la prestación de los servicios sociales obligatorios o de cualquier otro servicio, como los servicios postales, los servicios de interés económico general o los servicios no económicos de interés general, o una combinación de ambos. Conviene aclarar que los servicios no económicos de interés general deben quedar excluidos del ámbito de aplicación de la presente Directiva.

30 La presente Directiva no debe aplicarse a determinados servicios de emergencia prestados por organizaciones o asociaciones sin ánimo de lucro, ya que sería difícil preservar la especial naturaleza de estas organizaciones en el caso de que los proveedores de servicios tuvieran que elegirse con arreglo a los procedimientos establecidos en la presente Directiva. Con todo, la exclusión no debe ampliarse más allá de lo estrictamente necesario. Así pues, es preciso establecer explícitamente que no deben excluirse los servicios de transporte de pacientes en ambulancia. En este contexto resulta aún más necesario aclarar que el Grupo CPV 601 "Servicios de transporte por carretera" no incluye los servicios de ambulancia, que se encuentran en la clase CPV 8514. Por ello es conveniente aclarar que los servicios del código CPV 85143000-3 que consisten exclusivamente en servicios de transporte de pacientes en ambulancia deben estar sometidos al régimen especial establecido para los servicios sociales y otros servicios específicos ("régimen simplificado"). Por consiguiente, los contratos de prestación de servicios de ambulancia en general deben estar asimismo sometidos al régimen simplificado, aunque el valor de los servicios de transporte de pacientes en ambulancia fuera superior al valor de otros servicios de ambulancia.

31 Determinadas categorías de servicios, en concreto los servicios que se conocen como servicios a las personas, como ciertos servicios sociales, sanitarios y educativos, siguen teniendo, por su propia naturaleza, una dimensión transfronteriza limitada. Dichos servicios se prestan en un contexto particular que varía mucho de un Estado miembro a otro, debido a las diferentes tradiciones culturales. Debe establecerse un régimen específico para los contratos públicos relativos a tales servicios, con un umbral más elevado que el que se aplica a otros servicios. Los servicios a las personas con valores inferiores a ese umbral no revisten normalmente interés para los proveedores de otros Estados miembros, a menos que haya indicios concretos de lo contrario, como en la financiación por la Unión de proyectos transfronterizos.
Los contratos de servicios a las personas, cuyo valor esté situado por encima de ese umbral deben estar sujetos a normas de transparencia en toda la Unión. Teniendo en cuenta la importancia del contexto cultural y el carácter delicado

2014, sobre contratación pública y por la que se deroga la Directiva 2004/18/CE, es posible extraer una conclusión: es sumamente complicado comprender con nitidez cuáles son los presupuestos que justificarían una inaplicación de las Directivas.

Con el fin de preservar la especial naturaleza de las organizaciones o asociaciones sin ánimo de lucro y teniendo en cuenta la menor dimensión transfronteriza de algunos servicios de carácter social, el legislador europeo estima procedente excluir su aplicación plena. Con todo, acto seguido, avisa que dichas exclusiones no deben ampliarse más allá de lo estrictamente necesario y aclara también que, aunque los Estados miembros gocen de libertad para organizar la prestación de los servicios sociales, la observancia de los principios de transparencia e igualdad de trato es obligatoria. A la luz de lo dispuesto en las Directivas sobre contratación y la interpretación del TJUE en relación con los servicios sociales, no puede decirse tampoco que exista una prohibición del lucro en dicha gestión.

---

de estos servicios, debe ofrecerse a los Estados miembros un amplio margen de maniobra para organizar la elección de los proveedores de los servicios del modo que consideren más oportuno. Las normas de la presente Directiva tienen en cuenta este imperativo al imponer solo la observancia de los principios fundamentales de transparencia e igualdad de trato y al asegurar que los poderes adjudicadores puedan aplicar, para la elección de los proveedores de servicios, criterios de calidad específicos, como los establecidos en el Marco Europeo Voluntario de Calidad para los Servicios Sociales publicado por el Comité de Protección Social. Al determinar los procedimientos que hayan de utilizarse para la adjudicación de contratos de servicios a las personas, los Estados miembros deben tener en cuenta el artículo 14 del TFUE y el Protocolo no 26. Al hacerlo, los Estados miembros también deben perseguir los objetivos de simplificación y reducción de la carga administrativa de poderes adjudicadores y operadores económicos; es preciso aclarar ello también puede suponer basarse en disposiciones aplicables a los contratos de servicios no sometidos al régimen específico. Los Estados miembros y los poderes públicos siguen teniendo libertad para prestar por sí mismos esos servicios u organizar los servicios sociales de manera que no sea necesario celebrar contratos públicos, por ejemplo, mediante la simple financiación de estos servicios o la concesión de licencias o autorizaciones a todos los operadores económicos que cumplan las condiciones previamente fijadas por el poder adjudicador, sin límites ni cuotas, siempre que dicho sistema garantice una publicidad suficiente y se ajuste a los principios de transparencia y no discriminación.

Es evidente que la cuarta generación de Directivas en materia de contratación abría un camino, que el Estado no exploró y, en cambio, las CCAA sí, apoyándose en las competencias asumidas en servicios sociales. A partir de la constatación de esto hecho, las discusiones han sido dos: a) ¿Si el título competencial en materia de servicios sociales es suficiente para reformar el sistema de provisión en este campo? b) ¿Si la normativa autonómica que actualmente rige el concierto social infringe lo dispuesto en el derecho de la Unión Europea?

En relación con el primer interrogante, en efecto, a las competencias autonómicas de desarrollo de la legislación básica sobre contratos y concesiones administrativas, hay que añadir que los servicios sociales son una competencia que han asumido las CCAA con carácter exclusivo. Sin embargo, el grado de detalle de la legislación básica sobre contratos y concesiones administrativas que es la que se ha encargado fundamentalmente del proceso de transposición del derecho de la Unión Europea ha comportado un escaso margen para la legislación autonómica. A ello hay que sumar la interpretación extensiva de las bases que no incluye solamente las normas de rango legal, sino también reglamentario como complemento indispensable para asegurar el mínimo común denominador[32]. Como reflexión complementaria, cabría preguntarse si prosperaría una cuestión de constitucionalidad, dada la competencia exclusiva del Estado para establecer la legislación básica sobre contratos y concesiones administrativas a tenor del art. 149.1.18ª de la CE[33].

---

32 AGUADO I CUDOLÀ, Vicenç, *La contratación pública responsable. Funciones, límites y régimen jurídico*, Madrid, 2021, pp. 161.

33 En opinión de *Casas Avilés*, "el contenido del apartado 6º del art. 11 de la LCSP es una base legislativa de los negocios o contratos excluidos, que es lo que son los conciertos sociales. Podría considerarse que estamos ante una base legislativa escueta o rácana ¡pero estamos ante una base, al fin y al cabo! Asimismo, a efectos de la (por algunos cuestionada) constitucionalidad de esta previsión, es importante destacar que esta exclusión del ámbito de la LCSP (prevista por el citado artículo 11.6) copia prácticamente el tenor literal del último párrafo del considerando 114 de la Directiva 2014/24/UE. ¿Debate zanjado? Parece que sí". Vid. CASAS AVILÉS, Álvaro, "Acción social concertada: ¿son realmente los conciertos sociales "instrumentos no contractuales"? Extremadura y otras normativas autonómicas", *Boletín Digital de Contencioso-Administrativo* (34), 2023, p. 76.

En cuanto a la resolución del segundo interrogante, el TSJ de la Comunidad Valenciana, una vez respondida, por la STJUE ASADE I, la cuestión prejudicial sobre el Decreto 181/2017, de 17 de noviembre, del Consell, por el que se desarrolla la acción concertada para la prestación de servicios sociales en el ámbito de la Comunitat Valenciana por entidades de iniciativa social, crea una rocambolesca situación. Como expone *Manent Alonso*,

> "a efectos de la LCSP, los acuerdos de acción concertada no sujetos a regulación armonizada son un instrumento organizativo de naturaleza no contractual; y estos mismos acuerdos, si su valor estimado alcanza los 750.000 euros, son contratos de régimen simplificado de la Directiva 2014/24/UE, sujetos a sus arts. 74 a 77. Además, tanto a unos como a otros instrumentos, estén o no estén sujetos a regulación armonizada, no se les aplica la LCSP porque la DA 49 LCSP, dedicada a la acción concertada, permite que esta no se rija por la normativa reguladora de la contratación pública. A mayor abundamiento esta afirmación la predica de todos los servicios sociales y sanitarios comprendidos en la acción concertada. Es más, llega a esta conclusión, a pesar de que la STJUE ASADE I y el ATJUE ASADE II fallaron que solo una parte al menos de los servicios sociales y sanitarios objeto de acción concertada estaba comprendida en el ámbito de los servicios enumerados en el anexo XIV"[34].

Este inverosímil resultado se reitera en la STJ de la Comunidad Valenciana, Sala de lo Contencioso, Sección 4º, de 12 de enero de 2024, (ponente: Miguel Ángel Narváez Bermejo). En concreto, en el Fundamento de derecho decimosexto se establece:

> "Todo lo que precede conduce a la estimación parcial del recurso entablado contra el Decreto 181/2017, de 17 de noviembre, del Consell. En el entendimiento de que el alcance del pronunciamiento anulatorio con fundamento en la transgresión del Derecho de la Unión Europea se ciñe a las acciones concertadas de servicios sociales por montante igual o superior a 750.00€ ex art. 4 de la Directiva 2014/24/UE del Parlamento Europeo y del Consejo. En cuanto hace a las acciones concertadas por debajo del umbral, no cabe estimar la pretensión de la parte actora, en la medida que a ellas no les es de aplicación la Directiva y tampoco directamente la ley de Contratos del sector público, jugando entonces el artículo 4 de dicha ley, a lo que debe estarse; esto es, se rigen por sus normas especia-

---

34 MANENT ALONSO, Luis, "La acción concertada en servicios sociales tras la doctrina ASADE: del desconcierto a la incertidumbre", *Revista Administración & Cidadanía* (18), 2023, p. 197.

> les —en este caso la normativa autonómica—, aplicándose los principios de la LCSP para resolver las dudas y lagunas que pudieran presentarse".

El Tribunal Superior de Justicia de la Comunidad Valenciana ha seguido dictando sentencias durante el 2024. A título ejemplificativo, tenemos la STJ de la Comunidad Valenciana, Sala de lo Contencioso, Sección 4º, de 12 de enero de 2024, en la que se reiteran algunas declaraciones contenidas en pronunciamientos anteriores, pero también se hacen aclaraciones nuevas.

Ante el interrogante ¿los conciertos sociales son contratos públicos comprendidos en la Directiva 2014/24/UE?, se alega lo siguiente.

a. Se recuerda una vez más que, al ser el concepto de contrato público un concepto del derecho de la Unión, las calificaciones del derecho español carecen de pertinencia. Por tanto, las precisiones en la normativa autonómica, según las cuales estamos ante instrumentos organizativos de naturaleza no contractual, no bastan para que queden fuera del ámbito de aplicación de la Directiva 2014/24/UE.
b. Se niega que el régimen de la acción concertada incorporado por las normas autonómicas de rango legal o reglamentario fuera confirmado por la LCSP, habilitando en su disposición adicional cuadragésima novena a las CCAA para regular la acción concertada articulando instrumentos no contractuales para la prestación de servicios públicos destinados a satisfacer necesidades de carácter social[35].
c. Es admisible una normativa nacional que reserva a las entidades privadas sin ánimo de lucro la facultad de celebrar, previo examen competitivo de sus ofertas, acuerdos en virtud de los cuales esas entidades prestan servicios sociales de asistencia a las personas, a cambio del reembolso de los costes que soportan, sea cual fuere el valor estimado de esos servicios, aunque dichas entidades no cumplan los requisitos establecidos en

---

[35] Véase Fundamento de derecho cuarto.

dicho art. 77 de la Directiva 2014/24/UE[36]. Ahora bien, tal compatibilidad queda sujeta a dos importantes condiciones, a saber: a) siempre y cuando el marco legal y convencional en el que se desarrolla la actividad de esas entidades contribuya efectivamente a la finalidad social y a la consecución de los objetivos de solidaridad y de eficiencia presupuestaria que sustentan esa normativa y, b) se respete el principio de transparencia, tal como se precisa, en particular, en el art. 75 de la mencionada Directiva.

d. El TSJ de la Comunidad de Valencia entiende que, tal y como ocurre con los contratos del sector público en general, la regulación valenciana de la acción concertada cumple con el requisito de que a la misma se debe llegar previo examen com-

---

36 Este precepto declara: "1. Los Estados miembros podrán disponer que los poderes adjudicadores estén facultados para reservar a determinadas organizaciones el derecho de participación en procedimientos de adjudicación de contratos públicos exclusivamente en el caso de los servicios sociales, culturales y de salud que se contemplan en el artículo 74 y que lleven los códigos CPV 75121000-0, 75122000-7, 75123000-4, 79622000-0, 79624000-4, 79625000-1, 80110000-8, 80300000-7, 80420000-4, 80430000-7, 80511000-9, 80520000-5, 80590000-6, desde 85000000-9 hasta 85323000-9, 92500000-6, 92600000-7, 98133000-4 y 98133110-8.
2. Las organizaciones a que se refiere el apartado 1 deberán cumplir todas las condiciones siguientes:
a) que su objetivo sea la realización de una misión de servicio público vinculada a la prestación de los servicios contemplados en el apartado 1;
b) que los beneficios se reinviertan con el fin de alcanzar el objetivo de la organización; en caso de que se distribuyan o redistribuyan beneficios, la distribución o redistribución deberá basarse en consideraciones de participación;
c) que las estructuras de dirección o propiedad de la organización que ejecute el contrato se basen en la propiedad de los empleados o en principios de participación o exijan la participación activa de los empleados, los usuarios o las partes interesadas, y
d) que el poder adjudicador de que se trate no haya adjudicado a la organización un contrato para los servicios en cuestión con arreglo al presente artículo en los tres años precedentes.
3. La duración máxima del contrato no excederá de tres años.
4. En la convocatoria de licitación se hará referencia al presente artículo.
5. No obstante lo dispuesto en el artículo 92, la Comisión evaluará los efectos de la aplicación del presente artículo y presentará un informe al respecto al Parlamento Europeo y al Consejo a más tardar el 18 de abril de 2019".

petitivo de las ofertas por parte de la Administración. Asimismo, se concluye que la actividad de las entidades sin ánimo de lucro pueden contribuir efectivamente a la finalidad social y a la consecución de los objetivos de solidaridad, atendiendo a las obligaciones que la normativa autonómica les impone a estas entidades. No obstante, se aclara que el art. 76 de la Directiva 2014/24/UE debe interpretarse en el sentido de que se opone a una normativa nacional según la cual, en el marco de la adjudicación de un contrato público de servicios sociales contemplados en el anexo XIV de dicha Directiva, la implantación del operador económico en la localidad en la que deben prestarse los servicios constituye un criterio de selección de los operadores económicos, previo al examen de sus ofertas.

e. Acerca de la necesaria consecución de la eficiencia presupuestaria, el TSJ de la Comunidad Valenciana sostiene que ninguna trascendencia tiene la ausencia de una memoria financiera que justifique:

 "a) La eficiencia económica de concertar solo con los que sean de titularidad de entidades sin ánimo de lucro; b) El importe de los costes de mantenimiento del servicio y su repercusión sobre cada plaza concertada; c) El que los módulos/precios fijados en la resolución impugnada hayan de ser muy superiores al precio de referencia fijado por la propia VICIPI, y al que paga la misma —por sí o a través del IVASS— por las plazas no concertadas ocupadas por personas con DF/TMG tuteladas por ese organismo público cuando dentro del módulo económico no se prevé ni se incluye beneficio industrial o retribución alguna a los miembros de la entidad titular del servicio (componentes de sus cargos representativos, juntas directivas u órganos de representación y participación), más allá de los costes directos (salariales y laborales) e indirectos en el caso de cooperativas de trabajo asociado que de acuerdo con su normativa específica está calificadas como entidades sin ánimo de lucro".

 En particular, se argumenta:

 "En la demanda, pero más en el escrito de conclusiones de la parte actora, cobran importancia alegaciones acerca de la eficiencia presupuestaria exigida en la normativa en relación con los costes económicos que supone para la Administración la concertación de los servicios. Se dice que más elevados que los módulos que se pagan a los centros de iniciativa mercantil. Sobre la eficiencia presupuestaria cabe hacer mención a las sentencias de la Sala conociendo el recurso contra el Decreto 181/2017 del Consell, así FD undécimo de la primera de ellas nº 339/2023, así como el fallo, anulatorio del inciso final del art. 22. Ahora bien, descendiendo al asunto litigioso, las aseveraciones de las demandantes no van acompañadas de prueba idónea (pericial-contable, por ejemplo), pero al margen de ello no conectan con lo que constituye el objeto del recurso y configura la pretensión formalizada en la demanda: la anulación de los artículos 1 y 6; nada más. Ninguna referida al contenido del artículo 20 'Módulos económicos. Cálculo del importe de la anualidad del concierto social'. Ello así, nos libera de entrar en mayores particularidades al respecto de tales alegatos. A la vista de estas consideraciones sobre el principio de eficiencia financiera, ninguna trascendencia debe tener en este caso la ausencia del supuesto requisito de la exigencia de memoria financiera, que por la actora se dice omitido, de acuerdo con las explicaciones y razonamientos que al respecto se han expuesto y a las cuales nos volvemos a remitir".

f. En base a los arts. 75 y 77 de la Directiva 2014/24/UE, se concluye que la duración del contrato no excederá de tres años (con la condición de que dicho poder adjudicador no haya adjudicado ya a esa organización un contrato para los servicios contemplados en los tres años precedentes) y que la publicación en el Boletín Oficial o en el Portal de Transparencia de la CA resulta insuficiente. En consecuencia, se anulan los preceptos de la normativa autonómica que recogen estos extremos por vulneración del derecho de la Unión Europea, aunque el alcance de la anulación se refiere solo a las acciones concertadas de servicios sociales por importe igual o superior a 750.000 euros y no a las que se encuentran por debajo de ese umbral, que se regirá por su normativa especial, sin afectación del derecho comunitario.

## III.5. REFLEXIÓN FINAL

Aunque se ha dicho con mucha fuerza que el cuarto pilar del Estado de bienestar es una competencia asumida con carácter exclusivo por las CCAA, lo cierto es que el Estado ha intentado siempre presentarse como una pieza clave, emprendiendo diversas actuaciones que nos obligan a replantearnos cuál es su cometido y su responsabilidad en las políticas de protección social. Como prueba de ello, tenemos la Ley 39/2006, de 14 de diciembre, de Promoción de la Autonomía Personal y Atención a las personas en situación de dependencia, el Real Decreto-ley 20/2020, de 29 de mayo, por el que se establece el ingreso mínimo vital o la Estrategia estatal de desinstitucionalización (2024-2030)[37].

A pesar de que los servicios sociales son una competencia asumida con carácter exclusivo por las CCAA, las injerencias del Estado son continuas y parece que estas, al final, se asumen y admiten. El Estado termina, de una forma u otra, implicando a las CCAA, reconociendo, como una verdad irrefutable, que la máxima proximidad de la gestión administrativa a los ciudadanos y el conocimiento de la realidad social del territorio resultan esenciales. A título ejemplificativo, ante el revuelo generado por la creación del ingreso mínimo vital, el Estado acordó ceder su gestión a las CCAA y, en relación a la implementación de la Estrategia de desinstitucionalización, ya se ha anunciado que, si bien el liderazgo en el diseño y coordinación de la Estrategia recae en la Administración General del Estado, y en concreto en la Secretaría de Estado de Derechos Sociales, las CCAA y las entidades locales tendrán un rol activo en todo el ciclo de la Estrategia.

En 2017, cuando se estaba tramitando la Ley de contractos vigente, no pocas voces denunciaron que no estábamos ante la revisión del modelo de compra pública que necesitaba España. En particular, se trató de hacer hincapié en que el derecho de la Unión Europea reconoce las singularidades tanto de los servicios sociales como de las or-

---

[37] En cuanto a las iniciativas legislativas que el Estado pretendía aprobar en el ámbito de los servicios sociales, no puede pasarse por alto el Anteproyecto de Ley de condiciones básicas para la igualdad en el acceso y disfrute de los servicios sociales, cuya tramitación llegó incluso a iniciarse porque se preveía en el Acuerdo de coalición entre el PSOE y Unidas Podemos (punto 2.3.1).

ganizaciones o asociaciones sin ánimo de lucro y, a partir de ese dato, se acepta la construcción de un régimen particular de contratación. Sin embargo, el Proyecto de Ley de Contratos del Sector Público y el texto que finalmente se aprobó muestra una despreocupación total hacia este servicio público y estas entidades, lo que favoreció que, al final, las CCAA se pusieran "manos a la obra" y surgiera así el concierto social en la normativa autonómica.

La disparidad de fórmulas de gestión de los servicios sociales y, especialmente, la regulación diferenciada que del concierto social hacen las distintas CCAA con competencia exclusiva para la gestión de estos servicios han dado lugar a la existencia de un régimen jurídico complejo, disperso y no uniforme. Hubiera sido deseable que, aprovechando la promulgación de la nueva LCSP, se hubiera clarificado el régimen jurídico aplicable a los servicios a las personas, a efectos de dotar de mayor certidumbre y seguridad jurídica al referido marco legal, posibilitando de esta forma una aplicación más garantista y uniforme de éste. Quizá el futuro desarrollo normativo se preocupe de este tipo de servicios e incluya una regulación básica y armónica que minimice las diferencias existentes entre los distintos territorios autonómicos[38].

Entretanto los distintos Tribunales Superiores de Justicia son los que intentan poner orden en este asunto y los que nos ofrecen pistas sobre cuándo el concierto social es un contrato y cuándo es un instrumento no contractual. Sin descartar la posibilidad de que el Tribunal Supremo se pronuncie sobre el tema, la conclusión a la que llegamos es que los órganos judiciales, por debajo de los 750.000 euros, están respaldando una amplísima discrecionalidad para gestionar indirectamente los servicios sociales al margen de las reglas de contratación[39].

---

38 MARTÍN EGAÑA, Arantza, "Los servicios a las personas: La adjudicación directa como alternativa al concierto social", *Gabilex: Revista del Gabinete Jurídico de Castilla-La Mancha* (25), 2021, p. 108.

39 Esa amplísima discrecionalidad nos obliga a repensar hacia dónde queremos ir. En este sentido, *Gimeno Feliú* defiende lo siguiente: "El camino a donde debemos ir en el diseño de una moderna estrategia de colaboración público-privada no es la burocracia (procedimiento), sino la estrategia (proyectos). Y no es el precio y el ahorro, sino el valor y la inversión. De las decisiones reactivas (y en ocasiones improvisadas) a las decisiones proactivas y bien planificadas. No es

## III.6. JURISPRUDENCIA

Auto del TJUE núm. 289/2023, de 31 de marzo de 2023, (ponente C. Lycourgos). (ASUNTO C-676/20).

STSJ de Aragón núm. 65/2024, de 12 de febrero de 2024 (ponente Juan José Carbonero Redondo). (Rec. 280/2017).

STSJ del País Vasco núm. 2017/2024, de 3 de julio de 2024, (ponente: Antonio Iglesias Martín). (Rec. 32/2024)

STJ de la Comunidad Valenciana núm. 18/2024, de 12 de enero de 2024, (ponente: Miguel Ángel Narváez Bermejo). (Rec. 84/2020)

STJUE núm. 559/2022, de 14 de julio de 2022 (ponente C. Lycourgos). (ASUNTO C-436/20).

## III.7. BIBLIOGRAFÍA

AGUADO I CUDOLÀ, Vicenç, *La contratación pública responsable. funciones, límites y régimen jurídico,* Madrid, 2021.

ÁLVAREZ FERNÁNDEZ, Mónica, "El concierto social como fórmula alternativa (y no contractual) para la gestión indirecta de los servicios sociales públicos", *IUS ET VERITAS: Revista de la Asociación IUS ET VERITAS* (62), 2021, pp. 14-36.

CASAS AVILÉS, Álvaro, "Acción social concertada: ¿son realmente los conciertos sociales "instrumentos no contractuales"? Extremadura y otras normativas autonómicas", *Boletín Digital de Contencioso-Administrativo* (34), 2023, pp. 49-76.

DARNACULLETA GARDELLA, M. Mercè, "Contratar o concertar la prestación de servicios sociales: ¿una alternativa viable?", https://www.gobiernolocal.org/acento-local/contratar-o-concertar-la-prestacion-de-servicios-sociales-una-alternativa-viable/#:~:text=De%20acuerdo%20con%20la%20legislaci%C3%B3n%20auton%C3%B3mica%2C%20las%20entidades,acuerdo%20de%20acci%C3%B3n%20concertada%2C%20tambi%C3%A9n%20denominado%20concierto%20social (última visita, 20 de diciembre de 2024)

FORNS FERNÁNDEZ, M. Victòria, "Estado del bienestar y servicios sociales: ¿un binomio en crisis?", en FORNS FERNÁNDEZ, M. Victòria (ed.), *La*

---

tampoco el falso debate de gestión pública frente a la desconfianza en la gestión privada, sino la colaboración conjunta para la mejor satisfacción del interés general". Vid. GIMENO FELIÚ, José María, "La colaboración público-privada en un contexto de moderna gobernanza económica al servicio de la ciudadanía", *Revista General de Derecho Administrativo* (65), 2024, pp 1-13.

*protección jurídica de la atención a las personas en materia de servicios sociales: Una perspectiva interdisciplinar*, Barcelona, 2020, pp. 103-142.

FRESNO, José Manuel, "Situación y retos de financiación en el Tercer Sector", https://www.fresnoconsulting.es/blog/situacion-y-retos-de-financiacion-en-el-tercer-sector/ (última visita, 20 de diciembre de 2024)

FRESNO, José Manuel, "El concierto social en España: una oportunidad para mejorar la colaboración entre ONG y administraciones públicas", https://www.fresnoconsulting.es/upload/78/99/ElConciertoSocial.pdf (última visita, 20 de diciembre de 2024)

FUENTES I GASÓ, Josep Ramon, "El regim jurídic de la provisió de serveis d'atenció a les persones a Catalunya: El concert social després de les directives europees contractació pública", en FORNS FERNÁNDEZ, M. Victòria (ed.), *La protección jurídica de la atención a las personas en materia de servicios sociales: Una perspectiva interdisciplinar*, Barcelona, 2020, pp. 201-230.

GARRIDO JUNCAL, Andrea, "Aspectos controvertidos y perspectivas de evolución del régimen jurídico del tercer sector y el voluntariado", *Anuario da Facultade de Dereito da Universidade da Coruña* (21), 2017, pp. 128-149.

GARRIDO JUNCAL, Andrea, *Los servicios sociales en el s. XXI: nuevas tipologías y nuevas formas de prestación*, Madrid, 2020.

GIMENO FELIÚ, José María, "La colaboración público-privada en un contexto de moderna gobernanza económica al servicio de la ciudanía", *Revista General de Derecho Administrativo* (65), 2024, pp 1-13.

GUTIÉRREZ SANTANA, Isabel Otilia y MENDOZA JIMÉNEZ, Javier, "Los conciertos sociales, novedades jurídicas y sus implicaciones", *Gabilex: Revista del Gabinete Jurídico de Castilla-La Mancha* (34), 2023, pp. 159-178.

LAZO VITORIA, Ximena, "Fórmulas de xestión indirectas (contractuais e non contractuais) na nova Lei 12/2022, do 21 de decembro, de servizos sociais da Comunidade de Madrid. Primeira regulación legal do 'concerto social' en Madrid", *Administración & cidadanía: revista da Escola Galega de Administración Pública* (17), 2022, pp. 145-151.

LAZO VITORIA, Ximena, "Prestación de servicios a las personas: ¿concierto social o contrato?", *Revista de Estudios de la Administración Local y Autonómica. Nueva Época* (20), 2023, pp. 31-46.

MANENT ALONSO, Luis, "La acción concertada en servicios sociales tras la doctrina ASADE: del desconcierto a la incertidumbre", *Revista Administración & Cidadanía* (18), 2023, pp. 183-205.

MARTÍN EGAÑA, Arantza, "Los servicios a las personas: La adjudicación directa como alternativa al concierto social", *Gabilex: Revista del Gabinete Jurídico de Castilla-La Mancha* (25), 2021, pp. 272-375.

NAVALPOTRO BALLESTEROS, Tomás, "El concierto social como fórmula para la prestación de los servicios sociales", *Revista jurídica de la Comunidad de Madrid*, 2023, pp. 1-8.

NOGUEIRA LÓPEZ, Alba, "¿El fin justifica los medios? Subvenciones y protección de personas vulnerables", en GAMERO CASADO, Eduardo y ALARCÓN SOTOMAYOR, Lucía (coords.), *20 años de la Ley General de Subvenciones: actas del XVII Congreso de la Asociación Española de Profesores de Derecho Administrativo,* Madrid, 2023, pp. 293-302.

VILLAR ROJAS, Francisco, "La iniciativa privada y prestación de los servicios sociales. Las redes o sistemas públicos de servicios sociales", en EZQUERRA HUERVA, Antonio (coord.), *El marco jurídico de los servicios sociales en España: realidad actual y perspectivas de futuro,* Madrid, 2012, pp. 87-120.

*Capítulo IV*

# *La acción concertada y las fórmulas no contractuales en la provisión de servicios de atención a la persona en materia de salud*

**JOSEFA CANTERO MARTÍNEZ**
*Catedrática de Derecho Administrativo*
*Universidad de Castilla-La Mancha*

**Resumen:** El grueso de este trabajo se centra en analizar la figura de la acción concertada sanitaria, que se ha introducido como una nueva fórmula "no contractual" en las distintas legislaciones autonómicas. Se trata de una nueva modalidad de gestión indirecta de los servicios públicos sanitarios con entidades sin ánimo de lucro, a pesar de que algunos de estos legisladores han pretendido configurarla como una tercera modalidad, distinta de la gestión directa y de la gestión indirecta y basada fundamentalmente en la idea de solidaridad y eficiencia presupuestaria. La figura es polémica en la medida en que se aparta de la normativa contractual, excluye de la competición a las entidades mercantiles y afecta al principio de la libre competencia. Los recientes pronunciamientos del Tribunal de Justicia de la Unión Europea en los asuntos ASADE I y ASADE II, han puesto límites importantes a esta figura, en la medida en que han reconocido su plena naturaleza contractual y, en consecuencia, la someten a la normativa de contratos cuando superen determinados umbrales.

**Palabras clave**: concierto, acción concertada sanitaria, gestión indirecta, gestión solidaria, convenio singular de vinculación.

**Índice:** 

**Abreviaturas empleadas:**

LGS: Ley 14/1986, de 25 de abril, General de Sanidad
UE: Unión Europea

## IV.1. INTRODUCCIÓN: LAS VARIADAS FÓRMULAS DE GESTIÓN DE LA SANIDAD A TRAVÉS DE SUJETOS PRIVADOS

Aunque la titularidad y responsabilidad de la prestación del servicio público sanitario corresponde siempre a la Administración pública, su modo de gestión varía según intervenga o no un sujeto privado. Se habla de gestión directa cuando ésta se presta por la propia Administración, aunque se utilicen fórmulas personificadas[1], pero sin intervención de sujeto privado. Por el contrario, la gestión indirecta implica siempre la participación de una entidad privada, ya sea una clínica, un hospital o un centro sanitario privado. En estos casos se produce una disociación entre la titularidad del servicio y su gestión que ha de ser vehiculada a través del correspondiente título habilitante, ya sea un contrato público o cualquier otra fórmula no contractual prevista en nuestro ordenamiento jurídico sanitario.

La Ley 14/1986, de 25 de abril, General de Sanidad (LGS), optó por un modelo de organización de los centros y servicios caracterizado fundamentalmente por la gestión directa del servicio público, a través de sus propios medios y personal, aunque también reguló la posibilidad de vincular hospitales privados al sistema público me-

---

1 Se habla en estos casos de gestión directa descentralizada cuando la Administración recurre a formas de personificación regidas por el derecho público o por el derecho privado. ZAMBONINO PULITO, María, "Reformas en la gestión directa de los servicios sanitarios. ¿Huida o vuelta al Derecho Administrativo?, *Revista General de Derecho Administrativo* (41), 2016, p. 6.

diante convenios singulares (arts. 66 y 67) y de suscribir conciertos sanitarios, dando prioridad en este último caso a los establecimientos, centros y servicios sin carácter lucrativo en caso de empate con otras entidades privadas (art. 90). No obstante, a mediados de los años noventa se dio un importante paso en esta materia para flexibilizar y modernizar las fórmulas organizativas de gestión de los servicios sanitarios bajo el pretexto de hacer frente a exigencias de eficiencia y rentabilidad social, sin desconocer la influencia que tuvo también el denominado Informe Abril y su pretensión de crear un "mercado interno sanitario"[2].

El cambio se produjo con el Real Decreto ley 10/1996, de 17 de junio, sobre habilitación de nuevas formas de gestión del INSALUD, posteriormente convalidado por Ley 15/1997, de 25 de abril. La nueva normativa vino a ampliar considerablemente las formas organizativas de la gestión diseñadas por la LGS, recogiendo otras posibilidades, que abarcan no sólo la gestión directa, a través de cualquier tipo de entidad admitida en derecho, sino también la gestión indirecta con sujeto privado. Se posibilitaba la gestión mediante la constitución de consorcios, fundaciones u otros entes dotados de personalidad jurídica pública o privada, se permitía expresamente la posibilidad de establecer acuerdos, convenios y contratos con sujetos privados y de adoptar fórmulas de gestión integrada o compartida. Se generalizaban de esta manera algunas de las previsiones organizativas que ya habían contemplado antes algunos legisladores autonómicos con competencia en la materia.

---

2 El Consejo Interterritorial del Sistema Nacional de Salud, en ejecución del acuerdo adoptado por el Pleno del Congreso de los Diputados en su sesión del día 13 de febrero de 1990 (Diario de Sesiones no 14), con motivo del debate de una Proposición no de Ley presentada por el Grupo Parlamentario CDS, decidió, en su reunión del 4 de junio de 1990, crear una "*Comisión de expertos para el estudio del Sistema Nacional de Salud y las tendencias de su entorno en el momento actual y cara al futuro*". La comisión fue presidida por Fernando Abril Martorell, de donde tomó su nombre el mencionado informe. Entre otros aspectos, se proponía la creación de cierto "mercado interno sanitario" para estimular la competitividad entre las unidades de provisión de servicios (hospitales, centros de salud, etc.). Para ello se proponía separar la financiación (pública) de la provisión de servicios (pública y privada) como punto principal para mejorar la eficiencia.

A partir de esta habilitación, puede decirse que han sido múltiples las formas de organización de los servicios sanitarios[3]. La elección corresponde a las comunidades autónomas, una vez que fueron transferidas las competencias sanitarias. Sus órganos de gobierno eligen la concreta forma jurídica utilizada para la prestación de sus servicios sanitarios, su financiación y establecen el correspondiente régimen de garantías de dichas prestaciones, preservando, en todo caso, su condición de servicio público.

Además, nuestro ordenamiento jurídico permite otras vías distintas de las anteriores para proveer prestaciones de salud a las personas a través de sujetos privados. Me refiero a la llamada acción concertada y a otras fórmulas no contractuales de provisión de servicios sanitarios. Se trata de mecanismos jurídicos que permiten a la Administración sanitaria prestar estos servicios de atención a la persona sin tener que recurrir a un contrato administrativo y a través de una peculiar modalidad de sujetos privados que se caracteriza básicamente por carecer de ánimo de lucro. Suponen una alternativa a los contratos públicos. En este sentido, podría decirse que se traducen en una huida de los trámites y de las normas de contratación pública, aunque con determinadas cautelas, toda vez que también en estos supuestos es preciso garantizar los principios de no discriminación,

---

3 Resultan obligados, entre otros muchos, los estudios de PAREJO ALFONSO, Luciano; LOBO ALEU, Félix y VAQUER CABALLERÍA, Marcos (coords.), *La organización de los servicios públicos sanitarios*, Madrid-Barcelona, 2001; PAREJO ALFONSO, Luciano; PALOMAR OLMEDA, Alberto y VAQUER CABALLERÍA, Marcos (coords.), *La reforma del Sistema Nacional de Salud. Cohesión, calidad y estatutos profesionales*, Madrid-Barcelona, 2004; GÓMEZ DE HITA, José Luis, *Formas jurídicas de la organización sanitaria. Derecho público y derecho privado en la provisión pública de servicios sanitarios*, Granada, 2000; DOMÍNGUEZ MARTÍN, Mónica, *Formas de gestión de la sanidad pública en España*, Madrid, 2006; FONT I LLOVET, Tomás, "Organización y gestión de los servicios de salud. El impacto del derecho europeo", *Revista de Administración Pública* (199), 2016, pp. 253-287; VILLALBA PÉREZ, Francisca, "Externalización de servicios sanitarios: nuevas perspectivas y orientaciones", *Revista Española de Derecho Administrativo* (182), 2017, pp. 323-353; MENÉNDEZ REXACH, Ángel, "La gestión indirecta de la asistencia sanitaria pública. Reflexiones en torno al debate sobre la privatización de la sanidad", *Revista de Administración Sanitaria* 6 (2), pp. 269-296; VALDUEZA BLANCO, María Dolores, "La gestión de los servicios sanitarios y su afectación al derecho constitucional de protección de la salud", *Revista Derecho y Salud* 26 (1), 2016, pp. 286-293.

transparencia y eficiencia en la utilización de recursos públicos. Estas fórmulas se han desarrollado y generalizado a partir del marco jurídico previsto en las nuevas Directivas europeas de contratación pública de 2014, denominadas Directivas de cuarta generación[4], que permiten a los Estados miembros organizar y prestar sus servicios sanitarios de una manera más flexible en virtud de sus peculiaridades y, sobre todo, de su consideración como servicios de interés general (artículo 14 del Tratado de Funcionamiento de la Unión Europeo y su Protocolo número 26). De estas últimas fórmulas pretendemos ocuparnos en este trabajo.

En concreto, el marco normativo habilitante de estas figuras se encuentra básicamente en la Directiva 2014/24/UE, de 26 de febrero, sobre contratación pública, y por la que se deroga la Directiva 2004/18/CE, que posibilita expresamente nuevas fórmulas no contractuales para la prestación de estos servicios, que expresamente define como servicios a las personas[5]. Por una parte, en su considerando número 6 se refiere a la necesidad de dotar de libertad a los Estados miembros para organizar la prestación de este tipo de servicios no económicos de interés general, que deben quedar excluidos del ámbito de aplicación de las normas sobre contratos administrativos. Por otra, en su considerando número 114 proclama que los Estados deben seguir teniendo libertad para prestar por sí mismos estos servicios u organizarlos de manera que no sea necesario celebrar contratos públicos, por ejemplo, mediante la simple financiación de estos servicios o la concesión de licencias o autorizaciones a todos los operadores económicos que cumplan las condiciones previamente

---

4 Nos referimos a tres Directivas comunitarias: la Directiva 2014/23/UE, de 26 de febrero de 2014, relativa a la adjudicación de contratos de concesión; la Directiva 2014/24/UE, de 26 de febrero de 2014, sobre contratación pública y por la que se deroga la Directiva 2004/18/CE y a la Directiva 2014/25/UE, relativa a la contratación por entidades que operan en los sectores del agua, la energía, los transportes y los servicios postales.

5 Véase también a GIMENO FELIÚ, José María, "Las nuevas Directivas —cuarta generación— en materia de contratación pública. Hacia una estrategia eficiente en compra pública ", *Revista Española de Derecho Administrativo* (159), 2013, pp. 25-89 y a MORENO MOLINA, José Antonio, "La cuarta generación de Directivas de la Unión Europea sobre contratos públicos", en GIMENO FELIÚ, José María (dir.), *Observatorio de los Contratos Públicos 2012*, Cizur Menor, 2013, pp. 115-163.

fijadas por el poder adjudicador, sin límites ni cuotas, siempre que dicho sistema garantice una publicidad suficiente y se ajuste a los principios de transparencia y no discriminación.

Con este marco jurídico, la Ley 9/2017, de 8 de noviembre, de Contratos del Sector Público, por la que se transponen al ordenamiento jurídico español las Directivas del Parlamento Europeo y del Consejo 2014/23/UE y 2014/24/UE, de 26 de febrero, en su disposición adicional cuadragésimo novena, ha reconocido expresamente la posibilidad de que las legislaciones autonómicas puedan regular conciertos sociales como instrumentos no contractuales para la prestación de servicios públicos destinados a satisfacer necesidades sociales[6]. Aunque el precepto se refiere de forma explícita exclusivamente a los servicios sociales, no debería haber ningún inconveniente jurídico para la extrapolación de esta misma habilitación al legislador autonómico para la regulación de estos instrumentos no contractuales también para el ámbito de los servicios sanitarios.

En fin, si con la normativa sobre nuevas fórmulas de gestión del INSALUD surgió un apasionado debate sobre la eficiencia y el papel de los sujetos privados en la sanidad, en el que resulta complicado intentar sustraerse a posiciones ideológicas y a ideas apriorísticas[7], con las nuevas fórmulas no contractuales se reorienta este debate por la incorporación de un nuevo actor, del tercer sector social. Con la irrupción de las entidades no lucrativas en la sanidad se rompe el clásico equilibrio entre el sector público y el sector privado y se pone en jaque el paradigma de la eficiencia de la gestión privada. El tercer sector está asumiendo un importante protagonismo en esta materia, sustituyendo a la Administración y al propio sector privado a través de una nueva figura que se ha denominado "la acción concertada"

---

6 Prácticamente todas las comunidades autónomas han regulado esta posibilidad. Por citar tan solo algunas de las más recientes, podemos traer a colación la Ley 12/2022, de 21 de diciembre, de Servicios sociales de la Comunidad de Madrid o el Decreto 168/2023, de 7 de noviembre, por el que se regulan el régimen de concierto social y los convenios en el Sistema Vasco de Servicios Sociales.

7 GIMENO FELIÚ, José María *et al.*, *Servicios públicos e ideología. El interés general en juego*, Barcelona, 2017.

para distinguirla del contrato administrativo[8]. Al igual que ocurre con los contratos administrativos sanitarios, la Administración sigue siendo la titular y responsable de la prestación de los servicios de salud, la que se encarga de pagarlos a través de la correspondiente prestación económica. Sin embargo, son clínicas y hospitales privados, que pertenecen a entidades que no persiguen el beneficio empresarial, las que se encargan de prestar dichos servicios, asistiendo así a una nueva recomposición entre lo público y lo privado, entre el Estado y la sociedad, entre la Administración y el mercado sanitario.

## IV.2. EL PUNTO DE PARTIDA PARA EL RECONOCIMIENTO DE LAS NUEVAS VÍAS NO CONTRACTUALES: LA CONSIDERACIÓN DE LA SANIDAD COMO UN SERVICIO DE INTERÉS GENERAL Y LAS DIRECTIVAS DE CONTRATACIÓN DE CUARTA GENERACIÓN

Los servicios de asistencia sanitaria a las personas se han reconocido expresamente por la Unión Europea (UE) como servicios de interés general. Se trata de aquel tipo de servicios que las Administraciones públicas de los Estados miembros de la UE consideran como tales, que están sujetos a obligaciones específicas de servicio público y que pueden ser prestados tanto por la Administración como por el sector privado. En principio, este tipo de servicios no económicos se venían caracterizando porque no estaban sometidos a ninguna legislación europea específica ni a las normas de competencia y mercado interior, en la medida en que atienden a las necesidades de los ciudadanos más vulnerables y se basan en los principios de solidaridad e igualdad de acceso. En virtud de sus particularidades, los poderes públicos son los encargados de definir las obligaciones y las misiones de interés general de estos servicios, así como sus principios de organización, aunque se ha considerado que esta libertad de los Estados

---

8 VAQUER CABALLERÍA, Marcos, "Las relaciones entre Administración Pública y tercer sector, a propósito de la asistencia social en Italia", *Revista de Administración Pública* (152), 2000, pp. 312 y ss.

no es absoluta, sino que debe ejercerse de forma transparente y sin abusar de la noción de interés general.

Los servicios de interés general de naturaleza no económica se caracterizan por tener como eje central a la persona. Están basados en principios como la solidaridad, la calidad, la igualdad de trato y la promoción del acceso universal. Su responsabilidad corresponde a las Administraciones públicas y su régimen jurídico debe garantizar el disfrute efectivo de sus derechos fundamentales, unos elevados niveles de protección social y su viabilidad financiera. Todas estas especialidades de los servicios sanitarios se explican por sus particularidades y por el importante papel que desempeñan para la cohesión social.

Estos servicios, entre los que se incluyen los servicios sanitarios, se caracterizan por presentar alguna de las siguientes características organizativas, que son las que justifican su especial posición jurídica: por su funcionamiento sobre la base del principio de solidaridad; por tener un carácter polivalente y personalizado que integre las respuestas a las distintas necesidades para garantizar los derechos humanos fundamentales y proteger a las personas más vulnerables; por la ausencia de ánimo de lucro, especialmente para abordar las situaciones más difíciles y que se explican, a menudo, por motivos históricos; por la participación de voluntarios y benévolos como expresión de una capacidad ciudadana; por la proximidad entre el proveedor del servicio y el beneficiario, lo que permite tener en cuenta las necesidades específicas de este último[9].

Los servicios sanitarios ocupan un lugar específico como pilar de la sociedad y de la economía europeas. Esto se deriva por su contribución a varios objetivos y valores esenciales de la UE, como un alto nivel de empleo y de protección social, un elevado nivel de protección de la salud humana, la igualdad entre hombres y mujeres y la cohesión social y territorial. Esta especificidad procede también del carácter vital de las necesidades que han de satisfacer, directamente relacionadas con los derechos fundamentales, con la dignidad y la

---

9 COMISIÓN (CE), "Aplicación del programa comunitario de Lisboa. Servicios sociales de interés general en la Unión Europea" (Comunicación) COM(2006) 177 final, 26 de abril de 2006.

integridad de la persona. Se explica así que esta especial naturaleza de los servicios sanitarios como servicios de interés general se haya acabado traduciendo en "cierta indiferencia" del derecho de la UE frente a la elección por los Estados miembros de su forma de gestión[10] y que hayan tenido un específico tratamiento jurídico en las denominadas directivas de cuarta generación sobre contratación pública.

Las directivas, efectivamente, han supuesto un importante avance hacia una concepción más avanzada del papel del contrato administrativo como herramienta complementaria para el cumplimiento de objetivos sociales[11] y han aportado también importantes novedades en cuanto a la prestación de los servicios sanitarios.

Por una parte, han realizado un importante esfuerzo por distinguir entre la figura jurídica de la concesión y el contrato público dependiendo del concepto de riesgo operacional. Aunque en este trabajo no me ocupo de las fórmulas contractuales, sí me gustaría muy brevemente recordar que la característica principal de una concesión administrativa sanitaria, el derecho de explotar las obras o los servicios sanitarios, debe implicar siempre la transferencia al concesionario de un riesgo operacional de carácter económico, esto es, la posibilidad de que el sujeto privado no recupere las inversiones realizadas ni cubra los costes que haya sufragado para explotar las obras o los servicios adjudicados en condiciones normales de funcionamiento (considerando nº 18 de la Directiva 2014/23/UE). Si no existe traslado del riesgo operacional, la participación de sujetos privados en la sanidad pública ha de canalizarse a través de un contrato de servicios[12]. La nueva regulación ha supuesto la desaparición del

---

10 DOMÍNGUEZ MARTÍN, Mónica y CHINCHILLA PEINADO, Juan Antonio, "La acción concertada en la gestión de servicios sanitarios en la Ley 9/2017 de contratos del sector público", *Derecho y Salud* 29 (extraordinario), 2019, p. 199.

11 GIMENO FELIÚ, José María, El *nuevo paquete legislativo comunitario sobre contratación pública. De la burocracia a la estrategia. (El contrato público como herramienta del liderazgo institucional de los poderes públicos),* Cizur Menor, 2014.

12 Algunos autores han criticado que el riesgo operacional se haya convertido en el criterio de distinción entre ambas modalidades contractuales. La distinción debería basarse en su diferente objeto, al que debería seguir un régimen jurídico definido, especialmente en el caso de los servicios que se prestan a los ciudadanos. LAGUNA DE PAZ, José Carlos, "Los contratos administrativos de

contrato de gestión de servicios públicos, eliminándose las figuras del concierto y de la gestión interesada.

Por otra, la Directiva 2014/24/UE ha introducido por vez primera el concepto de "servicios a las personas" en su considerando número 114 para justificar el establecimiento de un régimen jurídico particularizado para los servicios sociales, sanitarios y educativos[13]. La consideración de los servicios sanitarios como "servicios a las personas" permite importantes márgenes de discrecionalidad a los Estados miembros para su organización y gestión en virtud de las circunstancias culturales, organizativas y administrativas. La participación de los sujetos privados en la prestación de los servicios sanitarios puede ser canalizada a través de distintas vías, contractuales y no contractuales, esto es, no sometidas a la ley de contratos. Se entiende, efectivamente, que la Administración debe tener libertad para prestar y organizar sus servicios sanitarios sin que sea necesario celebrar un contrato público para posibilitar la participación de los sujetos privados, pues pueden prestarse por fórmulas no contractuales, pero debe ser el legislador de cada Estado el que establezca estas especialidades[14]. Esta posibilidad puede suponer una importante ampliación de la participación de entidades privadas en la sanidad en la medida en que se les facilita notablemente el camino sin tener que competir con otros operadores privados y a través de lo que se ha denominado "actividad concertada". Se habilita, asimismo, a la Administración para recurrir directamente a nuevas fórmulas no contractuales[15], como pueden ser las consistentes en la simple finan-

---

concesión de servicios y de servicios a los ciudadanos", *Revista de Administración Pública,* (204), 2017, pp. 64 y 68.

13 Véase el trabajo de DOMÍNGUEZ MARTÍN, Mónica, "Los contratos de prestación de servicios a las personas. Repensando las formas de gestión de los servicios sanitarios públicos tras las Directivas de contratos de 2014 y la Ley 9/2017 de contratos del Sector Público", *Revista General de Derecho Administrativo* (50), 2019, pp. 1-17.

14 LÓPEZ-VEIGA BREA, Jorge, "La contratación pública de los servicios a las personas tras la aprobación de las directivas europeas de cuarta generación. Un nuevo horizonte en las políticas sociales autonómicas", *Revista Galega de Administración Pública* 1 (53), 2017, p. 155.

15 Véase al respecto el trabajo de BERNAL BLAY, Miguel Ángel, "La contratación de los servicios a las personas", en GAMERO CASADO Eduardo e GALLEGO

ciación de los servicios sanitarios que se presten en clínicas privadas o en la concesión de licencias o autorizaciones para todos los centros sanitarios privados que cumplan las condiciones previamente fijadas por la Administración siempre, claro está, que no haya selección de operadores, esto es, que no se establezcan límites o cuotas y siempre que dicho sistema garantice una publicidad suficiente y se ajuste a los principios de transparencia y no discriminación (considerando nº 114 de la Directiva).

La prestación de servicios sanitarios formaría parte de esta gran categoría y se somete a un régimen jurídico especial y simplificado en los términos previstos en los artículos 74 y siguientes de la Directiva, así como en su anexo XIV, pues se ha entendido que tienen solo un interés transfronterizo limitado, toda vez que este tipo de servicios se prestan en un contexto particular que varía mucho de un Estado miembro a otro, debido a las diferentes tradiciones culturales. Al considerarse como una categoría de "servicios específicos", la adjudicación de los servicios sanitarios pasa a regirse por normas particulares cuando el valor de dichos contratos sea igual o superior al umbral indicado en el artículo 4, letra d), esto es, a 750.000 euros. Como explica su considerando número 114, los servicios a las personas con valores inferiores a ese umbral no revisten normalmente interés para los proveedores de otros Estados miembros, a menos que haya indicios concretos de lo contrario, como en la financiación por la Unión de proyectos transfronterizos. Los contratos de servicios a las personas, cuyo valor esté situado por encima de ese umbral deben estar sujetos a normas de transparencia en toda la Unión.

Teniendo en cuenta la importancia del contexto cultural y el carácter delicado de estos servicios, debe ofrecerse a los Estados miembros un amplio margen de maniobra para organizar la elección de los proveedores de los servicios del modo que consideren más oportuno. Por ello, la Directiva impone solo la observancia de los principios fundamentales de transparencia e igualdad de trato y permite que se puedan aplicar para la elección del sujeto privado criterios de calidad específicos, como los establecidos en el Marco Europeo

---

CÓRCOLES, Isabel (dirs.), *Tratado de Contratos del sector Público* vol. 3, Valencia, 2018, pp. 2841-2874.

Voluntario de Calidad para los Servicios Sociales publicado por el Comité de Protección Social. Al determinar los procedimientos que hayan de utilizarse para la adjudicación de contratos de servicios a las personas, los Estados miembros deben tener en cuenta el artículo 14 del TFUE y el Protocolo número 26. Al hacerlo, los Estados miembros también deben perseguir los objetivos de simplificación y reducción de la carga administrativa de poderes adjudicadores y operadores económicos. Y ello porque este tipo de servicios presenta unas determinadas características que hacen que la aplicación de los procedimientos habituales para la adjudicación de los contratos públicos de servicios no resulte adecuada, por lo que se someten a un régimen específico que deja mayores márgenes de libertad a los Estados para regularlos[16]. Es posible que su prestación se realice desde postulados del servicio al interés de la ciudadanía, atendiendo a compromisos sociales y potenciando el sector social, el que no tiene ánimo de lucro, pues, al fin y al cabo, son un reflejo más de las exigencias que derivan de la opción de nuestro modelo de Estado por un Estado social altamente comprometido con la sociedad, con los valores de la solidaridad y la justicia social.

El art. 76 de la Directiva deja gran libertad a los Estados para determinar las reglas del procedimiento para la adjudicación de este tipo de contratos en virtud de su especificidad, teniendo en cuenta otros posibles criterios, tales como la necesidad de garantizar su calidad, su continuidad, accesibilidad, asequibilidad, disponibilidad y exhaustividad de los servicios, así como las necesidades específicas de las distintas categorías de usuarios, incluidos los grupos desfavorecidos y vulnerables. Asimismo, en la regulación que se haga de estos servicios se puede tener en cuenta también la implicación y la responsabilización de los usuarios y la innovación. Únicamente exige el respeto a los principios de igualdad y transparencia. Por lo demás, su

[16] En su considerando número 28 se establecen reglas específicas para los servicios sanitarios que consisten en el transporte de los pacientes en ambulancia. Se trata, en todo caso, de un régimen muy complejo, como señala HERNÁNDEZ GONZÁLEZ, Francisco Lorenzo, "La adjudicación directa de contratos públicos a las entidades sin ánimo de lucro", en LAGUNA DE PAZ, José Carlos; SANZ RUBIALES, Íñigo y DE LOS MOZOS TOUYA, Isabel (coords.), *Derecho Administrativo e integración europea: estudios en homenaje al profesor José Luis Martínez López-Muñiz* vol. 2, t. 2, Madrid, 2017, p. 1035.

art. 77 prevé incluso la posibilidad de que dichos contratos se reserven a determinado tipo de entidades por una duración máxima de tres años, siempre que se cumplan estos requisitos: que su objetivo sea la realización de una misión de servicio público vinculada a la prestación de servicios sanitarios, que no se les haya adjudicado antes un contrato similar en los tres años precedentes, que sus beneficios se reinviertan con el fin de alcanzar el objetivo de la organización y que las estructuras de dirección o propiedad de la organización que ejecute el contrato se basen en la propiedad de los empleados o en principios de participación o exijan la participación activa de los empleados, los usuarios o las partes interesadas[17].

Este régimen simplificado solo se justifica si los contratos tienen una dimensión transfronteriza limitada, esto es, cuando su valor no supere el umbral de los 750.000 euros y si así lo deciden los Estados cuando realicen la transposición Directiva a sus correspondientes ordenamientos (art. 4.d. de la Directiva y 22.c. de la Ley 9/2017, de 8 de noviembre, de contratos del sector público). Si superan esta cantidad deben estar sujetos a normas de transparencia en toda la Unión, aunque los Estados miembros deben conservar un amplio margen de maniobra a la hora de elegir a los proveedores del servicio en función del diferente contexto cultural en el que se enmarcan este tipo de servicios a las personas y su carácter delicado. Fuera de este supuesto, la normativa comunitaria impone solo la necesidad de observar los principios fundamentales de transparencia e igualdad de trato y permiten que la Administración sanitaria pueda aplicar otros criterios a la hora de elegir a los sujetos privados, recurriendo fundamentalmente a criterios de calidad específicos.

Pues bien, en virtud de su especificidad, el considerando número 114 de la Directiva 2014/24/UE recuerda que los Estados miembros

---

17 Ello supone un importante cambio respecto de la legislación precedente y respecto de la interpretación que realizó la STS, en Pleno, de 30 de abril de 2015 (ponente Francisco Pérez de los Cobos Orihuel) sobre el intento de externalizar varios hospitales madrileños a través de fórmulas contractuales. Aunque la Sentencia avaló la constitucionalidad del modelo de gestión indirecta de la sanidad, declaró finalmente su inconstitucionalidad porque la preferencia que había establecido la ley autonómica en la adjudicación de los contratos para las sociedades o entidades formadas por los propios profesionales sanitarios no tenía en aquel momento cobertura legal de contratos vigente en aquel momento.

y los poderes públicos siguen teniendo libertad para prestar por sí mismos esos servicios u organizar los servicios sociales de manera que no sea necesario celebrar contratos públicos, por ejemplo, mediante la simple financiación de estos servicios o la concesión de licencias o autorizaciones a todos los operadores económicos que cumplan las condiciones previamente fijadas por el poder adjudicador, sin límites ni cuotas, siempre que dicho sistema garantice una publicidad suficiente y se ajuste a los principios de transparencia y no discriminación.

Con la Directiva se abren notablemente y se clarifican las posibilidades de gestión de los servicios sanitarios y las vías para la participación de los sujetos privados en la sanidad. Se puede recurrir a cualquiera de las fórmulas de gestión indirecta mediante las fórmulas contractuales ya conocidas y revisadas ahora con la nueva Ley 9/2017 de contratos del sector público o incluso a través de otras fórmulas más novedosas de gestión indirecta sometidas a un régimen especial "no contractual", que son las que constituyen el objeto de este trabajo. La Directiva solo menciona expresamente la financiación directa de las prestaciones o la vía de las autorizaciones y licencias no limitadas ni selectivas y que sean respetuosas con el principio de transparencia y no discriminación, aunque el listado no tiene carácter cerrado. Estas nuevas posibilidades de actuación están siendo intensamente aprovechadas por algunas comunidades autónomas para establecer regulaciones específicas en materia de servicios sociales y sanitarios a través de lo que se ha denominado "la acción concertada", amparándose en su papel como responsables de la prestación del servicio público y en ejercicio de las competencias que tienen asumidas en materia de desarrollo de la legislación básica sanitaria. Asimismo, se ha regulado expresamente la posibilidad de incluir reservas para determinados tipos de sujetos privados, aquellos que no tienen ánimo de lucro, lo que está planteando importantes problemas prácticos que han llegado al Tribunal de Justicia de la Unión Europea y a nuestro Tribunal Supremo. Como existe una gran variedad de regulaciones autonómicas que son, además, muy prolijas, me limitaré a analizar algunos de sus rasgos más básicos y sin ánimo alguno de exhaustividad.

## IV.3. EL PAPEL PROTAGONISTA QUE HAN ADQUIRIDO LAS ENTIDADES SIN ÁNIMO DE LUCRO EN LA GESTIÓN DE ESTOS SERVICIOS: EL TERCER SECTOR

En la medida en que estos servicios a las personas inciden de lleno en el núcleo de lo que es un modelo de Estado social, la jurisprudencia comunitaria señaló tempranamente la necesidad de modular el principio de eficiencia y su interpretación exclusivamente economicista con otros bienes o valores que también son dignos de protección, tal como ocurre con el principio de solidaridad. La necesidad de conjugar el criterio meramente económico con la solidaridad, que está en la base de la configuración jurídica de este tipo de servicios, justifica que puedan introducirse importantes limitaciones en el principio comunitario de la libre competencia [STJCE, de 17 de junio de 1997 (ponente P.J.G. Kapteyn)]. Ello ha permitido exceptionar dicho principio a favor de las entidades sin ánimo de lucro en el ámbito de los sistemas de seguridad social. Esta posibilidad supone una importante novedad, sobre todo si tenemos en cuenta que, junto con las libertades comunitarias europeas, la directriz fundamental del derecho europeo es la libre competencia[18]. Al admitir esta posibilidad a favor de las entidades sin ánimo de lucro, la jurisprudencia comunitaria está ponderando el principio de la competencia con el principio de solidaridad y eficacia, dándole prevalencia a estos últimos y haciendo que la pugna constante entre las libertades del mercado y la cohesión social se resuelva a favor de ésta, mostrando, en definitiva, una Europa más social.

El reconocimiento de la necesidad de asegurar a los pacientes una adecuada asistencia sanitaria y de calidad y de garantizar la participación de los sujetos privados del denominado tercer sector y del voluntariado en la prestación de los servicios a las personas está motivando una recomposición de las relaciones entre el sector público y privado, una recomposición del equilibrio entre lo público y lo privado en el que aparece un nuevo actor como protagonista, el llamado "tercer sector". Con estas entidades, denominadas también

---

18 BAÑO LEÓN, José María, "La evolución del derecho de la competencia y su irradiación en el derecho público", *Revista de Administración Pública* (200), 2016, pp. 296 y 308.

"sector *non profit*" se identifica a un ámbito no organizativo diferente del Estado y del mercado, a un conjunto de organizaciones de iniciativa privada, sin ánimo de lucro, caracterizadas por su servicialidad al interés general y por estar destinadas también al cumplimiento de fines de solidaridad social[19].

En nuestro ordenamiento, las entidades del tercer sector social desempeñan un papel esencial para la consecución de los fines públicos de igualdad y solidaridad social. Se definen como aquellas organizaciones de carácter privado, surgidas de la iniciativa ciudadana o social, bajo diferentes modalidades, que responden a criterios de solidaridad y de participación social, con fines de interés general y ausencia de ánimo de lucro, que impulsan el reconocimiento y el ejercicio de los derechos civiles, así como de los derechos económicos, sociales o culturales de las personas y grupos que sufren condiciones de vulnerabilidad o que se encuentran en riesgo de exclusión social (art. 2 de la Ley 43/2015, de 9 de octubre, del Tercer Sector de Acción Social). Su colaboración, como muestran las múltiples leyes autonómicas que se han dictado en estos últimos años, es fundamental en el modelo autonómico para explicar las relaciones con la ciudadanía en tanto dichas organizaciones complementan y participan en los sistemas de responsabilidad pública con una presencia muy significativa desde sus orígenes, ya sea en el sistema de servicios sociales o en el sistema sanitario. Su actividad, que carece de ánimo de lucro, está orientada a la inclusión de colectivos vulnerables y se desarrolla siguiendo los criterios de proximidad en el territorio, trabajando para la promoción de las personas, en la defensa de los intereses colectivos y en una estrecha colaboración con la Administración. Desde esta perspectiva, las entidades del tercer sector social complementan los sistemas de responsabilidad pública, participando en la provisión o gestión de prestaciones, en relación con el sistema público de servicios sociales y de atención a la dependencia y en el desarrollo de servicios o programas en referencia con otros sistemas de protección social como educación, empleo o sanidad[20].

---

19 VAQUER CABALLERÍA, *Revista de Administración Pública*, 2000, p. 311.

20 Por citar tan solo un ejemplo, en la Ley 1/2020, de 3 de febrero, del Tercer Sector Social de Castilla-La Mancha, tienen esta consideración las asociaciones, fundaciones, así como las federaciones o asociaciones que las integren, que

Bajo el nombre de "tercer sector", según aclara *Muñoz Machado*, se quiere hacer referencia a las entidades que no pertenecen al entorno institucional de las Administraciones públicas ni al mercado. Estas entidades se situarían fuera de las estructuras propias del Estado y al margen del mercado. No son Administraciones públicas ni ejercen actividades mercantiles en el mercado libre. Están alejadas de la Administración por el peso muerto y la lentitud de las estructuras burocráticas y sus respuestas a las necesidades sociales y alejadas del mercado porque no se rigen por la lógica de la competencia y el ánimo de lucro, sino que, muy al contrario, la solidaridad constituye su principal razón de ser. Al no estar sometidas a las normas de derecho público aportan mayor flexibilidad e inmediatez, puesto que no tienen que someterse a los procedimientos para la toma de decisiones administrativas. Asimismo, al no situarse en el mercado y no disponer del afán de lucro, su actuación va dirigida a la consecución de una finalidad de interés general que es coincidente con la finalidad de la Administración, sometiendo su actividad también a los principios de igualdad y de solidaridad. Contribuyen con su actuación al interés general. Con ellas no existe el riesgo de que concentren su actividad solo en determinadas zonas geográficas o para grupos de población que sean más rentables[21] y, en la medida en que suelen nutrirse de voluntarios que aportan su tiempo o su dinero a la organización, los

---

cumplan con lo previsto en esta ley y dentro del ámbito definido por la normativa estatal básica en la materia, así como Cáritas Española, la Cruz Roja Española o la Organización Nacional de Ciegos Españoles.

21 Estamos siguiendo a MUÑOZ MACHADO, Santiago, "La contribución de las organizaciones sociales a la transformación del Estado de bienestar", en MUÑOZ MACHADO, Santiago; GARCÍA DELGADO, José Luis y GONZÁLEZ SEARA, Luis (coords.), *Las estructuras del bienestar. Propuestas de reforma y nuevos horizontes,* Madrid, 2002, pp. 710 y 777. Dirá el autor que, frente a la burocracia y la lejanía de la Administración respecto de los ciudadanos, las posibilidades de actuación de las entidades del tercer sector con mucho más afinadas y flexibles porque este tipo de entidades desarrollan ya su labor en los campos en los que van a colaborar con la Administración, trabajan con los destinatarios de los servicios públicos a pie de calle, conocen sus problemas de primera mano y actúan directamente sobre ellos y sin intermediación, con rapidez, multiplicando la eficiencia en el empleo de recursos, sin perderse en procedimientos de actuación formalizados que entorpecen la aplicación inmediata de remedios cuando es necesario.

costes de la prestación del servicio sanitario siempre serán mucho más bajos que los del sector privado.

Estamos asistiendo a una nueva versión del principio de eficacia que está suponiendo, no sin controversias judiciales, un desplazamiento de la colaboración hacia los sujetos privados sin ánimo de lucro, desplazando las clínicas, hospitales y centros privados. Esto es lo que se aprecia con la nueva acción concertada social y sanitaria que han regulado las comunidades autónomas.

El nuevo marco de concertación administrativa presta cobertura a este fenómeno cuyas causas, como tempranamente apuntara *Vaquer Caballería,* no sólo son reconducibles a la eficiencia en la prestación de los servicios (optimización de recursos), sino también a su misma eficacia (consecución de fines) y calidad (satisfacción de sus destinatarios)[22]. Según el autor, no habría nada de extraño en que la Administración descargara la prestación de estos servicios en las entidades sin ánimo de lucro dada la especial naturaleza y "textura" de estos servicios a las personas, que se caracterizarían por estar vinculados directamente a la idea de la dignidad de la persona y al libre desarrollo de su personalidad. Su encargo a entidades que se dedican ya a ello con carácter altruista, que conocen a la perfección el sistema sanitario y tienen gran experiencia en ello son, sin duda, elementos para valorar. Ello explica que en materia sanitaria estemos asistiendo en los últimos años a una reinterpretación del mercado y de la libre competencia con un importante sentido solidario en los términos expresados por *Martínez López-Muñiz*[23].

---

22 VAQUER CABALLERÍA, *Revista de Administración Pública*, 2000, p. 310.

23 MARTÍNEZ LÓPEZ-MUÑIZ, José Luis, "Servicios públicos y papel de particular entre instancias de solidaridad y mercado competitivo", en MIGNONE, Claudio; PERICU, Giuseppe y ROVERSI MONACO, Fabio A. (eds. lits.), *Le esternalizzazioni, (Atti del XVI Convegno degli amministrativisti italo-spagnoli, Genova*, 25-27 maggio 2006), Bolonia, 2007, pp. 96 y 97.

## IV.4. SU EXPLÍCITO RECONOCIMIENTO EN LA JURISPRUDENCIA COMUNITARIA. EL CASO ESPAÑOL DE ASADE

El papel prevalente de las entidades sin ánimo de lucro en el ámbito de la contratación pública fue reconocido tempranamente por la jurisprudencia comunitaria en el asunto Sodemare (STJCE, de 17 de junio de 1997), dedicada a la explotación de residencias de ancianos. Se consideró que la normativa comunitaria no se opone a que un Estado miembro permita únicamente a los operadores privados que no persigan un fin lucrativo que puedan contribuir a la ejecución de su sistema de asistencia social mediante la suscripción de conciertos que dan derecho al reembolso por parte de las autoridades públicas de los costes de los servicios de asistencia social de carácter sanitario. En aquel momento se planteó ante el Tribunal si una norma nacional que reserva a las "sociedades" sin ánimo de lucro la prestación de toda una categoría de servicios muy importantes desde el punto de vista económico es contraria al artículo 58 del Tratado y al derecho de establecimiento, en la medida en que introduce una distinción estricta entre sociedades con ánimo de lucro y sociedades sin ánimo de lucro. El Tribunal aceptó el papel de las entidades no lucrativas porque ello se inscribía en el marco del sistema de asistencia social, cuya ejecución se confía, en principio, a las autoridades públicas y está basado en el principio de solidaridad.

Con esta sentencia puede decirse que empezaba tímidamente a imponerse la lógica de la solidaridad frente a la lógica del mercado[24]. Ello ha sido así porque el Tribunal es plenamente consciente de la necesidad de tener en cuenta que la salud y la vida de las personas ocupan el primer puesto entre los bienes e intereses protegidos por el Tratado y que corresponde a los Estados miembros, que disponen de un margen de apreciación, decidir qué nivel de protección de la salud pública pretenden asegurar y de qué manera debe alcanzarse ese nivel: sentencia CASTA [STJUE, Sala Quinta, de 28 de enero de 2016 (ponente D. Šváby)] o en la sentencia Azienda sanitaria locale n. 5 "Spezzino" y otros [STJUE, Sala Quinta, de 11 de diciembre de 2014 (ponente D. Šváby)]). En la

---

24 BERNAL BLAY, "La contratación de los servicios a las personas", p. 2858.

STJUE de 11 de diciembre de 2014, trató por vez primera el problema que plantean la denominada "competencia entre entidades no homogéneas", esto es, cuando la normativa obliga a dirigirse con carácter prioritario a organismos de voluntariado para la prestación de determinado tipo de servicios. En este caso se trataba del servicio sanitario de transporte urgente de pacientes. Se planteó si ello resultaba compatible con lo dispuesto en los artículos 49, 56, 105 y 106 del TFUE.

El problema se plantea porque a efectos comunitarios el concepto de operador económico no excluye a las entidades que no persigan principalmente un ánimo de lucro, incluso a las entidades que carezcan de ánimo de lucro, las cuales pueden competir con las empresas para la adjudicación de los contratos públicos. Ello podría poner en tela de juicio la posibilidad, para las autoridades públicas, de recurrir a organizaciones de voluntariado, salvo las empresas con ánimo de lucro, para la prestación de determinados servicios, como es tradicional en Italia. En efecto, tal sistema implicaría la concesión de una ventaja a esas organizaciones, ya que disfrutarían de una doble posibilidad de prestar servicios a dichas autoridades, en el marco de su privilegio tradicional, por un lado, y en el marco de las licitaciones, por otro. Lo mismo sucedería si las organizaciones de voluntariado pudieran, además, obtener, en virtud de los convenios que se les reservan, medios financieros que les permitirían presentar ofertas atractivas en el marco de procedimientos de contratación pública, como ocurriría si estuvieran autorizadas a percibir el reembolso de determinados costes indirectos en el marco de las prestaciones que suministran sin competencia alguna por parte de las empresas que persiguen un ánimo de lucro. Dicho reembolso se asimilaría a una ayuda de Estado.

Pues bien, conforme a la jurisprudencia del Tribunal de Justicia, la falta de ánimo de lucro de un organismo que ejerce una actividad económica, como puede ser, por ejemplo, la de transporte sanitario, no lleva a excluir la condición de empresa, en el sentido de las disposiciones del TFUE, de modo que las asociaciones de voluntariado pueden ejercer una actividad económica en competencia con otros operadores económicos, en particular participando en procedimientos de licitación. Ello es así porque conforme se determinó en STJUE, Sala Quinta, de 25 de octubre de 2001 (ponente M. Wathelet) [Ambulanz Glöckner (C 475/99)], el concepto de "contrato oneroso" utilizado en las Directivas sobre contratación comprende también los contratos en los que la retribución pactada se limita al reembolso de los costes soportados para prestar el servicio. Ahora bien, la jurisprudencia más reciente ha flexibilizado de forma notable esta postura intentando obtener una mejor coordinación entre los principios de protección de la competencia y las exigencias específicas suplementarias relacionadas con la intervención de asociaciones de voluntariado para la ejecución de prestaciones socio-sanitarias en el marco del servicio sanitario público. Ha considerado que, aun siendo cierto que estas asociaciones participan en procedimientos de licitación como operadores económicos, ello no implica que estén obligadas a actuar como tales operadores en cualesquiera circunstancias, y menos aún que la actividad empresarial constituya su razón de ser. Imponer a este tipo de asociaciones que ejerzan una actividad mercantil, en lugar de permitírselo únicamente, tendría el resultado paradójico de hacer impracticable el recurso al voluntariado para las prestaciones sanitarias en sentido amplio, máxime si tenemos en cuenta que la cohesión social, la subsidiariedad e incluso la viabilidad económica de las prestaciones realizadas por los organismos públicos son especialmente importantes en ese sector. A partir de ahí ha ido evolucionando hasta permitir la posibilidad de que la Administración pueda adjudicar directamente y sin publicidad contratos sanitarios y pueda elegir, pues, al sujeto privado que colaborará con ella al hacer una ponderación del principio de solidaridad y eficiencia económica con el principio de la libre competencia.

En la STJUE de 28 de enero de 2016, conocida como asunto CASTA (Consorzio Artigiano Servizio Taxi e Autonoleggio), se planteó una petición de decisión prejudicial para interpretar los artículos 49 TFUE y 56 TFUE, en el litigio planteado por varias empresas de transporte del taxi (CASTA y otras prestadoras de servicio de transporte con chófer) y la Administración sanitaria de la región del Piamonte acerca de la adjudicación, sin licitación, del servicio de transporte de las personas en tratamiento de diálisis. El contrato fue adjudicado a la Asociación Croce Bianca del Canavese y a otras asociaciones de voluntariado afiliadas a la Associazione nazionale pubblica assistenza (ANPAS). Se planteaba la cuestión relativa a si las reglas del derecho de la Unión en materia de contratos públicos permiten o no que una normativa nacional adjudique directamente la prestación de servicios de transporte sanitario, sin forma alguna de publicidad, a asociaciones de voluntariado, que sólo perciben por la prestación de esos servicios el reembolso de los gastos efectivamente soportados para prestarlos. La respuesta a este interrogante es esencial a la hora de determinar si se aplicaba la normativa vigente en aquel momento (la Directiva 2004/18/UE) o, por el contrario, bastaba con respetar los principios generales de transparencia e igualdad de trato derivados de los artículos 49 TFUE y 56 TFUE.

El Tribunal es tajante al afirmar que la adjudicación, sin ninguna transparencia, de un contrato a una empresa situada en el Estado miembro del poder adjudicador de ese contrato constituye una diferencia de trato en perjuicio de las empresas que pueden estar interesadas en ese contrato, establecidas en otro Estado miembro, al excluirlas. Además, ello supondría una violación del principio de no discriminación por razón de nacionalidad. Ahora bien, permite que este tipo de adjudicaciones puedan estar justificadas por circunstancias objetivas. Así sucedería en este caso en atención a todo un conjunto de aspectos que el Tribunal considera dignos de atención. Por una parte, la especial naturaleza de las prestaciones sanitarias, que se enmarcan en un determinado marco jurídico nacional y están integradas en el contexto de servicio sanitario nacional. Además, este tipo de asociaciones de voluntariado ejercen las actividades objeto de esos conciertos fuera del ámbito mercantil, lo que justificaría una excepción a la obligación de convocar una licitación. Por otra, por el efecto presupuestario positivo que puede tener este tipo de contratos dado que no existe ánimo de lucro por parte del contratista. El recurso a este tipo de asociaciones para la organización del servicio de transporte sanitario puede estar motivado por los principios de universalidad y de solidaridad, así como por razones de eficiencia económica y de adecuación, toda vez que permite que ese servicio de interés general sea prestado en condiciones de equilibrio económico en el orden presupuestario por organismos constituidos esencialmente para servir al interés general.

Recientemente se ha pronunciado también sobre el modelo español que se ha seguido en algunas comunidades autónomas con la llamada acción concertada como fórmula no contractual con las entidades sin ánimo de lucro. Lo ha hecho a través de la STJUE, Sala Cuarta, de 14 de julio de 2022 (ponente C. Lycourgos) [Asunto C-436/20, ASADE I], sobre el modelo valenciano de servicios sociales, y el Auto del TJUE, Sala Novena, de 31 de marzo de 2023 (ponente C. Lycourgos) (asunto C-676/20, conocido como ASADE II), sobre el modelo aragonés de servicios sanitarios. Ambos pronunciamientos han respaldado la reserva de estos servicios a las entidades sin ánimo de lucro y, en consecuencia, la exclusión de las demás entidades de naturaleza mercantil cuando cumplan los requisitos del art. 77.2 de la Directiva 2014/24/UE.

Nos centraremos, por su mayor detalle, en el primer pronunciamiento, en el que analizó la impugnación presentada por la Asociación Estatal de Entidades de Servicios de Atención a Domicilio (ASADE) contra el Decreto 181/2017, de Consell, por el que se desarrolla la acción concertada para la prestación de servicios sociales en el ámbito de la Comunitat Valenciana por entidades de iniciativa social. El reglamento fue impugnado por excluir a las entidades con ánimo de lucro de la posibilidad de prestar determinados servicios sociales de asistencia a las personas en el marco de una acción concertada. Según ASADE, habría una identidad de objeto entre los pretendidos acuerdos de acción concertada y los contratos públicos de servicios sociales. A la luz de resoluciones del Tribunal de Justicia de la Unión Europea como la STJUE, Gran Sala, de 19 de diciembre de 2012 (ponente D. Šváby) [caso *Ordine degli Ingegneri della Provincia di Lecce* y otros (C-159/11)], el concepto de contrato oneroso comprende también los contratos para los que la retribución pactada se limita al reembolso de los costes soportados para prestar el servicio objeto del contrato. Este planteamiento motivó que el Tribunal Superior de Justicia de Valencia dudara de la naturaleza no contractual de la acción concertada y decidió plantear una cuestión prejudicial que fue resuelta por el TJUE el 14 de julio de 2022. Entre otras dudas, se planteaba si el artículo 49 TFUE y los artículos 76 y 77 (en relación con el art. 74 y anexo 14) de la Directiva 2014/24/UE se oponen a una normativa nacional que permite a los poderes adjudicadores recurrir a conciertos con entes privados sin ánimo de lucro —no solo asociaciones de voluntariado— para la prestación de toda suerte de servicios sociales a las personas a cambio del reembolso de costes, sin acudir a los procedimientos previstos en la Directiva de contratación y sea cual fuere el valor estimado por el mero hecho de calificar previamente y a través de la ley dichas figuras como no contractuales.

La sentencia ha interpretado que los artículos 76 y 77 de la Directiva 201/24/UE deben interpretarse en el sentido de que no se oponen a una normativa nacional que reserva a las entidades privadas sin ánimo de lucro la facultad de celebrar, previo examen competitivo de sus ofertas, acuerdos en virtud de los cuales esas entidades prestan servicios sociales de asistencia a las personas, a cambio del reembolso de los costes que soportan, sea cual fuere el valor estimado de esos servicios, aunque dichas entidades no cumplan los requisitos establecidos en dicho artículo 77, siempre y cuando, por una parte, el marco legal y convencional en el que se desarrolla la actividad de esas entidades contribuya efectivamente a la finalidad social y a la consecución de los objetivos de solidaridad y de eficiencia presupuestaria que sustentan esa normativa y, por otra parte, se respete el principio de transparencia, tal como se precisa, en particular, en el artículo 75 de la mencionada Directiva. Ahora bien, su art. 76 se opone a las llamadas cláusulas de arraigo, esto es, a una normativa nacional según la cual, la implantación del operador económico en la localidad en la que deben prestarse los servicios constituye un criterio de selección de los operadores económicos, previo al examen de sus ofertas, lo que llevará a modificar todas las normativas autonómicas que han establecido estas cláusulas de arraigo.

En definitiva, la jurisprudencia comunitaria ha considerado que el recurso a entidades sin ánimo de lucro contribuye al cumplimiento de una finalidad social, a la consecución de los objetivos de solidaridad y, a la vez, de eficacia presupuestaria en la medida en que permite un mayor control de los gastos ligados a la prestación de ese servicio sanitario. Ello se logra no permitiendo que obtengan ningún beneficio de sus prestaciones, independientemente del reembolso de los costes variables, fijos y permanentes necesarios para prestarlas, ni proporcionen ningún beneficio a sus miembros. Se habilitaría, así, para que también los servicios sanitarios puedan excepcionar las reglas de concurrencia propias de un contrato típico de servicios y adjudicar a entidades del tercer sector sin ánimo de lucro que colaboran, desde una óptica de solidaridad, con los fines públicos. Sin ese marco legal expreso se deberán aplicar las reglas ordinarias de la contratación pública[25]. Y esta inconcusa jurisprudencia comunitaria es la que se ha tenido en cuenta por los legisladores autonómicos para justificar la nueva acción concertada con entidades sin ánimo de lucro como una vía no contractual y al margen de la legislación de contratos.

## IV.5. LA PLASMACIÓN DE ESTA NUEVA FILOSOFÍA EN EL ORDENAMIENTO ESPAÑOL

Es intención del legislador comunitario que los servicios sanitarios, como servicios a las personas, puedan tener un régimen especial y simplificado y que las Administraciones sanitarias puedan tener importantes márgenes de libertad a la hora de decidir cómo prestan y organizan estos servicios, pudiendo incluso recurrir directamente a otras fórmulas no contractuales, como puede ser la financiación directa de los servicios o el establecimiento de concesiones y autorización a los operadores sanitarios privados. No obstante, dichas posibilidades han de canalizarse, en todo caso, a través de las figuras que prevé nuestro ordenamiento jurídico y es en este punto concreto donde empiezan a manifestarse los más importantes problemas que se plantean, a mi juicio, en esta materia por la inconcreción de la legislación básica de contratos públicos en este punto y la consiguiente inseguridad jurídica que se presenta en este ámbito y que nos aboca a una judicialización del tema. Ante el vacío dejado por el legislador estatal sobre la gestión de los servicios sanitarios, algunos legisladores autonómicos se han apoyado expresamente en este marco y en la jurisprudencia comunitaria sobre el tercer sector para establecer novedosas figuras organizativas de naturaleza no contractual para la gestión de sus servicios sanitarios.

Efectivamente, pese a ser muy clara la voluntad del legislador comunitario, la Ley 9/2017, de 8 de noviembre, de Contratos del

---

25 GIMENO FELIÚ, José María, "Un paso firme en la construcción de una contratación pública socialmente responsable mediante colaboración con entidades sin ánimo de lucro en prestaciones sociales y sanitarias", https://www.obcp.es/opiniones/un-paso-firme-en-la-construccion-de-una-contratacion-publica-socialmente-responsable (última visita, 20 de diciembre de 2024)

Sector Público solo se ha referido a esta materia en su disposición adicional cuadragésima novena y solo ha mencionado expresamente los servicios sociales, no los sanitarios. Ha remitido directamente a la legislación de las comunidades autónomas para la regulación de los instrumentos no contractuales para la prestación de servicios públicos de carácter social. Lacónicamente se ha limitado a señalar que el régimen establecido en la nueva ley de contratos no obsta para que las comunidades autónomas, en el ejercicio de las competencias que tienen atribuidas, legislen articulando instrumentos no contractuales para la prestación de servicios públicos destinados a satisfacer necesidades de carácter social. Y, en coherencia con ello, su art. 11.6 excluye del ámbito de aplicación de la ley a los servicios sociales por entidades privadas, siempre que esta se realice sin necesidad de celebrar contratos públicos, a través, entre otros medios, de la simple financiación de estos servicios o la concesión de licencias o autorizaciones a todas las entidades que cumplan las condiciones previamente fijadas por el poder adjudicador, sin límites ni cuotas, y que dicho sistema garantice una publicidad suficiente y se ajuste a los principios de transparencia y no discriminación. El legislador básico se ampara para hacer esta remisión en las competencias exclusivas que tienen atribuidas las comunidades autónomas en materia de asistencia social y servicios sociales (art. 148.1.20), pero no menciona de forma explícita los servicios sanitarios ni establece límites ni indicaciones al respecto.

En virtud de esta remisión, e incluso antes, un gran número de comunidades autónomas comenzó a regular este tipo de servicios sociales y también los sanitarios haciendo una interpretación muy amplia de las posibilidades de actuación que posibilita el marco comunitario, huyendo de la normativa sobre contratación pública y favoreciendo fundamentalmente la participación de un determinado tipo de sujetos privados, los que no tienen ánimo de lucro y que constituyen lo que se ha llamado el tercer sector social. Las nuevas regulaciones se apoyaban directamente en el efecto directo que tienen las Directivas europeas y en la propia jurisprudencia comunitaria. Aunque la gran mayoría se ha limitado a la regulación solo de los servicios sociales y a través de la creación de una figura específica derivada del clásico “concierto” con entidades privadas, algunas han ido más allá y han previsto este mismo tratamiento para el ámbito sanitario. Se trata de combinar la lógica económica y de mercado con la lógica social y la solidaridad, respaldando la labor social que vienen realizando las denominadas entidades del tercer sector de acción social. En todo caso, y como mínimo, los problemas que plantea esta nueva acción concertada social son los mismos que plantearía la nueva acción concertada sanitaria.

## IV.6. LA INTRODUCCIÓN DE LA ACCIÓN CONCERTADA EN ALGUNAS COMUNIDADES AUTÓNOMAS: LA NUEVA GESTIÓN SOLIDARIA

Los servicios sanitarios, al ser una modalidad de los llamados "servicios a las personas", se caracterizan por tener un tratamiento específico en los artículos 74 y siguientes de la Directiva 2014/24/UE y en su Anexo XIV, al igual que ocurre con los servicios sociales y educativos. Sin embargo, en la transposición al ordenamiento español de esta Directiva, la disposición adicional cuadragésimo novena de la Ley 9/2017 de contratos del sector público se ha remitido de forma palmaria al legislador autonómico para la regulación exclusivamente de los servicios sociales, sin referirse de forma expresa a los servicios sanitarios. Esta falta explícita de referencias para la provisión de prestaciones de salud no ha impedido a los legisladores autonómicos establecer fórmulas de gestión no contractuales con sujetos privados, apoyándose directamente en lo dispuesto en el considerando número 114 de la Directiva 2014/24/UE y en el dato incontestable de que este tratamiento particular se refiere, en bloque, a todos los servicios de interés general que pueden calificarse como servicios de prestación a las personas, ya sean de carácter social, educativo o sanitario. Asimismo, las distintas normativas autonómicas han ido acompañadas de la correspondiente legislación sobre el tercer sector en la que han previsto el papel protagonista de las entidades sin ánimo de lucro en el ámbito social fundamentalmente y algunas han extendido dicho protagonismo también al ámbito sanitario[26].

---

26 No pretendemos hacer un análisis de la legislación autonómica del tercer sector porque ello desbordaría las pretensiones de este trabajo. No obstante, y simplemente como muestra, podemos traer a colación la Ley 5/2021, de 14 de sep-

Consecuencia inmediata de esta interpretación es la posibilidad de establecer un régimen de gestión de la sanidad con sujetos privados al margen de la legislación de contratos y el reconocimiento de una notable libertad al legislador autonómico para regular las notas más esenciales de su régimen jurídico, en el ejercicio de sus competencias para el desarrollo de la legislación básica sanitaria. Y así lo han hecho gran parte de las comunidades autónomas al configurar la llamada "acción concertada sanitaria" o sus nuevos "conciertos sanitarios". Aunque no se puede hablar de un régimen jurídico uniforme porque estas regulaciones incorporan algunas diferencias notables entre ellas, se caracterizan por la inaplicación de la legislación de contratos y por el papel protagonista y prevalente que dan a las entidades sin ánimo de lucro.

#### *A) La reconversión de la clásica figura contractual del concierto en la nueva acción concertada sanitaria*

En el ámbito sanitario la figura del concierto no es ninguna novedad. El art. 90 de la LGS reguló tempranamente la posibilidad de que las Administraciones públicas pudieran establecer conciertos para la prestación de servicios sanitarios con medios ajenos a ellas como una medida subsidiaria y complementaria, toda vez que se exigía previamente haber realizado una utilización óptima de sus recursos sanitarios propios. Para ello, el legislador básico estatal ha establecido una preferencia a favor del tercer sector, aunque solo cuando existan análogas condiciones de eficacia, calidad y costes. Se trata más bien de un criterio de desempate a favor del tercer sector. Para celebrar un concierto se exige que el centro sanitario privado sea homologado por la Administración, de acuerdo con un protocolo definido previamente por ella. La determinación de los requisitos y las condiciones mínimas, básicas y comunes aplicables a los conciertos corresponde a la Administración, así como la determinación de las condiciones económicas, que se establecen en virtud de módulos de costes efectivos, previamente establecidos y revisables por la Administración. Además

---

tiembre, del Tercer Sector Social en Castilla y León y de modificación de la Ley 8/2006, de 10 de octubre, del Voluntariado en Castilla y León y la Ley 10/2018, de 22 de noviembre, del Tercer Sector Social de Extremadura.

de los derechos y obligaciones recíprocas de las partes, en cada concierto debe quedar asegurado el principio de igualdad, es decir, que la atención sanitaria y de todo tipo que se preste a los usuarios afectados por el concierto debe ser la misma para todos, prohibiéndose que puedan establecerse servicios complementarios respecto de los que existan en los centros sanitarios públicos dependientes de la Administración pública concertante.

Aunque el concierto sanitario es una figura clásica en el sector de la salud para posibilitar la participación de los sujetos privados que realizan funciones análogas, su régimen jurídico no siempre ha sido claro ni ha estado perfectamente delimitado. Por la falta de claridad de la legislación de contratos y de la propia legislación sanitaria no ha quedado muy claro su régimen jurídico, aunque se ha reconducido a una de las modalidades clásicas de gestión de los servicios públicos, al concierto. Sin embargo, esta asimilación no ha tenido nunca un encaje perfecto y, en la práctica, ha dificultado que en la organización de la prestación de estos servicios pudieran participar en mayor medida las entidades del tercer sector sin ánimo de lucro. El reconocimiento de una prioridad como mero criterio de desempate no resulta suficiente para advertir el valor social y la función que realizan las entidades sin ánimo de lucro en el ámbito de los servicios a las personas, al estar presidida su actuación por el principio de solidaridad. Dicho principio, además, ya ha sido admitido por la jurisprudencia europea en varias ocasiones como fundamento para excepcionar la aplicación de la normativa sobre contratos públicos.

El concierto, efectivamente, venía regulado en el art. 277 del derogado Real Decreto Legislativo 3/2011, de 14 de noviembre, por el que se aprueba el texto refundido de la Ley de Contratos del Sector Público. Se configuraba como una modalidad de contrato administrativo para la gestión de los servicios públicos, junto con la concesión, la gestión interesada y la sociedad de economía mixta. Se podía utilizar esta modalidad contractual con un hospital, clínica o centro sanitario privado que ya viniera realizando prestaciones análogas a las que constituyen el objeto de este servicio público y con una duración máxima de diez años (art. 278.c).

El concierto sanitario, sin embargo, ha desaparecido en la nueva Ley 9/2017 de contratos del sector público, aunque no en el ámbito de la LGS, donde, además, se mantiene con carácter básico[27]. La participación de los sujetos privados en la gestión sanitaria debe canalizarse ahora a través del contrato de concesión de servicios (art. 15) o del contrato de servicios (art. 17), dependiendo si el derecho a la explotación del servicio sanitario implica o no la transferencia al concesionario del riesgo operacional. De hecho, su disposición adicional decimonovena regula los clásicos conciertos para la prestación de asistencia sanitaria celebrados por la Mutualidad General de Funcionarios Civiles del Estado (MUFACE), la Mutualidad General Judicial (MUGEJU) y el Instituto Social de las Fuerzas Armadas (ISFAS), que se han reconvertido directamente en contratos de concesión de servicios. Se regulan por la normativa especial de cada mutualidad y, en todo lo no previsto por la misma, por la legislación de contratos del sector público, con la obligación de dar a conocer su intención de celebrar los mencionados conciertos mediante un anuncio de información previa, que deberá publicarse en su perfil de contratante y en el Diario Oficial de la Unión Europea.

En todo caso, ni su régimen jurídico ni la determinación exacta de su naturaleza jurídica han sido pacíficas, toda vez que la regulación establecida en el art. 90 de la LGS chocaba con el régimen previsto en la legislación de contratos en cuanto a las posibilidades de actuación de la Administración, en la medida en que la legislación sanitaria le permitía revisar los módulos a la baja. El conflicto se ha planteado en Andalucía y la cuestión ha llegado al Tribunal Supremo, que ha entendió que la cuestión presenta interés casacional objetivo para la formación de la jurisprudencia[28]. Se trata de dilucidar si la revisión de las condiciones económicas de los conciertos sanitarios, por aplicación del artículo 90.4 de la LGS, es una facultad que puede ejercer libremente la Administración, o si, por el contrario, constituye una modificación unilateral

---

27 CUETO PÉREZ, Miriam, "La continuidad del concierto sanitario tras la Ley 9/2017, de 8 de noviembre, de Contratos del Sector Público", en JIMÉNEZ DE CISNEROS CID, Francisco Javier (dir.) *Libro Homenaje al Profesor Ángel Menéndez Rexach*, Madrid, 2018, pp. 885-912.

28 El Auto del TS de 5 de diciembre de 2017 identificó como normas jurídicas interpretables los 90.4 de la Ley 14/1986, de 25 de abril, General de Sanidad, y los artículos 276, 281 y 282 del Texto Refundido de la Ley de Contratos del Sector Público, aprobado por Real Decreto legislativo 3/2011, de 14 de noviembre.

que, en la medida en que afecta al régimen financiero del contrato, ha de acomodarse a la legislación de contratos. La STS, Sala de lo Contencioso, de 30 de octubre de 2019 (ponente Pablo María Lucas Murillo De La Cueva) ha considerado finalmente que la actualización de las condiciones económicas efectuada por la Administración conforme a lo previsto en el artículo 90.4 de la LGS supone una modificación unilateral del contrato que afecta a su régimen financiero y ha de acomodarse a la legislación de contratos del sector público.

Por ello, no es de extrañar que algunas comunidades autónomas hayan querido aprovechar este hueco, la desaparición del clásico concierto como un contrato de gestión de servicios públicos, para renovar, clarificar y transmutar la figura, aprovechando el nuevo marco no contractual que posibilitan las directivas comunitarias sobre contratación y la jurisprudencia europea sobre la participación del tercer sector en la gestión de los servicios a las personas. En todas ellas se destaca explícitamente que la nueva acción concertada sanitaria presenta una naturaleza distinta de los contratos públicos. Las normas autonómicas que han dado este paso no han diferido mucho a la hora de calificar su naturaleza jurídica y las características más esenciales del régimen jurídico de la nueva figura no contractual.

### *B) La concertación como una presunta fórmula no contractual: solidaridad versus competencia*

La falta de claridad del marco jurídico del concierto sanitario y su desaparición como modalidad contractual en la Ley 9/2017 han llevado a algunos legisladores autonómicos a aprovechar las nuevas posibilidades que abre la Directiva 2014/24/UE y su considerando número 114 sobre la prestación de servicios a las personas al margen de la contratación. Así ha sucedido, por ejemplo, con el legislador extremeño, el valenciano, el navarro, el vasco y el aragonés, que han regulado el concierto sanitario y la llamada acción concertada sanitaria con pocas variaciones, aunque esta vez, al margen de la legislación de contratos y como una específica fórmula organizativa no contractual, a pesar de que la jurisprudencia comunitaria en el caso ASADE ya ha clarificado que siguen teniendo naturaleza contractual.

Los legisladores autonómicos han considerado necesario dar una nueva y más adecuada cobertura jurídica a esta actividad concertada de la Administración sanitaria teniendo en cuenta su especial naturaleza como un servicio de interés general, como un servicio que permite proveer a las personas prestaciones de salud. Para justificar el nuevo tratamiento se han basado, no solo en su especial naturaleza como una modalidad específica de servicios a las personas, sino también en la importancia singular de este servicio público, que deriva directamente del derecho constitucional a la protección de la salud enunciado en el art. 43 de la Carta Magna, que lo configura como una responsabilidad de los poderes públicos, con un marcado contenido social y directamente relacionado con la protección de los derechos fundamentales de la vida y la integridad física. Por ello se ha considerado que estos servicios relacionados con la salud merecen este tratamiento especial, dada la enorme importancia que tiene la salud para la población. Sólo a través de su satisfacción individual y colectiva puede materializarse la igualdad sustancial entre las personas y hacerse efectivo el principio de solidaridad y justicia social que encierra.

De la mención explícita que hace el considerando número 114 de la Directiva a la posibilidad de gestionar los servicios sanitarios a través de vías "no contractuales", se ha entendido que la clásica figura contractual del concierto podía recobrar una nueva naturaleza jurídica diferenciada de la modalidad contractual. Estaríamos asistiendo, pues, a una especie de mutación del concierto clásico previsto en LGS en una acción concertada como figura no contractual, como una forma de gestión solidaria. Esta nueva fórmula organizativa se apoya directamente en el tercer sector, en las clínicas y hospitales que no tienen ánimo de lucro. Se parte de la idea esencial de que no es oportuno ni conveniente que las posibilidades de participación de los sujetos privados en la sanidad se restrinjan exclusivamente a las que prevé la legislación de contratos del sector público, sino que, por el contrario, se pueden explorar nuevas posibilidades para permitir que aquellos sujetos que cumplan determinadas condiciones y carezcan de carácter lucrativo puedan implicarse y colaborar en la prestación del servicio, sin límites ni cuotas (al menos en teoría), tal como prevé la normativa comunitaria[29]. Se trata de una nueva forma de gestión solidaria y social de la sanidad con sujetos privados.

Así, por ejemplo, la Ley foral 13/2017, de 16 de noviembre, de conciertos sociales en los ámbitos de salud y servicios sociales, reconoce que la nueva regulación permite la expansión del sistema público en este tipo de servicios[30]. Califica directamente estos conciertos como "un sistema de gestión indirecta" que se caracteriza, además de por el respeto a los requisitos del derecho europeo, por el establecimiento de unos procedimientos de adjudicación de los servicios más sencillos, unos criterios de selección adecuados a la configuración de los servicios como no económicos y orientados a la consecución de la máxima calidad y de otros fines sociales, así como por la obligatoriedad de incorporación de cláusulas sociales y de evaluaciones que garanticen la prestación de calidad en cada concierto y ante futuros conciertos.

Los acuerdos de acción concertada se conciben como nuevos instrumentos organizativos de naturaleza no contractual, lo que supone inmediatamente la huida de la normativa sobre contratos públicos. A través de ellos, la Administración sanitaria organiza la prestación a las personas de los servicios de carácter sanitario que son de su competencia, garantizando también los principios de no discriminación, transparencia y eficiencia en la utilización de fondos públicos. Dichos acuerdos, formalizados a través del correspondiente documento administrativo, obligan al sujeto privado a prestar gratuitamente los servicios sanitarios que se concierten sin que puedan ceder, total

---

29 Además de las leyes autonómicas mencionadas en este trabajo, hay que tener en cuenta la Ley Foral 13/2017, de 16 de noviembre, de conciertos sociales en los ámbitos de salud y servicios sociales y Decreto 127/2018, de 4 de septiembre, sobre requisitos y procedimiento para la suscripción de convenios específicos de vinculación con centros sanitarios de titularidad privada, sin ánimo de lucro, para la provisión de servicios sanitarios.

30 Su art. 1.3 pone límites al establecer que, en ningún caso, cabrá transformar en gestión indirecta mediante concierto la gestión de un servicio que se esté prestando de forma directa con medios propios y al recoger expresamente el compromiso de la entidad concertada de no aprovecharse de tal condición para aplicar una política de precios inferior al promedio del mercado cuando actúen en el ámbito de actividades comerciales o económicas para no alterar la competencia.

o parcialmente a otra entidad dichos servicios —salvo que sean declarados en concurso de acreedores— y a la Administración a asignar fondos públicos para el sostenimiento de los servicios concertados. Así se regulan también en el modelo valenciano con la Ley 7/2017, de 30 de marzo, de la Generalitat, sobre acción concertada para la prestación de servicios a las personas en el ámbito sanitario.

La acción concertada no se configura como una mera prestación de servicios mediante un precio en el que su única peculiaridad es que la entidad concertada carece de ánimo de lucro, sino que a través de ésta se deben cumplir con los objetivos de eficiencia presupuestaria de la administración concertante y el principio de solidaridad a través de la actuación conjunta de ambas partes. Como instrumento de colaboración entre las Administraciones públicas y las entidades sin ánimo de lucro pretende proporcionar a las personas la máxima calidad asistencial, buscando una atención personalizada e integral, su arraigo, la permanencia de las personas usuarias en su entorno, la continuidad en la atención, el máximo bienestar y la eficiencia presupuestaria. Solo en la medida en que estas entidades sin ánimo de lucro contribuyen a una finalidad social y a la prosecución de los objetivos de solidaridad, universalidad y eficiencia presupuestaria, se justifica la sustitución del régimen de contratación pública por el régimen de conciertos. Esta idea esencial se recoge con mayor o menor explicitud en todas las normas autonómicas. El coste de la actividad no debe suponer un lucro para la entidad concertada en la medida en el que sus fines y actividades coinciden con los de la Administración concertante.

La exposición de motivos de la Ley aragonesa 11/2016, de 15 de diciembre, de acción concertada para la prestación a las personas de servicios de carácter social y sanitario, que fue pionera en esta materia, explica muy bien el nuevo encuadre y la naturaleza de esta figura no contractual. Las formas de prestación de los servicios sanitarios a las personas se basan en una concepción equilibrada de gestión directa, indirecta y acción concertada. Es decir, se conciben como una modalidad de prestación de servicios públicos distinta de la gestión directa y de la gestión indirecta. De esta manera, las normas de contratación se aplican solo cuando los operadores económicos actúen en el mercado con ánimo de lucro y, consecuentemente, incorporando a los precios beneficio industrial. La acción concertada, por el contrario, se concibe como una modalidad complementaria y no excluyente del régimen establecido en la normativa sobre contratación. Se circunscribe exclusivamente a las entidades sin ánimo de lucro que limitan su retribución al reintegro de costes, mediante módulos y siempre en el marco del principio de eficiencia presupuestaria: "La filosofía que subyace en la presente Ley, por tanto, es simple: si un operador económico aspira legítimamente a obtener un beneficio empresarial, un lucro, como consecuencia de su colaboración con la Administración pública en la prestación de servicios a las personas, sólo podrá hacerlo en el marco de un proceso de contratación. Sólo desde la gestión solidaria, sin ánimo de lucro, de estas prestaciones podrá colaborarse con la Administración bajo la forma de acción concertada". En el mismo sentido, la Ley valenciana 7/2017, de 30 de marzo, configura también la "acción concertada" como una forma de gestión de servicios alternativa a la gestión directa o indirecta de los servicios públicos, no económicos, que realizan entidades sin ánimo de lucro en el ámbito de las personas. Se trataría de una tercera modalidad de gestión solidaria con sujetos privados.

En Extremadura, sin embargo y con mejor criterio jurídico, se identifica el régimen jurídico de la acción concertada como modalidad de gestión indirecta y subsidiaria, aplicable solo con entidades sin ánimo de lucro y cuando los recursos públicos no resulten suficientes o idóneos para garantizar la cartera de servicios públicos. Permite que se organicen estos servicios en régimen de homologación y autorización para la consecución de objetivos sociales de interés público, en particular la calidad y sostenibilidad del sistema. Se puede recurrir al concierto cuando se trate de actuaciones en las que el arraigo de la persona a su entorno, la vinculación terapéutica u otros criterios de necesidad asistencial o atención justifican su provisión a través de este régimen con entidades sin ánimo de lucro previamente acreditadas.

La Ley 13/2018, de 26 de diciembre, de conciertos sociales para la prestación de servicios a las personas en los ámbitos social, sanitario y sociosanitario en Extremadura, presenta la acción concertada como un régimen más avanzado y mejorado respecto del sistema subvencional existente, como una alternativa a las subvenciones, que permite transformar un marco de financiación de los servicios sociales sometido a la incertidumbre y la concurrencia anual propias del sistema de subvenciones, a uno basado en la estabilidad económica plurianual, que permita garantizar la calidad y la solidaridad del modelo de colaboración con entidades privadas sin ánimo de lucro. Asimismo, se explica la nueva regulación del concierto sanitario en la falta de recorrido que ha tenido esta figura en la práctica, al haber sido interpretado como una modalidad contractual sometida a la legislación de contratos públicos. Por ello, "a través de la presente ley, se pretende restaurar dicha figura, incorporándola al presente marco legal de acuerdo con los requerimientos legales actualmente existentes para dotar de seguridad jurídica al régimen de conciertos en el ámbito sanitario".

La acción concertada se somete a determinados principios generales que se proclaman específicamente en las distintas leyes. Todas ellas recurren, en primer lugar, al principio de subsidiariedad, lo que implica que la acción concertada con entidades públicas o privadas sin ánimo de lucro estará subordinada, con carácter previo, a la utilización óptima de los recursos propios. En segundo lugar, el principio de solidaridad, que se manifiesta en la implicación directa de las entidades del tercer sector en la prestación de servicios a las personas de carácter sanitario. En tercer lugar, se establece, como no podría ser de otra manera, el principio de igualdad en el tratamiento a las personas y que viene a garantizar que la atención que se preste se realice en plena igualdad con las personas que sean atendidas directamente por la Administración. Además, se recogen los principios de publicidad, al exigir que tanto las convocatorias de solicitudes de acción concertada como la adopción de dichos acuerdos deben ser publicadas en el correspondiente Diario Oficial de la comunidad autónoma y de transparencia, pues también han de ser difundidos en el portal de transparencia los acuerdos de acción concertada en vigor en cada momento. Por último, se establecen los principios de no discriminación y eficiencia presupuestaria. El primero de ellos exige que las condiciones de acceso a la acción concertada garanticen la igualdad entre las entidades que opten a ella y el segundo afecta a la fijación de las contraprestaciones económicas a percibir por las entidades concertadas. Las tarifas máximas o módulos que se establezcan deben cubrir, que cubrirán como máximo, los costes variables, fijos y permanentes de prestación del servicio, sin incluir beneficio industrial. Este aspecto es esencial, pues el beneficio empresarial conllevaría la imposibilidad de utilizar esta fórmula y el recurso directo a la contratación pública. A diferencia de la normativa aragonesa y extremeña, la legislación valenciana no recoge el principio de intencionalidad social y ambiental, alcanzando distintos logros en tales ámbitos, así como en los de igualdad de género, de innovación en la gestión de las entidades y de los servicios públicos, y estableciendo tales objetivos de manera expresa en el objeto de los conciertos.

### C) *Las condiciones para concertar con las entidades sin ánimo de lucro*

La determinación de la entidad que concierta no es una cuestión baladí. Como destaca *Bernal Blay*, pueden suponer una excepción al principio de igualdad de trato en la medida en que dan una preferencia a las entidades sin ánimo de lucro, las denominadas entidades del tercer sector, sobre todos los demás operadores privados[31].

La jurisprudencia comunitaria ha dado al legislador autonómico la pista sobre los requisitos que, en todo caso, tendrían que cumplirse para permitir este papel prevalente de las entidades sin ánimo de lucro en la prestación de los servicios sanitarios. De su análisis podríamos concluir la necesidad de cumplir con varios requisitos. En primer lugar, resulta imprescindible que exista una ley en el Estado miembro que prevea expresamente este tipo de entidades, las regule, prevea su labor social y su papel en el servicio público sanitario. Dado que la estructura de esos conciertos debe ajustarse estrictamente al principio de reembolso de los gastos, es preciso que estas entidades no tengan ningún beneficio de sus prestaciones, salvo el reembolso de costes variables, fijos y permanentes para prestarlas ni proporcionen ningún beneficio a sus miembros. Con ello se pretende evitar que se produzca una mercantilización de este tipo de entidades pues, como anticipó hace ya años *Muñoz Machado*, la penetración del tercer sector en los mercados abiertos, sin diferenciarse de las empresas mercantiles con ánimo de lucro, haría perder a las entidades no lucrativas una característica esencial de su ideología y de su régimen

31 BERNAL BLAY, "La contratación de los servicios a las personas", p. 2858.

jurídico[32]. Si bien es admisible que recurran a trabajadores, puesto que, en su defecto, se privaría a estas asociaciones de la posibilidad efectiva de actuar en numerosos ámbitos en los que puede ponerse en práctica normalmente el principio de solidaridad, la actividad de esas asociaciones debe respetar estrictamente las exigencias que les impone la normativa nacional.

La normativa autonómica está yendo más allá de la regulación del art. 90 de la LGS al dar prioridad absoluta en la elección del sujeto privado a estas entidades no lucrativas, a pesar de que este precepto, todavía vigente, solo establecía un criterio de desempate a su favor en igualdad de condiciones con otros sujetos privados. En el modelo aragonés se ve claramente esta preferencia[33]. En desarrollo de la Ley 11/2016, de 15 de diciembre, de acción concertada para la prestación a las personas de servicios de carácter social y sanitario, el art. 4 de la Orden CDS/124/2021, de 22 de febrero, por la que se regula la acción concertada en materia de prestación de servicios sociales en Aragón, establece que los acuerdos de acción concertada se podrán formalizar exclusivamente con entidades públicas o privadas de iniciativa social sin ánimo de lucro. A estos efectos, son entidades de iniciativa social las fundaciones, asociaciones, organizaciones de voluntariado y otras entidades privadas sin ánimo de lucro que realicen actividades de servicios sociales, incluyendo, en particular, las sociedades cooperativas calificadas como entidades sin ánimo de lucro conforme a su normativa específica.

Uno de los aspectos más relevantes de la nueva acción concertada es que la entidad concertada carece de ánimo de lucro. El coste de la actividad, por tanto, no debe suponer un lucro para la entidad concertada en la medida en el que sus fines y actividades coinciden con los de la Administración concertante, debiendo sufragar ésta los

---

32 MUÑOZ MACHADO, "La contribución de las organizaciones sociales a la transformación del Estado de bienestar", p. 777.

33 Esta norma ha sido desarrollada por el Decreto 62/2017, de 11 de abril, del Gobierno de Aragón, sobre Acuerdos de Acción Concertada de Servicios Sanitarios y Convenios de Vinculación con Entidades Públicas y Entidades sin Ánimo de Lucro y por la Orden CDS/124/2021, de 22 de febrero, por la que se regula la acción concertada en materia de prestación de servicios sociales en Aragón (BOA de 15 de marzo de 2021).

gastos que se originen solamente hasta el límite de los costes en los que incurra la prestadora del servicio. Entre estos gastos, y tal como ha señalado el Tribunal de Justicia de la Unión Europea en su sentencia de 28 de enero de 2016, se encuentran los costes variables, fijos y permanentes, siempre que no proporcionen ningún beneficio para sus miembros.

Dado que el contenido de las nuevas regulaciones es muy similar, nos vamos a detener en nuestro análisis en el contenido de la normativa valenciana, toda vez que se refiere exclusivamente a los servicios sanitarios y además existen ya varios pronunciamientos judiciales que ha analizado esta cuestión, aunque referida a los servicios sociales. La Ley 7/2017, de 30 de marzo, de la Generalitat, sobre acción concertada para la prestación de servicios a las personas en el ámbito sanitarios da el protagonismo a los sujetos sin ánimo de lucro[34]. Tanto es así, que la patronal de la sanidad privada instó al Defensor del Pueblo para la interposición de un recurso de inconstitucionalidad, que no fue finalmente presentado a cambio de seguir una serie de recomendaciones como, por ejemplo, la de adoptar un plan de control del proceso de adjudicación de los conciertos sanitarios para evitar la concentración de las prestaciones en manos de pocas entidades. El ámbito de aplicación subjetivo varía en su formulación respecto de la legislación aragonesa porque no menciona expresamente las cooperativas sin ánimo de lucro y exige que las entidades privadas sin ánimo de lucro no estén vinculadas o hayan sido creadas *ad hoc* por otra empresa o grupo de empresas con ánimo de lucro. De esta manera prevé evitar trampas y que se produzca un riesgo de mercantilización de este tipo de entidades. En todo caso, estas entidades deben ser previamente autorizadas por la Administración.

La nueva filosofía inspiradora del modelo se hace descansar en la presencia o no de ánimo de lucro y la incorporación o no a los precios del beneficio empresarial del sujeto privado. Si el sujeto privado (operador económico o contratista) aspira legítimamente a obtener un beneficio empresarial como consecuencia de su relación con la

---

34 La norma ha sido desarrollada por la Orden 3/2017, de 1 de marzo, de la Conselleria de Sanidad Universal y Salud Pública, por la que se regula la acción concertada para la prestación de servicios a las personas en el ámbito sanitario.

administración, la Administración debe acudir directamente a las normas sobre contratación pública y canalizar su relación a través de la correspondiente modalidad contractual. Los contratos de concesión o de servicios a las personas se limitan a aquellos supuestos en los que está presente dicho ánimo de lucro por parte del centro sanitario privado. Por el contrario, la nueva acción concertada que se regula se reserva exclusivamente a las entidades sin ánimo de lucro que limitan sus retribuciones al mero reintegro de costes siempre, claro está, en el marco del principio de eficiencia presupuestaria y en los términos fijados por la nueva Directiva y la jurisprudencia del Tribunal de Justicia de la Unión Europea. En la medida en que no se incorpora a este nuevo tipo de prestación de servicios sanitarios el ánimo de lucro se entiende que su prestación será mucho más eficiente y rentable para la Administración porque puede ahorrar importantes costes. A partir de ahí, el nuevo modelo pretende que exista una concepción equilibrada y complementaria de gestión directa, indirecta y acción concertada. La prestación de servicios en régimen de gestión directa objetiva los costes; la gestión indirecta recurre al mercado para la determinación de los precios y la acción concertada, mediante módulos, permite un adecuado control de los costes de las diferentes prestaciones que, además, deben ser transparentes y publicarse periódicamente.

La Administración fija a través de condiciones administrativas y técnicas los requisitos, las condiciones mínimas, básicas y comunes, aplicables a la acción concertada, así como sus condiciones económicas, atendiendo a tarifas máximas o módulos, revisables periódicamente, que retribuirán como máximo los costes variables, fijos y permanentes de las prestaciones garantizando la indemnidad patrimonial de la entidad prestadora, sin incluir beneficio industrial. Sólo pueden acceder a estos acuerdos las entidades públicas o privadas sin ánimo de lucro prestadoras de servicios sanitarios previamente autorizadas por la administración sanitaria e inscritas en el correspondiente Registro que, en ningún caso, podrán recibir subvenciones económicas para la financiación de dichos servicios ni subcontratar los servicios con otras empresas[35]. Los acuerdos tendrán una vigencia

---

[35] Curiosamente el art. 7 de la Ley aragonesa sí prevé la posibilidad de que la entidad concertada, previa comunicación fehaciente a la Administración pública,

no superior a 4 años y prorrogables como máximo hasta diez. En el caso de que, en función de las limitaciones presupuestarias o del número o características de las prestaciones susceptibles de acción concertada, resulte necesario seleccionar sólo a algunos de estos sujetos privados se han previsto los correspondientes criterios de selección.

La selección de la entidad sin ánimo de lucro acaba sometiéndose a un detallado procedimiento que recuerda mucho al previsto en la legislación de contratos. Se trata de un procedimiento que puede acabar resultando incluso más complejo que el establecido en la ley de contratos que, en algunas legislaciones pasa a aplicarse con carácter subsidiario para cubrir lagunas[36]. A tenor de la jurisprudencia europea sentada en el caso ASADE, ya sabemos que muchas de estas leyes presentan problemas de compatibilidad con el principio de transparencia y publicidad de las convocatorias y con el principio de igualdad cuando prevén cláusulas de arraigo de estas entidades.

Las leyes autonómicas regulan un procedimiento con convocatoria pública y garantía de libre concurrencia, salvo los supuestos de adjudicación directa, que frecuentemente se limita a la publicidad en el diario oficial de la comunidad autónoma, y exigen la previa acreditación o autorización de dichas entidades. Además de establecer los requisitos de acceso en las convocatorias, que no podrán resultar discriminatorios, fijan con profusión los criterios de selección, en los que no suele faltar el criterio relativo al arraigo e implantación de la entidad del tercer sector social en la localidad donde vaya a prestarse el servicio, con los problemas de igualdad que ello plantea. Una vez que se han cumplimentado estos trámites, la Administración suele dictar una resolución motivada en la que se elige a la entidad que celebrará el concierto y se formaliza la acción concertada en un documento administrativo sobre una base plurianual y que podrá durar entre 3 y 4 años o incluso más, dependiendo de las previsiones de cada legislador autonómico. En dicho documento se recogen los

---

pueda contratar con terceros la realización parcial de la prestación, salvo que el concierto disponga lo contrario o que, por su naturaleza y condiciones, se deduzca que ha de ser ejecutado directamente por ella.

36 Así lo reconoce expresamente la Orden CDS/124/2021, de 22 de febrero, por la que se regula la acción concertada en materia de prestación de servicios sociales en Aragón (BOA de 15 de marzo de 2021).

derechos y obligaciones de las partes, los pactos libres que hayan podido establecerse y todas las previsiones necesarias para su correcta ejecución y control (arts. 6 y 12 de la ley extremeña). La financiación de los conciertos solo puede cubrir los gastos del servicio, retribuyendo los costes totales, incluyendo los costes salariales y de seguridad social y es incompatible con la percepción de cualquier tipo de subvención. Se garantiza el equilibrio económico del concierto, por lo que se establece un régimen de actualización de los precios o tarifas de los conciertos. Asimismo, podrán ser modificados para adecuar las condiciones económicas y las prestaciones asistenciales de los mismos a las nuevas necesidades siempre que no supongan una modificación sustancial de las condiciones que fueron tenidas en cuenta para la concertación y existan razones de interés público debidamente acreditadas. Por lo demás, se regulan la causa de extinción de los conciertos, su control, inspección y sanción, así como la creación de registro de este tipo de entidades prestadoras de servicios concertados.

### *D) Algunos de los problemas que plantea la nueva acción concertada*

No son pocas las dudas y los problemas jurídicos que plantea la utilización de la nueva acción concertada sanitaria como figura no contractual. Su marco jurídico lo está proporcionando exclusivamente el legislador autonómico, no sin importantes problemas de compatibilidad, no sólo con la normativa comunitaria, sino también con la legislación sanitaria y la de contratación pública.

La STSJ de la Comunidad Valenciana, Sala de lo Contencioso-administrativo, Sección 5ª, de 12 de junio de 2018 (ponente Fernando Nieto Martín), avaló tempranamente la intervención del legislador autonómico, antes incluso de la aprobación de la ley de contratos, basándose en el notable "margen de apreciación" que la normativa de la Unión Europea y la doctrina jurisprudencial del TJUE concede a los poderes públicos con competencias en el marco de la sanidad. Dijo que la Generalitat Valenciana dispone de un suficiente ámbito competencial como para regular la acción concertada para la prestación de servicios a las personas en la sanidad, desestimando así el recurso interpuesto por la unión temporal de empresas Ribera Salud II frente a la Orden 3/2017, de 1 de marzo, de la Conselleria de Sanidad Universal y Salud Pública, que regula la acción concertada para la prestación de servicios a las personas en el ámbito sanitario

El tema no es pacífico. De hecho, ha habido ya dos importantes pronunciamientos por parte del Tribunal de Justicia de la Unión Europea, la STJUE, de 14 de julio de 2022 (C-436/20) sobre el modelo valenciano, y el Auto del TJUE de 31 de marzo de 2023 (ASADE II), sobre el modelo aragonés de acción concertada social[37]. Ambos han venido a reconocer la naturaleza contractual de la acción concertada con entidades del tercer sector social. Sin embargo, la cuestión relativa a su naturaleza jurídica contractual y a sus umbrales todavía no está del todo clarificada[38]. El Auto del TS, Sala de lo Contencioso Administrativo, Sección Primera, de 16 de octubre de 2024 (ponente Luis María Díez-Picazo Giménez) (recurso 796/2024), ha admitido un recurso de casación contra la aplicación que de dicha jurisprudencia ha realizado la Sala de lo Contencioso-Administrativo del TSJ de la comunidad valenciana, que ha venido a reconocer su naturaleza contractual cuando superen el umbral de los 750.000 euros, con las consecuencias que ello supone en cuanto al sometimiento a una regulación armonizada y al cumplimiento de lo previsto en el Capítulo I, del Título III de la Directiva 2014/24/UE.

---

37 El Auto tiene su origen en la cuestión prejudicial presentada por el Auto del TSJ de Aragón de 23 de noviembre de 2020, Sala de lo Contencioso-administrativo, Sección 1ª, ante la impugnación planteada por ASADE contra la Orden del Consejero de Sanidad por la que se aprueba el expediente relativo al acuerdo de acción concertada para la atención en dispositivos asistenciales de carácter residencial para enfermos de SIDA en la Comunidad Autónoma de Aragón.

38 En este sentido, la STSJ de Aragón, Sala de lo Contencioso-Administrativo, Sección 1ª, de 19 de febrero de 2024 (ponente Juan José Carbonero Redondo) ha estimado el recurso presentado por la Alianza de la Sanidad Privada Española (ASPE) contra el Decreto aragonés 62/2017 en la medida en que desnaturaliza la concertación sanitaria y contiene una reserva de actividad que excluye e impide la participación en procedimientos de concertación sanitaria a entidades mercantiles. Y ello al entender que, conforme a esta jurisprudencia comunitaria, vulneran el Derecho de la Unión Europea "las acciones concertadas de servicios sociales por importe igual o superior a 750.000 Euros, conforme dispone el artículo 4 de la Directiva 2014/24/UE y no a las que se encuentran por debajo de ese umbral, que se regirán por su normativa especial, sin afectación del Derecho comunitario".

### a) La determinación de su naturaleza jurídica: ¿una nueva modalidad de gestión social?

La nueva acción concertada o el nuevo concierto, dependiendo de la terminología utilizada por el legislador autonómico, plantea el problema de la determinación exacta de su naturaleza jurídica, de si se trata de un acto administrativo o de un contrato o de otra cosa diferente que nos permitiría hablar de una nueva forma de gestión social y solidaria, distinta de la gestión directa y de la indirecta. Estas normas se refieren genéricamente a su formalización a través de un "documento administrativo organizativo" que no es un contrato para evitar la aplicación de la normativa contractual.

Por el momento, los modelos valenciano y aragonés ya se han puesto en discusión y han motivado dos importantes pronunciamientos judiciales que aportan algo de luz a esta materia, aunque referidos al ámbito social. Ambas normas conciben la acción concertada como una nueva fórmula organizativa no contractual, como un tercer género diferente de la gestión directa y de la gestión indirecta mediante contrato. La extremeña, curiosamente, la concibe como una nueva fórmula de gestión indirecta de la sanidad, a pesar de que el art. 8 de la Ley 10/2018, de 22 de noviembre, del Tercer Sector Social de Extremadura, sigue insistiendo en esta tercera modalidad y configura la acción concertada como "una modalidad de gestión de los servicios de responsabilidad pública alternativa y no excluyente de otras formas de gestión, como son la prestación directa o con medios propios de la Administración o la gestión indirecta a través de fórmulas contractuales establecidas en la normativa sobre contratos del sector público". No obstante, como ya advirtieron algunos autores, por mucho que estas leyes consideren la acción concertada como un *tertium genus*, estamos ante una forma de gestión directa, si se suscribe con una entidad pública dependiente de la propia Administración autonómica o indirecta, si se concierta con una entidad privada sin ánimo de lucro[39].

A juicio de *Hernández González*, desde un punto de vista jurídico este tipo de acción concertada constituiría en todo caso una técnica de

---

[39] DOMÍNGUEZ MARTÍN y CHINCHILLA PEINADO, *Derecho y Salud*, p. 204.

fomento y no de gestión de servicios públicos. Estas normas, efectivamente, parten de la consideración de que el concierto, que ha sido una tradicional modalidad del contrato de gestión de servicios públicos, tras la aprobación de la Directiva 2014/24/ UE, habría venido a recobrar "una naturaleza jurídica diferenciada de la modalidad contractual". Ahora bien, como afirma *Hernández González* a quien seguimos en este argumento, esta afirmación no es del todo correcta. Hay que recordar que, como se desprende de la STJUE, de 27 de octubre de 2005 (no publicada) (Asunto C-158/03, Comisión/España) y la STJUE, Sala Quinta, de 22 de octubre de 2015 (ponente E. Juhász) (Asunto C-552/13, Grupo Hospitalario Quirón), el concierto no tiene naturaleza concesional, siendo un contrato de servicios cubierto por las directivas de contratación, en la medida que la retribución del adjudicatario está plenamente garantizada por el poder adjudicador, que asume el riesgo económico. Y esta consideración no cambia con las Directivas de 2014, por lo que no es correcto afirmar que el concierto tenga una naturaleza jurídica diferenciada de la modalidad contractual. De igual forma, conforme al derecho interno, cabe diferenciar el *concierto* (como modalidad de prestación de servicios públicos) de la *acción concertada* (técnica de fomento vinculada a la planificación)[40]. De hecho, en algunas exposiciones de motivos de

---

40 HERNÁNDEZ GONZÁLEZ, Francisco Lorenzo, "Generalitat valenciana. Orden 3/2017. Acción concertada para la prestación de servicios sanitarios por entidades sin ánimo de lucro", https://www.crisisycontratacionpublica.org/archives/7816 (última visita, 20 de diciembre de 2024)

El autor se refiere a la discusión doctrinal que se produjo al final de los años setenta con ocasión de la acción concertada introducida por la Ley del Plan de Desarrollo Económico y Social de 28 de diciembre de 1963. Según el profesor GALLEGO ANABITARTE, se trataba de una colaboración entre la Administración y los particulares en la actividad de fomento. Para el autor es un error considerar la acción concertada como un acto jurídico unitario pues se trata de una técnica jurídica compleja caracterizada porque se desarrolla en dos momentos diferentes: la resolución administrativa y el contrato de préstamo posterior. Lo que parte de la doctrina consideró en aquel momento como una contraprestación contractual, no serían sino las cláusulas accesorias de un acto administrativo. El acta de concierto sería así un acto administrativo en el que se constata que se cumplen los requisitos que la ley exige para acceder a determinados beneficios que los particulares solicitan. El acto de concierto tiene directa relevancia como acto administrativo en cuanto que suple a las diversas autorizaciones que la ley puede exigir para desarrollar o ampliar determinadas

estas leyes se presenta la acción concertada expresamente como una regulación mejorada y más garantista de la técnica subvencional. Desde esta perspectiva puede decirse que la acción concertada se presenta como una técnica sometida a un régimen específico que se aparta de la legislación de contratos y de la legislación de subvenciones, aunque participa de números elementos comunes con ambas.

Parte de la doctrina especializada duda de que no tenga naturaleza contractual. Así, por ejemplo, *Gallego Córcoles* insiste en que, para el derecho de la Unión Europea, existe un contrato siempre que exista una selección del prestador, por lo que entiende la autora que buena parte de la legislación autonómica sobre la llamada "acción concertada" regula auténticos contratos, algunos de los cuales estarían sometidos al régimen simplificado de las nuevas Directivas comunitarias a partir de determinados umbrales. Es decir, aunque el Tribunal reconoce una amplia flexibilidad a los Estados para la adjudicación de los respectivos contratos dada su especial naturaleza, ésta libertad sólo sería predicable si los mencionados contratos no alcanzan los umbrales europeos. Una vez rebasados estos, como todo contrato, resultaría aplicable la Directiva correspondiente[41]. A esta tesis se ha sumado la STSJ de la Comunidad Valenciana, Sala de lo Contencioso-Administrativo, Sección Cuarta, de 30 de junio de 2023 (ponente Miguel Ángel Narváez Bermejo) (recurso 224/2019), que en aplicación de la jurisprudencia comunitaria sentada en el caso ASADE parece haber puesto el límite de la acción concertada como figura no contractual en el umbral de los 750000 euros. No obstante, todavía no sabemos la respuesta a esta cuestión, toda vez que el Auto del TS de 16 de octubre de 2024 ha admitido un recurso de casación frente a esta interpretación por entender que dicha resolución ha infringido la normativa comunitaria al considerar que deben aplicarse las previsiones normativas contractuales, en su totalidad, correspon-

---

industrias. GALLEGO ANABITARTE, Alfredo, "La acción concertada: nuevas y viejas técnicas jurídicas de la Administración. Contribución a la distinción entre la resolución y el contrato administrativo", en UNIVERSIDAD DE VALENCIA (ed.), *Libro homenaje al profesor Juan Galván Escutia,* 1980, pp. 192, 199, 202 y 206.

41 GALLEGO CÓRCOLES, Isabel, "Derecho de la contratación pública: evolución normativa y configuración legal" en GAMERO CASADO Eduardo e GALLEGO CÓRCOLES, Isabel (dirs.), *Tratado de Contratos del sector Público* vol. 1, Valencia, 2018, p. 106.

dientes a los contratos sujetos a contratación armonizada cuando los presupuestos de servicios superan los 750.000 euros.

Otros autores resaltan su naturaleza contractual basándose principalmente en el componente de selección de la entidad con la que se concierta. Las legislaciones autonómicas analizadas dedican profusos y extensos preceptos a regular los criterios y los procedimientos para la selección de la entidad sin ánimo de lucro que suscribirá la acción concertada. En puridad, la elección de una oferta y, por tanto, de un adjudicatario es un elemento intrínsecamente vinculado al régimen de contratos públicos[42]. A juicio de *Moreo Marroig*, el mero cambio del nombre jurídico no permite soslayar la naturaleza contractual de este tipo de acciones concertadas. La libertad de los Estados miembros a la hora de organizarse, según la autora, no significa libertad para decidir si un negocio determinado está sujeto o no a las directivas, toda vez que esta función corresponde al Tribunal de Justicia, quien determinará qué elementos diferenciadores se deben producir para que un negocio pueda ejecutarse al margen de la regulación contractual. Por el contrario, siempre que existe una factura detrás hay un contrato. Si no fuera así, de poco servirían los principios comunitarios sobre la contratación pública[43].

---

42 MANENT ALONSO, Luis y TENHAEFF LACKSCHEWITZ, Saskia, "Tipología de contratos (iii): los contratos para la gestión de servicios públicos", en MESTRE DELGADO, Juan Francisco y MANET ALONSO, Luis (dirs.), *Ley de Contratos del Sector Público: Ley 9/2017, de 8 de noviembre*, Valencia, 2018, pp. 185-222.

43 Como sagazmente advierte esta autora, a partir de ahora, en el ámbito socio sanitario "veremos convivir contratos, encargos a medios propios, convenios de colaboración, convenios singulares de vinculación de la Ley General de Sanidad, conciertos (ayer primos hermanos de las subvenciones con traje de contrato de gestión; hoy no se sabe muy bien qué), subvenciones y autorizaciones, todos ellos con el objetivo común de presentar un servicio al ciudadano pero sujetos a diferentes regímenes jurídicos, incluso compartiendo código CPV. Unos los veremos publicados en DOUE y otros no. En unos casos el plazo de ejecución se verá limitado por la norma contractual de aplicación mientras que en otros podrá alcanzar los 20 años o más. En ocasiones el gasto se imputará al capítulo 2 y en otros al capítulo 4, en unos se hablará de facturación, en otros de justificación, el principio de servicio hecho se aplicará o no, etc. En definitiva: un jardín difícil de controlar". MOREO MARROIG, Teresa, "Los servicios a las personas en la nueva legislación", http://www.administracionpublica.com/los-servicios-a-las-personas-en-la-nueva-legislacion/ (última visita, 20 de diciembre de 2024)

Con independencia del nombre que se les dé, la naturaleza jurídica de esta "acción concertada" no deja de ser la de un contrato oneroso que se celebra con un sujeto privado, tenga o no ánimo de lucro, y donde hay un intercambio de prestaciones entre las dos partes. La ausencia del beneficio industrial en el pago no elimina el requisito de la onerosidad, toda vez que la expresión "contrato oneroso" designa un contrato en virtud del cual cada una de las partes se compromete a realizar una prestación en contrapartida de otra[44]. Así lo ha destacado la jurisprudencia en los asuntos Spezzino y Casta, entre otros. En ambas se recuerda que, de entrada, "un contrato no puede quedar excluido del concepto de contrato público por el solo hecho de que la retribución prevista se limite al reembolso de los gastos soportados por la prestación del servicio o de que sea celebrado con una entidad sin ánimo de lucro (véase en ese sentido la STJUE, de 11 de diciembre de 2014 y la STJUE, de 28 de enero de 2016). El supuesto que estamos intentando tipificar no es el de una suma o superposición de actos unilaterales propias de cada uno de los sujetos de la relación, sino de un verdadero vínculo jurídico que no procede de la sola voluntad de la Administración, sino a la vez de esta voluntad y de otra u otras propias de otros sujetos privados, las entidades sin ánimo de lucro. Esta acción concertada no es una mera técnica de administrar, en el sentido técnico de esta expresión, sino de intercambiar prestaciones patrimoniales, de prestar unos servicios sanitarios a cambio de un precio[45]. También *Garrido Juncal* se extraña de que el Estado no haya puesto todavía en entredicho la regulación de

---

44 LAZO VITORIA, Ximena, "Prestación de servicios a las personas: ¿concierto social o contrato?", *Revista de Estudios de la Administración Local y Autonómica* (20), 2023, p. 34.

45 Nos remitimos a GARCÍA DE ENTERRÍA, Eduardo y FERNÁNDEZ, Tomás Ramón, *Curso de derecho Administrativo I,* undécima edición, Madrid, 2001, pp. 673 y ss. La "acción concertada" que se creó en el art. 46 del Texto Refundido de la Ley del III Plan de Desarrollo de 15 de junio de 1972 no sería sino una técnica de administrar. En este caso las empresas asumían como vinculante el cumplimiento de los objetivos del plan, hasta ese momento meramente indicativos, con base en los beneficios e incentivos que el concierto precisaba. Esta actuación recubriría simplemente con un manto negocial el ejercicio de potestades de intervención en el campo económico que la Administración venía utilizando tradicionalmente. Tras el concierto, en principio voluntario, se esconde la coacción de una manera apenas velada (p. 676).

numerosos aspectos del nuevo concierto social que han instituido algunas comunidades autónomas para la prestación de los servicios sociales, especialmente en lo que se refiere a la fijación de las denominadas cláusulas de arraigo territorial, que suponen dar prioridad a los sujetos privados cuya sede está localizada en un determinado territorio y conculcan la regla de la libre concurrencia[46]. Cláusulas similares se prevén también en las normativas citadas como criterios de selección de las entidades de ánimo de lucro.

En este sentido, parece mucho más acertada y coherente la legislación italiana y las sentencias del Tribunal de Justicia de la Unión Europea que, en primer lugar, reconocen que celebrar un acuerdo con una entidad privada, aunque sea sin ánimo de lucro y a cambio meramente del reembolso de gastos, es un contrato a efectos del derecho comunitario. Ahora bien, siendo esto así, y sin esconder esta especial naturaleza jurídica, explican después la existencia de causas objetivas e imperiosas de salud pública para permitir una excepción, esto es, la adjudicación directa del contrato, la selección del sujeto privado que colabora con la Administración con fines de interés público y por razón de solidaridad. La lógica del interés general y de la solidaridad desplaza a la lógica del mercado y la libre competencia[47]. En nuestro caso, las mencionadas normas autonómicas esconden directamente la naturaleza contractual de la relación para evitar la aplicación de la ley de contratos y garantizar una libertad máxima del legislador a la hora de configurar los requisitos y los trámites del procedimiento, apoyándose exclusivamente en las escuetas orientaciones que establece el último párrafo del considerando número 114 de esta Directiva 2014/24/UE y sin valorar suficientemente algunas exigencias que se derivan del principio de igualdad de trato y del principio de transparencia. Se entiende así que hayan limitado la publicidad de la acción concertada solo a los diarios oficiales de la comunidad autónoma o que se hayan introducido cláusulas de arrai-

---

46 GARRIDO JUNCAL, Andrea, "Las nuevas formas de gestión de los servicios sociales: elementos para un debate", *Revista Catalana de Dret Públic* (55), 2017, p. 91.

47 GIMENO FELIÚ, José María, "La contratación pública en los contratos sanitarios y sociales", https://www.obcp.es/opiniones/la-contratacion-publica-en-los-contratos-sanitarios-y-sociales (última visita, 20 de diciembre de 2024)

go territorial, que han sido puestas en duda por la jurisprudencia comunitaria y son de dudosa compatibilidad con la legislación sobre unidad de mercado[48].

Pues bien, todo este debate sobre la naturaleza de la acción concertada en el ámbito social ya ha sido resuelto por la jurisprudencia europea. A través de la STJUE, de 14 de julio de 2022 (asunto C-436/20), referida al modelo valenciano y el Auto del TJUE, de 31 de marzo de 2023 (ASADE II), referido al modelo aragonés. Han interpretado que los artículos 76 y 77 de la Directiva 201/24/UE avalan que las normas puedan reservar a las entidades privadas sin ánimo de lucro la facultad de celebrar, previo examen competitivo de sus ofertas, acuerdos en virtud de los cuales esas entidades prestan servicios sociales de asistencia a las personas, a cambio del reembolso de los costes que soportan, sea cual fuere el valor estimado de esos servicios, aunque dichas entidades no cumplan los requisitos establecidos en dicho artículo 77, siempre y cuando, por una parte, el marco legal y convencional en el que se desarrolla la actividad de esas entidades contribuya efectivamente a la finalidad social y a la consecución de los objetivos de solidaridad y de eficiencia presupuestaria que sustentan esa normativa y, por otra parte, se respete el principio de transparencia, tal como se precisa, en particular, en el artículo 75 de la mencionada Directiva.

Aunque la sentencia avala el modelo, se refiere a la naturaleza de estos acuerdos como verdaderos "contratos públicos de servicios sociales" contemplados en el anexo XIV de la Directiva 2014/24/UE, aunque sometidos a un procedimiento de adjudicación simplificado que permite gran libertad al legislador para su configuración.

Efectivamente, en sus apartados 53 y siguientes analiza si dichos acuerdos son contratos públicos comprendidos en la Directiva 2014/24/UE. Recuerda la Sala que su mera denominación como "instrumentos organizativos de naturaleza no contractual" no basta para que queden fuera del ámbito de aplicación de la Directiva 2014/24/

---

48 Véase, a modo de ejemplo, el art. 7.4 de la ley extremeña, que establece los criterios de selección de los sujetos privados para firmar un acuerdo de acción concertada y el primero de ellos se refiere justamente a la implantación en la localidad donde vaya a prestarse el servicio.

UE. Así, dirá en su fundamento 55 que "al ser el concepto de 'contrato público' un concepto del derecho de la Unión, la calificación que el derecho español da a los acuerdos de acción concertada carece de pertinencia". Estos acuerdos tampoco pueden asimilarse a "actos administrativos unilaterales que se imponen, por la mera voluntad de los poderes adjudicadores, a las entidades privadas sin ánimo de lucro con las que celebran los acuerdos" [STJUE, Sala Segunda, de 19 de abril de 2007 (ponente G. Arestis) (asunto C-295/05), apartados 52 a 55, y STJUE, Sala Primera, de 18 de diciembre de 2007 (ponente P. Jann) (asunto C-220/06), apartados 51 a 55].

El Tribunal tiene en consideración otras circunstancias. En primer lugar, que, al menos, algunos servicios sociales de asistencia a las personas comprendidos en el ámbito de aplicación de la normativa valenciana se prestan a cambio de una retribución y no están relacionados con el ejercicio del poder público, de modo que puede considerarse que tales actividades tienen carácter económico y, por tanto, constituyen servicios en el sentido de la Directiva 2014/24/UE. Asimismo, se cumple el requisito del carácter oneroso del contrato público, que supone que cada una de las partes se obliga a realizar una prestación en contrapartida de otra prestación, sin excluir, no obstante, que la contrapartida del poder adjudicador consista únicamente en el reembolso de los gastos soportados por prestar el servicio pactado. Por tanto, un contrato no puede quedar excluido del concepto de "contrato público de servicios" por el solo hecho de que, como parece ocurrir en el caso de autos, la retribución prevista se limite al reembolso de los gastos soportados por la prestación del servicio.

No están comprendidos en el ámbito de aplicación de la Directiva 2014/24/UE los procedimientos mediante los cuales el poder adjudicador renuncia a comparar y clasificar las ofertas admisibles y a designar el operador o los operadores a los que se otorga la exclusividad del contrato (considerando 4 y el considerando 114, último párrafo, de la Directiva 2014/24/UE). Ahora bien, no sucede esto en la normativa valenciana, donde la atribución de un acuerdo de acción concertada viene precedida, en la práctica, por una selección entre las entidades privadas sin ánimo de lucro que hayan manifestado su interés en prestar los servicios sociales de asistencia a las personas que constituyen el objeto de tal acuerdo. Habida cuenta de todo ello, concluye el Tribunal que "la normativa controvertida en el litigio principal parece regular, al menos parcialmente, la adjudicación de contratos públicos sujetos a la Directiva 2014/24". Una vez clarificada su naturaleza jurídica como contratos sociales procede a analizar la aplicación del régimen especial y simplificado de adjudicación que establecen los artículos 74 a 77 de la Directiva en virtud de la dimensión transfronteriza limitada de dichos servicios y de que se prestan en un contexto particular que varía mucho de un Estado miembro a otro, debido a las diferentes tradiciones culturales. En todo caso, deben respetarse el principio de igualdad de trato de los operadores económicos y el principio de transparencia, así como los principios de solidaridad y eficacia presupuestaria, por lo que se explica que el Tribunal haya considerado incompatibles con estos preceptos la publicación de la convocatoria solo en el Diario oficial de la Generalitat valenciana, así como el establecimiento de cláusulas de arraigo en el territorio como requisito, no de la ejecución del contrato, sino de adjudicación.

En definitiva, si trasladamos esta jurisprudencia social al ámbito de las prestaciones a las personas en el sector de la salud, podríamos concluir que la acción concertada sanitaria también tendría naturaleza contractual. Sería un verdadero contrato de servicios sanitarios. No obstante, y a pesar de la libertad que la Directiva otorga al legislador para configurar sus procedimientos, habría que tener en cuenta que en el ámbito sanitario esta libertad está más limitada porque sigue todavía vigente el art. 90 de LGS que, tiene carácter de norma básica y, entre otras cosas, no permite la reserva a las entidades sin ánimo de lucro[49]. Por lo demás, el régimen de la acción concertada debe respetar las exigencias que se derivan de los principios de igualdad de trato y de publicidad, en los términos señalados en esta jurisprudencia.

---

49 Conviene recordar que, entre otras, la STC 68/2021, de 18 de marzo, ha recordado el carácter básico de la configuración general de los contratos del sector público y sus elementos esenciales como son, la delimitación del ámbito subjetivo y objetivo, las normas que rigen la preparación y adjudicación, efectos, cumplimiento y extinción de los contratos, las fórmulas de gestión indirecta de servicios, etc.

La STSJ de la Comunidad Valenciana, Sala de lo Contencioso-administrativo, Sección Cuarta, de 29 de junio de 2023 (ponente Manuel José Domingo Zaballos), ha realizado, no obstante, una peculiar interpretación de esta sentencia, estableciendo una distinción en cuanto a la naturaleza jurídica de la acción concertada en virtud de su cuantía que ha motivado la admisión a trámite de un recurso de casación por el Auto del TS de 16 de octubre de 2024. Y ello porque la sentencia ha declarado la nulidad de algunos preceptos del Decreto valenciano con fundamento en la transgresión del derecho de la Unión Europea. Ahora bien, dicha interpretación:

> "se ciñe a las acciones concertadas de servicios sociales por montante igual o superior a 750.00€ ex art. 4 de la Directiva 2014/24/UE del Parlamento Europeo y del Consejo. En cuanto hace a las acciones concertadas por debajo del umbral, no cabe estimar la pretensión de la parte actora, en la medida que a ellas no les es de aplicación la Directiva y tampoco directamente la ley de Contratos del sector público, jugando entonces el artículo 4 de dicha ley, a lo que debe estarse; esto es, se rigen por sus normas especiales —en este caso la normativa autonómica—, aplicándose los principios de la LCSP para resolver las dudas y lagunas que pudieran presentarse".

Dicho Auto reconoce el interés casacional que tiene este asunto y por la afectación a todas las comunidades autónomas, por lo que deberá clarificar en qué medida la acción concertada está sometida a legislación de contratos cuando no sobrepasa el umbral de los 750.000 euros[50].

### b) La selección de la entidad sin ánimo de lucro con la que se concierta

Esta peculiar forma de colaboración público-privada, en la medida en que se favorece la intervención en la sanidad de entidades

---

50 Se han identificado como normas jurídicas que van a ser objeto de interpretación las contenidas en los artículos 76 y 77 de la Directiva 2014/24/UE y el artículo 11.6, así como la D.A. 49ª dela Ley 9/2017, de 8 de noviembre, de Contratos del Sector Público. También se le ha pedido que determine su plazo de duración y que aclare el requisito temporal para participar en los procedimientos de acción concertada.

no lucrativas orientadas al cumplimiento de objetivos de interés público, implica la sustracción a las entidades mercantiles lucrativas de determinadas actividades del mercado[51]. Aunque la jurisprudencia comunitaria avaló tempranamente esta posibilidad, es la STJUE de 14 de julio de 2022 sobre el caso español ASADE la que ha dado el espaldarazo definitivo a esta posibilidad a partir del reconocimiento de la naturaleza contractual de este tipo de acuerdos. La atribución de un acuerdo de acción concertada viene precedida, en la práctica, por una selección entre las entidades privadas sin ánimo de lucro que hayan manifestado su interés en prestar los servicios sociales de asistencia a las personas que constituyen el objeto de tal acuerdo. En consecuencia, la elección del adjudicatario constituye un elemento que está intrínsecamente vinculado al régimen de los contratos públicos y sus procedimientos administrativos. Es requisito esencial que todos los operadores puedan concurrir en condiciones de igualdad.

Los legisladores autonómicos han reservado la acción concertada a las entidades sin ánimo de lucro y han utilizado una técnica de intensa regulación para detallar los requisitos, los criterios y los procedimientos para seleccionar a la concreta entidad con la que se va a formalizar el documento de acción concertada. La implantación en la localidad donde vaya a prestarse el servicio ha establecido como primer criterio en algunas legislaciones, como la valenciana, para la selección de las entidades. En otras, como en la aragonesa, la cláusula de arraigo se ha configurado como un criterio de desempate cuando, debido a las limitaciones presupuestarias o al número o características de las prestaciones susceptibles de acción concertada, resulte necesaria la selección de entidades (art. 11 de la Orden CDS/124/2021, de 22 de febrero, por la que se regula la acción concertada en materia de prestación de servicios sociales en Aragón).

La reserva a estas entidades del tercer sector social no ha sido pacífica[52]. El artículo 77, apartado 2, de la Directiva 2014/24/UE permite la posibilidad de que en los contratos de servicios a las personas se puedan establecer reservas a favor de determinados sujetos priva-

---

[51] HERNÁNDEZ GONZÁLEZ, "La adjudicación directa de contratos públicos a las entidades sin ánimo de lucro", p. 260.

[52] Véase la STSJ de Cataluña, Sala de lo Contencioso-administrativo, Sección Quinta, de 15 de febrero de 2021 (ponente Pedro Luis García Muñoz)

dos, pero establece condiciones estrictas para ello. Así, se exige que tal operador económico tenga como objetivo realizar una misión de servicio público vinculada a la prestación de los servicios sociales o especiales contemplados en el referido artículo, que los beneficios de dicho operador económico se reinviertan con el fin de alcanzar tal objetivo y que, cuando esos beneficios se distribuyen o redistribuyen, esa operación se base en consideraciones de participación. Además, dichas reservas solo pueden realizarse por un período no superior a tres años y a condición de que dicho poder adjudicador no haya adjudicado ya a esa "organización" un contrato para los servicios contemplados en el referido artículo en los tres años precedentes.

La STJUE de 14 de julio de 2022, en el asunto ASADE I y su Auto de 31 de marzo de 2023, ASADE II, han venido a clarificar esta materia. Han admitido la compatibilidad de la acción concertada con este precepto, permitiendo que la Administración pueda reservar a las entidades privadas sin ánimo de lucro la facultad de participar en los procedimientos de adjudicación de los acuerdos de acción concertada, sin exigir que dichas entidades cumplan todas las condiciones establecidas en el artículo 77 de la Directiva 2014/24/UE, haciendo una interpretación muy amplia de este precepto. Ha interpretado que el art. 77 no cubre de manera exhaustiva los supuestos en los que este tipo de contratos públicos puedan reservarse a determinadas categorías de operadores económicos, aunque han considerado incompatibles con él los preceptos que permiten una duración de estos contratos superiores a los tres años. Los Estados disponen de un amplísimo margen de libertad para configurar estos servicios y organizarlos del modo que consideren más oportuno, pero han de respetar las exigencias que se derivan del principio de igualdad de trato y de transparencia.

Por lo que atañe al principio de igualdad de trato, reconoce el Tribunal que, el hecho de que las entidades privadas con ánimo de lucro no tengan la posibilidad de participar en tales procedimientos de adjudicación de contratos públicos constituye una diferencia de trato entre los operadores económicos contraria a dicho principio, salvo que tal diferencia esté justificada por circunstancias objetivas. En el caso de la acción concertada estaría justificado el recurso a las entidades sin ánimo de lucro tanto por los principios de universalidad y de solidaridad, propios de un sistema de asistencia social, como por razones de eficiencia económica y de adecuación, toda vez que permite que esos servicios de interés general sean prestados en condiciones de equilibrio económico en el orden presupuestario, por entidades constituidas esencialmente para servir al interés general y cuyas decisiones no se guían por consideraciones puramente comerciales. Ahora bien, impone determinadas condiciones. Por una parte, las entidades privadas sin ánimo de lucro afectadas por dichos acuerdos solo pueden obtener el reembolso de los costes variables, fijos y permanentes soportados para prestar los servicios sociales de asistencia a las personas que son objeto de esos mismos acuerdos, quedando expresamente excluida la obtención de un beneficio mercantil. Por otro, los eventuales beneficios que se deriven de la ejecución de dichos contratos deben ser reinvertidos por dichas entidades con el fin de alcanzar el objetivo social de interés general que persiguen. Asimismo, el precepto exige que, antes de proceder a tal adjudicación, el poder adjudicador compare y clasifique las ofertas respectivas de las diferentes entidades sin ánimo de lucro que hayan manifestado su interés, teniendo en cuenta, en particular, el precio de esas ofertas, aun cuando dicho precio esté constituido, como en el caso de autos, por el total de los costes cuyo reembolso deberá garantizar el poder adjudicador.

En lo que respecta al principio de transparencia, este exige del poder adjudicador un grado de publicidad adecuado que permita, por un lado, abrir a la competencia los procedimientos de adjudicación y, por otro lado, controlar su imparcialidad para posibilitar a cualquier operador interesado decidir concurrir a licitaciones sobre la base de toda la información pertinente y garantizar que no exista riesgo de favoritismo y arbitrariedad por parte del poder adjudicador. Este principio exige dar a conocer su intención mediante un anuncio de licitación o un anuncio de información previa publicado, conforme al artículo 51 de dicha Directiva, por la Oficina de Publicaciones de la Unión Europea o, en su caso, para los anuncios de información previa, en sus perfiles de comprador. Ni en el modelo valenciano ni en el aragonés se cumpliría este principio en la medida en que únicamente se ha previsto su publicación en el correspondiente diario oficial de la comunidad autónoma.

Asimismo, se ha pronunciado también sobre las cláusulas de arraigo, esto es, el requisito relativo a la implantación de las entidades privadas sin ánimo de lucro en la localidad donde vaya a prestarse el servicio, que es un criterio previo al examen de sus ofertas. Dicho requisito es incompatible con el principio de igualdad de trato de los operadores económicos y, en consecuencia, solo es compatible con el principio de igualdad en la medida en que pueda quedar justificada por un objetivo legítimo. Aunque la necesidad de garantizar la accesibilidad y la disponibilidad de los servicios puede justificar este criterio, la Sala considera que es manifiestamente desproporcionado con respecto a la consecución de tal objetivo, que podría alcanzarse, en cualquier caso, de manera igualmente eficaz obligando a dicho operador económico a cumplir este requisito únicamente en la fase de ejecución del contrato público de que se trate.

En materia sanitaria, no obstante, habría que tener en cuenta también la vigencia del art. 90 de la LGS, que no se ha planteado en el debate analizado en el asunto ASADE II. Dicho artículo no prevé la reserva de estos contratos a las entidades sin ánimo de lucro, sino simplemente su preferencia en caso de que haya de desempatar para la adjudicación del concierto, en coherencia con la legislación básica estatal sobre contratos públicos. Por ello, la preferencia, o más bien reserva de la colaboración sanitaria a las entidades sin ánimo de lucro puede soliviantar a las empresas sanitarias privadas y generar una notable inseguridad jurídica.

## IV.7. OTRAS POSIBLES VÍAS NO CONTRACTUALES PARA LA PROVISIÓN DE SERVICIOS DE ATENCIÓN A LA PERSONA EN MATERIA DE SALUD: EL CONVENIO DE VINCULACIÓN

El considerando número 114 de la Directiva 2014/24/UE remite directamente a los legisladores de cada uno de los Estados miembros y les deja libertad para que puedan gestionar estos servicios directamente por ellos mismos o a través de otras fórmulas que no conlleven necesariamente la celebración de un contrato público. Menciona expresamente la posibilidad de financiar directamente estos servicios o de conceder licencias o autorizaciones a todos los operadores económicos que cumplan las condiciones previamente fijadas por el poder adjudicador, sin límites ni cuotas, siempre que dicho sistema garantice una publicidad suficiente y se ajuste a los principios de transparencia y no discriminación.

Las vías de gestión no contractuales que permite el considerando número 114 de la Directiva no toleran la selección del sujeto privado. El modelo comunitario y el recogido en la ley de contratos (art. 11.6) se basa en admitir que pueda concertarse con cualquier sujeto privado que cumpla los requisitos previamente establecidos, sin selección. Los procedimientos mediante los cuales el poder adjudicador renuncia a comparar y clasificar las ofertas admisibles y a designar el operador o los operadores a los que se otorga la exclusividad del contrato no están comprendidos en el ámbito de aplicación de la Directiva [véanse, en este sentido, la STJUE, Sala Quinta, de 2 de junio de 2016 (ponente D. Šváby), (asunto C-410/14), aparados 37 a 42, y la STJUE, Sala Tercera, de 1 de marzo de 2018 (ponente D. Šváby), (asunto C-9/17), apartados 29 a 35]. Ello es lógico porque cuando se permite la participación de todos, no es exigible el cumplimiento de la normativa contractual simplemente porque no hay contrato[53].

Con este amplio marco habilitante, la Administración sanitaria podría prestar servicios sin necesidad de celebrar un contrato público recurriendo a la simple financiación de estos servicios o mediante actos administrativos como pueden ser una subvención, una autorización o la concesión de una licencia. Con la posibilidad de que el clásico régimen de contratación se reconduzca a un régimen de autorizaciones da la impresión de que permite que la colaboración de los sujetos privados se generalice como si se tratara de una especie de liberalización de la gestión del servicio público sanitario, que permitiría a todos los centros, servicios y establecimientos sanitarios ser autorizados para proveer con normalidad las prestaciones sanitarias a los pacientes con la única exigencia de cumplir unos determinados requisitos preestablecidos por las normas. En la medida en que en este modelo no habría selección del sujeto privado que colabora con la Administración estaríamos asistiendo a una sustitución de la

---

53 Entre otros, DOMÍNGUEZ MARTÍN y CHINCHILLA PEINADO, *Derecho y Salud*, p. 201; LAZO VITORIA, *Revista de Estudios de la Administración Local y Autonómica*, 2023, p. 37.

categoría dogmática del contrato por la de las autorizaciones administrativas en materia sanitaria.

Según *Gimeno Feliú*, resultaría posible una regulación autonómica específica sobre estas modalidades de prestación de servicios[54], aunque la transposición al ordenamiento español que se ha realizado de las Directivas comunitarias no ha regulado específicamente esta posibilidad con carácter de norma básica para otros servicios de interés general relacionados con la educación y con la sanidad. Es más, en el ámbito de los servicios sociales, las comunidades autónomas han optado por sustituir la técnica de la subvención por la nueva acción concertada por la seguridad jurídica que ofrecen a los sujetos privados un marco de relaciones más estable y garantista, ante la periodicidad normalmente anual de la subvención, la incerteza y cobertura de costes parciales y por la propia inestabilidad de personal a cargo de la prestación de servicios a las personas[55]. Con meridiana claridad lo expresa la exposición de motivos de la Ley 13/2018, de 26 de diciembre, de conciertos sociales para la prestación de servicios a las personas en los ámbitos social, sanitario y sociosanitario en Extremadura.

La figura más aproximada a estas fórmulas no contractuales a las que se refiere el considerando número 114 de la Directiva es el convenio singular de vinculación, en la medida en que no establece procedimiento de selección, sino que basta con cumplir determinados requisitos para la incorporación al sistema público. La técnica convenial es una figura clásica regulada en los artículos 66 y 67 de la LGS, que permite a los hospitales privados que lo soliciten su vinculación al Sistema Nacional de Salud, de acuerdo con un protocolo definido, siempre que por sus características técnicas sean homologables, cuando las necesidades asistenciales lo justifiquen y si las disponibilidades económicas del sector público lo permiten. En estos casos, el

---

54 GIMENO FELIÚ, José María, "Servicios de salud y reservas de participación ¿una nueva oportunidad para la mejora del SNS? (Análisis de los artículos 74 a 77 de la nueva Directiva 2014/24/UE sobre contratación pública)", *Revista Derecho y Salud* 26 (2), 2015, pp. 71 y 79; en el mismo sentido, vid. GIMENO FELIÚ, José María, "La contratación pública en los contratos sanitarios y sociales", p. 1.

55 LAZO VITORIA, *Revista de Estudios de la Administración Local y Autonómica*, 2023, p. 38.

sector privado vinculado mantiene la titularidad de sus centros y de las relaciones laborales del personal que en ellos preste sus servicios.

Algunas comunidades autónomas han remozado esta figura y han regulado el convenio singular de vinculación de centros sanitarios privados al sistema público como otra fórmula no contractual y distinta del concierto sanitario, al amparo explícito de la Directiva 2014/24/UE. Así ha sucedido, por citar tan solo alguno de los ejemplos más recientes, con el País Vasco y con Navarra[56]. Si tomamos como referencia la regulación vasca, se define expresamente el convenio como un instrumento no contractual configurado en sus rasgos básicos en los artículos 66 y 67 de la LGS y al amparo del nuevo marco que proporciona el considerando número 114 de la Directiva comunitaria. En la medida en que estos acuerdos no tienen naturaleza contractual están excluidos de la aplicación de la Ley de contratos del sector público. Solo se pueden suscribir con centros sanitarios de titularidad privada que no tengan ánimo de lucro que estén ubicados en la Comunidad Autónoma de Euskadi, aunque se les permite que puedan realizar otras actividades asistenciales, de carácter privado, con carácter suplementario y siempre que no alteren el normal funcionamiento de la actividad convenida.

Mientras que el concierto es un instrumento contractual que permite la financiación pública de centros sanitarios de titularidad privada a través de un pacto con ellos y a cambio de un precio y se basa en el principio de subsidiariedad, la nueva herramienta del convenio de vinculación se basa en el principio de complementariedad y se configura como un mecanismo de colaboración entre el sector público y privado más estrecha y duradera, ya que supone la plena integración del centro o servicio en la red sanitaria pública. Se trata, por tanto, de publificar centros o servicios, que quedarán sometidos a un régimen idéntico al de los centros públicos en lo referente a los criterios de acceso y de trato y gratuidad de los servicios y prestaciones, debiendo ajustar las actividades y prestaciones convenidas a la concreta progra-

---

56 Decreto 127/2018, de 4 de septiembre, sobre requisitos y procedimiento para la suscripción de convenios específicos de vinculación con centros sanitarios de titularidad privada, sin ánimo de lucro, para la provisión de servicios sanitarios y Decreto Foral 3/2022, de 26 de enero, por el que se regulan los convenios singulares de vinculación en el ámbito sanitario y sociosanitario

mación o planificación que en cada momento adopte la Administración sanitaria.

El convenio vasco dura tres años, renovables, e implica la integración organizativa y operativa de los recursos del sujeto privado en el sistema público. Ello explica que se compartan las historias clínicas, que se requiera la previa autorización del convenio por parte del Consejo de Gobierno y que se adopten importantes medidas organizativas. La integración obliga también a la creación de determinados órganos como son el órgano rector del centro[57], de naturaleza colegiada, y el director del centro sanitario (arts. 21 y ss. del Decreto). Y ello porque dicha integración implica la creación y mantenimiento de una estructura común entre organizaciones independientes con el propósito de coordinar su interdependencia para trabajar juntos en un proyecto común, consiguiendo una utilización más eficaz y eficiente de los recursos sanitarios. Se consigue así optimizar los recursos sanitarios para atender a las necesidades asistenciales de la población detectadas en áreas previamente calificadas como prioritarias en el Plan de salud aprobado por el Gobierno vasco.

En estos casos no hay selección del sujeto privado, tal como se exige en el considerando número 114 de la Directiva. Lo que sí hay es planificación. El procedimiento se inicia a instancia de parte, por la propia entidad que tenga interés en integrarse en el sistema público y basta con estar homologado, esto es, con cumplir todos los requisitos que establece el art. 7 del Decreto que, entre otros, exige ser una entidad sin ánimo de lucro. La Administración competente en materia de planificación sanitaria analiza la documentación presentada y el cumplimiento de los requisitos para informar sobre la solicitud de vinculación. Puede proponer el convenio si existen necesidades asistenciales o se van a llevar a cabo estrategias integradas de investigación, innovación y despliegue tecnológico, cuando el centro tenga una cartera de servicios y prestaciones adecuada para atender las necesidades asistenciales y que exista disponibilidad presupuestaria que permita la suscripción del convenio.

---

57 El Órgano rector está compuesto por 6 miembros cuya designación corresponde a la persona titular del centro vinculado. Dos personas son propuestas por el Departamento de Salud, una por Osakidetza-Servicio vasco de salud y otras tres son propuestas por la persona titular del centro vinculado.

Una vez conformado el expediente, el Departamento de Salud eleva al Gobierno Vasco la correspondiente solicitud de autorización para la suscripción del convenio de vinculación y su suscripción corresponde después a la personal titular del departamento competente en materia de sanidad, que financiará con su presupuesto el coste anual y la asistencia sanitaria prestada por el centro privado, que se someterá cada año a una auditoría externa financiera y de gestión. Para ello, el centro presenta una factura mensual por los servicios prestado el mes anterior con la información complementaria sobre cada una de las prestaciones y el coste de estas. El convenio es incompatible con las subvenciones destinadas a satisfacer las actividades o servicios asistenciales objeto del convenio, salvo que la convocatoria permita ayudas para las actividades referidas a I+D+i.

## IV.8. A MODO DE CONCLUSIÓN

Las decisiones del TJUE en los asuntos valenciano y aragonés, ASADE I y ASADE II, han clarificado la naturaleza contractual de la acción concertada, con independencia de la denominación y de la conceptualización como figura "no contractual" que han realizado los distintos legisladores autonómicos. Estas figuras reúnen todos los requisitos esenciales del concepto europeo de contratos, especialmente en lo relativo a la selección del operador económico, por lo que quedan situadas bajo la órbita de aplicación de la Directiva UE/2014/24 y de la normativa española sobre contratos públicos cuando superen el umbral correspondiente de los 750.000 euros previsto en el art. 4.d) de la Directiva. Ello deberá llevar a una revisión de la regulación que se ha realizado hasta ahora de esta figura y a leer dicha regulación conforme a la legislación contractual cuando se superen dichos umbrales.

Por otra parte, convendría que el legislador sanitario revisara también el art. 90 de la Ley General de Sanidad por razones de seguridad jurídica pues, como se ha apuntado, este precepto todavía sigue vigente como normativa básica sanitaria y solo prevé la prioridad de las entidades sin ánimo de lucro en los conciertos sanitarios cuando haya una igualdad de condiciones en las ofertas realizadas por otros operadores económicos.

## IV.9. JURISPRUDENCIA

Auto del TJUE núm. 289/2023, de 31 de marzo de 2023, (ponente C. Lycourgos). (ASUNTO C-676/20).

Auto del TS núm. 12461/2024, de 16 de octubre de 2024 (ponente Luis María Díez-Picazo Giménez) (Rec. 796/2024).

STJCE núm. 301/1997, de 17 de junio de 1997 (ponente P.J.G. Kapteyn). (ASUNTO C-70/95).

STJUE núm. 277/2001, de 25 de octubre de 2001 (ponente M. Wathelet). (ASUNTO C 475/99).

STJUE, de 27 de octubre de 2005 (no publicada). (ASUNTO C-158/03)

STJUE núm. 227/2007, de 19 de abril de 2007 (ponente G. Arestis). (ASUNTO C-295/05)

STJUE núm. 815/2007, de 18 de diciembre de 2007 (ponente P. Jann). (ASUNTO C-220/06)

STJUE núm. 817/2012, de 19 de diciembre de 2012 (ponente D. Šváby). (ASUNTO C-159/11).

STJUE núm. 2440/2014, de 11 de diciembre de 2014 (ponente D. Šváby). (ASUNTO C-113/13).

STJUE núm. 713/2015, de 22 de octubre de 2015 (ponente E. Juhász) (ASUNTO C-552/13).

STJUE núm. 56/2016, de 28 de enero de 2016 (ponente D. Šváby). (ASUNTO C-50/14).

STJUE núm. 399/2016, de 2 de junio de 2016 (ponente D. Šváby). (ASUNTO C-410/14).

STJUE núm. 142/2018, de 1 de marzo de 2018 (ponente D. Šváby). (ASUNTO C-9/17).

STJUE núm. 559/2022, de 14 de julio de 2022 (ponente C. Lycourgos). (ASUNTO C-436/20).

STS núm. 84/2015, de 30 de abril de 2015 (ponente Francisco Pérez de los Cobos Orihuel) (Rec. de inconstitucionalidad 1884-2013)

STS núm. 3484/2019, de 30 de octubre de 2019 (ponente Pablo Maria Lucas Murillo De La Cueva). (Rec. 2717/2017).

STSJ de Aragón núm. 64/2024, de 19 de febrero de 2024 (ponente Juan José Carbonero Redondo). (Rec. ordinario 322/2019)

STSJ de Cataluña núm. 569/2021, de 15 de febrero de 2021 (ponente Pedro Luis García Muñoz). (Rec. 594/2019).

STSJ de la Comunidad Valenciana núm. 560/2018, de 12 de junio de 2018 (ponente Fernando Nieto Martin). (Rec. 236/2017).

STSJ de la Comunidad Valenciana núm. 339/2023, de 29 de junio de 2023 (ponente Manuel José Domingo Zaballos). (Rec. 170/2018)

STSJ de la Comunidad Valenciana núm. 352/2023, de 30 de junio de 2023 (ponente Miguel Ángel Narváez Bermejo). (Rec. 224/2019)

## IV.10. BIBLIOGRAFÍA


BAÑO LEÓN, José María, "La evolución del derecho de la competencia y su irradiación en el derecho público", *Revista de Administración Pública* (200), 2016, pp. 295-314.

BERNAL BLAY, Miguel Ángel, "La contratación de los servicios a las personas", en GAMERO CASADO Eduardo e GALLEGO CÓRCOLES, Isabel (dirs.), *Tratado de Contratos del sector Público* vol. 3, Valencia, 2018, pp. 2841-2874.

COMISIÓN (CE), "Aplicación del programa comunitario de Lisboa. Servicios sociales de interés general en la Unión Europea" (Comunicación) COM(2006) 177 final, 26 de abril de 2006.

CUETO PÉREZ, Miriam, "La continuidad del concierto sanitario tras la Ley 9/2017, de 8 de noviembre, de Contratos del Sector Público", en JIMÉNEZ DE CISNEROS CID, Francisco Javier (dir.) *Libro Homenaje al Profesor Ángel Menéndez Rexach*, Madrid, 2018, pp. 885-912.

DOMÍNGUEZ MARTÍN, Mónica, *Formas de gestión de la sanidad pública en España*, Madrid, 2006.

DOMÍNGUEZ MARTÍN, Mónica, "Los contratos de prestación de servicios a las personas. Repensando las formas de gestión de los servicios sanitarios públicos tras las Directivas de contratos de 2014 y la Ley 9/2017 de contratos del Sector Público ", *Revista General de Derecho Administrativo* (50), 2019, pp. 1-17.

DOMÍNGUEZ MARTÍN, Mónica y CHINCHILLA PEINADO, Juan Antonio, "La acción concertada en la gestión de servicios sanitarios en la Ley 9/2017 de contratos del sector público", *Derecho y Salud* 29 (extraordinario), 2019, pp. 199-206.

FONT I LLOVET, Tomás, "Organización y gestión de los servicios de salud. El impacto del derecho europeo", *Revista de Administración Pública* (199), 2016, pp. 253-287.

GALLEGO ANABITARTE, Alfredo, "La acción concertada: nuevas y viejas técnicas jurídicas de la Administración. Contribución a la distinción entre la resolución y el contrato administrativo", en UNIVERSIDAD DE VALENCIA (ed.), *Libro homenaje al profesor Juan Galván Escutia,* 1980, pp. 191-262.

GALLEGO CÓRCOLES, Isabel, "Derecho de la contratación pública: evolución normativa y configuración legal" en GAMERO CASADO Eduardo e GALLEGO CÓRCOLES, Isabel (dirs.), *Tratado de Contratos del sector Público* vol. 1, Valencia, 2018, pp. 72-160.

GARCÍA DE ENTERRÍA, Eduardo y FERNÁNDEZ, Tomás Ramón, *Curso de derecho Administrativo I,* undécima edición, Madrid, 2001.

GARRIDO JUNCAL, Andrea, "Las nuevas formas de gestión de los servicios sociales: elementos para un debate", *Revista Catalana de Dret Públic* (55), 2017, pp. 84-100

GIMENO FELIÚ, José María, "Las nuevas Directivas —cuarta generación— en materia de contratación pública. Hacia una estrategia eficiente en compra pública ", *Revista Española de Derecho Administrativo* (159), 2013, pp. 25-89.

GIMENO FELIÚ, José María *et al.*, *Servicios públicos e ideología. El interés general en juego*, Barcelona, 2017.

GIMENO FELIÚ, José María, "Servicios de salud y reservas de participación ¿una nueva oportunidad para la mejora del SNS? (Análisis de los artículos 74 a 77 de la nueva Directiva 2014/24/UE sobre contratación pública)", *Revista Derecho y Salud* 26 (2), 2015, pp. 65-85.

GIMENO FELIÚ, José María, El *nuevo paquete legislativo comunitario sobre contratación pública. De la burocracia a la estrategia. (El contrato público como herramienta del liderazgo institucional de los poderes públicos)*, Cizur Menor, 2014.

GIMENO FELIÚ, José María, "Un paso firme en la construcción de una contratación pública socialmente responsable mediante colaboración con entidades sin ánimo de lucro en prestaciones sociales y sanitarias", https://www.obcp.es/opiniones/un-paso-firme-en-la-construccion-de-una-contratacion-publica-socialmente-responsable (última visita, 20 de diciembre de 2024)

GIMENO FELIÚ, José María, "La contratación pública en los contratos sanitarios y sociales", https://www.obcp.es/opiniones/la-contratacion-publica-en-los-contratos-sanitarios-y-sociales (última visita, 20 de diciembre de 2024)

GÓMEZ DE HITA, José Luis, *Formas jurídicas de la organización sanitaria. derecho público y derecho privado en la provisión pública de servicios sanitarios*, Granada, 2000.

HERNÁNDEZ GONZÁLEZ, Francisco Lorenzo, "La adjudicación directa de contratos públicos a las entidades sin ánimo de lucro", en LAGUNA DE PAZ, José Carlos; SANZ RUBIALES, Íñigo y DE LOS MOZOS TOUYA, Isabel (coords.), *Derecho Administrativo e integración europea: estudios en homenaje al profesor José Luis Martínez López-Muñiz* vol. 2, t. 2, Madrid, 2017, pp. 1035-1052.

HERNÁNDEZ GONZÁLEZ, Francisco Lorenzo, "Generalitat valenciana. Orden 3/2017. Acción concertada para la prestación de servicios sanitarios por entidades sin ánimo de lucro", https://www.crisisycontratacionpublica.org/archives/7816 (última visita, 20 de diciembre de 2024)

LAGUNA DE PAZ, José Carlos, "Los contratos administrativos de concesión de servicios y de servicios a los ciudadanos", *Revista de Administración Pública,* (204), 2017, pp. 41-68.

LAZO VITORIA, Ximena, "Prestación de servicios a las personas", *Revista de Estudios de la Administración Local y Autonómica. Nueva Época* (20), 2023, pp. 31-46.

LÓPEZ-VEIGA BREA, Jorge, "La contratación pública de los servicios a las personas tras la aprobación de las directivas europeas de cuarta generación. Un nuevo horizonte en las políticas sociales autonómicas", *Revista Galega de Administración Pública* 1 (53), 2017, pp. 155-176.

MANENT ALONSO, Luis y TENHAEFF LACKSCHEWITZ, Saskia, "Tipología de contratos (iii): los contratos para la gestión de servicios públicos", en MESTRE DELGADO, Juan Francisco y MANET ALONSO, Luis (dirs.), *Ley de Contratos del Sector Público: Ley 9/2017, de 8 de noviembre,* Valencia, 2018, pp. 185-222.

MARTÍNEZ LÓPEZ-MUÑIZ, José Luis, "Servicios públicos y papel de particular entre instancias de solidaridad y mercado competitivo", en MIGNONE, Claudio; PERICU, Giuseppe y ROVERSI MONACO, Fabio A. (eds. lits.), *Le esternalizzazioni, (Atti del XVI Convegno degli amministrativisti italo-spagnoli, Genova,* 25-27 maggio 2006), Bolonia, 2007, pp. 85-108.

MENÉNDEZ REXACH, Ángel, "La gestión indirecta de la asistencia sanitaria pública. Reflexiones en torno al debate sobre la privatización de la sanidad", *Revista de Administración Sanitaria* 6 (2), pp. 269-296.

MORENO MOLINA, José Antonio, "La cuarta generación de Directivas de la Unión Europea sobre contratos públicos", en GIMENO FELIÚ, José María (dir.), *Observatorio de los Contratos Públicos 2012,* Cizur Menor, 2013, pp. 115-163.

MOREO MARROIG, Teresa, "Los servicios a las personas en la nueva legislación", http://www.administracionpublica.com/los-servicios-a-las-personas-en-la-nueva-legislacion/ (última visita, 20 de diciembre de 2024)

MUÑOZ MACHADO, Santiago, "La contribución de las organizaciones sociales a la transformación del Estado de bienestar", en MUÑOZ MACHADO, Santiago; GARCÍA DELGADO, José Luis y GONZÁLEZ SEARA, Luis (coords.), *Las estructuras del bienestar. Propuestas de reforma y nuevos horizontes,* Madrid, 2002, pp. 709-792.

PAREJO ALFONSO, Luciano; LOBO ALEU, Félix y VAQUER CABALLERÍA, Marcos (coords.), *La organización de los servicios públicos sanitarios,* Madrid-Barcelona, 2001.

PAREJO ALFONSO, Luciano; PALOMAR OLMEDA, Alberto y VAQUER CABALLERÍA, Marcos (coords.), *La reforma del Sistema Nacional de Salud. Cohesión, calidad y estatutos profesionales,* Madrid-Barcelona, 2004.

VAQUER CABALLERÍA, Marcos, "Las relaciones entre Administración Pública y tercer sector, a propósito de la asistencia social en Italia", *Revista de Administración Pública* (152), 2000, pp. 289-337.

VILLALBA PÉREZ, Francisca, "Externalización de servicios sanitarios: nuevas perspectivas y orientaciones", *Revista Española de Derecho Administrativo* (182), 2017, pp. 323-3530

VALDUEZA BLANCO, María Dolores, "La gestión de los servicios sanitarios y su afectación al derecho constitucional de protección de la salud", *Revista Derecho y Salud* 26 (1), 2016, pp. 286-293.

ZAMBONINO PULITO, María, "Reformas en la gestión directa de los servicios sanitarios. ¿Huida o vuelta al Derecho Administrativo?, *Revista General de Derecho Administrativo* (41), 2016, pp. 1-22.

*Capítulo V*

# *La acción concertada y las fórmulas no contractuales en la provisión de servicios de atención a la persona en materia educativa*

**LUIS MIGUEZ MACHO**
*Catedrático de Derecho Administrativo*
*Instituto de Estudos e Desenvolvemento de Galicia*
*Universidad de Santiago de Compostela*

**Resumen**: Este trabajo tiene por objeto el estudio de los conciertos educativos en el ordenamiento jurídico español, comenzando por la cuestión de su controvertida naturaleza jurídica. El análisis de su régimen jurídico se estructura en cinco puntos: los requisitos relativos a su celebración, duración y renovación; las obligaciones que suponen para la administración educativa; las obligaciones para los centros concertados en relación con la impartición de las enseñanzas objeto del concierto, su régimen económico y la publicidad del concierto, la organización de los propios centros, el régimen de contratación del personal docente, el régimen de admisión del alumnado y el proyecto educativo; y las consecuencias aplicables en caso de incumplimiento, así como su extinción. Finalmente, se desarrollan las conclusiones del estudio, teniendo en cuenta las particularidades que para los conciertos educativos se derivan de las previsiones del artículo 27 de la Constitución, que suponen un hito diferencial con respecto a la concertación en otros ámbitos.

**Palabras clave**: Conciertos educativos, centros concertados, derecho a la educación, libertad de enseñanza, servicio público educativo.

## V.1. INTRODUCCIÓN

La introducción de la concertación en la educación en España tiene su primer precedente en las previsiones de la Ley 14/1970, de 4 de agosto, general de educación y financiamiento de la reforma educativa[1]. El artículo 94.4 de esta ley disponía en su letra a) que "la Educación General Básica, así como la Formación Profesional de primer grado, serán gratuitas en todos los Centros estatales y no estatales" y que, para conseguir tal objetivo, "estos últimos serán subvencionados por el Estado en la misma cuantía que represente el coste de sostenimiento por alumno en la enseñanza de los Centros estatales, más la cuota de amortización e intereses de las inversiones requeridas". A continuación, la letra b) añadía que "a los efectos de la referida subvención, se establecerán los correspondientes conciertos, de conformidad con lo que determina el artículo noventa y seis de esta Ley".

El régimen jurídico de los conciertos educativos aparecía diseñado en el referido artículo 96 de la Ley general de educación y financiamiento de la reforma educativa, que ya anticipaba algunos de los aspectos que estos instrumentos tienen en su regulación actual. Así, el apartado 1 del artículo señalaba que "los Centros no estatales podrán acordar con el Estado conciertos singulares, ajustados a lo dispuesto en la presente Ley y en los cuales se establecerán los derechos y obligaciones recíprocos en cuanto a régimen económico, Profesorado, alumnos, incluido el sistema de selección de éstos y demás aspectos docentes", añadiendo el apartado 3 que "en los conciertos que afecten a Centros que impartan la enseñanza gratuita a que se refiere el artículo dos punto dos de esta Ley, el régimen económico que se establezca será el adecuado para dar efectividad al principio de gratuidad. No podrán establecerse enseñanzas complementarias o servicios que comporten repercusión económica sobre los alumnos sin previa autorización del Ministerio".

---

1 Sobre los antecedentes del concierto educativo y su introducción en la legislación española, véase DÍAZ LEMA, José Manuel, *Los conciertos educativos en el contexto de nuestro derecho nacional, y en el derecho comparado*, Madrid, 1992, pp. 43 y ss., DE LOS MOZOS TOUYA, Isabel, *Educación en libertad y concierto escolar*, Madrid, 1995, pp. 314 y ss., y MARCOS PASCUAL, Enrique, "Los conciertos educativos y la libertad de elección de centro educativo", *Revista de Derecho UNED* (25), 2019, pp. 435 y ss.

Sin embargo, estas previsiones legales nunca fueron aplicadas y en su lugar se extendió un sistema de subvenciones a los centros educativos privados al que la Ley orgánica 8/1985, de 3 de julio, reguladora del derecho a la educación, puso fin para imponer definitivamente el régimen de concierto, que esta vez sí fue objeto de inmediato desarrollo mediante el Reglamento de normas básicas sobre conciertos educativos, aprobado por el Real decreto 2377/1985, de 18 de diciembre, y que se ha venido aplicando desde entonces[2].

Los conciertos educativos plantean, como otros supuestos de concertación, importantes dudas sobre su naturaleza que serán abordadas en el apartado de este estudio dedicado a su caracterización jurídica. Para aproximarse a esta cuestión, se partirá de la consideración de la educación como servicio público de carácter social basado en el principio de solidaridad y de las distintas alternativas de colaboración privada en la prestación de este tipo de servicios públicos y, en particular, de la dicotomía entre el régimen contractual y el subvencional.

Analizada esta cuestión, se expondrá el régimen jurídico vigente de los conciertos educativos, estructurado en cinco puntos: los requisitos relativos a su celebración, duración y renovación; las obligaciones que suponen para la administración educativa y, en particular,

---

2 Como explica el preámbulo de la Ley orgánica reguladora del derecho a la educación, "la Ley General de Educación de 1970 estableció la obligatoriedad y gratuidad de una educación básica unificada. Concebía ésta como servicio público, y responsabilizaba prioritariamente al Estado de su provisión. Ello, no obstante, reconociendo y consagrando el carácter mixto de nuestro sistema educativo, abría la posibilidad de que centros no estatales pudieran participar en la oferta de puestos escolares gratuitos en los niveles obligatorios, obteniendo en contrapartida un apoyo económico del Estado. A pesar de que el proyectado régimen de conciertos nunca fue objeto del necesario desarrollo reglamentario, diversas disposiciones fueron regulando en años sucesivos la concesión de subvenciones a centros docentes privados, en cuantía rápidamente creciente, que contrastaba con el ritmo mucho más parsimonioso de incremento de las inversiones públicas. En ausencia de la adecuada normativa, lo que había nacido como provisional se perpetuó, dando lugar a una situación irregular, falta del exigible control, sujeta a incertidumbre y arbitrariedad, y en ocasiones sin observancia de las propias disposiciones legales que la regulaban. A pesar de ello, la cobertura con fondos públicos de la enseñanza obligatoria no cesó de extenderse, hasta abarcar la práctica totalidad de la misma, pese al estancamiento relativo del sector público".

la determinación de los módulos de concierto; las obligaciones para los centros concertados en relación con la impartición de las enseñanzas objeto del concierto, su régimen económico y la publicidad del concierto, la organización de los propios centros, el régimen de contratación del personal docente, el régimen de admisión del alumnado y el proyecto educativo; y las consecuencias aplicables en caso de incumplimiento, así como su extinción[3].

Finalmente, se desarrollarán las conclusiones del estudio, teniendo en cuenta, en especial, las particularidades que para los conciertos educativos se derivan de las previsiones del artículo 27 de la Constitución, que suponen un hito diferencial con respecto a la concertación en otros ámbitos.

## V.2. CARACTERIZACIÓN JURÍDICA DE LOS CONCIERTOS EDUCATIVOS

### *A) La educación como servicio público de carácter social*

No es posible comprender cabalmente la naturaleza jurídica de los conciertos educativos sin analizar de manera previa lo que supone la consideración de la educación como servicio público. Lo primero que debe ponerse de manifiesto es la gran diferencia que existe entre la aplicación del servicio público como técnica de garantía prestacional a actividades consideradas tradicionalmente de relevancia económico-empresarial, que se someten a un régimen de monopolio público *de iure* y se gestionan con criterios en buena medida económicos, y la aplicación de dicha técnica a las actividades de carácter social y asistencial, como la educación, en las que no hay monopolio

3 Sobre el régimen jurídico de los conciertos siguen siendo útiles los completos estudios de DÍAZ LEMA, *Los conciertos educativos en el contexto de nuestro Derecho nacional, y en el Derecho comparado*, p. 43, DE LOS MOZOS TOUYA, *Educación en libertad y concierto escolar*, p. 314, y ROMEA SEBASTIÁN, Ángel, *Régimen jurídico de los centros concertados*, Cizur Menor, 2003, sin perjuicio de las necesarias actualizaciones, dado el tiempo transcurrido desde su publicación.

público de la actividad y cuya gestión por la administración se basa de manera prioritaria en el principio de solidaridad[4].

En las primeras, la aplicación de la técnica del servicio público implica la reserva a la titularidad pública por la ley del sector económico concernido (*publicatio*), con la consiguiente exclusión del mismo del ámbito de la libertad de empresa; se trata, pues, de la reserva de servicios esenciales al sector público a la que se refiere el segundo inciso del artículo 128, apartado segundo, de la Constitución. Una vez producida la *publicatio*, es la administración quien organiza la gestión del servicio, dentro de los márgenes que le permita la ley, con el fin de garantizar a los individuos determinadas prestaciones que se consideran esenciales y tratando de asegurar, al mismo tiempo, la viabilidad económica de aquél. Por consiguiente, los particulares sólo podrán ejercer la actividad económica de que se trate si la administración opta por la gestión indirecta del servicio y obtienen la adjudicación a su favor del correspondiente contrato para la gestión de éste. Tras los procesos de liberalización emprendidos a partir de los años ochenta del siglo pasado, en nuestro país la técnica clásica del servicio público en los términos que se acaban de enunciar ha quedado prácticamente limitada al transporte regular de viajeros por carretera de uso general y a los servicios de ámbito local recogidos en la redacción actual del artículo 86.3 de la Ley 7/1985, de 2 de abril, reguladora de las bases del régimen local (abastecimiento domiciliario y depuración de aguas, recogida, tratamiento y aprovechamiento de residuos, y el ya mencionado transporte público de viajeros).

Por el contrario, en el ámbito de las actividades de carácter social y asistencial (educación, sanidad, asistencia social o servicios sociales en sentido estricto), la aplicación de la técnica del servicio público

---

4 Sobre la configuración jurídica de los servicios públicos de carácter social y asistencial y su diferencia con los servicios públicos de carácter económico-empresarial, puede acudirse TORNOS MAS, Joaquín y GALÁN GALÁN, Alfredo, *La configuración de los servicios sociales como servicio público. Derecho subjetivo de los ciudadanos a la prestación del servicio*, Madrid, 2007, pp. 19-20; para una perspectiva ligeramente distinta de la cuestión, basada en la contraposición entre servicios atinentes a la persona y al territorio, véase VAQUER CABALLERÍA, Marcos, "Los problemas de la contraposición entre económico y social en la doctrina europea de los servicios de interés general", *Revista General de Derecho Administrativo* (8), 2005, pp. 3-5, donde se sintetizan aportaciones anteriores del mismo autor.

nunca ha implicado entre nosotros la *publicatio* de sectores enteros de actividad con exclusión de la libre iniciativa privada, sino la convivencia de dos sistemas prestacionales paralelos: uno de carácter público, que se caracteriza por ofrecer sus prestaciones al margen de las reglas del mercado, es decir, de manera gratuita o a cambio de precios públicos que no cubren los costes de prestación del servicio (por lo que éste necesariamente se tiene que financiar acudiendo a fondos públicos, de acuerdo con el principio de solidaridad), y otro de carácter privado, que realiza la misma actividad, bien con fines de lucro, bien de manera altruista, pero en todo caso sin necesidad de un contrato con la administración y sometido únicamente a las potestades de policía que ésta ostenta sobre las actividades privadas[5]. Por tanto, en estos ámbitos sólo se puede considerar servicio público la actividad que realiza el sector prestacional público, no la que realiza el sector prestacional privado.

Tal es la caracterización de la educación que se desprende del artículo 27 de la Constitución española. Para garantizar el derecho de todos a la educación, los poderes públicos han de mantener una red de centros docentes de titularidad pública (de "creación de centros docentes" habla el apartado quinto del artículo), que debe ofrecer, en todo caso, la enseñanza básica de manera gratuita. Pero, al mismo tiempo, se reconoce la libertad de enseñanza, la cual, según el apartado 6 del artículo, incluye la libertad de creación de centros docentes privados, dentro del respeto a los principios constitucionales. Estos centros privados quedan sometidos (al igual que los públicos) a las facultades administrativas de inspección y homologación para garantizar el cumplimiento de las leyes que prevé el apartado 8 del artículo 27, y que son típicas potestades de policía.

---

5 Para la distinción entre sector privado asistencial lucrativo y no lucrativo, véase ALEMÁN BRACHO, Carmen y GARCÍA SERRANO, Mercedes, *Los servicios sociales especializados en España*, Madrid, 2009, pp. 68-70. Una caracterización general del régimen de intervención pública sobre la actividad asistencial privada puede encontrarse en RODRÍGUEZ DE SANTIAGO, José María, *La administración del Estado social*, Madrid, 2007, pp. 170-172.

### B) La colaboración privada en la prestación de los servicios públicos de carácter social

La configuración de los servicios públicos de carácter social que se acaba de exponer no excluye la colaboración en su prestación del sector privado que desarrolla la misma actividad. De manera similar a lo que sucede con los servicios públicos de carácter económico-empresarial, es posible recurrir a la gestión indirecta por vía contractual. De hecho, de las cuatro modalidades del contrato de gestión de servicios públicos que recogía el texto articulado de la Ley de contratos del Estado, aprobado por el Decreto 923/1965, de 8 de abril, había una, el "concierto con persona natural o jurídica que venga realizando prestaciones análogas a las que constituyen el servicio público de que se trate", que estaba pensada específicamente para el ámbito que nos ocupa, pues justamente es en los servicios públicos de carácter social y asistencial donde, por no haber *publicatio* con reserva de la actividad al sector público, nos encontramos con particulares que realizan la misma actividad que constituye el objeto del servicio público. Tras la supresión del contrato de gestión de servicios públicos por la vigente Ley 9/2017, de 8 de noviembre, de contratos del sector público, para encomendar a un particular la gestión a título oneroso de un servicio público habría que acudir o bien al contrato de concesión de servicios (artículo 15 de la Ley de contratos del sector público) o bien al contrato de servicios (artículo 17), en su modalidad de contrato de servicios que conlleven prestaciones directas a favor de la ciudadanía (artículo 312).

Por consiguiente, los particulares que realizan las actividades que son el objeto de servicios públicos de carácter social, además de desarrollar dichas actividades de forma libre, sometidos únicamente a las potestades de policía de la administración, pueden vincularse eventualmente a ésta mediante un contrato, para convertirse en gestores indirectos del correspondiente servicio público. Como es obvio, ello los sujeta a los pliegos del contrato, que los obligará a prestar el servicio de acuerdo con la reglamentación administrativa aplicable a éste.

Sin embargo, en los servicios de carácter social existe otra manera de recurrir a la colaboración privada: subvencionar al sector privado asistencial, auxiliándolo económicamente para que pueda ofrecer a bajo coste, o incluso de manera gratuita, determinadas prestaciones que se quieren garantizar a los individuos. Es posible incluso que resulte más económico para las finanzas públicas el otorgamiento de subvenciones al sector privado asistencial que extender (o crear) una red prestacional pública. Se mantendría entonces la actividad administrativa de garantía prestacional, pero sin desarrollarse a través de la técnica del servicio público: a diferencia del supuesto del contrato, en el de la subvención el particular no se convierte en gestor indirecto de un servicio público, sino que la actividad se sigue realizando en régimen privado[6]. No obstante, como observó hace más de medio siglo el profesor *Villar Palasí*, el fomento administrativo de las actividades privadas de utilidad pública o interés social, de acuerdo con el principio de la intercambiabilidad de las técnicas administrativas, puede convertirse también en una forma de intervención sobre aquéllas[7]: en el caso de la subvención, es bien conocido que su otorgamiento lleva aparejada la carga de desarrollar la actividad subvencionada en las condiciones que la administración haya establecido como determinantes para su obtención[8].

---

6 Para un estudio de esta alternativa al régimen clásico de los servicios públicos de carácter social y asistencial, cabe remitirse a MIGUEZ MACHO, Luis, "La transformación del régimen jurídico de los servicios sociales", *Revista Española de Derecho Administrativo* (153), 2012, pp. 33 y ss.

7 Véase VILLAR PALASÍ, José Luis, *La intervención administrativa en la industria*, Madrid, 1964, p. 94.

8 El artículo 14, apartado primero, de la Ley 38/2003, de 17 de noviembre, general de subvenciones, enuncia entre las obligaciones de los beneficiarios de estas ayudas "a) Cumplir el objetivo, ejecutar el proyecto, realizar la actividad o adoptar el comportamiento que fundamenta la concesión de las subvenciones" y "b) Justificar ante el órgano concedente o la entidad colaboradora, en su caso, *el cumplimiento de los requisitos y condiciones*, así como la realización de la actividad y el cumplimiento de la finalidad que determinen la concesión o disfrute de la subvención". Más adelante, el artículo 37, apartado primero, letra f), tipifica como causa de reintegro de las subvenciones el "incumplimiento de las obligaciones impuestas por la Administración a las entidades colaboradoras y beneficiarios, *así como de los compromisos por éstos asumidos, con motivo de la concesión de la subvención, siempre que afecten o se refieran al modo en que se han de conseguir los objetivos, realizar la actividad, ejecutar el proyecto o adoptar el comportamiento que fundamenta la concesión de la subvención*". Asimismo, el artículo 57, letra b), tipifica como infracción grave en materia de subvenciones "el incumplimiento de las condiciones establecidas alterando sustancialmente los fines para los que la subvención fue concedida".

Aun así, subsiste una importante diferencia entre la fórmula contractual y la subvencional. Los contratos del sector público, por imposición del artículo 2.1 de la Ley de contratos del sector público, son siempre de carácter oneroso, lo que implica que "el contratista obtenga algún tipo de beneficio económico, ya sea de forma directa o indirecta". Por el contrario, en las subvenciones está rigurosamente prohibido que su importe sea "de tal cuantía que, aisladamente o en concurrencia con otras subvenciones, ayudas, ingresos o recursos, supere el coste de la actividad subvencionada" (artículo 19.3 de la Ley 38/2003, de 17 de noviembre, general de subvenciones), por lo que en ningún caso pueden suponer un beneficio económico para quien las recibe.

### *C) La discutida naturaleza jurídica de los conciertos educativos*

Los límites entre contrato para la gestión indirecta de un servicio público y subvención están especialmente difuminados en los conciertos educativos. El artículo 27 de la Constitución establece, en su apartado 9, que "los poderes públicos ayudarán a los centros docentes que reúnan los requisitos que la ley establezca", lo que parece remitir a un modelo de subvención pública de los centros docentes privados, que respetaría plenamente la libertad educativa de éstos y no los convertiría en gestores indirectos del servicio público de la educación. Sin embargo, esas ayudas públicas a los centros docentes privados hoy se canalizan a través de la fórmula del concierto, tal como establece la legislación de desarrollo del citado precepto constitucional (título IV de la Ley orgánica reguladora del derecho a la educación, en la parte en que todavía se mantiene vigente, y artículos 116 y 117 de la Ley orgánica 2/2006, de 3 de mayo, de educación).

Estos conciertos, ciertamente, no se rigen por la legislación de contratos del sector público[9], sino por la propia legislación educativa (además de las leyes antes citadas, el Reglamento de normas

---

9 De hecho, ni siquiera aparecen mencionados entre los negocios y contratos excluidos de la Ley 9/2017, de 8 de noviembre, de contratos del sector público, que se mencionan en la sección 2ª del capítulo I del título preliminar de ésta, a los que por lo menos se les aplican "los principios de esta Ley para resolver las dudas y lagunas que pudieran presentarse" (artículo 4).

básicas sobre conciertos educativos y la normativa autonómica de desarrollo), pero no son tampoco convenios de otorgamiento de subvenciones de los previstos por el artículo 28.1 de la Ley general de subvenciones. Se puede decir que son una figura híbrida, aunque, si se analiza la concepción de ellos que se desprende de la vigente legislación educativa, la conclusión es que se aproximan más a contratos de gestión de servicios públicos que a instrumentos de formalización de subvenciones[10].

En efecto, esta legislación concibe primordialmente la enseñanza concertada como un recurso complementario de la red de centros docentes públicos para dar cumplimiento al mandato del apartado 4 del artículo 27 de la Constitución según el cual "la enseñanza básica es obligatoria y gratuita". En tal sentido, el artículo 108.4 de la Ley orgánica de educación proclama que "la prestación del servicio público de la educación se realizará, [*sic*] a través de los centros públicos y privados concertados" y el artículo 116.1 del mismo texto legal orienta prioritariamente la posibilidad de formalizar conciertos educativos a "los centros privados que ofrezcan enseñanzas declaradas gratuitas en esta Ley y satisfagan necesidades de escolarización".

Esta concepción implica que el régimen de concierto no sólo obliga a "impartir gratuitamente las enseñanzas objeto de los mismos" (así como a prestar sin carácter lucrativo las actividades escolares complementarias y las extraescolares y los servicios escolares), de acuerdo con el artículo 51 de la Ley orgánica reguladora del derecho a la educación, sino que limita fuertemente las facultades de dirección de los titulares de los centros privados concertados, ínsitas tanto en la libertad constitucional de creación de centros docentes como, en su caso, en la libertad de empresa. Tales limitaciones alcanzan a cuatro grandes ámbitos: el organizativo, pues ya el propio apartado 7 del artículo 27 de la Constitución impone que "los profesores, los padres y, en su caso, los alumnos intervendrán en el control y gestión de *todos los centros sostenidos por la Administración con fondos públicos*, en los términos que la ley establezca"; el de la contratación del personal

---

10 Véase, por todos, GUARDIA HERNÁNDEZ, Juan José, "El concierto educativo no es una subvención. ¿Una controversia ya superada?", en GAMERO CASADO, Eduardo y ALARCÓN SOTOMAYOR, Lucía (coords.), *20 años de la Ley General de Subvenciones*, Madrid, 2023, pp. 93 y ss.

docente, sometida en los centros privados concertados a los principios de publicidad, mérito y capacidad, de acuerdo con el artículo 60 de la Ley orgánica reguladora del derecho a la educación; el de la admisión de los alumnos, dado que el artículo 84 de la Ley orgánica de educación establece idénticos criterios de admisión para los centros públicos y los privados concertados; y, por fin, el pedagógico, ya que la disposición adicional vigesimoquinta, apartado 1, de la Ley orgánica de educación obliga a los centros sostenidos parcial o totalmente con fondos públicos a aplicar el régimen de coeducación en todas las etapas educativas, no pudiendo separar a los alumnos por sexo, lo que veta a este tipo de centros la opción por la educación diferenciada[11].

Sin embargo, en contra de su naturaleza contractual milita el que no puedan suponer un beneficio económico para la entidad concertada. El módulo económico por unidad escolar previsto en el artículo 117 de la Ley orgánica de educación sólo cubre gastos (salarios del personal docente y del personal de administración y servicios; gastos ordinarios de mantenimiento, conservación y funcionamiento; reposición de inversiones reales; gastos derivados del ejercicio de la función directiva no docente; pago de los conceptos de antigüedad del personal docente; pago de las sustituciones del profesorado y los derivados del ejercicio de la función directiva docente; pago de las obligaciones derivadas del ejercicio de las garantías reconocidas a los representantes legales de los trabajadores), mientras que un contrato oneroso tendría que incluir también el beneficio industrial del contratista. Es más, como ya se ha dicho, el concierto obliga no sólo a impartir gratuitamente las enseñanzas que constituyen su objeto, sino también a prestar sin carácter lucrativo las actividades escolares complementarias y las extraescolares y los servicios escolares, con lo

---

11 Para una visión crítica de estas limitaciones y de la propia configuración que la actual legislación educativa española hace de la educación como servicio público, véase MARTÍNEZ LÓPEZ-MUÑIZ, José Luis, "La educación escolar, servicio esencial: implicaciones jurídico-públicas", en REQUERO IBÁÑEZ, José Luis y MARTÍNEZ LÓPEZ-MUÑIZ, José Luis (dirs.), *Los derechos fundamentales en la educación*, Madrid, 2008, pp. 7 y ss., y más recientemente, GUARDIA HERNÁNDEZ, "Marco constitucional de la enseñanza privada española sostenida con fondos públicos: recorrido histórico y perspectivas de futuro", *cit.*, pp. 339 y ss.

cual es incompatible con la realización de la actividad educativa con ánimo de lucro.

## V.3. RÉGIMEN JURÍDICO DE LOS CONCIERTOS EDUCATIVOS

### *A) Requisitos para su celebración, duración y renovación*

De acuerdo con el artículo 116.1 de la Ley orgánica de educación, podrán acogerse al régimen de conciertos educativos los centros privados que ofrezcan enseñanzas declaradas gratuitas en ella y satisfagan necesidades de escolarización. Como aclara el artículo 5 del Reglamento de normas básicas sobre conciertos educativos, dichos centros privados deben estar autorizados para impartir las enseñanzas que constituyan el objeto del concierto, por cumplir los requisitos mínimos de titulación académica del profesorado, relación numérica alumno-profesor, instalaciones docentes y deportivas, y número de puestos escolares, a los que se refiere el artículo 14 de la Ley orgánica reguladora del derecho a la educación y que en la actualidad se desarrollan en el Real decreto 132/2010, de 12 de febrero. Ahora bien, el artículo 28 del Reglamento añade, en desarrollo de la disposición adicional quinta de la Ley orgánica reguladora del derecho a la educación, que los centros privados de nueva creación que deseen acogerse al régimen de conciertos lo tendrán que solicitar al iniciarse el procedimiento de autorización administrativa, porque, de no solicitarlo en tal momento, no podrán acogerse a dicho régimen hasta que hayan transcurrido cinco años desde la fecha de su autorización.

El artículo 19 del Reglamento establece que los centros privados que, cumpliendo lo anterior, deseen acogerse al régimen de conciertos a partir de un determinado curso académico, deben solicitarlo de la administración educativa competente durante el mes de enero anterior al comienzo de dicho curso. Dado que los conciertos educativos suponen una aportación de fondos públicos a los centros concertados, su formalización se ve limitada por las disponibilidades presupuestarias de cada administración educativa, lo que obliga a prever el caso en que haya más solicitudes que fondos para atenderlas.

En este sentido, el artículo 116.2 de la Ley orgánica de educación dispone que, entre los centros que cumplan los requisitos para acogerse al régimen de conciertos, tendrán preferencia aquellos que atiendan a poblaciones escolares de condiciones económicas desfavorables, los que realicen experiencias de interés pedagógico para el sistema educativo, los que fomenten la escolarización de proximidad y los que estén constituidos y funcionen en régimen de cooperativa. El artículo 21.1 del Reglamento prevé que los centros privados que pretendan hacer valer esa preferencia presentarán, junto con la solicitud de concierto, una memoria explicativa de las circunstancias señaladas, que será evaluada por la administración educativa competente, lo que remite a un procedimiento en régimen de concurrencia competitiva similar al ordinario de concesión de subvenciones.

A la hora de evaluar las memorias en relación con la atención a poblaciones escolares de condiciones económicas desfavorables y al fomento de la escolarización de proximidad, el apartado 2 del artículo 21 del Reglamento señala que se podrán utilizar como indicadores, entre otros, la insuficiencia de la oferta de puestos escolares en centros sostenidos con fondos públicos, el volumen de alumnos acogidos al transporte escolar y el coste de los servicios complementarios del centro. Se considerará, en todo caso, que un centro no satisface necesidades de escolarización o no atiende a poblaciones desfavorecidas cuando su ubicación impida el acceso a él de alumnos que carezcan de recursos económicos para hacer frente al coste de los servicios de transporte y comedor escolares.

Asimismo, el artículo 22 del Reglamento añade que, a igualdad de condiciones, tendrán preferencia los centros en régimen de cooperativa, si bien los estatutos de las cooperativas no podrán contener cláusulas que impidan el cumplimiento de las obligaciones que se imponen a los centros concertados.

El artículo 24.2 del Reglamento prevé que la aprobación o denegación de los conciertos deberá tener lugar antes del 15 de abril del año correspondiente, previa fiscalización por la intervención correspondiente de la relación de centros y unidades escolares en función de los créditos presupuestarios disponibles. La resolución, que tendrá que ser motivada en caso de denegación, se notificará a los interesados y se publicará en el correspondiente diario oficial.

Una vez aprobados, el artículo 25 del Reglamento establece que los conciertos educativos se formalizarán en documento administrativo en el que se harán constar los derechos y obligaciones recíprocos, así como las características concretas del centro y las demás circunstancias derivadas de la normativa aplicable. Dicha formalización se efectuará antes del 15 de mayo del año correspondiente y a continuación, de acuerdo con el artículo 27, los conciertos se inscribirán de oficio en el registro de centros de la administración educativa competente.

La duración de los conciertos está establecida en la actualidad en un mínimo de seis años en el caso de la educación primaria y de cuatro años en el resto de los casos (artículo 116.3, párrafo segundo, de la Ley orgánica de educación).

De acuerdo con el artículo 42 del Reglamento, su renovación debe solicitarse durante el mes de enero del año correspondiente a su finalización, acompañando la documentación que acredite que los centros siguen cumpliendo los requisitos que determinaron la aprobación del concierto, así como las variaciones habidas que puedan afectarle. La renovación se condiciona en el artículo 43 del Reglamento a que el centro siga cumpliendo los requisitos que determinaron su aprobación, a que no se haya incurrido en las causas de no renovación previstas en el artículo 62.3 de la Ley orgánica reguladora del derecho a la educación y a que existan consignaciones presupuestarias disponibles[12]. En relación con esto último, se prevé que se aplicarán los criterios de preferencia ya analizados.

En el supuesto de denegación de la renovación, que deberá ser motivada[13], el artículo 44 del Reglamento prevé que la administra-

12 La STS, Sala de lo Contencioso-Administrativo, Sección Cuarta, de 14 de octubre de 2020 (ponente José Luis Requero Ibáñez) ha aclarado que "el régimen de conciertos generales resulta de aplicación a la renovación de los conciertos singulares suscritos por las Comunidades Autónomas en los niveles educativos no obligatorios, los cuales quedan sujetos al régimen previsto en el Reglamento de normas básicas sobre conciertos educativos aprobado por el artículo único del Real Decreto 2377/1985" (fundamento de derecho séptimo). Por lo tanto, en este punto no hay diferencia entre ambos tipos de conciertos.

13 Existe una abundante jurisprudencia sobre la necesidad de motivación suficiente por parte de la administración educativa de la concurrencia de las causas que justificarían la no renovación del concierto y, en especial, de la relativa a

ción podrá acordar con el titular del centro la prórroga del concierto por un solo año.

En la práctica, la renovación de los conciertos puede ser sólo parcial, si no se extiende a todas las unidades escolares inicialmente objeto de aquéllos, lo que provoca especiales controversias cuando las administraciones educativas motivan esta renovación parcial en que las unidades excluidas del concierto ya no satisfacen necesidades de escolarización en el sentido del artículo 116.1 de la Ley orgánica de educación[14].

---

la insuficiencia de las consignaciones presupuestarias disponibles. Dicha jurisprudencia puede encontrarse condensada en la STS, Sala de lo Contencioso-Administrativo, Sección Cuarta, de 20 de septiembre de 2018 (ponente Rafael Toledano Cantero), que deja claro que "está fuera de toda duda que los mismos [los preceptos aplicables a esta materia] exigen que la causa legal en que se ampara la decisión de no renovar un concierto esté debidamente justificada" (fundamento de derecho cuarto).

14 La Sala de lo contencioso-administrativo del Tribunal Supremo ha venido considerando que el mero hecho de que existan plazas suficientes en los centros públicos de la localidad en el nivel educativo correspondiente no justifica por sí mismo la reducción de las unidades concertadas, siempre que los centros concertados sigan teniendo demanda suficiente de escolarización, pues entiende que ni la Constitución ni la vigente legislación educativa consagran la subsidiariedad de la enseñanza concertada con respecto a la pública (principio de subsidiaridad inversa), sino un sistema dual basado en la libre elección de centro en los niveles educativos obligatorios y, por ello, gratuitos, el cual se hace efectivo a través del régimen de concierto; véanse, entre otras, la STS, Sala de lo Contencioso-Administrativo, Sección Cuarta, de 13 de febrero de 2017 (ponente Rafael Toledano Cantero); STS, Sala de lo Contencioso-Administrativo, Sección Cuarta, de 24 de mayo de 2017 (ponente María del Pilar Teso Gamella) y STS, Sala de lo Contencioso-Administrativo, Sección Cuarta, de 11 de julio de 2017 (ponente José Luis Requero Ibáñez). Sin embargo, sí admite la reducción de unidades concertadas cuando se produce una disminución de la demanda de escolarización, tal como se aprecia en la STS, Sala de lo Contencioso-Administrativo, Sección Cuarta, de 11 de julio de 2017 y la STS, Sala de lo Contencioso-Administrativo, Sección Cuarta, de 7 de febrero de 2018 (ponente Rafael Toledano Cantero), ambas con voto particular discrepante del magistrado Requero Ibáñez, que entiende que esta conclusión contradice jurisprudencia anterior de la misma Sala [en particular, cita la STS, Sala de lo Contencioso-Administrativo, Sección Cuarta, de 6 de noviembre de 2011 (ponente Santiago Martínez-Vares García)]. De esta polémica cuestión ya se había ocupado DÍAZ LEMA, *Los conciertos educativos en el contexto de nuestro derecho nacional, y en el derecho comparado*, pp. 145 y ss.; más recientemente, véase OTAUDY, Jorge, "Los conciertos educativos en la jurisprudencia española", en RUANO ESPINA, Lourdes, y LÓPEZ

Por último, también se regulan las eventuales modificaciones de los conciertos. Así, conforme al artículo 46.1 del Reglamento, las variaciones que puedan producirse en los centros por alteración del número de unidades o por otras circunstancias individualizadas darán lugar a la modificación del concierto educativo, siempre que tales variaciones no afecten a los requisitos que originaron su aprobación. Asimismo, según el apartado 2 del precepto, se entiende como causa de modificación del concierto el cambio de titular, a condición de que el nuevo titular se subrogue en los derechos y obligaciones derivados del concierto.

### B) Obligaciones para la administración educativa. Los módulos de concierto

Los conciertos educativos imponen dos obligaciones a la administración, de acuerdo con el artículo 11 del Reglamento de normas básicas sobre conciertos educativos: asignar fondos públicos para el sostenimiento de los centros concertados y reconocer los beneficios a que se refiere el artículo 50 de la Ley orgánica reguladora del derecho a la educación. Esta última previsión alude a que, cuando el titular de los centros concertados sea reconocido como entidad sin ánimo de lucro o en régimen de cooperativa, éstos se considerarán asimilados a las fundaciones benéfico-docentes a efectos de la aplicación de los beneficios, fiscales y no fiscales, que estén reconocidos a las citadas entidades.

---

MEDINA, Aurora M.ª (coords.), *Antropología cristiana y derechos fundamentales. Algunos desafíos del siglo XXI al Derecho Canónico y Eclesiástico del Estado*, Madrid, 2018, pp. 132 y ss, GUARDIA HERNÁNDEZ, Juan José, "Marco constitucional de la enseñanza privada española sostenida con fondos públicos: recorrido histórico y perspectivas de futuro", *Estudios Constitucionales* 17 (1), 2019, pp. 335 y ss., LLANO TORRES, Ana, "Fundamentación *versus* publicación de la escuela concertada. Hacia una actualización de las razones de los conciertos educativos", *Revista General de Derecho Canónico y Eclesiástico del Estado* (50), 2019, pp. 10 y ss., y, con una visión muy crítica de las reformas introducidas en la Ley orgánica de educación por la Ley orgánica 3/2020, de 29 de diciembre, SIMÓN YARZA, Fernando, "Los conciertos en la LOMLOE. Ruptura de un consenso constitucional", *Revista General de Derecho Constitucional* (35), 2021, pp. 16 y ss.

La asignación de fondos públicos viene determinada por los módulos de concierto que en la actualidad regula el artículo 117 de la Ley orgánica de educación[15]. Este precepto prevé que la cuantía global de los fondos públicos destinados al sostenimiento de los centros privados concertados se establecerá en los presupuestos de las administraciones correspondientes. Para la distribución de esa cuantía global, los presupuestos generales del Estado y los de las comunidades autónomas fijarán anualmente el importe del módulo económico por unidad escolar, sin que el que se establezca por las comunidades autónomas pueda ser inferior al previsto por el Estado en ninguna de las cantidades en las que se descompone el citado módulo.

Dentro del módulo, cuya cuantía tiene que ser suficiente para garantizar que la enseñanza se imparta en condiciones de gratuidad, se diferencian los siguientes conceptos:

- Los salarios del personal docente, incluidas las cotizaciones por cuota patronal a la Seguridad Social que correspondan a los titulares de los centros.
- Las cantidades asignadas a otros gastos, que comprenderán las de personal de administración y servicios, las ordinarias de mantenimiento, conservación y funcionamiento, así como las cantidades que correspondan a la reposición de inversiones reales. Asimismo, podrán considerarse las derivadas del ejercicio de la función directiva no docente. Estas cantidades se fijarán con criterios análogos a los aplicados a los centros públicos.
- Las cantidades para atender el pago de los conceptos de antigüedad del personal docente y consiguiente repercusión en las cuotas de la Seguridad Social; pago de las sustituciones del profesorado y los derivados del ejercicio de la función directiva docente; pago de las obligaciones derivadas del ejercicio de las garantías reconocidas a los representantes legales de los trabajadores. Tales cantidades se recogerán en un fondo general

---

15 Para un estudio jurídico detallado de los módulos de concierto, cabe remitirse a GUARDIA HERNÁNDEZ, Juan José, "Conciertos educativos y régimen de copago en España. Entre la ficción y la realidad", *Revista General de Derecho Administrativo* (59), 2022, pp. 5 y ss.

que se distribuirá de forma individualizada entre el personal docente de los centros privados concertados, de acuerdo con las circunstancias que concurran en cada profesor y aplicando criterios análogos a los fijados para el profesorado de los centros públicos.

En realidad, no todas estas cantidades son abonadas a los propios centros educativos, porque, de acuerdo con el apartado 5 del artículo 117 de la Ley orgánica de educación, los salarios del personal docente son abonados por la administración al profesorado como pago delegado y en nombre de la entidad titular del centro, algo que singulariza completamente los conciertos educativos con respecto tanto a los contratos del sector público como a las subvenciones[16].

En concreto, el artículo 34 del Reglamento de normas básicas sobre conciertos educativos prevé que la administración abonará mensualmente los salarios al profesorado de los centros concertados, mientras que las cantidades correspondientes a los restantes gastos de funcionamiento de los centros se abonará por la administración a los titulares cada trimestre. El artículo precisa en su apartado 3 que ambos conceptos de gasto tendrán jurídicamente la conceptuación de contraprestación por los servicios educativos concertados con los centros, lo que apuntaría a una configuración contractual del concierto, del todo peculiar porque la supuesta "contraprestación" no se abona de manera íntegra a los titulares de los centros, sino en parte a los empleados de éstos.

---

16 La jurisprudencia precisa que "la Administración Pública responde frente a los profesores de las deudas salariales generadas por la actividad laboral y docente de éstos, aun cuando no asuma el papel de empresario y no sea, por tanto, parte de la relación laboral, limitándose su obligación a un *pago delegado* que ha de reputarse limitado por la cuantía de la que están dotados los módulos, a cuyo pago se compromete la Administración y aceptan los centros privados que deciden acogerse al régimen de conciertos" [STS, Sala de lo Contencioso-Administrativo, Sección Cuarta, de 30 de marzo de 2015 (ponente Jesús Cudero Blas), fundamento de derecho segundo]. Por tanto, las eventuales diferencias que puedan existir entre la cuantía de los módulos y el salario del personal docente de los centros concertados las tienen que asumir estos últimos y no la administración educativa, tanto si se deben a una reducción de la cuantía de los módulos para equipararlos a una reducción de las retribuciones del personal docente de los centros públicos, como si son producto de incrementos retributivos pactados por los centros concertados a través de la negociación colectiva.

Por lo demás, el apartado 7 del artículo permite que las administraciones educativas incrementen los módulos para los centros privados concertados que escolaricen alumnos con necesidad específica de apoyo educativo en proporción mayor a la establecida con carácter general o para la zona en la que se ubiquen. En la misma línea, el artículo 122.2 de la Ley orgánica de educación prevé que las administraciones educativas podrán asignar mayores dotaciones de recursos a determinados centros privados concertados, por razón de los proyectos que así lo requieran o en atención a las condiciones de especial necesidad de la población que escolarizan[17].

Por el contrario, cuando se formalicen conciertos singulares para enseñanzas que no tienen carácter obligatorio[18], los fondos aportados por la administración no tienen que garantizar necesariamente la gratuidad de aquéllas y, por tal motivo, el apartado 9 del artículo 117 de la Ley orgánica de educación prevé que en la ley de presupuestos generales del Estado se determinará el importe máximo de las cuotas que estos centros podrán percibir de las familias.

### *C) Obligaciones para los centros concertados*

#### a) Impartición de las enseñanzas concertadas y régimen económico. Publicidad del concierto

De acuerdo con el artículo 16 del Reglamento de normas básicas sobre conciertos educativos, por el concierto educativo el titular del centro se obliga a tener en funcionamiento el número total de unidades escolares correspondiente al nivel o niveles de enseñanza objeto del concierto. Asimismo, se obliga a tener una relación media alumnos/profesor por unidad escolar no inferior a la que la adminis-

---

17 Como pone de relieve GUARDIA HERNÁNDEZ, "el módulo del concierto tras la LODE no incluye cantidad alguna por inversiones y amortización, tal como sí contemplaba la LGE" (GUARDIA HERNÁNDEZ, *Revista General de Derecho Administrativo*, 2022, p. 14) "excepción hecha de la difusa categoría de 'reposición de inversiones reales' del art. 117.1 b) LOE" (*Ídem*, p. 14, nota 50). De esta forma, añade el autor, "es difícil que esas ayudas sostengan de verdad a los centros concertados y que sea factible la gratuidad" (*Ídem*, p. 14).

18 Sobre la diferencia entre conciertos generales y singulares cabe remitirse a ROMEA SEBASTIÁN, *Régimen jurídico de los centros concertados*, *cit.*, pp. 115 y ss.

tración determine teniendo en cuenta la existente para los centros públicos de la comarca, municipio, o, en su caso, distrito en el que esté situado el centro[19].

El artículo 17 del Reglamento permite exceptuar el cumplimiento de las obligaciones anteriores por razones suficientemente justificadas en dos casos:

- Cuando esté prevista la entrada progresiva en funcionamiento del número completo de unidades en un plazo no superior a la duración del concierto.
- Cuando pueda preverse que, en un plazo no superior a la mitad de la duración del concierto, se alcance la relación media alumnos/profesor requerida.

---

19 La interpretación de esta previsión legal ha dado lugar a contrastes sobre los que se ha pronunciado el Tribunal Supremo en STS, Sala de lo Contencioso-Administrativo, Sección Cuarta, de 27 de enero de 2022 (ponente María del Pilar Teso Gamella). En ella, frente a la pretensión del sindicato recurrente de que se les admitiese a los centros concertados una relación media mínima alumnos/profesor por unidad escolar inferior a la exigida a los centros públicos, en atención a que normalmente estos últimos disponen de más personal docente que aquéllos y, por lo tanto, si en el cálculo de esa relación se incluyese a todos los profesores de los centros públicos adscritos al nivel educativo correspondiente, resultarían números inferiores a los fijados por la administración educativa, la Sala concluye que esa interpretación debe rechazarse porque "produce como efecto una desigualdad entre la ratio en las aulas de ambos tipos de centros, públicos y privados concertados, sobre los que pivota la enseñanza obligatoria que se sostiene con fondos públicos, y que se traduciría en un menor número de alumnos en los centros privados concertados que en los públicos. Ello supondría una lesión del artículo 16 de tanta cita y conduciría a la quiebra de ese sistema dual, consolidado en desarrollo del artículo 27 de la CE" (fundamento de derecho sexto de la sentencia). La sentencia cuenta con un interesante voto particular discrepante suscrito por el magistrado Requero Ibáñez, quien defiende que el artículo 16 del Reglamento de normas básicas sobre conciertos educativos no obliga a que la relación media mínima alumnos/profesor por unidad escolar exigida a los centros concertados tenga que coincidir con el número mínimo medio de alumnos por aula de los centros públicos, sino que esa relación se tiene que fijar "teniendo en cuenta" esta última y llevando a cabo "un juicio valorativo ponderado, razonable y no desproporcionado", sin incurrir "en un eventual efecto discriminatorio" y, en definitiva, haciéndola compatible "con la efectividad de los derechos fundamentales concernidos en el régimen de conciertos".

Además, de acuerdo con el artículo 51.1 de la Ley orgánica reguladora del derecho a la educación, la formalización de un concierto con la administración implica la obligación de impartir gratuitamente las enseñanzas objeto de éste; esto se reitera en el artículo 88.1 de la Ley orgánica de educación, según el cual:

> "en ningún caso podrán los centros públicos o privados concertados percibir cantidades de las familias por recibir las enseñanzas de carácter gratuito, imponer a las familias la obligación de hacer aportaciones a fundaciones o asociaciones ni establecer servicios obligatorios, asociados a las enseñanzas, que requieran aportación económica por parte de las familias de los alumnos"[20].

Sin embargo, como ya se ha apuntado al final del epígrafe anterior, esto no es necesariamente así en los conciertos singulares para enseñanzas no obligatorias, ya que en éstos la aportación de fondos públicos puede no garantizar la gratuidad de las enseñanzas objeto del concierto; en tal caso, el centro concertado podría cobrar por las enseñanzas, pero el importe máximo de las cuotas está limitado por la ley de presupuestos generales del Estado.

Como complemento de lo anterior, el apartado 2 del citado artículo 51 de la Ley orgánica reguladora del derecho a la educación añade que en los centros concertados las actividades escolares complementarias y las extraescolares y los servicios escolares no podrán tener carácter lucrativo, lo que impide que a través de éstas se puedan obtener los beneficios económicos que no cubren los módulos de concierto. Para garantizar que esto es así, dichas actividades y servicios quedan sujetos a una serie de requisitos:

- En el caso de las actividades escolares complementarias, el cobro de cualquier cantidad a los alumnos deberá ser autorizado por la administración educativa correspondiente. El artículo 88.1 de la Ley orgánica de educación añade que estas actividades deberán programarse y realizarse de forma que no supongan discriminación por motivos económicos, y que cuando

---

20 Para una crítica de esta prohibición radical del copago, véase GUARDIA HERNÁNDEZ, *Revista General de Derecho Administrativo*, 2022, pp. 18 y ss.

tengan carácter estable no podrán formar parte del horario escolar del centro[21].

- En el caso de las actividades extraescolares, tanto su implantación como las cuotas que tengan que aportar los usuarios deberán ser aprobadas por el consejo escolar del centro y comunicadas a la administración educativa correspondiente, sin que tales actividades puedan formar parte del horario escolar del centro.
- En el caso de los servicios escolares, las administraciones educativas establecerán el procedimiento para su aprobación y la de sus correspondientes cuotas[22].

Sin embargo, se permite que las cuotas de las actividades extraescolares y de los servicios escolares contribuyan al mantenimiento y mejora de las instalaciones de los centros, con lo que son la única fuente de financiación de que disponen los centros concertados para obtener ingresos que no cubran meramente los gastos que suponen los distintos servicios que prestan.

Por último, a los centros concertados se les impone el carácter voluntario de dichas actividades y servicios.

En cuanto al régimen de publicidad del concierto, el artículo 18.1 del Reglamento de normas básicas sobre conciertos educativo obliga a los titulares de los centros concertados a que hagan constar en la denominación de éstos, en su documentación y en su publicidad la

---

21 GUARDIA HERNÁNDEZ pone de manifiesto la deficiente redacción de esta previsión de la Ley orgánica de educación, introducida por la Ley orgánica 3/2020, de 29 de diciembre, ya que confunde horario escolar con horario lectivo (íbidem, p. 21).

22 Estas últimas previsiones dejan abierta la cuestión de a quién corresponde la aprobación de los servicios escolares y sus cuotas, que tendrá que ser determinada por la normativa autonómica de desarrollo de la legislación educativa estatal; así lo ha confirmado la STS, Sala de lo Contencioso-Administrativo, Sección Cuarta, de 20 de abril de 2023 (ponente Pablo María Lucas Murillo de la Cueva), que sienta como doctrina legal en su fundamento de derecho quinto que "conforme al artículo 51 de la Ley Orgánica 8/1985 y preceptos concordantes, la percepción de cantidades por los centros educativos privados concertados para la prestación de servicios extraescolares, podrá ser acordada por el consejo escolar del centro o ser sometida a autorización por la Administración educativa competente según lo que se establezca legalmente al respecto".

condición de centro concertado, lo cual presenta innegables similitudes con la obligación que el artículo 18.4 de la Ley general, de subvenciones impone a los beneficiarios de este tipo de ayudas de "dar la adecuada publicidad del carácter público de la financiación de programas, actividades, inversiones o actuaciones de cualquier tipo que sean objeto de subvención, en los términos reglamentariamente establecidos".

### b) Obligaciones organizativas

En el plano organizativo, el artículo 54.1 de la Ley orgánica reguladora del derecho a la educación obliga a los centros concertados a contar con director, consejo escolar y claustro de profesores, sin perjuicio de otros órganos que se puedan establecer en el correspondiente reglamento de régimen interior. El grado de injerencia organizativa que deriva del concierto llega hasta el punto de que, de acuerdo con el apartado 4 del mencionado artículo, las administraciones educativas podrán disponer que los centros concertados con más de un nivel o etapa financiado con fondos públicos tengan un único director, consejo escolar y claustro de profesores para todo el centro.

El artículo 59 de la ley regula el nombramiento del director, que corresponde al titular del centro, pero con limitaciones: tendrá que ser un profesor del centro con un año de permanencia en él o tres de docencia en otro centro de la misma entidad titular y deberá contar con informe favorable del consejo escolar adoptado por mayoría. También se tasa la duración de su mandato en tres años, sin perjuicio de la posibilidad de que el titular lo destituya con anterioridad por razones justificadas y dando cuenta al consejo escolar. Sus facultades mínimas aparecen recogidas en el apartado 2 del artículo 54.

En cuanto al consejo escolar, el artículo 55 de la ley prevé que, a través de él, los profesores, los padres de los alumnos y los alumnos (a partir del primer curso de educación secundaria obligatoria) intervendrán en el control y gestión de los centros concertados. Su composición, régimen de elección y renovación se regula en el artículo 56 y sus facultades en el artículo 57.

Finalmente, sobre el claustro de profesores la disposición adicional decimoséptima de la Ley orgánica de educación establece que tendrá funciones análogas a las previstas en el artículo 129 de la ley para dicho órgano en los centros educativos públicos.

### c) Régimen de contratación del personal docente

Los conciertos educativos también limitan la libertad de los titulares de los centros privados en lo que atañe a la contratación del personal docente. El artículo 60 de la Ley orgánica reguladora del derecho a la educación impone el respeto de los principios de publicidad, mérito y capacidad, en los siguientes términos:

- Las vacantes del personal docente que se produzcan en los centros concertados se tienen que anunciar públicamente.
- Para la selección del personal el consejo escolar, a propuesta del titular del centro, establecerá los correspondientes criterios, que atenderán básicamente a los principios de mérito y capacidad en relación con el puesto docente que se vaya a ocupar.
- La selección del personal será llevada a cabo por el titular del centro junto con el director, aplicando los criterios de selección establecidos.
- Finalmente, el titular del centro dará cuenta al consejo escolar de la provisión de profesores que efectúe.

En lo que se refiere a la extinción de la relación laboral de los profesores, la única obligación específica que se prevé es la de comunicarla al consejo escolar para que, en su caso, puedan establecerse los procesos de conciliación necesarios.

Y, finalmente, se atribuyen a la administración educativa competente facultades para verificar que los procedimientos de selección y extinción de la relación laboral del profesorado se realice de acuerdo con lo dispuesto en la normativa y procedimientos que resulten de aplicación.

### d) Régimen de admisión del alumnado

Otra obligación que deriva de los conciertos educativos es la de aplicar los mismos criterios de admisión que rigen para los centros públicos. En este sentido, el capítulo III del título II de la Ley orgánica de educación regula conjuntamente la escolarización en los centros públicos y en los privados concertados y, en particular, el artículo 84, que se ocupa de la admisión de los alumnos, es de aplicación indiferenciada a ambos tipos de centros. Para los centros concertados que impartan varias etapas educativas, el apartado 8 del artículo prevé que el procedimiento inicial de admisión se realizará al comienzo de la oferta del curso que sea objeto de concierto y que corresponda a la menor edad, y que dicho procedimiento se realizará de acuerdo con lo establecido para los centros públicos

Añade el artículo 86.1 que, para garantizar la igualdad en la aplicación de las normas de admisión, las administraciones educativas establecerán las mismas áreas de escolarización o influencia para los centros públicos y los privados concertados de un mismo municipio o ámbito territorial, en función de las enseñanzas que imparten y de los puestos escolares autorizados. Asimismo, el artículo 87.4 obliga a ambos tipos de centros a mantener escolarizados a todos sus alumnos hasta el final de la enseñanza obligatoria, salvo cambio de centro producido por voluntad familiar o por aplicación de alguno de los supuestos previstos en la normativa sobre derechos y deberes de los alumnos.

### e) Proyecto educativo

De acuerdo con el artículo 121.6 de la Ley orgánica de educación, el proyecto educativo de los centros concertados será dispuesto por su respectivo titular y, en todo caso, deberá hacerse público. Además, tendrá que incorporar el carácter propio del centro, con las garantías que recoge el artículo 115 de la ley:

- Deberá respetar los derechos garantizados a profesores, padres y alumnos en la Constitución y en las leyes.
- Cualquier modificación deberá ponerse en conocimiento de la comunidad educativa con antelación suficiente y, si se produce una vez iniciado el curso, no podrá surtir efectos antes de finalizado el proceso de admisión y matriculación de los alumnos para el curso siguiente.

Adicionalmente, el proyecto educativo de los centros concertados se ve sometido a la restricción que impone la disposición adicional vigesimoquinta de la Ley orgánica de educación en su apartado 1, según el cual los centros sostenidos parcial o totalmente con fondos públicos se ven forzados a aplicar el régimen de coeducación en todas las etapas educativas, no pudiendo separar a los alumnos por sexo, lo que veta a este tipo de centros la opción pedagógica por la educación diferenciada[23].

---

[23] Los conciertos con centros que practican la educación diferenciada han sido objeto de una prolongada polémica, que comenzó cuando algunas administraciones educativas se negaron a celebrarlos o renovarlos con el argumento de que la educación diferenciada constituye una discriminación por razón de sexo en la admisión a los centros educativos. La Sala de lo contencioso-administrativo del Tribunal Supremo acabó por rechazar esa argumentación a la vista de que el artículo 2, letra a), de la Convención relativa a la lucha contra las discriminaciones en la esfera de la enseñanza, aprobada por la Conferencia General de la UNESCO el 14 de diciembre de 1960 y de la que es parte España, niega de manera expresa el carácter discriminatorio de la educación diferenciada, siempre que no suponga desigualdades en la enseñanza que se imparte a uno y otro sexo, y así lo ha confirmado también la STC, en Pleno, de 10 de abril de 2018 (ponente Alfredo Montoya Melgar). Sin embargo, la jurisprudencia reconoce al legislador un amplio margen de libertad a la hora de configurar los requisitos para la celebración de los conciertos educativos y las obligaciones que éstos imponen a los centros concertados, de manera que considera legítimo que la ley pueda limitar la concertación a los centros que practican la coeducación.

Desde la aprobación de la vigente Ley orgánica de educación se ha pasado por tres etapas en la regulación de esta cuestión: inicialmente, sólo existía la previsión genérica que recogía la disposición adicional vigesimoquinta de la ley en su redacción original, según la cual "con el fin de favorecer la igualdad de derechos y oportunidades y fomentar la igualdad efectiva entre hombres y mujeres, los centros que desarrollen el principio de coeducación en todas las etapas educativas, serán objeto de atención preferente y prioritaria en la aplicación de las previsiones recogidas en la presente Ley, sin perjuicio de lo dispuesto en los convenios internacionales suscritos por España"; más adelante, la Ley orgánica 8/2013, de 9 de diciembre, sin modificar esa disposición, añadió dos nuevos párrafos al artículo 84.3 de la Ley orgánica de educación que señalaban que "no constituye discriminación la admisión de alumnos y alumnas o la organización de la enseñanza diferenciadas por sexos, siempre que la enseñanza que impartan se desarrolle conforme a lo dispuesto en el artículo 2 de la Convención relativa a la lucha contra las discriminaciones en la esfera de la enseñanza, aprobada por la Conferencia General de la UNESCO el 14 de diciembre de 1960" y que "en ningún caso la elección de la educación diferenciada por sexos podrá implicar para las familias, alumnos y alumnas y centros correspondientes un trato menos favorable, ni una desventaja, a la hora de suscribir conciertos con las Administraciones educativas o en cualquier otro aspecto. A estos efectos, los centros deberán exponer en su proyecto educativo las razones educativas de la

### *D) Incumplimiento*

El artículo 62 de la Ley orgánica reguladora del derecho a la educación enuncia las causas de incumplimiento de los conciertos educativos y sus consecuencias, estableciendo un régimen a medio camino entre el de las penalidades de los contratos del sector público y el de las infracciones administrativas.

Los incumplimientos se dividen en leves, graves y muy graves.

Como incumplimientos leves se tipifican los siguientes:

- Percibir cantidades por actividades escolares complementarias o extraescolares o por servicios escolares que no hayan sido autorizadas por la administración educativa o por el consejo escolar del centro, en su caso.
- Infringir las normas sobre participación previstas en la ley.
- Proceder a despidos del profesorado cuando hayan sido declarados improcedentes por sentencia judicial.
- Infringir la obligación de facilitar a la administración los datos necesarios para el pago delegado de los salarios.
- Infringir el principio de voluntariedad y no discriminación de las actividades complementarias, extraescolares y servicios complementarios.

---

elección de dicho sistema, así como las medidas académicas que desarrollan para favorecer la igualdad"; finalmente, Ley orgánica 3/2020, de 29 de diciembre, ha derogado esos dos párrafos y ha introducido la redacción actual de la disposición adicional vigesimoquinta de la Ley orgánica de educación, que, como se ha dicho, impone expresamente la coeducación a todos los centros educativos sostenidos total o parcialmente con fondos públicos.

La doctrina jurisprudencial en la materia puede encontrarse sintetizada en la STS, Sala de lo Contencioso-Administrativo, Sección Cuarta, de 5 de octubre de 2018 (Ponente Rafael Toledano Cantero); en la doctrina científica, que se ha ocupado profusamente de la cuestión, el lector interesado puede acudir a los recientes trabajos de OTAUDY, "Los conciertos educativos en la jurisprudencia española", pp. 141 y ss., VIDAL PRADO, Carlos, "Educación diferenciada y Tribunal Constitucional", *Revista General de Derecho Constitucional* (29), 2019, pp. 1-38, GUARDIA HERNÁNDEZ, *Estudios Constitucionales*, 2019, pp. 348 y ss., y GARCÍA SÁNCHEZ, M.ª Ángeles, "De nuevo con la educación diferenciada", *Anales de Derecho* (41), 2024, pp. 100 y ss., donde encontrará abundantes referencias jurisprudenciales y doctrinales.

- Cualesquiera otros que se deriven de la violación de las obligaciones establecidas en las normas legales y reglamentarias que regulan los conciertos o de cualquier otro pacto que figure en el documento de concierto que el centro haya suscrito.

Estos incumplimientos se convierten en graves cuando del expediente administrativo instruido al efecto y, en su caso, de sentencia judicial, resulte que se produjeron por ánimo de lucro, con intencionalidad evidente, con perturbación manifiesta en la prestación del servicio de la enseñanza o de forma reiterada o reincidente.

Además, se consideran incumplimientos graves:

- Impartir las enseñanzas objeto del concierto contraviniendo el principio de gratuidad.
- Infringir las normas sobre admisión de alumnos.
- Separarse del procedimiento de selección y despido del profesorado establecido por la ley.
- Lesionar los derechos reconocidos en los artículos 16 y 20 de la Constitución, cuando así se determine por sentencia judicial.
- Incumplir los acuerdos de la comisión de conciliación, a la que se hará referencia a continuación.
- Cualesquiera otros definidos como incumplimientos graves en las normas legales y reglamentarias que regulan los conciertos.

Ahora bien, cuando del expediente administrativo instruido al efecto resulte que el incumplimiento se produjo sin ánimo de lucro, sin intencionalidad evidente y sin perturbación en la prestación de la enseñanza y que no existe reiteración ni reincidencia en el incumplimiento, éste será calificado de leve.

Por último, constituyen incumplimientos muy graves la reiteración o reincidencia de incumplimientos graves. La reiteración se constatará por la administración educativa competente con arreglo a los siguientes criterios:

- Cuando se trate de la reiteración de los incumplimientos cometidos con anterioridad, bastará con que esta situación se ponga de manifiesto mediante informe de la inspección educativa correspondiente.

- Cuando se trate de un nuevo incumplimiento de tipificación distinta al cometido con anterioridad, será necesaria la instrucción del correspondiente expediente administrativo.

Las consecuencias de los incumplimientos se gradúan en función de la gravedad de éstos:

- El incumplimiento leve del concierto dará lugar a un apercibimiento por parte de la administración educativa para su subsanación y, si el titular del centro no lo subsanase, la administración impondrá una multa de entre la mitad y el total del importe de la partida "otros gastos" del módulo económico de concierto educativo vigente en el periodo en que se determine la imposición de la multa.
- El incumplimiento grave del concierto educativo dará lugar a la imposición de una multa, que estará comprendida entre el total y el doble del importe de la partida "otros gastos" del módulo económico de concierto educativo vigente en el periodo en el que se determine la imposición de la multa.
- Tanto en este caso como en el anterior, la administración educativa sancionadora determinará el importe de la multa dentro de los límites establecidos y podrá proceder al cobro por vía de compensación contra las cantidades que deba abonar al titular del centro en aplicación del concierto educativo.
- El incumplimiento muy grave del concierto dará lugar a la rescisión de éste.

Además, hay que tener en cuenta que, de acuerdo con el artículo 56 del Reglamento de normas básicas sobre conciertos educativos, que desarrolla lo previsto en el artículo 63.2 de la Ley orgánica reguladora del derecho a la educación, cuando el incumplimiento consista en la percepción indebida de cantidades por parte del titular del centro, éste tendrá la obligación de acreditar documentalmente ante la administración la devolución de dichas cantidades en el plazo de un mes a contar desde la fecha de la notificación de la resolución del oportuno expediente, todo ello sin perjuicio de las responsabilidades civiles o penales en que se hubiera podido incurrir.

Los incumplimientos y las sanciones prescribirán a los tres años, los graves a los dos años y los leves al año. El plazo de prescripción se interrumpirá con la constitución de la comisión de conciliación para la corrección del incumplimiento cometido por el centro concertado.

En efecto, la determinación de la existencia de un incumplimiento del concierto y su corrección presentan la peculiaridad de que exigen la constitución de la comisión de conciliación prevista en el artículo 61 de la Ley orgánica reguladora del derecho a la educación[24]. El artículo 52 del Reglamento de normas básicas sobre conciertos educativos aclara que la comisión será constituida por la administración educativa competente, de oficio o a instancia del consejo escolar del centro.

Esta comisión estará compuesta por un representante de la administración educativa competente, el titular del centro o persona en quien delegue y un representante del consejo escolar elegido por mayoría absoluta de sus componentes entre profesores o padres de alumnos que tengan la condición de miembros de aquél. La adopción de acuerdos exige la unanimidad de los tres miembros de la comisión; si no se alcanza esa unanimidad, la administración educativa, vista el acta en que la comisión exponga las razones de su discrepancia, podrá acordar la incoación del oportuno expediente administrativo para determinar la posible existencia del incumplimiento del concierto y, en su caso, la gravedad de éste.

El artículo 53.2 del Reglamento de normas básicas sobre conciertos educativos precisa que la incoación y resolución del expediente corresponderá a los órganos competentes para aprobar los conciertos educativos. El apartado 3 del precepto se remitía para la instrucción del expediente a las normas contenidas en el capítulo II del título VI de la Ley de 17 de julio de 1958, sobre procedimiento administrativo, que regulaba el procedimiento sancionador, por lo que la

---

24 Sobre la naturaleza de esta comisión, ROMEA SEBASTIÁN concluye que "se trata de un órgano de naturaleza administrativa con participación de los afectados por las resoluciones que se adopten: el titular del centro; y el representante del Consejo Escolar que traslada la posición propia del órgano de gobierno a la vez que se le puede considerar representante de los intereses sociales en juego. En definitiva, nos encontramos con una de las múltiples manifestaciones del derecho de participación presente en el ordenamiento administrativo y, particularmente, en el ámbito educativo" (ROMEA SEBASTIÁN, *Régimen jurídico de los centros concertados*, p. 242).

remisión debe entenderse realizada en la actualidad a las normas del procedimiento administrativo común aplicables a los procedimientos sancionadores.

En el procedimiento cabe la adopción de las medidas provisionales que aconseje el normal desarrollo de la vida del centro, pero el apartado 7 del artículo 61 de la Ley reguladora del derecho a la educación prohíbe expresamente que la administración educativa acuerde medidas que supongan su subrogación en las facultades del titular o del consejo escolar del centro.

### *E) Extinción*

Las causas de extinción de los conciertos educativos se recogen en el artículo 47 del Reglamento de normas básicas sobre conciertos educativos:

- Vencimiento de plazo de duración del concierto. El artículo 48 matiza que el vencimiento será causa de extinción, salvo que se produzca la renovación o prórroga.
- Mutuo acuerdo de las partes. De acuerdo con el artículo 49, la extinción por esta causa no procederá cuando existan razones de interés público que lo impidan. En todo caso, el consejo escolar del centro deberá ser oído antes de que se dicte la resolución administrativa.
- Incumplimiento grave de las obligaciones derivadas del concierto por parte de la administración o del titular del centro. El artículo 50 del Reglamento señala que el titular del centro podrá solicitar la resolución del concierto si estima que la administración ha incurrido en causa de extinción del mismo. Por su parte, la rescisión por incumplimiento del titular en la actualidad se restringe a los incumplimientos calificados como muy graves, según se ha expuesto en el epígrafe relativo a éstos. La rescisión producirá efectos desde el siguiente curso académico y obliga a la administración educativa, de acuerdo con el artículo 63.1 de la Ley orgánica reguladora del derecho a la educación, a adoptar las medidas necesarias para escolarizar a aquellos alumnos que deseen continuar bajo régimen de enseñanza gratuita, sin que sufran interrupción en sus estudios.

- Muerte de la persona física titular del centro o extinción de la persona jurídica a la que corresponde la titularidad. Sobre esta causa de extinción, el artículo 57 prevé que, en caso de fallecimiento del titular del centro concertado, sus herederos tendrán derecho a formalizar un nuevo concierto, siempre que concurran los requisitos previstos en el Reglamento, presumiéndose a todos los efectos su continuidad; paralelamente, la extinción de la persona jurídica titular del centro concertado producirá la extinción del concierto, salvo que su organización y patrimonio pasen a ser de la titularidad de otra persona que, reuniendo los requisitos establecidos en el Reglamento, asuma las obligaciones correspondientes a un nuevo concierto. Si los herederos optasen por no continuar en el régimen de concierto o la nueva persona jurídica no asumiera las obligaciones del concierto, éste se extinguirá con efectos a partir de la finalización del correspondiente curso académico.
- Declaración de quiebra o de suspensión de pagos del titular del centro. Esta causa de extinción es inaplicable en sus propios términos, debido a la profunda modificación experimentada por la legislación concursal con posterioridad a la aprobación del Reglamento de normas básicas sobre conciertos educativos. Aplicando por analogía la legislación de contratos del sector público, la causa de extinción equivalente sería la declaración de concurso o la declaración de insolvencia en cualquier otro procedimiento [artículo 211.1.b) de la Ley de contratos del sector público], aunque hay que tener en cuenta que dicha legislación permite potestativamente a la administración la continuación del contrato en los casos de declaración en concurso si razones de interés público así lo aconsejan, siempre y cuando el contratista preste las garantías adicionales suficientes para su ejecución.
- Revocación de la autorización administrativa del centro.
- Cese voluntario, debidamente autorizado, de la actividad del centro.
- Aquellas otras causas que se establezcan en el propio concierto.

Como previsión común a todas ellas, el artículo 60 del Reglamento de normas básicas sobre conciertos educativos establece que, extinguido el concierto educativo, la administración adoptará, en su caso, las medidas cautelares precisas para garantizar el derecho a la educación básica en régimen de gratuidad.

## V.4. CONCLUSIONES

Los conciertos educativos, tal como están configurados legalmente en la actualidad, presentan una marcada dicotomía en cuanto a su naturaleza jurídica, pues en todo lo que atañe al régimen de obligaciones que imponen a los titulares de los centros privados concertados predomina netamente el carácter de instrumento para la gestión indirecta del servicio público de la educación, colocando a dichos sujetos en una posición equiparable a la de un contratista que gestiona un servicio público para la administración, mientras que en su vertiente económica se asimilan, en cambio, a subvenciones que cubren únicamente gastos. Y de contratos y subvenciones se diferencian porque los fondos públicos en buena parte no los percibe el titular del centro concertado, sino directamente sus empleados, y porque comportan la obligación de realizar la actividad educativa sin ánimo de lucro; es decir, no es que se otorguen únicamente a entidades sin ánimo de lucro, sino que concertar implica renunciar a realizar la actividad educativa con ánimo de lucro mientras se mantenga en vigor el acuerdo con la administración.

Esta configuración presenta no pocas dificultades desde el punto de vista constitucional. El apartado 9 del artículo 27 de la Constitución establece de manera imperativa que "los poderes públicos ayudarán a los centros docentes que reúnan los requisitos que la ley establezca", pero, como se acaba de decir, en el actual régimen de concierto prevalece su carácter de modalidad de gestión indirecta del servicio público de la educación, que lo convierte en un instrumento a través del cual la administración se auxilia a sí misma para prestar ese servicio, sobre el de ayuda a los centros docentes privados[25]. En esta lógi-

---

25 Advierte SETUÁIN MENDÍA que "en el plano meramente práctico, resulta innegable que muchos de los centros privados de nuestro país (mayoritariamente

ca, las facultades de dirección de los titulares de los centros docentes, que son cruciales para el mantenimiento de su carácter propio (parte del contenido esencial de la libertad constitucional de creación de centros docentes y vinculado al derecho fundamental de los padres a que sus hijos reciban la formación religiosa y moral que esté de acuerdo con sus propias convicciones y a otras libertades igualmente fundamentales, como las recogidas en el artículo 16 de la Constitución), se ven en buena medida sacrificadas en aras de los objetivos y finalidades del servicio público educativo.

Las consecuencias de estas contradicciones se reflejan en polémicas como la que se ha producido en relación con la admisibilidad del concierto con los centros privados que optan por la llamada "educación diferenciada", saldada en la actualidad con una ulterior restricción de las facultades de los titulares de los centros docentes concertados, o la relativa a la supuesta "subsidiaridad" de la enseñanza concertada con respecto a la pública, que llevaría a que sólo se concierte cuando en los centros públicos no haya plazas suficientes para atender a la demanda de escolarización en un determinado nivel educativo, aun el caso de que los centros concertados tengan demanda suficiente para mantener la relación media mínima alumnos/profesor por unidad escolar exigida por la administración educativa. De ahí que no resultaría ocioso reabrir, una vez más, el debate

---

religiosos, aunque no en exclusiva) han encontrado en esta figura una herramienta de primer orden para su mantenimiento e impulso. Por su parte, la Administración recurriendo a ella, ha podido, atender necesidades educativas que, en su defecto, hubiesen requerido la construcción y dotación de nuevos centros públicos, con los importantes esfuerzos de distinta índole que ello conlleva. No se trata, pues, como se pretende desde posiciones especialmente radicales, de un beneficio exclusivo para los centros docentes privados, que lo tienen sin duda. Debe reconocerse también la contribución del sistema de conciertos a la eficacia real del derecho a la educación obligatoria y gratuita, manifestado como servicios que los poderes públicos tienen que garantizar y que, admítase, en ciertos sectores sociales es demandado en su prestación por este tipo de centros" (SETUÁIN MENDÍA, Beatriz, "El tratamiento jurisprudencial de la enseñanza diferenciada: la errática doctrina sobre conciertos educativos con centros privados que separan por sexos", *Revista Española de Derecho Administrativo* (154), 2012, p. 240).

sobre las alternativas que existen al concierto educativo en el ámbito comparado, como el llamado “cheque escolar”[26].

## V.5. JURISPRUDENCIA

STC núm. 31/2018, de 10 de abril de 2018 (ponente Alfredo Montoya Melgar). (Rec. de inconstitucionalidad 1406-2014).

STS s/n, de 6 de noviembre de 2011 (ponente Santiago Martínez-Vares García). (Rec. 1548/2006).

STS s/n, de 30 de marzo de 2015 (ponente Jesús Cudero Blas). (Rec. 1297/2013).

STS núm. 238/201, de 13 de febrero de 2017 (ponente Rafael Toledano Cantero). (Rec. 1313/2015).

STS núm. 915/2017, de 24 de mayo de 2017 (ponente María del Pilar Teso Gamella). (2950/2015).

STS núm. 1214/2017, de 11 de julio de 2017 (ponente José Luis Requero Ibáñez). (Rec. 2165/2016).

STS núm. 1215/2017, de 11 de julio de 2017 (ponente José Luis Requero Ibáñez). (Rec. 1756/2016).

STS núm. 180/2018, de 7 de febrero de 2018 (ponente Rafael Toledano Cantero). (Rec. 2008/2016).

STS núm. 1401/2018, de 20 de septiembre de 2018 (ponente Rafael Toledano Cantero). (Rec. 2338/2016).

STS núm. 1471/2018, de 5 de octubre de 2018 (Ponente Rafael Toledano Cantero). (Rec. 505/2016).

STS núm. 1301/2020, de 14 de octubre de 2020 (ponente José Luis Requero Ibáñez). (Rec. 4498/2018).

STS núm. 70/2022, de 27 de enero de 2022 (ponente María del Pilar Teso Gamella). (Rec. 4866/2020).

STS núm. 496/2023, de 20 de abril de 2023 (ponente Pablo María Lucas Murillo de la Cueva). (Rec. 6395/2021).

## V.6. BIBLIOGRAFÍA

ALEMÁN BRACHO, Carmen y GARCÍA SERRANO, Mercedes, *Los servicios sociales especializados en España,* Madrid, 2009.

---

26 Para una síntesis del estado de la cuestión sobre este debate desde el punto de vista jurídico, puede acudirse a MARCOS PASCUAL, *Revista de Derecho UNED,* 2019, *cit.*, pp. 458 y ss.

DE LOS MOZOS TOUYA, Isabel, *Educación en libertad y concierto escolar*, Madrid, 1995.

DÍAZ LEMA, José Manuel, *Los conciertos educativos en el contexto de nuestro derecho nacional, y en el derecho comparado*, Madrid, 1992.

GARCÍA SÁNCHEZ, M.ª Ángeles, "De nuevo con la educación diferenciada", *Anales de Derecho* (41), 2024, pp. 100-124.

GUARDIA HERNÁNDEZ, Juan José, "Marco constitucional de la enseñanza privada española sostenida con fondos públicos: recorrido histórico y perspectivas de futuro", *Estudios Constitucionales* 17 (1), 2019, pp. 321-362.

GUARDIA HERNÁNDEZ, Juan José, "Conciertos educativos y régimen de copago en España. Entre la ficción y la realidad", *Revista General de Derecho Administrativo* (59), 2022, pp. 1-16.

GUARDIA HERNÁNDEZ, Juan José, "El concierto educativo no es una subvención. ¿Una controversia ya superada?", en GAMERO CASADO, Eduardo y ALARCÓN SOTOMAYOR, Lucía (coords.), *20 años de la Ley General de Subvenciones*, Madrid, 2023, pp. 93-102.

LLANO TORRES, Ana, "Fundamentación *versus* publicación de la escuela concertada. Hacia una actualización de las razones de los conciertos educativos", *Revista General de Derecho Canónico y Eclesiástico del Estado* (50), 2019, pp. 1-31.

MARCOS PASCUAL, Enrique, "Los conciertos educativos y la libertad de elección de centro educativo", *Revista de Derecho UNED* (25), 2019, pp. 429-470.

MARTÍNEZ LÓPEZ-MUÑIZ, José Luis, "La educación escolar, servicio esencial: implicaciones jurídico-públicas", en REQUERO IBÁÑEZ, José Luis y MARTÍNEZ LÓPEZ-MUÑIZ, José Luis (dirs.), *Los derechos fundamentales en la educación*, Madrid, 2008, pp. 7-78.

MIGUEZ MACHO, Luis, "La transformación del régimen jurídico de los servicios sociales", *Revista Española de Derecho Administrativo* (153), 2012, pp. 33-61.

OTAUDY, Jorge, "Los conciertos educativos en la jurisprudencia española", en RUANO ESPINA, Lourdes, y LÓPEZ MEDINA, Aurora M.ª (coords.), *Antropología cristiana y derechos fundamentales. Algunos desafíos del siglo XXI al Derecho Canónico y Eclesiástico del Estado*, Madrid, 2018, pp. 127-158.

RODRÍGUEZ DE SANTIAGO, José María, *La administración del Estado social*, Madrid, 2007.

ROMEA SEBASTIÁN, Ángel, *Régimen jurídico de los centros concertados*, Cizur Menor, 2003.

SETUÁIN MENDÍA, Beatriz, "El tratamiento jurisprudencial de la enseñanza diferenciada: la errática doctrina sobre conciertos educativos con centros privados que separan por sexos", *Revista Española de Derecho Administrativo* (154), 2012, pp. 237-262.

SIMÓN YARZA, Fernando, "Los conciertos en la LOMLOE. Ruptura de un consenso constitucional", *Revista General de Derecho Constitucional* (35), 2021, pp. 1-31.

TORNOS MAS, Joaquín y GALÁN GALÁN, Alfredo, *La configuración de los servicios sociales como servicio público. Derecho subjetivo de los ciudadanos a la prestación del servicio*, Madrid, 2007.

VAQUER CABALLERÍA, Marcos, "Los problemas de la contraposición entre económico y social en la doctrina europea de los servicios de interés general", *Revista General de Derecho Administrativo* (8), 2005, pp. 1-20.

VIDAL PRADO, Carlos, "Educación diferenciada y Tribunal Constitucional", *Revista General de Derecho Constitucional* (29), 2019, pp. 1-38.

VILLAR PALASÍ, José Luis, *La intervención administrativa en la industria*, Madrid, 1964.

*Capítulo VI*

# *La acción concertada social y las fórmulas no contractuales en la provisión de servicios públicos locales*

**JOSEP MARIA SABATÉ VIDAL**

*Secretario General*

*Diputació de Tarragona*

*Profesor Asociado de Derecho Administrativo*

*Universitat Rovira i Virgili*

**Resumen:** La legislación sectorial que se ocupa de sistema público de servicios sociales determina que éste se halla integrado por el conjunto de recursos, prestaciones, actividades, programas, proyectos y equipamientos destinados a la atención social de la población, de titularidad de la Administración autonómica, de las entidades locales, y también los que la Administración concierte con las entidades de iniciativa social o privada. Para conocer cómo se concreta en el ámbito local este sistema público y en particular como se articula la relación de los servicios públicos locales y los que desarrollan las entidades de iniciativa social o privada se abordan en este capítulo los antecedentes legales, el marco legal vigente y las especialidades que respecto al régimen general de prestación de servicios públicos presenta la materia que nos ocupa.

**Palabras clave:** Servicios sociales básicos, gestión de servicios públicos, formas no contractuales, iniciativa social.



**Abreviaturas empleadas:**

CCAA: Comunidades Autónomas

LBRL: Ley 7/1985, de 2 de abril, reguladora de las bases del régimen local
LCSP: Ley 9/2017, de 8 de noviembre, de contratos del sector público
LRSAL: Ley 27/2013, de 27 de diciembre, de racionalización y sostenibilidad de la Administración Local
ROAS: Decreto 179/1995, de 13 de junio, por el cual se aprueba el Reglamento de obras actividades y servicios de los entes locales
TRLMC: Texto refundido de la Ley municipal y de régimen local de Cataluña

## VI.1. INTRODUCCIÓN

El artículo 25 de la Declaración universal de derechos humanos de las Naciones Unidas, de 1948, proclama que: "Toda persona tiene derecho a un nivel de vida que asegure, a él y a su familia, la salud y el bienestar, especialmente en cuanto a la alimentación, el vestido, la vivienda, la asistencia médica y los servicios sociales necesarios [...]".

También el artículo 14 de la Carta Social Europea dispone que: "A fin de asegurar el ejercicio efectivo del derecho a beneficiarse de los servicios sociales, las partes se comprometen a impulsar u organizar servicios que, utilizando métodos de trabajo social, contribuyan al bienestar y al desarrollo de las personas y de los grupos en la comunidad, y a su adaptación al entorno social [...]".[1]

En el ámbito de la legislación interna, el preámbulo de la Ley de servicios sociales de Cataluña (Ley 12/2007, de 11 de octubre) establece también que:

> "Los servicios sociales son uno de los sistemas del estado del bienestar, conjuntamente con la seguridad social, el sistema de salud, el sistema de educación, las políticas para la ocupación, las políticas de vivienda y otras actuaciones públicas. Los servicios sociales son el conjunto de intervenciones que tienen como objetivo garantizar las necesidades básicas de los ciudadanos, poniendo atención en el mantenimiento de su autonomía

---

1 La Carta Social Europea, tratado internacional del Consejo de Europa —adoptado inicialmente en Turín el 1961 y revisado el 1996 en Estrasburgo—fue ratificado por el Reino de España el 6 de mayo de 1980. Sobre su alcance y significación en el ámbito de los servicios sociales *vid.* FORNS I FERNÁNDEZ, M. Victòria, *El model de prestació dels serveis socials de Catalunya basat en la persona desde la perspectiva local*, Barcelona, 2018, pp. 28-32.

personal y promoviendo el desarrollo de las capacidades personales, en un marco de respeto por la dignidad de las personas."

Concretando la mencionada declaración el artículo 2 de la Ley 12/2007, define de este modo el sistema de servicios sociales de Cataluña:

"1. El sistema de servicios sociales es integrado por el conjunto de recursos, equipamientos, proyectos, programas y prestaciones de titularidad pública y privada destinados a la finalidad que establece el artículo 36.

2. El sistema público de servicios sociales está integrado por los servicios sociales de titularidad pública y los de titularidad privada acreditados y concertados por la Administración de acuerdo con lo que establece esta ley. Todos estos servicios configuran conjuntamente la red de atención pública.

3. Los servicios sociales de titularidad pública garantizan la existencia y el desarrollo de las acciones básicas, y también la equidad territorial, que contribuyen a la justicia y al bienestar social, de acuerdo con el que establece el título II.

4. Los servicios sociales de titularidad privada participan en la acción social mediante el desempeño de actividades y prestaciones de servicios sociales, de acuerdo con el que establece esta ley, bajo la inspección, el control y el registro de la Generalitat."

El artículo 14 de la Ley 12/2007 concreta todavía un poco más el concepto de sistema público de servicios sociales determinando que éste está integrado por el conjunto de recursos, prestaciones, actividades, programas, proyectos y equipamientos destinados a la atención social de la población, de titularidad de la Administración de la Generalitat, de las entidades locales y otras administraciones, y también los que la Administración concierte con las entidades de iniciativa social o privada.

En términos muy similares se hallan redactados el artículo 3 y el artículo 10 de la Ley de las Cortes de Aragón 5/2009, de 30 de junio, de Servicios Sociales de Aragón o el artículo 2 y el artículo 10 de la Ley del Parlamento de las Islas Baleares 4/2009, de 11 de junio, de servicios sociales de las Islas Baleares.

También la Ley del Parlamento Vasco 12/2008, de 5 de diciembre, de Servicios Sociales, en sus artículos 5 y 27 dibujan un sistema público de servicios sociales basado en una red asistencial en la que junto con la Administración Pública se reconoce el papel de la iniciativa privada y en la que de la mano de la Administración autonómica concurren con importantes responsabilidades los gobiernos locales.

Para conocer cómo se concreta en el ámbito local este sistema público y en especial como se articula la relación de los servicios públicos locales y los que desarrollan las entidades de iniciativa social o privada dedicaré las próximas páginas a exponer los antecedentes legales, el marco legal vigente y las especialidades que respecto al régimen general de prestación de servicios públicos presenta la materia que nos ocupa.

## VI.2. PRECEDENTES DE LAS COMPETENCIAS Y LA PRESTACIÓN LOCAL DE SERVICIOS SOCIALES

Las competencias y la prestación local de servicios sociales actuales encuentran su origen en las atribuciones que tradicionalmente los gobiernos locales tenían confiadas en materia de Beneficencia durante el siglo XIX y principios del S. XX. Desde la Ley de Beneficencia de 1822 estas atribuciones fueron otorgadas a los entes locales basándose en la proximidad y la tradición, teniendo en cuenta la secular existencia de instituciones locales públicas o parapúblicas destinadas desde tiempos inmemoriales a la beneficencia y la caridad con las personas más necesitadas[2].

En primer tercio del S. XX la emergencia de los sistemas de Seguridad Social dio lugar a una configuración más residual o complementaria de la asistencia social a cargo de los gobiernos locales, sin dejar pero su papel de actor inmediato en este sistema como lo atestiguan las competencias que por ejemplo reserva a favor de los municipios la Ley municipal de Cataluña de 1933-34 que en su artículo 102 establecía cómo exclusiva competencia de los ayuntamientos la protección de menores, huérfanos y ancianos y el establecimiento de centros benéficos que tengan la mencionada finalidad (apartado

---

2 Para conocer de forma más exhaustiva estos antecedentes *vid.* BELTRÁN AGUIRRE, Juan Luís, *El régimen jurídico de la Acción Social pública*, Oñati, 1992, pp. 81-89, y ALONSO SECO, José María y GONZALO GONZÁLEZ, Bernardo, *La Asistencia Social y los Servicios Sociales en España*, 2ª ed., Madrid, 2000, pp. 75 y ss.

23) así como la asistencia benéfica de carácter domiciliario (apartado 24).

A medida que ha ido evolucionando el estado social y las nuevas necesidades de la sociedad de fines del siglo XX y principios del XXI se ha producido una nueva atribución de prestaciones a favor de los entes locales dirigidas a colectivos y personas que, por varias razones, quedaban fuera del sistema de Seguridad Social. También al mismo tiempo, esta asistencia se ha diversificado y ha logrado espacios más alejados del modelo de prestaciones básicas de la seguridad social, de acuerdo con las nuevas necesidades sociales derivadas de los cambios acontecidos en la pirámide poblacional, la diversificación de los modelos familiares, etc.

Justamente en este nuevo escenario, el papel de los entes locales (especialmente de los municipios) en esta materia deviene nuevamente central. Así ha venido configurado por la Ley 7/1985, de 2 de abril, reguladora de las bases del régimen local (LBRL) y por el texto refundido de la Ley municipal y de régimen local de Cataluña (TRLMC), que reconoce a los municipios amplias competencias en materia de servicios sociales (artículo 25.2 LBRL y artículo 66.3 TRLMC) y determina "la prestación de servicios sociales" como uno de los servicios que tienen que garantizar a sus vecinos los municipios de más de 20.000 habitantes (artículo 26 LBRL y artículo 67 TRLMC).

También la Ley 7/1999, de 7 de abril, de Administración Local de Aragón en sus artículos 42 y 44 reserva para los municipios el ámbito de competencia básico y más próximo en materia de servicios sociales, como también lo hace la Ley de las Cortes Valencianas 8/2010, de 23 de junio, en sus artículos 33 y 34.

Del mismo modo lo venían reconociendo la Ley 5/1997, de 5 de junio, de la Administración Local de Galicia, en sus artículos 80 y 81 o la Ley 5/2010, de 11 de junio, de autonomía local de Andalucía en su artículo 9.3.

Este escenario fue puesto en cuestión por la reforma que pretendía introducir la Ley 27/2013, de 27 de diciembre, de racionalización y sostenibilidad de la Administración Local (LRSAL). No obstante, la interpretación constitucional dada por la STC, en Pleno, de 3 de marzo de 2016 (ponente Andrés Ollero Tasara), resolviendo el recurso interpuesto por Asamblea Legislativa de la CA de Extremadura contra varios preceptos de la LRSAL, ha mantenido intactas, como a continuación vernos, las competencias locales en esta materia.

## VI.3. COMPETENCIAS LOCALES EN MATERIA DE SERVICIOS SOCIALES DE ACUERDO CON LEGISLACIÓN BÁSICA DE RÉGIMEN LOCAL

La LRSAL, mediante su artículo 1.8, da una nueva redacción al artículo 25 de la LBRL, modificando la tradicional cláusula de apoderamiento general de los municipios, contenida en su apartado primero, y también su apartado segundo donde se establecen las materias en las cuales "en todo caso" el legislador sectorial tiene que reconocer a los municipios competencias, que ahora denomina, "propias", positivizando un concepto profusamente utilizado por la doctrina, pero que no era pacífico en su significado y alcance[3].

En relación en la cláusula general de apoderamiento a favor de los municipios, contenida en el apartado 1 del artículo 25 de la LBRL, la LRSAL pretende condicionar de forma determinante los términos del precepto original, suprimiendo la referencia a *"toda clase"* de actividades y *"cuántos"* servicios contribuyan a satisfacer las necesidades de la comunidad local, limitando esta capacidad a "*a los términos previstos en este artículo*", es decir en el ámbito de las competencias *"propias"*, lo cual rompe con el amplio consenso doctrinal imperante durante años sobre la interpretación de este apartado como una cláusula genérica de capacidad de los municipios [*vid.* entre otras la STS, Sala de lo Contencioso Administrativo, Sección Sexta, de 21 de mayo de 1997 (ponente Juan A. Xiol Ríos), FD 5°].

Respecto a la nueva redacción del artículo 25.2 de la LBRL, entre las materias que según el mismo tienen que ser atribuidas a los municipios como "propias" encontramos en su letra e) la "Evaluación e

---

3 *Vid.* CARBONELL PORRAS, Eloísa, "Las competencias locales diez años después de la LRSAL", *Revista de Estudios de la Administración Local y Autonómica* (19), 2023, pp. 10 y ss., y FUENTES I GASÓ, Josep Ramon, "Consecuencias de la Ley 27/2013 de Racionalización y Sostenibilidad de la Administración Local, en el régimen local de Cataluña", *Revista Vasca de Administración Pública. Administrazio Publikoaren Euskal Aldizkaria,* (101), 2015, pp. 72 y ss.

información de situaciones de necesidad social y atención inmediata a personas en situación o riesgo de exclusión social".

Por otro lado, la LRSAL (artículo 1.9.1) también modifica, bajo una misma lógica los servicios municipales mínimos establecidos en el artículo 26 de la LBRL, en función de los tramos de población municipal. Disponiendo en cuanto a la materia que nos ocupa que los municipios con una población superior a los 20.000 habitantes tienen que prestar entre otros los siguientes servicios: "...evaluación e información de situaciones de necesidad social y la atención inmediata a personas en situación o riesgo de exclusión social...".

La LRSAL pretendía del mismo modo incidir de pleno en el régimen competencial que relaciona los gobiernos locales con las Comunidades Autónomas (CCAA). Especialmente destaca la pretensión de la atribución a las administraciones autonómicas de competencias que se venían atribuyendo a los municipios en las siguientes materias:

- Salud (disposición transitoria primera). La LRSAL establecía que las CCAA asumirían la titularidad de las competencias en la gestión de la atención primaria de la salud (en un proceso que se instrumentaría en un periodo de 5 años desde la entrada en vigor de la ley).
- Prestación de los servicios sociales y de promoción y reinserción social (disposición transitoria segunda). Del mismo modo se establecía para la materia que nos ocupa que las CCAA tendrían que asumir el 31 de diciembre de 2015 estas competencias.
- Servicios de inspección sanitaria (disposición transitoria tercera). Correspondería también a las CCAA prestar los servicios relacionados con el control sanitario de mataderos e industrias de alimentos y bebidas en un plazo de 6 meses.
- Educación (disposición adicional decimoquinta). Según esta disposición, las CCAA asumirían la titularidad de las competencias relativas a "participar en la vigilancia del cumplimiento de la escolaridad obligatoria y cooperar con las Administraciones educativas correspondientes en la obtención de los solares necesarios para la construcción de nuevos centros docentes, así como la conservación, mantenimiento y vigilancia de los edificios de titularidad local destinados a centros públicos de

educación infantil, de educación primaria o de educación especial" (hay que hacer notar cierta contradicción de este precepto con el artículo 25.2 —modificado por el 1.8 de la LRSAL— que establece que en estas mismas materias el municipio ejercerá competencias propias).

Estas mismas disposiciones establecían los términos del traspaso competencial, que tendría que llevarse a cabo, de forma gradual y de acuerdo los términos previstos a las normas de financiación autonómica y la reguladora de las haciendas locales. Todo esto sin perjuicio que las CCAA pudieran delegar estas competencias de conformidad con la nueva redacción del artículo 27 de la LBRL a favor de los municipios, las diputaciones u otros entes equivalentes.

Observamos pues que las competencias locales en materia de servicios sociales se hallaban de lleno afectadas por la LRSAL. Ahora bien, cabe decir que la eficacia de esta contracción competencial era inicialmente del todo incierta por dos razones fundamentales.

La primera, por el hecho de que los límites que se imponían a partir de los artículos 25 y 26 de la LBRL, en la redacción dada por la LRSAL, operaban y vinculan al legislador sectorial *pro futuro*, y la legislación sectorial de muchas comunidades autónomas como es el caso de la legislación catalana, adoptada mucho antes de la entrada en vigor de la LRSAL, atribuye amplias competencias a favor de los municipios[4]. Así la "Nota explicativa sobre la aplicación en Cataluña de determinados aspectos de la Ley 27/2013, de 27 de diciembre, de racionalización y sostenibilidad de la Administración local", elaborada por el Departamento de Gobernación y Relaciones Institucionales de la Generalitat de Cataluña, consideraba que "(...) una ley sectorial autonómica, al amparo del ámbito competencial correspondiente que prevé el EAC, que en fecha de la entrada en vigor de la LRSAL ya atribuye competencias, propias o delegadas, a los entes locales para la prestación de servicios públicos, tiene que ser respetada". Y también añade, por el que se refiere específicamente a la prestación de servicios sociales, que:

---

4 FUENTES I GASÓ, *Revista Vasca de Administración Pública. Administrazio Publikoaren Euskal Aldizkaria,* 2015, pp. 78 y ss.

"(...) se tiene que mantener la prestación de los servicios sociales que actualmente se están prestando por parte de los municipios de Cataluña, en virtud de lo que disponen los artículos 84, 110 y 166 del mismo Estatuto y, evidentemente, de lo que dispone la normativa sectorial catalana dictada en virtud de las competencias exclusivas que corresponden a la Generalitat."[5]

La segunda razón, tiene que ver con el hecho que la previsión del traspaso competencial en esta materia, desde las autoridades locales hacia la administración autonómica, tenía como condición de eficacia *"los términos previstos a la legislación de financiación autonómica y local"*. Una condición que no se cumpliría de forma inmediata, puesto que la previsión del Ministerio de Hacienda y Administraciones públicas (impulsor principal de la reforma local) de reconducir el esquema competencial autonómico y local con la reforma de sus normas de financiación no fue completado en este último aspecto. Por lo cual y mientras no se materializara la reforma del sistema de financiación autonómica y local (que entonces se antojaba *ad calendas graecas*), quedaba en suspenso la disposición transitoria tercera de la LRSAL.

Finalmente el Tribunal Constitucional en su STC, en Pleno, de 3 de marzo de 2016 [secundada pocos meses más tarde por la STC, en Pleno, de 9 de junio de 2016 (ponente Antonio Narváez Rodríguez), sobre un recurso de la junta de Andalucía; la STC, en Pleno, de 6 de octubre de 2016 (ponente Juan Antonio Xiol Ríos), por recurso interpuesto por el Gobierno del Principado de Asturias; y la STC, en Pleno, de 20 de octubre de 2016 (ponente Juan José González Rivas), ante recurso interpuesto por el Parlamento de Navarra] aceptó la constitucionalidad de la intervención del Estado en el diseño del mapa local (creación, supresión y fusión de municipios, entidades de ámbito territorial inferior al municipio, mancomunidades o consorcios), excepto algunos aspectos puntuales que vulneran la competencia autonómica de autoorganización al indicar expresamente el órgano autonómico o la norma o instru-

---

5 "Nota explicativa sobre l'aplicació a Catalunya de determinats aspectes de la Llei 27/2013, de 27 de desembre, de racionalització i sostenibilitat de l'administració local". Secretaria de Cooperació i Coordinació de les Administracions Locals. Generalitat de Catalunya. 16 de abril de 2014

mento a través del cual se debe llevar a cabo. También aceptó los artículos que inciden directamente en la estabilidad presupuestaria, para condicionar las competencias municipales que no sean ni propias ni delegadas.

Sin embargo, declara inconstitucionales dos contenidos especialmente relevantes de la mencionada ley que inciden en el espacio competencial autonómico sobre régimen local y que afectan la materia que nos ocupa. Por un lado, declara la inconstitucionalidad de las previsiones que hacía la LRSAL respecto al traspaso unilateral y coercitivo en las CCAA de las competencias que los municipios ejercían sobre sanidad o servicios sociales. Lo hace apoyándose en que el Estado estaría excediéndose en su competencia para establecer el contenido básico en estas materias. También rechaza la discutida pretensión que los municipios solo puedan ejercer competencias propias en aquellas materias que determine el Estado a través de la LBRL. En este caso no hay una declaración de inconstitucionalidad sino una interpretación que cuestiona el "espíritu" de la ley. Y considera que, las leyes autonómicas pueden atribuir a los municipios competencias propias en materias diferentes a las enumeradas en este artículo, sin que el legislador estatal pueda intervenir en los casos que como en materia de servicios sociales son las comunidades autónomas quienes ostentan competencias exclusivas[6].

Por lo tanto, más allá de las previsiones básicas que sobre esta materia encontramos en los artículos 25 y 26 de la LBRL, que podemos calificar de *mínimis*, debe acudirse a la normativa sectorial sobre ellas, de competencia autonómica, para determinar las competencias municipales sobre servicios sociales.

---

[6] VELASCO CABALLERO, Francisco, "Juicio constitucional sobre la LRSAL: punto final", *Anuario de Derecho Municipal* (10), 2016, pp. 42 y ss.

## VI.4. COMPETENCIAS LOCALES EN MATERIA DE SERVICIOS SOCIALES DE ACUERDO CON LA LEGISLACIÓN SECTORIAL SOBRE SERVICIOS SOCIALES. ESPECIAL REFERENCIA AL CASO DE LA LEGISLACIÓN CATALANA

De acuerdo con todo lo expuesto, y a pesar del escenario incierto que se divisaba en esta materia con la entrada en vigor de la reforma operada a la LBRL por la LRSAL, después de las diferentes sentencias que dictó el Tribunal Constitucional a lo largo del año 2016 y en especial la ya mencionada STC de 3 de marzo de 2016, las competencias locales en esta materia continúan siendo substancialmente las mismas.

Tras ser declaradas inconstitucionales entre otras la DT 2.ª que preveía el traspaso urgente y coactivo de las competencias locales relativas a los servicios sociales a favor de las CCAA y ser interpretados en un sentido diferente al pretendido por los impulsores de la LRSAL los artículos 25 y 26 de la LBRL, la regulación sustantiva del régimen competencial local en materia de servicios sociales continúa siendo la prevista en la legislación sectorial competencia de las CCAA. En el caso de Cataluña la Ley del Parlamento de Cataluña 12/2007, de 11 de octubre, de servicios sociales[7].

El Capítulo I del Título III de la Ley 12/2007, establece el régimen competencial y organizativo de las administraciones catalanas en esta materia. Concretamente, el artículo 27 bajo la rúbrica "Responsabilidades públicas", determina que:

> "1. La Administración de la Generalitat, los municipios y los otros entes locales de Cataluña son las administraciones competentes en materia de servicios sociales, de acuerdo con lo que establece este título y, si procede, la legislación sobre organización territorial y régimen local.
>
> 2. Los municipios y los otros entes locales pueden ejercer competencias propias de la Administración de la Generalitat por vía de delegación,

---

[7] *Vid.* con carácter general DOMÍNGUEZ MARTÍN, Mónica, "La acción social municipal en la gestión de la emergencia sanitaria producida por la COVID-19", *Cuadernos de Derecho Local* 39 (53), 2020, pp. 80 y ss. Y de forma específica para el caso de Catalunya FORNS I FERNÁNDEZ, *El model de prestació dels serveis socials de Catalunya basat en la persona desde la perspectiva local,* pp. 62 y ss.

de encargo de gestión o de fórmulas de gestión conjunta, sin perjuicio de las competencias que las leyes los atribuyen."

El artículo 31, del mencionado texto legal concreta las competencias municipales, estableciendo que:

"1. Corresponden a los municipios las competencias siguientes:

a) Estudiar y detectar las necesidades sociales en su ámbito territorial.

b) Crear y gestionar los servicios sociales necesarios, tanto propios como delegados por otras administraciones, de acuerdo con la Cartera de servicios sociales y el plan estratégico correspondiente.

c) Elaborar planes de actuación local en materia de servicios sociales y participar, si procede, en el plan de actuación del área básica correspondiente.

d) Establecer los centros y los servicios correspondientes en el ámbito propio de los servicios sociales básicos.

e) Cumplir las funciones propias de los servicios sociales básicos.

f) Promover la creación de los centros y los servicios correspondientes al ámbito propio de los servicios sociales especializados y gestionarlos, en coordinación con la Administración de la Generalitat y el ente local supramunicipal correspondiente, de acuerdo con la Cartera de servicios sociales y el plan estratégico correspondiente.

g) Colaborar con la Administración de la Generalitat en el ejercicio de las funciones de inspección y control en materia de servicios sociales.

h) Ejercer las funciones que le delegue la Administración de la Generalitat.

y) Participar en la elaboración de los planes y los programas de la Generalitat en materia de servicios sociales.

j) Coordinar los servicios sociales locales, los equipos profesionales locales de los otros sistemas de bienestar social, las entidades asociativas y las que actúan en el ámbito de los servicios sociales locales.

k) Las que les atribuyan las leyes."

El artículo 34 de la Ley 12/2007 se ocupa de las áreas básicas de servicios sociales, que son la unidad primaria de la atención social a los efectos de la prestación de los servicios sociales básicos. El área básica de servicios sociales se organiza sobre una población mínima de veinte mil habitantes, tomando como base el municipio.

En el caso de los de menos de veinte mil habitantes, el área básica de servicios sociales tiene que agrupar diferentes municipios, caso en el cual la gestión corresponde a la comarca o al ente asociativo creado especialmente con ese objeto —por ejemplo, mancomunidades o consorcios— (artículo 34.3).

De acuerdo con lo que dispone el artículo 41 de la Ley 12/2007, La Administración de la Generalitat y los entes locales colaboran en la aplicación de las políticas de servicios sociales, de acuerdo con las competencias respectivas, mediante los instrumentos que establecen la legislación general de régimen jurídico y procedimiento administrativo y la legislación de régimen local.

El mencionado artículo prevé además que la Administración de la Generalitat tiene que fomentar la creación de mancomunidades y otras fórmulas de gestión conjunta que faciliten el ejercicio de las competencias locales en el ámbito de los servicios sociales (artículo 41.4). Establece también que, con el fin de garantizar, en el ámbito territorial correspondiente, la corresponsabilidad en la prestación de los servicios sociales y la estabilidad de los servicios y de sus profesionales, la Generalitat tiene que establecer convenios cuatrienales de coordinación y cooperación interadministrativas con los entes locales supramunicipales, las comarcas y los municipios de más de veinte mil habitantes (artículo 41.5).

Por lo tanto, a la vista del que dispone la Ley 12/2007, podemos concluir que los municipios ostentan competencias propias en materia de servicios sociales, fundamentalmente el establecimiento y prestación de los servicios sociales denominados básicos.

Los servicios sociales básicos son el primer nivel del sistema público de servicios sociales y la garantía de más proximidad a los usuarios y a los ámbitos familiar y social (artículo 16.1) y comprenden los equipos básicos, los servicios de ayuda a domicilio y de teleasistencia y los servicios de intervención socioeducativa no residencial para niños y adolescentes (artículo 16.2).

De conformidad con esta caracterización corresponden a los servicios sociales básicos las siguientes funciones (artículo 17):

a) Detectar las situaciones de necesidad personal, familiar y comunitaria en su ámbito territorial.

b) Ofrecer información, orientación y asesoramiento a las personas con relación a los derechos y los recursos sociales y a las actuaciones sociales a que pueden tener acceso.

c) Valorar y hacer los diagnósticos social, socioeducativo y sociolaboral de las situaciones de necesidad social a petición del usuario o usuaria, de su entorno familiar, convivencial o social u otros servicios de la Red de Servicios Sociales de Atención Pública, de acuerdo con la legislación de protección de datos.

d) Proponer y establecer el programa individual de atención en la dependencia y de promoción de la autonomía personal, excepto en aquellas situaciones en que la persona esté ingresada de manera permanente en un centro de la red pública. En estos últimos casos, los servicios de trabajo social del centro de la red pública tienen que elaborar el dedo programa.

e) Revisar el programa individual de atención a la dependencia y de promoción de la autonomía personal cuando corresponda.

f) Cumplir las actuaciones preventivas, el tratamiento social o socioeducativo y las intervenciones necesarias en situaciones de necesidad social y hacer la evaluación.

g) Intervenir en los núcleos familiares o convivenciales en situación de riesgo social, especialmente si hay menores.

h) Impulsar proyectos comunitarios y programas transversales, especialmente los que buscan la integración y la participación sociales de las personas, las familias, las unidades de convivencia y los grupos en situación de riesgo.

i) y) Prestar servicios de ayuda a domicilio, teleasistencia y apoyo a la unidad familiar o de convivencia, sin perjuicio de las funciones de los servicios sanitarios a domicilio.

j) Prestar servicios de intervención socioeducativa no residencial para niños y adolescentes.

k) Orientar el acceso a los servicios sociales especializados, especialmente los de atención diurna, tecnológica y residencial.

l) Promover medidas de inserción social, laboral y educativa.

m) Gestionar prestaciones de urgencia social.

n) Aplicar protocolos de prevención y de atención ante maltratos a personas de los colectivos más vulnerables.

o) Gestionar la tramitación de las prestaciones económicas de ámbito municipal y comarcal y las otras que le sean atribuidas.

p) Coordinarse con los servicios sociales especializados, con los equipos profesionales de los otros sistemas de bienestar social, con las entidades del mundo asociativo y con las que actúan en el ámbito de los servicios sociales.

q) Informar a petición de jueces y fiscales sobre la situación personal y familiar de personas afectadas por causas judiciales.

La prestación de los servicios sociales básicos se tiene que llevar a cabo en cuanto a su distribución territorial, como ya se ha mencionado anteriormente, en áreas básicas, que constituyen la unidad primaria de atención social (artículo 34.1). Los municipios de más de 20.000 habitantes constituyen un área básica de servicios sociales, si bien en función de su número de habitantes y de sus necesidades sociales pueden establecer más de una (artículos 34.2 y 34.4). En el caso de los municipios de menos de 20.000 habitantes las áreas básicas se conformarán por agrupación de varios municipios, correspondiendo su gestión, en este caso, a la comarca o a otro ente asociativo —mancomunidad o consorcio— creado al efecto (artículo 34.3).

El esquema de reparto de responsabilidades entre la administración autonómica y los gobiernos locales contenido en la legislación catalana, aunque con matices en la estructura territorial y alguna de las prestaciones, es parecido al que muchas otras comunidades autónomas tienen establecido en sus respectivas legislaciones.

Este sería el caso de la Ley 5/2009, de 30 de junio, de Servicios Sociales de Aragón que en sus artículos 47, 48 y 49 determina las competencias de las comarcas, de los municipios y de la Diputaciones Provinciales aragonesas, o el de la Ley del Parlamento Vasco 12/2008, de 5 de diciembre, de Servicios Sociales que en sus artículos 27 y siguientes determina las competencias del sistema Vasco de Servicios Sociales reservando para los municipios un importante ámbito competencial, junto a los servicios sociales forales y los del propio Gobierno Vasco. I también puede observarse un esquema similar en la articulación que Ley 5/2010, de 11 de junio, de Autonomía Local de Andalucía y la Ley 9/2016, de 27 de diciembre, de Servicios Sociales de Andalucía (artículos 51 y siguientes) establecen para los servicios sociales en esta comunidad[8].

---

[8] Para una visión general más detallada de este reparto competencial entre las administraciones autonómicas y locales *vid.* DOMÍNGUEZ MARTÍN, *Cuadernos de Derecho Local*, 2020, pp. 84 y ss.

De acuerdo con lo expuesto cabe abordar seguidamente de forma más detallada las formas de prestación de los servicios sociales de competencia municipal en el siguiente apartado.

## VI.5. FORMAS DE PRESTACIÓN DE LOS SERVICIOS SOCIALES DE COMPETENCIA MUNICIPAL

Según establece la legislación de régimen local y la legislación sectorial catalana (Ley 12/2007, de 11 de octubre, de servicios sociales) que acabamos de reseñar corresponde a los municipios de más de 20.000 habitantes, la prestación de servicios sociales básicos (artículo 67 del TRLMC y 31.1 de la Ley 12/2007). Mientras que corresponde a los Consejos comarcales asegurar la prestación de estos servicios en los municipios de población inferior a 20.000 habitantes, supliendo en la titularidad de las competencias propias de los servicios sociales básicos que estos municipios no estén en condiciones de asumir directamente o mancomunadamente (artículo 31.2 de la Ley 12/2007).

Ahora bien, más allá de la titularidad del servicio debemos acudir a la legislación general sobre régimen local para la determinación de las formas de prestación de este servicio que los municipios tienen a su alcance.

Corresponde a la potestad de autoorganización de los entes locales —reconocida por el artículo 4.1 a) de la LBRL— la facultad de establecer el sistema de gestión de los servicios públicos locales (artículo 249.1 del TRLMC), teniendo presente que la misma ley determina que los servicios de competencia local se deben gestionar, de la manera más sostenible y eficiente, directa o indirectamente (artículo 249.2 del TRLMC en relación con el 85.2 de la LBRL).

La gestión directa de los servicios públicos locales se puede llevar a cabo mediante las formas siguientes (artículos 85.2 de la LBRL y 249.3 del TRLMC):

a) Gestión del mismo ente local.

b) Organismo autónomo local.

c) Entidad pública empresarial local.

d) Sociedad mercantil local con capital social íntegramente público.

En cuanto a la gestión indirecta de los servicios públicos esta se puede llevar a cabo según la LBRL mediante cualquiera de las formas establecidas por la normativa de contratos del sector público para el contrato de gestión de servicios públicos (artículo 85.2 B). Debe notarse pero que este precepto ha quedado vacío de contenido por la reforma operada en la legislación sobre contratación pública por la Ley 9/2017, de 8 de noviembre, de contratos del sector público (LCSP) si nos ceñimos a su literalidad, y que por ese motivo debemos considerar referido al contrato de concesión (artículo 15) o al de servicio (artículo 17) en función de los parámetros establecidos por la propia ley —fundamentalmente la existencia o no de riesgo operacional para el contratista—.

Ahora bien, estas formas no agotan en realidad las fórmulas de prestación de los servicios, puesto que el propio TRLMC, determina que los servicios locales pueden ser prestados por los municipios por sí mismos o de forma asociada (artículo 67) —la misma fórmula que utiliza al LBRL en su artículo 26—. Dentro del concepto de gestión asociada hay que incluir las mancomunidades, los consorcios y también la comarca, considerando la naturaleza de agrupación de municipios que tiene la comarca (artículo 3 del texto refundido de la Ley de organización comarcal, aprobado mediante Decreto Legislativo 4/2003, de 4 de noviembre, del Gobierno de la Generalitat) y su competencia en la gestión de servicios municipales.

Así, hay que considerar que el artículo 25.1 c) del texto refundido de la Ley de organización comarcal establece que las comarcas pueden gestionar las competencias que los municipios deleguen o encarguen su gestión a las mismas. Y todavía, en el mismo sentido los artículos 167.1 b) y 175 del Decreto 179/1995, de 13 de junio, por el cual se aprueba el Reglamento de obras actividades y servicios de los entes locales (ROAS). De acuerdo con los citados preceptos la comarca puede prestar servicios de competencia municipal en virtud de delegación o convenio, de conformidad con las previsiones establecidas en el programa de actuación comarcal.

La mencionada regulación no llega a determinar de forma completa el contenido del mencionado convenio, por lo cual habría que acudir a la regulación general sobre los convenios interadministrativos, contenida en los artículos 47 y siguientes de la Ley 40/2015, de 1 de octubre, de régimen jurídico del sector público, y en los artículos 108 a 112 de la Ley 26/2010, de 3 de agosto, de régimen jurídico de las administraciones públicas de Cataluña. Igualmente habría que tomar en consideración, en el artículo 10 de la misma ley, que regula los encargos de gestión, de conformidad con aquello que dispone el artículo 116.2 de la misma ley, que "Las administraciones públicas catalanas, los organismos y las entidades públicas pueden encargar la realización de actividades de carácter material, técnico o de servicios a otras administraciones, organismos o entidades públicas, de conformidad con lo que dispone el artículo 10." En el mismo sentido puede verse la regulación básica contenida en el artículo 11 de la Ley 40/2015.

Previsiones semejantes a las contenidas en la legislación catalana contienen la Ley 5/2009, de 30 de junio, de Servicios Sociales de Aragón (artículo 48.2) respecto la suplencia de las comarcas aragonesas a los municipios de menos de veinte mil habitantes en el ejercicio de las competencias propias de los servicios sociales básicos que estos municipios no estén en condiciones de asumir directa o mancomunadamente; y la Ley 9/2016, de 27 de diciembre, de Servicios Sociales de Andalucía (artículo 51, apartados 6 y 7) respecto a la gestión de servicios sociales municipales por parte de las diputaciones andaluzas.

## VI.6. LA CONCERTACIÓN Y OTRAS FORMAS DE PRESTACIÓN NO CONTRACTUALES EN LA LEGISLACIÓN DE SERVICIOS SOCIALES

La Directiva 2014/24/UE, de 26 de febrero, sobre contratación pública, en sus expositivos 7° y 114° y en su artículo 5° manifiesta que los servicios que se conocen como servicios a las personas (servicios sociales, sanitarios y educativos), por su propia naturaleza y dimensión tienen que ser valorados de forma especial por la normativa general de contratación pública.

Estos servicios se prestan en un contexto particular que varía mucho de un Estado miembro a una otro, a causa de las diferentes tradiciones culturales.

Esto permite aplicarles normas específicas para su contratación y hasta prever su exclusión del régimen contractual, puesto que las autoridades de los Estados miembros tienen libertad para prestar por sí mismos estos servicios u organizar los servicios sociales de forma que no sea necesario celebrar contratos públicos, por ejemplo, mediante la simple financiación de estos servicios o la concesión de licencias o autorizaciones a todos los operadores que cumplan las condiciones previamente fijadas, siempre que este sistema garantice una publicidad suficiente y se ajuste a los principios de transparencia y no discriminación.

En términos equivalentes se pronuncia la Directiva 2014/23/UE, de 26 de febrero, relativa a la adjudicación de los contratos de concesión, que en los expositivos 5.º y 53.º y 4.º determina que, atendiendo a la importancia del contexto cultural y el carácter delicado de estos servicios, las autoridades de los estados miembros deben disponer de amplia discrecionalidad para seleccionar a los prestadores de estos servicios de la manera que consideren más apropiada.

Del mismo modo hay que tener en cuenta que la Disposición Adicional 49ª de la LCSP, reconoce la potestad de las CCAA, en ejercicio de sus competencias, para legislar sobre instrumentos no contractuales para la prestación de servicios públicos destinados a satisfacer necesidades de carácter social.

Este tratamiento diferenciado que recogen tanto las directivas más arriba mencionadas como la LCSP trae causa y se encuentra también reconocido en primer lugar en el "Libro blanco sobre los servicios de interés general" de 12 de mayo de 2004[9] y la Comunicación sobre los servicios sociales de interés general de 26 de abril de 2006[10]. Y en segundo lugar y de forma más concreta en la Comunicación de

---

9 COMISIÓN (CE), "Libro Blanco sobre los servicios de interés general" COM(2004) 374 final, 12 de mayo de 2004.

10 COMISIÓN (CE), "Aplicación del programa comunitario de Lisboa. Servicios sociales de interés general en la Unión Europea" (Comunicación) COM(2006) 177 final, 26 de abril de 2006.

la Comisión "Un marco de calidad para servicios de interés general a Europa" de 20.12.2011 y a la "Guía para la aplicación de las normas de la Unión Europea sobre ayudas estatales, contratación pública y mercado interior para servicios de interés económico general, y en particular para servicios sociales de interés general" (29.04.2013).

Todas estas disposiciones vienen a reconocer que uno de los grandes retos que tienen los servicios sociales en la actualidad es garantizar su provisión mediante fórmulas que en el caso de no ser atendidas directamente por la propia administración no se fundamenten únicamente en su rendimiento económico y en especial el precio del servicio, sino que tengan en cuenta también otros factores vinculados a la calidad e idoneidad del servicio, la atención personalizada o la situación de vulnerabilidad en que se puede encontrar la persona usuaria o beneficiaria del servicio o de la prestación[11].

A pesar de que la provisión de servicios sociales puede llevarse a cabo mediante los procedimientos de contratación pública previstos en la LCSP, ya con carácter previo a su entrada en vigor, en Cataluña, la disposición adicional tercera del Decreto Ley 3/2016, de 31 de mayo, de medidas urgentes en materia de contratación pública, reguló dos fórmulas no contractuales para la provisión de servicios sociales: la gestión delegada y el concierto social. Estas fórmulas están basadas directamente en las directivas europeas de contratación, y su objeto es la gestión de los servicios comprendidos en el ámbito de la Ley catalana 12/2007, de 11 de octubre, de servicios sociales, mediante un sistema de concertación con diferentes proveedores externos a la Administración, previamente inscritos o homologados, para agilitar la prestación del servicio, o bien, en el caso de servicios de titularidad pública, para facilitar la selección del proveedor, introduciendo

[11] Un análisis más detallado de los fundamentos y conclusiones de los órganos de la UE al respecto puede encontrarse en GIMENO FELIÚ, José María, "La colaboración público-privada en el ámbito de los servicios sociales y sanitarios dirigidos a las personas. Condicionantes europeos y Constitucionales", *Revista Aragonesa de Administración Pública* (52), 2018, pp. 12 y ss.; y de forma más esquemática en MANENT ALONSO, Luís, "A acción concertada en servizos sociais tras a doutrina ASADE: del desconcerto á incerteza", *Revista Administración & Cidadanía* 18 (29), 2023, pp. 185-189.

criterios de calidad, como el arraigo y la garantía de continuidad en la prestación del servicio, en los procesos selectivos.

El sistema de inscripción y registro de proveedores se reguló mediante el Decreto 205/2015, de 15 de septiembre, del régimen de autorización administrativa y de comunicación previa de los servicios sociales y del Registro de entidades, servicios y establecimientos sociales. Mientras que el despliegue de las fórmulas previstas en el Decreto Ley 3/2016, de 31 de mayo, no se desarrolló, hasta cuatro años más tarde mediante el Decreto 69/2020, de 14 de julio, de acreditación, concierto social y gestión delegada en la Red de Servicios Sociales de Atención Pública[12].

Anteriormente ya habían legislado sobre estas formas de gestión otras comunidades autónomas. Fue una de las pioneras en ello Aragón, mediante la Ley 11/2016, de 15 de diciembre, de acción concertada para la prestación a las personas de servicios de carácter social y sanitario de la Comunidad Autónoma de Aragón y, una vez aprobada la LCSP y en despliegue de sus previsiones, otros legisladores autonómicos desarrollaron fórmulas alternativas a la contratación pública para la provisión de servicios sociales empleando diferentes denominaciones, como la acción concertada, el concierto o el concierto social. Así por ejemplo, la Ley balear 12/2018, de 15 de noviembre, de servicios a las personas en el ámbito social en la Comunidad Autónoma de las Islas Baleares o la Ley 3/2019, de 18 de febrero, de servicios sociales inclusivos de la Comunidad Valenciana[13].

El Decreto 69/2020 de la Generalitat de Catalunya, determina como formas no contractuales de gestión de los servicios sociales, el

---

[12] CORRETJA TORRENTS, Mercè, "Análisis sobre el margen de que dispone la Generalitat de Cataluña para desplegar políticas propias en el ámbito de los servicios sociales y la promoción de las familias", https://presidencia.gencat.cat/ca/ambits_d_actuacio/desenvolupament_autogovern/institut-destudis-autogovern/publicacions/cataleg-de-publicacions/informe-3-2024-00001 (última visita, 19 de diciembre de 2024).

[13] Cabe tener presente la Generalitat Valenciana había introducido no obstante con carácter previo la figura del concierto social mediante la Ley 13/2016, de 29 de diciembre, de medidas fiscales, de gestión administrativa y financiera, y de organización de la Generalitat, y el Decreto 181/2017, de 17 de noviembre.

concierto social y la gestión delegada, que define en su artículo 2 en los siguientes términos:

> "2.2 El concierto social es el sistema de provisión de los servicios sociales mediante el cual los servicios sociales de titularidad privada pasan a formar parte de la Red de Servicios Sociales de Atención Pública.
>
> 2.3 La gestión delegada es el sistema de provisión de los servicios sociales mediante el cual los servicios sociales de titularidad pública son gestionados por las entidades de servicios sociales privadas y pasan a formar parte de la Red de Servicios Sociales de Atención Pública."

La distinción establecida guarda correlación —cuando menos en cuanto al *nomen iuris*— con lo que la Comunicación de la Comisión Europea, de 26 de abril de 2006 sobre los servicios sociales de interés general, antes citada, denomina, la "concertación social con el sector privado" y la "delegación de la misión social" respectivamente[14].

Con carácter general el procedimiento para la formalización de conciertos sociales y gestiones delegadas requiere la tramitación de un procedimiento de convocatoria pública que respete los principios transparencia, libre concurrencia y no discriminación entre entidades privadas de servicios sociales acreditadas, según determina el artículo 15 del citado Decreto. Los artículos 21 y 22 regulan por su parte la financiación pública para el sostenimiento de los servicios concertados o delegados y su precio, que deberá concretarse de acuerdo con el coste de referencia que establezca la Cartera de Servicios según la tipología de servicio, adaptado en el caso de la gestión delegada a las características de cada servicio y establecimiento social[15].

La normativa catalana determina, además, que:

---

14 Respecto a estos conceptos contenidos en la citada Comunicación de la Comisión Europea *vid.* MANENT ALONSO, *Revista Administración & Cidadanía*, 2023, pp. 187 y 188.

15 La Cartera de servicios sociales definida como el instrumento que determina el conjunto de prestaciones de servicios, económicas y tecnológicas de la Red de Servicios Sociales de Atención Pública de Catalunya, siendo el instrumento que asegura el acceso a las prestaciones garantizadas de la población que las necesite fue regulada mediante Decreto del Gobierno de la Generalitat de Catalunya 142/2010, de 11 de octubre y prorrogada su vigencia con algunas modificaciones mediante el posterior Decreto 365/2022, de 20 de diciembre.

> "en el ámbito de la Administración de la Generalitat y de su sector público, el régimen jurídico de los conciertos sociales y de las gestiones delegadas que regula este Decreto se establece como preferente y diferenciado del régimen jurídico propio de las modalidades contractuales que regula la legislación aplicable en materia de contratos del sector público, que también se pueden utilizar para la provisión de los servicios de la Red de Servicios Sociales de Atención Pública." (DA Primera, apartado 1, del Decreto 69/2020).

Y al mismo tiempo establece para lo que en este ámbito nos ocupa que "los entes locales harán uso de los conciertos sociales y de las gestiones delegadas que regula este Decreto de acuerdo con el principio de autonomía local y las competencias que tengan atribuidas en materia de servicios sociales." (DA Primera, apartado 2, del Decreto 69/2020).

Sin mencionar expresamente a los gobiernos locales, como en el caso de la norma catalana, pero incluyéndoles sin duda, el artículo 60 de la Ley de servicios sociales del País Vasco, determina que:

> "Las administraciones públicas vascas, en el ámbito de sus competencias, podrán organizar la prestación de los servicios del Catálogo de Prestaciones y Servicios del Sistema Vasco de Servicios Sociales a través de las siguientes fórmulas: gestión directa, régimen de concierto previsto en la presente ley, gestión indirecta en el marco de la normativa de contratación de las administraciones públicas, y convenios con entidades sin ánimo de lucro."

Éste es también el caso de la Ley de servicios sociales de Aragón que en su artículo 23, establece:

> "Las Administraciones públicas competentes en materia de servicios sociales podrán encomendar a entidades privadas de iniciativa social la provisión de prestaciones previstas en el Catálogo de Servicios Sociales, mediante acuerdos de acción concertada, siempre que tales entidades cuenten con la oportuna acreditación administrativa y figuren inscritas como tales en el Registro de Entidades, Centros y Servicios Sociales".

No obstante, en el caso aragonés el artículo 47.2 h) atribuye de forma expresa a las comarcas "Gestión de los conciertos, subvenciones y convenios de colaboración con entidades públicas y privadas, con sujeción a la normativa aplicable en cada caso".

Por el contrario, la Ley de servicios sociales de Andalucía sí que, como la legislación catalana, hace una referencia expresa a que "Las entidades locales, ayuntamientos y diputaciones provinciales, y sus entidades instrumentales, podrán encomendar la provisión de servicios de acuerdo con la normativa de régimen local y conforme a lo establecido en la presente ley" (artículo 100.3).

A pesar de estas previsiones legales y de la existencia de una amplia tradición en las relaciones de colaboración entre los gobiernos locales y las entidades sin ánimo de lucro en este ámbito, el uso de estos "nuevos" instrumentos por parte de los municipios, comarcas, diputaciones u otros entes locales no podemos calificarlo de generalizado. Consultando los boletines y los portales de información pública pueden hallarse ejemplos del uso de la acción concertada por parte de los gobiernos locales, pero muchos menos de los que considerando las anteriores previsiones uno pudiera pensar.

A mi juicio dos elementos pueden influir en ello. Por una parte, puede ser a causa de la existencia en el ámbito local de un importantísimo contingente de gestión directa o colaborativa de estos servicios a través de entidades asociativas o instrumentales de las administraciones públicas locales (mancomunidades, consorcios, organismos autónomos, fundaciones privadas en mano pública...) Hay cerca de un centenar de ellas registradas en el Inventario del Sector Público Institucional del Ministerio de Hacienda[16].

De otra parte quizás también contribuya a ello la controversia suscitada en el ámbito de prestación de los servicios sociales de competencia autonómica sobre la base de la legislación valenciana, aragonesa y vasca, que ha dado lugar a distintos y controvertidos pronunciamientos judiciales [STJUE, Sala Cuarta, de 14 de julio de 2022 (ponente C. Lycourgos) asunto C-436/20; Auto del TJUE, Sala Novena, de 31 de marzo de 2023 (ponente C. Lycourgos) asunto C-676/20; STSJ de la Comunidad Valenciana, Sala de lo Contencioso-Administrativo, Sección Cuarta, de 30 de junio de 2023 (ponente Miguel Ángel Narváez Bermejo); STSJ de Aragón, Sala de lo Conten-

---

16 97 entes institucionales públicos dependientes de las entidades locales bajo los epígrafes Q87 Asistencia en establecimientos residenciales y Q88 Actividades de servicios sociales sin alojamiento, en consulta realizada a 9.11.2024.

cioso-Administrativo, Sección Primera, de 12 de febrero 2024 (ponente Juan José Carbonero Redondo), recurso 280/2017; STSJ del País Vasco, Sala de lo Contencioso-Administrativo, de 3 de julio de 2024, (ponente: Antonio Iglesias Martín), recurso 32/2024]. Y al socaire de ellos diversos análisis doctrinales que ponen en tela de juicio algunos aspectos de aquellas regulaciones, a saber, la reserva o no de estas fórmulas no contractuales a favor de las entidades sin ánimo de lucro, la ponderación de la implantación local de los operadores y la financiación / reembolso de costes de la gestión del servicio como elementos esenciales de discusión[17].

Ello tal vez pueda haber retraído también a los gestores locales de adentrase en este campo que se antoja todavía un tanto incierto jurídicamente.

## VI.7. CONCLUSIONES

A pesar del reconocimiento por parte de la UE de un ámbito propio y singular para la regulación por parte de las autoridades de los estados miembros de la provisión de los servicios sociales mediante fórmulas no contractuales, el influjo y *vis* atractiva que la normativa de contratos del sector público ejerce desde hace años en cualquier actividad administrativa condiciona llamativamente el desarrollo de la denominada acción concertada.

Este influjo que obliga a los gestores públicos a motivar de forma redoblada las opciones de provisión de servicios que no sean la puesta a disposición de estas prestaciones en manos del "mercado" me recuerda a la previsión del artículo 85, bis de la LBRL, que en su redacción dada por la LRSAL, obliga expresamente a la emisión de informes de impacto y sostenibilidad para las fórmulas de gestión directa de servicios locales en forma de sociedad mercantil de capital

17 LAZO VITORIA, Ximena, "Prestación de servicios a las personas: ¿concierto social o contrato?", *Revista de Estudios de la Administración Local y Autonómica. Nueva Época* (20), 2023, pp. 31-46.; MANENT ALONSO, *Revista Administración & Cidadanía*, 2023, p. 183 y GUTIÉRREZ SANTANA, Isabel Otilia y MENDOZA JIMÉNEZ, Javier, "Los conciertos sociales, novedades jurídicas y sus implicaciones", *Gabilex: Revista del Gabinete Jurídico de Castilla-La Mancha* (34), 2023, pp. 159-178.

público o entidad pública empresarial, sin que ello se refiera expresamente en el caso de optar por la gestión indirecta mediante fórmula contractual (contrato de servicios o de concesión de servicios).

Ello lleva a menudo a que el foco de estas decisiones se coloque más en la protección de la "libre competencia" que en cualquier otro aspecto del fin que debe perseguir la administración (el aseguramiento de la provisión del servicio a la ciudadanía), mientras que la opción por la externalización de la gestión mediante un contrato público se ventila a menudo de forma muy sencilla con el simple recurso a la negación de existencia de medios suficientes en el seno de la Administración.

En estas condiciones el uso de las fórmulas no contractuales aparece todavía incierto para los gobiernos locales que requerirían para su mayor desarrollo de un marco legal y una aproximación doctrinal más sólida. No obstante, los fundamentos para hacer uso de las fórmulas no contractuales están ahí: las propias directivas de contratación pública reconocen la importancia de ellas y habilitan a las autoridades de los estados miembros para utilizarlas.

También el Tribunal de Justicia de la UE a través de sus recientes pronunciamientos, precisamente a consulta de los órganos judiciales españoles, permite dibujar las coordenadas por donde pueden transitar las fórmulas no contractuales de provisión de los servicios sociales. Es cuestión de tiempo y de buena regulación que estas encuentren su uso y utilidad en la esfera local.

## VI.8. JURISPRUDENCIA

Auto del TJUE núm. 289/2023, de 31 de marzo de 2023, (ponente C. Lycourgos). (ASUNTO C-676/20).

STC núm. 41/2016, de 3 de marzo de 2016 (ponente Andrés Ollero Tasara). (Rec. de inconstitucionalidad 1792/2014)

STC núm. 111/2016, de 9 de junio de 2016 (ponente Antonio Narváez Rodríguez). (Rec. de inconstitucionalidad 1959/2014).

STC núm. 168/2016, de 6 de octubre de 2016 (ponente Juan Antonio Xiol Ríos). (Rec. de inconstitucionalidad 1995/2014).

STC núm. 180/2016, de 20 de octubre de 2016 (ponente Juan José González Rivas). (Rec. de inconstitucionalidad 2001/2014).

STJUE núm. 559/2022, de 14 de julio de 2022 (ponente C. Lycourgos). (ASUNTO C-436/20).

STS s/n, de 21 de mayo de 1997 (ponente Juan A. Xiol Ríos). (Rec. 5996/1992).

STSJ de Aragón núm. 65/2024, de 12 de febrero de 2024 (ponente Juan José Carbonero Redondo). (Rec. 280/2017).

STSJ del País Vasco núm. 2017/2024, de 3 de julio de 2024, (ponente: Antonio Iglesias Martín). (Rec. 32/2024)

STSJ de la Comunidad Valenciana núm. 352/2023, de 30 de junio de 2023 (ponente Miguel Ángel Narváez Bermejo). (Rec. 224/2019)

## VI.9. BIBLIOGRAFÍA

ALONSO SECO, José María y GONZALO GONZÁLEZ, Bernardo, *La Asistencia Social y los Servicios Sociales en España*, 2ª ed., Madrid, 2000.

BELTRÁN AGUIRRE, Juan Luís, *El régimen jurídico de la Acción Social pública*, Oñati, 1992.

CARBONELL PORRAS, Eloísa, "Las competencias locales diez años después de la LRSAL", *Revista de Estudios de la Administración Local y Autonómica* (19), 2023, pp. 8-28.

COMISIÓN (CE), "Libro Blanco sobre los servicios de interés general" COM(2004) 374 final, 12 de mayo de 2004.

COMISIÓN (CE), "Aplicación del programa comunitario de Lisboa. Servicios sociales de interés general en la Unión Europea" (Comunicación) COM(2006) 177 final, 26 de abril de 2006.

CORRETJA TORRENTS, Mercè, "Análisis sobre el margen de que dispone la Generalitat de Cataluña para desplegar políticas propias en el ámbito de los servicios sociales y la promoción de las familias", https://presidencia.gencat.cat/ca/ambits_d_actuacio/desenvolupament_autogovern/institut-destudis-autogovern/publicacions/cataleg-de-publicacions/informe-3-2024-00001 (última visita, 19 de diciembre de 2024).

DOMÍNGUEZ MARTÍN, Mónica, "La acción social municipal en la gestión de la emergencia sanitaria producida por la COVID-19", *Cuadernos de Derecho Local* 39 (53), 2020, pp. 75-106.

FORNS I FERNÁNDEZ, M. Victòria, *El model de prestació dels serveis socials de Catalunya basat en la persona desde la perspectiva local*, Barcelona, 2018.

FUENTES I GASÓ, Josep Ramon, "Consecuencias de la Ley 27/2013 de Racionalización y Sostenibilidad de la Administración Local, en el régimen local de Cataluña", *Revista Vasca de Administración Pública. Administrazio Publikoaren Euskal Aldizkaria*, (101), 2015, pp. 55-88.

GIMENO FELIÚ, José María, "La colaboración público-privada en el ámbito de los servicios sociales y sanitarios dirigidos a las personas. Condicionantes europeos y Constitucionales", *Revista Aragonesa de Administración Pública* (52), 2018, pp. 12-65.

GUTIÉRREZ SANTANA, Isabel Otilia y MENDOZA JIMÉNEZ, Javier, "Los conciertos sociales, novedades jurídicas y sus implicaciones", *Gabilex: Revista del Gabinete Jurídico de Castilla-La Mancha* (34), 2023, pp. 159-178.

LAZO VITORIA, Ximena, "Prestación de servicios a las personas: ¿concierto social o contrato?", *Revista de Estudios de la Administración Local y Autonómica. Nueva Época* (20), 2023, pp. 31-46.

MANENT ALONSO, Luís, "A acción concertada en servizos sociais tras a doutrina ASADE: del desconcerto á incerteza", *Revista Administración & Cidadanía* 18 (29), 2023, pp. 183-205.

VELASCO CABALLERO, Francisco, "Juicio constitucional sobre la LRSAL: punto final", *Anuario de Derecho Municipal* (10), 2016, pp. 21-44.

*Capítulo VII*

# *La actuación del órgano de control interno local ante el concierto social*

**JAVIER REQUEJO GARCÍA**
*Viceinterventor General*
*Ajuntament de Tarragona*
*Profesor Asociado de Derecho Administrativo*
*Universitat Rovira i Virgili*

**Resumen:** El presente trabajo tiene por finalidad analizar la actuación del órgano de control interno local ante la posibilidad de la concertación social. Este órgano desempeña un papel fundamental en garantizar la legalidad y eficiencia de los procedimientos administrativos, incluidos los conciertos sociales para la prestación de servicios sociales. Esta modalidad, prevista como alternativa a la contratación pública, requiere un enfoque riguroso que combine la salvaguarda del interés público, el respeto a la normativa vigente y la adecuada fiscalización de los recursos. Por ello, se analizan las principales pautas de actuación que deben adoptar los órganos de control interno, destacando las particularidades del marco normativo aplicable, los riesgos asociados y las mejores prácticas para asegurar una gestión transparente y eficaz.

**Palabras claves:** concierto social, control interno, servicios sociales, interés público, fiscalización.

**Índice:** 

**Abreviaturas empleadas:**

LCSP: Ley 9/2017, de 8 de noviembre, de Contratos del Sector Público
LBRL: Ley 7/1985, de 2 de abril, Reguladora de las Bases de Régimen Local
C-436/20
OCIL: Órgano de control interno local
TRLRHL: Texto refundido de la Ley reguladora de las Haciendas Locales

## VII.1. EL RÉGIMEN JURÍDICO DEL CONCIERTO SOCIAL, EN PARTICULAR DEL CASO CATALÁN. ¿ES POSIBLE EN EL SECTOR PÚBLICO LOCAL?

Antes de establecer las pautas de actuación del órgano de control interno (OCIL en adelante), es imprescindible realizar un análisis previo y detallado del régimen jurídico de los conciertos sociales. Este paso resulta esencial para determinar si es posible su aplicación en el sector público local y para definir con claridad los servicios sociales que podrían prestarse bajo esta figura. Dicho análisis debe considerar las competencias locales, las condiciones y limitaciones legales aplicables, así como el cumplimiento de los principios de eficacia y eficiencia en la gestión pública. Solo tras este examen preliminar podrá el órgano de control interno desempeñar su labor con la seguridad de que los conciertos sociales son viables y ajustados al marco normativo, evitando conflictos legales y garantizando la correcta prestación de servicios esenciales a la ciudadanía.

### *A) La normativa europea*

Las Directivas 2014/24/UE y 2014/23/UE, que regulan la contratación pública y las concesiones, introducen un enfoque innovador al reconocer las particularidades de los servicios sociales y otros servicios específicos, abriendo la puerta a modalidades alternativas como los conciertos sociales. En particular, destacan la necesidad de garantizar que estos servicios se presten en condiciones de mayor flexibilidad, dado su carácter intrínsecamente social y su vinculación con necesidades esenciales de la ciudadanía. Se trata de servicios que tienen una dimensión transfronteriza muy limitada y se prestan en un contexto específico que varía entre los Estados miembro, debido a la existencia de distintas circunstancias administrativas, culturales y organizativas.

Por ello, ambas Directivas permiten a los Estados miembros establecer regímenes especiales para estos servicios, alejándose de las estrictas normas de licitación competitiva cuando se justifique su idoneidad para proteger el interés público, promover la accesibilidad y favorecer a los operadores sin ánimo de lucro. Este marco normativo europeo refuerza la posibilidad de utilizar conciertos sociales como herramientas para una gestión más eficaz y adaptada a las particularidades de los servicios sociales en el sector público local.

En concreto, los considerandos 114 de la Directiva 2014/24/UE y 54 de la Directiva 2014/23/UE reconocen la especificidad de los servicios sociales y la necesidad de adaptabilidad en su prestación. El considerando 114 de la Directiva 2014/24/UE destaca que ciertos servicios, como los sociales, culturales y de salud, requieren un régimen especial debido a su particular naturaleza, permitiendo a los Estados miembros organizar su prestación de manera que se garantice la calidad, continuidad, accesibilidad y asequibilidad de estos servicios. Por su parte, el considerando 54 de la Directiva 2014/23/UE reafirma el derecho de los Estados miembros y las autoridades públicas a determinar los medios administrativos más adecuados para la realización de obras y la prestación de servicios, incluyendo la posibilidad de optar por modalidades no contractuales como los conciertos sociales. Reconoce esta normativa que

> "Los Estados miembros y los poderes públicos siguen teniendo libertad para prestar por sí mismos esos servicios u organizar los servicios sociales de manera que no sea necesario celebrar contratos públicos, por ejemplo, mediante la simple financiación de estos servicios o la concesión de licencias o autorizaciones a todos los operadores económicos que cumplan las condiciones previa mente fijadas por el poder adjudicador, sin límites ni cuotas, siempre que dicho sistema garantice una publicidad suficiente y se ajuste a los principios de transparencia y no discriminación."

En conjunto, estos considerandos proporcionan una base jurídica sólida para que los Estados miembros implementen conciertos sociales en la prestación de servicios sociales, respetando los principios de transparencia y no discriminación, y asegurando que se satisfagan las necesidades específicas de las comunidades locales.

### *B) La normativa estatal*

Como hemos adelantado, en las Directivas:

> "hay pues una llamada directa a los legisladores nacionales para establecer una regulación ad hoc que garantice los valores propios de estos servicios (calidad, continuidad, accesibilidad, asequibilidad, disponibilidad y exhaustividad)"1.

La Ley 9/2017, de 8 de noviembre, de Contratos del Sector Público (LCSP en adelante) transpone al ordenamiento jurídico español las Directivas 2014/23/UE y 2014/24/UE. En este sentido, el legislador estatal recoge textualmente, en su exposición de motivos, lo establecido en las citadas Directivas. De esta manera, por un lado, sujeta a la LCSP los contratos de servicios y concesiones de servicios que tengan por objeto los servicios sociales y otros servicios específicos enumerados en el anexo IV que superen los umbrales comunitarios; y, por otra parte, reconoce la posibilidad de utilizar fórmulas no contractuales para la prestación de servicios sociales. En concreto, esta posibilidad, en de manera similar a como hace la Directivo se señala en la exposición de motivos cuando señala:

> "Por otra parte, debe señalarse que los poderes públicos siguen teniendo libertad para prestar por sí mismos determinadas categorías de servicios, en concreto los servicios que se conocen como servicios a las personas, como ciertos servicios sociales, sanitarios, incluyendo los farmacéuticos, y educativos u organizar los mismos de manera que no sea necesario celebrar contratos públicos, por ejemplo, mediante la simple financiación de estos servicios o la concesión de licencias o autorizaciones a todos los operadores económicos que cumplan las condiciones previamente fijadas por el poder adjudicador, sin límites ni cuotas, siempre que dicho sistema garantice una publicidad suficiente y se ajuste a los principios de transparencia y no discriminación."

---

1 LAZO VITORIA, Ximena, "La figura del 'concierto social' tras las Directivas europeas de contratación pública", https://www.obcp.es/opiniones/la-figura-del-concierto-social-tras-las-directivas-europeas-de-contratacion-publica (última visita, 29 de septiembre de 2018).

Posteriormente, ya en su parte dispositiva, regula en el art. 11 "Otros negocios o contratos excluidos", señalando su apartado 6 que están excluidos:

> "la prestación de servicios sociales por entidades privadas, siempre que esta se realice sin necesidad de celebrar contratos públicos, a través, entre otros medios, de la simple financiación de estos servicios o la concesión de licencias o autorizaciones a todas las entidades que cumplan las condiciones previamente fijadas por el poder adjudicador, sin límites ni cuotas, y que dicho sistema garantice una publicidad suficiente y se ajuste a los principios de transparencia y no discriminación."

Por último, la Disposición Adicional 49 habilita a las Comunidades Autónomas para que "en el ejercicio de las competencias que tienen atribuidas, legislen articulando instrumentos no contractuales para la prestación de servicios públicos destinados a satisfacer necesidades de carácter social."

En este contexto normativo, la mayoría de las Comunidades Autónomas han regulado la prestación de servicios sociales mediante la figura de los conciertos sociales, tal y como ha señalado el Acuerdo 17/2019, de 8 de febrero de 2019, del Tribunal Administrativo de Contratos Públicos de Aragón, que recuerda que

> "habían optado por la posibilidad de prestar dichos 'servicios a las personas' al margen de la vía contractual, previendo así —además de su gestión directa o indirecta— el cauce del 'concierto social' o de los 'acuerdos de acción concertada', que expresamente se han venido considerando fuera del ámbito de aplicación de la norma sobre contratación aplicable en cada momento, siempre dentro del respeto de los principios transparencia, no discriminación y publicidad a que alude la DCP."

En nuestro caso, nos centraremos en la normativa catalana.

### *C) La normativa autonómica catalana*

En el ámbito catalán, de acuerdo con la competencia exclusiva reconocida en el art. 166 del Estatuto de Autonomía, se reguló parcialmente el régimen jurídico no contractual de los servicios sociales en el Decreto Ley 3/2016, de 31 de mayo, de medidas urgentes en materia de contratación pública.

No obstante, dicha norma no se refiere a todos los servicios sociales y servicios a las personas a los que se refieren las Directivas y el artículo 11.6 de la LCSP, sino únicamente a los regulados en la Ley 12/2007, de 11 de octubre, de servicios sociales.

En este marco normativo, se promulga el Decreto 69/2020, de 14 de julio, de acreditación, concierto y gestión delegada en la Red de Servicios Sociales de Atención Pública, que dio respuesta a la necesidad de regular el régimen jurídico de la acreditación de entidades de servicios sociales privadas exigible para ser proveedores de la Red de Servicios Sociales y atención Pública y también de establecer el régimen jurídico del concierto social como sistema de provisión de servicios de dicha Red.

Este sistema, pretende garantizar que las entidades de servicios sociales reúnan los estándares de calidad exigibles de manera que, con financiación, acceso y control públicos, y de acuerdo con los principios de transparencia, publicidad, concurrencia, igualdad y no discriminación, se pueda dar una respuesta eficaz, ágil y adecuada y de calidad a las necesidades de atención personalizada e integral de las personas, al tiempo de dotar de seguridad jurídica y estabilidad al sector y del reconocimiento laboral y social necesario de las personas profesionales.

Esta norma establece que el Departamento de la Generalitat de Catalunya competente en materia de servicios sociales es el responsable de la acreditación de las entidades de servicios sociales privadas para ser proveedores de la Red de Servicios Sociales, correspondiendo a las Administraciones Públicas de Cataluña que dispongan de competencias para la prestación de servicios sociales tramitar y formalizar dichos conciertos, dentro del marco normativo previsto por el Decreto 69/2020 así como la Orden 218/2020, de 16 de diciembre, para la provisión de los servicios sociales de la Red de Servicios Sociales de Atención Pública, dictada para la ejecución y desarrollo de dicho Decreto, sin perjuicio de que, de acuerdo con las Disposición Final segunda del Decreto 69/2020, se puedan adoptar disposiciones reglamentarias y ejecutivas por parte de las entidades locales, para adaptar a su territorio la aplicación y el despliegue de la Disposición adicional 3ª del Decreto Ley 3/2016.

## VII.2. ¿EN QUÉ SUPUESTOS ES POSIBLE EL CONCIERTO SOCIAL EN EL SECTOR PÚBLICO LOCAL EN EL ÁMBITO DE LA COMUNIDAD AUTÓNOMA DE CATALUÑA?

Como hemos dicho anteriormente, el Decreto Ley 3/2016 no se refiere a todos los servicios sociales, sino únicamente a los regulados en la Ley 12/2007.

Efectivamente, la interpretación del concepto de servicios sociales ha sido objeto de análisis por la Junta Consultiva de Contratación del Estado en su Informe 52/2018 considerando que incluye "aquellos servicios que tienen por finalidad ofrecer prestaciones que mejoran la situación de personas o grupos de personas que necesitan atenciones particulares ofrecidas por las entidades públicas competentes." Dicho informe, considera, que a partir de la redacción del art. 11.6 de la LCSP, se puede:

> "concluir que no existe ninguna obligación legal de acudir a un contrato público para gestionar este tipo de servicios, siendo posible utilizar otro tipo de fórmulas como, por ejemplo, las enumeradas sin ánimo de ser exhaustivo en el art. 11.6 de la Ley, siempre que se cumplan los requisitos que este precepto prevé."

Si tenemos en cuenta que la Ley 12/2007 configura un sistema de servicios que se articula a partir de la Cartera de Servicios Sociales que determina la Red de Servicios sociales de Atención Pública, integrada por el conjunto de servicios y centros de servicios sociales de Cataluña acreditados para gestionar las prestaciones del sistema, parece que el ámbito objetivo del concierto estaría limitado exclusivamente a aquellos, no siendo posible acudir a esta figura en servicios que no se encuentre allí incluidos.

En el Informe sobre la aplicación de la Disposición Adicional 3ª del Decreto ley 3/2016 elaborado por la Dirección General de Contratación Pública de la Generalitat de Catalunya se especifica que dicha norma "establece los principios, concreta los servicios que pueden ser objeto de gestión, determina los requisitos mínimos de las empresas y entidades para poder prestar los servicios y establece los criterios y procedimientos básicos de selección de las entidades y empresas prestadoras de estos servicios."

No obstante, tal y como señala dicho informe, la remisión al desarrollo reglamentario del apartado 16, a pesar de referirse de forma expresa al Gobierno de la Generalitat, se debe entender que no excluye la potestad reglamentaria de las entidades locales en el marco de sus competencias. Así, aunque el ámbito de aplicación de la ley incluya a las entidades locales, no puede afectar al sistema competencial que establezcan las leyes de régimen local, ni limitar su capacidad de establecer procedimientos, tramites y el contenido de los conciertos que puedan suscribir en su ámbito competencial. De acuerdo con esto, cabe recordar lo que establece la normativa de régimen local a este respecto:

- El art. 25 de la Ley 7/1985, de 2 de abril, Reguladora de las Bases de Régimen Local (LBRL) establece que el municipio ejercerá como competencias propias en los términos de la legislación del Estado y de las Comunidades Autónomas, en las siguientes materias: "e) Evaluación e información de situaciones de necesidad social y la atención inmediata a personas en situación o riesgo de exclusión social."
- El art. 26 LBRL establece los servicios mínimos obligatorios a prestar por los municipios, en concreto señala que deberán prestar, en todo caso, los servicios siguientes: "evaluación e información de situaciones de necesidad social y la atención inmediata a personas en situación o riesgo de exclusión social (...)."
- Por último, el art. 27 LBRL, apunta la posibilidad de que la Administración del Estado y las de las Comunidades Autónomas puedan delegar a las entidades locales las siguientes competencias: "Prestación de los servicios sociales, promoción de la igualdad de oportunidades y la prevención de la violencia contra la mujer."

Así mismo, en materia de prestación de servicios sociales y de promoción y reinserción social, los Ayuntamientos podrán ejercer competencias distintas de las propias y de las delegadas de acuerdo con lo establecido en el art. 7 de la LBRL que exige que no se ponga en riesgo la sostenibilidad financiera de la Hacienda Local.

Dicho informe, no obstante, considera que dicho desarrollo reglamentario se encuentra limitado a que se respete la regulación de la Disposición Adicional 3ª del Decreto Ley 3/2016, si bien, cabe tener en cuenta que dicho Decreto es anterior a la LCSP.

Lo anterior, nos lleva a preguntarnos si la exclusión que regula el art. 11.6 LCSP constituye una expresa habilitación para que, sin perjuicio del desarrollo normativo autonómico, las Entidades Locales puedan prestar los servicios sociales que competencialmente les corresponda, haciendo la interpretación amplia que ha realizado la junta consultiva estatal del concepto servicios sociales de manera que se pudiera ampliar en el ámbito de Cataluña esta forma de prestación a otros servicios no incluidos en la Red de Servicios sociales de Atención Pública.

Efectivamente, en el Informe 3/2022, de 27 de junio de la Junta Consultiva de Contratación Administrativa de la Generalitat de Catalunya (Asunto: Prestación de servicios sociales por entidades privadas. Régimen jurídico aplicable al servicio de comedor escolar), se contiene la siguiente afirmación que, a juicio de quien suscribe, podría avalar la interpretación anterior:

> "En este sentido, la transposición de estas previsiones de la Directiva 2014/24/UE al ordenamiento jurídico español mediante el art. 11.6 y la disposición adicional 49 de la LCSP, abren la vía para que las autoridades competentes para la gestión de los servicios públicos a las personas puedan prestar los servicios sociales directamente por sí mismos, indirectamente mediante contratos o mediante acción concertada no contractual".

A pesar de que a continuación, dicho informe se refiere a las Comunidades Autónomas, interpretando que para:

> "dejar fuera del ámbito de aplicación de la normativa de contratación pública los negocios jurídicos mediante los cuales se vehicule la prestación de los servicios a las personas requiere que se haya hecho uso por parte de las Comunidades Autónomas, articulando instrumentos no contractuales para la prestación de los servicios públicos destinados a satisfacer necesidades de carácter social, tal y como se establece en esta Disposición Adicional 49 de la LCSP"

No encontramos motivo para rechazar, dadas las competencias enunciadas arriba de las Corporaciones Locales, que los municipios puedan acudir a dichas fórmulas articulando por ellas mismos dichos instrumentos no contractuales para prestar los servicios sociales de su competencia.

El propio informe, más adelante señala de manera clara cuales serían los requisitos para el uso del concierto "una regulación específica en la cual se determinará como se escogerían las entidades privadas que los prestarían de entre todas las que cumplieran los requisitos determinados por el poder adjudicador y que en la selección se hayan seguido los principios de igualdad, no discriminación y transparencia." De nuevo, consideramos que las Entidades Locales podrían asumir dicha regulación específica y plantearse la prestación de los servicios sociales de su competencia mediante la fórmula de concertación.

Cabe decir que la Junta, no obstante, interpreta que, el caso concreto del servicio de comedor escolar, no se puede prestar mediante acción concertada no contractual en base al régimen previsto en la Ley 12/2007 al no haberse establecido otra regulación específica.

Del análisis de la jurisprudencia europea, en concreto la STJUE, Sala Cuarta, de 14 de julio de 2022 (ponente C. Lycourgos), caso ASADE, Asunto C-436/20 se pueden extraer los condicionantes que determinan el sometimiento o no a la normativa de contratación pública más allá del *nomen iuris*.

- *Naturaleza de los servicios.* Liga el concepto de servicios al de actividad económica que necesariamente requiere que exista una "contrapartida económica" del servicio y concluye que "un contrato no puede quedar excluido del concepto de ´contrato público de servicios´ por el solo hecho de que, como parece ocurrir en el caso de autos, la retribución prevista se limite al reembolso de los gastos soportados por la prestación del servicio."
- *Carácter económico de los servicios.* Se lamenta de que la cuestión prejudicial no se especificara un listado de los servicios cuestionados y establece que el hecho de que la concertación únicamente se realice con entidades sin ánimo de lucro no excluye *per se* la aplicación de la normativa contractual.
- *Procedimiento de concurrencia y selección previa.* Puesto que cuando el poder adjudicar renuncia a comparar y clasificar para seleccionar un único adjudicatario, dichos negocios no estarían incluidos en el ámbito de la normativa de contratación.

En base a ellos, la parte resolutoria de la sentencia declaró que:

> "Los artículos 76 y 77 de la Directiva 2014/24/UE del Parlamento Europeo y del Consejo, de 26 de febrero de 2014, sobre contratación pública y por la que se deroga la Directiva 2004/18/CE, deben interpretarse en el sentido de que no se oponen a una normativa nacional que reserva a

> las entidades privadas sin ánimo de lucro la facultad de celebrar, previo examen competitivo de sus ofertas, acuerdos en virtud de los cuales esas entidades prestan servicios sociales de asistencia a las personas, a cambio del reembolso de los costes que soportan, sea cual fuere el valor estimado de esos servicios, aunque dichas entidades no cumplan los requisitos establecidos en dicho artículo 77, siempre y cuando, por una parte, el marco legal y convencional en el que se desarrolla la actividad de esas entidades contribuya efectivamente a la finalidad social y a la consecución de los objetivos de solidaridad y de eficiencia presupuestaria que sustentan esa normativa y, por otra parte, se respete el principio de transparencia, tal como se precisa, en el artículo 75 de la mencionada Directiva."

Por tanto, tal y como concluye *Lazo Vitoria*[2], el test verificador de la existencia de un contrato requiere analizar: "a) el carácter oneroso del negocio, b) el tipo de servicios en liza, y c) la existencia o no de selección por parte de la Administración Pública.". La autora también se compadece de que el tribunal "se ha mostrado poco clarificador en el caso ASADE. Probablemente para evitar cerrar las puertas a futuras interpretaciones en un ámbito caracterizado por tantas singularidades nacionales como el de los servicios a las personas".

De lo anterior podemos extraer las siguientes conclusiones:

- En el ámbito catalán, su sector público local parece claro que puede realizar conciertos sociales de acuerdo con el marco normativo analizado, siempre que se trate de los servicios sociales regulados en la Ley 12/2007.
- Esta Ley distingue entre servicios sociales básicos y servicios sociales especializados.
- Los servicios básicos son el primer nivel del sistema público de servicios sociales y la garantía de mayor proximidad a los usuarios ya los ámbitos familiar y social. Son una competencia propia de los entes locales, tal y como establece la Ley 12/2007 y cómo ha venido recogiendo la normativa sobre la administración local, y también el Tribunal Constitucional [STC, en Pleno, de 3 de marzo de 2016 (ponente Andrés Ollero)].

---

2 LAZO VITORIA, Ximena, "Prestación de servicios a las personas: ¿concierto social o contrato?", *Revista de Estudios de la Administración Local y Autonómica. Nueva Época* (20), 2023, p. 31.

- Entre dichos servicios destacan los siguientes: Equipos Básicos de Servicios Sociales, servicios de atención domiciliaria, servicio de comedor social, servicios de intervención socioeducativa no residenciales para niños y adolescentes en situación de riesgo y sus familias, referentes de dependencia, ayudas de urgencia social, servicio de asesoramiento técnico de atención social, etc
- Los servicios especializados son aquellos servicios que dan respuesta a situaciones o necesidades que requieren una especialización técnica o unos recursos determinados. Proporcionan soporte técnico y prestan colaboración a los servicios sociales básicos, en función de lo que dictamina la ley 12/2007. Son de titularidad de quien corresponda, pública o privada.

Cabría plantearse la posibilidad de que un desarrollo normativo local, en base a la exclusión contemplada en el art. 11.6 de la LCSP, pudiera habilitar a las entidades locales a que, dándose las condiciones señaladas por la jurisprudencia europea, se pudiera acudir a dicha figura para la prestación de otros servicios sociales de su competencia.

A este respecto, cabe tener en cuenta que el propio contrato programa de la Generalitat incluye también la financiación de servicios sociales básicos y especializados que no están en la Cartera de Servicios Sociales; por eso, hace años el sector local reclama su actualización en aras de una mayor seguridad jurídica y financiera que asegure la correcta prestación de estos servicios. Por ejemplo, en la cartera anteriormente mencionada no se encuentran servicios como el de orientación y acompañamiento a las familias, servicios de atención a las personas sin hogar, servicios para atender a la juventud en situación de vulnerabilidad, etc.

Finalmente, hay que tener en cuenta que existe normativa sectorial posterior a la última actualización de la Cartera, que fue en el ejercicio 2011, como la normativa de infancia y adolescencia, la de pobreza, etc.

Si bien, a día de hoy el Tribunal Supremo ha dictado auto de fecha 16 de octubre de 2024, que admite un recurso de casación para pronunciarse sobre la siguiente cuestión con interés casacional objetivo: "si la acción concertada está sujeta a normativa contractual y en qué medida en virtud de lo resuelto por la STJUE de 14 de julio de 2022 (C-436/20), y el ATJUE de 31 de marzo de 2023 (C-676/20)." [Auto del TS, Sala de lo Contencioso Administrativo, Sección Primera, de 16 de octubre de 2024 (ponente Luis María Díez-Picazo Giménez)].

De manera que identifican como normas jurídicas que, en principio, habrían de ser objeto de interpretación las contenidas en los artículos 76 y 77 de la Directiva 2014/24/UE, de 26 de febrero, sobre contratación pública y por la que se deroga la Directiva 2004/18/CE, y el artículo 11.6, así como la D.A. 49ª de la Ley 9/2017, de 8 de noviembre, de Contratos del Sector Público.

Sin duda, la resolución del mismo dará luz sobre alguna de las cuestiones planteadas y proporcionará mayor seguridad jurídica a los operadores.

### *A) Naturaleza jurídica*

Para determinar adecuadamente cuál debe ser la actuación del OCIL ante la utilización de los conciertos sociales, resulta esencial esclarecer, por último, la verdadera naturaleza jurídica de esta figura.

La calificación jurídica del negocio incide directamente en las obligaciones, derechos y responsabilidades de las partes, así como en el alcance del control interno que debe ejercerse sobre estas relaciones, asegurando su conformidad con el marco normativo aplicable. La lógica de acudir a los conciertos para prestar este tipo de servicios desde el sector local debería ser obviar la perspectiva económica y de mercado y tener únicamente en cuenta criterios de calidad en la prestación, lo cual debe asegurarse en el control de estos.

En primer lugar, cabe descartar que nos encontremos en el ejercicio de la acción de fomento que estimula o promueve iniciativas particulares que redundan en el bienestar colectivo. La propia *Lazo Victoria* señala que:

> "otras alternativas de financiación (caso de la subvención, utilizada ampliamente en el iterin en la mayor parte de CCAA) no termina de calzar bien en este ámbito (periodicidad normalmente anual, incerteza, cobertura de costes parciales, inestabilidad de personal a cargo de la prestación de servicios a las personas)."[3]

---

3 LAZO VITORIA, *Revista de Estudios de la Administración Local y Autonómica. Nueva Época*, 2023, p. 38.

Estamos de acuerdo con *Gimeno Feliú*[4] , para quien el concierto "no tiene naturaleza contractual". El autor opina que la normativa comunitaria ofrece nuevas posibilidades de organización de la gestión de prestaciones distintas al modelo de contratación, atribuyendo a los poderes públicos la posibilidad de crear fórmulas no contractuales para la prestación de servicios. Por tanto, no nos encontramos ante una variante de la contratación pública, sino ante una técnica complementaria a la del contrato público. A pesar de que *Pizarro Nevado*[5] considera que se trata de contratos administrativos especiales, separándose de la doctrina anterior, ya que considera que "la diferenciación del concierto social no es razón para negar que es un auténtico contrato público", lo cual puede ser discutible, coincidimos en que en realidad:

> "estamos ante un negocio jurídico mediante el que la Administración asume determinados compromisos, fundamentalmente la asignación de fondos públicos para el sostenimiento de los centros concertados, mientras que las entidades prestadoras se comprometen a proveer determinados servicios sociales a los usuarios. Esta estructura sinalagmática es la propia de un contrato"[6].

En nuestra opinión, en cualquier caso, estamos ante una formula indirecta de prestación de servicios públicos que supone que la titularidad del servicio sigue en manos de la Administración que debe velar por el correcto funcionamiento y cumplimiento de las obligaciones que corresponden al privado con el que concierta. Esta consideración será determinante y sobre ella pivotará nuestra propuesta de actuación del OCIL para el ejercicio de sus funciones de aseguramiento del correcto funcionamiento del servicio público.

---

4 GIMENO FELIÚ, José María, "La colaboración público-privada en el ámbito de los servicios sociales y sanitarios dirigidos a las personas. Condicionantes europeos y Constitucionales", *Revista Aragonesa de Administración Pública* (52), 2018, p. 40.

5 PIZARRO NEVADO, Rafael, "El concierto social para la prestación de la atención infantil temprana en Andalucía", *Revista de Estudios de la Administración Local y Autonómica: Nueva* Época (14), 2020, p. 102.

6 *Ídem*, p. 102.

## VII.3. LA ACTUACIÓN DEL ÓRGANO DE CONTROL INTERNO LOCAL EN LA PRESTACIÓN DE SERVICIOS SOCIALES MEDIANTE CONCIERTO SOCIAL

### *A) Esquema del modelo control interno que propone el Real Decreto 424/2017 que regula el régimen jurídico de control interno en el sector local*

El RD 424/2017 supuso una verdadera revolución para el ejercicio del control interno en el sector local. Sin duda, ha tenido como resultado el fortalecimiento del control interno en el ámbito local y le mejora de su ejercicio en aras de garantizar una gestión de los recursos públicos conforme a los principios de estabilidad y sostenibilidad financiera, pero también de eficacia y eficiencia. El nuevo paradigma de control interno que establece conceptúa al mismo como una herramienta al servicio de la consecución de los objetivos de la organización, que no deberían ser otros que el servicio eficiente a los ciudadanos, y responsabilidad de todos sus integrantes en la prestación de los servicios públicos que les competen.

Las novedades que destacaba la Memoria de Análisis de impacto normativo eran las siguientes, por lo que hace al efecto del presente trabajo:

- Se efectúa una descripción detallada y actualizada de las funciones de control interno, especialmente en lo referente al control financiero que incorpora la necesidad de elaborar y adoptar un Plan Anual de Control.
- Se desarrollan las actuaciones de auditoría publicas encaminadas a homogeneizar los procedimientos de control del sector público local.
- En materia de discrepancias, se desarrolla el artículo 218.2 del Texto Refundido de la Ley de Haciendas Locales regulando la habilitación del Presidente de la Entidad Local para poder elevar su resolución al órgano de control competente por razón de la materia de la Administración que tenga atribuida la tutela financiera.
- Se encomienda a las Corporaciones Locales elaborar y aprobar Planes de Acción para corregir las debilidades detectadas en los controles financieros por los órganos de intervención.

Por lo que hace a como estructura el Real Decreto el control interno local, cabe destacar la apuesta decidida que el mismo realizar por reforzar el control financiero del sector local, completándolo con un modelo de control interno permanente.

En este sentido, *Sanchez Rubio*[7] considera que el nuevo Real Decreto propone un nuevo sistema holístico de control en el que todo aquello que no se encuentra dentro del ámbito de la función interventora pasa a ser objeto de control permanente.

El esquema del régimen general que propone es el siguiente:

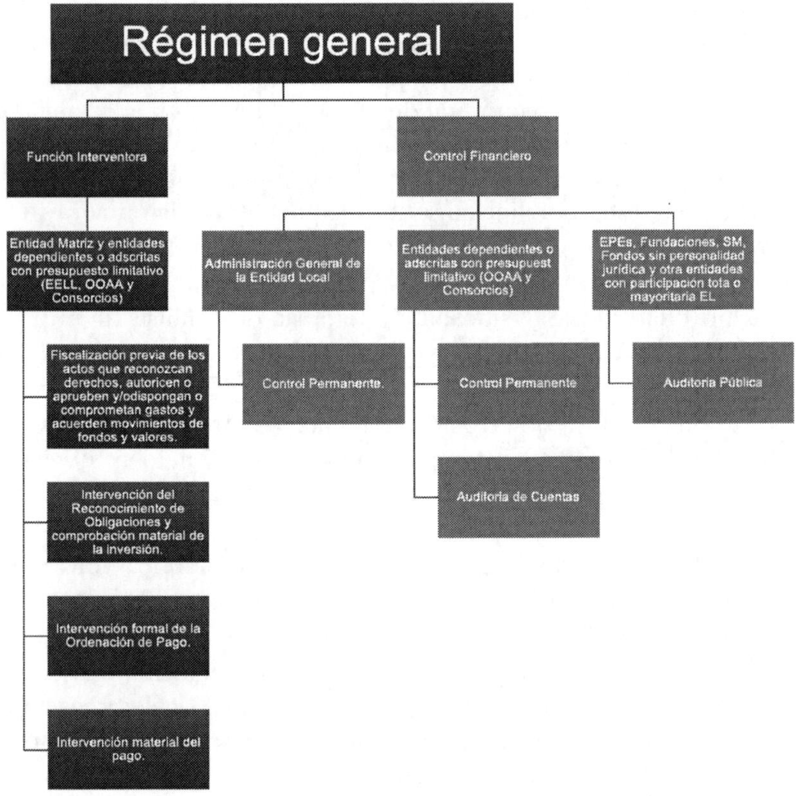


---

7 SÁNCHEZ RUBIO, Francisco Javier, "Aspectos más importantes en la aplicación del Real Decreto 424/2017, de 28 de abril, por el que se regula el régimen jurídico del control interno en las Entidades del Sector Público Local", *Revista CEMCI* (36), 2017, p. 3

De esta manera, conviene aclarar las diferencias existentes entre el ejercicio de la función interventora y el control financiero, para luego estudiar el ejercicio de ambas modalidades ante la figura del concierto social.

| **Función interventora** | **Control Financiero** |
|---|---|
| Control de legalidad | Control más amplio no sólo de legalidad también de eficacia y eficiencia. |
| Carácter Preventivo y suspensivo. | Supone un enfoque global de las actuaciones sometidas a control y no tiene eficacia suspensiva, sino que su eficacia es inductiva a través de conclusiones y recomendaciones. Es un control enfocado a la mejora en la gestión. |
| Carácter Preceptivo | Carácter preceptivo si bien, excepto, las actuaciones que derivan de norma legal, el resto de actuaciones que lo configuran se seleccionan por el órgano interventor sobre la base de un análisis de riesgos. |
| Concomitante en el tiempo con la gestión del expediente ya que se extiende a cada una de las fases de ingreso y gasto | Las actuaciones no planificadas que derivan de obligación legal se realizan en el momento previsto en la norma, normalmente con carácter previo, las planificadas tienen carácter posterior precisamente para permitir el análisis global de la gestión. |
| Control individualizado que se realiza acto a acto | Enfoque global de la actuación. |
| Carácter omnicomprensivo. Afecta a todos los actos de contenido económico. | Afecta a aquellos actos en que una norma lo exige y a las actuaciones que el interventor seleccione en base a un análisis de riesgos. |
| Control escrito. | Control escrito. |
| Se realiza con autonomía e independencia | Se realiza con autonomía e independencia |

### *B) El ejercicio de la función interventora en la implantación y concertación de servicios sociales*

La función interventora, como hemos visto, tiene por objeto controlar todos los actos de las entidades locales den lugar al reconocimiento de derechos y obligaciones o gastos de contenido económico, así como, de los ingresos y pagos que de ellos se deriven, y la recaudación, inversión y aplicación en general de los caudales públicos, con el fin de asegurar que la administración de los recursos se ajusta a las disposiciones aplicables en cada caso.

Las características de esta modalidad de control son las señaladas más arriba y el régimen ordinario es el de fiscalización Plena y se debe aplicar, en palabras de *Pascual García*[8], siempre que no exista una causa que expresamente lo excluya.

Frente a dicho régimen, el art. 219.2 del texto refundido de la Ley reguladora de las Haciendas Locales (TRLRHL) desarrollado por el art. 13 del RD 424/2017 contempla el que denomina Régimen de Fiscalización e Intervención limitada previa de requisitos básicos que responde, por un lado, al crecimiento de la Administración y, por otro, a la estandarización de las actuaciones administrativas al objeto de dotar de mayor agilidad al procedimiento administrativo.

En el régimen de requisitos básicos la fiscalización se limita a comprobar los extremos siguientes:

- La existencia de crédito presupuestario y que el propuesto es el adecuado a la naturaleza del gasto u obligación que se proponga contraer.
- Que las obligaciones o gastos se generan por órgano competente.
- Aquellos otros extremos que, por su trascendencia en el proceso de gestión, se determinen por el Pleno a propuesta del Presidente previo informe del órgano interventor.

A estos efectos, con independencia de que el Pleno haya dictado o no acuerdo, se considerarán, en todo caso, trascendentes en el proceso de gestión los extremos fijados en el Acuerdo del Consejo de Ministros, vigente en cada momento, con respecto al ejercicio de la función interventora en régimen de requisitos básicos, en aquellos supuestos que sean de aplicación a las Entidades Locales, que deberán comprobarse en todos los tipos de gasto que comprende.

Dado que los conciertos no se encuentran incluidos en los tipos de gasto incluido en el Acuerdo de Consejo de Ministros, hacemos la siguiente propuesta de extremos a fiscalizar en la tramitación de este tipo de expedientes:

---

[8] PASCUAL GARCÍA, José, *Régimen Jurídico del Gasto Público*. Madrid, 1999, p. 879.

1. Expediente inicial:

   A. Aprobación del gasto. Convocatoria del Concierto

      a) Que existe bases o, en su caso, documento descriptivo, informado por el Servicio Jurídico.

      b) Que existe pliego de prescripciones técnicas del servicio o, en su caso, documento descriptivo.

      c) Que se justifica en el expediente la carencia de medios suficientes para la prestación del servicio por la propia Administración por sus propios medios.

      d) Que el objeto del contrato está perfectamente definido, de manera que permita la comprobación del exacto cumplimiento de las obligaciones por parte de las entidades concertadas.

      e) La obligación de la entidad que opta al concierto de aportar la siguiente documentación:

         - Programa de trabajo en función del servicio de que se trate con propuesta de indicadores que aseguren la calidad del servicio,
         - Póliza de responsabilidad civil,
         - Detalle de medios personales y materiales adscritos a la prestación del servicio con el máximo desglose posible de número de empleados, categorías, etc., y
         - Ficha resumen económico del servicio en el que se concreten los medios de financiación y, por tanto, el total de ingresos, así como el detalle de todos los gastos, incluidas amortizaciones de inmovilizado de ser necesaria la realización de inversiones.

      f) Que exista una diferenciación clara entre los servicios básicos concertados y otros opcionales que también pueden ser una fuente de ingresos para la entidad concertada. Que se establezca la voluntariedad de los servicios opcionales y la obligación de que no tengan carácter discriminatorio. Que se determine la forma de financiación de dichos servicios opcionales.

g) Que las bases establecen los principios por los que se ha de regir el concierto que además de los previstos en la Ley de servicios sociales deberían ser:
   - Acceso a los servicios en condiciones de igualdad, de acuerdo con el principio de universalidad, b) Eficacia en el cumplimiento de los objetivos fijados.
   - Eficiencia en el uso de los recursos.
   - Innovación social que contribuya a mejorar la calidad de vida y el bienestar de la población.
   - Proximidad a la población referida.
   - Coordinación y cooperación administrativa.
   - Sometimiento a control de la Administración titular del servicio.
   - Libre concurrencia y no discriminación en el procedimiento de concertación.
   - Publicidad de la convocatoria del concierto.
   - Transparencia y buen gobierno, imponiendo la obligación de publicar los conciertos vigentes, las plazas asignadas, etc
   - Atención de calidad centrada en los usuarios.
h) Requisitos de participación. Debe acreditarse:
   - Estar acreditada las entidades como proveedoras de la Red de Servicios Sociales de Atención Pública de la Generalitat, lo cual supone el cumplimiento de todos los requisitos solicitados en dicho proceso de acreditación.
   - En función del tipo de servicio social que se pretende concertar, habrá que analizar si resulta necesaria algún otro tipo de acreditación previa.
   - Desarrollar su actividad en el término municipal.
   - Compromiso de cumplir las prescripciones técnicas.
i) Criterios para realizar la concertación o asignar plazas a las diferentes entidades. Entre los que pueden figurar las necesidades de las diferentes zonas de la ciudad, que se trate de entidades sin ánimo de lucro (en condiciones

de eficacia, cualidad y rentabilidad análogas), aquellos que aseguren un servicio de mayor calidad a los potenciales usuarios en función del que se trate, responsabilidad social de la entidad.

j) Que las bases determinen si es o no posible la subcontratación a terceros de servicios (en nuestra opinión, dicha subcontratación sólo debería ser posible a entidades debidamente acreditadas, caso de que su objeto afecte a elementos esenciales de la prestación). Caso de ser posible, que hayan establecido como requisito la necesidad de autorización previa por parte de la Administración. Que la posibilidad de subcontratación quede condicionada a que se garantice a la persona usuaria la atención personalizada e integral, el arraigo en torno a la atención social, el derecho de elección y la continuidad en la atención y la calidad del servicio.

k) Que las bases concretan los órganos que intervendrán, como asesores, en la valoración de la documentación presentada, su composición y los órganos competentes para dictar resolución en cada fase del procedimiento.

l) Que las bases establecen condiciones de ejecución del contrato de carácter ético, medioambiental además de las de tipo social y establecen la obligación del adjudicatario de cumplir las condiciones salariales de los trabajadores conforme al Convenio colectivo sectorial de aplicación.

m) Que la duración inicial del concierto no supera los cuatro años, con la posibilidad de prórroga hasta los 10 años. Determinar de manera clara que la prórroga debe estar justificada y basada en la continuidad de las necesidades sociales y la calidad del servicio prestado.

n) Cuando se prevea modificar el concierto, que se establezca de manera clara que los requisitos y procedimiento serán los regulados en el art. 27 del Decreto 60/2020 y en la Orden 218/2020 que lo desarrolla.

o) Otras causas de resolución del concierto.

p) Precio. Que exista una memoria económica de manera que se justifique:
   - Que los precios se determinan en base a los costes reales de prestación de los servicios, incluyendo los costes directos e indirectos necesarios para garantizar la calidad y continuidad del servicio.
   - Que se han realizado estudios de mercado para evaluar los costes de servicios similares y asegurar que los precios son competitivos y justos.
   - Desglose de los diferentes componentes del precio: Costes directos (salarios del personal, materiales, suministros y otros gastos directamente relacionados con la prestación del servicio), costes indirectos (los gastos generales de la entidad, como administración, mantenimiento de infraestructuras y otros costes operativos) y margen de beneficio que sea razonable que este justificado y sea proporcional con los costes del servicio.
   - Modelo que deban presentar las entidades proveedoras con su propuesta de precios detallada que pueda justificar cada uno de los diferentes componentes.
   - Caso de que los precios se determinen por el coste de referencia que establecen la Cartera de Servicios sociales o las disposiciones que se dicten, en función de la tipología del servicio, verificar los mismos.

q) Que las bases establecen si existe o no participación económica por parte de los usuarios en la financiación del servicio en función de la normativa que le resulte de aplicación y la manera de suministrar información a la administración titular de los importes recaudados.

r) Que las bases incluyen los criterios de revisión y actualización de los precios, estableciendo la periodicidad y los criterios que se deberán basar en la evolución de los costes, la calidad del servicio y otros factores relevantes.

s) Que las bases establecen expresamente la facultad de la Administración para realizar un seguimiento de la correcta prestación del servicio para lo cual podrá realizar inspecciones físicas y actuaciones comprobatorias materiales.

t) Que las bases establecen un régimen sancionador acorde a los requisitos de calidad de la prestación y las obligaciones a asumir por la entidad proveedora.

u) Que las bases establecen las causas de revocación del concierto con indicación del procedimiento y órganos competentes.

v) Informe jurídico de la Secretaría General de la Corporación respecto a las bases en el que manifieste expresamente la favorabilidad a las mismas.

B. Compromiso del gasto. Adjudicación del concierto.

a) Que las entidades a las que se propone adjudicar el concierto han presentado toda la documentación que establecen las bases, referida anteriormente y que ha sido valorada positivamente por los órganos competentes de asesoramiento y resolución señalados en las bases.

b) Que la entidad dispone de la acreditación preceptiva según la tipología del servicio social.

c) Informe de la Secretaría General respecto al correcto cumplimiento de los extremos anteriores.

C. Modificación.

a) Que se haya producida alguna de las causas de modificación prevista en el Decreto 69/2020.

- Cambio de necesidades sociales que justificaron la formalización del concierto, incluía la necesidad de aumentar el número de plazas o servicios.
- Mejorar de la calidad. Introducción de mejoras en la calidad del servicio prestado.
- Ajustes financieros. Cambios en las condiciones económicas o financieras que afecten a la viabilidad del concierto.

- Normativa aplicable. Adaptación a cambios en la normativa aplicable que afecten a la prestación del servicio.

b) Que se ha tramitado el procedimiento para la modificación del concierto que deben incluir los siguientes trámites.
   - Que se haya iniciado de oficio o a instancia de la entidad proveedora.
   - Que exista informe técnico que justifique la necesidad de modificación y que detalle los elementos a modificar ya sean en la prestación, precio, etc.
   - Que el informe técnico haya sido revisado por los órganos competentes para resolver.
   - Que se haya tramitado procedimiento contradictorio, caso de haberse iniciado de oficio y exista mutuo acuerdo de las partes para proceder a la modificación del concierto.

c) Que no se superan los límites establecidos en el art. 27 del Decreto 69/2020 y art. 12 de la Orden 218/2020, en concreto que no se supera el 50% del precio inicial del concierto (IVA excluido). En todo caso, se habrá de valora que la modificación propuesta es proporcional y congruente con las causas que la motivan.

d) Si la modificación supone un cambio en la entidad proveedora por subcontratación de terceros, que dicha posibilidad se encuentre prevista en la convocatoria y que se garanticen los derechos de los usuarios en los términos analizados anteriormente.

e) Si la modificación supone un cambio en la entidad proveedora por cesión, que el cesionario se subroga en los derechos y obligaciones derivados del concierto, se encuentre debidamente acreditado y cumpla los requisitos que establece la convocatoria correspondiente.

f) Que se propone la formalización de la modificación en los plazos establecidos y se publica en los términos previstos en la normativa.

g) Informe jurídico de la Secretaría General de la Corporación respecto a la modificación en el que manifieste expresamente la favorabilidad a las misma.

D. Revisión de precios.

a) Si los precios se fijan por el coste de referencia que establecen la Cartera de servicios sociales o las disposiciones que se hayan dictado al efecto, en función de la tipología del servicio, que se haya dictado disposición normativa de carácter general que los actualice de acuerdo con lo establecido en la normativa.

b) De no encontrarnos en el supuesto anterior, comprobación de que la revisión responda a la evolución del coste del servicio de acuerdo con la memoria inicial.

E. Entregas parciales y liquidación.

a) Que se acompaña acta de conformidad respecto a la correcta prestación de los servicios.

b) Que se aporta factura por la empresa adjudicataria de acuerdo con lo previsto en el Real Decreto 1619/2012, de 30 de noviembre, por el que se regulan las obligaciones de facturación y, en su caso, en la Ley 25/2013, de 27 de diciembre, de impulso de la factura electrónica.

c) Cuando se incluya revisión de precios, para su abono, comprobar que se cumplen los requisitos exigidos.

F. Prórroga del concierto.

a) Que se ajusta a la previsto en las bases de la convocatoria.

b) Que no supera los límites de duración previstos en el Decreto 69/2020.

c) Que se acompaña informe de la Secretaría General.

G. Resolución del concierto

a) Que se trata de algunos supuestos regulados en el art. 28 del Decreto 69/2020. Si se trata de una resolución culpable de la entidad proveedora que se aplican las medidas previstas en las bases y en la normativa.

b) Que se acompaña informe de la Secretaría General.

c) Que se garantiza a las personas usuarias el derecho a un servicio de características similares de la Red de Servicios sociales de Atención Pública.

### *C) El ejercicio del control financiero en la prestación de servicios sociales mediante concierto*

Los expedientes de conciertos sociales serán objeto del ejercicio de la función interventora en los términos señalados anteriormente.

Consideramos que dentro de las actuaciones de control permanente planificable a realizar por el órgano interventor, deben tenerse en consideración las siguientes durante la ejecución del contrato:

a) Evaluación del control implantado por los gestores del servicio. Analizar los procesos de control del cumplimiento de las condiciones señaladas en las Bases del concierto. Revisión de la segregación de funciones en el inicio del expediente, tramitación y control una vez otorgada.

b) Relación de medios personales y materiales adscritos al servicio, individualizando su coste, analizando la adecuación y necesidad de los mismos para la prestación de los diferentes servicios. Cumplimiento de lo establecido en las bases.

c) Verificación de la correcta aplicación de las tarifas, en caso de que exista cofinanciación o se trate de servicios opcionales voluntarios, el precio de los cuales se haya fijado (asegurar la fiabilidad de la información suministrada por la entidad proveedora). Cumplimiento de lo establecido en las bases al respecto.

d) Realización de un análisis comparativo del coste actual del servicio y del derivado de las actuaciones de CF, así como determinar las medidas a adoptar en la prestación del servicio para garantizar una prestación eficiente y eficaz del mismo, adecuadas a las necesidades de los usuarios.

e) Análisis de que todas las operaciones vinculadas se realizan a precio de mercado.

f) Verificación de los gastos generales o costes indirectos de acuerdo a lo fijado en las bases.

g) Cumplimiento de las obligaciones Sociales de la entidad proveedora.

h) Verificar que la entidad proveedora:
   - Sigue procedimientos de contratación adecuados.
   - Adquiere la cantidad necesaria de recursos y del tipo y calidad apropiados y al coste adecuado.
   - Protege y mantiene adecuadamente los activos.
   - Evita la duplicidad de tareas y la realización de trabajos inútiles.
   - Evita la ociosidad y sobredimensionamiento de la plantilla.
   - Utiliza la cantidad óptima de recursos.
   - Organiza y presta el servicio con sujeción a la normativa aplicable en materia de servicios sociales y de accesibilidad.
   - Dispone de un sistema de gestión de calidad y de evaluación continua de acuerdo con lo previsto en el art. 6 del Decreto 69/2020.
   - Facilita el ejercicio de la libertad individual y la participación en la toma de decisiones.

i) Comparar la información recogida con los estándares fijados, para identificar desviaciones y realizar el diagnóstico pertinente para proponer medidas correctoras.

Las actuaciones a realizar en los supuestos de resolución del concierto podrían ser, entre otras, las siguientes:

A. En supuestos de mutuo acuerdo
   a) Verificar que no encubra una compensación de culpas. Se debe verificar:
      - El cumplimiento hasta ese momento de todas las obligaciones de la entidad proveedora (sean o no esenciales).
      - Que existan razones de interés público que justifiquen la extinción anticipada del concierto.
   b) Si concurren diversas causas de resolución que se resuelve en virtud de la producida en primer lugar.

B. Resolución por causas imputables a la entidad proveedora.

a) Verificar que se procede a indemnizar a la Corporación o a los usuarios por los daños y perjuicios causados, caso de ser legalmente procedente.

C. Resolución por causas imputables a la Administración.

a) Verificar, en caso de proceder, el correcto cálculo de la indemnización a pagar a la entidad proveedora teniendo en cuenta los criterios establecidos legalmente.

En definitiva, el OCIL debe enfocarse en garantizar la transparencia y rendición de cuentas, evitando prácticas discriminatorias o poco éticas. Se recomienda implementar sistemas de auditoría periódica que evalúen la eficacia y eficiencia de los servicios prestados, así como establecer mecanismos de feedback con los usuarios. Además, es necesario que el OCIL colabore estrechamente con otras áreas de la administración local para desarrollar planes de acción que corrijan posibles desviaciones o deficiencias identificadas.

## VII.4. CONCLUSIONES

### *A) La importancia del marco normativo como base de seguridad jurídica*

El análisis realizado destaca que la aplicación de los conciertos sociales en el sector público local, particularmente en el ámbito catalán, se fundamenta en un complejo marco normativo europeo, estatal y autonómico. La adaptación de las Directivas Europeas 2014/24/UE y 2014/23/UE a la legislación española y catalana ha permitido articular instrumentos no contractuales que ofrecen flexibilidad en la gestión de los servicios sociales. Esta base jurídica, aunque presenta áreas susceptibles de mejora y clarificación, aporta seguridad jurídica y respaldo a la actuación de las entidades locales en su uso.

El marco normativo catalán, a través del Decreto 69/2020 y su normativa de desarrollo, regula de forma específica la acreditación y gestión delegada de servicios sociales mediante conciertos. Esta normativa, aunque limitada a los servicios contemplados en la Ley 12/2007, ha permitido desarrollar un sistema que equilibra la flexibilidad operativa con el cumplimiento de principios como la igualdad, transparencia y sostenibilidad financiera. No obstante, se observa la necesidad de actualizaciones en la Cartera de Servicios Sociales para incorporar servicios emergentes y responder a demandas sociales actuales, lo que contribuiría a reforzar la seguridad jurídica y operativa de los municipios.

### B) *El carácter esencial del control interno en la prestación de servicios sociales*

El rol del OCIL se perfila como determinante para garantizar que los conciertos sociales se ajusten a los principios de legalidad, eficacia, eficiencia y transparencia. En este sentido, el Real Decreto 424/2017 introduce un modelo de control holístico que enfatiza no solo el control de legalidad sino también de eficiencia y efectividad. Esto subraya la necesidad de que el OCIL realice controles preventivos y permanentes sobre la gestión de los conciertos sociales, asegurando una adecuada utilización de los recursos públicos.

En este contexto, resulta prioritario establecer indicadores de calidad que permitan evaluar no solo el cumplimiento de las obligaciones contractuales, sino también el impacto social de las actuaciones realizadas. Además, el OCIL debe promover la mejora continua de los procedimientos y servicios, fomentando la innovación y el aprendizaje organizativo en beneficio de los usuarios finales.

Así mismo, la sostenibilidad financiera de las haciendas locales se destaca como un eje crucial en la gestión de los conciertos sociales. El OCIL debe verificar que los precios acordados para la prestación de servicios son competitivos y reflejan los costes reales de los mismos, evitando tanto la infrafinanciación como la sobrefinanciación de las entidades proveedoras. Asimismo, los criterios de revisión y actualización de los precios deben basarse en datos objetivos y estar alineados con los principios de eficiencia y calidad.

### C) *Flexibilidad frente a rigidez: La naturaleza no contractual del concierto social y la necesidad del OCIL de adaptarse a este nuevo enfoque*

Los conciertos sociales no deben considerarse una variante de los contratos públicos, sino una herramienta complementaria destinada a la provisión de servicios esenciales. Esta característica permite a las administraciones locales superar las limitaciones asociadas a los contratos tradicionales, como la rigidez y la complejidad administrativa, para centrarse en criterios de calidad, proximidad y adaptabilidad a las necesidades sociales. La naturaleza sinalagmática de esta figura implica un compromiso mutuo entre la administración y las entidades proveedoras, donde el control debe ser especialmente riguroso y debe saber adaptarse a este enfoque.

### *D) Reflexión final*

En definitiva, los conciertos sociales representan una oportunidad para los gobiernos locales de mejorar la prestación de servicios sociales bajo un esquema que priorice la calidad y la proximidad. No obstante, su éxito dependerá de la capacidad de las administraciones para gestionar de forma eficiente estos instrumentos, garantizando un uso óptimo de los recursos públicos y promoviendo la participación activa de la ciudadanía. El OCIL desempeña un papel crucial en este proceso, asegurando que los principios de legalidad, transparencia y sostenibilidad sean los pilares de la gestión pública en este ámbito.

## VII.5. JURISPRUDENCIA

Auto del TS núm. 12461/2024, de 16 de octubre de 2024 (ponente Luis Maria Díez-Picazo Giménez) (Rec. 796/2024).

STC núm. 41/2016, de 3 de marzo de 2016 (ponente Andrés Ollero Tasara). (Rec. de inconstitucionalidad 1792/2014).

STJUE núm. 559/2022, de 14 de julio de 2022 (ponente C. Lycourgos). (ASUNTO C-436/20).

## VII.6. BIBLIOGRAFÍA

GIMENO FELIÚ, José María, "La colaboración público-privada en el ámbito de los servicios sociales y sanitarios dirigidos a las personas. Condicionantes europeos y Constitucionales", *Revista Aragonesa de Administración Pública* (52), 2018, pp. 12-65.

LAZO VITORIA, Ximena, "La figura del 'concierto social' tras las Directivas europeas de contratación pública", https://www.obcp.es/opiniones/la-figura-del-concierto-social-tras-las-directivas-europeas-de-contratacion-publica (última visita, 29 de septiembre de 2018).

LAZO VITORIA, Ximena, "Prestación de servicios a las personas: ¿concierto social o contrato?", *Revista de Estudios de la Administración Local y Autonómica. Nueva Época* (20), 2023, pp. 31-46.

PASCUAL GARCÍA, José, *Régimen Jurídico del Gasto Público*. Madrid, 1999.

PIZARRO NEVADO, Rafael, "El concierto social para la prestación de la atención infantil temprana en Andalucía", *Revista de Estudios de la Administración Local y Autonómica: Nueva* Época (14), 2020, pp. 88-103.

SÁNCHEZ RUBIO, Francisco Javier, "Aspectos más importantes en la aplicación del Real Decreto 424/2017, de 28 de abril, por el que se regula el régimen jurídico del control interno en las Entidades del Sector Público Local", *Revista CEMCI* (36), 2017, pp. 1-15.

*Capítulo VIII*

# *El trabajo social: la preponderancia de los aspectos cualitativos en las fórmulas no contractuales de gestión pública de los servicios sociales*

**MARIA VICTÒRIA FORNS I FERNÁNDEZ**
*Profesora Agregada de Trabajo Social y Servicios Sociales*
*Universitat Rovira i Virgili*

**Resumen:** En este trabajo se estudia la posibilidad de participación de los trabajadores sociales como miembros de los equipos o comités evaluadores de las organizaciones que aspiran a la suscripción de conciertos sociales con las distintas Administraciones públicas para la prestación de servicios sociales.

**Palabras clave:** concierto social, servicios sociales, trabajador social, competencias.

**Índice:** 

**Abreviaturas empleadas:**

CCAA: Comunidades Autónomas
CE: Constitución española
FITS: Federación Internacional de Trabajadores Sociales

## VIII.1. INTRODUCCIÓN

En el Estado español, los servicios sociales se constituyen como uno de los pilares del estado de bienestar que, junto con la seguridad social, los sistemas de salud, la educación y las políticas para la ocupación y la vivienda, persiguen garantizar el disfrute efectivo de los derechos de las personas, así como su libre desenvolvimiento e integración en la sociedad. Son un instrumento para el ejercicio de los derechos de todas las personas para recibir una respuesta a sus problemas y demandas y dar cauce a su integración social, al tiempo que acercan las Administraciones públicas al ciudadano[1].

La Constitución española (CE), en su artículo 148.20 establece que las Comunidades Autónomas (CCAA) podrán asumir competencias "en materia de asistencia social" y con ello, asumir la responsabilidad de la prestación de los servicios sociales y su carácter social, que, en cumplimiento al principio de descentralización del poder garantiza la aproximación de los servicios al ciudadano.

La descentralización de las competencias en materia de asistencia social que realiza la CE, permitió que las CCAA en sus estatutos de autonomía, asumieran dicha competencia con plenitud, lo que en palabras de *Aguado i Cudolà* trajo como consecuencia que el Estado autonómico se convirtiera en el motor de la construcción del estado del bienestar y el desarrollo de los derechos sociales en España[2].

El establecimiento del Sistema Público de Servicios Sociales estuvo acompañado por los y las trabajadores sociales, especialmente en la configuración de los servicios sociales básicos[3] y es que, tal como afirma *Correa Berasaluze,* el trabajo social se desarrolló al mismo tiempo que se creaban los servicios sociales, y ello trajo como consecuencia que los profesionales del trabajo social tuvieran un papel significativo para su consolidación, lo que ha generado una estrecha identificación entre trabajo social y servicios sociales, a pesar de tratarse de una profesión con entidad técnica y científica independiente[4].

---

1 PELEGRÍ VIAÑA, Xavier, "El modelo de servicios sociales en España", *Revista Internacional de Ciencias Sociales y Humanidades, SOCIOTAM* XVII (2), 2007, p. 125.

2 AGUADO i CUDOLÀ, Vicenç, "El régimen jurídico de las prestaciones de los Servicios sociales", en EZQUERRA HUERVA, Antonio (coord.), *El marco jurídico de los Servicios sociales en España,* Barcelona 2012, p. 47.

3 LAS HERAS PINILLA, María Patrocinio, *Trabajo Social y Servicios Sociales. Conocimiento y Ética,* Madrid 2019, p. 120.

4 CORREA BERASALUZE, Ainhoa, "El devenir del Trabajo Social en clave de género", *Zerbitzuan: Gizarte Zerbitzuetarako Aldizkaria. Revista de Servicios Sociales*

Esto hace que los y las trabajadores sociales cuenten con un conocimiento global más profundo, más detallado y holístico del funcionamiento del Sistema Público de los Servicios Sociales y de las diferentes problemáticas que son atendidas en los mismos, especialmente los servicios sociales básicos dado que éstos son la puerta de entrada a los servicios y a la atención[5].

La evolución y crecimiento de los servicios sociales no ha estado exenta de retos y obstáculos y es que han sido uno de los sistemas que más ha estado expuesto a la erosión y los cambios[6], especialmente en épocas de crisis económicas donde se convirtieron en instrumentos para las políticas de inclusión activa y en herramientas en la lucha contra la exclusión social y la pobreza, lo que, además, tuvo incidencia directa en ámbitos profesionales y académicos como el trabajo social, no sólo por su vinculación histórica, sino también por las consecuencias que las modificaciones al sistema y la crisis económica, podían tener sobre la práctica profesional[7]. Y es que por su propia naturaleza los servicios sociales implican acciones públicas "destinadas a proporcionar atención personal y apoyo, frente a los riesgos y dificultades sociales y personales"[8].

Para atender a la diversidad de necesidades sociales existentes en contextos de crisis, especialmente las necesidades de los colectivos vulnerables, las Administraciones públicas se han apoyado en las em-

---

(46), 2019, pp. 133-140.

5 ALEGRE-AGÍS, Elisa, "Estudio preliminar. La estructura de los servicios sociales en Cataluna", en FORNS FERNÁNDEZ, Maria Victoria (ed.), *La protección jurídica de la atención a las personas en materia de servicios sociales: Una perspectiva interdisciplinar,* Barcelona 2020, pp. 271-284. FORNS i FERNÁNDEZ, María Victoria y ALEGRE AGÍS, Elisa, "Una aproximación práctica (II); la gestión de los servicios sociales locales", en FUENTES I GASÓ, Josep Ramón (ed.), *Externalización e interiorización de la gestión de los servicios públicos locales: entre público y privado,* Valencia 2022, pp. 495-529.

6 ALGUACIL GÓMEZ, Julio, "La quiebra del incompleto sistema de Servicios Sociales en España", *Cuadernos de Trabajo Social* 25 (1), 2012, p. 64.

7 JUAN TOSET, Eva María y MORATA GARCÍA DE LA PUERTA, Belén, "Política Social y Bienestar Social en Europa en las revistas de Trabajo Social y Servicios Sociales", *Portularia: Revista de Trabajo Social* 12 (2), 2012, p. 58.

8 ORGANIZACIÓN PARA LA COOPERACIÓN Y EL DESARROLLO ECONÓMICO, *Modernización de los servicios sociales en España. Diseño de un nuevo marco estatal,* París 2022, p. 3

presas y las entidades del tercer sector de acción social, lo que ha dado paso al desarrollo a nivel normativo de diferentes formas de colaboración público-privadas, entre las que se encuentra el concierto social[9], una fórmula no contractual de colaboración entre la Administración pública y entidades privadas para la prestación de servicios sociales, que se basa en la complementariedad entre ambas partes.

Esta fórmula de colaboración público-privada requiere que las entidades privadas se encuentren acreditadas y demuestren el cumplimiento de ciertas condiciones para prestar un servicio y, aunque la selección de la entidad no se somete a un régimen de libre concurrencia como ocurriría en los procesos de selección de contratistas regidos por la Ley 9/2017, de 8 de noviembre, de Contratos del Sector Público, sí es necesario que las Administraciones públicas evalúen la idoneidad de la entidad privada para prestar el servicio que corresponda, así como para el control de la ejecución del concierto social.

En este rol de evaluación de la entidad privada y de seguimiento y control del concierto social, los trabajadores sociales pueden cumplir una tarea fundamental, y es que el trabajo social ha sido una profesión históricamente vinculada a los servicios sociales, de allí que los y las profesionales del trabajo social cuentan con la experiencia técnica y el conocimiento necesario para analizar, estudiar y evaluar a aquellas organizaciones que aspiran suscribir acuerdos de concierto social con las Administraciones públicas.

Por ello, en este capítulo se estudia la posibilidad de participación de los trabajadores sociales como miembros de los equipos o comités evaluadores de las organizaciones que aspiran a la suscripción de conciertos sociales con las distintas Administraciones públicas para la prestación de servicios sociales.

9 DARNACULLETA GARDELLA, Mercé, "Contratar o concertar la prestación de servicios sociales: ¿una alternativa viable?", https://www.gobiernolocal.org/acento-local/contratar-o-concertar-la-prestacion-de-servicios-sociales-una-alternativa-viable/ (última visita, 19 de diciembre de 2024).

## VIII.2. EL CONCIERTO SOCIAL Y LA PRESTACIÓN DE LOS SERVICIOS SOCIALES

No corresponde a este capítulo realizar un estudio exhaustivo de la naturaleza jurídica del concierto social, puesto que en esta obra colectiva se podrán observar diversos aportes sobre este tema, sin embargo, sí resulta necesario realizar una breve referencia al objeto del concierto social y por qué es un mecanismo idóneo para la prestación de los servicios sociales.

Así las cosas, *Martín Egaña* a partir de una revisión de la legislación autonómica sobre el concierto social define el concierto social como "aquel instrumento organizativo por medio del cual se produce la prestación de servicios sociales de responsabilidad pública a través de entidades, cuya financiación, acceso y control sean públicos"[10]. Se trata de un mecanismo que reconoce el papel que tienen las entidades del Tercer Sector Social para prestar servicios que tienen como eje central a la persona, y en cuya organización y prestación se encuentran presentes los principios de solidaridad y cohesión social que privan frente a la eficiencia económica.

Es una fórmula de colaboración público-privada que no atiende a fines económicos, ni responde al ánimo de lucro de la entidad que presta el servicio. Su finalidad es garantizar la mayor protección social de las personas y dotar de mayor calidad, estabilidad y continuidad los servicios sociales, atendiendo a los principios de universalidad, igualdad de acceso, equidad, continuidad en la atención, transparencia y calidad[11].

El concierto social persigue aprovechar la experiencia de las organizaciones del Tercer Sector Social que se ha convertido en un sector que cuenta con la capacidad suficiente para cohonestar las especiales características de los servicios sociales con los principios

---

10 MARTÍN EGAÑA, Arantza, "Los servicios a las personas: La adjudicación directa como alternativa al concierto social", *Gabilex: Revista del Gabinete Jurídico de Castilla-La Mancha* (25), 2021, p. 309.

11 DOMÍNGUEZ MARTÍN, Mónica, "Los contratos de prestación de servicios a las personas. Repensando las formas de gestión de los servicios sanitarios públicos tras las Directivas contratos de 2014 y la Ley 9/2017 de Contratos del Sector Público", *Revista General de Derecho Administrativo* (50), 2019, pp. 1-17.

rigen su actuación (solidaridad, promoción de la iniciativa social y calidad asistencial, universalidad, igualdad, responsabilidad pública, solidaridad, participación cívica, globalidad, subsidiariedad, prevención y dimensión comunitaria, fomento de la cohesión social, normalización, coordinación, atención personalizada e integral, respeto por los derechos de la persona, fomento de la autonomía personal, economía, eficiencia y eficacia, calidad de los servicios, entre otros[12]) para garantizar una actuación eficaz y una adecuada respuesta a determinadas necesidades que pueden tener las personas y que no pueden ser satisfechas por ellas mismas.

A través del concierto social se da respuesta a situaciones que superan el ámbito individual de la persona (como la pobreza, la violencia intrafamiliar o de género, el aislamiento social o la soledad no deseada, entre otros) para trascender a lo colectivo, y cuya finalidad es de carácter asistencial y paliativa[13].

De acuerdo a la legislación autonómica, el régimen del concierto social se enmarca dentro de los sistemas de acreditación o licencia, es decir, las entidades que deseen suscribir acuerdos de concierto social, deberán contar con una autorización que las califique como aptas para la prestación de los servicios sociales. Esto permite diferenciar al concierto social de los procesos de licitación pública, y también el hecho que se encuentra inspirado en la idea de colaboración y cooperación, reconociendo que la Administración pública y la sociedad civil pueden actuar de modo complementario en la satisfacción de las necesidades de la ciudadanía.

---

12 FORNS i FERNÁNDEZ, Maria Victòria, "Los servicios sociales locales como garantes del Estado del Bienestar en el Estado Español. Análisis del régimen jurídico de la atención a la persona en Cataluña", *Revista de Direito Econômico e Socioambiental* 9 (3), 2018, pp. 7-8.

13 JUAN TOSET y MORATA GARCÍA DE LA PUERTA, *Portularia: Revista de Trabajo Social*, 2012, p. 58.

## VIII.3. ROL DEL TRABAJO SOCIAL Y DEL TRABAJADOR SOCIAL EN EL ÁMBITO DE LOS SERVICIOS SOCIALES

Si tuviéramos que ubicar los orígenes de la profesión de trabajo social sería a finales del siglo XIX cuando comenzó el desarrollo industrial en las grandes ciudades de Estados Unidos y con ello se incrementaron los problemas relacionados con la pobreza, la marginación, el desorden urbanístico, la delincuencia, y el deterioro de las relaciones y redes sociales, entre otros. Serían Mary Richmond, Jane Addams, y Octavia Hill las pioneras del trabajo social al impulsar las primeras organizaciones que contaban con sistemas de ayuda organizada que permitían mejorar las condiciones de vida y promover los derechos humanos de las personas[14].

En España, el trabajo social comenzaría a desarrollarse en los años 60 del siglo XX a través de intervenciones en áreas rurales producto de la movilización de la población que se ubicaba en el medio rural hacia los centros urbanos y que dio lugar al desarrollo del trabajo social comunitario[15].

La Federación Internacional de Trabajadores Sociales (FITS) propuso en el año 2000 una definición del trabajo social considerándola una disciplina que:

> "promueve el cambio social, la resolución de problemas en las relaciones humanas y el fortalecimiento y liberación del pueblo para incrementar el bienestar. Mediante la utilización de teorías sobre comportamiento humano y los sistemas sociales, el trabajo social interviene en los puntos en los que las personas interactúan con su entorno. Los principios de los Derechos Humanos y la Justicia Social son fundamentales para el trabajo social"[16].

---

14 BERMÚDEZ PEÑA, Claudia, "Releer la historia: Circulación y rutas de dispersión de los saberes tempranos del Trabajo social", *Prospectiva: Revista de Trabajo Social e Intervención Social* (22), 2016, pp. 65-91.

15 PELLEGERO ROYO, Jorge, "El trabajador social y su papel fundamental en la lucha contra la despoblación rural", en COLEGIO PROFESIONAL DE TRABAJO SOCIAL DE ARAGÓN (ed.), *Construyendo sociedad, construyendo profesión: desarrollo ético, social y técnico: actas III Congreso Trabajo Social de Aragón, 28 al 30 de septiembre de 2017*, Zaragoza 2018, p. 2.

16 ESTRADA MORENO, Irene y PALMA GARCÍA, María, "El Trabajo Social desde fuera: Perspectiva desde los estudiantes de otras titulaciones", en CARBONERO

De acuerdo con la FITS la misión del trabajo social es la de facilitar que todas las personas puedan desarrollar plenamente sus potencialidades y enriquecer sus vidas, al tiempo que trabajan en la prevención de aquellas situaciones que las exponen a vulnerabilidades sociales[17].

Bajo estas ideas, el trabajo social es una profesión garante de los derechos de las personas a través del abordaje de situaciones, necesidades y problemas sociales en los niveles micro, meso y macro, para disminuir las situaciones de exclusión social en el sentido amplio de la expresión.

Así las cosas, el profesional en trabajo social posee una amplia comprensión de las estructuras y procesos sociales, el cambio social y del comportamiento humano. Según el *Libro blanco: Título de Grado en Trabajo Social*[18], son profesionales que se encuentran capacitados para:

- Intervenir en las situaciones o problemas que viven individuos, familias, grupos, organizaciones y comunidades, asistiendo a los involucrados y manejando los conflictos con herramientas como la mediación.
- Participar en la formulación de las políticas sociales.
- Contribuir al empoderamiento de las personas para que éstas puedan hacer efectivo el disfrute de sus derechos sociales.
- Contribuir a la integración social de personas, familias, grupos, organizaciones y comunidades y a la constitución de una sociedad cohesionada.

---

MUÑOZ, Domingo et al. (coords.), *Respuestas transdisciplinares en una sociedad global: aportaciones desde el Trabajo Social,* La Rioja 2016, p. 2.

17 JUÁREZ RODRÍGUEZ, Almudena y LÁZARO FERNÁNDEZ, Santa, "El enfoque de fortalezas en trabajo social", *Miscelánea Comillas: Revista de Ciencias Humanas y Sociales* 72 (140-141), 2014, p. 144.

18 AGENCIA NACIONAL DE EVALUACIÓN DE LA CALIDAD Y ACREDITACIÓN, *Libro blanco: Título de Grado en Trabajo Social,* Madrid 2005, p. 201. Ver igualmente: CORDOVA MONTIEL, Flor Nayeli; SILVA HERNANDEZ, Francisca y MARTÍNEZ PRATS, Germán, "El rol del trabajador social en procesos de solución de conflictos en institución del sector salud", *Investigación y Negocios* 14 (24), 2021, p. 103.

- Promover el desarrollo de la calidad de vida y del bienestar social.

El profesional en trabajo social tiene la capacidad para comprender la naturaleza de los fenómenos sociales y a partir de las necesidades detectadas desarrollan instrucciones concretas y elaboran diferentes estrategias que permiten atender y minimizar la situación de vulnerabilidad que fue detectada. Lo que requiere, además, la coordinación y colaboración con diferentes instituciones públicas que eventualmente pueden participar en la resolución de un conflicto por lo que cuentan con un amplio conocimiento del sistema jurídicos, los procedimientos, la estructura del Estado, entre otros elementos.

En algunas leyes autonómicas de servicios sociales aparece la figura del trabajador social, descrita como profesional indispensable dentro del Sistema Público de los Servicios Sociales, tanto en el nivel básico o primario como en el nivel secundario o especializado. Incluso los trabajadores sociales son considerados profesionales de referencia de los servicios sociales.

Así lo establecen, el artículo 16.2 de la Ley 12/2022, de 21 de diciembre, de Servicios Sociales de la Comunidad de Madrid; el artículo 24.2 de la Ley 13/2008, de 3 de diciembre, de servicios sociales de Galicia; el artículo 19.3 de la Ley 4/2009, de 11 de junio, de servicios sociales de las Illes Balears; el artículo 8. k) de la Ley 7/2009, de 22 de diciembre, de Servicios Sociales de La Rioja[19]; el artículo 24.2 de la Ley 14/2010, de 16 de diciembre, de servicios sociales de Castilla-La Mancha; el artículo 19.4.a) de la Ley 12/2008, de 5 de diciembre, de Servicios Sociales del País Vasco; el artículo 7.d) de la Ley 14/2015, de 9 de abril, de Servicios Sociales de Extremadura[20]; el artículo 69.2 de la Ley 3/2019, de 18 de febrero, de servicios sociales inclusivos de la Comunitat Valenciana; el artículo 19.4 de la Ley 16/2019, de 2 de

---

19 En este caso, se establece como un derecho de las personas usuarias de los servicios sociales, la asignación de un trabajador social como profesional de referencia, que sea su interlocutor principal en el ámbito de los servicios sociales.

20 Al igual que la legislación de la Comunidad Autónoma de La Rioja, se establece como un derecho de la persona usuaria de los servicios sociales, disponer de un trabajador social de referencia en el ámbito de los servicios sociales de atención social básica.

mayo, de Servicios Sociales de Canarias y el artículo 41.2 de la Ley 3/2021, de 29 de julio, de Servicios Sociales de la Región de Murcia.

Mientras que, en las Comunidades Autónomas de Cataluña y Andalucía, aunque no señalan de forma expresa que los trabajadores sociales serán profesionales de referencia, sí los incluyen como personal que obligatoriamente debe conformar la estructura de las áreas básicas de los servicios sociales[21] o de los servicios sociales comunitarios[22], lo que permite destacar la necesaria presencia de estos profesionales en el Sistema Público de Servicios Sociales.

Así las cosas, las y los trabajadores sociales son profesionales que se encuentran íntimamente vinculados a la prestación de los servicios sociales, no solo porque han sido formados con los conocimientos, destrezas, habilidades y aptitudes necesarias para poder identificar problemas y vulnerabilidades sociales y proponer estrategias, acciones y mecanismos que puedan mitigar o reducir estas vulnerabilidades, sino porque, además, existe un reconocimiento expreso del legislador autonómico del papel que juegan dentro del Sistema Público de los Servicios Sociales, llegándolos a considerar profesionales de referencia.

## VIII.4. PARTICIPACIÓN DEL TRABAJADOR SOCIAL EN LA EVALUACIÓN DE LOS ASPECTOS CUALITATIVOS EN LOS CONCIERTOS SOCIALES

Partiendo de las habilidades y competencias que poseen los profesionales del trabajo social y el reconocimiento que el legislador autonómico le ha dado como profesional de referencia del Sistema Público de los Servicios Sociales, entendemos que los y las trabaja-

---

21 La Disposición adicional segunda de la Ley 12/2007, de 11 de octubre, de Servicios Sociales de Cataluña establece que las áreas básicas de servicios sociales deben tener una dotación de tres diplomados en trabajo social y dos diplomados en educación social por cada quince mil habitantes

22 El artículo 30 de la Ley 9/2016, de 27 de diciembre, de Servicios Sociales de Andalucía prevé que los servicios sociales comunitarios deberán estar conformados como mínimo por un trabajador o trabajadora social, un educador o educadora social y un psicólogo o psicóloga.

dores sociales pueden tener un rol activo como miembros de los equipos o comités evaluadores de las organizaciones que aspiran a la suscripción de conciertos sociales con las distintas Administraciones públicas para la prestación de servicios sociales, así como en el seguimiento de la ejecución de los conciertos y su control.

Y es que tal como afirma *Gimeno Feliú* las nuevas formas de relacionamiento en la colaboración público-privada exigen que se abandone la idea de que el precio sea el único elemento de valoración para la sostenibilidad del modelo de gestión pública y se considere (especialmente en el caso de la prestación de servicios sociales), cómo se puede garantizar la mejor calidad del servicio[23].

En el caso de los conciertos sociales se trataría de utilizar la discrecionalidad técnica por parte de las Administraciones públicas y que ha sido reconocida en diversas áreas, siendo quizás el sector más común donde se emplea esta figura el relativo a los procesos selectivos para la selección de empleados públicos[24].

El Tribunal Supremo ha definido la discrecionalidad técnica como aquella que parte:

> "de una presunción de certeza o de razonabilidad de la actuación administrativa, apoyada en la especialización y la imparcialidad de los órganos establecidos para realizar la calificación. De modo que dicha presunción 'iuris tantum' sólo puede desvirtuarse si se acredita la infracción o el desconocimiento del proceder razonable que se presume en el órgano calificador, bien por desviación de poder, arbitrariedad o ausencia de toda posible justificación del criterio adoptado, entre otros motivos, por fundarse en patente error, debidamente acreditado por la parte que lo alega. Por ello, la discrecionalidad técnica reduce las posibilidades de control jurisdiccional sobre la actividad evaluadora de los órganos de la Administración prácticamente a los supuestos de inobservancia de los

---

23 GIMENO FELIÚ, José María, "Por una mejor colaboración público-privada al servicio de la ciudadanía", *Cuadernos de derecho regulatorio* 2 (2), 2024, pp. 198-199.

24 También puede encontrarse, por ejemplo, en los procedimientos de expropiación forzosa en relación con el justiprecio o en procedimientos de responsabilidad patrimonial, concretamente, en la valoración que realizan tribunales médicos de ciertas incapacidades. Sobre este asunto, puede consultarse: LEIVA LÓPEZ, Alejandro, "El control jurisdiccional de la discrecionalidad técnica en materia selectiva", *Revista Vasca de Administración Pública* (127), 2023, pp. 217-243.

> elementos reglados del ejercicio de la potestad administrativa y de error ostensible o manifiesto, quedando fuera de ese limitado control aquellas pretensiones de los interesados que sólo postulen una evaluación alternativa a la del órgano calificador, moviéndose dentro del aceptado espacio de libre apreciación, y no estén sustentadas con un posible error manifiesto" [STS, Sala de lo Contencioso, Sección Cuarta, de 15 de septiembre de 2009 (ponente Antonio Martí García)].

Es decir, las Administraciones públicas en algunos casos pueden hacer uso de elementos cualitativos para realizar evaluaciones o emitir determinados pronunciamientos. Se trata de utilizar juicios de valor que son producto de la experiencia, la formación profesional, la trayectoria de determinado sujeto, que no responden a aspectos numéricos pero que resultan fundamentales para la toma de una decisión administrativa.

De acuerdo con *Segura Martínez:*

> "la esencia de los criterios dependientes de un juicio de valor estriba precisamente en la existencia de una apreciación técnica personal de quien realiza el análisis, que lleva implícito un margen apreciativo en la valoración técnica singularizada de una parte de la oferta presentada por cada licitador, no mensurable con una inequívoca exactitud científica susceptibles de ser contrastada numéricamente"[25].

En el caso de los conciertos sociales, la experticia y formación académica que poseen los profesionales del trabajo social puede permitir incorporar en la valoración de las entidades privadas que serían acreditadas o que suscriban acuerdos de concierto social, juicios de valor que no son susceptibles de cuantificación mediante la aplicación de una fórmula matemática pero que pueden contribuir a realizar una mejor selección de la entidad que prestaría los servicios sociales.

Y es que, cuando se trata de los servicios sociales, la eficiencia y la calidad de los mismos no puede ser interpretada desde aspectos netamente económicos o cuantificables, sino que también debe velarse por garantizar un adecuado estándar de calidad en la prestación de

---

25 SEGURA MARTÍNEZ, Antonio, "Los criterios sujetos a juicio de valor. El caballo de Troya de la contratación pública", *Revista de Estudios de la Administración Local y Autonómica: Nueva Época* (22), 2024, p. 120

los mismos[26]. Es aquí donde la atención centrada en la persona propia del trabajo social puede resultar clave, porque se trata de una manera diferente de satisfacer las necesidades de las personas vulnerables[27].

Ahora bien, con esta propuesta no se pretende dar una carta en blanco a las CCAA para que evalúen a las entidades sociales que se registran, acreditan o suscriben acuerdos de concierto social, puesto que se corre el riesgo de tomar decisiones arbitrarias que sobrepasen los elementos de la discrecionalidad técnica, lo que se busca es aprovechar la experiencia y los conocimientos de los profesionales del trabajo social en el marco de los conciertos sociales, tomando en cuenta que el objeto de éstos es precisamente la prestación de los servicios sociales y que el trabajo social es un elemento intrínseco y afín al Sistema Público de los Servicios Sociales.

Sobre lo expuesto, es oportuno mencionar algunos criterios que, para la contratación pública, han sido establecidos por algunos Tribunales Admirativos de Recursos Contractuales, y aunque entendemos que el concierto social es una fórmula no contractual, nos parece que dichos postulados pueden ser utilizados para delimitar el uso que debe darse a la discrecionalidad técnica de los profesionales del trabajo social en el ámbito de los conciertos sociales.

En este sentido, tenemos que el Tribunal Administrativo de Recursos Contractuales de la Junta de Andalucía en Resolución núm. 302/2022 del 6 de junio de 2022 afirmó que:

> "los criterios sujetos a juicio de valor (...) suponen un margen de discrecionalidad técnica para el órgano evaluador que no puede ser absoluto, sino que ha de estar correctamente enmarcado en unos aspectos de valoración previamente definidos y en unas reglas que sirvan de pauta y límite al mismo tiempo para la ponderación o puntuación de las ofertas".

---

26 GIMENO FELIÚ, José María, "Los contratos de servicios a las personas y su exclusión de la Ley de Contratos. La colaboración del tercer sector social en la prestación de los servicios locales", en MARTÍNEZ FERNÁNDEZ, José Manuel (coord.), *La gestión de los servicios públicos locales en el marco de la LCSP, LRJSP y la LRSAL*, Madrid, 2019, pp. 689-710.

27 CARRERA COMES, Núria, "L'acompanyament per a l'exercici de la dignitat de les persones", en ANLEU HERNÁNDEZ, Claudia María y FORNS FERNÁNDEZ, M. Victòria (dirs.), *L'atenció centrada en la persona: Un enfocament des del treball social*, Tarragona 2019, p. 15.

Con un criterio similar se pronunció el Tribunal Administrativo Central de Recursos Contractuales en Resolución núm. 1065/2016 de 16 de diciembre de 2016, cuando afirmó que:

> "La admisión de los criterios de adjudicación dependientes de un juicio de valor lleva a reconocer conceptos cuya integración pueda hacerse por el órgano de contratación mediante una apreciación o valoración subjetiva de ahí que los conceptos empleados para su definición admitan un margen de valoración, sin que esta circunstancia pueda sobrepasar los límites advertidos de la discrecionalidad técnica".

De acuerdo a lo anterior, aplicándolo especialmente al ámbito de los conciertos sociales como fórmula no contractual de colaboración público-privada para la prestación de los servicios sociales, entendemos que los profesionales del trabajo social pueden utilizar su expertícia y sus conocimientos en el ámbito de los servicios sociales para contribuir a que las Administraciones públicas puedan formarse un criterio suficientemente sustentado en aspectos sociales para decidir sobre aspectos como el registro o acreditación de entidades privadas, adjudicación de los conciertos sociales o la evaluación de la ejecución del acuerdo de concierto social.

Ahora bien, con el ánimo de promover la incorporación de profesionales del trabajo social como miembros de los equipos o comités evaluadores de las organizaciones que aspiran a la suscripción de conciertos sociales con las distintas Administraciones públicas para la prestación de servicios sociales, presentamos algunos elementos que pueden formar parte del juicio cualitativo de los conciertos sociales en las etapas de acreditación o registro de la entidad; adjudicación del concierto social y la evaluación, seguimiento y control de la ejecución del concierto social.

1. *Elementos que pueden ser evaluados por los profesionales de trabajo social en la etapa de registro y acreditación.*
   - Experiencia de la organización en la detección de necesidades sociales y su gestión.
   - Planificación y gestión de la entidad.
   - Procedimientos para captación de voluntarios.
   - Experiencia en el diseño, desarrollo e implementación de campañas de sensibilización.

- Mecanismos y procedimientos para la gestión de recursos humanos que incluye no solo el personal asalariado sino también al voluntariado.
- Mejora continua de procedimientos y capacidad para desarrollar e implementar propuestas innovadoras y creativas para atender nuevas realidades sociales.

2. *Elementos que pueden ser evaluados por los profesionales de trabajo social en la etapa de adjudicación o selección de la entidad que suscribirá el acuerdo de concierto social*
   - Evaluación de los medios disponibles para garantizar el cumplimiento de las condiciones establecidas en el catálogo de servicios sociales correspondiente.
   - Experiencia similar al objeto del concierto.
   - Experiencia previa de prestación de servicios sociales en la Comunidad Autónoma que corresponda.
   - Mecanismos para garantizar respeto pleno al principio de igualdad de género.
   - Capacitación del personal técnico en la materia objeto del concierto social (inserción laboral, atención a la dependencia, igualdad efectiva entre mujeres y hombres, entre otros).
   - Calidad social; responsabilidad social y exhaustividad en la atención a las personas.
   - Calidad en el empleo (respeto del tiempo de descanso y esparcimiento); igualdad de mujeres y hombres; inserción social y laboral.
   - Calidad y continuidad de la prestación; accesibilidad y asequibilidad.
   - Atención a las necesidades específicas de las distintas personas usuarias.
   - Implicación y participación de las personas usuarias en los servicios sociales.
   - Alianzas estratégicas de proveedores públicos y capacidad para el trabajo en red.

3. *Elementos que pueden ser evaluados por los profesionales de trabajo social como parte del seguimiento, control y evaluación de la ejecución del concierto social*
   - Continuidad en la prestación de los servicios.
   - Valoración de las personas usuarias del servicio.
   - Mecanismos para la gestión de quejas, reclamos y sugerencias.
   - Forma cómo se ha relacionado el personal técnico, el voluntariado y las personas usuarias de los servicios sociales.
   - Sistematización y manejo de buenas prácticas.
   - Avance en la implementación de planes de gestión y campañas de sensibilización.
   - Avances en la implementación de propuestas innovadoras y creativas para atender nuevas realidades sociales.

A todo evento, y aunque la propuesta anterior pueda ser objeto de revisión, es necesario tener en cuenta algunos elementos para incorporar criterios cualitativos en los conciertos sociales:

- Deben ser formulados con respeto de los principios de igualdad, no discriminación, transparencia y proporcionalidad.
- Deben atender a los principios que rigen el Sistema Público de los Servicios Sociales.
- Deben ir acompañados de otros criterios cuantitativos que permitan comprobar ponderar la evaluación para que ésta no descanse en criterios subjetivos.

En definitiva, lo que se persigue es mejorar las relaciones entre el Estado con las organizaciones del Tercer Sector Social, pero también, aprovechar las potencialidades, conocimientos y destrezas de los profesionales del trabajo social.

## VIII.5. CONCLUSIONES

Los servicios sociales son un pilar del estado de bienestar y garantizar su prestación continua en términos de calidad, eficacia y eficiencia en un contexto de crisis económica y social representa un reto para las Administraciones públicas, por ello es que se ha reconocido el concierto social como fórmula no contractual que puede dar respuesta a las necesidades propias del Sistema Público de los Servicios Sociales.

Dentro del Sistema Público de los Servicios Sociales los trabajadores sociales son un elemento fundamental al punto que algunas leyes autonómicas en esta materia los han reconocido como personal de referencia de los servicios sociales básicos o comunitarios, y es que el trabajo social ha nacido y se ha desarrollado al tiempo que se han identificado las necesidades sociales, al punto que en algunas ocasiones se olvida que se trata de una profesión con entidad técnica y científica independiente.

Sin embargo, esta íntima relación entre el trabajo social y los servicios sociales puede ser aprovechada por las Administraciones públicas en el marco de los acuerdos de concierto social. Y en este sentido, se ha expuesto en este trabajo las razones por las cuales los profesionales del trabajo social pueden ser incorporados como miembros de los equipos o comités evaluadores de las organizaciones que aspiran a la suscripción de conciertos sociales con las distintas Administraciones públicas para la prestación de servicios sociales.

Se trata de que las Administraciones públicas hagan uso de la discrecionalidad técnica a partir de la experticia y los conocimientos que poseen los profesionales del trabajo social para incorporar en las distintas etapas del concierto social juicios de valor cualitativos que permitan contribuir a realizar una mejor selección de la entidad que prestaría los servicios sociales, así como un mejor seguimiento y control de la ejecución del concierto social.

Esto no significa que deba entregarse una carta en blanco a las CCAA para que evalúen a las entidades sociales que se registran, acreditan o suscriben acuerdos de concierto social, y por ello se ha presentado una propuesta sobre algunos de los elementos que pueden ser evaluados por los profesionales del trabajo social y que se configuran como elementos cualitativos que, en nuestro criterio, puede contribuir a una mejora en la prestación de los servicios sociales.

## VIII.6. JURISPRUDENCIA

STS núm. 5623/2009, de 15 de septiembre de 2009 (ponente Antonio Martí García). (Recurso 6210/2006)

## VIII.7. BIBLIOGRAFÍA

AGENCIA NACIONAL DE EVALUACIÓN DE LA CALIDAD Y ACREDITACIÓN, *Libro blanco: Título de Grado en Trabajo Social*, Madrid 2005.

AGUADO i CUDOLÀ, Vicenç, "El régimen jurídico de las prestaciones de los Servicios sociales", en EZQUERRA HUERVA, Antonio (coord.), *El marco jurídico de los Servicios sociales en España*, Barcelona 2012, pp. 47-86

ALEA ARRATE, Beloke, "Hacia un análisis del retorno social de la contratación pública mediante la contabilidad social", *CIRIEC - España. Revista jurídica de economía social y cooperativa* (45), 2024, pp. 155-180.

ALEGRE-AGÍS, Elisa, "Estudio preliminar. La estructura de los servicios sociales en Cataluna", en FORNS FERNÁNDEZ, Maria Victoria (ed.), *La protección jurídica de la atención a las personas en materia de servicios sociales: Una perspectiva interdisciplinar*, Barcelona 2020, pp. 271-284.

ALGUACIL GÓMEZ, Julio, "La quiebra del incompleto sistema de Servicios Sociales en España", *Cuadernos de Trabajo Social* 25 (1), 2012, pp. 63-74.

BELIS HERRERAS, Victoria, "La organización y la gestión en los servicios sociales: el trabajador social en la organización y gestión de los servicios sociales", *TS nova: trabajo social y servicios sociales* (2), 2010, pp. 61-70.

BERMÚDEZ PEÑA, Claudia, "Releer la historia: Circulación y rutas de dispersión de los saberes tempranos del Trabajo social", *Prospectiva: Revista de Trabajo Social e Intervención Social* (22), 2016, pp. 65-91.

CAICEDO CAMACHO, Natalia, "La competència sobre serveis socials: el difícil equilibri entre la construcció d'un espai propi i la intervenció de l'Estat", *Revista d'estudis autonòmics I Federals* (40), 2025, pp. 257-268.

CARRERA COMES, Núria, "L'acompanyament per a l'exercici de la dignitat de les persones", en ANLEU HERNÁNDEZ, Claudia María y FORNS FERNÁNDEZ, M. Victòria (dirs.), *L'atenció centrada en la persona: Un enfocament des del treball social*, Tarragona 2019, pp. 11-16.

CARRO FERNÁNDEZ-VALMAYOR, José Luis y MÍGUEZ MACHO, Luis, "Regulación económica y servicios sociales de interés general", en Rebollo Puig, Manuel (dir.), *La regulación económica. En especial, la regulación bancaria: actas del IX Congreso Hispano-Luso de Derecho Administrativo*, Madrid 2012, pp. 311-326.

CORDOVA MONTIEL, Flor Nayeli; SILVA HERNANDEZ, Francisca y MARTÍNEZ PRATS, Germán, "El rol del trabajador social en procesos de solución de conflictos en institución del sector salud", *Investigación y Negocios* 14 (24), 2021, pp. 101-109.

CORREA BERASALUZE, Ainhoa, "El devenir del Trabajo Social en clave de género", *Zerbitzuan: Gizarte Zerbitzuetarako Aldizkaria. Revista de Servicios Sociales* (46), 2019, pp. 133-140.

DARNACULLETA GARDELLA, Mercé, "Contratar o concertar la prestación de servicios sociales: ¿una alternativa viable?", https://www.gobierno-local.org/acento-local/contratar-o-concertar-la-prestacion-de-servicios-sociales-una-alternativa-viable/ (última visita, 19 de diciembre de 2024).

DOMÍNGUEZ MARTÍN, Mónica, "Los contratos de prestación de servicios a las personas. Repensando las formas de gestión de los servicios sanitarios públicos tras las Directivas contratos de 2014 y la Ley 9/2017 de Contratos del Sector Público", *Revista General de Derecho Administrativo* (50), 2019, pp. 1-17.

ESTRADA MORENO, Irene y PALMA GARCÍA, Maria, "El Trabajo Social desde fuera: Perspectiva desde los estudiantes de otras titulaciones", en CARBONERO MUÑOZ, Domingo et al. (coords.), *Respuestas transdisciplinares en una sociedad global: aportaciones desde el Trabajo Social,* La Rioja 2016, pp. 1-21.

FORNS i FERNÁNDEZ, Maria Victòria, "Los servicios sociales locales como garantes del Estado del Bienestar en el Estado Español. Análisis del régimen jurídico de la atención a la persona en Cataluña", *Revista de Direito Econômico e Socioambiental* 9 (3), 2018, pp. 3-54

FORNS i FERNÁNDEZ, María Victoria y ALEGRE AGÍS, Elisa, "Una aproximación práctica (II); la gestión de los servicios sociales locales", en FUENTES I GASÓ, Josep Ramón (ed.), *Externalización e interiorización de la gestión de los servicios públicos locales: entre público y privado,* Valencia 2022, pp. 495-529.

GIMENO FELIÚ, José María, "Por una mejor colaboración público-privada al servicio de la ciudadanía", *Cuadernos de derecho regulatorio* 2 (2), 2024, pp. 197-200.

GIMENO FELIÚ, José María, "Los contratos de servicios a las personas y su exclusión de la Ley de Contratos. La colaboración del tercer sector social en la prestación de los servicios locales", en MARTÍNEZ FERNÁNDEZ, José Manuel (coord.), *La gestión de los servicios públicos locales en el marco de la LCSP, LRJSP y la LRSAL,* Madrid, 2019, pp. 689-710.

JUAN TOSET, Eva María y MORATA GARCÍA DE LA PUERTA, Belén, "Política Social y Bienestar Social en Europa en las revistas de Trabajo Social y Servicios Sociales", *Portularia: Revista de Trabajo Social* 12 (2), 2012, pp. 57-68.

JUÁREZ RODRÍGUEZ, Almudena y LÁZARO FERNÁNDEZ, Santa, "El enfoque de fortalezas en trabajo social", *Miscelánea Comillas: Revista de Ciencias Humanas y Sociales* 72 (140-141), 2014, pp. 143-158.

LAS HERAS PINILLA, María Patrocinio, *Trabajo Social y Servicios Sociales. Conocimiento y Ética*, Madrid 2019.

LEIVA LÓPEZ, Alejandro, "El control jurisdiccional de la discrecionalidad técnica en materia selectiva", *Revista Vasca de Administración Pública* (127), 2023, pp. 217-243.

MARTÍN EGAÑA, Arantza, "Los servicios a las personas: La adjudicación directa como alternativa al concierto social", *Gabilex: Revista del Gabinete Jurídico de Castilla-La Mancha* (25), 2021, pp. 272-375.

ORGANIZACIÓN PARA LA COOPERACIÓN Y EL DESARROLLO ECONÓMICO, *Modernización de los servicios sociales en España. Diseño de un nuevo marco estatal,* Paris 2022.

PELEGRÍ VIAÑA, Xavier, "El modelo de servicios sociales en España", *Revista Internacional de Ciencias Sociales y Humanidades, SOCIOTAM* XVII (2), 2007, pp. 125-150.

PELLEGERO ROYO, Jorge, "El trabajador social y su papel fundamental en la lucha contra la despoblación rural", en COLEGIO PROFESIONAL DE TRABAJO SOCIAL DE ARAGÓN (ed.), *Construyendo sociedad, construyendo profesión: desarrollo ético, social y técnico: actas III Congreso Trabajo Social de Aragón, 28 al 30 de septiembre de 2017,* Zaragoza 2018, pp. 1-10.

PINTOS SANTIAGO, Jaime y FERNÁNDEZ UCEDA, María Dolores, "El juicio de viabilidad de la oferta inicialmente incursa en presunción de anormalidad, pese a la discrecionalidad técnica, no puede convertirse en un acto de fe ciega", *Gabilex: Revista del Gabinete Jurídico de Castilla-La Mancha* (33), 2023, pp. 479-490.

PIZARRO NEVADO, Rafael, "El concierto social para la prestación de la atención infantil temprana en Andalucía", *Revista de Estudios de la Administración Local y Autonómica: Nueva* Época (14), 2020, pp. 88-103.

SEGURA MARTÍNEZ, Antonio, "Los criterios sujetos a juicio de valor. El caballo de Troya de la contratación pública", *Revista de Estudios de la Administración Local y Autonómica: Nueva Época* (22), 2024, pp. 118-136.

*Capítulo IX*

# ***La acción concertada social y las fórmulas no contractuales en la provisión de servicios de atención a la persona en las Comunidades Autónomas***

# *IX.1. La acción concertada social y las fórmulas no contractuales en la provisión de servicios de atención a la persona: País Vasco*

**JOSÉ IGNACIO CUBERO MARCOS**
*Profesor Titular de Derecho Administrativo*
*Universidad del País Vasco/Euskal Herriko Unibertsitatea*

**Resumen:** La concertación en el País Vasco se basa en la adecuación de las prestaciones ofrecidas por las entidades privadas a los servicios incluidos en las carteras que, a su vez, se han determinado por la vía legal o reglamentaria. Se han potenciado y promovido figuras como los conciertos o convenios como formas de colaboración público-privada en el ámbito de la educación, la sanidad o los servicios sociales. La regulación, al margen de que establece servicios bien definidos, todavía omite cuestiones esenciales en torno a la cualificación profesional del personal de las entidades, la estabilidad y dignidad en sus condiciones laborales o, lo que es más importante, las garantías del mérito y capacidad exigibles en la selección del personal encargado de prestar cualquier servicio público. Aun así, el mayor defecto estriba en que la concertación no se limita exclusivamente a entidades sin ánimo de lucro, sino que se ha extendido a sociedades mercantiles, lo que obliga a limitar la concertación a entidades sin ánimo de lucro, a fin de garantizar la libre concurrencia.

**Palabras clave**: conciertos, convenios, servicios sociales, sanidad, educación



**Abreviaturas empleadas:**

Dir.: Director/a
Ed.: Editor

Edic.: Edición
LBRL: Ley 7/1985, de 2 de abril, Reguladora de las Bases del Régimen Local
LVE: Ley 17/2023, de 21 de diciembre, de Educación de la Comunidad Autónoma del País Vasco
LVSS: Ley 12/2008, de 5 de diciembre, vasca de Servicios Sociales
RAP: Revista de Administración Pública
REALA: Revista de Estudios de la Administración Local y Autonómica
STJCE: Sentencia del Tribunal de Justicia de la Comunidad Europea
STS: Sentencia del Tribunal Supremo
STJUE: Sentencia Tribunal de Justicia de la Unión Europea
STSJ: Sentencia del Tribunal Superior de Justicia
Vol.: Volumen

## IX.1.1. INTRODUCCIÓN

En la Comunidad Autónoma vasca se ha puesto en tela de juicio la calidad de la asistencia socio sanitaria. Las razones pueden girar en torno a cuestiones de tipo económico, ya que en muchos casos no se aprueba un plan de inversiones a largo plazo que impida la dependencia del sector privado, muy condicionado por los vaivenes del mercado[28]. Asimismo, también pesan motivos ligados a la calidad y continuidad de los cuidados, toda vez que el sector privado prima la rentabilidad, lo que implica en muchos casos reducción de costes, y las entidades del tercer sector no disponen de suficientes recursos y dependen de las asignaciones presupuestarias[29].

Lejos de cualquier política a favor de una gestión directa por las administraciones, en el País Vasco las fórmulas de concertación han recibido un fuerte espaldarazo con la reciente aprobación del Decreto 168/2023, de 7 de noviembre, que, aun con ciertas omisiones significativas, ha tratado de delimitar mejor las potestades

---

28 LAMARKA, Eli, MOÑUX, Jon e IZAGIRRE, Iñaki, "Mercadeo en educación", https://www.naiz.eus/es/iritzia/articulos/mercadeo-en-educacion (última visita, 29 de noviembre de 2024).

29 CASTRO, Sara, "20 años para que la teleasistencia llegue a todos los dependientes: 760.000 están sin ella", https://elpais.com/sociedad/2024-07-04/20-anos-para-que-la-teleasistencia-llegue-a-todos-los-dependientes-760000-estan-sin-ella.html (última visita, 29 de noviembre de 2024).

administrativas y los deberes que recaen sobre las entidades privadas. De hecho, también se ha potenciado sobremanera el papel que desempeñan las entidades del Tercer Sector cuyo régimen jurídico se ha perfilado con la aprobación de la Ley 6/2016, de 12 de mayo, del Tercer Sector Social de Euskadi. Por ello, hoy puede afirmarse que la concertación en materia de cuidados es un instrumento en franca progresión y que ahonda en la colaboración público privada en el País Vasco en materia de cuidados y servicios sociales.

El trabajo pivota en torno a los ejes fundamentales de la asistencia social y los cuidados: el acceso a los conciertos y convenios, su financiación, la duración y los derechos y obligaciones que configuran su contenido. Analiza otras cuestiones de interés, como el procedimiento para suscribir conciertos o convenios, así como su modificación. Por último, se llevará a cabo un breve repaso a la concertación en materia de sanidad y a la educación en la Comunidad Autónoma vasca.

## IX.1.2. CONCERTACIÓN EN MATERIA DE SERVICIOS SOCIALES

La Ley vasca 12/2008, de 5 de diciembre, de servicios sociales (LVSS) ha incorporado una serie de instrumentos de colaboración público-privada con particulares o asociaciones que tienen por objeto prestar servicios sociales en diferentes campos, como la atención a personas dependientes, menores de edad, ancianas o discapacitadas[30]. Estas fórmulas de concertación se inspiran en la teoría contractual, pero revestida en muchos casos de un menor grado de formalidad, ya que en el fondo las prestaciones que recogen proceden directamente de la Ley o de normas reglamentarias[31].

---

30 FULLAONDO ELORDUI-ZAPATERIETXE, Arkaitz y BERGANTIÑOS FRANCO, Noemí (eds.), *El Sistema Vasco de Servicios Sociales: estructura, recursos y perspectivas*, Leioa, 2023, pp. 123-125.

31 GARCÍA DE ENTERRÍA, Eduardo y FERNÁNDEZ, Tomás Ramón, *Curso de Derecho Administrativo*, vol. I, 20ª edic., Cizur Menor, 2022, p. 730. Son fórmulas que tratan de salvar la rigidez propias del procedimiento y la teoría del acto administrativo.

### *A) Las fórmulas de concertación en la legislación general sobre servicios sociales del País Vasco*

### a) Conciertos

El concierto se presenta como una figura distinta a un contrato del sector público, si bien su objeto tiene ciertas similitudes y paralelismos con el contrato de gestión de servicios públicos[32]. Nótese que el TJUE ha negado la naturaleza de contrato público a las fórmulas concertadas que no impliquen selección del contratista[33]. El concierto se suscribe por la Administración encargada de brindar el servicio y por las entidades de iniciativa privada que provean servicios incluidos en el Catálogo de prestaciones y servicios del sistema vasco de servicios sociales y que cuenten para ello con centros de su propia titularidad[34]. Como acuerdo de voluntades entre la Administración y la entidad privada, el concierto incorpora los derechos y obligaciones recíprocas en cuanto a régimen económico, duración, prórroga y extinción, número de unidades concertadas y demás condiciones exigibles[35].

Los conciertos se rigen por los principios de responsabilidad pública, igualdad, equidad, el equilibrio, estabilidad y eficiencia presupuestaria; la atención personalizada, continuada, integral, próxima y participativa, conforme a los estándares establecidos por la Administración responsable; y la permanencia voluntaria en el servicio de las personas usuarias[36]. Las administraciones deben garantizar la finan-

---

32 GIMENO FELIÚ, José María, *La Ley de Contratos del Sector Público 9/2017. Sus principales novedades, los problemas interpretativos y las posibles soluciones*, Cizur Menor, 2019, p. 154.

33 STJUE, Sala Quinta, de 2 de junio de 2016 (ponente D. Šváby), C-410/14, *Falk Pharma*, aps. 41 y 42.

34 Art. 61 LVSS y el art. 2.2 Decreto 168/2023, de 7 de noviembre, por el que se regulan el régimen de concierto social y los convenios en el Sistema Vasco de Servicios Sociales

35 Art. 61.3 LVSS. BLANQUER CRIADO, David, *La concesión de servicio público*, Valencia, 2012, p. 414.

36 Art. 6.1 Decreto del Gobierno Vasco 168/2023.

ciación, el acceso, el seguimiento y el control de las plazas y servicios concertados[37].

La Ley contempla de manera enunciativa y no taxativa el objeto de los conciertos, indicando que se referirán a la reserva y ocupación de plazas para uso exclusivo por personas beneficiarias cuyo acceso haya sido autorizado previamente por las administraciones públicas. A ese objeto se añade la gestión integral de prestaciones, servicios o centros[38]. Asimismo, un solo titular puede firmar un concierto que englobe a varios centros y servicios.

Las entidades que provean esos servicios no pueden percibir importes que excedan del precio público establecido al efecto[39]. Ahora bien, la Administración competente que firme el convenio puede autorizar el cobro de montantes que superen aquel precio, siempre que se trate de prestaciones complementarias a las obligatorias incluidas en la cartera del sistema vasco[40]. Los conciertos se formalizan mediante contratos-programa que deben recoger, al menos, cuestiones como la cantidad global consignada por la Administración para el sostenimiento de la entidad concertada conforme a los módulos económicos correspondientes, el procedimiento y mecanismo de seguimiento, control y auditoría por parte de la Administración, y las obligaciones que asumen las partes[41].

---

37 DOMÍNGUEZ MARTÍN, Mónica, "La acción concertada de los servicios a las personas en la ley de contratos del sector público y en la legislación autonómica ¿instrumentos no contractuales para la prestación de servicios públicos destinados a satisfacer carácter social?", en TOLIVAR ALAS, Leopoldo y CUETO PÉREZ, Miriam (dirs.), *La prestación de servicios socio-sanitarios: nuevo marco de la contratación pública*, Valencia, 2020, p. 66.

38 Art. 62.1 LVSS.

39 Art. 66.1 LVSS. Así se les da la denominación de módulos económicos. Véase ARRIETA FRUTOS, Félix, *El archipiélago del bienestar: los servicios sociales en el País Vasco*, Madrid, 2019, p. 102.

40 Art. 63.2 LVSS.

41 Art. 68 LVSS. Véase FONT I LLOVET, Tomás, "Gestión de servicios sociales en el ámbito local. Nuevos planteamientos sobre la ciudad y la contratación pública", en TOLIVAR ALAS, Leopoldo y CUETO PÉREZ, Miriam (dir.), *La prestación de servicios socio-sanitarios: nuevo marco de la contratación pública*, Valencia, 2020, pp. 42-45.

Las entidades que prestan el servicio pueden tener ánimo de lucro, que se verá reflejado en las prestaciones complementarias, siempre que sean autorizadas por la Administración que suscribe el convenio[42]. La regla general, avalada por la jurisprudencia del TS, indica que no las prestaciones mínimas o básicas no pueden superar el precio público, es decir, no pueden exceder de los costes reales del servicio, lo que no incluye margen alguno de beneficio para el prestador[43]. Sin embargo, el TSJ del País Vasco ha anulado el art. 9.3 del Decreto 168/2023, que prohibía los beneficios industriales de la actividad derivada de los conciertos sociales. El argumento principal invocado por el Tribunal alude a que la actividad de prestación de los servicios sociales debe respetar el modelo constitucional que ampara la libertad de empresa, especialmente si las entidades que proveen el servicio poseen ánimo de lucro, tal y como sucede en este caso[44]. Ese fallo abre la puerta a la mercantilización de la asistencia en Euskadi.

Los servicios se sostienen mediante fondos públicos incluidos en las correspondientes asignaciones presupuestarias. Para ello, anualmente se fijarán los importes de los módulos económicos que correspondan a cada prestación y/o servicio concertado[45]. Al tratarse de una financiación basada en las aportaciones públicas, los módulos de costes también deben ajustarse a las condiciones salariales del personal de la entidad, así como a las posibles vicisitudes que pueden surgir en las relaciones laborales[46].

Respecto a la vida de los conciertos, en principio, su duración es plurianual, lo que garantiza su estabilidad. Aun así, las previsiones

---

[42] Art. 63.2 LVSS.

[43] Véase STS, Sala de lo Contencioso-administrativo, de 22 de junio de 2020 (ponente Díaz Delgado), FJ 3º.

[44] STSJ del País Vasco, Sala de lo contencioso-administrativo, de 3 de julio de 2024 (ponente Iglesias Martín), FJ 4º.

[45] Art. 66 LVSS. Así, si el convenio no lo establece expresamente, no pueden compensarse los gastos indirectos con un porcentaje de los costes directos. Véase STSJ País Vasco, Sala de lo contencioso-administrativo, Sección Primera, de 27 de enero de 2016 (ponente Juan Alberto Fernández Fernández), FJ 5º.

[46] Al respecto, véase la Resolución del Parlamento Europeo, de 5 de julio de 2011, sobre el futuro de los servicios sociales de interés general (2009/2022 (INI)). C 33 E/65, de 5 de febrero de 2013.

de los conciertos pueden establecer aquellos aspectos que deban ser objeto de revisión o modificación antes de agotar su vigencia[47].

## b) Convenios con entidades sin ánimo de lucro

El convenio consiste en un acuerdo de voluntades entre una entidad privada sin ánimo de lucro y la Administración competente en materia de servicios sociales, cuyo objeto versa sobre la atención y la realización de prestaciones a personas vulnerables, en riesgo de exclusión o pertenecientes a diversos colectivos, como menores, personas dependientes o discapacitadas[48]. La LVSS posibilita el uso de este instrumento cuando la singularidad de la actividad de la entidad o de la prestación, su carácter urgente, innovador o experimental, aconsejen no suscribir conciertos[49].

Al respecto, resulta ineludible motivar o exponer las razones que justifiquen la urgencia, innovación o la singularidad mencionada[50]. La Administración competente debe dictar un acto administrativo que permite fiscalizar la conveniencia y necesidad de emplear este tipo de instrumentos, en tanto que representan excepciones al régimen general de contratación administrativa y, en consecuencia, a la aplicación de las normas sobre libre concurrencia[51]. Además, los

---

47 Art. 67.1 LVSS.

48 GOSÁLBEZ PEQUEÑO, Humberto, "Los convenios administrativos", en LÓPEZ MENUDO, Francisco (dir.), *Innovaciones en el procedimiento administrativo común y el régimen jurídico del sector público, Sevilla, 2016, p. 297.*

49 Art. 69 LVSS.

50 DARNACULLETA GARDELLA, Mercé, "La colaboración público-privada en el ámbito de los servicios sociales", en DARNACULLETA GARDELLA, Mercé *et al.*, *La colaboración público-privada en la gestión de servicios sociales,* Madrid, 2022, p. 110. GARCÍA GÓMEZ DE MERCADO, Francisco, "Los convenios administrativos y otras relaciones excluidas de la legislación de contratos de la Administración", *Actualidad Administrativa* (45) 2000, p. 1229.

51 Art. 22.3 Decreto 168/2023, de 7 de noviembre, por el que se regulan el régimen de concierto social y los convenios en el Sistema Vasco de Servicios Sociales. Al respecto, véase STJCE de 17 de junio de 1997 (ponente P.J.G. Kapteyn) C-70/95, *Sodemare,* aps. 29-35. Restringir la adjudicación a aquellas entidades tampoco suponía, a tenor de la sentencia, la vulneración de las normas sobre libre concurrencia del Tratado.

planes estratégicos en materia de servicios sociales se inclinan por la gestión pública más que por la iniciativa privada[52].

La singularidad del servicio concurre cuando se modifican algunas prestaciones o características del mismo o, en su caso, de sus modalidades, a fin de adaptarse a necesidades particulares de las personas atendidas. El servicio se considera innovador y experimental cuando incluya prestaciones o modalidades de servicios no incluidas en la cartera de prestaciones y servicios del Sistema vasco de Servicios Sociales. Por último, es urgente cuando se provea para prestar atención de modo inmediato a necesidades extraordinarias, por su calidad o cantidad, por lo que el convenio en estos casos no puede exceder de una duración mayor de dos años[53].

En cuanto a su régimen jurídico, se aplican a dichos convenios las características y requisitos que rigen para los conciertos, siempre que resulten compatibles entre sí. La diferencia respecto a los conciertos estriba en que las entidades privadas no pueden tener ánimo de lucro y tampoco están obligadas a gestionar centros de su titularidad para prestar los servicios sociales[54]. Los convenios se formalizan mediante contratos-programa, conforme a las disposiciones establecidas para los conciertos.

### c) Acuerdos Marco de Colaboración

La Ley obliga a recoger en este tipo de acuerdos, los conciertos, convenios o contratos establecidos con una entidad que presta servicios incluidos en el catálogo[55]. Pueden incorporar también convenios de colaboración para la prestación de servicios ajenos al catálogo o la realización de otras actividades de interés general. En todo caso, cada contrato, convenio o concierto que forme parte del Acuerdo

---

52 GOBIERNO VASCO. DEPARTAMENTO DE EMPLEO Y POLÍTICAS SOCIALES, *Plan Estratégico de servicios sociales de la Comunidad Autónoma del País Vasco 2016-2019*, Vitoria-Gasteiz, 2016, p. 54.

53 Art. 22.5, 6 y 7 Decreto 168/2023.

54 PASCUAL GARCÍA, JOSÉ, "La regulación de los convenios administrativos en la Ley de Régimen Jurídico del Sector Público", *Revista Española de Control Externo* 18 (54), 2016, p. 183.

55 Art. 70 LVSS.

Marco deberá haberse formalizado, de forma diferenciada, con los criterios y a través del procedimiento específico que le es propio[56].

Este acuerdo incluye toda la gama de fórmulas de concertación e, incluso, contratación pública que una entidad sin ánimo de lucro ha suscrito con las administraciones públicas competentes. Como se observa, estos acuerdos marco solo pueden ser suscritos por entidades sin ánimo de lucro. Esta figura, como tal, no reviste una sustantividad propia en cuanto a su régimen jurídico. Se trata de un acuerdo conjunto que firma una entidad que haya acordado con la Administración convenios, conciertos o contratos en diferentes sectores, con lo que se somete a las normas propias de aquellas figuras[57].

### *B) Ámbito subjetivo de las fórmulas concertadas*

Ha de distinguirse, por un lado, los conciertos, que pueden ser suscritos por entidades de iniciativa privada con o sin ánimo de lucro, y los convenios, que deben ser acordados por organizaciones o entes sin fines lucrativos. En los conciertos puede tratarse de sociedades mercantiles o asociaciones e, incluso, cooperativas o comunidades de bienes[58]. Cuando se celebran convenios, en cambio, las entidades de iniciativa privada deben ser asociaciones sin ánimo de lucro, fundaciones, privadas o del sector público. Tendrán preferencia para para percibir ayudas y subvenciones las asociaciones consideradas de

---

56 Art. 22.9 Decreto Gobierno Vasco 168/2023.

57 En materia farmacéutica, se aprueban acuerdos marco por los que se establecen condiciones de concertación para la ejecución de la prestación farmacéutica a través de la oficina de farmacia. Al respecto, véase STSJ de la Comunidad Valenciana, Sala de lo contencioso-administrativo, Sección Quinta, de 26 de octubre de 2021 (ponente Edilberto José Narbon Laínez), FJ 3º y Sala de lo contencioso-administrativo, Sección Quinta, de 18 de junio de 2021 (ponente Miguel Ángel Narváez Bermejo), FJ 3º.

58 GEZURAGA-AMUNDARAIN, Monike; ARCOS-ALONSO, Asier y ETXEZARRAGA-ESTANKONA, Leire, "Proyectos socioeducativos de economía social y solidaria en la Comunidad Autónoma del País Vasco: una realidad en auge", *Prisma Social* (46), 2024, p. 204.

interés social y que se hayan inscrito en el correspondiente registro del Gobierno Vasco[59].

Respecto a las administraciones concertantes, la LVSS atribuye competencias al Gobierno autonómico vasco en diferentes materias, como la teleasistencia; los servicios de información y orientación; el punto de encuentro familiar o el servicio integral de mediación familiar[60]. Las diputaciones forales asumen los servicios sociales de atención secundaria, entre los que se incluyen los servicios de valoración y diagnóstico de la dependencia, la discapacidad, la exclusión y la desprotección[61]. Se incluyen, asimismo, la homologación y acreditación de servicios y centros, así como el mantenimiento del registro, la inspección de la actividad y la sanción de las conductas que constituyan infracción administrativa[62].

Los municipios pueden proveer los servicios sociales de atención primaria, pero hemos de tener en cuenta la previsión que establece la LBRL respecto a los municipios que deben asumir la asistencia en materia de servicios sociales, es decir, tan solo aquellos que superen los 20.000 habitantes deben ejercer las competencias derivadas de la evaluación e información de situaciones de necesidad social y la atención inmediata a personas en situación o riesgo de exclusión social[63]. Eso no significa que municipios de menor población no puedan actuar en la ordenación, planificación y gestión de los servicios sociales[64], cuando el municipio justifique ante la Diputación

59 Art. 74.3 LVSS. Al respecto, véase el Dictamen del Consejo Económico y Social vasco 18/12, de 21 de septiembre de 2012, sobre Declaración de Interés Social de las Entidades sin Ánimo de Lucro de Servicios Sociales.

60 En estas materias también ejerce la competencia en materia de inspección, sanción y autorización de las entidades que prestan el servicio.

61 Art. 22.2 LVSS. Los servicios y centros de día; los centros de acogida nocturna; los centros residenciales; servicios de respiro; de coordinación a urgencias sociales; y servicios de orientación e información.

62 Art. 41 LVSS.

63 Art. 26.1 c) Ley 7/1985, de 2 de abril, reguladora de las Bases del Régimen Local (LBRL).

64 Art. 17.1 13) Ley 2/2016, de 7 de abril, de Instituciones Locales de Euskadi.

que puede prestar estos servicios con un coste efectivo menor que el derivado de la forma de gestión propuesta por la Diputación[65].

### C) Requisitos previos: homologaciones, autorizaciones y acreditaciones

Las entidades de iniciativa privada han de cumplir tres condiciones para poder suscribir conciertos o convenios con las administraciones vascas: a) la inscripción en el Registro de Servicios Sociales; b) la obtención de la autorización administrativa para poder intervenir en la provisión de servicios sociales, previo cumplimiento de los requisitos materiales, funcionales y de personal que les correspondan en función de su naturaleza y tipología[66]; y c) La homologación previa para intervenir en la prestación de servicios sociales integrados en el Sistema Vasco de Servicios Sociales[67]. Esta homologación no otorga el derecho para exigir la concertación, la contratación o la participación en un convenio de colaboración[68].

Además de los requisitos generales de acceso al concierto, las entidades deben acreditar haber prestado atención de manera continuada a personas, familias y/o grupos con necesidades similares a las de las destinatarias de los servicios, así como los medios y recursos suficientes para garantizar el cumplimiento de las condiciones establecidas en la Cartera de Prestaciones y Servicios del Sistema Vasco

---

65 Art. 26.2 LBRL. Véase ITURBE MACH, Andoni, "Génesis, desarrollo y evaluación de la Ley de Servicios Sociales", en PARLAMENTO VASCO (ed.), *10º Aniversario de la Ley de Servicios Sociales, Vitoria-Gasteiz*, 2020, p. 24. SOUVIRÓN MORENILLA, José María, "Competencias propias y servicios mínimos obligatorios de los municipios en la reciente reforma del régimen local básico", *Cuadernos de Derecho Local* (34), 2014, pp. 88-89.

66 Art. 59.1 LVSS. Véase BLANQUER CRIADO, *La concesión de servicio público*, p. 414.

67 Art. 59.2 LVSS. VILLAR ROJAS, Francisco José, "Iniciativa privada y prestación de servicios sociales. Las redes o sistemas públicos de servicios sociales", en EZQUERRA HUERVA, Antonio (coord.), *El marco jurídico de los servicios sociales en España*, Barcelona, 2012, p. 103.

68 FORNS I FERNÁNDEZ, María Victoria y ALEGRE AGÍS, Elisa, "Una aproximación práctica (II); la gestión de los servicios sociales locales", en FUENTES I GASÓ, Josep Ramón (ed.), *Externalización e interiorización de la gestión de los servicios públicos locales: entre público y privado*, Valencia, 2022, p. 255.

de Servicios Sociales y el cumplimiento de la normativa general o específica del servicio o prestación. Han de probar la condición por la que usan y disfrutan de los centros (propiedad, alquiler, usufructo, etc.) y el respeto del principio de igualdad, mediante la integración efectiva de la perspectiva de género y la articulación de medidas o planes de igualdad orientados a dicho objetivo, en particular medidas orientadas a la conciliación de la vida familiar y laboral[69].

Como puede observarse, se omiten cuestiones específicas en torno a la capacidad técnica o a la cualificación profesional, así como la necesidad de que las entidades privadas acrediten un cierto grado de transparencia en su actuación, especialmente en lo relativo a la gestión económica y al seguimiento de la forma en que se cumplen las condiciones previstas en el concierto[70]. Resulta indispensable que se desarrolle en vía normativa una mayor precisión, ya que no puede ser suficiente la abstracta e inconcreta referencia reglamentaria relativa a que "Los medios materiales, técnicos y profesionales acreditados deben ser adecuados y suficientes para responder a los requisitos materiales"[71].

La Ley excluye la concertación o la contratación, exigiendo el régimen de gestión directa, en las prestaciones de primera acogida, así como las directamente asociadas a la coordinación de caso como procedimiento básico de intervención. Como ejemplo, señala la valoración, diagnóstico y la orientación, tanto en la atención primaria como en la secundaria[72].

---

69 Art. 8.2 Decreto 168/2023.

70 VILALTA REIXACH, Marc, "La articulación jurídica del traslado del ejercicio de funciones públicas a las entidades privadas colaboradoras de la Administración", en GALÁN GALÁN, Alfredo y ESTEVE PARDO, María Luisa (dir.), *Entidades privadas colaboradoras de la Administración*, Valencia, 2020, p. 47. PÉREZ ACHA, Ana, *La oferta y la demanda de supervisión en la red de servicios sociales de la Comunidad Autónoma Vasca*, Vitoria-Gasteiz, 1999, p. 70.

71 Art. 8.6 Decreto 168/2023.

72 Art. 60.2 LVSS.

### *D) El procedimiento de concertación*

El procedimiento se inicia de oficio por el órgano concertante, que tramita un expediente por cada convocatoria, que puede referirse a una clase del servicio del catálogo o a varias. En cualquier caso, en este acto inicial debe justificarse la necesidad de acudir a estos instrumentos de concertación para la prestación del servicio[73]. Al respecto, la normativa no prevé criterios claros para que la Administración opte por la concertación o por la contratación, lo que contribuye a dotar a aquella de un enorme margen de discrecionalidad para convocar convenios o conciertos. De hecho, puede afirmarse que operan básicamente límites negativos, como la libre concurrencia, o los servicios que deben prestarse por gestión directa, como el diagnóstico y valoración en atención primaria.

El órgano concertante elabora y aprueba las bases de cada convocatoria, incorporando aspectos como el objeto del concierto, el número máximo de plazas que desea concertar en la zona de prestación y la reserva de plazas; los requisitos de acceso a la atribución de plazas; y las condiciones de prestación del servicio y de carácter económico[74]. A continuación, se publica un anuncio en el boletín del territorio histórico de la Administración concertante, así como en sus sedes electrónicas correspondientes[75].

La Administración concertante resolverá atribuyendo plazas a todas las entidades cuyas solicitudes hayan sido resueltas de manera favorable. Si quedaran plazas sin atribuir, del total previsto en la convocatoria, se asignan atendiendo a los criterios de discriminación positiva. Se otorga prioridad a las entidades dedicadas a la prestación de servicios sociales de carácter no lucrativo, siempre que ofrezcan

---

73 Art. 10 Decreto 168/2023.

74 Art. 10.3 Decreto 168/2023. A esas se añaden las obligaciones exigibles y el sistema y órgano previsto para su verificación; la forma de evaluación y su periodicidad; el período de vigencia temporal del concierto; las causas de modificación y extinción del concierto; cualquier otra precisión necesaria para llevar a buen término el concierto.

75 Respecto a la necesidad de transparencia y publicidad, véase PIZARRO NEVADO, Rafael, "El concierto social para la prestación de la Atención Infantil Temprana en Andalucía", *Revista de Estudios de la Administración Local y Autonómica: Nueva Época* (14), 2020, p. 92.

todas ellas condiciones análogas de eficacia, calidad y costes[76]. Resulta llamativo el hecho de que no se prevea un régimen de licitación o concurso que prime las mejores ofertas, sobre todo en cuanto a la calidad, y más teniendo en cuenta que, al tratarse en algunos casos de entidades con ánimo de lucro, deben adecuarse a las normas sobre libre concurrencia, especialmente las que se refieren a las ayudas públicas[77].

En todo caso, la asignación de plazas resultante procurará garantizar un número mínimo para que los costes, asociados a los estándares de calidad y las ratios de personal establecidos, se vean compensados por los ingresos derivados del concierto. En caso de que no sea así, la entidad que ha solicitado la concertación podrá renunciar a ella o quedará en reserva[78].

### *E) Obligaciones de las entidades concertadas y de las Administraciones concertantes*

Los derechos y obligaciones de la entidad concertante se recogen en el llamado "contrato-programa, que debe formalizarse en el plazo establecido en la resolución que pone fin al procedimiento. Estos contratos deben incluir el objeto del concierto social, indicando la reserva u ocupación de plazas, el volumen de los servicios a prestar, así como las plazas reservadas; y la cantidad global consignada por la Administración para el sostenimiento del centro concertado, entre otras cuestiones[79].

Las entidades concertadas deben prestar el servicio conforme a la cartera establecida por el Sistema Vasco de Servicios Sociales, con arreglo a lo previsto en el Decreto 185/2015, de 6 de octubre[80]. Ade-

---

76 Art. 12.1 Decreto 168/2023.

77 Así lo ha corroborado la STJUE, Sala Tercera, de 21 de marzo de 2019 (ponente D. Šváby) C-465/17, *Falck*, aps. 53-61.

78 Art. 12 Decreto 168/2023.

79 Art. 14.2 Decreto 168/2023.

80 El Anexo I del citado Decreto incorpora una lista pormenorizada y precisa de los siguientes servicios: información, valoración, diagnóstico y orientación; servicio de ayuda a domicilio; servicio de intervención socioeducativa y psicosocial; servicio de apoyo a personas cuidadoras; promoción de la participación y la in-

más, deben adecuarse a la normativa propia que regula cada servicio y aquellas condiciones derivadas del contrato-programa, garantizando de forma permanente el cumplimiento de los requisitos materiales, funcionales, y de personal que determine la normativa autonómica[81].

Es deber de los entes concertados la suscripción de un seguro de responsabilidad civil resultante de las acciones de su personal y las usuarias del servicio. Se impone el principio de riesgo y ventura, ya que recae sobre las entidades el deber de reparar los daños con carácter general, tal y como se establece en materia de contratación[82]. De este modo, la responsabilidad patrimonial de la Administración se presenta como algo excepcional, vinculado exclusivamente a su

---

clusión social en el ámbito de los servicios sociales; servicios de atención diurna; servicios de acogida nocturna; servicios de alojamiento para personas mayores; servicios o centros de día para atender necesidades derivadas de limitaciones en la autonomía; servicio o centro ocupacional; servicio o centro de día para atender necesidades de inclusión social; centros residenciales para personas mayores, servicios de tutela para personas incapacitadas, servicio de respiro, etc.

81 Art. 15 b) Decreto 168/2023. Al respecto, véanse los artículos 11, 12 y 13 del Decreto del Gobierno Vasco 126/2019, de 30 de julio de centros residenciales para personas mayores en el ámbito de la Comunidad Autónoma vasca. En concreto, además de la ubicación, se exigen determinados requisitos que deben cumplir los centros, tanto de habitabilidad y comunicación como condiciones de protección y seguridad. Debe mencionarse igualmente el Decreto del Gobierno Vasco 202/2000, de 17 de octubre, sobre los centros de día para personas mayores dependientes. En su Anexo I prevé las condiciones de calidad materiales y funcionales de los centros de día para personas mayores dependientes. Entre ellas podemos encontrar las relativas a la ubicación. Al respecto, véase también la Norma Foral de Bizkaia 11/2005, de 16 de diciembre, por la que se regula el servicio público de residencias para personas mayores dependientes. En él se incluyen servicios como la asistencia psicológica, la fisioterapia y la rehabilitación, el apoyo a familiares de personas usuarias o la dinamización sociocultural. Asimismo, véanse arts. 37-60 del Decreto del Gobierno Vasco 148/2007, de 11 de septiembre, regulador de los recursos de acogida para mujeres víctimas de maltrato en el ámbito doméstico.

82 GALÁN GALÁN, Alfredo, "La responsabilidad por los daños causados por la actuación de las entidades privadas colaboradoras de la Administración", en GALÁN GALÁN, Alfredo y ESTEVE PARDO, María Luisa (dir.), *Entidades privadas colaboradoras de la Administración*, Valencia, 2020, pp. 53-74.

intervención precisa mediante órdenes, instrucciones o proyectos[83]. Las entidades concertadas deben respetar las normas en materia de igualdad, transparencia y protección de datos[84].

De este elenco de obligaciones que pesa sobre las entidades, pueden mencionarse dos omisiones significativas: una, la necesaria actualización, mejora y, por supuesto, garantía de la cualificación profesional del personal al servicio de la entidad[85]. En cuanto a la otra, estrechamente relacionada con la primera, tampoco se les obliga a las entidades a seleccionar su personal conforme a los principios de mérito y capacidad, al margen de la necesaria transparencia para fiscalizar y evaluar todos esos procesos de selección. Todo ello promovería una mejora sustancial en la calidad de los servicios[86]. Para

---

83 AGUADO I CUDOLÁ, Viçens y NETTEL BARRERA, Alina del Carmen, "La responsabilidad patrimonial por inactividad de la Administración", en QUINTANA LÓPEZ, Tomás (dir.), *La responsabilidad patrimonial de la Administración pública*, vol. I, 2ª ed., Valencia, 2013, p. 296.

84 Art. 15 j) Decreto 168/2023. Acerca de la necesidad de transparencia, véase también MARTÍNEZ-ALONSO CAMPS, José Luis, "Modificación de la Ley de contratos del sector público y gestión de servicios públicos locales: propuestas y alternativas", *Revista General de Derecho Administrativo* (40), 2015, pp. 1-18.

85 Hemos de acudir a la normativa específica en materia de centros de menores para comprobar las exigencias de tipo profesional y de solvencia técnica que deben sustentar las propuestas y las bases de la licitación de los conciertos. Así, en los arts. 105 y 106 del Decreto 131/2008, de 8 de julio, regulador de los recursos de acogimiento residencial para la infancia y la adolescencia en situación de desprotección social. Se incluyen precisiones acerca de la cualificación profesional del equipo técnico y del educativo con formación. Ahora bien, es recomendable que se prevean requisitos específicos para los procesos de selección de personal, que son fundamentales para garantizar la calidad del servicio. Véanse arts. 43-59 del Decreto 131/2008, de 8 de julio, regulador de los recursos de acogimiento residencial para la infancia y la adolescencia en situación de desprotección social. La norma Foral 11/2005, de 16 de diciembre, por la que se regula el servicio público de residencias para personas mayores dependientes, establece expresamente la necesidad de cualificación profesional, y exige la titulación académica correspondiente, con la presencia de un facultativo especializado en geriatría y/o gerontología y con un servicio de enfermería, al menos a tiempo parcial. Entre las personas cualificadas están el personal cuidados, el del trabajo social, apoyo psicológico y sanitario. En cualquier caso, es recomendable alguna referencia a los procesos de selección.

86 Al respecto, véase el Dictamen 13/12, de 29 de junio de 2012, Del Consejo Económico y Social vasco, que, en relación al proyecto de Decreto de Concertación

garantizar la continuidad y la calidad del servicio, deben establecerse condiciones vinculadas a la situación laboral de las personas dedicadas al cuidado. Impedir la precariedad de los contratos laborales o garantizar los recursos humanos, deben ser criterios preferentes y condicionantes para la firma de un concierto[87].

### *F) La modificación y efectos de los conciertos*

Cualquier modificación de los conciertos, operada por la entidad concertada, recibirá la aprobación previa de la Administración concertante. Cualquier cambio en las cláusulas o condiciones no puede afectar a aspectos de obligado cumplimiento y debe estar motivado por razones de interés público[88]. Asimismo, si es la Administración quien decide la alteración del concierto, debe contar con la autorización de la concertada. Se omite la regulación de los efectos clásicos del *ius variandi,* tal y como se disponen en materia de contratación. Por ello, habrá de entenderse que, si la modificación se impone sin el acuerdo de la entidad o esta se encuentra imposibilitada para cumplirlo, el concierto debe extinguirse[89].

Entre las causas de modificación del concierto, podemos citar las variaciones en los servicios por la reducción o la ampliación de plazas, siempre con audiencia previa de la concertada. Sin necesidad de que se modifique el concierto, la alteración del número de las plazas puede recogerse en una adenda del contrato-programa, siempre que

vasco advertía la necesidad de garantizar las condiciones de atención y calidad en cada caso.

87 Dictamen 3/08, de 26 de marzo de 2008, del Consejo Económico y Social vasco, sobre el Anteproyecto de Ley de Servicios Sociales, ap. 2.

88 Art. 18.1 Decreto 168/2023.

89 Aplican las normas sobre contratación pública las STS, Sala de lo contencioso-administrativo, Sección cuarta, de 17 de junio de 2020 (ponente María del Pilar Teso Gamella), FJ 3º; STSJ del País Vasco, Sala de lo contencioso-administrativo, Sección Primera, de 30 de junio de 2021 (ponente Trinidad Cuesta Campuzano), FJ 6º; Sala de lo contencioso-administrativo, Sección Primera, de 13 de mayo de 2013 (ponente Luis Javier Murgoitio Estefanía), FJ 4º y STSJ de Madrid, Sala de lo contencioso-administrativo, Sección Tercera, de 19 de mayo de 2016 (ponente María del Pilar Maldonado Muñoz), FJ 4º.

no suponga un incremento ni una disminución del 15% de su coste[90].

El concierto también puede modificarse en situaciones de crisis, cuando deban habilitarse plazas nuevas, o bien por circunstancias sobrevenidas e imprevisibles en el momento de su suscripción, en diálogo con la entidad concertada. Dos son las condiciones para operar dicha modificación del concierto: a) no puede alterarse la naturaleza global del concierto; y b) su cuantía no puede desviarse de la inicial en más de un 50% por este u otros motivos[91].

Se han observado dos vacíos jurídicos de importancia en los casos de modificación de los conciertos: uno, si bien se ha previsto un *numerus apertus* en las causas para alterar el concierto, no se ha mencionado la cláusula de progreso inherente a cualquier servicio público y más tomando en consideración los indudables avances tecnológicos en materia de cuidados, especialmente los relacionados con las tecnologías de la información y las comunicaciones[92].

Por otro lado, tampoco se hace referencia a los efectos en caso de que las modificaciones afecten al equilibrio económico del concierto. Se ha establecido el límite del 50% del coste, lo cual es excesivo. En caso de modificaciones distintas a las situaciones de crisis, no se ha previsto una condición o criterio que permita resolver el concierto de algún modo por la imposibilidad de que la entidad se adapte a las modificaciones, bien sea en lo económico, en lo logístico o porque puedan alterar las condiciones sustanciales del concierto[93]. La solución estriba en aplicar la normativa en materia de subvenciones,

---

90 Art. 18.2 Decreto 168/2023.

91 Art. 18.3 Decreto 168/2023.

92 CASTRO LÓPEZ, María del Pilar, "El régimen jurídico administrativo de los servicios sociales en Andalucía: principales aportaciones de la nueva Ley 9/2016, de 27 de diciembre", en GONZÁLEZ RÍOS, Isabel (dir.), *Servicios de interés general y protección de los usuarios*, Madrid, 2018, p. 265.

93 Eso provoca que los conflictos se resuelvan caso por caso, si bien se han aplicado los criterios de equilibrio económico que postula la legislación de contratos del sector público. Véase STSJ del País Vasco, Sala de lo contencioso-administrativo, Sección Primera, de 7 de mayo de 2019 (ponente Luis Javier Murgoitio Estefanía), FJ 3º y Sala de lo contencioso-administrativo, Sección Primera, de 10 de julio de 2020 (ponente Trinidad Cuesta Campuzano), FJ 4º.

si procede el reintegro de cantidades por incumplimiento de los fines previstos en la convocatoria[94].

En cuanto a los efectos, no se han regulado las consecuencias en caso de incumplimiento por la entidad concertada, sobre todo si aquel tiene su origen en la disolución de la entidad o en una imposibilidad sobrevenida[95]. El Decreto debe arbitrar soluciones de urgencia y tampoco debe excluir la asunción directa del servicio por la Administración concertante, como si se tratara del rescate o la caducidad de la concesión previstas en la legislación local[96].

## IX.1.3. LA CONCERTACIÓN EN LA SANIDAD VASCA

### A) *Convenios de colaboración con centros sanitarios sin ánimo de lucro*

Previa autorización del Consejo de Gobierno, se podrán suscribir convenios de vinculación cuando las necesidades asistenciales detectadas en áreas calificadas como prioritarias en el Plan de Salud aprobado por el Gobierno Vasco, puedan ser atendidas de manera más eficiente y eficaz mediante actuaciones integradoras de otros recursos sanitarios existentes en la Comunidad Autónoma[97].

Los centros sanitarios de titularidad privada se someten a las decisiones emanadas del Departamento de Sanidad del gobierno au-

---

94 Art. 37.1 b) Ley 38/2003, de 17 de noviembre, de Subvenciones.

95 GARCÍA LUENGO, Javier, "Instituciones sustantivas en la Ley 40/2015, de Régimen Jurídico del Sector Público: los principios de la potestad sancionadora, la responsabilidad administrativa y el nuevo régimen de los convenios administrativos", *El Cronista del Estado Social y Democrático de Derecho* (63), 2016, p. 24.

96 Arts. 135 y 136 del Decreto de 17 de junio de 1955 por el que se aprueba el Reglamento de Servicios de las Corporaciones locales.

97 Art. 2.1. Decreto del Gobierno Vasco 127/2018, de 4 de septiembre, sobre requisitos y procedimiento para la suscripción de convenios específicos de vinculación con centros sanitarios de titularidad privada, sin ánimo de lucro, para la provisión de servicios sanitarios. VILLAR ROJAS, Francisco José, "Los modelos de gestión de servicios sanitarios en España", en AGULLÓ AGÜERO, Antonia (dir.), *Tributación, gestión, control del gasto y reparto constitucional del poder financiero,* Valencia, 2020, p. 220. El autor entiende que el concierto es un mecanismo subsidiario y provisional, solo utilizable en caso necesario.

tonómico[98]. Si bien son centros que pueden prestar servicios para otras entidades, como pueden ser aseguradoras u otros, estas otras actividades de carácter privado deben tener un carácter suplementario y de las mismas no podrá derivarse ningún alteración del normal funcionamiento de la actividad convenida[99].

Estos convenios pueden tener una duración de tres años y pueden ser prorrogados por uno más. Los centros deben acreditar los siguientes aspectos: a) disponer de la autorización sanitaria preceptiva con la correspondiente inscripción en el registro de centros sanitarios de la Comunidad Autónoma Vasca[100]; b) la ausencia de ánimo de lucro y el cumplimiento de la normativa fiscal, laboral y social; c) la observancia del régimen de compatibilidades entre la actividad pública y privada; y d) la experiencia asistencia calidad contrastada mediante indicadores de proceso o resultado[101].

El procedimiento para la suscripción del convenio se inicia a instancia de parte, de modo que le corresponde al centro presentar un proyecto en el que consten los siguientes aspectos: una memoria de las instalaciones; la descripción de la cartera de servicios; una auditoría financiera y una propuesta del modelo de compatibilidad. A continuación, el informe favorable de Osakidetza determina la iniciación del procedimiento para suscribir el convenio[102]. El Departamento de Sanidad eleva la propuesta de convenio al Consejo de Gobierno, quien la aprueba definitivamente con el consentimiento del centro solicitante.

Respecto a la financiación, el departamento financia el coste anual de la asistencia sanitaria del centro previsto en el presupuesto del correspondiente ejercicio, siempre que se presten servicios contemplados en la cartera sanitaria.

---

98 Art. 2.4 Decreto Gobierno Vasco 127/2018.

99 Art. 3.2 Decreto Gobierno Vasco 127/2018.

100 Decreto 31/2006, de 21 de febrero, de autorización de los centros, servicios y establecimientos sanitarios.

101 Art. 7.1 Decreto Gobierno Vasco 127/2018.

102 Art. 8 Decreto 127/2018. A la iniciación también debe incorporarse el informe del servicio jurídico, sobre la adecuación al ordenamiento jurídico y la memoria presupuestaria y sobre control económico de la Oficina de Control Económico.

Osakidetza gestiona las aportaciones realizadas por el departamento conforme al contrato-programa acordado con el mismo departamento y se encarga de abonar las cantidades correspondientes a las entidades convenidas. Los convenios deben contener, como aspectos más destacados, las normas de acceso a los servicios y prestaciones; la financiación del convenio; y el procedimiento para el control económico por parte del Departamento de Sanidad[103].

El control sobre el mérito y la capacidad de la entidad no se fiscaliza más que en el otorgamiento previo de la autorización, lo que puede afectar a la calidad del servicio[104]. Por último, el hecho de que el convenio pueda prolongarse hasta seis años más las prórrogas concedidas de manera automática, puede desembocar en una inercia que convierta en permanente o definitiva una relación que debería ser coyuntural o contingente. En estos casos, Osakidetza debe plantearse la necesidad de realizar inversiones durante el periodo del convenio y proceder, tras el primer periodo de tres años, a un análisis de su actividad que le permita prescindir de estas fórmulas instrumentales[105].

### *B) Los conciertos de los servicios sanitarios*

Tras la somera referencia a los conciertos en la Ley 8/1997, de 26 de junio, de Ordenación sanitaria de Euskadi[106], el Decreto 77/1997, de 8 de abril, del Gobierno Vasco, regula las bases para la concertación de servicios sanitarios por el Departamento de Sanidad. Por un lado, a diferencia de los convenios, este tipo de conciertos no exige que las entidades titulares o que gestionan los centros no puedan guiarse por el ánimo lucrativo. El aspecto en común entre ambos es-

---

103 Art. 26 Decreto 127/2018.

104 FERNÁNDEZ RAMOS, Severiano, "La disciplina en materia de servicios sociales: mecanismos de control y régimen sancionador", en EZQUERRA HUERVA, Antonio (coord.), *El marco jurídico de los servicios sociales en España*, Barcelona, 2012, p. 165.

105 DE LA CRUZ FERRER, Juan, *Regulación de la sanidad*, Madrid, 2019, p. 123. La financiación con fondos públicos parece la solución más eficiente económicamente, de ahí que el recurso a los servicios privados deba ser residual.

106 Art. 16 Ley 8/1997, en el que se hace referencia únicamente a la posibilidad de prestación de servicios sanitarios y su seguimiento por las administraciones locales.

triba en que el departamento de sanidad debe evaluar las prioridades del Plan de Salud, es decir, las necesidades asistenciales, en concordancia con la disponibilidad presupuestaria.

Las entidades concertantes deben estar autorizadas para su funcionamiento por el Departamento de Sanidad; deben cumplir los criterios de homologación fijados para los centros hospitalarios o las bases de homologación correspondientes a servicios y centros sanitarios; no incurrir en causas de incompatibilidad para la concertación de servicios sanitarios; contratar un seguro de responsabilidad civil que cubra los servicios contratados; y los requisitos que prevé la Ley para la contratación con la Administración[107].

Esta modalidad de concierto, en otro tiempo auspiciada por un contrato de gestión de servicios públicos, requiere la acreditación de la solvencia técnica y económica por las entidades concertantes[108]. Para ello, la homologación se basará en criterios como la capacidad de resolución de procesos diagnósticos, terapéuticos o de seguimiento; la composición y cualificación del personal; la organización, gestión y admisión del centro; y la solvencia económica y financiera[109].

Entre el contenido más destacable de los conciertos podemos señalar la obligatoriedad de incluir los estándares y parámetros de calidad exigibles; y el procedimiento de su monitorización y seguimiento. La Consejería de Sanidad revisa anualmente las condiciones económicas para los servicios concertados. Cabe la posibilidad de variar las prestaciones y la inclusión de nuevas exigencias técnicas y asistenciales, que se incorporarán al concierto sanitario mediante adenda[110].

Las empresas o entidades con ánimo de lucro pueden suscribir estos conciertos, con lo que no se prevé el sistema de módulos económicos establecidos reglamentariamente y admite implícitamente

---

107 Art. 3 Decreto Gobierno Vasco 77/1997.

108 GARCÍA-ANDRADE GÓMEZ, Jorge, "Panorama de las fórmulas público-privadas para la atención de las necesidades sociales", en DARNACULLETA GARDELLA, Mercé *et al.*, *La colaboración público-privada en la gestión de servicios sociales*, Madrid, 2022, p. 255.

109 Art. 4.2 Decreto Gobierno Vasco 77/1997.

110 Art. 6 Decreto Gobierno Vasco 77/1997.

la posibilidad de obtener un beneficio económico por la proveedora del servicio, sin perjuicio de que la Administración establezca las tarifas correspondientes ajustadas a los costes[111]. Este concierto se sitúa en la órbita mercantil, lo que, más allá de que deba preservarse la calidad del servicio, esta debe conciliarse con la eficiencia económica, y aproxima este servicio más a una actividad económica que a una de tipo asistencial.

## IX.1.4. LA EDUCACIÓN

La Ley vasca de Educación (LVE) establece que los centros educativos privados pueden someterse al régimen de concierto para las enseñanzas obligatorias. Para ello, serán financiadas las actividades relacionadas con tales enseñanzas de manera íntegra[112]. El Decreto del Gobierno vasco 293/1987, de 8 de septiembre, regula los conciertos educativos en el País Vasco. Entre los fines se establece el sostenimiento con fondos públicos de los centros concertados para la impartición de enseñanzas no universitarias regladas en aquella comunidad autónoma[113]. Para la concertación tendrán preferencia los centros que atiendan a poblaciones escolares de condiciones económicas desfavorables, los que realicen experiencias de interés pedagógico para el sistema educativo, los que fomenten la escolarización de proximidad y los que estén constituidos y funcionen en régimen de cooperativa[114]. En cualquier caso, la concertación procederá en

---

111 DÍEZ SASTRE, Silvia, "La acción concertada como nueva forma de gestión de los servicios sanitarios", en AGULLÓ AGÜERO, Antonia (dir.), *Tributación, gestión, control del gasto y reparto constitucional del poder financiero*, Valencia, 2020, p. 248. Asimismo, LEÑERO BOHÓRQUEZ, María Rosario, "La naturaleza jurídica de la acción concertada como modalidad de gestión de los servicios a las personas", en DARNACULLETA GARDELLA, Mercé *et al.*, *La colaboración público-privada en la gestión de servicios sociales*, Madrid, 2022, p. 160.

112 Art. 23.1 y 2 Ley 17/2023, de 21 de diciembre, de Educación de la Comunidad Autónoma del País Vasco.

113 SÁENZ ROYO, Eva, *La financiación de la sanidad y de la educación en el Estado Autonómico: reformas necesarias a la luz de la experiencia comparada*, Madrid, 2022, p. 168.

114 Art. 23.6 LVE. Si algunos grados de Formación Profesional, por ejemplo, que ya se imparten por centros públicos o concertados, ya cubren las necesidades existentes, no puede otorgarse el concierto. Véase al respecto STSJ del País Vas-

caso de que sea necesario ampliar las plazas educativas destinadas a las enseñanzas obligatorias[115].

El concierto exige la previa autorización del centro educativo, que incluye el cumplimiento de las previsiones legales en materia educativa[116]. En ese sentido, los centros privados concertados asumen las obligaciones de escolarización sin exclusiones, de modo que se garantice la complementariedad de las redes escolares[117]. Como se observa, el sostenimiento de los conciertos depende del cumplimiento de estos principios y valores, lo que permite dudar en torno a lo que cierta doctrina ha denominado "derecho al concierto"[118].

Los centros privados concertados no podrán imponer la obligación de abonar cuotas o realizar aportaciones a fundaciones o asociaciones, ni establecer servicios obligatorios, asociados a las enseñanzas, que afecten a servicios, prestaciones o ámbitos materiales que sean objeto de financiación pública. A fin de comprobar el carácter gratuito de los servicios educativos, la Administración educativa establecerá los mecanismos de control a través de una unidad administrativa específica que garantizará la efectiva gratuidad de la prestación del servicio educativo[119].

---

co, Sala de lo Contencioso-Administrativo, Sección Segunda, de 28 de marzo de 2019 (Ana Isabel Rodrigo Landazabal), FJ 4º.

115 GUARDIA HERNÁNDEZ, Juan José, "Marco constitucional de la enseñanza privada española sostenida con fondos públicos: Recorrido histórico y perspectivas a futuro", *Estudios constitucionales* (17), 2019, p. 335.

116 Art. 8 Decreto 293/1987. Véase STSJ del País Vasco, Sala de lo Contencioso Administrativo, Sección Segunda, de 13 de septiembre de 2022 (ponente José Antonio Alberdi Larizgoitia), FJ 4º.

117 Art. 29.7 LVE. Véase DÍAZ LEMA, José Manuel, "El régimen de las autorizaciones de los centros privados de enseñanza no universitaria", *Revista de Administración Pública* (133), 2000, p. 452.

118 PEÑA TIMÓN, Ana María Teresa, *Ideario, centros concertados y financiación pública: estudio legislativo y jurisprudencial*, Madrid, 2024, p. 397.

119 Art. 30.2 LVE. El departamento competente en materia de educación regulará las actividades complementarias, las actividades extraescolares y los servicios que se presten, debiendo garantizar su carácter no lucrativo en los términos establecidos en la regulación básica y la voluntariedad de la participación del alumnado. Asimismo, conforme al art. 30.4 LVE, el departamento establecerá las medidas necesarias para garantizar la plena inserción del alumnado en el marco de las actividades complementarias y extraescolares.

La Ley vasca contempla el contrato-programa como el instrumento jurídico, económico-financiero y de planificación estratégica y operativa, de duración máxima cuatrienal, según el cual el departamento de educación competente puede definir, de forma acordada con el centro concertado, condiciones de acceso al programa, metas y objetivos, así como el presupuesto adjudicado por el periodo establecido y los recursos tecnológicos y personales incorporados por el Sistema Vasco durante el plazo que se determine[120].

En los centros concertados debe garantizarse la igualdad de todos ellos y la conclusión y formalización de los conciertos vendrá precedida de una convocatoria pública, en la que se expresen los requisitos, condiciones, y el plazo de vigencia[121]. Otro aspecto a tener en cuenta es la obligatoria rendición de cuentas por parte de entidades externas al sujeto evaluado. El nivel de gasto y el destino de los presupuestos debe medirse conforme al contenido de los contratos-programa[122]. Del mismo modo, también se atenderán los criterios y previsiones establecidas en la planificación aprobada por la Administración educativa, aunque aquellas no se recojan en el correspondiente convenio.

En las renovaciones de los conciertos debe aplicarse los criterios de preferencia establecidos en el propio concierto. Cuando no pueda renovarse el concierto por razones presupuestarias, puede acordarse la prórroga del mismo por uno o dos años más, a fin de paliar las consecuencias que para el centro puede suponer la falta inmediata de financiación pública[123]. Resulta imposible la modificación del concierto si no se acreditan las circunstancias que la justifican, como el incremento del alumnado[124].

---

120 Art. 37.6 LVE. Se establecen sistemas de rendición de cuentas, de incentivos, los indicadores de gestión para la evaluación y seguimiento, así como el presupuesto adjudicado para el ciclo temporal.

121 Art. 37.8 LVE. Véase al respecto GARRIDO JUNCAL, Andrea, "Las nuevas formas de gestión de los servicios sociales: elementos para un debate", *Revista Catalana de Dret Públic* (55), 2017, pp. 95-96.

122 Art. 82 LVE.

123 Art. 77 Decreto 293/1987.

124 STSJ del País Vasco, Sala de lo Contencioso Administrativo, Sección Primera, de 15 de mayo de 2020 (ponente Ana Isabel Rodrigo Landazabal), FJ 3°.

## IX.1.5. CONCLUSIONES

Como se ha comprobado a lo largo del estudio, en la Comunidad Autónoma vasca se observa una tendencia a la regulación y promoción de los conciertos y convenios en materia socio sanitaria. Se han precisado las obligaciones, prestaciones y servicios que deben garantizar las administraciones públicas o el procedimiento para suscribir fórmulas concertadas o los requisitos de acceso. Todo ello contribuye a la mejora en cuanto al grado de certeza y seguridad jurídica de las entidades privadas y de las administraciones, especialmente por el intrincado panorama competencial en Euskadi, en el que las diputaciones desempeñan una función esencial para prestar servicios de asistencia social.

Aun así, quedan todavía ciertas incógnitas que, con toda probabilidad, han quedado en el olvido de manera intencionada. Por ejemplo, la incorporación de cláusulas de progreso o la necesidad de exigir unos niveles mínimos de cualificación profesional o unos estándares de calidad para los centros en que se proveen los cuidados para personas mayores. Del mismo modo, resulta llamativo el silencio en torno a los procesos de selección de personal que garanticen el mérito y la capacidad, así como la ausencia de previsiones en torno a las condiciones laborales aplicables al personal.

El modelo vasco de concertación se inclina por la homologación y autorización de los centros o servicios, eludiendo las licitaciones y concursos, en los que debe garantizarse la libre competencia. Si se trata de entidades que no persiguen beneficio alguno, no habría inconveniente en admitir este sistema con carácter general. El problema es que tanto el TSJ del País Vasco como de manera implícita la legislación, han admitido, incluso en materia sanitaria, la provisión de servicios por entidades con ánimo de lucro, lo que puede inducir a sospechas fundadas acerca la quiebra de la libre competencia. Se verá afectada la calidad y la continuidad del servicio, debido a la posición estrictamente mercantil de las entidades prestadoras.

## IX.1.6. JURISPRUDENCIA

STJCE núm. 301/1997, de 17 de junio de 1997 (ponente P.J.G. Kapteyn). (ASUNTO C-70/95).

STJUE núm. 399/2016, de 2 de junio de 2016 (ponente D. Šváby). (ASUNTO C-410/14).
STJUE núm. 234/2017, de 21 de marzo de 2019, (ponente D. Šváby). (ASUNTO C-465/17).
STS núm. 784/2020, de 17 de junio de 2020 (ponente María del Pilar). (Rec. 3326/2018).
STSJ de la Comunidad Valenciana núm. 530/2021, 18 de junio de 2021 (ponente Miguel Ángel Narváez Bermejo). (Rec. 268/2018).
STSJ de la Comunidad Valenciana núm. 818/2021, de 26 de octubre de 2021 (ponente Edilberto José Narbon Laínez). (Rec. 270/2018).
STSJ de Madrid núm. 142/2016, de 19 de mayo de 2016 (ponente Maria del Pilar Maldonado Muñoz). (Rec. 563/2015).
STSJ del País Vasco núm. 287/2013, de 13 de mayo de 2013 (ponente Luis Javier Murgoitio Estefanía). (Rec. 1068/2011).
STSJ del País Vasco núm. 17/2016, de 27 de enero de 2016 (ponente Juan Alberto Fernández Fernández). (Rec. 666/2015).
STSJ del País Vasco núm. 172/2019, de 28 de marzo de 2019 (Ana Isabel Rodrigo Landazabal). (Rec. 1041/2017).
STSJ del País Vasco núm. 128/2019, de 7 de mayo de 2019 (ponente Luis Javier Murgoitio Estefanía). (Rec. 354/2018).
STSJ del País Vasco núm. 140/2020, de 15 de mayo de 2020 (ponente Ana Isabel Rodrigo Landazabal). (Rec. 329/2018)
STSJ del País Vasco núm. 210/2020, de 10 de julio de 2020 (ponente Trinidad Cuesta Campuzano). (Rec. 720/2019).
STSJ del País Vasco núm. 260/2021, de 30 de junio de 2021 (ponente Trinidad Cuesta Campuzano). (Rec. 622/2019).
STSJ del País Vasco núm. 408/2022, de 13 de septiembre de 2022 (ponente José Antonio Alberdi Larizgoitia). (Rec. 369/2020)
STSJ del País Vasco núm. 2017/2024, de 3 de julio de 2024, (ponente Antonio Iglesias Martín). (Rec. 32/2024).

## IX.1.7. BIBLIOGRAFÍA

AGUADO I CUDOLÁ, Viçens y NETTEL BARRERA, Alina del Carmen, "La responsabilidad patrimonial por inactividad de la Administración", en QUINTANA LÓPEZ, Tomás (dir.), *La responsabilidad patrimonial de la Administración pública*, vol. I, 2ª ed., Valencia, 2013, pp. 293-365.
ARRIETA FRUTOS, Félix, *El archipiélago del bienestar: los servicios sociales en el País Vasco*, Madrid, 2019.
BLANQUER CRIADO, David, *La concesión de servicio público*, Valencia, 2012.
CASTRO, Sara, "20 años para que la teleasistencia llegue a todos los dependientes: 760.000 están sin ella", https://elpais.com/sociedad/2024-

07-04/20-anos-para-que-la-teleasistencia-llegue-a-todos-los-dependientes-760000-estan-sin-ella.html (última visita, 29 de noviembre de 2024).

CASTRO LÓPEZ, María del Pilar, "El régimen jurídico administrativo de los servicios sociales en Andalucía: principales aportaciones de la nueva Ley 9/2016, de 27 de diciembre", en GONZÁLEZ RÍOS, Isabel (dir.), *Servicios de interés general y protección de los usuarios*, Madrid, 2018, pp. 249-274.

DARNACULLETA GARDELLA, Mercé, "La colaboración público-privada en el ámbito de los servicios sociales", en DARNACULLETA GARDELLA, Mercé *et al.*, *La colaboración público-privada en la gestión de servicios sociales*, Madrid, 2022, pp. 71-133.

DE LA CRUZ FERRER, Juan, *Regulación de la sanidad*, Madrid, 2019.

DÍAZ LEMA, José Manuel, "El régimen de las autorizaciones de los centros privados de enseñanza no universitaria", *Revista de Administración Pública* (133), 2000, pp. 441-462.

DÍEZ SASTRE, Silvia, "La acción concertada como nueva forma de gestión de los servicios sanitarios", en AGULLÓ AGÜERO, Antonia (dir.), *Tributación, gestión, control del gasto y reparto constitucional del poder financiero*, Valencia, 2020, pp. 232-262.

DOMÍNGUEZ MARTÍN, Mónica, "La acción concertada de los servicios a las personas en la ley de contratos del sector público y en la legislación autonómica ¿instrumentos no contractuales para la prestación de servicios públicos destinados a satisfacer carácter social?", en TOLIVAR ALAS, Leopoldo y CUETO PÉREZ, Miriam (dirs.), *La prestación de servicios socio-sanitarios: nuevo marco de la contratación pública*, Valencia, 2020, pp. 41-71.

FERNÁNDEZ RAMOS, Severiano, "La disciplina en materia de servicios sociales: mecanismos de control y régimen sancionador", en EZQUERRA HUERVA, Antonio (coord.), *El marco jurídico de los servicios sociales en España*, Barcelona, 2012, pp. 145-188.

FONT I LLOVET, Tomás, "Gestión de servicios sociales en el ámbito local. Nuevos planteamientos sobre la ciudad y la contratación pública", en TOLIVAR ALAS, Leopoldo y CUETO PÉREZ, Miriam (dir.), *La prestación de servicios socio-sanitarios: nuevo marco de la contratación pública*, Valencia, 2020, pp. 21-46.

FORNS I FERNÁNDEZ, María Victoria y ALEGRE AGÍS, Elisa, "Una aproximación práctica (II); la gestión de los servicios sociales locales", en FUENTES I GASÓ, Josep Ramón (ed.), *Externalización e interiorización de la gestión de los servicios públicos locales: entre público y privado*, Valencia, 2022, pp. 495-529.

FULLAONDO ELORDUI-ZAPATERIETXE, Arkaitz y BERGANTIÑOS FRANCO, Noemí (eds.), *El Sistema Vasco de Servicios Sociales: estructura, recursos y perspectivas*, Leioa, 2023.

GALÁN GALÁN, Alfredo, "La responsabilidad por los daños causados por la actuación de las entidades privadas colaboradoras de la Administración", en GALÁN GALÁN, Alfredo y ESTEVE PARDO, María Luisa (dir.), *Entidades privadas colaboradoras de la Administración,* Valencia, 2020, pp. 53-74.

GARCÍA DE ENTERRÍA, Eduardo y FERNÁNDEZ, Tomás Ramón, *Curso de Derecho Administrativo,* vol. I, 20ª edic., Cizur Menor, 2022.

GARCÍA GÓMEZ DE MERCADO, Francisco, "Los convenios administrativos y otras relaciones excluidas de la legislación de contratos de la Administración", *Actualidad Administrativa* (45) 2000, pp. 1225-1238

GARCÍA LUENGO, Javier, "Instituciones sustantivas en la Ley 40/2015, de Régimen Jurídico del Sector Público: los principios de la potestad sancionadora, la responsabilidad administrativa y el nuevo régimen de los convenios administrativos", *El Cronista del Estado Social y Democrático de Derecho* (63), 2016, pp. 14-27.

GARCÍA-ANDRADE GÓMEZ, Jorge, "Panorama de las fórmulas público-privadas para la atención de las necesidades sociales", en DARNACULLETA GARDELLA, Mercé *et al., La colaboración público-privada en la gestión de servicios sociales,* Madrid, 2022, pp. 197-252.

GARRIDO JUNCAL, Andrea, "Las nuevas formas de gestión de los servicios sociales: elementos para un debate", *Revista Catalana de Dret Públic* (55), 2017, pp. 84-100.

GEZURAGA-AMUNDARAIN, Monike; ARCOS-ALONSO, Asier y ETXEZARRAGA-ESTANKONA, Leire, "Proyectos socioeducativos de economía social y solidaria en la Comunidad Autónoma del País Vasco: una realidad en auge", *Prisma Social* (46), 2024, pp. 198-228.

GIMENO FELIÚ, José María, *La Ley de Contratos del Sector Público 9/2017. Sus principales novedades, los problemas interpretativos y las posibles soluciones,* Cizur Menor, 2019.

GOBIERNO VASCO. DEPARTAMENTO DE EMPLEO Y POLÍTICAS SOCIALES, *Plan Estratégico de servicios sociales de la Comunidad Autónoma del País Vasco 2016-2019,* Vitoria-Gasteiz, 2016.

GOSÁLBEZ PEQUEÑO, Humberto, "Los convenios administrativos", en LÓPEZ MENUDO, Francisco (dir.), *Innovaciones en el procedimiento administrativo común y el régimen jurídico del sector público,* Sevilla, 2016, pp. 265-305.

GUARDIA HERNÁNDEZ, Juan José, "Marco constitucional de la enseñanza privada española sostenida con fondos públicos: Recorrido histórico y perspectivas a futuro", *Estudios constitucionales* (17), 2019, pp. 321-362.

ITURBE MACH, Andoni, "Génesis, desarrollo y evaluación de la Ley de Servicios Sociales", en PARLAMENTO VASCO (ed.), *10º Aniversario de la Ley de Servicios Sociales,* Vitoria-Gasteiz, 2020, pp. 15-27.

LAMARKA, Eli, MOÑUX, Jon e IZAGIRRE, Iñaki, "Mercadeo en educación", https://www.naiz.eus/es/iritzia/articulos/mercadeo-en-educacion, (última visita, 29 de noviembre de 2024).

LEÑERO BOHÓRQUEZ, María Rosario, "La naturaleza jurídica de la acción concertada como modalidad de gestión de los servicios a las personas", en DARNACULLETA GARDELLA, Mercé *et al.*, *La colaboración público-privada en la gestión de servicios sociales*, Madrid, 2022, pp. 135-195.

MARTÍNEZ-ALONSO CAMPS, José Luis, "Modificación de la Ley de contratos del sector público y gestión de servicios públicos locales: propuestas y alternativas", *Revista General de Derecho Administrativo* (40), 2015, pp. 1-18.

PASCUAL GARCÍA, JOSÉ, "La regulación de los convenios administrativos en la Ley de Régimen Jurídico del Sector Público", *Revista Española de Control Externo* 18 (54), 2016, pp. 157-186.

PEÑA TIMÓN, Ana María Teresa, *Ideario, centros concertados y financiación pública: estudio legislativo y jurisprudencial*, Madrid, 2024.

PÉREZ ACHA, Ana, *La oferta y la demanda de supervisión en la red de servicios sociales de la Comunidad Autónoma Vasca*, Vitoria-Gasteiz, 1999.

PIZARRO NEVADO, Rafael, "El concierto social para la prestación de la Atención Infantil Temprana en Andalucía", *Revista de Estudios de la Administración Local y Autonómica: Nueva Época* (14), 2020, pp. 88-103.

SÁENZ ROYO, Eva, *La financiación de la sanidad y de la educación en el Estado Autonómico: reformas necesarias a la luz de la experiencia comparada*, Madrid, 2022.

SOUVIRÓN MORENILLA, José María, "Competencias propias y servicios mínimos obligatorios de los municipios en la reciente reforma del régimen local básico", *Cuadernos de Derecho Local* (34), 2014, pp. 80-97.

VILALTA REIXACH, Marc, "La articulación jurídica del traslado del ejercicio de funciones públicas a las entidades privadas colaboradoras de la Administración", en GALÁN GALÁN, Alfredo y ESTEVE PARDO, María Luisa (dir.), *Entidades privadas colaboradoras de la Administración*, Valencia, 2020, pp. 17-52.

VILLAR ROJAS, Francisco José, "Los modelos de gestión de servicios sanitarios en España", en AGULLÓ AGÜERO, Antonia (dir.), *Tributación, gestión, control del gasto y reparto constitucional del poder financiero*, Valencia, 2020, pp. 197-229.

VILLAR ROJAS, Francisco José, "Iniciativa privada y prestación de servicios sociales. Las redes o sistemas públicos de servicios sociales", en EZQUERRA HUERVA, Antonio (coord.), *El marco jurídico de los servicios sociales en España*, Barcelona, 2012, pp. 87-120.

# *IX.2. La acción concertada social y las fórmulas no contractuales en la provisión de servicios de atención a la persona: Catalunya*

**RICARD GRACIA RETORTILLO**
*Profesor Agregado de Derecho Administrativo*
*Universitat de Barcelona*

**Resumen:** Este capítulo analiza la concertación como forma no contractual en la provisión de los servicios sociales en Cataluña, de modo que estudia su marco jurídico específico, destacando sus particularidades respecto al contexto general y al comparado de otras Comunidades Autónomas.

**Palabras clave:** concierto social, servicios sociales, Comunidades Autónomas, contratación pública.

VA REGULACIÓN DE LA CONCERTACIÓN SOCIAL EN CATALUÑA? A) Fortalezas y retos del sistema de concertación social. B) El Proyecto de Ley de instrumentos de Provisión del Sistema Público de Servicios Sociales (2025): un apunte de urgencia. IX.2.8. JURISPRUDENCIA. IX.2.9. BIBLIOGRAFÍA.

**Abreviaturas empleadas:**

ABSS: Áreas básicas de servicios sociales
art./arts: Artículo/artículos
ATSSE: Ámbitos territoriales de prestación de los servicios sociales especializados
CE: Constitución española
EAC: Estatuto de Autonomía de Cataluña
LAPAD: Ley 39/2006, de 14 de diciembre, de Promoción de la Autonomía Personal y Atención a las personas en situación de dependencia
LBRL: Ley 7/1985, de 2 de abril, Reguladora de las Bases del Régimen Local
LCSP: Ley 9/2017, de 8 de noviembre, de Contratos del Sector Público
LRJSP: Ley 40/2015, de 1 de octubre, de Régimen Jurídico del Sector Público
LSS: Ley 12/2007, de 11 de octubre, de Servicios Sociales
ROAS: Decreto 179/1995, de 13 de junio, por el que se aprueba el Reglamento de Obras, Actividades y Servicios de Cataluña
RSSAP: Red de Servicios Sociales de Atención Pública
SAAD: Sistema para la Autonomía y Atención a la Dependencia
TFUE: Tratado de Funcionamiento de la Unión Europea
TJUE: Tribunal de Justicia de la Unión Europea
TRLCSP: Real Decreto Legislativo 3/2011, de 14 de noviembre, por el que se aprueba el texto refundido de la Ley de Contratos del Sector Público
TRLMRLC: Decreto legislativo 2/2003, de 4 de abril, del Texto Refundido de la Ley Municipal y de Régimen Local de Cataluña
UE: Unión Europea

## IX.2.1. DELIMITACIÓN Y CONTEXTUALIZACIÓN DEL OBJETO DE ESTUDIO

El capítulo que sigue a continuación se ocupa del estudio de la concertación como forma no contractual en la provisión de los servicios sociales en Cataluña. En el marco de esta obra colectiva, la delimitación y contextualización de dicho objeto precisan de unas breves consideraciones previas.

De entrada, el estudio se restringe al sector de los servicios sociales, en sentido estricto, y, por tanto, aunque se parte de su insoslayable condición de servicios de atención a las personas, no se incluye un estudio de los ámbitos de la sanidad, la educación u otros afines, también propios del cuarto pilar del Estado del bienestar, pero distintos de una acepción estricta de los servicios sociales. En relación con este concreto sector, se analiza la problemática jurídica que presenta la denominada "acción concertada" o "concertación social", como uno de los instrumentos jurídicos utilizados para su prestación por medio de la colaboración público-privada, con un creciente uso en los últimos años, y que suele definirse —por regla general— de forma expresa en sus normas reguladoras como una forma "no contractual" de gestión de tales servicios. Es desde esta perspectiva que, aunque pueda haber referencias accesorias a ellas, el trabajo no solo no se ocupa de las fórmulas tradicionales de gestión indirecta contractual, sino que tampoco son objeto de atención específica otros supuestos de formas no contractuales que no encajan en la concertación social regulada en Cataluña, cuya denominación es la de "gestión delegada" y "concierto social"[1]. Por último, el análisis se centra precisamente en el caso catalán, de modo que estudia su marco jurídico específico, destacando sus particularidades respecto al contexto general y al comparado de otras Comunidades Autónomas.

Sin desviarnos de este contexto específico, lo cierto es que cualquier análisis sobre esta cuestión, viene presidido, a nuestro juicio, por una serie de elementos comunes que, aunque no pueden ser desarrollados aquí, sí conviene explicitar.

El punto de partida debe ser la consolidación de un sistema de servicios sociales que, aunque construido con un retraso histórico respecto al entorno de referencia, cuenta hoy con un fuerte desarrollo y un amplio reconocimiento de derechos de alcance tenden-

---

1 Además de lo expuesto en la parte general de esta obra, sobre estas otras fórmulas no contractuales, puede verse, con carácter general, GARCÍA-ANDRADE GÓMEZ, Jorge, "Panorámica de las fórmulas público-privadas para la atención de las necesidades sociales", en DARNACULLETA GARDELLA, M. M. et al., *La colaboración público-privada en la gestión de servicios sociales*, 2022, pp. 198-259.

cialmente universal. Reconocimiento que, sin embargo, no se corresponde siempre con una cobertura y garantía efectivas en la práctica. En efecto, son todavía notables los desajustes entre las necesidades (demanda) y la provisión (oferta) de los servicios sociales, que ponen de manifiesto las debilidades para erigirse en un verdadero cuarto pilar del Estado del Bienestar[2].

Un segundo elemento de contexto a considerar son las recientes crisis, de alcance global (gran recesión y pandemia) que han tenido una importante repercusión en el ámbito del Estado del Bienestar y, en particular, de los servicios sociales. Junto al aumento de la demanda de prestaciones de protección social y de los repuntes de pobreza y exclusión social[3] y a los debates sobre la sostenibilidad del sistema y la coyuntura de crisis ha supuesto también la incorporación al debate público y a la agenda política de la centralidad de los cuidados que ha tenido un claro reflejo en las políticas públicas, tanto de recuperación[4] como a nivel estructural[5]. En este contexto, también el derecho está tomando conciencia de la importancia de esta nueva perspectiva de los cuidados, como un concepto que, bajo el halo de las teorías feministas, intersecciona claramente con el de servicios sociales y que incluso

---

2 Según el Instituto Catalán de Evaluación de Políticas Públicas, 2.257.157 personas tienen necesidades de cuidados físicos en Cataluña, lo que representa un 29% de la población. *Vid.* INSTITUT CATALÀ D'AVALUACIÓ DE POLÍTIQUES PÚBLIQUES, *Avaluació de necessitats. Les cures a Catalunya: Identificació, dimensionament i anàlisi de la seva provisió des de l'esfera familiar i dels principals serveis públics,* Barcelona 2024, p. 3.

3 GENERALITAT DE CATALUNYA, *Informe sobre l'estat dels serveis socials a Catalunya 2021-2022,* Barcelona 2024.

4 Con carácter general, véase el "Plan de Recuperación, Transformación y Resiliencia (2021-2026)" aprobado por el Gobierno de España, en el que la "nueva economía de los cuidados" ha sido considerada una de las diez políticas palanca. Para el caso de Cataluña puede consultarse: FORNS FERNÁNDEZ, M. Victòria y BELZUNEGUI ERASO, Ángel, "Serveis socials", *Informe Autogovern* (2023), 2024, pp. 325-344.

5 Véase la *Estrategia Europea de Cuidados,* aprobada por la Comisión Europea (COM(2022) 440 final, 7/09/2022) y la *Estrategia estatal para un nuevo modelo de cuidados en la comunidad. Un proceso de desinstitucionalización (2024-2030),* aprobada en junio de 2024 por el Ministerio de Derechos Sociales, Consumo y Agenda 2030.

ha dado lugar a algunas propuestas jurídicas que lo sitúan como base para una profunda reforma administrativa[6] o incluso para el reconocimiento de nuevos derechos constitucionales[7].

Finalmente, desde el punto de vista del modelo de organización social y reparto de responsabilidades público-privadas, en el caso español, se ha consolidado un sistema de "gobernanza multinivel"[8], de construcción marcadamente autonómica, pero con incidencia del Estado y sobre todo de los gobiernos locales, así como una fuerte influencia del derecho de la Unión Europea (UE) en relación con la caracterización jurídica de los servicios de atención a las personas y el margen de los Estados para organizar su provisión, atendiendo a las especialidades de estos servicios en su respectivo contexto. En este marco de consolidación y descentralización de los sistemas públicos, pero también de una mayor demanda y lo cierto es que, para poder garantizar la provisión de todos los servicios, resulta esencial el incremento de los mecanismos de colaboración público-privada, no solo a partir del tradicional protagonismo de la familia y de las entidades no lucrativas en este sector sino también de un creciente mercado de servicios sociales y asistenciales a través de entidades mercantiles. En este contexto, no es de extrañar que resurjan nuevas fórmulas para instrumentar jurídicamente dicha colaboración, que, como la concertación social pretendan adecuarse de mejor manera al contexto de los servicios sociales en tanto que servicios a las personas.

---

6 PIOGGIA, Alessandra, *Cura e Pubblica Amministrazione. Come il pensiero femminista può cambiare in meglio le nostre amministrazioni*, 2024.

7 MARRADES PUIG, Ana (coord.), El reconocimiento del derecho al cuidado, Ed. Tirant lo blanch, 2023.

8 DARNACULLETA GARDELLA, M. Mercè, "La colaboración público-privada en el ámbito de los servicios sociales", en DARNACULLETA GARDELLA, M. Mercè et al., *La colaboración público-privada en la gestión de servicios sociales*, Madrid, 2022, pp. 71-133.

## IX.2.2. EL SISTEMA CATALÁN DE SERVICIOS SOCIALES: ELEMENTOS FUNDAMENTALES DE UN MODELO PROPIO

La consolidación de un sistema de servicios sociales en Cataluña viene presidida por la voluntad de ordenar un modelo propio, que contribuya al reconocimiento de derechos a la ciudadanía a partir del máximo ejercicio de la competencia autonómica para diseñar y organizar la provisión de los servicios[9]. Esta tarea, no del todo completada, tiene su fundamento en el marco estatutario vigente y se ha desarrollado a través de la legislación sectorial, que es la que define los principales elementos del sistema.

### *A) Marco estatutario*

Más allá de otros antecedentes históricos[10], el actual sistema de servicios sociales de Cataluña se fundamenta, a partir del marco constitucional conocido[11], en las previsiones del vigente Estatuto de Autonomía[12] (EAC). A diferencia de su predecesor[13], el EAC cuenta, jun-

---

9 Señalan esta idea del modelo propio véase: FORNS FERNÁNDEZ, M. Victòria "La pervivencia de un modelo jurídico propio de servicios sociales en el Estado español: el sistema integrado de prestaciones de Cataluña", *Cuadernos de derecho local* (52), 2020, pp. 104-139, y CAICEDO CAMACHO, Natalia, "La competència sobre serveis socials: el difícil equilibri entre la construcció d'un espai propi i la intervenció de l'Estat", *Revista d'Estudis Autonòmics i Federals* (40), 2024, pp. 257-268.

10 Sobre los aspectos históricos del sistema catalán de servicios sociales ver: VILÀ MANCEBO, Antoni, *Serveis socials. Aspectes històrics, institucionals i legislatius*, Barcelona 2011, y AGUADO i CUDOLÀ, Vicenç, "La beneficencia: de la policía administrativa al servicio público. El caso de la Mancomunidad de Cataluña", en TORNOS MAS, Joaquín (ed.), *Los servicios sociales de atención a la tercera edad. El caso de Cataluña*, Valencia 2002, pp. 55-132.

11 AGUADO i CUDOLÀ, Vicenç, "Estudi preliminar", en AGUADO i CUDOLÀ, Vicenç (coord.), *El sistema de serveis socials a Catalunya: garantir drets, prestar serveis*, Barcelona 2008, pp. 19-28.

12 Ley Orgánica 6/2006, de 19 de julio, de reforma del Estatuto de Autonomía de Cataluña.

13 El Estatuto de Autonomía de Cataluña de 1979 asumió, en la misma línea que el precedente republicano, como competencia exclusiva de la Generalidad de Cataluña, la materia de "asistencia social" (art. 9.25). En despliegue de esta pre-

to al habitual contenido competencial, con una regulación sustantiva en materia de servicios sociales, que se concreta, esencialmente, en el reconocimiento de una serie de derechos y principios rectores[14]. De entrada, entre la novedosa declaración de derechos estatutarios de su título primero se incluye un conjunto de "derechos en el ámbito de los servicios sociales" (art. 24 EAC)[15], que gozan, como tales, de las garantías de los arts. 37 y 38 EAC[16], y que se concretan, en los términos legalmente previstos, en los derechos: de todas las personas a acceder en condiciones de igualdad a las prestaciones de la red de servicios sociales de responsabilidad pública; de las personas con necesidades especiales a recibir la atención adecuada a su situación; de las personas o familias a recibir una renta garantizada de ciudadanía; y de las organizaciones del tercer sector social a cumplir sus funciones en los ámbitos de la participación y la colaboración sociales. Junto a estos derechos, los "principios rectores" del artículo 42 en materia de "cohesión y bienestar sociales" establecen una serie de mandatos a los poderes públicos para, entre otros fines, "promover

---

visión estatutaria, los servicios sociales se regularon en primer lugar mediante la Ley 12/1983, de 14 de julio, de administración institucional de la sanidad y la asistencia y los servicios sociales de Cataluña y Ley 26/1985, de 27 de diciembre. Después de la modificación legislativa realizada por la Ley 4/1994, de 20 de abril, de administración institucional, de centralización, desconcentración y coordinación del sistema catalán de servicios sociales se elaboró un Texto refundido que fue aprobado por el Decreto legislativo 17/1994, de 16 de noviembre.

14 Un estudio detallado de esta regulación en DE PALMA DEL TESO, Ángeles, "Los servicios sociales en Cataluña como marco de atención a las situaciones de dependencia", en AGUADO i CUDOLÀ, Vicenç (coord.), *Servicios sociales, dependencia y derechos de ciudadanía: el impacto de la movilidad de los ciudadanos europeos en Cataluña,* Barcelona 2009, pp. 127-214. También, FORNS FERNÁNDEZ, M. Victòria, *El model de prestació dels serveis socials de Catalunya basat en la persona des de la perspectiva local: El sistema organitzatiu i competencial de la postcrisi,* Barcelona 2018, pp. 35-45.

15 En dicho capítulo, se incluyen también derechos más generales relativos a las personas, las familias, las personas mayores, menores y mujeres (arts. 15 a 19 EAC).

16 Sobre el alcance de dichos preceptos, véase STC núm. 31/2010, de 28 de junio (ponente María Emilia Casas Baamonde), recurso de inconstitucionalidad 8045-2006, que declara su constitucionalidad (FJ 26 y 27), a excepción del carácter vinculante del dictamen del Consejo de Garantías Estatutarias en todas aquellas iniciativas que afectasen a derechos estatutarios, en conexión con el art. 76.4 EAC (FJ 32).

políticas públicas que fomenten la cohesión social y que garanticen un sistema de servicios sociales, de titularidad pública y concertada, adecuado a los indicadores económicos y sociales de Cataluña" (art. 42.1 EAC), así como promover políticas preventivas y comunitarias y garantizar la calidad del servicio y la gratuidad de los servicios sociales que las leyes determinan como básicos (art. 42.5 EAC).

En cuanto al contenido competencial, la novedad del EAC no reside tanto en la atribución a la Generalitat de la competencia exclusiva en materia de "servicios sociales" (art. 166.1), como en explicitar su alcance, haciendo uso de la conocida técnica del "blindaje competencial", en una serie de "submaterias" que —dicho en términos generales— comprenden la regulación y ordenación de los servicios y prestaciones del sistema de provisión pública, como también de los establecimientos privados que prestan sus servicios en Cataluña y de los sistemas privados de protección complementaria. En esta misma línea de blindar posibles intromisiones estatales, el legislador estatutario previó también la asunción de competencias autonómicas en materia de seguridad social (art. 165 EAC), que, si bien tienen carácter compartido, se extienden expresamente, entre otras, a la "organización y la gestión del patrimonio y los servicios que integran la asistencia sanitaria y los servicios sociales del sistema de la Seguridad Social en Cataluña", así como la ordenación y ejercicio de las potestades administrativas de las entidades que colaboran con el sistema de seguridad social en dichas materias [arts. 165.1.c) y d) EAC][17].

Todavía desde la perspectiva competencial, el EAC reconoce también la competencia "propia" de los "gobiernos locales" en materia de "regulación y prestación de los servicios de atención a la persona y los servicios sociales públicos de asistencia primara [art. 84.2.m)], en lo que es una garantía no solo de funciones ejecutivas, sino también normativas, que deberán ser concretadas por el legislador autonómico que se encargará a su vez de distribuir dichas responsabilidades entre los municipios y los distintos tipos de entidades locales atendiendo a su capacidad de gestión y los principios de subsidiariedad, diferenciación y suficiencia financiera (art. 84.3 EAC).

---

17 La STC, núm. 31/2010, de 28 de junio de 2010 (ponente María Emilia Casas Baamonde) lo declara constitucional.

El marco estatutario descrito sienta, por tanto, las bases para la construcción de un sistema de servicios sociales que abandonará el carácter asistencialista que había presidido el modelo hasta entonces y que sirve para diseñar otro que garantice derechos subjetivos a las prestaciones y servicios y, partiendo del acceso universal, se dote de una amplia red de responsabilidad pública, que combine la necesaria colaboración público-privada con la garantía de la calidad y eficiencia de los servicios. El diseño de un sistema catalán de servicios sociales que desarrolle este marco estatutario se lleva a cabo principalmente por la Ley 12/2007, de 11 de octubre, de Servicios Sociales (LSS), aprobada por el Parlamento catalán en ejercicio de la citada competencia exclusiva.

Desde el punto de vista competencial, el marco estatutario no ha impedido, sin embargo, un progresivo incremento de la intervención estatal[18] —y la consiguiente limitación de la competencia autonómica—, avalado mayoritariamente por la jurisprudencia constitucional, que ha admitido en cambio una amplia capacidad de la Generalitat para organizar la prestación de los servicios sociales[19].

En el ámbito local, cabe concluir también la relativa incidencia que ha acabado teniendo la recentralización operada por la que ha sido hasta el momento la última gran reforma del régimen local básico[20], en tanto que, de un lado, se declaró la inconstitucionalidad de una de las medidas estrella (el traslado forzoso de las competencias

---

18 El supuesto de mayor incidencia ha sido, sin duda, la Ley del Estado 39/2006, de 14 de diciembre, de promoción de la autonomía personal y atención a las personas en situación de dependencia, pero no ha sido el único (Anteproyecto de Ley de condiciones básicas para la igualdad en el acceso y disfrute de los servicios sociales. Consejo de Ministros de 17 de enero de 2023).

19 Compartimos, pues, en términos generales, las conclusiones del reciente informe de CORRETJA i TORRENS, Mercè, “Anàlisi sobre el marge de què disposa la Generalitat de Catalunya per a desplegar polítiques pròpies en l'àmbit dels serveis socials i la promoció de les famílies, Informe 3/2024”, https://presidencia.gencat.cat/ca/ambits_d_actuacio/desenvolupament_autogovern/institut-destudis-autogovern/publicacions/cataleg-de-publicacions/informe-3-2024-00001 (última visita, 19 de febrero de 2025).

20 FUENTES i GASÓ, Josep Ramon, “Consecuencias de la Ley 27/2013 de Racionalización y Sostenibilidad de la Administración Local, en el régimen local de Cataluña”, *Revista Vasca de Administración Pública. Administrazio Publikoaren Euskal Aldizkaria* (101), 2015, pp. 55-88 y ALMEIDA CERREDA, Marcos, “El incierto

en materia de servicios sociales a las comunidades autónomas) y, por otro, la LSS sigue manteniendo las competencias de los municipios y entidades locales en los mismos términos, sin que la restricción operada por el artículo 25.2 de la Ley 7/1985, de 2 de abril, Reguladora de las Bases del Régimen Local (LBRL), haya supuesto a su vez cambios relevantes, más allá de las condiciones que sí imponen los apartados 3, 4 y 5 del propio art. 25 LBRL.

### *B) Elementos definidores del sistema en la Ley de servicios sociales*

Partiendo del marco que acaba de señalarse, la LSS regula y ordena el sistema catalán de servicios sociales con el fin de garantizar el acceso universal al mismo y unos estándares de calidad óptimos en su prestación (art. 1 LSS), para hacer efectiva la justicia social y promover el bienestar del conjunto de la población (artículo 1.1 LSS). En línea con la mayoría de leyes autonómicas de tercera generación[21], la LSS contribuye a superar los "defectos tradicionales de la acción social pública"[22] y opta por una definición amplia del sistema de servicios sociales, como marco integrador de un conjunto de recursos, equipamientos, proyectos, programas y prestaciones de titularidad pública y privada destinados a satisfacer el derecho de las personas a vivir dignamente durante todas las etapas de su vida mediante la cobertura de sus necesidades personales básicas y de las necesidades sociales (arts. 2.1 y 3.1 LSS)[23]. Para ello, la LSS diseña, en realidad,

---

futuro de los servicios sociales municipales", *Anuario de Derecho Municipal* (7), 2013, pp. 93-144.

21 Sobre este punto, puede consultarse a ALONSO SECO, José María y ALEMÁN BRACHO, Carmen, *El Sistema de Servicios Sociales: nuevas tendencias en España*, Valencia 2020.

22 VILLAR ROJAS, Francisco José, "Formas de gestión de los servicios sociales: en particular, la vinculación de gestores privados al sistema público mediante conciertos y convenios", *Documentación Administrativa* (271-272), 2005, p. 390. Bajo esta expresión el autor recoge la falta de coherencia y la planificación, la diversidad organizativa, la dispersión normativa y la variedad de regímenes de financiación, apuntando que son cuestiones que expresamente recogen las exposiciones de motivos de algunas de las leyes autonómicas.

23 Sobre las ventajas y riesgos de esta tendencia omnicomprensiva en la definición de los servicios sociales, vid. ampliamente, GARRIDO JUNCAL, Andrea, *Los*

un "megasistema"[24], que tanto comprende el "sistema público de servicios sociales", compuesto por los servicios sociales de titularidad pública y por los de titularidad privada acreditados y concertados por la Administración y que a su vez configuran conjuntamente la denominada "red de atención pública" (RSSAP) (arts. 2.2 y 15 LSS), como garantiza su coexistencia con otra iniciativa privada que, aunque opere fuera de la red pública, participa del conjunto del sistema, bajo la autorización y controles de la Generalitat (título VI LSS)[25].

La integración en el sistema público de servicios sociales implica el sometimiento de todos sus componentes a un régimen jurídico unitario, a través de una serie de principios (art. 5 LSS[26]), dirigidos a unos mismos objetivos (art. 4 LSS[27]), para cuyo cumplimiento cuenta con una serie de programas, actuaciones, proyectos y garantiza el acceso a las prestaciones de servicios, económicas y tecnológicas

---

*servicios sociales en el s. XXI: nuevas tipologías y nuevas formas de prestación*, Madrid 2020, pp. 82-84..

24 La elocuente expresión es de ARIMANY LAMOGLIA, Esteban, "Público y privado en la Ley catalana de servicios sociales", *Cuadernos de Derecho Local* (21), 2009, pp. 156-180.

25 Se incluye también en el sistema de servicios sociales catalán el sistema para la autonomía y atención a la dependencia [SAAD, regulado en el título I de la Ley 39/2006, de 14 de diciembre, de Promoción de la Autonomía Personal y Atención a las personas en situación de dependencia], que tiene también carácter público, y los servicios sociales generales y los servicios de promoción de la autonomía y apoyo a las personas en situación de dependencia que presten los centros y servicios privados no concertados (art. 16.3 LAPAD). Véase VILÀ MANCEBO, *Serveis socials. Aspectes històrics, institucionals i legislatius*, pp. 203-206.

26 Principios, que vienen enumerados y definidos en la propia Ley (art. 5 LSS): universalidad, igualdad, responsabilidad pública, solidaridad, participación cívica, globalidad, subsidiariedad, prevención y dimensión comunitaria, fomento de la cohesión social, normalización, coordinación, atención personalizada e integral, respeto a los derechos de la persona, fomento de la autonomía personal, economía, eficiencia y eficacia, calidad y continuidad de los servicios.

27 El art. 4 LSS enumera una serie de objetivos de la política de servicios sociales, de carácter preventivo, de promoción y garantía de la cohesión e igualdad social. Buena parte de ellos se concretan en el Plan Estratégico de Servicios Sociales de Cataluña. En la actualidad está en elaboración su tercera edición y prorrogado el II Plan (2021-2024) (véase Acord GOV/269/2024, de 23 de desembre, pel qual s'aprova iniciar la tramitació de l'elaboració del tercer Pla estratègic de serveis socials de Catalunya i prorrogar el Pla estratègic de serveis socials 2021-2024).

determinadas en la Cartera de servicios sociales (arts. 24 a 26 LSS), que es el instrumento encargado de definir el alcance material, subjetivo y de financiación de cada una de ellas[28]. La estructura del sistema público catalán de servicios sociales se basa, desde el punto de vista funcional, en dos elementos ya tradicionales: la organización en red[29] y la distinción entre los servicios sociales básicos (accesibles a toda la población) y los especializados (destinados a determinados colectivos y que requieren una especialización técnica o disposición de recursos determinados). Territorialmente, las áreas básicas de servicios sociales (ABSS) son la unidad primaria de atención que se organiza sobre una población mínima de 20.000 habitantes, tomando como base el municipio[30], mientras que los ámbitos territoriales de prestación de los servicios sociales especializados (ATSSE), se identifican, por regla general[31], con el ámbito de una "demarcación supramunicipal"[32]. Esta organización territorial sigue la lógica

---

28 Decreto 142/2010, de 11 de octubre, por el que se aprueba la Cartera de Servicios Sociales (prorrogada anualmente por las sucesivas leyes de presupuestos de la Generalitat).

29 Sobre el concepto de red, aunque bajo la óptica de la legislación precedente a la LSS, por todos: MALARET GARCÍA, Elisenda, "Administración Pública y servicios públicos: la creación de una red de servicios sociales a los ancianos en la transformación del Estado de bienestar", en TORNOS MAS, Joaquín (ed.), *Los servicios sociales de atención a la tercera edad. El caso de Cataluña*, Valencia 2002, pp. 326-328.

30 La gestión para los municipios menores de 20.000 corresponde a la comarca y en los municipios de más de 20.000 habitantes, puede existir más de un área básica según las necesidades. En la actualidad, se identifican 67 áreas básicas municipales y 41 comarcales. Ver: GENERALITAT DE CATALUNYA, "Actualització de dades bàsiques 2023: Mapa de Serveis Socials de Catalunya", https://dretssocials.gencat.cat/ca/ambits_tematics/serveis_socials/estadistiques/mapaserveissocials/2023/ (última visita, 19 de diciembre de 2024).

31 El art. 35 LSS dispone que pueden preverse excepciones a dicho ámbito territorial en "supuestos especiales, atendiendo a las características geográficas, demográficas y de comunicación de un territorio determinado". Además, prevé específicamente que los municipios o comarcas de más de 50.000 habitantes pueden constituir un ATSSE. Y que la gestión de las prestaciones económicas corresponde a la Generalitat.

32 La LSS no concreta cuáles ni cuántas son estas ABSS y ATSSE. En realidad, el art. 35.2 LSS dispone que tal concreción la llevará a cabo el Plan estratégico de servicios sociales aprobado por el Gobierno de la Generalitat, que debe establecer la organización territorial de los servicios sociales.

de la distribución competencial dispuesta en la propia LSS, según la cual corresponde: a los municipios, entre otras competencias, establecer los centros y servicios y cumplir las funciones de los servicios sociales básicos (art. 31.1); a las comarcas, suplir a los municipios de menos de 20.000 habitantes que no estén en condiciones de asumir dichas competencias directa o mancomunadamente (art. 31.2); y a las "entidades locales supramunicipales"[33], la promoción y gestión de los servicios, prestaciones y recursos de atención social especializada (art. 32). Por su parte, la Generalitat (arts. 28 y 29 LSS) asume, sea a través del Gobierno o del Departamento competente en materia de servicios sociales, la iniciativa legislativa, planificación, ordenación y coordinación general del sistema, aprobación de la cartera de servicios sociales, así como la gestión de los servicios y prestaciones que le atribuyan las leyes, y, en particular, de las prestaciones económicas de los servicios especializados (art. 35.4 LSS).

Junto a las responsabilidades públicas, atribuidas a la administración autonómica y local, el sistema de servicios sociales cuenta con la participación de las entidades privadas, de una amplia y arraigada tradición en Cataluña. Según su regulación en el título VI LSS, estas entidades de iniciativa privada, que pueden ser de carácter social o

---

[33] La indeterminación de esta expresión se explica por la conocida falta de desarrollo legislativo del modelo estatutario de organización territorial de Cataluña, basado en los municipios y las veguerías (art. 83.1, 90 y 91 EAC) y todavía carente de implantación efectiva, tras la suspensión parcial de la vigencia de la Ley 30/2010, de 3 de agosto de veguerías (Ley 4/2011). Por el momento, y a pesar de sus imprecisiones, cabe atender a lo dispuesto en el apartado 3º de la Disposición Transitoria 2ª de LSS, que dispone que: "Mientras no se apruebe la organización territorial de Cataluña, las administraciones locales y las administraciones supramunicipales, que son las diputaciones provinciales, los consejos comarcales, las mancomunidades de municipios y los consorcios municipales, pueden asumir las funciones que la presente ley atribuye a los entes locales supramunicipales. En todo caso, deben respetarse las competencias que los ayuntamientos y los consejos comarcales tenían asumidas en el momento de la entrada en vigor de la presente ley y debe asegurarse la participación de los ayuntamientos de los municipios de más de veinte mil habitantes y de los consejos comarcales del territorio correspondiente, mediante la constitución de un consejo asesor de cada comisión interadministrativa de cada veguería, con la presencia de las correspondientes administraciones locales competentes en materia de servicios sociales".

mercantil, se someten a un régimen de control de intensidad diversa, según su situación dentro o fuera del sistema público[34].

De entrada, todas las entidades privadas requieren de autorización o comunicación previa, según el caso, para iniciar, modificar o cesar una actividad de prestación de servicios sociales, actos que comportan la inscripción de oficio en el Registro de Entidades, Servicios y Establecimientos Sociales (art. 71.4 LSS)[35]. Para formar parte de la red de servicios de atención pública deben obtener, además, la correspondiente acreditación que otorga el Departamento competente en materia de servicios sociales (art. 70) de conformidad con lo dispuesto reglamentariamente para cada tipología de servicios sociales[36] y según el procedimiento establecido, que, en la actualidad, se encuentra regulado en el Decreto 69/2020, que es objeto de estudio específico más adelante. Las entidades acreditadas tienen la consideración de "entidades prestadoras de servicios sociales" (art. 75.1 LSS) y, en tal condición, pueden gestionar los servicios sociales de titularidad pública. Respecto a la forma en que pueda llevarse a cabo dicha gestión, la LSS se limita a afirmar que, junto a la acreditación, se requiere la "formalización del correspondiente contrato", a partir de la cual dichas entidades formarán parte de la RSSAP. A pesar de que no lo recoge así expresamente la LSS, hay que tener en cuenta que, como expondremos en los siguientes apartados, tras la aprobación del Decreto-Ley 3/2016 y su desarrollo en el Decreto 69/2020, también integrarán esta red pública las entidades que suscriban un concierto social o una gestión delegada con la Administración para la prestación de los servicios sociales.

---

34 Decreto 205/2015, de 15 de septiembre, del régimen de autorización administrativa y comunicación previa de los servicios sociales y del Registro de Entidades, Servicios y Establecimientos Sociales.

35 En síntesis, se exige autorización en los casos en que la actividad requiera un establecimiento donde prestarse o que cuente con financiación pública y basta con comunicación previa cuando no sea así (art. 71.1 LSS y arts. 3 y 9 Decreto 205/2015).

36 Orden TSF/218/2020, de 16 de diciembre, para la provisión de los servicios sociales de la Red de Servicios Sociales de Atención Pública.

## IX.2.3. LAS FORMAS DE GESTIÓN DE LOS SERVICIOS SOCIALES DEL SISTEMA PÚBLICO DE CATALUÑA: PANORÁMICA A LA LUZ DEL IMPACTO DEL DERECHO EUROPEO DE CONTRATOS

La delimitación de las formas de gestión de los servicios sociales del sistema público de Cataluña es hoy una cuestión compleja, abierta a múltiples interrogantes, sea como expresión de debates de alcance general para el conjunto de servicios públicos[37] o de otros más vinculados a su singularidad como servicios a las personas[38]. Tal complejidad puede advertirse ya de la amplitud de la Cartera de servicios sociales, como de la diversidad de potenciales sujetos intervinientes en su provisión que, como se ha visto, componen el sistema; pero resulta también de la falta de una adecuada articulación entre la normativa sectorial de servicios sociales y la general en materia de contratación pública e incluso de régimen local; déficit al que, en última instancia, ha contribuido también la transformación a la que ha sido sometido en la última década dicho marco normativo, sobre todo, a la luz de los cambios en el derecho europeo de la contratación pública. Es en este contexto en el que aparece la apuesta del legislador catalán por la regulación de una modalidad de gestión que se califica expresamente como no contractual con una doble manifestación (concierto social y gestión delegada) y cuyo régimen jurídico se encuentra todavía ordenado en un conjunto de normas sin el adecuado rango ni desarrollo normativos.

La LSS no contiene, a diferencia de otras leyes autonómicas, un listado de las formas de gestión de los servicios del sistema público. De hecho, su identificación exige un esfuerzo por sistematizar y ar-

---

[37] Una sistematización de algunos de estos debates, en MARTÍNEZ-ALONSO CAMPS, José Luis, "Los debates sobre los servicios públicos locales: Estado de la cuestión", *Revista Catalana de Dret Públic* (57), 2018, pp. 72-96.

[38] GIMENO FELIÚ, José María, "La colaboración público-privada en el ámbito de los servicios sociales y sanitarios dirigidos a las personas. Condicionantes europeos y constitucionales", *Revista Aragonesa de Administración Pública* (52), 2018, pp. 12-65, FORNS FERNÁNDEZ, *Cuadernos de derecho local,* 2020, pp. 104-139, y BERNAL BLAY, Miguel Ángel, "La contratación de los servicios a las personas", en GALLEGO CÓRCOLES, Isabel y GAMERO CASADO, Eduardo (dirs.), *Tratado de Contratos del Sector Público* vol. 3, Valencia 2018, pp. 2841-2874.

monizar las escasas y dispersas referencias a esta cuestión, tanto en dicha ley como en el resto del ordenamiento[39]. Tampoco hay en la legislación catalana una expresa preferencia por la gestión directa frente a la gestión indirecta[40]. Lo que no excluye, como se ha visto, la garantía de la responsabilidad pública en el sistema de servicios sociales, así como de su coexistencia con la iniciativa privada.

En este contexto, y a los efectos de ofrecer una panorámica en la que encajar la aparición de nuestro objeto de estudio, sigue siendo de utilidad partir de la tradicional distinción entre las formas de gestión directa, en que las administraciones competentes asumen la provisión de los servicios sociales con sus propios medios, y las de gestión indirecta, en las que se recurre a la colaboración de terceros, privados[41].

---

39 En realidad, la LSS no contiene un título ni capítulo específico dedicado a las formas de gestión o provisión de los servicios, sino que sus referencias cabe encontrarlas o bien, implícitamente, en la regulación ya comentada de las competencias de las distintas administraciones o bien en el título relativo a la participación de la iniciativa privada. Algo más explícito es el Decreto 284/1996, de 23 de julio, de regulación del Sistema Catalán de Servicios Sociales, que todavía con una redacción bajo la óptica de la legislación previa, establece, genéricamente, que las administraciones públicas podrán gestionar los servicios sociales de la red pública directamente o indirectamente, a través de cualquiera de las modalidades previstas por la legislación contractual (art. 46.1). Este escaso marco debe completarse y conciliarse con la normativa propia de concertación social que será objeto central de este trabajo en las próximas páginas. Y, con carácter general, con la regulación en materia de servicios públicos del ámbito local.

40 Esta preferencia si está explícitamente prevista, por ejemplo, en art. 21 Ley 5/2009, de 30 de junio, de Servicios Sociales de Aragón o en el art. 4.3 *in fine* Ley 16/2010, de 20 de diciembre, de Servicios Sociales de Castilla y León; o art. 82.1 Ley 3/2019, de 18 de febrero, de servicios sociales inclusivos de la Comunitat Valenciana (sobre ello DARNACULLETA GARDELLA, Mercé, "La colaboración público-privada en el ámbito de los servicios sociales", en DARNACULLETA GARDELLA, Mercé et al., *La colaboración público-privada en la gestión de servicios sociales*, Madrid, 2022, pp. 96-97)

41 VILLAR ROJAS, *Documentación Administrativa*, 2005, pp. 389-412 y DARNACULLETA GARDELLA, Mercè, "Les noves modalitats de gestió de serveis a les persones a la legislació autonòmica de serveis socials: especial referència a l'acció concertada", *Revista Catalana de Dret Públic* (62), 2021, pp. 37-52. Expresamente recogen la disyuntiva entre gestión directa y gestión indirecta el art. 46.1 Decreto 284/996.

La gestión directa de los servicios sociales adopta —a falta de previsiones específicas por el legislador sectorial catalán— las modalidades tradicionales de la gestión centralizada por la propia organización, autonómica o local, y, en especial, la gestión a través de entidades instrumentales[42], sobre las que se proyectan también los problemas generales más recurrentes. Baste aquí apuntar dos ejemplos, sobre los que no podemos profundizar. Primero, los servicios sociales no son ajenos a las conocidas controversias sobre la consideración o no de las formas personificadas como encargos a "medios propios" y las correlativas dudas sobre su sujeción a la normativa de contratación pública[43]. Segundo, revisten especial interés algunas objeciones respecto a la aplicación, al ámbito de los servicios sociales, de las exigencias incorporadas por la "legislación de la crisis" en relación con los criterios de elección de las distintas formas de gestión de los servicios (locales). Tanto, al exigir, en general, que opten por la forma más sostenible y eficiente como, en particular, por el carácter subsidiario que se dispone de las formas personificadas empresariales frente a las administrativas (art. 85.2 LBRL) y de los medios propios frente a la contratación pública (art. 32.2 de la Ley 9/2017, de 8 de noviembre, de Contratos del Sector Público, LCSP o art. 86.2 de la Ley 40/2015, de 1 de octubre, de Régimen Jurídico del Sector Públi-

42 El art. 30 LSS prevé la utilización por la Administración de la Generalitat de "fórmulas de descentralización funcional mediante entidades de derecho público" para gestionar servicios sociales de su competencia. Ejemplo de ello son el Instituto Catalán de Asistencia y Servicios Sociales creado por la Ley 12/1983, de 14 de julio, con naturaleza de Entidad Gestora de la Seguridad Social, para la gestión de las prestaciones económicas de asistencia social, y la Agencia Catalana de Protección social creada por la Ley 21/2017, de 20 de septiembre.

43 Recientemente, véase la STS, Sala de lo Contencioso, Sección Tercera, de 3 de julio de 2024 (ponente María Isabel Perello Domenech), recurso de casación 3044/2021, en relación con la gestión directa mediante la sociedad mercantil de titularidad pública (SUMAR, S.L.) del servicio de una residencia geriátrica en el municipio de Esparraguera. Un comentario en TORNOS MAS, Joaquín, "Los encargos a medios propios y el control análogo conjunto. El Tribunal Supremo fija doctrina sobre el alcance de este control", https://www.gobiernolocal.org/acento-local/los-encargos-a-medios-propios-y-el-control-analogo-conjunto-el-tribunal-supremo-fija-doctrina-sobre-el-alcance-de-este-control/, (última visita, 19 de febrero de 2025).

co, LRJSP), salvo que se acredite su mayor eficiencia y sostenibilidad en términos de rentabilidad económica[44].

Por su parte, la gestión indirecta de los servicios sociales ha venido articulándose tradicionalmente, según la tendencia general, a través de la figura del concierto, entendido como una de las modalidades del hoy ya derogado contrato de gestión de servicios públicos. En efecto, aunque tanto las referencias al concierto en la legislación estatal de contratos[45] como en la legislación catalana[46] no partían de tal preferencia y admitían cualquiera de las distintas modalidades contractuales, es unánime la afirmación doctrinal según la cual la forma de gestión predominante para los servicios sociales y, en general, para el conjunto de servicios a las personas[47], ha sido el concierto,

---

44 En síntesis, la interpretación de estas exigencias comporta como especialmente problemáticos para los servicios sociales al menos dos riesgos: primero, reducir los criterios de sostenibilidad y eficiencia que sirven para la elección de la forma de gestión a una dimensión exclusivamente económica; y, segundo, exigir que estos criterios se valoren para cada servicio individualmente y no para el conjunto de la hacienda de la entidad pública de que se trate, sin valorar tampoco la especificidad del tipo de entidad. (Sobre ello DARNACULLETA GARDELLA, "La colaboración público-privada en el ámbito de los servicios sociales", p. 100).

45 Con carácter básico, el concierto vino regulado desde la Ley 13/1995, de 18 de mayo, de contratos de las administraciones públicas (art. 157) hasta Real Decreto Legislativo 3/2011, de 14 de noviembre, por el que se aprueba el texto refundido de la Ley de Contratos del Sector Público (art. 277).

46 En el caso de Cataluña, la figura del concierto contaba con una regulación general en el ámbito local, a través del artículo 261 del Decreto legislativo 2/2003, de 4 de abril, del Texto Refundido de la Ley Municipal y de Régimen Local de Cataluña (TRLMRLC), hoy derogado, que disponía que: "Las entidades locales podrán prestar los servicios públicos mediante un concierto con otras entidades públicas o privadas o con particulares, utilizando sus servicios o instalaciones" y era desarrollado por los artículos 270 a 274 del Decreto 179/1995, de 13 de junio, por el que se aprueba el Reglamento de Obras, Actividades y Servicios de Cataluña (ROAS). En el ámbito de los servicios sociales, las referencias específicas al concierto se contienen, en esencia, en la normativa reglamentaria aprobada bajo el Decreto Legislativo 17/1994, configurado como una de las formas de "colaboración entre la Administración autonómica y la iniciativa privada para la gestión de los servicios públicos en aplicación de lo previsto en el ordenamiento sobre contratos de las administraciones públicas" [véase arts. 35.a) y 36 Decreto 284/1996].

47 LEÑERO BOHÓRQUEZ, María Rosario, "La naturaleza jurídica de la acción concertada como modalidad de gestión de los servicios a las personas", en DARNACULLETA GARDELLA, Mercé et al., *La colaboración público-privada en la ges-*

lo que, sin embargo, no excluía el uso de otras modalidades, como la concesión. Así lo fue al menos hasta la derogación del contrato de gestión de servicios públicos por la LCSP, que, como es sabido, estableció, como únicos tipos contractuales para la prestación de servicios públicos, el contrato de concesión de servicios y el contrato de servicios, en función de si el operador económico asume o no el riesgo operacional. Tal derogación generó una cierta inseguridad jurídica respecto a la posible vigencia diferenciada del concierto o bien su obligada reconducción a las nuevas categorías[48]. Inseguridad, que, en el caso catalán, no puede decirse, a nuestro juicio, que se haya cerrado del todo, puesto que, mientras parece admitirse su consideración como un contrato administrativo especial o no nominado[49], no hay un pronunciamiento claro del legislador catalán en tal sentido, siendo sus pocas referencias al concierto todavía accesorias y bajo la óptica del marco normativo previo[50].

---

*tión de servicios sociales*, Madrid, 2022, pp. 140-148, y VAQUER CABALLERÍA, Marcos, "Las relaciones entre Administración Pública y tercer sector, a propósito de la asistencia social en Italia", *Revista de Administración Pública* (152), 2000, pp. 289-337.

48 A pesar de que buena parte de la doctrina se inclinó por la necesaria reconducción del concierto a estas nuevas modalidades [entre otros, MIGUEZ MACHO, Luis, "La distinción entre las concesiones de servicios y otros contratos públicos a la luz de la Directiva 2014/23/UE: repercusiones para el Derecho español", en GIMENO FELIÚ, José María et al. (coords.), *Las nuevas directivas de contratación pública (ponencias sectoriales X Congreso Asociación Española Profesores de Derecho Administrativo)*, Madrid, 2015, pp. 395-409; DÍEZ SASTRE, Silvia, "La acción concertada como nueva forma de gestión de los servicios sanitarios", en AGULLÓ AGÜERO, Antonia (dir.), *Tributación, gestión, control del gasto y reparto constitucional del poder financiero*, Valencia 2020, pp. 232-262], cabría entender también que, en la medida en que ni las directivas europeas ni la legislación general lo prohíben, el legislador sectorial competente (GARRIDO JUNCAL, *Los servicios sociales en el s. XXI: nuevas tipologías y nuevas formas de prestación*, p. 213) bien podría regular el concierto, como un contrato administrativo especial o no nominado (así DARNACULLETA GARDELLA, *Revista Catalana de Dret Públic*, 2021, p. 41).

49 Expresamente admite esta posibilidad el Dictamen de la Comisión Jurídica Asesora 114/2020.

50 En la LSS, el concierto se menciona solo indirectamente, en el art. 2.2 LSS para referirse a los "servicios acreditados y *concertados* por la Administración" como integrantes del sistema público de servicios sociales. En este contexto, las referencias más directas se limitan a las del Decreto 284/1996.

Más allá de su incidencia sobre el concierto, la transposición de las directivas de contratación de 2014 realizada por la LCSP introduce otras novedades relevantes y directamente vinculadas a las formas de gestión de los servicios sociales. Sin perjuicio de lo ya explicado con más detalle en esta obra colectiva, conviene recordar que esta regulación parte, en esencia, de la finalidad de adaptar la gestión de los servicios sociales de interés general a sus peculiaridades como servicios a las personas[51]. Así, en el marco de una contratación pública estratégica social y que priorice la calidad de los servicios a las personas[52], la LCSP incorpora las disposiciones de las directivas[53] en dos sentidos: primero, para avanzar en la flexibilización y adaptación del régimen general de contratación pública para este tipo de servicios (entre otros, arts. 22.1.c), 29.4, 107.1, 131.2, 134.6, 135.4, 145, DA 47ª, DA 48ª LCSP), aunque sin acabar de construir un régimen especial[54]; y, segundo, para reconocer la posibilidad de que estos servicios se gestionen a través de fórmulas no contractuales, excluidas, por tanto, del régimen de la LCSP (art. 11.6 LCSP), habilitando a las comunidades autónomas a legislar su concreto régimen jurídico (DA 49ª). Es precisamente en este marco donde cabe situar la regulación catalana de la denominada acción concertada o concertación social, en cuyo estudio profundizamos ya a continuación.

---

51 COMISIÓN (CE), "Aplicación del programa comunitario de Lisboa. Servicios sociales de interés general en la Unión Europea" (Comunicación) COM(2006) 177 final, 26 de abril de 2006.

52 FUENTES i GASÓ, Josep Ramon, "El règim jurídic de la provisió de serveis d'atenció a les persones a Catalunya: el concert social després de les directives europees de contractació pública", en FORNS FERNÁNDEZ, M. Victòria (ed.), *La protección jurídica de la atención a las personas en materia de servicios sociales. Una perspectiva interdisciplinar*, Barcelona 2020, pp. 201-229.

53 Arts. 74 a 77 Directiva 014/24/UE del Parlamento y del Consejo, de 26 de febrero de 2014.

54 BERNAL BLAY, Miguel Ángel, "La contratación de los servicios a las personas", p. 2841.

## IX.2.4. LA APUESTA CATALANA POR LA "CONCERTACIÓN" DE LOS SERVICIOS SOCIALES: UN PROCESO EN VARIOS TIEMPOS Y TODAVÍA INCONCLUSO

De la regulación de las directivas —y, en menor medida, de su tardía transposición en la LCSP— se abren, según hemos visto, dos vías principales para adaptar la prestación de los servicios sociales mediante el uso de mecanismos de colaboración público-privada: primero, la vía contractual, a través de las previsiones de un régimen especial en los términos fijados por la LCSP, y, en segundo lugar, la vía no contractual, con instrumentos que —aunque sometidos a los principios de transparencia y no discriminación— no se rigen por las reglas de la contratación pública. Pues bien, en la actualidad, puede afirmarse que, en esta dicotomía, los legisladores autonómicos han apostado claramente por la vía no contractual y, en particular, por la que se concreta en la denominada "acción concertada" en materia de servicios sociales.

En efecto, en los últimos años, y en especial a partir de la aprobación de la cuarta generación de directivas sobre contratación, se observa un importante y progresivo "movimiento legislativo" por parte de las Comunidades Autónomas[55] —que se consolida después de la aprobación de la LCSP—, consistente en la aprobación de su propia

---

[55] Rápidamente advertido por LAZO VITORIA, Ximena, "La figura del 'concierto social' tras las directivas europeas de contratación pública", https://www.obcp.es/opiniones/la-figura-del-concierto-social-tras-las-directivas-europeas-de-contratacion-publica (última visita, 19 de diciembre de 2024). Para un análisis comparado y/o de conjunto, GIMENO FELIÚ, *Revista Aragonesa de Administración Pública*, 2018, pp. 12-65; DOMÍNGUEZ MARTÍN, Mónica, "Los contratos de prestación de servicios a las personas. Repensando las formas de gestión de los servicios sanitarios públicos tras las Directivas contratos de 2014 y la Ley 9/2017 de Contratos del Sector Público", *Revista General de Derecho Administrativo* (50), 2019, pp. 1-17. DARNACULLETA GARDELLA, Mercè, "Les noves modalitats de gestió de serveis a les persones a la legislació autonòmica de serveis socials: especial referència a l'acció concertada", *Revista Catalana de Dret Públic* (62), 2021, pp. 37-52; DARNACULLETA GARDELLA, Mercé *et al.*, *La colaboración público-privada en la gestión de servicios sociales*, Madrid, 2022, pp. 71-133. MANENT ALONSO, Luis, "El desconcierto de la acción concertada", en ORTEGA BURGOS, E. (dir.), *Actualidad Administrativa 2019*, pp. 547-573.

legislación sobre la "acción concertada" o "concierto social" para la prestación de servicios sociales (en ocasiones, también sanitarios). Aunque existe alguna excepción, estas leyes insisten en subrayar la naturaleza no contractual, diferenciada o no sujeta a la legislación de contratación pública de estos instrumentos, lo que ha conllevado no pocas dudas y problemas jurídicos, que son precisamente los que dan origen a esta obra y cuyo análisis es el objeto de la parte general, a la que nos remitimos.

Centrándonos en el caso catalán, cabe decir que Cataluña no ha sido excepción a esta tendencia, aprobando su propia regulación, si bien lo ha hecho en un largo proceso, todavía abierto, y que, hasta el momento, se ha llevado a cabo en dos tiempos: primero, a través de la disposición adicional 3ª del Decreto-Ley 3/2016, que no sería desarrollada hasta unos años más tarde, por vía reglamentaria, mediante el Decreto 69/2020. Entre ambas normas, destaca el intento por aprobar una ley de contratos de servicios a las personas, que, aunque no contó con los apoyos suficientes, sí reviste interés como un precedente que exploró un cierto desarrollo de la vía contractual para atender a la especialidad de los servicios sociales.

### *A) Un primer reconocimiento (singular y de mínimos) de la concertación social en Cataluña. El Decreto-Ley 3/2016*

Cataluña fue pionera en aprobar, antes incluso de la expresa habilitación de la DA 49ª LCSP, un mínimo régimen jurídico para la gestión de los servicios sociales a través de fórmulas no contractuales enraizado explícitamente en las nuevas directivas de 2014[56]. Con el propósito de evitar la afectación a la seguridad jurídica generada por la falta de transposición estatal de las directivas de 2014 en el plazo requerido, el Gobierno de la Generalitat impulsó la aprobación de una regulación propia en materia de contratación pública, que incorporó —de forma un tanto accesoria y mínima— la posibilidad prevista en aquellas de utilizar fórmulas de gestión no contractuales

56 Destacan el carácter pionero FUENTES i GASÓ, Josep Ramon, "El règim jurídic de la provisió de serveis d'atenció a les persones a Catalunya", p. 213; LEÑERO BOHÓRQUEZ, "La naturaleza jurídica de la acción concertada como modalidad de gestión de los servicios a las personas", p. 165.

para la prestación de los servicios sociales. Esta regulación se concretó en la disposición adicional tercera del Decreto-Ley 3/2016, de 31 de mayo, de medidas urgentes en materia de contratación pública (en adelante, DL 3/2016)[57]. A su carácter pionero, esta regulación añade el de una cierta singularidad desde la perspectiva formal, pero también material.

Desde el punto de vista formal, y a diferencia de lo que harán después la mayoría de las legislaciones autonómicas, esta primera norma catalana se caracteriza por dos elementos: primero, el uso de los títulos competenciales que la amparan, en tanto que esta regulación se integra en una norma sobre contratación pública y no directamente en la legislación de servicios sociales y, segundo, la escasa densidad normativa de la norma legal. Ambas notas características resultan o al menos se vinculan al uso del decreto-ley como instrumento normativo para llevar a cabo esta regulación, en lugar de la ley ordinaria que ha sido lo habitual en el resto de ordenamientos autonómicos. Sea como fuere, a pesar de la provisionalidad con la que nació esta regulación sigue siendo, en la actualidad, la norma de cabecera de esta materia en el ordenamiento catalán.

Como reza su título, este decreto-ley tiene por objeto "medidas urgentes en materia de contratación pública" que persiguen clarificar los términos en que, ante la falta de la transposición estatal, cabe proceder a la aplicación directa de las directivas 2014/23/UE y 2014/24/UE en Cataluña[58]. Tal operación se justifica —según detalla el propio preámbulo del DL 3/2016— en el artículo 189.3 EAC que expresamente prevé tal posibilidad, así como en el artículo 159.3 EAC relativo a la competencia autonómica en materia de contratación pública, ambos de acuerdo con la correspondiente jurisprudencia constitucional que a su vez avalaría tal ejercicio legislativo. Aunque estos elementos pudieran hacer pensar que, efectivamente,

---

57 El Decreto ley fue convalidado por el Parlamento de Catalunya mediante la Resolución 250/XI, de 13 de julio.

58 De hecho, con una técnica legislativa algo peculiar, la propia disposición adicional tercera se inicia con la alusión explícita a los considerandos 7º de la directiva 2014/24/UE y 6º de la directiva 2014/23/UE, al artículo 14 del Tratado de Funcionamiento de la Unión Europea (TFUE) y al protocolo núm. 26 sobre los servicios de interés general.

la introducción de la concertación social en Cataluña se fundamenta en la competencia en materia contractual, lo cierto es que el propio preámbulo del DL 3/2016 se refiere expresamente al artículo 166 EAC que atribuye la competencia exclusiva de la Generalitat en materia de servicios sociales para establecer el régimen jurídico de la prestación de estos servicios mediante fórmulas no contractuales, destacando además que la aplicación de las directivas deja sin efecto la remisión que la propia LSS hacía al Real Decreto Legislativo 3/2011, de 14 de noviembre, por el que se aprueba el texto refundido de la Ley de Contratos del Sector Público (TRLCSP).

Por otra parte, la regulación de la acción concertada en el referido decreto-ley puede considerarse de mínimos o cuanto menos con escasa densidad, tanto por el grado de detalle de su contenido regulatorio como por las amplias remisiones que hay a su desarrollo reglamentario. De hecho, la de las fórmulas no contractuales en el ámbito social es una cuestión que no solo ocupa un papel accesorio en el propio decreto-ley, como ya indica su ubicación sistemática en la disposición adicional tercera, sino que su regulación sustantiva en la propia DA 3ª dista de ser un régimen jurídico completo y acabado.

En efecto, a pesar de que dicha DA consta de 16 apartados[59], buena parte de ellos se limitan a enunciar normas generales, cuya concreción queda abierta o bien remitida reglamentariamente, de modo que la aplicación efectiva del concierto social y la gestión delegada requiere de la atención a la normativa infralegal, que, sin embargo, no llegaría hasta pasados varios años de la aprobación del propio DL 3/2016. Precisamente la escasa regulación contenida en esta norma de rango legal será una de los condicionantes que dificulte el análisis del contenido de la propia normativa reglamentaria y su articulación sistemática con el resto del ordenamiento, lo que se manifiesta espe-

59 En particular, estos 16 apartados regulan la definición (1 y 2) y el objeto (3 y 4) del concierto y la gestión delegada, así como algunos aspectos de su régimen jurídico común: la exigencia de un sistema de convocatoria y solicitud (5), los requisitos mínimos para suscribir estos acuerdos (6 a 8), que incluyen en todo caso la acreditación administrativa y el registro de la entidad proveedora (9), la priorización de las entidades sin ánimo de lucro (11), algunos aspectos temporales (10 a 12), la formalización (13 a 15) y una amplia habilitación reglamentaria al Gobierno de la Generalitat para su desarrollo (16).

cialmente en relación con su naturaleza jurídica y el debate sobre el carácter contractual o no de estas fórmulas de gestión de los servicios sociales[60].

Además de su carácter de mínimos, el contenido de la regulación de la concertación social en el DL 3/2016 se caracteriza, en primer lugar, por limitar su objeto al ámbito de los servicios sociales, esto es, por no extenderse a otros servicios a las personas, singularmente la sanidad. En segundo lugar, y a diferencia de esta limitación que es más o menos común al conjunto de Comunidades Autónomas, el caso catalán es singular por ser el único en el que se prevén dos modalidades distintas de concertación social: el concierto social y la gestión delegada (apartados 1º y 2º de la DA 3ª). Sobre el alcance y fundamento de su régimen jurídico nos detenemos más adelante.

### B) El fallido desarrollo de un régimen especial para los contratos públicos de servicios sociales. El rechazo al Proyecto de Ley de 2018

Antes de entrar en el análisis de este régimen jurídico, conviene dejar constancia que en julio de 2018, el Gobierno de la Generalitat sí aprobó el Proyecto de Ley de contratos de servicios a las personas, con la pretensión de avanzar en un régimen especial de contratación para los servicios a las personas, que, sin embargo, no obtuvo —en medio de fuertes críticas del tercer sector[61]— apoyos suficientes en sede parlamentaria[62]. De modo que, en la actualidad, puede consi-

---

60 Así lo destacó la Comisión Jurídica Asesora de la Generalitat en su relevante Dictamen 1114/2020, de 17 de abril, sobre el proyecto de decreto de acreditación, concertación social y gestión delegada en la Red de Servicios Sociales de Atención Pública. En igual sentido, FUENTES i GASÓ, "El règim jurídic de la provisió de serveis d'atenció a les persones a Catalunya", pp. 220-222.

61 Una muestra de dichas críticas puede consultarse en: MOUZO, Jessica y CORDERO, Dani, "El Govern mantiene la 'ley Aragonès' pese a las protestas por temor a las privatizaciones", https://elpais.com/ccaa/2019/11/17/catalunya/1574010824_703537.html (última visita, 19 de diciembre de 2024).

62 Aunque acabó conociéndose popularmente como "Ley Aragonès", en tanto que se elaboró a propuesta del entonces Vicepresidente y Consejero de Economía y Hacienda, Pere Aragonès, la iniciativa y el texto parten de los trabajos ya desarrollados en la legislatura anterior (XI), bajo la responsabilidad del Conseller

derarse todavía una de las propuestas más acabadas de un régimen especial diferenciado de contratación de los servicios a las personas, que sigue siendo hoy una opción legislativa poco explorada en el Estado autonómico[63].

Desde esta perspectiva, consideramos de interés apuntar brevemente algunos aspectos de dicha iniciativa. De entrada, resulta llamativo que, desde el punto de vista competencial, la intervención legislativa autonómica se fundamenta en títulos de carácter sectorial, como sanidad, servicios sociales e incluso los servicios penitenciarios, sin aludir a la competencia autonómica para desarrollar la legislación básica en materia de contratación pública[64].

La finalidad del proyecto es el establecimiento de un régimen específico de contratación pública para los servicios de atención a las personas, para garantizar su prestación de forma eficaz, eficiente y muy especialmente con la adecuada calidad. Todo ello con base expresa en las directivas de 2014, así como en el "Código de buenas prácticas de la contratación pública de los servicios de atención a las

---

Raúl Romeva, titular de la Consejería de Asuntos Exteriores, Relaciones institucionales y Transparencia, a la que se adscribían entonces las responsabilidades en materia de contratación pública. Dichos trabajos dieron lugar a la presentación de un proyecto de ley al Parlament el 31 de agosto de 2017, cuya tramitación decayó por el fin anticipado de la legislatura en octubre de ese mismo año. En la siguiente legislatura, el Govern aprobó el proyecto de ley en sesión de 10 de julio de 2018, que fue admitido a trámite por la Mesa del Parlament por acuerdo de 24 de julio de 2018 (Boletín Oficial del Parlamento de Cataluña núm. 136, de 26 de julio de 2018, pp. 7 a 33). Su larga tramitación parlamentaria concluyó a causa del rechazo íntegro del texto articulado, del informe de la Ponencia y de las enmiendas presentadas, en la sesión de la Comisión de Economía y Hacienda de 3 de febrero de 2020 (BOPC núm. 538, de 10 de febrero de 2020, p. 19).

63 Sin ser regulaciones en ningún caso completas, pueden destacarse en este sentido: los arts. 36-38 de la Ley Foral 2/2018, de 13 de abril de contratos públicos; Ley 12/2018, de 15 de noviembre, de servicios a las personas en el ámbito social en la Comunidad Autónoma de las Illes Balears (que regula conjuntamente la acción concertada y un régimen especial).

64 A favor de esta posibilidad, GIMENO FELIÚ, José María, "La contratación pública en los contratos sanitarios y sociales", https://www.obcp.es/opiniones/la-contratacion-publica-en-los-contratos-sanitarios-y-sociales (última visita, 20 de diciembre de 2024).

personas" firmado a finales de 2015 entre la Generalitat y una amplia representación de entidades sociales.

En cuanto a su ámbito de aplicación, desde un punto de vista subjetivo, el proyecto de ley se refería a todos los poderes adjudicadores de las administraciones públicas de Cataluña, por tanto, la Administración de la Generalidad de Cataluña, como las administraciones locales, y sus respectivos sectores públicos dependientes. Desde el punto de vista objetivo, se preveía que el régimen especial se aplicase tanto a contratos de servicios como contratos de concesión de servicios. En cuanto a la tipología de prestaciones, alcanzan el ámbito de la salud, los servicios sociales y los servicios comunitarios o aquellos servicios que los complementan, y que están vinculados en todo caso a la atención directa a las personas, con la voluntad expresa de no incluir todos los servicios previstos en la Directiva 2014/24/UE, sino sólo aquellos cuya prestación principal tiene una relación directa con los ámbitos mencionados[65].

El Proyecto de Ley incluía, entre otras, especialidades en relación con: a) la responsabilidad social de los licitadores, que pasa a ser un criterio de selección previa obligatoria, atendiendo, entre otros, a la mejora de las condiciones laborales, de inserción de las personas con discapacidad o de cumplimiento de la legislación tributaria (art. 7); b) el cálculo del presupuesto base de licitación, que incluirá una serie de elementos relativos a la seguridad social, los costes de formación y otra serie de cuestiones relativas a las condiciones sociales y laborales (art. 8); c) los criterios de valoración de las propuestas, de modo que el precio no pudiera ser superior a un 40% del total de la puntuación y se potenciara la calidad como único criterio; d) la aplicación de medidas de gestión eficiente (según el art. 8 del Decreto ley 3/2016); e) las condiciones especiales de ejecución de los contratos (art. 21).

65 En cualquier caso, el listado que del Anexo del proyecto de ley coincidía con el recogido en el Anexo XIV de la Directiva 2014/24/UE, y también en el Anexo IV de la LCSP. Esos servicios se dividen en "prestaciones principales" (tanto en el ámbito sanitario como en el ámbito social y comunitario), y otras "accesorias" (en otros ámbitos).

### *C) El diseño de un régimen jurídico completo para la concertación social en Cataluña. El Decreto 69/2020*

Descartada la vía de un régimen especial de contratación pública para los servicios sociales, se hacía todavía más imperioso desarrollar la mínima regulación del Decreto ley 3/2016, de 31 de mayo, en relación con el concierto social y la gestión delegada. Este desarrollo reglamentario vino inicialmente de la mano del Decreto 69/2020, de 14 de julio, de acreditación, concierto social y gestión delegada en la Red de Servicios Sociales de Atención Pública[66].

El Decreto 69/2020 tiene, por tanto, un doble propósito: por una parte, establece el régimen jurídico de la acreditación de las entidades de servicios sociales privadas para ser proveedoras de la RSSAP y por la otra, desarrolla el régimen jurídico de la provisión de los servicios de la mencionada Red mediante el concierto social y la gestión delegada.

El fundamento formal para dictar el Decreto 69/2020 se puede encontrar en el DL 3/2016 que prevé que los requisitos específicos para poder suscribir conciertos sociales y gestiones delegadas, así como cláusulas, medidas de preferencia o medidas de discriminación positiva, criterios sociales, de calidad, de experiencia y trayectoria acreditada, podrán ser establecidos reglamentariamente. Asimismo, puede encontrarse sustento en el artículo 70.2 de la LSS que prevé que los requisitos para la acreditación de entidades privadas se establecerán reglamentariamente. No obstante, desde la perspectiva del sistema de fuentes, debe destacarse que el Decreto 69/2020 llega a regular *ex novo* cuestiones que no están suficientemente detalladas en norma legal, aunado al hecho que el DL 3/2016 fue convalidado, pero no aprobado como ley ordinaria.

Desde una perspectiva material, la finalidad del Decreto 69/2020 era, más allá de la acreditación, regular con más detalle el régimen del concierto social y la gestión delegada como modalidades no contractuales para la prestación de los servicios sociales, a partir de lo ya previsto en el DL 3/2016, con la finalidad de superar las limitaciones

---

66 Y posteriormente, se aprobó la Orden del Departamento de Trabajo, Asuntos Sociales y Familias 218/2020, de 16 de diciembre, para la provisión de los servicios de la Red de Servicios Sociales de Atención Pública.

derivadas de aplicar el régimen contractual a los servicios sociales y, en particular, potenciar la calidad como elemento nuclear de la prestación. Ello se desprende del preámbulo del Decreto 69/2020, en el que se afirma que:

> "Este sistema garantiza que las entidades de servicios sociales reúnan los estándares de calidad exigibles de forma que, con financiación, acceso y control públicos, y de acuerdo con los principios de transparencia, publicidad, concurrencia, igualdad y no discriminación, se pueda dar una respuesta eficaz, ágil y adecuada y de calidad a las necesidades de atención personalizada e integral de las personas, al tiempo que dotar de seguridad jurídica y de estabilidad al sector y del reconocimiento laboral y social necesario de las personas profesionales".

## IX.2.5. EL RÉGIMEN JURÍDICO VIGENTE DEL CONCIERTO SOCIAL Y LA GESTIÓN DELEGADA

Llegados a este punto, estamos ya en condiciones de exponer el contenido de la regulación del concierto social y la gestión delegada, según lo previsto en el Decreto-ley 3/2016 y el Decreto 69/2020, atendiendo en particular a su ámbito de aplicación subjetivo y objetivo, su financiación, duración y procedimiento.

### *A) La distinción entre el concierto social y la gestión delegada: definición*

La legislación catalana opta, de manera novedosa e inédita entre las legislaciones autonómicas de la acción concertada, por la distinción entre dos formas no contractuales de prestación de servicios sociales, de modo que a la denominación más extendida de "concierto social"[67] añade otra exclusiva del ordenamiento catalán: la "gestión delegada".

---

[67] En realidad, el uso de este término responde a un cambio respecto al proyecto reglamentario en el que se usaba la expresión "concertación social" de forma confusa. La Comisión Jurídica Asesora advirtió de que tal expresión tenía un contenido más general que permitía englobar también la gestión delegada, de modo que se propuso el cambio por "concierto social", finalmente adoptado en el texto definitivo. (Ver Dictamen de la Comisión Jurídica Asesora 114/2020)

El concierto social se define como "la prestación de servicios sociales de la red de servicios sociales de atención pública a través de terceros titulares de los servicios y establecimientos en los que se presten con financiación, acceso y control públicos" (DA 3ª apartado 1 DL 3/2016). Por su parte, la gestión delegada supone "la prestación de servicios sociales de la red de servicios sociales de atención pública en establecimientos de titularidad de la Administración pública, a través de terceros, en los términos y condiciones que le encomiende la Administración pública titular del establecimiento o servicio".

En otras palabras, en los términos más sintéticos de la regulación reglamentaria (arts. 2.2 y 2.3 Decreto 69/2020), ambos son, pues, "sistemas de provisión de los servicios sociales" en los que la gestión corresponde a "entidades de servicios sociales privadas" que, por ello, pasan "a formar parte de la Red de Servicios Sociales de Atención Pública". La distinción entre ambas radica en que, mientras el objeto de los conciertos sociales son "servicios sociales de titularidad privada", en el caso de la gestión delegada lo son "de titularidad pública".

Aunque el uso del término "servicio" es aquí algo impreciso y, en realidad, engloba, como hemos de ver, contenidos distintos (reserva y gestión de plazas en centros, establecimientos, gestión de prestaciones y servicios en sentido estricto), lo cierto es que ambas fórmulas difieren, en esencia, en la posición de los sujetos concertados, de modo que, en el concierto son los sujetos privados que van a concertar los que cuentan con un centro o establecimiento en el que ya realizan el servicio, mientras que en la gestión delegada es la Administración delegante la titular del mismo. De ahí que cabría pensar que esta distinción tiene su origen en la voluntad del legislador catalán de establecer una cierta correlación entre las fórmulas contractuales hasta entonces más utilizadas para la provisión de servicios sociales, como eran el concierto y la concesión, como modalidades del extinto contrato de gestión de servicios públicos, por otras dos de tipo no contractual, que serían respectivamente el concierto social y la gestión delegada[68].

---

68 "De acuerdo con la definición contenida en los apartados 1 y 2 de esta disposición adicional tercera [del DL 3/2016], el concierto social es la modalidad no contractual con la que se pretende reemplazar el concierto, mientras que la gestión delegada, por su objeto, vendría a sustituir el contrato de gestión indi-

En cualquier caso, a pesar de que se configuran como dos fórmulas distintas y de que su regulación contiene definiciones y algunos elementos distintos, lo cierto es que una atención conjunta a su ordenación legal y reglamentaria pone de relieve que la mayor parte de su régimen jurídico es común, esto es compartido, para ambas figuras. A pesar de ello, el texto final del Decreto no se refiere a ellas unitariamente, bajo una denominación común que incluya ambas modalidades, sino que —a resultas de la confusión introducida por el proyecto reglamentario respecto a este punto— se descartó esta posibilidad, que bien hubiera podido ser la referencia a la "concertación social". Esta es la que aquí utilizamos. Sobre la confusión nominativa, ya hemos explicado la indefinición en la que queda el término "concierto", una vez suprimido el contrato de gestión de servicios públicos y que, aunque se opte por su mantenimiento, se trata de una figura distinta a las que ahora analizamos. Baste ahora con recordar que el concierto social y la gestión delegada se definen expresamente en el ordenamiento catalán como "fórmulas de gestión no contractual" de los servicios sociales de la red de atención pública.

### *B) Sobre su caracterización como forma de gestión de servicios: no contractual y preferente*

En la medida en que, como acabamos de ver, el concierto social y la gestión delegadas son "formas de gestión" de los servicios sociales, conviene descartar su configuración como técnica de fomento[69]. En particular, cabe despejar, a nuestro juicio, su posible configuración como una manifestación de la denominada "acción concertada" ya regulada en la legislación catalana de régimen local, como una téc-

---

recta en la modalidad de concesión" (Dictamen de la Comisión Jurídica Asesora 114/2020, apartado V.4, p. 35; traducción del original en catalán).

69 En el mismo sentido, con carácter general, descarta que la acción concertada sea una subvención LEÑERO BOHÓRQUEZ, "La naturaleza jurídica de la acción concertada como modalidad de gestión de los servicios a las personas", p. 190). A favor de la consideración del concierto social como técnica de fomento, GARRIDO JUNCAL, Andrea, "Las nuevas formas de gestión de los servicios sociales: elementos para un debate", *Revista Catalana de Dret Públic* (55), 2017, pp. 84-100.

nica de fomento de las actividades particulares de especial interés público[70].

Esta cierta indefinición de la legislación catalana se traduce también en relación con su configuración dentro del catálogo de formas de gestión de los servicios públicos sociales. No se califican de forma de gestión indirecta, pero tampoco como un "*tertium genus*" diferenciado de la gestión directa e indirecta[71]. Es este un debate que no se plantea, pues, expresamente en el caso catalán, como consecuencia seguramente de la ya conocida falta de un listado expreso de las formas de gestión. En cualquier caso, a nuestro juicio, no debe ser difícil encajarlas, según lo expuesto, como una fórmula de gestión indirecta de los servicios sociales públicos, si se parte de un concepto amplio de esta, como la prestación de los servicios públicos a través del recurso a entidades privadas[72].

### a) Su (controvertido) carácter no contractual

La normativa catalana es muy clara en calificar el concierto social y la gestión delegada como formas de carácter "no contractual" (ya en el DL 3/2016 y confirmado en el Decreto 69/2020), esto es, en la voluntad de excluirlos de la aplicación del régimen de los contratos públicos[73].

---

70 El art. 242 TLRMLC recoge esta técnica como una forma de "fomento y promoción de las actividades sociales o económicas de interés público". Y regula los aspectos del procedimiento al que debe ajustarse: "a) Elaboración y aprobación por el pleno de las bases del concierto; b) Las bases tienen que determinar las obligaciones que asumen las empresas o los particulares, las ayudas y otros estímulos que se otorguen, y también las otras condiciones que el ente local considere conveniente establecer; c) Determinación del contenido y de los requisitos de las solicitudes; d) Determinación de los criterios de selección."

71 DOMÍNGUEZ MARTÍN, *Revista General de Derecho Administrativo*, 2019, pp. 1-17 y MARTÍN EGAÑA, Arantza, "Los servicios a las personas: La adjudicación directa como alternativa al concierto social", *Gabilex: Revista del Gabinete Jurídico de Castilla-La Mancha* (25), 2021, pp. 272-375.

72 DARNACULLETA GARDELLA, *Revista Catalana de Dret Públic*, 2021, p. 37 y DÍEZ SASTRE, Silvia, "La acción concertada como nueva forma de gestión de los servicios sanitarios", p. 232.

73 La Disposición adicional tercera del DL 3/2016 establece que se podrán gestionar como fórmulas no contractuales el concierto social y la gestión delegada.

Cuestión distinta es que el régimen jurídico resultante coincida con dicha voluntad, es decir, que realmente pueda ser considerado una fórmula no contractual, sobre todo si se atiende al concepto europeo de contrato público, que es, por otra parte, al que hay que acudir para poder responder dicha cuestión[74]. En este sentido, la evolución doctrinal y jurisprudencial han venido a incrementar las dudas vertidas ya en los primeros momentos de su aprobación respecto al carácter material y funcionalmente contractual de la legislación autonómica sobre la acción concertada. Lo que obliga a plantearnos, pues, si tales dudas —confirmadas con carácter general— son trasladables al caso catalán. Para ello, se hace necesario analizar el régimen jurídico de estos instrumentos con más detalle y someterlo posteriormente al contraste necesario sobre su encaje en el concepto de contrato público, cuestión que se realizará en apartados siguientes.

### b) Su carácter preferente frente a las modalidades contractuales

La voluntad de configurar la concertación social como una técnica no contractual queda confirmada, entre otras previsiones, en la DA1ª del Decreto 69/2020, que en su apartado primero expresamente establece:

> "1 En el ámbito de la Administración de la Generalidad y de su sector público, el régimen jurídico de los conciertos sociales y de las gestiones delegadas que regula este Decreto se establece como preferente y diferenciado del régimen jurídico propio de las modalidades contractuales que regula la legislación aplicable en materia de contratos del sector público, que también se pueden utilizar para la provisión de los servicios de la Red de Servicios sociales de atención pública".

---

Por su parte, el preámbulo Decreto 69/2020 afirma que "los servicios sociales se pueden gestionar mediante las fórmulas no contractuales de gestión delegada y concierto social, y que se entiende como tales la prestación de servicios de la Red de Servicios Sociales de Atención Pública, de titularidad pública en el primer caso o de titularidad privada en el segundo, mediante entidades privadas, con financiación, acceso y control públicos de acuerdo con los principios de atención personalizada e integral, arraigo de la persona en el entorno social, y elección de la persona y continuidad en la atención y la calidad".

74 STJUE, Sala Cuarta, de 14 de julio 2022 (ponente C. Lycourgos), asunto C-436/20.

El interés de esta disposición reside en distintos aspectos. De entrada, porque, como decimos, permite confirmar que la legislación catalana apuesta claramente por el carácter no contractual de la concertación social, que expresamente califica como régimen "diferenciado" respecto de las modalidades contractuales.

En segundo lugar, tal disposición establece el carácter preferente del concierto social y la gestión delegada frente a las formas de gestión contractual, en particular, reguladas por la legislación de contratos (esto es, el contrato de servicios o el de concesión de servicios). Esta previsión supone un cambio importante en relación con el sistema de prestación de los servicios sociales públicos, puesto que viene a imponer a las administraciones competentes que, en caso de optar por la gestión indirecta, deban valorar siempre en primer término estas formas no contractuales. No se fija, no obstante, si esta preferencia debe justificarse ni en qué términos o mediante qué trámites y/o forma. Sigue sin quedar clara tampoco su relación respecto de la gestión directa, cuya prioridad, como hemos dicho ya, no es explícita en la legislación catalana de servicios sociales.

Las objeciones materiales a esta novedosa previsión deben extenderse también a su rango formal, puesto que siendo esta una disposición directamente incorporada por la norma reglamentaria, no solo podría llegar a plantear problemas de compatibilidad con las normas legales de las que trae causa (DL 3/2016 y LSS), sino que tiene una fuerza pasiva limitada.

Finalmente, conviene advertir que el carácter preferente se dispone exclusivamente para la concertación social suscrita por la Administración autonómica y, no, por tanto, por las entidades locales. De hecho, el propio apartado segundo de la DA 1ª establece que "Los entes locales harán uso de los conciertos sociales y de las gestiones delegadas que regula este Decreto de acuerdo con el principio de autonomía local y las competencias que tengan atribuidas en materia de servicios sociales". Introducida tras el Dictamen de la Comisión Jurídica Asesora, esta previsión deja, pues, en manos de cada entidad local la decisión de priorizar o no el uso de las fórmulas no contractuales sobre las contractuales, en coherencia, por tanto, con el respeto a la potestad de autoorganización local inherente a su autonomía[75]. Previsión que no evita, sin embargo, que sí les deban ser de aplicación los límites impuestos por la legislación general de régimen local en relación con la elección de las formas de gestión de los servicios públicos (art. 85.2 LBRL).

### *C) Ámbito objetivo*

El objeto es uno de los elementos que tiene una regulación diferenciada entre el concierto social y la gestión delegada, al menos según lo previsto en su regulación en el DL 3/2016. Así, en concreto, pueden ser objeto de concierto social:

> "a) La reserva y la ocupación de plazas, en centros de iniciativa privada, para uso exclusivo de las personas usuarias de servicios sociales de responsabilidad pública, cuyo acceso sea autorizado por las administraciones públicas mediante la aplicación de los criterios previstos por la normativa vigente; b) La gestión integral de prestaciones técnicas, tecnológicas o de servicios en centros de iniciativa privada" (apartado 3° de la DA 3ª DL 3/2016).

Por su parte, en el caso de la gestión delegada el objeto de la provisión es "la gestión integral de plazas en establecimientos de titularidad pública o de servicios de titularidad pública" (apartado 4° de la DA 3ª DL 3/2016).

Aunque de una primera lectura puede parecer que, en efecto, el objeto de ambos tipos de figuras es distinto, una lectura más atenta permitiría concluir que la diferenciación tiene más su fundamento en el ámbito subjetivo. De hecho, en ambos casos lo que puede ser objeto de provisión es: o bien la gestión de las plazas en los centros o establecimientos respectivos, o bien de los propios servicios o prestaciones que vayan a ser provistos en favor de las personas usuarias[76].

---

75 Al respecto, el Dictamen de la Comisión Jurídica Asesora 114/2020: formuló esta observación con carácter esencial respecto a la redacción inicial que imponía el mismo régimen para las entidades locales que para la administración autonómica.

76 De hecho, es significativo que el desarrollo reglamentario realizado por el Decreto 69/2020 no incida en esta distinción y que ni tan siquiera incluya una regulación expresa sobre el objeto de ambas fórmulas. Lo que, a nuestro juicio, no deja de ser un reconocimiento de que precisamente la distinción deriva

Como ya se ha dicho, la concertación social del modelo catalán se limita al ámbito de los "servicios sociales", sin que, a diferencia de lo que hacen algunas otras legislaciones autonómicas, su regulación se extienda expresamente a otros servicios de atención a las personas (sanitarios o socio-sanitarios). No obstante, según hemos visto también, los servicios y prestaciones que podrán ser objeto de concertación social serán aquellos que formen parte de la red de atención pública y que, por tanto, vienen definidos en la correspondiente cartera de servicios como tales. Es también la vía reglamentaria la que fija cuál de las dos modalidades es la que va a servir como modo de provisión o gestión de los correspondientes servicios[77].

Al atender al detalle de estos servicios puede llegarse a la conclusión, con carácter general, de que las prestaciones de servicios concertables se corresponden con actividades que figuran cuya contratación se regula en las Directivas 2014/23 y 2014/24[78].

### *D) Ámbito subjetivo*

En el concierto social y la gestión delegada intervienen, como en la acción concertada en general, dos tipos de sujetos: uno, el responsable de los servicios sociales de la red de atención pública que han de ser objeto de prestación (administración concertante) y, otro, el sujeto al que se encomienda materialmente dicha prestación (entidad concertada)[79]. Ante las escasas previsiones del DL 3/2016 al respecto, es el Decreto 69/2020 el que fija algunas disposiciones sobre

---

fundamentalmente del elemento subjetivo, pero no tanto de los sujetos proveedores, sino de los titulares del centro, establecimiento o servicio que vaya a ser objeto de la acción concertada. Así, si el titular es una entidad privada, se recurrirá al concierto social, puesto que lo que se encomienda será la reserva y ocupación de las plazas en sus centros o bien la gestión de las prestaciones o servicios de la red pública; mientras que, si el titular del servicio es una entidad pública, procede la gestión delegada a una entidad privada que se encargará de la gestión integral de las plazas o de los servicios a prestar en centros públicos.

77 Orden TSF 218/2020, de 16 de diciembre, para la provisión de los servicios de la Red de Servicios Sociales de Atención Pública.

78 LEÑERO BOHÓRQUEZ, "La naturaleza jurídica de la acción concertada como modalidad de gestión de los servicios a las personas", p. 175.

79 *Ídem*, p. 171

ambos tipos de sujetos, sin distinguir expresamente en este aspecto la regulación del concierto social y la gestión delegada.

### a) Sujetos concertantes

En cuanto la administración concertante, el Decreto 69/2020 distingue, dado su objeto, entre las administraciones competentes para la acreditación y las facultadas para tramitar y formalizar propiamente los conciertos sociales y gestiones delegadas. La competencia para ordenar y resolver sobre la acreditación administrativa para ser entidad proveedora de la RSSAP corresponde a la Administración de la Generalitat de Cataluña, en particular, a través del departamento competente en materia de servicios sociales (art. 4.1 Decreto 69/2020). Por su parte, tienen la potestad de concertar "las administraciones públicas de Cataluña que dispongan de competencias legal o reglamentariamente atribuidas para la prestación de servicios sociales a la población" (art. 4.2 Decreto 69/2020), de modo que según lo ya expuesto, a la Administración autonómica territorial, hay que añadir aquí tanto las entidades de derecho público que esta cree con tal fin (art. 30 LSS), como también los municipios y las entidades locales supramunicipales (arts. 27 a 32 LSS).

### b) Sujetos concertados. La preferencia (que no exclusividad) de las entidades sin ánimo de lucro

Por lo que se refiere a los sujetos concertados, la normativa catalana dispone que pueden ser proveedoras de la RSSAP a través de los conciertos sociales y las gestiones delegadas "las entidades de servicios sociales privadas legalmente constituidas, que provienen de los estados miembros de la Unión Europea y estén previamente acreditadas para ello" (art. 5.1 Decreto 69/2020[80]). El alcance de esta previsión merece al menos las siguientes consideraciones.

---

80 Se dispone también que puedan serlo las entidades de un estado que no pertenezca a la Unión Europea "de acuerdo con lo que prevén la ley, los tratados internacionales correspondientes o, en su defecto, según el principio de reciprocidad" (art. 5.2 Decreto 69/2020).

En primer lugar, las entidades proveedoras son de carácter privado, de modo que no cabe pensar en que las administraciones catalanas concierten con otras entidades públicas. Excluida tal posibilidad, se evitan también las dudas planteadas por la doctrina en relación con la compatibilidad de la acción concertada entre públicos y las prescripciones sobre los encargos a medios propios y los convenios interadministrativos de la legislación de contratos[81].

En segundo término, entre las entidades privadas cabría entender que se incluyen también las personas físicas que así se hayan constituido legalmente en entidades privadas de servicios sociales, en los términos previstos por el art. 68 LSS. Así resultaría de una interpretación sistemática del Decreto 69/2020 con la propia LSS y no restrictiva del concepto "entidad privada" en línea con la definición ya contenida en la anterior legislación de servicios sociales[82].

Como ya se ha dicho, las entidades privadas que quieran suscribir conciertos sociales o gestiones delegadas con la Administración deben cumplir una serie de requisitos previos: contar con la correspondiente acreditación administrativa de sus centros y servicios, figurar inscritas en el Registro de entidades, servicios y establecimientos de servicios sociales, así como cumplir los otros requisitos específicos que, en su caso, se determinen reglamentariamente[83] (DA 3ª apartado 6º DL 3/2016). La obtención de la acreditación y el registro

81 Sobre ello, DÍEZ SASTRE, Silvia, "La acción concertada como nueva forma de gestión de los servicios sanitarios", p. 232.

82 El art. 4.1 del Decreto 284/1996, establecía que: "A efectos del presente Decreto, se entiende por entidad de servicios sociales aquella persona física o jurídica, de cualquier clase o naturaleza, pública o privada, titular de los servicios o establecimientos sociales". La Comisión Jurídica Asesora recomendó incorporar esta definición expresamente a la nueva norma reglamentaria, para solventar la contradicción entre la expresión "entidad privada" ya contenida también en el DL 3/2016 y el artículo 68 LSS que se refiere al derecho a constituir una entidad de servicios sociales de las personas físicas como de las jurídicas. El texto final del Decreto 69/2020 no incorpora expresamente dicha definición. En cualquier caso, lo que sí parece que debería evitarse es que tal posibilidad condujera a fraude en el sentido de ocultar una relación laboral o de servicios.

83 El desarrollo reglamentario lo establecen, con carácter general, el Decreto 69/2020 y, en relación con cada concreto servicio, la Orden TSF 218/2020, de 16 de diciembre, para la provisión de los servicios de la Red de Servicios Sociales de Atención Pública.

no son, sin embargo, requisito suficiente para concertar, sino que el concierto y la gestión delegada se basan en un "sistema de convocatoria y solicitud", que debe regirse por los principios de publicidad, transparencia, libre concurrencia y no discriminación, y que es el que acabará determinando la concreta entidad privada que se encargará de gestionar el servicio o prestación concertado.

Más allá del alcance de este procedimiento, al que nos referiremos más adelante, a efectos de determinar el ámbito subjetivo, interesa destacar que a él pueden concurrir tanto las entidades privadas de iniciativa social como mercantil, esto es, carezcan o no de ánimo de lucro. El modelo catalán se aleja, pues, de aquellas legislaciones autonómicas que han reservado la concertación social a las entidades no lucrativas y excluido a las empresas o entidades mercantiles. La normativa catalana permite, por tanto, la concurrencia de ambos tipos de entidades y se alinea, pues, con aquellas que se limitan a establecer la prioridad de las entidades sin ánimo de lucro en los casos en que se den "análogas condiciones de eficacia, calidad y rentabilidad social" (DA 3ª.9 DL 3/2016; art. 14.4 Decreto 69/2020[84]).

En definitiva, el carácter no lucrativo de las entidades privadas opera solo como criterio de preferencia y no de exclusión ni exclusividad. Opción que, como podrá advertirse, evita tener que reproducir aquí las dudas planteadas en los ordenamientos autonómicos que sí han optado por la reserva de la concertación social a las entidades no lucrativas en relación con su compatibilidad con el derecho europeo y, en particular, con los arts. 76 y 77 de la Directiva 2014/24/UE[85].

---

84 La LSS ya se refiere a esta preferencia en el caso de los contratos públicos (art. 75 LSS), en línea con lo previsto, con carácter general, en la LCSP.

85 En particular, debemos citar la STJUE, Sala Cuarta, de 14 de julio 2022 (ponente C. Lycourgos), asunto C-436/20, en la que se enjuicia el Decreto 181/2017, de 17 de noviembre, por el que se desarrolla la acción concertada para la prestación de servicios sociales en el ámbito de la Comunitat Valenciana por entidades de iniciativa social. En este caso, el Tribunal de Justicia de la Unión Europea (TJUE), partiendo de la naturaleza contractual de estos instrumentos —a la que después nos referiremos—analiza la limitación de la participación en los procedimientos de adjudicación de los acuerdos de acción concertada de dicha Comunidad Autónoma, considerando que será legal siempre que se cumplan 2 condiciones: a) que el marco legal y convencional en el que se desarrolla la

### E) Financiación

La concertación social no tiene carácter gratuito, sino que la prestación se realiza a cambio de una retribución a las entidades concertadas. Tanto el concierto social como la gestión delegada son instrumentos que se financian con fondos públicos, que podrán establecerse con carácter plurianual y deberán estar adecuadamente consignados con carácter previo a las convocatorias correspondientes (art. 21 Decreto 69/2020).

La concertación social se retribuye a partir de un precio que no es objeto de negociación, sino que se fija unilateralmente por la administración por referencia a módulos estimativos de gastos[86]. En efecto, el precio, tanto del concierto social como de la gestión delegada, viene fijado en función del coste de referencia establecido en la cartera de servicios sociales —o las disposiciones que se hayan dictado al efecto—según la tipología de servicio y, en su caso, adaptado a las características específicas de cada servicio y establecimiento social (art. 22 Decreto 69/2020)[87].

Por regla general, las entidades proveedoras no podrán exigir ninguna contraprestación económica —fuera del marco legal aplicable— a las personas usuarias, por las prestaciones básicas propias de los servicios de la red de servicios sociales de atención pública (apartado 7.2 DA 3ª DL 3/2016).

Conviene advertir que sí se prevé la participación económica de los usuarios en los servicios "no gratuitos" según lo previsto por la

---

actividad de esas entidades contribuya efectivamente a la finalidad social y a la consecución de los objetivos de solidaridad y de eficiencia presupuestaria que sustentan esa normativa y, b) se respete el principio de transparencia. Posteriormente, la STSJ de la Comunidad Valenciana, Sala de lo Contencioso, de 29 de junio de 2023 (ponente Manuel José Domingo Zaballos), recurso 170/2018, consideró ajustada a la normativa europea y española la reserva a las entidades de iniciativa social contenida en el mencionado decreto valenciano 181/2017.

86 LEÑERO BOHÓRQUEZ, "La naturaleza jurídica de la acción concertada como modalidad de gestión de los servicios a las personas", p. 175

87 Las tarifas y precios actualmente vigentes se encuentran regulados en la Orden del Departamento de Derechos Sociales núm. 244/2023, de 6 de noviembre, por la que se actualizan los precios e importes de determinados servicios sociales de la Red de Servicios Sociales de Atención Pública (DOGC de 9 de noviembre de 2023).

normativa. En estos casos, la entidad proveedora podrá efectuar el cobro en nombre de la Administración, aunque dicho cobro no podrá diferir del expresamente establecido en la resolución administrativa que reconozca el derecho al servicio (art. 23 Decreto 69/2020). No obstante, esto sí se admite en los casos de servicios opcionales (y por tanto, voluntarios, en tanto que complementarios o adicionales a los básicos), respecto de los que únicamente se establece que "no pueden tener carácter discriminatorio para las personas usuarias" y que su precio "no podrá ser superior al precio de mercado" (art. 25.2 Decreto 69/2020), sin que, a diferencia de la regla general en el resto de Comunidades Autónomas[88], se disponga expresamente ningún mecanismo de control administrativo.

### *F) Duración*

Según la disposición adicional tercera del DL 3/2016 (apartado 10), los conciertos sociales y las gestiones delegadas podrán establecerse sobre una base plurianual con la finalidad de garantizar la estabilidad en su provisión, sin perjuicio de que se puedan determinar aspectos concretos que tengan que ser objeto de revisión y, si procede, de modificación antes de concluir su vigencia.

Por su parte, el artículo 26 del Decreto 69/2020 establece que el concierto social y la gestión delegada tienen una vigencia inicial de cuatro años, que puede prorrogarse tácitamente cada dos años si no hay oposición expresa de cualquiera de las partes que se manifieste con tres meses de antelación a la finalización del período de vigencia anterior, siendo su vigencia máxima (incluyendo las prórrogas) de hasta 10 años.

Sin embargo, si finalizado el plazo máximo de 10 años no se formaliza un nuevo concierto social o gestión delegada con un nuevo proveedor, el proveedor de la RSSAP está obligado a prestar el servicio hasta el inicio efectivo de la prestación del servicio por parte del nuevo proveedor, durante un máximo de seis meses.

---

88 LEÑERO BOHÓRQUEZ, "La naturaleza jurídica de la acción concertada como modalidad de gestión de los servicios a las personas", p. 176.

Lo anterior tiene su fundamento en la disposición adicional tercera del DL 3/2016 (aparte 12), que prevé que, finalizada la vigencia del concierto social o la gestión delegada, independientemente de su causa, las administraciones públicas deben garantizar los derechos de las personas usuarias de las prestaciones concertadas no se vean perjudicados por su finalización.

### *G) Procedimiento*

De lo expuesto hasta aquí se deduce ya que la concertación social responde en la normativa catalana a un procedimiento bifásico, en el que, en primer lugar, las entidades privadas interesadas en integrarse en la red pública de servicios sociales deberán pasar por un sistema previo de acreditación, para justificar la disposición de los medios y recursos suficientes para el correcto cumplimiento del servicio y de la normativa que, en su caso, resulte aplicable[89]. Sin embargo, la acreditación se configura como un presupuesto necesario, pero no suficiente para la integración en la red autonómica de servicios sociales, y es que la formalización del concierto social y de la gestión delegada requieren de la posterior tramitación de otro procedimiento administrativo, iniciado mediante convocatoria pública y a solicitud de las entidades interesadas en ser proveedoras, de acuerdo con los principios de publicidad, transparencia, libre concurrencia y no discriminación. Ambos procedimientos, previstos de forma mínima e imprecisa en el DL 3/2016, se regulan con mayor detalle a través de norma reglamentaria, en el Decreto 69/2020.

#### a) La acreditación administrativa previa

La acreditación es el resultado de un procedimiento de evaluación con el fin de reconocer que una entidad de servicios sociales pri-

---

[89] En realidad, la acreditación previa para integrar los sujetos privados en las redes y sistemas autonómicos de servicios de cuidados a las personas no es una novedad exclusiva del ordenamiento jurídico catalán, por cuanto en muchos casos la legislación autonómica de servicios sociales impone también este requisito (por ejemplo, el artículo 59 de la Ley 12/2022, de 21 de diciembre, de Servicios Sociales de la Comunidad de Madrid o el artículo 23.1 de la Ley 5/2009, de 30 de junio, de Servicios Sociales de Aragón).

vada que presta servicios sociales, cumple los estándares de calidad y el resto de los requisitos exigidos para cada tipología de servicio de la RSSAP (art. 2.1. Decreto 69/2020). Corresponde al Gobierno de la Generalitat establecer los criterios y los estándares mínimos y óptimos de calidad y los mecanismos de evaluación y de garantía del cumplimiento de los criterios en el marco del Plan estratégico de servicios sociales.

Estos criterios se fijan, con carácter general, en el art. 6 del Decreto 69/2020, y se concretan para cada servicio en la Orden TSF/218/2020, de 16 de diciembre. En términos generales, se refieren a la calidad en la atención a la persona y en la gestión del servicio, calidad en la organización y personal, en la estructura, instalaciones y equipamientos y en un sistema de evaluación continua.

Se trata, por tanto, de un instrumento de control preventivo esencial para la garantizar la calidad de los servicios sociales, que es uno de los principios fundamentales del sistema de prestación de estos servicios, un derecho básico de los usuarios (art. 6.1 Decreto 69/2020) y, en última instancia, uno de los elementos esenciales que justifican la propia especialidad de un tratamiento diferenciado del régimen general de la contratación pública para el conjunto de los servicios atinentes a las personas. En este sentido, la normativa catalana recoge un amplio listado de requisitos de acreditación (art. 8 Decreto 69/2020), que pretenden garantizar la aptitud de las entidades privadas para ser proveedoras de la red pública de servicios sociales, y que, sin embargo, se identifican en buena medida, con los previstos como requisitos para contratar en la LCSP, sin perjuicio de los establecidos con más detalle para cada servicio específico.

El procedimiento de acreditación se inicia a instancia de parte bajo principios de publicidad, transparencia, libre concurrencia y no discriminación (artículo 9.1). Al tratarse de un procedimiento para determinar la aptitud de los proveedores, no se establece un plazo concreto para realizar las solicitudes, sino que éstas pueden efectuarse en cualquier momento (artículo 9.2); con la solicitud que se debe presentar electrónicamente es necesario adjuntar la documentación acreditativa de los requisitos requeridos reglamentariamente, según la tipología de servicios (artículo 9.3); el Comité de Acreditación de Servicios Sociales (regulado en art. 10) verifica el cumplimiento de los requisitos y después de requerir, en su caso, un informe del servicio de inspección y registro, propone la aprobación o denegación de la acreditación solicitada. Se prevé un trámite de audiencia en caso de propuesta de denegación (artículo 9.4). Por último, corresponde al titular de la Conselleria/Departament dictar la resolución que "acredite o deniegue la acreditación solicitada, de acuerdo con los requisitos, condiciones y criterios establecidos por cada tipología de servicio" en un plazo máximo de tres meses. El silencio es negativo (artículo 9.5).

La acreditación se concede por un período de cuatro años, prorrogable tácitamente por períodos de 2 años, hasta un máximo de 10. Se somete a control periódico (art. 11) y el incumplimiento de los requisitos puede dar lugar a su revocación y la pérdida del derecho a atender a las personas usuarias (art. 12).

### b) La asignación de los servicios a las entidades proveedoras

La fase de concertación se formaliza a través de un procedimiento iniciado, por regla general, mediante convocatoria pública en el que las entidades previamente acreditadas solicitan ser proveedoras de la red pública y la administración asigna los servicios según los criterios previamente dispuestos, de acuerdo con los principios de publicidad, transparencia, libre concurrencia y no discriminación.

Aunque el DL 3/2016 parece hacer algunas distinciones entre ambas modalidades, el desarrollo reglamentario regula un único régimen procedimental para el concierto social como la gestión delegada.

La Disposición adicional tercera del DL 3/2016 (apartado 1 párrafo 2) dispone que en el establecimiento de los conciertos sociales se deberá atender los principios de atención personalizada e integral, arraigo de la persona al entorno de atención social, elección de la persona y continuidad en la atención y la calidad, y aunque sólo se refieren al concierto social, nada obsta para que dichos requisitos también se apliquen a la gestión delegada.

Por otro lado, los arts. 13 y 14 del Decreto 69/2020 establecen los criterios de distribución territorial, en los que se priorizan los ámbitos con menor nivel de cobertura, los que hayan recibido financiación o apoyo en sus infraestructuras o los que así se establezca en la programación sectorial; y los criterios de asignación y condiciones de ejecución, que tienen que ver, en general, con la continuidad en la atención personalizada e integral a las personas usuarias y su arraigo en el entorno; la calidad en la atención a las personas en la prestación del servicio y la responsabilidad social de la entidad proveedora.

Entre estos criterios, que adolecen en su mayoría de un carácter poco preciso, no se incluyen referencias expresas a los principios de solidaridad o eficiencia presupuestaria[90], en línea con lo demandado por la jurisprudencia europea para excluir la aplicación del régimen contractual; por el contrario, los criterios que más se detallan tienen que ver con aspectos de responsabilidad social que bien podrían incluirse también como cláusulas sociales en un procedimiento de adjudicación de contratación pública.

En base a estos criterios, la administración resuelve, a través del correspondiente procedimiento, la asignación de los servicios. El procedimiento ordinario (art. 15) se inicia de oficio mediante convocatoria pública en el diario oficial y tablón electrónico correspondiente a la administración competente, con un contenido mínimo (art. 15.5) y previa justificación de la necesidad de provisión de los servicios, su distribución territorial y el crédito adecuado y suficiente (art. 15.2).

Las entidades que quieran ser proveedoras presentan sus solicitudes en el plazo fijado y estas son valoradas por el Comité de Provisión de Servicios Sociales, regulado en el art. 18 del Decreto 69/2020, como un órgano técnico colegiado con la función de “evaluar, debatir y acordar la propuesta de provisión de los servicios sociales”, adscrito al departamento de la Generalitat o a la administración competente según el servicio de que se trate, y cuya composición se determina en cada convocatoria, de acuerdo con lo previsto reglamentariamente.

---

90 Como sí hacen otras legislaciones autonómicas, p. ejemplo, la Ley 13/2018, de 26 de diciembre, de conciertos sociales para la prestación de servicios a las personas en los ámbitos social, sanitario y sociosanitario en Extremadura (arts. 3.g y 4.1). Sobre ello, LEÑERO BOHÓRQUEZ, “La naturaleza jurídica de la acción concertada como modalidad de gestión de los servicios a las personas”, p. 178

A la vista de esta propuesta y de las alegaciones presentadas, el órgano competente de cada administración emite una resolución motivada con la asignación de los servicios a las entidades interesadas y las solicitudes denegadas, y establece el régimen jurídico del concierto o gestión delegada, el precio, las condiciones de prestación, el plazo de vigencia, las causas de resolución y el régimen de impugnación. Para la producción de efectos, y en coherencia con lo exigido por el DL 3/2016 (apartado 13º), se exige la formalización en un acuerdo entre la administración y la entidad que precise los términos de dicha relación.

Junto al procedimiento ordinario, la normativa catalana prevé también un procedimiento de provisión directa (art. 16 del Decreto 69/2020) y el de emergencia (art. 17 del Decreto 69/2020). El primero permite excepcionar la convocatoria pública en supuestos tasados: a) cuando a una convocatoria no se haya presentado ninguna solicitud adecuada; b) solo haya una entidad proveedora del servicio en el territorio o c) se trate de servicios personalísimos vinculados al arraigo de la persona en el entorno y se requiera dotar de continuidad la atención a personas que ya eran usuarias (art. 16.2). Por su parte, la emergencia debe justificarse en la necesidad de atención inmediata en situación de urgencia social y vulnerabilidad y casos de grave peligro para la vida o integridad (art. 17.1).

Más allá de las modalidades procedimentales, lo expuesto permite concluir, como enseguida detallaremos, que el procedimiento de concertación, con carácter general, se configura como un auténtico procedimiento competitivo y selectivo, que lo asemeja al propio de la contratación pública.

## IX.2.6. EL CARÁCTER CONTRACTUAL DE LA CONCERTACIÓN SOCIAL EN CATALUÑA

La regulación establecida por la normativa catalana de concertación social parte expresamente, según hemos visto, de su definición como una forma "no contractual". Sin embargo, el examen detallado de su régimen jurídico permite concluir, en línea con la mayoría de pronunciamientos doctrinales y jurisprudenciales que el concierto social y la gestión delegada regulados en la normativa catalana responden más bien al concepto de contrato público según el derecho europeo.

### *A) Elementos asimilables al régimen jurídico de la contratación pública de la LCSP*

Como ya se advirtiera por la Comisión Jurídica Asesora de la Generalitat en su análisis del Decreto 69/2020, en él se incluye un régimen jurídico "híbrido" que, aunque contiene algunos elementos propios o singulares de la concertación, se asimila en algunos aspectos al régimen propio de los contratos públicos previsto en la LCSP[91].

De entrada, como se señala, es cierto que algunos elementos sí son característicos de las fórmulas de concertación social: a) la determinación de la forma de pago en contraprestación de los servicios prestados en base a los costes fijados en la cartera de servicios sociales (art. 22); b) la centralidad de las obligaciones de carácter social de las entidades proveedoras de servicios (art. 6); c) la prioridad en la asignación, de las entidades sin ánimo de lucro (art. 14.4).

No obstante, el régimen jurídico del concierto social y la gestión delegada incluye también numerosas disposiciones propias de los contratos públicos y, en particular del régimen jurídico previsto en la LCSP: a) el establecimiento de un régimen de concurrencia competitiva entre entidades con y sin ánimo de lucro en la asignación de la provisión de servicios (arts. 14 y 15); b) la previsión de requisitos para concertar muy similares a los propios de la contratación (como la solvencia económica y financiera, art. 8); c) la falta de concreción de los criterios de acreditación, que obliga a su valoración discrecional por un órgano técnico (arts. 8 y 9); d) la referencia a la división en "lotes" (art. 13.2); e) la referencia entre los criterios de asignación a los beneficios o excedentes de la empresa (art. 14.1.c.8); f) la regulación de procedimientos de provisión directa y de emergencia, confirmando el carácter competitivo ordinario (arts. 16 y 17); g) la posibilidad

[91] Dictamen de la Comisión Jurídica Asesora 114/2020. En un mismo sentido, FUENTES i GASÓ, Josep Ramon, "El règim jurídic de la provisió de serveis d'atenció a les persones a Catalunya…", pp. 221-223.

de creación de un mercado secundario de asignación, mediante la regulación de la cesión y la subcontratación (art. 27).

### B) *La naturaleza de la concertación social a la luz del derecho de la UE: su carácter contractual*

A nivel general, la doctrina ha concluido —casi sin excepción— que las regulaciones autonómicas de la acción concertada/concertación social encajan en los caracteres de un contrato público en términos del derecho de la UE[92]. Estos análisis y sus conclusiones se han visto asentados, a partir de los pronunciamientos que, tomando como base los casos valenciano y aragonés, ha realizado el Tribunal de Justicia de la Unión Europea, en los conocidos como casos ASADE I[93] y II[94] y que vendrían a confirmar los argumentos en favor del carácter contractual.

Sin poder entrar ahora en un análisis detallado, remitiéndonos a lo ya expuesto en la parte general de esta obra, sirva como síntesis del planteamiento la siguiente afirmación de la STJUE, Sala Cuarta, de 14 de julio 2022 asunto C-436/20, en la que se señaló que:

> "al ser el concepto de 'contrato público' un concepto de derecho de la Unión, *la calificación que el derecho español da a los acuerdos de acción concertada carece de pertinencia*. En este punto, además de la *condición*

---

92 Antes de la doctrina ASADE, puede consultarse: DÍEZ SASTRE, Silvia, "La acción concertada como nueva forma de gestión de los servicios sanitarios", p. 232; VILLAR ROJAS, Francisco José, "El impacto de la nueva Ley de Contratos del Sector Público en la gestión de los servicios públicos locales", *Anuario de Derecho Municipal* (11), 2017, pp. 75-101, DOMÍNGUEZ MARTÍN, *Revista General de Derecho Administrativo*, 2019, pp. 1-17. Después de la doctrina ASADE: LEÑERO BOHÓRQUEZ, "La naturaleza jurídica de la acción concertada como modalidad de gestión de los servicios a las personas", p. 178; y CASTILLO ABELLA, Jorge, "Las decisiones ASADE del TJUE como punto de inflexión en la prestación de servicios sociales en España: cuando la acción concertada (casi siempre) es un contrato público", https://www.idluam.org/blog/las-decisiones-asade-del-tjue-como-punto-de-inflexion-en-la-prestacion-de-servicios-sociales-en-espana-cuando-la-accion-concertada-casi-siempre-es-un-contrato-publico/ (última visita, 20 de diciembre de 2024).

93 STJUE, Sala Cuarta, de 14 de julio 2022 asunto C-436/20 (ponente C. Lycourgos).

94 Auto del TJUE, Sala Novena, de 31 de marzo de 2023 asunto C-676/20 (ponente C. Lycourgos).

*respectiva de poder adjudicador y de sujeto económico de las partes, del objeto del negocio y de su carácter oneroso, debe tenerse en cuenta que el concepto de contrato público desde la perspectiva de la Unión Europea está estrechamente vinculado a la elección de una oferta, basada en criterios de adjudicación, que implica la competencia entre operadores.* En sentido opuesto, lo determinante del régimen no contractual es que todos los operadores puedan concurrir en condiciones de transparencia (publicidad) e igualdad de trato y, además, que la admisión o selección se base en la apreciación de la aptitud de los operadores y no en criterios de adjudicación. Es decir, las modalidades no incluidas en el ámbito de aplicación de la Directiva de contratos son aquellas basadas en 'procedimientos mediante los cuales el poder adjudicador renuncia a comparar y clasificar ofertas admisibles y designar el operador o los operadores a los que otorga la exclusividad del contrato'".

Aplicando, pues, estos criterios generales al caso catalán, podemos concluir que se dan también los elementos para afirmar la naturaleza contractual del concierto social y la gestión delegada:

En primer lugar, cabe hablar de "operadores económicos". En efecto, las entidades prestadoras de servicios sociales, sean privadas o públicas, ofrecen sus servicios al mercado. Aunque, según la jurisprudencia europea, este requisito se cumple incluso cuando solo concurren entidades sin ánimo de lucro, lo cierto es que regulaciones como la catalana que admiten la concertación con entidades lucrativas no plantean problemas en este sentido[95].

En segundo lugar, cabe hablar de onerosidad, al menos en términos europeos. En efecto, si se parte del concepto de contrato oneroso del artículo 2.1 LCSP podría concluirse que el concierto social y la gestión delegada no tienen tal carácter, en la medida en que no existe propiamente un beneficio económico para las entidades privadas prestadoras de los servicios sociales, ya que su retribución se limita al coste de dichos servicios, fijado por la administración. Sin embargo, como ha expuesto la doctrina[96], de acuerdo con la interpretación del TJUE, la conclusión debe ser la contraria. Así, de acuerdo con la STJUE, Sala Tercera, de 25 de marzo de 2010 (ponente J.N. Cunha

---

95 *Ídem*

96 VILALTA REIXACH, Marc, "Los convenios interadministrativos (locales) y la Ley de Contratos del Sector Público: ¿Convenio o contrato?", *Anuario de Derecho Municipal* (12), 2018, pp. 72-74.

Rodrigues) asunto C-451/08, FJ. 48 lo que se exige para que pueda hablarse de la existencia de un contrato público de carácter oneroso es que exista un intercambio de prestaciones entre las partes, esto es, que el poder adjudicador reciba una prestación a cambio de una contraprestación, dicho de otro modo, la existencia de una relación sinalagmática[97]. De esta manera, el TJUE ha considerado que, a efectos de determinar la onerosidad de los contratos públicos, resulta indiferente la ausencia de beneficio económico para el contratista[98] o, incluso —como ocurre en el caso de los servicios sociales, que la retribución pactada por las partes se limite solamente al reembolso de los gastos realmente soportados por la realización de la prestación acordada[99].

En este contexto, parece claro que en la regulación catalana de la concertación social hay onerosidad. De hecho, incluso hay referencia —indirecta— al beneficio industrial [o excedente, art. 14.1.c.8) Decreto 69/2020].

En tercer lugar, cabe afirmar la existencia de prestaciones que constituyen actividades económicas y que, con carácter general, encajan, como se ha visto, en los descriptores del Anexo XIV. Ello a pesar de que la doctrina[100] ha puesto en duda del carácter económico de ciertas actividades concertables ya que podrían ser supuestos de ejercicio del poder público en el sentido del art. 51 TFUE.

Finalmente, se cumple también la nota de la selectividad[101]. La existencia de un contrato público requiere que se dé un procedimiento selectivo, como aquel en que, con base en criterios previamente establecidos, el poder adjudicador realiza una comparación

---

97 STJUE, Sala Cuarta, de 14 de julio 2022 asunto C-436/20, FJ 67.

98 Véanse, por ejemplo, la STJUE, Sala Sexta, de 12 de julio de 2001 (ponente V. Skouris), asunto C-399/98, FJ 77: o en la STJUE, Sala Quinta, de 13 de junio de 2013 (ponente D. Šváby), asunto C-386/11, FJ 31.

99 STJUE, Gran Sala, de 19 de diciembre de 2012 (ponente D. Šváby), asunto C-159/11, FJ 29.

100 LEÑERO BOHÓRQUEZ, "La naturaleza jurídica de la acción concertada como modalidad de gestión de los servicios a las personas", p. 180.

101 *Ídem*, FJ 69.

entre los aspirantes para establecer un orden de preferencia[102] en la suscripción del concierto. No serían contratos públicos los negocios concluidos con todos los aspirantes interesados, sin más restricciones que las derivadas del cumplimiento de los requisitos de aptitud o idoneidad que hubieran fijado.

Desde esta perspectiva, aunque, como afirmábamos anteriormente, el concierto social y la gestión delegada se configuran como procedimientos bifásicos, en los que es necesario un procedimiento de acreditación previa de las entidades privadas interesadas, pero no lo es menos que la adjudicación de la gestión de determinados servicios sociales depende de un procedimiento posterior en el que la Administración selecciona a las entidades que hayan manifestado previamente su interés en prestar tales servicios. Este procedimiento implica que las entidades privadas prestadoras de servicios sociales presentan sus "solicitudes" (art. 15.6 Decreto 69/2020), que son evaluadas por un órgano técnico (el Comité de Provisión de Servicios Sociales), que debe dictar una propuesta motivada de asignación de los servicios o de denegación de las solicitudes (art. 15.8 Decreto 69/2020).

### *C) Consecuencias que derivan del cambio de naturaleza de la concertación social*

Si llegamos a la conclusión de que, efectivamente, los conciertos sociales y la gestión delegada son verdaderos *contratos públicos*, entonces, a pesar de la calificación formal que el ordenamiento jurídi-

---

102 A pesar de no aparecer recogido de forma expresa en las Directivas europeas sobre contratación, el TJUE se ha referido a dicho criterio, entre otras, en la STJUE, Sala Tercera, de 2 de junio de 2016 (ponente D. Šváby), asunto C-410/14, en la que se afirma que "la elección de una oferta —y, por tanto, de un adjudicatario— es un elemento intrínsecamente vinculado al régimen de los contratos públicos [...] y, por consiguiente, al concepto de contrato público" (FJ. 38). Véase también la citada STJUE, Sala Cuarta, de 14 de julio 2022 (ponente C. Lycourgos), asunto C-436/20. En el ámbito doctrinal, resultan de interés, entre otros, DÍEZ SASTRE, Silvia, "La acción concertada como nueva forma de gestión de los servicios sanitarios", p. 232; o LAZO VITORIA, Ximena, "Prestación de servicios a las personas: ¿concierto social o contrato?", *Revista de Estudios de la Administración Local y Autonómica. Nueva Época* (20), 2023, pp. 36-37.

co catalán haga de dichos instrumentos, éstos quedarán sujetos a las Directivas europeas, en la medida en que se superen los umbrales fijados en ellas, y por debajo, a los principios de igualdad, no discriminación, transparencia y publicidad. Esto obligará a analizar la adecuación del régimen de la concertación en los aspectos de publicidad, requisitos de acceso, criterios de adjudicación y modificación, así como prioridad de las entidades no lucrativas.

Asimismo, si los conciertos y la gestión delegada son un contrato, su normativa catalana reguladora deberá ajustarse a la LCSP y, en particular, a su normativa en relación con la preparación, adjudicación y ejecución de los contratos públicos. Ello tiene, por tanto, el efecto inmediato de la necesidad de adaptar la normativa catalana a lo dispuesto por la LCSP y la consiguiente reducción del margen de configuración con el que cuenta el legislador autonómico.

Adicionalmente, como ya ha sucedido con el caso aragonés[103], podrían declararse nulos todos aquellos acuerdos de concertación que resulten contrarios al régimen general de los contratos previstos en la LCSP.

Ahora bien, a pesar de lo expuesto, no debería subestimarse el protagonismo que corresponde a las Comunidades Autónomas como titulares de una competencia exclusiva —en el ámbito de los servicios sociales— en conexión con el margen de apreciación que la legislación y la jurisprudencia europeas reconocen a las autoridades nacionales para organizar la elección de los proveedores de estos servicios del modo que consideren más oportuno.

En este sentido, cabría preguntarse qué opciones legislativas tendría Cataluña para regular adecuadamente las formas de prestación de los servicios sociales dentro del marco expuesto.

Como ha señalado ya la doctrina[104] una primera posibilidad sería mantener la actual configuración de la acción concertada como instrumento contractual de carácter selectivo. Y es que el legislador autonómico estaría facultado para diseñar un régimen jurídico espe-

---

103 Sentencia del Tribunal Superior de Justicia de Aragón núm. 65/2024, de 12 de febrero.

104 LEÑERO BOHÓRQUEZ, R., "La naturaleza jurídica de la acción concertada como modalidad de gestión de servicios a las personas", p. 195 y ss.

cial para la contratación de servicios sociales que podría operar desarrollando las bases estatales pero también recortando la discrecionalidad del órgano de contratación en la configuración de los pliegos, de manera que, desde la norma, el contrato quedara alineado con los objetivos de la política pública[105]. Con ello no se crea un contrato administrativo especial (como en el caso andaluz), sino un régimen sectorial para un contrato público típico, dentro de los márgenes permitidos por la legislación básica. Con todo, la LCSP actual no permite una reserva general para contratos de servicios a las personas en favor de las entidades sin ánimo de lucro.

Una segunda posibilidad sería explorar un régimen de acción concertada que no descansara sobre una selección comparativa de aspirantes, sino sobre una evaluación previa de proveedores con base en el cumplimiento de requisitos de aptitud establecidos previamente, transparentes y no discriminatorios, entre los que se pudiera encontrar que las entidades aspirantes a concertar carecieran de ánimo de lucro, ajustándose así a la jurisprudencia europea[106].

## IX.2.7. ¿HACIA UNA NUEVA REGULACIÓN DE LA CONCERTACIÓN SOCIAL EN CATALUÑA?

La aplicación del marco jurídico que hemos expuesto en las páginas anteriores permite hacer una breve valoración, poniendo de relieve algunos aspectos positivos, pero sobre todo múltiples retos todavía pendientes[107], todo ello aprovechando que, en el momento en que cerramos este capítulo, se halla en discusión el Proyecto de

---

105 Sobre las dudas que plantearía esta opción por su compatibilidad con la jurisprudencia constitucional, LEÑERO BOHÓRQUEZ, idem.

106 Siguiendo lo establecido en la STJUE, Sala Tercera, de 2 de junio de 2016 (ponente D. Šváby), asunto C-410/14 y la STJUE, Sala Tercera, de 1 de marzo de 2018 (ponente D. Šváby), asunto C-9/17.

107 GENERALITAT DE CATALUNYA, "Memoria d'avaluació d'impacte de les mesures proposades a l'Avantrpojecte de Llei dels instruments de provisió del sistema públic de serveis socials", https://presidencia.gencat.cat/web/.content/ambits_actuacio/millora_regulacio_normativa/recursos/Repositori-avaluacions-ex-ante/Normes-aprovades-2023/Projecte-de-llei-disposicions-normatives-MAI.pdf (última visita, 19 de febrero de 2025).

Ley de Instrumentos de Provisión del Sistema Público de Servicios Sociales.

### A) *Fortalezas y retos del sistema de concertación social*

En los últimos años, se identifica un uso creciente de la concertación social en Cataluña, tanto en el ámbito autonómico como en el ámbito local[108]. Entre las fortalezas detectadas en estas experiencias, se destaca la superación de mecanismos alternativos menos estables para la financiación de los servicios sociales, como las subvenciones[109]. O en general, el avance hacia un marco jurídico más ágil y basado en la calidad y atención de las personas que permita superar la rigidez de la contratación pública.

Además de la necesidad de adaptar el régimen vigente a su naturaleza contractual, que es sin duda un reto fundamental y condicionante de cualquier reforma, la experiencia de estos años permite también indicar algunos retos pendientes:

- Existencia de rango normativo insuficiente de la regulación vigente.
- Delimitar y definir mejor las diferencias en las modalidades de concertación según la administración competente, autonómica o local.

---

108 Según una investigación realizada por el Instituto Metrópolis, los entes locales y entidades del tercer sector valoran de forma positiva las fórmulas no contractuales para la prestación de los servicios sociales, por lo siguiente: 1. Garantía de la calidad de servicios prestados, 2. Favorecer a las entidades no mercantiles, 3. Proximidad y conocimiento del territorio, 4. Flexibilidad, 5. Sostenibilidad de las entidades, proyectos y servicios, y 6. Reducción de la burocracia. *Véase:* MARTÍ-COSTA, Marc y CONDE LÓPEZ, Cecilia, "Fórmulas no contractuales para la gestión de servicios públicos municipales. Aprendizajes desde la práctica", https://www.institutmetropoli.cat/es/estudi/formules-no-contractuals-per-a-la-gestio-de-serveis-publics-municipals-aprenentatges-des-de-la-practica-2/ (última visita, 19 de febrero de 2025).

109 GENERALITAT DE CATALUNYA, "Drets Socials incorpora 15.204 places i serveis a la Xarxa de Serveis Socials d'Atenció Pública", https://govern.cat/salapremsa/notes-premsa/521962/drets-socials-incorpora-15204-places-serveis-xarxa-serveis-socials-atencio-publica (última visita, 19 de febrero de 2025).

- Mejorar la evaluación, seguimiento y control de las entidades proveedoras de la red pública.
- Dar sostenibilidad y estabilidad al sector de los servicios sociales, y, en particular, mejorar las condiciones laborales de sus profesionales.

Estos retos han sido precisamente identificados por el ejecutivo catalán como punto de partida a partir del cual poder llevar a cabo una nueva reforma del régimen jurídico de la concertación social en Cataluña. Reforma que cuenta ya con algunos pasos.

### *B) El Proyecto de Ley de instrumentos de Provisión del Sistema Público de Servicios Sociales (2025): un apunte de urgencia*

En el momento de cerrar este trabajo, el Govern de la Generalitat ha aprobado el Proyecto de Ley de Instrumentos de Provisión del Sistema Público de Servicios Sociales[110]. Aunque parte de los trabajos previos y de un proyecto aprobado en la legislatura precedente, por impulso del anterior ejecutivo[111], el Gobierno surgido de las elecciones del 12 de mayo de 2024 ha recuperado esta iniciativa, manteniendo prácticamente intacto el texto previo, dando inicio a su tramitación parlamentaria.

Aunque queda pendiente el debate de este proyecto y seguramente será modificado en su contenido, se pueden apuntar algunos elementos a modo de un primer análisis, necesariamente provisional, pero que permite poner de relieve algunos aspectos de interés.

- El objeto del proyecto de Ley es regular los instrumentos no contractuales de provisión del Sistema Público de Servicios Sociales de Cataluña, en el que participan las entidades públicas y privadas que forman parte de la Red de Servicios Sociales de

---

110 Aprobado el 21 de enero de 2025. Publicado en el BOPC de 3 de febrero 2025

111 GENERALITAT DE CATALUNYA, "Avantprojecte de llei dels instruments de provisió del Sistema Públic de Serveis Socials", https://governobert.gencat.cat/ca/transparencia/normativa-i-informacio-interes-juridic/normativa/normativa-en-tramit/dso/en-tramit/avantprojecte-llei-provisio-sistema-public-serveis-socials (última visita, 19 de febrero de 2025).

Atención Pública. También crea la Agencia Pública de Servicios Sociales de Catalunya.

- Se eleva de rango el régimen jurídico previsto en el Decreto 69/2020. Se clarifica el régimen jurídico de las formas de provisión de los servicios sociales. Se habla expresamente de "acción concertada" como categoría que agrupa las diferentes modalidades (concierto social, gestión delegada y, novedosamente, la acción concertada con otra administración por convenio singular de cooperación).
- Se confirma y potencia el carácter diferenciado del régimen contractual previsto en la legislación de contratos y la posición de las entidades sociales no lucrativas.
- Se prevén supuestos específicos en que se pueden reservar convocatorias específicamente a entidades de iniciativa social.
- Aunque se hacen algunos ajustes (ej. régimen de publicidad, criterios de asignación), sigue sin adaptarse el régimen completamente a su naturaleza contractual. No ha variado la conclusión al respecto, puesto que se mantiene en esencia el procedimiento selectivo de concurrencia pública.
- Se crea la Agencia Pública de Servicios Sociales de Cataluña (APSS-Cat), como entidad de derecho público sujeta al derecho privado adscrita al departamento competente en materia de servicios sociales, con el objeto de prestar, mediante la gestión directa, y sin perjuicio de los supuestos de gestión delegada, los servicios de titularidad pública del Sistema Público de Servicios Sociales de Cataluña que corresponden al departamento competente en materia de servicios sociales.
- Se busca mejorar la eficiencia en la gestión, como modelo de gestión pública y motor en la detección de necesidades y de impulso de la innovación.
- Se prevé el denominado contrato (o bono) de impacto social. Se presenta como un nuevo instrumento destinado a promover la innovación del sistema, con incentivos de alcanzar resultados concretos, que podría ser muy útil para la puesta en marcha de servicios experimentales y su posterior evaluación. Con orígenes y aplicación en el derecho comparado de otros estados (singularmente, Reino Unido, pero también Francia

o Portugal[112]) —y previsto con carácter general en la LCSP, pero sin apenas experiencias en España— funciona como un instrumento financiero innovador, cuyo objetivo es proveer un servicio social que se retribuye en base a un resultado predefinido de acuerdo con unos criterios evaluables que establece la administración, con el apoyo de la agencia evaluadora. El bono de impacto social opera en el marco de un contrato entre la administración, la entidad proveedora del servicio social (ej. empresa del tercer sector) y un ente inversor, que es quien financia el proyecto o servicio social. Si la entidad proveedora del servicio alcanza los resultados medibles predeterminados, entonces la administración paga al inversor en concepto de este servicio. Si no se alcanzan los resultados, la administración queda exenta de realizar el pago, y el riesgo es internalizado por el inversor.

En términos generales, tal como se encuentra concebido hoy el Proyecto de Ley de Instrumentos de Provisión del Sistema Público de Servicios Sociales, entendemos que se ha perdido la oportunidad de clarificar el régimen de la concertación social. A reserva de un análisis más profundo, aunque se conservan sus elementos funcionalmente contractuales, se mantiene expresamente su carácter no con-

---

112 Varios países, tanto avanzados como en vías de desarrollo, han implementado los bonos de impacto social. El pionero fue Reino Unido, que en 2010 lanzó un piloto en la cárcel de Peterborough, para financiar una intervención —"The One Service"— con el objetivo de impulsar un programa de inserción centrado en reducir la reincidencia entre los convictos que salían de prisión. La evidencia en Reino Unido, el país donde se han implementado más bonos de impacto social, apunta a que es un instrumento efectivo que permite incidir en la reforma de los servicios sociales, facilitando la colaboración público-privada, incentivando la prevención y fomentando la innovación [UNIVERSITY OF OXFORD, "Impact bonds", https://golab.bsg.ox.ac.uk/the-basics/social-impact-bonds/#the-evidence-around-impact-bonds-to-date (última visita, 19 de febrero de 2025)]. No obstante, estudios de la OCDE [ORGANISATION FOR ECONOMIC COOPERATION AND DEVELOPMENT, "Understanding Social Impact Bonds", https://www.oecd.org/cfe/leed/UnderstandingSIBsLux-WorkingPaper.pdf (última visita, 19 de febrero de 2025)], apuntan a diversas complejidades en la implementación y ejecución de este mecanismo: elevados costes de transacción; la dificultad de definir resultados medibles; tiempo de implementación; escasos incentivos para la participación de inversores por riesgos elevados.

tractual, y sigue sin regularse un régimen especial de contratación para los servicios sociales.

El proceso de elaboración y discusión, incluidos los diferentes trámites de participación, de esta iniciativa legislativa deberá servir para seguir avanzando en la identificación de las mejores soluciones a los múltiples retos que, como aquí hemos tratado de mostrar, plantea todavía el régimen jurídico de la concertación social en Cataluña.

## IX.2.8. JURISPRUDENCIA

Auto del TJUE núm. 289/2023, de 31 de marzo de 2023, (ponente C. Lycourgos). (ASUNTO C-676/20).

STC núm. 31/2010, de 28 de junio de 2010 (ponente María Emilia Casas Baamonde). (Recurso de inconstitucionalidad 8045-2006).

STJUE núm. 401/2004, de 12 de julio de 2001 (ponente V. Skouris). (ASUNTO C-399/98).

STJUE núm.168/2010, de 25 de marzo de 2010 (ponente J.N. Cunha Rodrigues). (ASUNTO C-451/08).

STJUE núm. 817/2012, de 19 de diciembre de 2012 (ponente D. Šváby). (ASUNTO C-159/11).

STJUE núm. 385/2013, de 13 de junio de 2013 (ponente D. Šváby). (ASUNTO C-386/11).

STJUE núm. 399/2016, de 2 de junio de 2016 (ponente D. Šváby). (ASUNTO C-410/14).

STJUE núm. 142/2018, de 1 de marzo de 2018 (ponente D. Šváby). (ASUNTO C-9/17).

STJUE núm. 559/2022, de 14 de julio de 2022 (ponente C. Lycourgos). (ASUNTO C-436/20).

STS núm. 1205/2024, de 3 de julio de 2024 (ponente Maria Isabel Perello Domenech). (Recurso de casación 3044/2021)

STSJ de la Comunidad Valenciana núm. 339/2023, de 29 de junio de 2023 (ponente Manuel José Domingo Zaballos). (Rec. 170/2018)

## IX.2.9. BIBLIOGRAFÍA

AGUADO i CUDOLÀ, Vicenç, “La beneficencia: de la policía administrativa al servicio público. El caso de la Mancomunidad de Cataluña”, en TORNOS MAS, Joaquín (ed.), *Los servicios sociales de atención a la tercera edad. El caso de Cataluña*, Valencia 2002, pp. 55-132.

AGUADO i CUDOLÀ, Vicenç, "Estudi preliminar", en AGUADO i CUDOLÀ, Vicenç (coord.), *El sistema de serveis socials a Catalunya: garantir drets, prestar serveis*, Barcelona 2008, pp. 19-28.

ALEMÁN BRACHO, Carmen y GARCÍA SERRANO, Mercedes, *Los servicios sociales especializados en España*, Madrid 2009.

ALMEIDA CERREDA, Marcos, "El incierto futuro de los servicios sociales municipales", *Anuario de Derecho Municipal* (7), 2013, pp. 93-144.

ALONSO SECO, José María y ALEMÁN BRACHO, Carmen, *El Sistema de Servicios Sociales: nuevas tendencias en España*, Valencia 2020.

ARIMANY LAMOGLIA, Esteban, "Público y privado en la Ley catalana de servicios sociales", *Cuadernos de Derecho Local* (21), 2009, pp. 156-180.

BERNAL BLAY, Miguel Ángel, "La contratación de los servicios a las personas", en GALLEGO CÓRCOLES, Isabel y GAMERO CASADO, Eduardo (dirs.), *Tratado de Contratos del Sector Público* vol. 3, Valencia 2018, pp. 2841-2874.

CAICEDO CAMACHO, Natalia, "La competència sobre serveis socials: el difícil equilibri entre la construcció d'un espai propi i la intervenció de l'Estat", *Revista d'estudis autonòmics I Federals* (40), 2024, pp. 257-268.

CASTILLO ABELLA, Jorge, "Las decisiones ASADE del TJUE como punto de inflexión en la prestación de servicios sociales en España: cuando la acción concertada (casi siempre) es un contrato público", https://www.idluam.org/blog/las-decisiones-asade-del-tjue-como-punto-de-inflexion-en-la-prestacion-de-servicios-sociales-en-espana-cuando-la-accion-concertada-casi-siempre-es-un-contrato-publico/ (última visita, 20 de diciembre de 2024)

COMISIÓN (CE), "Aplicación del programa comunitario de Lisboa. Servicios sociales de interés general en la Unión Europea" (Comunicación) COM(2006) 177 final, 26 de abril de 2006.

CORRETJA i TORRENS, Mercè, "Anàlisi sobre el marge de què disposa la Generalitat de Catalunya per a desplegar polítiques pròpies en l'àmbit dels serveis socials i la promoció de les famílies, Informe 3/2024", https://presidencia.gencat.cat/ca/ambits_d_actuacio/desenvolupament_autogovern/institut-destudis-autogovern/publicacions/cataleg-de-publicacions/informe-3-2024-00001 (última visita, 19 de febrero de 2025).

DARNACULLETA GARDELLA, Mercè, "Les noves modalitats de gestió de serveis a les persones a la legislació autonòmica de serveis socials: especial referència a l'acció concertada", *Revista Catalana de Dret Públic* (62), 2021, pp. 37-52.

DARNACULLETA GARDELLA, Mercé, "La colaboración público-privada en el ámbito de los servicios sociales", en DARNACULLETA GARDELLA, Mercé *et al.*, *La colaboración público-privada en la gestión de servicios sociales*, Madrid, 2022, pp. 71-133.

DE PALMA DEL TESO, Ángeles, "Los servicios sociales en Cataluña como marco de atención a las situaciones de dependencia", en AGUADO i CUDOLÀ, Vicenç (coord.), *Servicios sociales, dependencia y derechos de ciudadanía: el impacto de la movilidad de los ciudadanos europeos en Cataluña,* Barcelona 2009, pp. 127-214.

DÍEZ SASTRE, Silvia, "La acción concertada como nueva forma de gestión de los servicios sanitarios", en AGULLÓ AGÜERO, Antonia (dir.), *Tributación, gestión, control del gasto y reparto constitucional del poder financiero,* Valencia 2020, pp. 232-262.

DOMÍNGUEZ MARTÍN, Mónica, "Los contratos de prestación de servicios a las personas. Repensando las formas de gestión de los servicios sanitarios públicos tras las Directivas contratos de 2014 y la Ley 9/2017 de Contratos del Sector Público", *Revista General de Derecho Administrativo* (50), 2019, pp. 1-17.

FONT LLOVET, T. "Organización y gestión de los servicios de salud. El impacto del Derecho europeo", *Revista de Administración Pública,* núm. 199, 2016.

FORNS FERNÁNDEZ, M. Victòria y BELZUNEGUI ERASO, Ángel, "Serveis socials", *Informe Autogovern* (2023), 2024, pp. 325-344.

FORNS FERNÁNDEZ, M. Victòria "La pervivencia de un modelo jurídico propio de servicios sociales en el Estado español: el sistema integrado de prestaciones de Cataluña", *Cuadernos de derecho local* (52), 2020, pp. 104-139.

FORNS FERNÁNDEZ, M. Victòria, *El model de prestació dels serveis socials de Catalunya basat en la persona des de la perspectiva local: El sistema organitzatiu i competencial de la postcrisi,* Barcelona 2018.

FUENTES i GASÓ, Josep Ramon, "El règim jurídic de la provisió de serveis d'atenció a les persones a Catalunya: el concert social després de les directives europees de contractació pública", en FORNS FERNÁNDEZ, M. Victòria (ed.), *La protección jurídica de la atención a las personas en materia de servicios sociales. Una perspectiva interdisciplinar,* Barcelona 2020, pp. 201-229.

FUENTES i GASÓ, Josep Ramon, "Consecuencias de la Ley 27/2013 de Racionalización y Sostenibilidad de la Administración Local, en el régimen local de Cataluña", *Revista Vasca de Administración Pública. Administrazio Publikoaren Euskal Aldizkaria* (101), 2015, pp. 55-88.

GALÁN GALÁN, Alfredo "El sistema de administraciones públicas de Cataluña", en TORNOS MAS, Joaquín (coord.) *Comentarios a la Ley 26/2010, de 3 de agosto, de régimen jurídico y procedimiento de las Administraciones Públicas de Cataluña,* Barcelona 2010, pp. 135-189.

GARRIDO JUNCAL, Andrea, "Las nuevas formas de gestión de los servicios sociales: elementos para un debate", *Revista Catalana de Dret Públic* (55), 2017, pp. 84-100.

GARRIDO JUNCAL, Andrea, *Los servicios sociales en el s. XXI: nuevas tipologías y nuevas formas de prestación,* Madrid 2020.

GENERALITAT DE CATALUNYA, *Informe sobre l'estat dels serveis socials a Catalunya 2021-2022,* Barcelona 2024.

GENERALITAT DE CATALUNYA, "Memoria d'avaluació d'impacte de les mesures proposades a l'Avantrpojecte de Llei dels instruments de provisió del sistema públic de serveis socials", https://presidencia.gencat.cat/web/.content/ambits_actuacio/millora_regulacio_normativa/recursos/Repositori-avaluacions-ex-ante/Normes-aprovades-2023/Projecte-de-llei-disposicions-normatives-MAI.pdf (última visita, 19 de febrero de 2025).

GENERALITAT DE CATALUNYA, "Drets Socials incorpora 15.204 places i serveis a la Xarxa de Serveis Socials d'Atenció Pública", https://govern.cat/salapremsa/notes-premsa/521962/drets-socials-incorpora-15204-places-serveis-xarxa-serveis-socials-atencio-publica (última visita, 19 de febrero de 2025).

GENERALITAT DE CATALUNYA, "Avantprojecte de llei dels instruments de provisió del Sistema Públic de Serveis Socials", https://governobert.gencat.cat/ca/transparencia/normativa-i-informacio-interes-juridic/normativa/normativa-en-tramit/dso/en-tramit/avantprojecte-llei-provisio-sistema-public-serveis-socials (última visita, 19 de febrero de 2025).

GIMENO FELIÚ, José María, "Las condiciones sociales en la contratación pública: posibilidades y límites", *Anuario de Derecho Local* (1), 2017, pp. 272-284.

GIMENO FELIÚ, José María, "La colaboración público-privada en el ámbito de los servicios sociales y sanitarios dirigidos a las personas. Condicionantes europeos y Constitucionales", *Revista Aragonesa de Administración Pública* (52), 2018, pp. 12-65.

GIMENO FELIÚ, José María, "La contratación pública en los contratos sanitarios y sociales", https://www.obcp.es/opiniones/la-contratacion-publica-en-los-contratos-sanitarios-y-sociales (última visita, 20 de diciembre de 2024)

INSTITUT CATALÀ D'AVALUACIÓ DE POLÍTIQUES PÚBLIQUES, *Avaluació de necessitats. Les cures a Catalunya: Identificació, dimensionament i anàlisi de la seva provisió des de l'esfera familiar i dels principals serveis públics,* Barcelona 2024.

LAZO VITORIA, Ximena, "La figura del 'concierto social' tras las directivas europeas de contratación pública", https://www.obcp.es/opiniones/la-figura-del-concierto-social-tras-las-directivas-europeas-de-contratacion-publica (última visita, 19 de diciembre de 2024).

LAZO VITORIA, Ximena, "Prestación de servicios a las personas: ¿concierto social o contrato?", *Revista de Estudios de la Administración Local y Autonómica. Nueva Época* (20), 2023, pp. 31-46.

LEÑERO BOHÓRQUEZ, María Rosario, "La naturaleza jurídica de la acción concertada como modalidad de gestión de los servicios a las personas", en DARNACULLETA GARDELLA, Mercé *et al.*, *La colaboración público-privada en la gestión de servicios sociales*, Madrid, 2022, pp. 135-195.

MANENT ALONSO, Luis, "La acción concertada en servicios sociales tras la doctrina ASADE: del desconcierto a la incertidumbre", *Revista Administración & Cidadanía* (18), 2023, pp. 183-205.

MALARET GARCÍA, Elisenda, "Administración Pública y servicios públicos: la creación de una red de servicios sociales a los ancianos en la transformación del Estado de bienestar", en TORNOS MAS, Joaquín (ed.), *Los servicios sociales de atención a la tercera edad. El caso de Cataluña,* Valencia 2002, pp. 326-328.

MARRADES PUIG, Ana, (coord.). *El reconocimiento del derecho al cuidado,* Valencia, 2023.

MARTÍ-COSTA, Marc y CONDE LÓPEZ, Cecilia, "Fórmulas no contractuales para la gestión de servicios públicos municipales. Aprendizajes desde la práctica", https://www.institutmetropoli.cat/es/estudi/formules-no-contractuals-per-a-la-gestio-de-serveis-publics-municipals-aprenentatges-des-de-la-practica-2/ (última visita, 19 de febrero de 2025).

MARTÍNEZ-ALONSO CAMPS, José Luis, "Los debates sobre los servicios públicos locales: Estado de la cuestión", *Revista Catalana de Dret Públic* (57), 2018, pp. 72-96.

MENÉNDEZ SEBASTIÁN, Eva María, "El contrato de servicios con prestaciones directas a la ciudadanía como modalidad de gestión indirecta de servicios públicos", *Revista de Administración Pública* (2020), pp. 375-400.

ORGANISATION FOR ECONOMIC COOPERATION AND DEVELOPMENT, "Understanding Social Impact Bonds", https://www.oecd.org/cfe/leed/UnderstandingSIBsLux-WorkingPaper.pdf (última visita, 19 de febrero de 2025)

PIOGGIA, Alessandra. Cura e pubblica Amministrazione. Come el pensiero femminista può cambiare in meglio le nostre amministrazioni, Bologna, 2024.

TORNOS MAS, Joaquín, "Presentación", en TORNOS MAS, Joaquín (ed.), *Los servicios sociales de atención a la tercera edad. El caso de Cataluña,* Valencia 2002, pp. 20-23.

TORNOS MAS, Joaquín, "Significación y consecuencias jurídicas de la consideración de los servicios sociales como servicio público", *Cuadernos de derecho local* (6), 2004, pp. 7-18.

TORNOS MAS, Joaquín, "Los encargos a medios propios y el control análogo conjunto. El Tribunal Supremo fija doctrina sobre el alcance de este control", https://www.gobiernolocal.org/acento-local/los-encargos-a-medios-propios-y-el-control-analogo-conjunto-el-tribunal-supremo-fija-doctrina-sobre-el-alcance-de-este-control/, (última visita, 19 de febrero de 2025).

UNIVERSITY OF OXFORD, "Impact bonds", https://golab.bsg.ox.ac.uk/the-basics/social-impact-bonds/#the-evidence-around-impact-bonds-to-date (última visita, 19 de febrero de 2025)

VAQUER CABALLERÍA, Marcos, *La acción social: (un estudio sobre la actualidad del estado social de derecho)*, Valencia 2002.

VILÀ MANCEBO, Antoni, *Serveis socials. Aspectes històrics, institucionals i legislatius*, Barcelona 2011.

VILLAR ROJAS, Francisco José, "Formas de gestión de los servicios sociales: en particular, la vinculación de gestores privados al sistema público mediante conciertos y convenios", *Documentación Administrativa* (271-272), 2005, pp. 389-412.

VILLAR ROJAS, Francisco José, "Iniciativa privada y prestación de servicios sociales. Las redes o sistemas públicos de servicios sociales", en EZQUERRA HUERVA, Antonio (coord.), *El marco jurídico de los servicios sociales en España*, Barcelona, 2012, pp. 87-120.

VILLAR ROJAS, Francisco José, "Los modelos de gestión de los servicios sanitarios en España", en AGULLÓ AGÜERO, Antonia (dir.), *Financiación de la sanidad. Tributación, gestión, control del gasto y reparto constitucional del poder financiero*, Valencia 2020, pp. 197-229.

VILALTA REIXACH, Marc, "Los convenios interadministrativos (locales) y la Ley de Contratos del Sector Público: ¿Convenio o contrato?", *Anuario de Derecho Municipal* (12), 2018, pp. 53-86.

# *IX.3. La acción concertada social y las fórmulas no contractuales en la provisión de servicios de atención a la persona: Galicia*[1]

**MARÍA ANTONIA ARIAS MARTÍNEZ**
*Profesora Titular de Derecho Administrativo*
*Universidade de Vigo*

**Resumen**: El objetivo principal de este trabajo es analizar la implementación del concierto social en Galicia como una alternativa a las fórmulas tradicionales de gestión de los servicios sociales. Se ha tratado de destacar sus características, ventajas y desafíos. Este instrumento incluido en la legislación de servicios sociales de Galicia por la Ley 8/2016, de 8 de julio, responde a la necesidad de flexibilizar la colaboración público-privada en la prestación de servicios sociales con la finalidad de garantizar su calidad, continuidad y eficiencia. Sin embargo, a pesar de que el marco normativo gallego ofrece un desarrollo detallado del concierto social su aplicación práctica ha sido limitada.

**Palabras clave**: Galicia, Comunidad Autónoma de Galicia, concierto social, entidad concertante, entidad concertada.

**Índice**: 

---

[1] Este trabajo se ha realizado en el marco del proyecto de investigación PID2020-115760RB-I00, "Vulnerabilidad, derechos sociales y buena e-administración" (REF. PID2020-115760RB-I00), financiado por la AEI.

**Abreviaturas empleadas:**

CE: Constitución española
LCSP: Ley 9/2017, de 8 de noviembre, de Contratos del Sector Público
LSSGA: Ley 13/2008, de 3 de diciembre, de servicios sociales de Galicia
RUEPSS: Registro único de entidades prestadoras de servicios sociales de la Comunidad Autónoma de Galicia

## IX.3.1. CONSIDERACIONES PREVIAS

Todas las comunidades autónomas han asumido, en el marco del artículo 148.1.20 de la Constitución (en adelante CE), la asistencia social como competencia exclusiva, Asimismo, todas ellas, previa aprobación de leyes generales sobre servicios sociales, han creado sus propios sistemas de servicios sociales[2].

Por lo que se refiere a la Comunidad Autónoma de Galicia, esta competencia se recoge con carácter exclusivo en el artículo 27.23 de su Estatuto. La regulación posterior de la materia se lleva a cabo mediante sucesivas normas que precedieron a la vigente Ley 13/2008, de 3 de diciembre, de servicios sociales de Galicia (en adelante LSSGA)[3]. De acuerdo con las previsiones contenidas en su artículo primero, su objetivo es estructurar y regular como servicio público los servicios sociales y, asimismo, sirve para garantizar como derecho

2 Como es sabido la Constitución distingue entre la "seguridad social" de ámbito competencial estatal (arts. 149.1.16 y 149.1.17 CE), y la "asistencia social", materia que, conforme al artículo 148.1.20 CE, puede ser asumida por los Estatutos de Autonomía como competencia exclusiva autonómica. La distinción entre ambas materias excede del tema objeto de estudio, pero puede verse al respecto, entre otros trabajos, el libro de VAQUER CABALLERÍA, Marcos, *La acción social*, Valencia, 2002, pp. 23 a 60.

3 Es la tercera norma de servicios sociales de Galicia precedida por la Ley 3/1987, de 27 de mayo, y la Ley 4/1993, de 14 de abril. Esta última posibilita, tal como se pone de manifiesto en el Preámbulo de la vigente Ley 13/2008, "el nacimiento y posterior desarrollo de un sistema de servicios sociales con identidad propia, en el que se identificaban niveles y contenidos y en el que se implicaban a las administraciones públicas y entidades privadas".

reconocible y exigible el derecho de las personas a los servicios sociales que les correspondan en función de la valoración objetiva de sus necesidades[4]. Por lo tanto, se conforman los servicios sociales como servicio público y las intervenciones, programas, servicios y prestaciones que tengan la consideración de *esenciales* se configuran como derechos subjetivos, esto es, como derechos exigibles garantizados para aquellas personas que cumplan las condiciones establecidas de acuerdo con la valoración técnica de su situación[5].

Como en el resto de comunidades autónomas, se hace pivotar la prestación de servicios sociales en torno al concepto de sistema público (gallego) de servicios sociales integrado por el conjunto de servicios, programas y prestaciones, tanto de titularidad pública como de titularidad privada, acreditados y concertados por la administración en los términos establecidos en la LSSGA. Así pues, son notas definitorias de este sistema, en primer lugar, estar integrados exclusivamente por los servicios sociales de titularidad pública o administrativa y, en segundo lugar, estar integrados no sólo por los centros de servicios sociales públicos, sino también los centros de titularidad privada, con o sin ánimo de lucro, que presten los servicios sociales por cuenta de la Administración titular[6].

En este contexto, las formas de prestación de los servicios sociales en Galicia se concretaban, de acuerdo con la redacción original del artículo 29 de la LSSGA, en la prestación directa por las administraciones públicas gallegas o, de manera indirecta, a través de las diversas modalidades de contratación de la gestión de servicios públicos

---

4 Sobre el particular véase TORNOS MAS, Joaquín y GALÁN GALÁN, Alfredo, *La configuración de los servicios sociales como servicio público. Derecho subjetivo de los ciudadanos a la prestación del servicio*, Madrid, 2007, pp. 19-20. Sobre el reconocimiento de los servicios sociales como un verdadero derecho subjetivo puede consultarse, entre otras, la obra de FORNS I FERNÁNDEZ, M. Victòria, *El model de prestació dels serveis socials de Catalunya basat en la persona desde la perspectiva local*, Barcelona, 2018, pp. 30 y ss.

5 Véase artículo 18 de la LSSGA.

6 Véase en estos términos y con relación a la existencia de este sistema público de servicios sociales como algo generalizado en todas las comunidades autónomas, a EZQUERRA HUERVA, Antonio, "Las repercusiones de la crisis económica en el sector de los servicios sociales", *Revista jurídica de Asturias* (40), 2017, p. 93.

establecidas en la normativa reguladora de los contratos del sector público, particularmente mediante la modalidad de concierto[7].

Como es sabido, el contrato de gestión de servicios público es eliminado por la Ley 9/2017, de 8 de noviembre, de Contratos del Sector Público por la que se transponen al ordenamiento jurídico español las Directivas del Parlamento Europeo y del Consejo 2014/23/UE y 2014/24/UE, de 26 de febrero de 2014 (en adelante, LCSP)[8]. En su lugar establece la figura de la concesión de servicios y el contrato de servicios, según se transfiera o no el riesgo operacional al adjudicatario[9].

Además, como ya ha sido señalado por buena parte de la doctrina, el carácter singular de estas prestaciones, desde el punto de vista de la proximidad territorial y afectiva, dificultó su encaje en los procesos competitivos de selección de los contratistas previstos en la legislación de contratos del sector público lo que dio lugar a que proliferase la utilización de otros instrumentos jurídicos, como los convenios y las subvenciones[10].

---

7 Como es sabido estas modalidades eran, desde el Decreto 923/1965, de 8 de abril, por el que se aprobó el texto articulado de la Ley de Contratos del Estado, la concesión, la gestión interesada, la empresa de economía mixta y, principalmente, y el concierto. Así se mantuvo en las sucesivas normas de contratos (13/1995, 2/2000, 30/2007 y 3/2011).

8 De ahí que buena parte de la doctrina entienda que los conciertos son una modalidad contractual en vías de extinción que se reconducirá al contrato de servicios o a la concesión de servicios, como señala, entre otros, MÍGUEZ MACHO, Luis, "Las distinciones entre las concesiones de servicios y otros contratos públicos a la luz de la Directiva 2014/23/UE: repercusiones en el Derecho español", en GIMENO FELIÚ, José Maria et al. (coords.), *Las nuevas directivas de contratación pública: (ponencias sectoriales X Congreso Asociación Española Profesores de Derecho Administrativo*, Navarra, 2015, pp. 345 y ss.

9 Véase sobre la concesión de servicios prevista en la LCSP, el análisis realizado, poniendo especial énfasis en el riesgo operacional como elemento característico de esta modalidad contractual, por FUENTES I GASÓ, Josep Ramón, "El contrato de concesión de servicios. Un instrumento público prestacional en evolución", *Revista catalana de dret públic* (64), 2022, pp. 122-139.

10 Véase, DARNACULLETA GARDELLA, María Mercè, "Les noves modalitats de gestió de serveis a les persones a la legislació autonòmica de serveis socials: especial referència a l'acció concertada", *Revista Catalana de Dret Públic* (62), 2021, p. 39.

Por lo que ahora interesa, esto es, la prestación de los servicios sociales, la LCSP al igual que las directivas europeas que transpone, a las que se hará referencia más adelante, lo que hace es, por un lado, contemplar diversas medidas destinadas a flexibilizar el régimen procedimental para la adjudicación de los contratos que tengan por objeto la prestación de estos servicios[11] y, por otro lado, y lo más relevante para los fines de este estudio, es posibilitar que las administraciones encargadas de prestar servicios sociales los gestionen mediante terceros sin necesidad de suscribir un contrato formal.

En este sentido el artículo 11.6 de la LCSP dispone que queda excluida de la presente Ley:

> "la prestación de servicios sociales por entidades privadas, siempre que esta se realice sin necesidad de celebrar contratos públicos, a través, entre otros medios, de la simple financiación de estos servicios o la concesión de licencias o autorizaciones a todas las entidades que cumplan las condiciones previamente fijadas por el poder adjudicador, sin límites ni cuotas, y que dicho sistema garantice una publicidad suficiente y se ajuste a los principios de transparencia y no discriminación".

Asimismo, en la disposición adicional cuadragésimo novena dicha ley alude a la posibilidad de que las comunidades autónomas, en el ejercicio de las competencias que tienen atribuidas, legislen articulando instrumentos no contractuales para la prestación de servicios públicos destinados a satisfacer necesidades de carácter social. Con ello se abre paso una nueva modalidad de colaboración público-privada no contractual en este ámbito. En este marco normativo adquiere protagonismo, en las distintas normativas autonómicas que se

---

11 Véase la concisa y clarificadora referencia que realiza al respecto ÁLVAREZ FERNÁNDEZ, Mónica, "El concierto social como fórmula alternativa (y no contractual) para la gestión indirecta de los servicios sociales públicos", *IUS ET VERITAS: Revista de la Asociación IUS ET VERITAS* (62), 2021, p. 17. Y también, MARTÍN EGAÑA, Arantza, "Los servicios a las personas: La adjudicación directa como alternativa al concierto social", *Gabilex: Revista del Gabinete Jurídico de Castilla-La Mancha* (25), 2021, pp. 298-306. Asimismo, Miguel Ángel Bernal Blay realiza un desarrollo detenido de la gestión contractual de los servicios a las personas en su trabajo BERNAL BLAY, Miguel Ángel, "La contratación de los servicios a las personas", en GALLEGO CÓRCOLES, Isabel y GAMERO CASADO, Eduardo (dirs.), *Tratado de Contratos del Sector Público*, vol. 3, Valencia 2018, pp. 2864 y ss.

ocupan de regular este sector de actividad, el denominado concierto social (o la acción concertada)[12].

## IX.3.2. LA LEY 8/2016 DE 8 DE JULIO POR LA QUE SE INCORPORA EL CONCIERTO SOCIAL A LA LSSGA

En la medida en que corresponde a la Comunidad Autónoma la configuración del sistema propio de servicios sociales, el legislador gallego acomete la modificación parcial de la LSSGA en virtud de la Ley 8/2016, de 8 de julio, con el fin de introducir el concierto social como forma de prestación de servicios sociales. Esta Ley entra en vigor con anterioridad a la aprobación de la LCSP por lo que en su exposición de motivos se remite a la libertad que la Directiva 2014/24/UE, de 26 de febrero de 2014, sobre contratación pública y por la que se deroga la Directiva 2004/18/CE, reconoce a los Estados miembros y a los poderes públicos para prestar por sí mismos u organizar los servicios sociales de modo que no sea necesario formalizar contratos públicos, siempre que dicho sistema garantice una publicidad suficiente y se ajuste a los principios de transparencia y no

---

12 Efectivamente, como se comprueba en el libro en el que se integra este trabajo, la apuesta por el concierto social, como forma de prestación del catálogo de servicios sociales, es un movimiento generalizado en el ámbito autonómico. Es lo que Lazo Vitoria, denomina el "renacimiento" de la figura del concierto. Apunta la autora que "Con dicha expresión se quiere significar el proceso de reconfiguración de este modo tradicional de prestación de servicios que ahora adopta una veste renovada en la legislación autonómica, especialmente por lo que respecta a su naturaleza de instrumento no contractual". Vid. LAZO VITORIA, Ximena A., "Un cambio de rumbo en la prestación de los servicios sociales en Asturias", *Revista Jurídica de Asturias* (42), 2019, p. 74. Aquí únicamente se analizará la regulación del concierto en la normativa gallega pero alguna autora llama la atención sobre el hecho de que la relativa uniformidad terminológica de la legislación autonómica de servicios sociales (que utiliza mayoritariamente los términos concierto, concierto social o acción concertada) contrasta, en cambio, con las diferencias existentes en cuanto al régimen jurídico y a la concreta cualificación de la naturaleza jurídica de estos instrumentos, de manera que, en una visión de conjunto, el panorama resultante ofrece un mosaico confuso, de difícil interpretación y totalmente contrario al principio de seguridad jurídica (véase en este sentido a DARNACULLETA GARDELLA, María Mercè, *Revista Catalana de Dret Públic*, 2021, p. 49).

discriminación. La misma norma reitera esta potestad de los Estados miembros para organizar la prestación de los servicios sociales obligatorios o de cualquier otro servicio, como los servicios postales, los servicios de interés económico general o los servicios no económicos de interés general, o una combinación de ambos, así como definir su ámbito de aplicación y las características del servicio. De forma similar, la Directiva reconoce la posibilidad de los Estados miembros de definir, de conformidad con el derecho de la Unión, lo que consideran servicios de interés económico general, cómo deben organizarse y financiarse y a qué obligaciones específicas deben estar sujetos.

Es decir, la propia Directiva 2014/24/UE, en el marco de las previsiones del Tratado de Funcionamiento de la Unión Europea, afirma expresamente que la aplicación de la normativa contractual pública no es la única posibilidad de la que gozan las autoridades competentes para la gestión de los servicios a las personas. Es más, se puede afirmar que apunta dos opciones. En primer lugar, hace referencia a la técnica de fomento o subvención de actividades sociales de carácter privado por su interés público[13] y, en segundo lugar, alude a "la concesión de licencias o autorizaciones a todos los operadores económicos" es esta última posibilidad, precisamente, la que sienta las bases del concierto social.

En este contexto la Ley 8/2016 incorpora el concierto social como una modalidad diferenciada del concierto general recogido en la norma general de contratos del sector público. Con esto se dota a la Administración autonómica de un nuevo mecanismo que permite impulsar sus relaciones con las entidades prestadoras de servicios sociales y alcanzar una mayor seguridad jurídica en las actividades económicas de este sector. A su vez, el establecimiento de conciertos sociales incorporará en la provisión de los servicios sociales los principios de atención personalizada e integral, arraigo de la persona en

---

13 Véase en este sentido ÁLVAREZ FERNÁNDEZ, "El concierto social como fórmula alternativa (y no contractual) para la gestión indirecta de los servicios sociales públicos", *IUS ET VERITAS: Revista de la Asociación IUS ET VERITAS,* 2021, p. 22. Para la autora la mera financiación a la que alude la Directiva en su Considerando 114 solo podría referirse al fomento o subvención de actividades sociales de carácter privado por su interés público, esto es, esa posibilidad quedaría inserta en la actividad de fomento de la Administración.

el entorno de atención social, elección de la persona y continuidad en la atención en su ciclo de vida y calidad.

Para ello, en primer lugar, se actualiza el contenido del artículo 29 de la LSSG cuyo apartado primero queda redactada en los siguientes términos:

> "Los servicios sociales serán prestados por las administraciones públicas gallegas a través de las siguientes fórmulas: a) la gestión directa, b) la gestión indirecta en el marco de la normativa reguladora de los contratos del sector público, c) mediante el régimen de concierto social previsto en la presente ley, d) mediante convenios con entidades sin ánimo de lucro".

Y, en segundo lugar, se incorpora al capítulo II (La participación de la iniciativa social y de entidades privadas de carácter mercantil en la prestación de los servicios sociales) del Título II (De la prestación de los servicios sociales) el desarrollo legal del concierto social como forma de prestación de los servicios sociales (arts. 33bis a 33septies).

En concreto, se regula el objeto, los efectos, los requisitos exigidos para acceder a este régimen, la duración, modificación, renovación y extinción, así como los requisitos de su formalización. Estos preceptos han sido objeto de desarrollo reglamentario de modo que en la actualidad la regulación del concierto social en Galicia se encuentra en la LSSGA y en el Decreto 229/2020, de 17 de diciembre, por el que se desarrolla el régimen de conciertos sociales en el ámbito de la Comunidad Autónoma de Galicia. Además, en el caso de dudas o lagunas, "para lo no previsto en este decreto ni en las condiciones establecidas para cada concierto social, para la ejecución de estos se estará a las reglas y principios de la normativa en materia de contratación pública que sean compatibles con esta modalidad de gestión" (Disposición Final Primera del Decreto 229/2020).

## IX.3.3. CONCEPTO Y PRINCIPIOS QUE INFORMAN EL CONCIERTO SOCIAL EN GALICIA

La redacción actual del artículo 29 de la LSSGA acoge la distinción clásica en la prestación de servicios sociales y distingue entre el sistema de gestión directa mediante recursos profesionales y financieros propios de las administraciones públicas competentes, la gesción indirecta que podrá articularse bien a través de los procedimientos de contratación del sector público, bien por medio del sistema de conciertos con entidades privadas y, finalmente, mediante convenios con entidades sin ánimo de lucro. Por lo tanto, se regula el concierto social como una modalidad de gestión diferente tanto de la gestión directa como de la gestión indirecta de servicios sociales.

El concierto social es definido como "el instrumento por medio del cual se produce la prestación de servicios sociales de responsabilidad pública a través de entidades, cuya financiación, acceso y control sean públicos" (art. 33 bis 2 LSSGA). Más allá de que el legislador gallego parece querer escapar, al igual que otros legisladores autonómicos de la legislación de contratos[14], nos encontramos con una fórmula de colaboración público-privada que permite participar a los particulares en la prestación de servicios sociales y, en atención a la consideración de estas prestaciones como servicios públicos, la financiación, acceso y control de su ejercicio sigue correspondiendo a la Administración.

Estamos ante una definición escueta. A diferencia de otras normas autonómicas coetáneas no contiene referencia al carácter no contractual de este instrumento[15]. El legislador gallego califica el

---

14 Véase en este mismo sentido la apreciación realizada por Núñez Lozano en relación con la previsión contenida en idénticos términos en la Ley 9/2016, de 27 de diciembre, de Servicios Sociales de Andalucía. Aunque, como alerta la autora, en la posterior norma de desarrollo, el Decreto 41/2018 por el que se regula el concierto social para la prestación de los servicios sociales de Andalucía, se califica al concierto social como "contrato administrativo especial". Vid. NÚÑEZ LOZANO, María del Carmen, "El concierto social para la prestación de los servicios sociales: Crónica de su reconducción a la legislación de contratos", *Revista Andaluza de Administración Pública* (101), 2018, p. 495. Aunque esta es una cuestión en la que no podemos detenernos es evidente que se trata de una modalidad diferenciada del concierto general regulado en el artículo 85.2 B) de la LRBR.

15 Véase a modo de ejemplo el artículo 3 de la Ley aragonesa 11/2016, de 15 de diciembre, de acción concertada para la prestación a las personas de servicios de carácter social y sanitario, o también el artículo 87 de Ley 3/2019, de 18 de febrero, de servicios sociales inclusivos de la Comunitat Valenciana. Entre las normas más recientes que también aluden al carácter no contractual del concierto social está el Ley 12/2022, de 21 de diciembre, de Servicios Sociales de la Comunidad de Madrid. Es cierto que el Tribunal de Justicia de la Unión Europea ha tenido ocasión de señalar, en la STJUE, Sala Cuarta, de 14 de julio

concierto como un instrumento diferente de los previstos en la legislación general de contratación pública, pero no se pronuncia sobre si se trata de contratos administrativos especiales o de instrumentos no contractuales y se decanta, como hemos visto, por la aplicación supletoria de la legislación de contratación pública.

Tampoco precisa el tipo de entidad o sujeto con el que se llevarán a cabo los conciertos por lo que cabe entender que, en principio, permite la participación de cualquier tipo de entidad privada en las mismas condiciones sin discriminar en atención a su forma jurídica o a si tiene o no ánimo de lucro. Cabe entender que en este ámbito la acción concertada es una fórmula de colaboración entre la Administración y los particulares que consiste en la homologación o acreditación de entidades privadas para que puedan realizar prestaciones dentro de la red autonómica de servicios sociales.

A pesar de que el legislador manifiesta en la exposición de motivos de la Ley 6/2016 que la finalidad de modificación de la LSSGA es "potenciar el papel de las entidades de iniciativa social en la prestación de servicios sociales", el reflejo en el articulado de la Ley de ese pretendido impulso a las entidades sin ánimo de lucro se minimiza y queda reducido a darles prioridad "cuando existan análogas condiciones de efectividad, calidad y rentabilidad social, siempre que, en todo caso, se garantice la libre concurrencia y se respeten los principios de igualdad de trato, de no discriminación y de transparencia"(art. 33 quinquies). Más adelante volveremos sobre esta cuestión.

Asimismo, no queda excluida la posibilidad de realizar conciertos con una entidad pública que ofrezca servicios sociales previstos en las carteras de servicios vigentes si bien cabe entender que su propósito

---

de 2022, (ponente C. Lycourgos), caso ASADE, asunto c-436/20 que resuelve el planteamiento de una cuestión prejudicial por la Sala de lo Contencioso-Administrativo del Tribunal Superior de Justicia de la Comunidad Valenciana, que la calificación que el derecho español da a los acuerdos de acción concertada carece de pertinencia, y que, por tanto, la precisión que figura en el artículo 62, apartado 1, de la hoy derogada Ley 5/1997 de 25 de junio, por la que se regula el Sistema de Servicios Sociales en el ámbito de la Comunidad Valenciana, según la cual tales acuerdos constituyen "instrumentos organizativos de naturaleza no contractual", no basta para que queden fuera del ámbito de aplicación de la Directiva 2014/24/UE.

primordial es la colaboración en el ámbito social entre Administración Pública y entidades privadas.

Los principios que guían la celebración de conciertos sociales son los de libre concurrencia, igualdad de trato, de no discriminación y de transparencia[16]. Además, por otra parte, junto con los principios generales que guían el sistema gallego de servicios sociales[17], el establecimiento de conciertos sociales se debe regir, específicamente, por una serie de principios que ponen el foco de atención en los usuarios del servicio y que, como se podrá comprobar, se vinculan estrechamente con la calidad de la prestación y a las garantías de los usuarios. En este sentido el artículo 3.1 del Decreto 229/2020 se refiere a los siguientes: a) Atención personalizada e integral[18]; b) Elección de la persona del centro y prestador del servicio[19]; c) Continuidad y regularidad en la atención a lo largo del ciclo vital[20]; d) Arraigo de la persona en el entorno de atención social[21]; e) Igualdad

---

16 Téngase en cuenta que para dar cumplimiento a la obligación de transparencia debe aplicarse los principios generales sobre publicidad activa que recoge la Ley 1/2016 de 18 de enero de transparencia y buen gobierno de Galicia.

17 Teniendo en cuenta el carácter de servicio público que corresponde a los servicios sociales cualquier servicio objeto de concertación debe ajustarse a los principios generales característicos de todos los servicios públicos. Así el artículo 4 de la LSSGA dispone, bajo la rúbrica "Principios generales de los servicios sociales" que el sistema gallego de servicios sociales se regirá por los principios de: a) Universalidad. b) Prevención. c) Responsabilidad pública. d) Igualdad. e) Equidad y equilibrio territorial. f) Solidaridad. g) Acción integral y personalizada. h) Autonomía personal y vida independiente. i) Participación. j) Integración y normalización. k) Globalidad. l) Descentralización y proximidad. m) Coordinación. n) Economía, eficacia y eficiencia. ñ) Planificación. o) Evaluación y calidad.

18 La acción concertada estará orientada la provisión de aquellos servicios que mejoren la calidad de vida y bienestar de las personas usuarias, partiendo del respeto pleno a su dignidad y derechos.

19 Las preferencias e intereses de las personas usuarias serán, en la medida de lo posible, el criterio prioritario para la asignación del prestador del servicio, dentro de la disponibilidad de recursos adecuados para cada caso.

20 La prestación de los servicios se realizará con la continuidad y regularidad que la persona usuaria precise adaptándose permanentemente a las circunstancias cambiantes de su proceso.

21 Los vínculos de las personas usuarias con el entorno social y profesional en el que reciben la atención social deberán tenerse en cuenta en la continuidad de la prestación de los servicios concertados.

en la atención[22]; f) Calidad de la prestación[23]. Así mismo, se hace referencia al principio de proximidad a la población de referencia para procurar la prestación de servicios en un ámbito cerca del lugar de vida habitual de las personas usuarias (art. 3.2b) del Decreto 229/2020).

Desde el punto de vista de la Administración concertante, debe respetarse el principio de eficiencia presupuestaria en el cálculo de las compensaciones económicas a las entidades que presten servicios sociales a través de concierto, esto es, optimización de los recursos públicos. Ahora bien, al tratarse de un tipo de servicios a las personas la eficiencia no debería interpretarse exclusivamente en clave económica, sino que debería tratarse de garantizar un adecuado estándar de calidad en la prestación de los mismos[24].

Y, por último, el principio de subsidiariedad en virtud del cual cabe entender que la acción concertada con entidades públicas o privadas estará subordinada a la óptima utilización, con carácter previo, de los recursos propios. Se supone, por lo tanto, que la utilización de medios propios en la gestión de estos servicios tiene carácter preferente para la prestación de los mismos. No obstante, a pesar de la mención expresa al principio de subsidiariedad, de acuerdo con la regulación vigente más que carácter subsidiario en sentido estricto, más propio de la contratación pública, parece que se apuesta, como es lógico, por la complementariedad.

---

22 Se garantizará que la atención que se preste a las personas usuarias de los conciertos sociales sea realizada en igualdad con aquellas que son atendidas de forma directa por la Administración.

23 Los servicios prestados mediante concierto deberán cumplir con unos estándares mínimos de calidad técnica, organizativa e interpersonal, que sean percibidos por las personas usuarias y permitan su evaluación y control por parte de la Administración.

24 Véase en este sentido a GIMENO FELIÚ, José María, "Los contratos de servicios a las personas y su exclusión de la Ley de Contratos. La colaboración del tercer sector social en la prestación de los servicios locales", en MARTÍNEZ FERNÁNDEZ, José Manuel (coord.), *La gestión de los servicios públicos locales en el marco de la LCSP, LRJSP y la LRSAL*, Madrid, 2019, pp. 689 a 710.

## IX.3.4. SUJETOS DEL CONCIERTO SOCIAL

### *A) Entidad concertante*

La entidad concertante será la que tenga la titularidad del servicio objeto de concierto. En este sentido el artículo 33 bis de la LSSGA dispone que las entidades que ofrecen servicios sociales previstos en las carteras de servicios vigentes podrán acogerse al régimen de conciertos en los términos que establece la presente Ley. Por su parte, el reglamento de desarrollo, Decreto 229/20202, concreta en su artículo 2 que será la Administración general de la Comunidad Autónoma de Galicia, a través de la consellería competente en materia de servicios sociales, y el sector público autonómico, a través de las entidades instrumentales adscritas a la misma. Asimismo, las restantes administraciones públicas incluidas en el sistema gallego de servicios sociales podrán prestar mediante el régimen de concierto social su catálogo de servicios. Por lo tanto, además de la Comunidad Autónoma y de los entes instrumentales adscritos, también las entidades locales pueden formalizar conciertos ya que en la LSSGA se fijan unos servicios sociales mínimos que habrán de quedar garantizados por todos los ayuntamientos[25].

Es obligación de la Administración concertante abonar a la entidad concertada el precio estipulado dentro de los treinta días siguientes a la fecha de aprobación de los documentos que acrediten la conformidad con los servicios prestados. En el supuesto de que la Administración se demorase en el pago deberá abonar a la entidad concertada, a partir del cumplimiento de dicho plazo, los intereses de demora y la indemnización por costes de cobro, en los términos previstos en la Ley 3/2004, de 29 de diciembre, por la que se establecen medidas de lucha contra la morosidad en las operaciones comerciales.

En los conciertos sociales de plazas, la Administración concertante está obligada a cumplir con los compromisos que puedan establecerse en la convocatoria del concierto, en relación con la garantía de un número mínimo de plazas ocupadas o con el pago por la reserva

---

25 Véase el Título II de la LSSGA dedicado a la atribución de competencias a las administraciones públicas de Galicia en materia de servicios sociales.

de plazas sin ocupar. Finalmente, la Administración concertante debe respetar las preferencias de las personas usuarias en la elección del centro y prestador del servicio, en función de la disponibilidad de los recursos y las necesidades técnicas o asistenciales que para el caso determinen los profesionales de la Administración.

### *B) Entidad concertada*

La entidad concertada es la persona encargada de la prestación objeto de concierto. Pues bien, de acuerdo con la normativa gallega aplicable son "las *entidades* que desarrollen prestaciones, programas, servicios o gestionen centros en los ámbitos objeto del concierto social que se convoque y cumplan con los requisitos exigidos (…)". Ni el artículo 33bis de la LSSGA ni el artículo 5 del Decreto 229/2020 distinguen entre entidades públicas o privadas lo que permite entender que dejan la puerta abierta para que el sujeto concertante formalice el concierto social tanto con unas como con otras. Si bien es cierto, como señala *Garrido Juncal*, que si ambas entidades son públicas el instrumento de relación se asimila más a un convenio interadministrativo que a un concierto[26].

A las únicas entidades a las que menciona expresamente la normativa gallega como posible sujeto concertado es a las entidades sin ánimo de lucro con ocasión de poner de manifiesto, como hemos visto, que se les priorizará a la hora de formalizar conciertos cuando se encuentren en identidad de condiciones que el resto de "entidades prestadoras de servicios sociales". De este modo, la consideración de entidad sin ánimo de lucro se incluye entre los criterios de desempate. Se distancia en este aspecto la comunidad gallega de aquellas otras en las que los acuerdos de acción concertada únicamente pueden suscribirse con entidades de iniciativa social lo que implica que quedan al margen las entidades de carácter mercantil[27].

---

26 GARRIDO JUNCAL, Andrea, *Los servicios sociales en el s. XXI: nuevas tipologías y nuevas formas de prestación*, Madrid, 2020, p. 241.

27 Véase a modo de ejemplo Ley asturiana 3/2019, de 15 de marzo, sobre acción concertada con entidades de iniciativa social sin ánimo de lucro para la prestación de servicios de carácter social (art. 1) o la Ley 3/2019, de 18 de febrero, de servicios sociales inclusivos de la Comunitat Valenciana (art. 87).

En este contexto, cabe recordar que existen varios pronunciamientos del Tribunal de Justicia de la Unión Europea en los que mantiene que la exclusión de las entidades con ánimo de lucro no es contraria al principio de igualdad "siempre y cuando dicha exclusión contribuya efectivamente a la finalidad social y a la consecución de los objetivos de solidaridad y de eficiencia presupuestaria que sustentan ese sistema"[28].

En todo caso, no quiere el legislador gallego obstaculizar la libertad de empresa ni prescindir de entidades mercantiles que, como señala *Garrido Juncal*, gestionan generalmente residencias de personas mayores, es decir, infraestructuras que requieren de una importante inversión que, por tanto, no estarían, en principio, al alcance tampoco de las entidades de iniciativa social[29].

Por lo tanto, la LSSGA incluye dentro del sistema gallego de servicios sociales además de las entidades públicas gallegas, a las entidades privadas recogidas en el apartado 2º del artículo 29, esto es, las personas físicas y jurídicas privadas de iniciativa social o de carácter

---

[28] Un análisis detenido de esta doctrina jurisprudencial puede verse en el trabajo de LAZO VITORIA, Ximena, "Prestación de servicios a las personas: ¿concierto social o contrato?", *Revista de Estudios de la Administración Local y Autonómica. Nueva Época* (20), 2023, pp. 31-46.
Asimismo, sobre estos límites a la prioridad para contratar prestación de servicios sociales con entidades sin ánimo de lucros BERNAL BLAY, Miguel Ángel, "La incidencia de la contratación pública en la gestión de los servicios sociales", *Revista Aragonesa de Administración Pública* (29), 2006, pp. 223-224. Por su parte, GIMENO FELIÚ, José María, "Un paso firme en la construcción de una contratación pública socialmente responsable mediante colaboración con entidades sin ánimo de lucro en prestaciones sociales y sanitarias", https://www.obcp.es/opiniones/un-paso-firme-en-la-construccion-de-una-contratacion-publica-socialmente-responsable (última visita, 20 de diciembre de 2024)

[29] Véase GARRIDO JUNCAL, *Los servicios sociales en el s. XXI*, p. 223. En el mismo sentido, José Manuel Fresno apunta que "En ámbitos como la atención a personas mayores hay un peso fuerte del sector mercantil. Lo mismo ocurre, por ejemplo, en el campo de la infancia. En otros ámbitos como la discapacidad o la migración, la presencia de las entidades sin ánimo de lucro es mayoritaria". FRESNO GARCÍA, José Manuel, "Concierto Social y cooperación administrativa-Tercer Sector", en IZAOLA ARGÜESO, Amaia (coord.), *VIII Congreso de la Red Española de Política Social (REPS) REPS 2021. Cuidar la vida, garantizar la inclusión, convivir en diversidad: consensos y retos, Actas de congreso*, Bilbao, 2022, p. 987

mercantil que actúan como entidades prestadoras de servicios sociales[30].

El concepto de entidades de iniciativa social no es unívoco ya que encierra organizaciones con objetivos diversos y con formas jurídicas diferentes. No obstante, el legislador gallego entiende que son entidades de iniciativa social aquellas organizaciones o instituciones no gubernamentales que gestionan centros o desarrollan actuaciones y programas de servicios sociales sin ánimo de lucro. Así mismo, considera que no obstará para la consideración de carencia de ánimo de lucro el hecho de que dichas entidades perciban contraprestación de las personas usuarias, "siempre y cuando del análisis de sus cuentas anuales se deduzca la no obtención de beneficio" (art. 30 LSSGA). Mientras que las entidades de iniciativa mercantil son definidas como las personas y entidades privadas con ánimo de lucro que presten servicios sociales. Tanto unas como otras participarán en la ejecución de las políticas sociales bajo la aplicación del *principio de complementariedad respecto a la gestión pública.*

### a) Requisitos exigidos a las entidades para concertar: especial referencia al sistema de registro, autorización y acreditación

Los requisitos exigidos a las entidades prestadoras de servicios sociales para poder acogerse al régimen de concierto social se encuentran detallados en el artículo 6 del Decreto 229/2020[31]. Nos deten-

---

30 De acuerdo con el artículo 4.1 del Decreto 254/2011, de 23 de diciembre, por el que se regula el régimen de registro, autorización, acreditación e inspección de servicios sociales en Galicia se considera "entidad prestadora de servicios sociales" a toda persona física o jurídica, legalmente reconocida como tal, que sea titular o gestora de centros y/o desarrolle servicios o programas de servicios sociales, en el ámbito territorial de la Comunidad Autónoma de Galicia, de conformidad con lo dispuesto en el artículo 66 de la Ley 13/2008, de 3 de diciembre, de servicios sociales de Galicia. A los efectos de lo dispuesto en el presente apartado: a) Se considera entidad titular del centro o programa aquella que tenga la potestad de organización de este. b) Se considera entidad gestora aquella que gestiona o explota el centro o programa por cuenta y siguiendo las directrices señaladas por la entidad titular.

31 Además de los requisitos que se exponen en el texto, la normativa gallega también exige a la entidad participante: (i) Estar al corriente en el cumplimiento de las obligaciones tributarias y con la Seguridad Social impuestos por la legis-

dremos únicamente a exponer la regulación de las técnicas jurídicas previstas para el control de unas actividades privadas que afectan y pueden incidir en los derechos fundamentales de las personas más vulnerables. Nos referimos a (i) el sistema de registro, (ii) el sistema de autorización y (iii) el sistema de acreditación previsto en la citada norma. Como se sabe, son instrumentos de control *ex ante* ya que un control *ex post*, esto es, posterior a la puesta en marcha del centro o servicio no sería eficaz para evitar los daños que el incumplimiento de requisitos mínimos de salubridad, calidad, estructurales o de recursos humanos pueden causar.

### *i) Obligación de estar debidamente inscritas en el Registro único de entidades prestadoras de servicios sociales de la Comunidad Autónoma de Galicia*

El Registro único de entidades prestadoras de servicios sociales de la Comunidad Autónoma de Galicia (en adelante RUEPSS), recoge la información referida a las entidades que desarrollen programas o son titulares o gestoras de centros o programas de servicios sociales,

lación vigente. (ii) Cuando el objeto del concierto social consista en servicios que, de acuerdo con la normativa vigente, deban prestarse en un espacio físico determinado, deberá acreditarse la titularidad del centro o la disponibilidad por cualquier título jurídico válido por un período no inferior al de la vigencia del concierto, así como, en su caso, la autorización de la entidad o persona titular del local donde se encuentra el centro y/o se prestan los servicios. (iii) Estar en condiciones de acreditar el cumplimiento de la normativa que, con carácter general o específico, le sea aplicable, tanto por la naturaleza jurídica de la entidad como por el tipo de servicio objeto del concierto social. (iv) Contar con un seguro de responsabilidad civil (v) Estar al corriente en el cumplimiento de las obligaciones tributarias y con la Seguridad Social impuestos por la legislación vigente. (vi) Cuando el objeto del concierto social consista en servicios que, de acuerdo con la normativa vigente, deban prestarse en un espacio físico determinado, deberá acreditarse la titularidad del centro o la disponibilidad por cualquier título jurídico válido por un período no inferior al de la vigencia del concierto, así como, en su caso, la autorización de la entidad o persona titular del local donde se encuentra el centro y/o se prestan los servicios. (vii) Estar en condiciones de acreditar el cumplimiento de la normativa que, con carácter general o específico, le sea aplicable, tanto por la naturaleza jurídica de la entidad como por el tipo de servicio objeto del concierto social. (viii) Contar con un seguro de responsabilidad civil.

en los ámbitos de mayores, discapacidad, igualdad, infancia, menores, familia, inclusión y servicios comunitarios. Los ciudadanos pueden acceder al mismo para consultar información sobre la localización y las características de los recursos[32].

El RUEPSS se encuentra regulado en el Decreto 254/2011, de 23 de diciembre, por el que se dispone el régimen de registro, autorización, acreditación e inspección de servicios sociales en Galicia. Es competencia de la Xunta de Galicia y la inscripción en el mismo se efectuará de oficio con la resolución de autorización, o con la presentación de la declaración responsable o de la comunicación previa conforme a lo dispuesto en la correspondiente normativa sectorial. No obstante, sin prejuicio de lo anterior, las entidades prestadoras de servicios sociales, podrán solicitar su inscripción en dicho registro. En este sentido la inscripción en el RUEPSS es un procedimiento que pueden solicitar las entidades prestadoras de servicios sociales, públicas o privadas, con o sin ánimo de lucro, que sean titulares de centros, que desarrollen programas o realicen actividades propias de los servicios sociales en el territorio de la Comunidad Autónoma de Galicia. No tiene la naturaleza propia de un registro público ya que la inscripción no cuenta con carácter constitutivo. Se realiza por tiempo ilimitado mientras que la entidad mantenga sus actividades.

Entidades inscritas a 31.12.2023:

| | A Coruña | Lugo | Ourense | Pontevedra | Outra | Total |
|---|---|---|---|---|---|---|
| Iniciativa privada con ánimo de lucro | 510 | 169 | 268 | 456 | 84 | 1.487 |
| Iniciativa privada sin ánimo de lucro | 1 | | | 1 | | 2 |
| Iniciativa pública | 112 | 70 | 105 | 64 | 3 | 354 |
| Iniciativa social | 468 | 145 | 245 | 434 | 105 | 1.397 |
| Total | 1.091 | 384 | 618 | 955 | 192 | 3.240 |

*Fuente: Informe da explotación estatística do Rexistro Único de Entidades Prestadoras de Servizos Sociais (ano 2023)*[33].

32 https://ruepss.xunta.gal/XiacWeb/

33 Véase, CONSELLERÍA DE POLÍTICA SOCIAL, SECRETARÍA XERAL TÉCNICA, SUBDIRECCIÓN XERAL DE INSPECCIÓN E SERVIZOS SOCIAIS, "In-

*ii) Contar con la oportuna autorización administrativa de sus centros y con la tramitación de la oportuna autorización, declaración responsable o comunicación previa de sus servicios, en función del régimen de intervención previsto en la legislación vigente*

La LSSGA dispone en su artículo 68 que los servicios, centros y programas de servicios sociales de titularidad pública y privada que se desarrollen en Galicia precisarán, con carácter previo, para su creación o construcción, inicio de actividades, modificación sustancial y cese de actividades, obtener la autorización o presentar la correspondiente declaración responsable o comunicación previa ante el órgano competente sin perjuicio de otras autorizaciones o licencias exigibles de acuerdo con la legislación vigente[34].

Por su parte, el artículo 29 determina que, por razones de salud pública directamente vinculadas con la garantía de la adecuada atención y protección de los usuarios de los servicios sociales, la prestación de los servicios para personas mayores, con discapacidad y/o con dependencia, de los servicios para la infancia y la adolescencia, y de los servicios de acogida o inclusión está sujeta, con carácter previo al inicio de la actividad, a la correspondiente autorización. Así mismo, la prestación de los servicios que supongan el ejercicio privado de funciones públicas relativas al acogimiento residencial de meno-

---

forme da explotación estatística do Rexistro Único de Entidades Prestadoras de Servizos Sociais (ano 2023)", https://politicasocial.xunta.gal/gl/recursos/publicacions/informe-da-explotacion-estatistica-do-rexistro-unico-de-entidades-prestadoras (última visita, 20 de diciembre de 2024)

34 La Ley de Servicios Sociales de Galicia exigía una autorización para crear y gestionar centros, servicios y programas sociales. Sin embargo, la Ley estatal 20/2013 de 9 de diciembre, de garantía de la unidad de mercado establece el libre acceso y ejercicio de actividades económicas, limitando las exigencias administrativas a casos justificados. En este contexto la Ley 6/2016, de 4 de mayo, de la economía social de Galicia otorga esa nueva redacción al artículo 68 de la LSSGA con el fin de adaptar la normativa gallega a otras leyes nacionales y europeas (como la Ley 17/2009 y la Ley 25/2009), estableciendo que el régimen de autorización solo se aplique cuando sea imprescindible, según los principios de necesidad y proporcionalidad, y no pueda sustituirse por una declaración responsable o comunicación previa. En todo caso, se justifica el mantenimiento del régimen de autorización en servicios sociales específicos por razones de salud pública, orden público, seguridad pública e interés general, como garantía de calidad y protección para los usuarios.

res o a la aplicación de medidas judiciales a menores, así como la prestación de servicios de educación infantil sujetos a autorización de conformidad con las leyes en materia educativa que los regulan, también está sujeta con carácter previo al inicio de la actividad a la correspondiente autorización.

El régimen jurídico de las autorizaciones y procedimientos para su concesión en esta materia se encuentra regulado en el Capítulo III del Decreto 254/2011, de 23 de diciembre, por el que se regula el régimen de registro, autorización, acreditación y de la inspección de los servicios sociales en Galicia. Tras una lectura detenida de su contenido se observa que lo determinante para obtener y mantener la autorización de inicio de actividad de centros y programas de servicios sociales, es comprobar que se dispone de los medios materiales, personales y funcionales específicos para el correcto desarrollo de las prestaciones que se van a realizar.

Aunque no se alude expresamente a la necesidad de garantizar unos determinados niveles de calidad de los servicios que se van a prestar con atención a los umbrales de satisfacción que deben alcanzar los usuarios, cabe recordar que la LSSGA (Título V) configura la calidad como un principio general del sistema y, además, como un derecho de las personas. Este sistema de calidad tendrá que tomar como referente el nivel de satisfacción y las necesidades de las personas en relación al sistema gallego de servicios sociales. El departamento autonómico competente elaborará un Plan de calidad del sistema que habrá de definir los objetivos esenciales, los indicadores y estándares de referencia y los mecanismos de seguimiento y control.

En cuanto a la técnica de control para la prestación de los restantes servicios sociales está sujeta, con carácter previo al inicio de la actividad, a la presentación de la correspondiente declaración responsable o comunicación previa, de acuerdo con lo previsto en la normativa sectorial de aplicación, sin perjuicio de las facultades de control, comprobación e inspección que corresponden al órgano con atribuciones en materia de autorización e inspección de la consejería de la Xunta de Galicia. Como es sabido, dichas facultades de control, comprobación e inspección podrán ejercitarse en cualquier momento.

### *iii) En su caso, contar con la correspondiente acreditación administrativa de los servicios prestados*

Hay que tener en cuenta que los centros, servicios o programas autorizados podrán ser acreditados por el departamento competente del gobierno gallego cuando se constate el cumplimiento de los criterios específicos y estándares de calidad que a tal efecto se establezcan para los diferentes tipos de prestación y personas destinatarias (art. 69 LSSGA).

La acreditación asegura que las entidades privadas cumplen con estándares mínimos de aptitud y que los centros y servicios que gestionan cumplen con criterios de calidad. Este requisito previo debería ser esencial tanto para la prestación de servicios a las personas a través de modalidades contractuales como para aquellas que no lo son. En un modelo de concertación social que utilice auténticos instrumentos no contractuales, sin restricciones ni cupos, la acreditación debería bastar para la prestación de servicios incluidos en las carteras de servicios sociales financiadas por las comunidades autónomas[35]. No obstante, debido a las limitaciones de recursos presupuestarios, la normativa autonómica establece, como se verá, un procedimiento adicional de selección para adjudicar las plazas o servicios concertados, fundamentado principalmente en criterios sociales y en la proximidad afectiva y territorial.

El procedimiento de acreditación así como los criterios de evaluación a tener en cuenta para el establecimiento de los requisitos o estándares de calidad para la concesión y renovación de la acreditación también está previsto en el Decreto 254/2011, de 23 de diciembre[36].

---

35 En este sentido véase, DARNACULLETA GARDELLA, *Revista Catalana de Dret Públic*, 2021, p. 48.

36 El artículo 35.2 establece que los requisitos y estándares de calidad para la concesión y renovación de la acreditación en servicios sociales se basan en varios criterios: el cumplimiento de la misión, objetivos, eficiencia, transparencia y responsabilidad social de la entidad prestadora; el mantenimiento y mejora de las instalaciones y recursos adaptados a las necesidades de los usuarios y respetuosos con el entorno; la mejora de las condiciones laborales, incluyendo igualdad, formación, estabilidad, conciliación laboral y profesionalización del personal; la implantación de sistemas de gestión de calidad, mejora continua, compromisos de calidad y evaluación de la satisfacción de usuarios y grupos de interés; y el

Concedida la acreditación tendrá un periodo de duración de cuatro años y, si no cambia la titularidad del servicio, será renovable por períodos iguales. Su vigencia se condiciona al mantenimiento de los requisitos y estándares tenidos en cuenta para su obtención. La ventaja para un centro, programa o servicio de contar con la pertinente autorización a la hora de resolver una convocatoria de concierto social es que se podrá tener en cuenta en las bases reguladoras como criterio necesario o preferente para que una entidad resulte ser la beneficiaria del concierto.

Por último, cabe hacer referencia expresa al requisito que impone a los participantes acreditar su solvencia económica y financiera y técnica o profesional, así como una experiencia mínima de atención al colectivo destinatario del objeto del concierto.

Al igual que ocurre en la contratación pública, las entidades concertadas deben acreditar su solvencia ya que el interés público requiere que se garantice de antemano que dichas entidades tienen capacidad real tanto de carácter económico y financiero como de carácter técnico o profesional para hacer frente a las obligaciones que van a contraer. De este modo y de acuerdo con las bases reguladoras de conciertos para la realización de determinadas prestaciones sociales publicadas en el Diario Oficial de Galicia se ha podido comprobar que se considera que tiene *solvencia económica* la entidad que acredite cumplir uno de los siguientes requisitos (i) un seguro de indemnización por riesgos profesionales o de responsabilidad civil, vigente hasta el final del concierto, (ii) un volumen anual de negocios en el ámbito de las actividades de contenido similar al objeto del concierto.

Asimismo, las entidades solicitantes deberán acreditar su *solvencia técnica o profesional*. En este sentido, se reputará solvente la entidad que acredite haber ejecutado durante un determinado periodo de tiempo uno o varios trabajos de contenido similar al del objeto del concierto. También deben acreditar las entidades concertadas la disposición de medios y recursos suficientes para garantizar el cumpli-

---

cumplimiento de deberes de autoevaluación periódica y actualización de sistemas de información para garantizar el cumplimiento continuo de los requisitos acreditados.

miento de las condiciones establecidas en cada servicio. Desde esta perspectiva, las entidades deberán disponer del personal preciso para atender a la realización de las prestaciones concertadas. Además, el personal deberá cumplir los requisitos establecidos en la normativa que sea de aplicación y en la correspondiente convocatoria. Es importante tener en cuenta que dicho personal dependerá exclusivamente de las entidades concertadas, por cuanto estas tendrán todos los derechos y obligaciones inherentes a su calidad de empresarias y deberán cumplir las disposiciones vigentes en materia fiscal, laboral, de seguridad social, de integración social de las personas con discapacidad, igualdad de género y seguridad y salud en el trabajo. Por lo tanto, el incumplimiento de estas obligaciones por parte de las entidades concertadas no implicará responsabilidad alguna para la Administración.

Desde el punto de vista de los recursos materiales, las entidades concertadas están obligadas a que sus centros dispongan, durante la vigencia del concierto y para el cumplimiento de los objetivos asistenciales previstos, de los recursos materiales, equipamiento y sistemas informáticos y de comunicaciones, en su caso, necesarios para realizar con eficacia, calidad y garantía las prestaciones objeto del concierto. Las entidades concertadas mantendrán los centros, su equipamiento e instalaciones en perfectas condiciones de conservación y funcionamiento, debiendo, a tal efecto, suscribir los contratos de mantenimiento preceptivos, así como llevar a cabo las reparaciones y reposiciones que sean necesarias, haciendo frente a los deterioros propios del funcionamiento diario de las instalaciones y de su equipamiento. Asimismo, están obligadas a gestionar los permisos, licencias y autorizaciones establecidas en la normativa nacional, autonómica y local que les sea de aplicación, y en las normas de cualquier otro organismo público o privado que sean necesarias para el inicio y ejecución del servicio concertado.

Finalmente, se exige a las entidades participantes tener y acreditar una experiencia temporal mínima en la atención al colectivo destinatario del objeto del concierto[37].

---

37 Véase la Orden de 13 de diciembre de 2023 por la que se establecen las bases reguladoras del concierto social para la reserva y ocupación de plazas en servi-

### b) Prohibiciones para concertar

El legislador gallego establece una serie de prohibiciones para concertar. Eso es, causas que impiden concertar prestaciones de carácter social con determinadas personas o entidades. Son manifestaciones del principio de integridad y se detallan en el artículo 7 del Decreto 690/2020 que impide a la Administración concertar con entidades prestadoras de servicios sociales que se encuentren en situaciones que limiten su capacidad para contratar, como las previstas en el artículo 71 de la Ley 9/2017 de Contratos del Sector Público. También se prohíbe concertar con entidades sancionadas por la Xunta de Galicia con la prohibición de acceso a financiación pública, mientras dure dicha sanción.

Además, no podrán establecer conciertos con entidades que no estén al corriente en el pago de obligaciones por reintegro de subvenciones, salvo que las deudas estén aplazadas, fraccionadas o suspendidas por impugnación. Tampoco se podrá concertar con aquellas que hayan tenido resuelto o no formalizado un concierto anterior en los últimos cuatro años por causas imputables a ellas.

Estas restricciones también se aplican a entidades que se consideren una continuación, transformación, fusión o sucesión de otras que incurran en las mismas prohibiciones, ya sea por las personas que las rigen u otras circunstancias.

### *C) Obligaciones de la entidad concertada*

El citado Decreto 229/2020 aborda de manera integral las obligaciones de las entidades que participan en conciertos sociales, destaca la interrelación entre la prestación del servicio, la transparencia, la responsabilidad legal, el respeto a los derechos de los usuarios y el cumplimiento normativo.

Se enfatiza que las entidades concertadas deben organizar y ofrecer sus servicios bajo estrictos parámetros legales y garantizar tanto la calidad como la continuidad. Este compromiso incluye admitir a

---

cios de atención diurna y de atención residencial para personas dependientes con parálisis cerebral para el período 2024-2028, y se procede a su convocatoria mediante tramitación anticipada de gasto (código de procedimiento BS632D).

todos los usuarios remitidos por la Administración en condiciones de igualdad y no discriminación, y respetar los derechos que les otorgan las leyes, con una mención especial a los derechos recogidos en la Ley 1/2015 de 1 de abril de garantía de la calidad de los servicios públicos[38]. Está prohibido cobrar a las personas usuarias por prestaciones propias del sistema público de servicios sociales cantidad alguna fuera del precio público establecido[39]. Además, el régimen de concierto es incompatible con la percepción simultánea de subvenciones para los mismos servicios. Esta previsión trata de garantizar el carácter no lucrativo que tiene la prestación del servicio para la entidad concertada. En caso de contribución de las personas usuarias, la Administración fija su participación y regula los procedimientos de cobro y casos de impago. La suma de aportaciones de la Administración y los usuarios no puede superar los precios establecidos[40].

La transparencia y la comunicación son pilares esenciales. Las entidades deben identificarse como concertadas en su documentación y espacios físicos, y están obligadas a informar a la Administración sobre cualquier cambio en la prestación del servicio o sobre aspectos relevantes como las ayudas económicas recibidas. Este flujo de información está conectado con la obligación de facilitar controles e inspecciones, permitiendo que la Administración garantice la correcta gestión de los fondos públicos y la calidad en la prestación de los servicios.

---

38 El artículo 38 de la Ley 1/2015 establece que todas las personas usuarias de los servicios públicos autonómicos tienen los mismos derechos, independientemente de la modalidad de prestación. Estos derechos incluyen: ser admitidas al servicio si cumplen los requisitos legales; recibir prestaciones con continuidad, calidad, igualdad y no discriminación; elegir ser atendidas en gallego o castellano, garantizando el uso preferente del gallego en las actividades públicas; ser tratadas con respeto; acceder a información para quejas o reclamaciones; presentar sugerencias o quejas con respuesta motivada; obtener copia sellada de los documentos presentados; y exigir a la Administración inspección, control y sanción para garantizar el buen funcionamiento de los servicios públicos.

39 Véase el artículo 33 quater de la LSSGA.

40 El régimen económico del concierto social se encuentra regulado en los artículos 36 a 40 del Decreto 229/2020, de 17 de diciembre, por el que se desarrolla el régimen de conciertos sociales en el ámbito de la Comunidad Autónoma de Galicia.

En términos de responsabilidad legal, las entidades asumen la obligación de indemnizar por los daños que puedan causar, a menos que estos sean atribuibles a la Administración. Para ello, deben suscribir un seguro de responsabilidad civil. Además, la norma destaca la importancia de garantizar condiciones laborales adecuadas para el personal, incluyendo estabilidad, igualdad de género y protección contra riesgos laborales. Estas condiciones laborales no solo fortalecen la calidad del empleo, sino que también se vinculan a la obligación de subrogar relaciones laborales cuando sea necesario por normativa o convenios colectivos.

En el ámbito de la protección de derechos, se subraya la confidencialidad de los datos personales, especialmente de aquellos relacionados con menores, lo que implica un cumplimiento riguroso de las normativas de protección de datos. Las entidades deben proporcionar mecanismos efectivos para que los usuarios puedan expresar quejas o sugerencias, asegurando la comunicación entre las partes y reforzando la supervisión por parte de la Administración.

Por último, las entidades están obligadas a cumplir con todas las disposiciones normativas aplicables en materia laboral, fiscal, ambiental y de integración social, así como con las exigencias específicas de cada convocatoria de concierto social. Estas obligaciones están diseñadas para garantizar una prestación eficiente y equitativa del servicio, vinculando todos los aspectos operativos, legales y éticos que rigen las actividades de las entidades concertadas[41].

En caso de incumplimiento del concierto social se establece una relación entre penalizaciones, protección de derechos de los usuarios y la ejecución de medidas administrativas. Se prevé que las convocatorias puedan incluir penalizaciones económicas en caso de cumplimiento defectuoso, siempre que estas sean proporcionales a la gravedad del incumplimiento y no superen el 10% del importe total del concierto. Este mecanismo busca garantizar un adecuado nivel de cumplimiento y calidad en los servicios.

---

[41] Véase el artículo 20 del Decreto 229/2020, de 17 de diciembre, por el que se desarrolla el régimen de conciertos sociales en el ámbito de la Comunidad Autónoma de Galicia.

Cuando el incumplimiento afecta las condiciones esenciales del concierto o vulnera los derechos de los usuarios, la Administración puede intervenir directamente para proteger a los afectados y, a su vez, exigir a la entidad concertada la reparación de los daños y perjuicios ocasionados. Esto refleja una relación directa entre las responsabilidades de las entidades y la salvaguarda de los derechos de los beneficiarios del servicio.

Asimismo, se establece que las resoluciones administrativas relacionadas con la imposición de penalizaciones o la determinación de daños son inmediatamente ejecutivas. Para hacerlas efectivas, se prevé la deducción de las cantidades correspondientes en los pagos a la entidad concertada o el uso de las garantías previamente exigidas. Se cierra el ciclo de responsabilidad y ejecución con medidas que aseguran el cumplimiento de las obligaciones concertadas[42].

Por último, se establecen restricciones a la subcontratación y cesión de los servicios concertados. Por lo que se refiere a la subcontratación sólo cabe en relación con prestaciones accesorias o complementarias del objeto principal del concierto social. Así, en los servicios asistenciales de atención diurna o nocturna, se podrá admitir la subcontratación total del servicio de transporte. No obstante, no es fácil dilucidar qué se entiende por prestaciones esenciales y prestaciones accesorias. Necesariamente, dependerá del servicio concreto de que se trate[43]. Además, hay que entender que los subcontratistas quedarán obligados solo ante la entidad concertada, que

42 Ídem, artículo 21.

43 A modo de ejemplo, la Orden de 13 de diciembre de 2023 por la que se establecen las bases reguladoras del concierto social para la reserva y ocupación de plazas en servicios de atención diurna y de atención residencial para personas dependientes con trastorno del espectro autista para el período 2024-2028, y se procede a su convocatoria mediante tramitación anticipada de gasto, se podrán subcontratar, entre otras, las siguientes prestaciones: a) Servicio de manutención, transporte, limpieza u otras de análoga consideración. b) Aquellas actividades que correspondan a la prestación de servicios profesionales (como es el caso, entre otros, del servicio médico, de enfermería o de fisioterapia), que no requieran exclusividad o que tengan naturaleza de servicios generales, que sean necesarios para cubrir las necesidades de atención integral o ejecución del servicio.

asumirá la total responsabilidad de la ejecución y de la prestación del servicio frente a la Administración.

La cesión de servicios está prohibida. Por lo tanto, una entidad concertada no puede ser sustituida por otra. No obstante, sería posible en casos excepcionales como la declaración en concurso de acreedores de la entidad concertada. En tal situación, y con autorización previa de la Administración, se podrán adoptar medidas para garantizar la continuidad y calidad del servicio prestado a las personas usuarias[44].

## IX.3.5. ÁMBITO OBJETIVO

De acuerdo con lo dispuesto en la legislación vigente podrá ser objeto del concierto social, por un lado, la reserva y uso exclusivo de plazas para personas usuarias de servicios sociales o colectivos vulnerables, siempre que el acceso esté autorizado por las administraciones públicas conforme a los criterios normativos aplicables. Y, por otro, también abarca la gestión integral de prestaciones técnicas, tecnologías, programas o centros.

El objeto de los conciertos debe ser concreto y definido, lo que implica detallar los servicios y prestaciones involucrados con referencia a la normativa que los regule. Asimismo, el acceso a las plazas concertadas se realizará exclusivamente a través del órgano administrativo competente de la Administración concertante[45].

En todo caso, el titular de la entidad concertada debe proveer los servicios y prestaciones conforme a la legislación y al pliego técnico correspondiente. Cabe la opción de suscribir un único concierto social para cubrir la reserva de plazas en varios centros o la gestión integral de múltiples prestaciones o servicios, siempre que dependan de la misma entidad titular y exista complementariedad o continuidad entre ellos. Esta modalidad se adoptará cuando la Administración considere que mejora la eficacia o eficiencia en la prestación de los

---

44 Véase el artículo 25 del Decreto 229/2020, de 17 de diciembre, por el que se desarrolla el régimen de conciertos sociales en el ámbito de la Comunidad Autónoma de Galicia.

45 Ídem, artículo 4.

servicios. El documento del concierto deberá especificar los aspectos particulares de cada centro, prestación o servicio involucrado[46].

Los servicios objeto de los conciertos sociales serán compensados con los precios o módulos económicos que se establezcan para cada tipo de prestación. Estos precios deben ser adecuados para cubrir los costes variables, fijos y permanentes, y su desglose incluirá salarios, con posible diferenciación por sexo y categoría profesional. Las revisiones de precios se realizarán ante modificaciones o variaciones sustanciales en los costes, en todo caso, deben efectuarse, al menos, una vez al año.

También se pueden llevar a cabo por parte de las entidades concertadas servicios o prestaciones complementarias al objeto principal del concierto social. Estos servicios deben ser voluntarios, no lucrativos y no discriminatorios para las personas usuarias. La Administración concertante debe autorizar previamente su implementación, ya sea antes de formalizar el concierto o durante su ejecución, previa solicitud de la entidad concertada. Dicha autorización requiere comprobar que las prestaciones son realmente complementarias, no afectan la intensidad, volumen o calidad del concierto principal, y no forman parte de sus servicios esenciales. Para ello, la entidad debe presentar una memoria justificativa y económica que demuestre el cumplimiento de los requisitos[47].

Como estas prestaciones no gratuitas no pueden tener fines lucrativos, se prevé la posibilidad de que la Administración pueda elaborar y publicar un catálogo de servicios complementarios no gratuitos, incluyendo precios de referencia basados en costos de mercado y autorizaciones previas[48]. Asume, por lo tanto, el legislador gallego la premisa de responder a la evolución del estado social encaminado a alcanzar bienestar integral de los grupos más vulnerables.

Para finalizar este apartado, resta hacer referencia a la duración de los conciertos sociales en Galicia que, deben ser plurianuales. Esta es una ventaja frente a las subvenciones que, generalmente, tienen carácter anual lo que no favorece ni facilita la mejor prestación

46 Ídem, artículo 19.6.

47 Ídem, artículo 24.

48 Ídem.

de los servicios, planes y programas. Por lo tanto, para garantizar la estabilidad en la prestación de servicios, los conciertos tienen una duración inicial máxima de cuatro años. Las renovaciones pueden llevarse a cabo, siempre que estén previstas en la convocatoria, hasta un límite total de diez años, y cada renovación no podrá superar los cuatro años iniciales. Excepcionalmente, el Consello de la Xunta puede autorizar superar el límite de cuatro años tanto para la duración inicial como para las renovaciones. Una vez finalizado el concierto, la Administración tiene la posibilidad de convocar un nuevo concierto. Ahora bien, hay que tener en cuenta que para la renovación se exige como requisito fundamental que la Administración compruebe la necesidad de continuar atendiendo la demanda del servicio y que la entidad concertada sigue cumpliendo los requisitos exigidos y existan consignaciones presupuestarias suficientes para asumir el gasto.

## IX.3.6. PROCEDIMIENTO DE CONCERTACIÓN

Para concertar la prestación de servicios sociales la consellería competente o sus entes instrumentales podrán convocar (i) procedimientos de asignación de conciertos o (ii) la articulación de conciertos de adhesión.

La asignación de conciertos será el procedimiento a emplear cuando sea preciso realizar una selección de las entidades concertantes en función de las limitaciones presupuestarias o del número y características de las prestaciones susceptibles de concierto social. Esto es, se regula un procedimiento para elegir las entidades con las que concertar sobre la base de los criterios de selección previstos en las respectivas normas. Como señala *Álvarez Fernández*, esta previsión se opondría a los presupuestos sobre los que se sustenta el concierto social como fórmula no contractual, toda vez que la exclusión del ámbito de aplicación de la LCSP requeriría que cualquier entidad que cumpla los requisitos establecidos por el sujeto que concierta pudiera acceder al concierto. Hace referencia la autora a los pronunciamientos del Tribunal de Justicia de la Unión Europea en los que, precisamente, se permite excluir la celebración de un contrato en los casos en los que no existe selección y, por tanto, adjudicación a un concreto licitador[49].

En la convocatoria del procedimiento se establecerán los criterios de selección y preferencia para seleccionar a los prestadores de los servicios y el número de plazas, las prestaciones o programas que cada uno de ellos prestará durante el concierto social.

En cambio, por lo que se refiere a los conciertos de adhesión las entidades que tengan la autorización o cumplan con el régimen de control al que estén sometidas o, en su caso, cuenten con la acreditación requerida y cumplan los requisitos de admisión podrán adherirse al sistema durante toda la vigencia del concierto social. Con la periodicidad que establezca la convocatoria el órgano competente efectuará la concertación de plazas, prestaciones o programas atendiendo prioritariamente a la elección de la persona usuaria. Se trata de un modelo más flexible y ágil. Estos conciertos de adhesión son una fórmula alternativa para que las entidades puedan inscribirse en cualquier momento, de tal forma que las plazas se concierten cuando y con quien sea preciso[50].

Para la celebración de conciertos sociales el órgano competente de la Administración Pública tras justificar una falta de oferta pública adecuada debe iniciar la tramitación del correspondiente expediente[51]. Este debe incluir una memoria justificativa que explique la necesidad del concierto, su modalidad y su idoneidad para garantizar

---

49 ÁLVAREZ FERNÁNDEZ, "El concierto social como fórmula alternativa (y no contractual) para la gestión indirecta de los servicios sociales públicos", *IUS ET VERITAS: Revista de la Asociación IUS ET VERITAS,* 2021, p. 27. En el mismo sentido DARNACULLETA GARDELLA, María Mercè, "Les noves modalitats de gestió de serveis a les persones a la legislació autonòmica de serveis socials: especial referència a l'acció concertada", *Revista Catalana de Dret Públic,* 2021, p. 48. La autora manifiesta que la existencia de estos procedimientos implica la apertura de un régimen de concurrencia competitiva que desdibuja el carácter pretendidamente no contractual de los instrumentos de acción social, al menos desde la perspectiva de la legislación y la jurisprudencia europea sobre contratación pública.

50 Las modalidades de concertación se encuentran reguladas en el artículo 9 del Decreto 229/2020, de 17 de diciembre, por el que se desarrolla el régimen de conciertos sociales en el ámbito de la Comunidad Autónoma de Galicia.

51 Ídem, artículo 10.

el acceso de los usuarios a los servicios sociales, así como justificar los criterios y requisitos aplicados. También se requiere un informe que acredite la insuficiencia de medios propios para prestar el servicio, un pliego técnico que defina las condiciones técnicas y organizativas del concierto, un estudio de costes que calcule el precio del concierto considerando fiscalidad y otros gastos, y un informe jurídico que evalúe su adecuación a la normativa vigente. Con este procedimiento se trata de garantizar la transparencia, legalidad y pertinencia de los conciertos sociales dentro del sistema público de servicios sociales.

El procedimiento se iniciará de oficio mediante resolución de la persona titular de la consellería responsable de servicios sociales. Las resoluciones que convoquen conciertos sociales se publicarán en el Diario Oficial de Galicia y debe detallar aspectos clave como la necesidad administrativa que se pretende cubrir, el objeto y modalidad del concierto, y el régimen económico (presupuesto, distribución en anualidades y precio o módulos económicos). También se especificará la duración del concierto, la posibilidad de renovaciones, los requisitos para las entidades participantes, el plazo y lugar para presentar solicitudes, y la documentación requerida[52].

Además, debe contemplar los órganos responsables de la tramitación y resolución, el procedimiento a seguir[53], el plazo de resolución, los recursos disponibles, los criterios de selección, y la composición de la Comisión de Valoración[54]. Se incluirán las condiciones técnicas

---

52 El procedimiento se encuentra regulado en los artículos 11 a 19 del Decreto 229/2020, de 17 de diciembre, por el que se desarrolla el régimen de conciertos sociales en el ámbito de la Comunidad Autónoma de Galicia.

53 De acuerdo con lo dispuesto en el artículo 14 del Decreto 229/2020, de 17 de diciembre, por el que se desarrolla el régimen de conciertos sociales en el ámbito de la Comunidad Autónoma de Galicia. 1. El órgano competente para la tramitación del procedimiento será la dirección general o el ente instrumental promotor del concierto social, a través de los órganos de dirección dependientes. 2. El órgano instructor realizará de oficio cuantas actuaciones considere necesarias para comprobar que la solicitud reúne los requisitos exigidos y se acompaña la documentación preceptiva.

54 La Comisión de Valoración se encuentra regulada en el artículo 15 del Decreto 229/2020, de 17 de diciembre, por el que se desarrolla el régimen de conciertos sociales en el ámbito de la Comunidad Autónoma de Galicia. Esta Comisión es la encargada de verificar el cumplimiento de los requisitos por parte de las entidades y evalúa las solicitudes según los criterios de selección establecidos. La Co-

y materiales de la prestación, las obligaciones laborales en caso de subrogación, aspectos sobre la ejecución del concierto, derechos y obligaciones de las partes, la necesidad de garantías, y el régimen de pagos. Finalmente, se abordarán las posibles modificaciones, causas de resolución y extinción, así como cualquier otra información relevante.

Las entidades interesadas deben presentar las solicitudes electrónicamente a través de la sede de la Xunta de Galicia, lo que implica la aceptación completa de los términos de la convocatoria. Para los procedimientos de asignación, el plazo mínimo de presentación será de un mes desde la publicación de la convocatoria, mientras que en los conciertos de adhesión el plazo permanecerá abierto el tiempo de duración del concierto social y en caso de prorrogarse se reabrirá un nuevo plazo de solicitudes durante el tiempo de la renovación, publicándose en el Diario Oficial de Galicia.

Como se ha señalado, el legislador prioriza la formalización de conciertos sociales con entidades sin ánimo de lucro, siempre que ofrezcan condiciones de efectividad, calidad y rentabilidad social equivalentes a otras entidades, respetando los principios de igualdad, no discriminación y transparencia. En su ausencia, se podrá concertar con otras entidades.

Los criterios de selección podrán incluir factores como la continuidad y arraigo de las personas usuarias, la implantación local de la entidad, valoraciones previas del servicio, certificaciones de calidad, experiencia en gestión, cumplimiento normativo, condiciones laborales, formación del personal, e incorporación de colectivos con

---

misión estará integrada por personal de la consellería competente en servicios sociales o de las entidades adscritas que promuevan el concierto, preferentemente funcionarios con conocimientos y experiencia en la materia. Además, se procurará una composición equilibrada en términos de género, y su conformación será especificada en la convocatoria. En los procedimientos de asignación, la Comisión determinará las entidades que cumplen los requisitos, elaborará un listado ordenado según las puntuaciones obtenidas y asignará plazas o servicios. En los conciertos de adhesión, verificará el cumplimiento de los requisitos para la admisión al sistema. El funcionamiento de la Comisión estará sujeto a la normativa aplicable a órganos colegiados, como la Ley 40/2015 y la Ley 16/2010, que regulan el régimen jurídico y la organización de la administración pública autonómica.

dificultades de empleo (trabajadores con discapacidad o con dificultades de acceso a empleo). En servicios de atención a la infancia, se valorará especialmente la experiencia y formación en atención a menores. También se tendrán en cuenta medidas de igualdad y conciliación, así como cualquier criterio relevante para evaluar la idoneidad de las entidades. Para los conciertos de adhesión, en los casos en que la elección de las personas usuarias no sea posible o suficiente para la asignación de las plazas, prestaciones o programas, se usarán criterios secundarios que prioricen la continuidad y arraigo.

La resolución de los conciertos sociales corresponde a la persona titular de la consellería competente o, en su caso, al órgano establecido por las entidades instrumentales adscritas. El plazo máximo para resolver y notificar es de tres meses desde la publicación de la convocatoria, ampliable hasta otros tres meses más. En conciertos de adhesión, el plazo comienza desde la presentación de la solicitud. Si no se dicta resolución en el plazo establecido, se considerará desestimada la solicitud por silencio administrativo.

De acuerdo con los principios de publicidad y transparencia que debe regir todo el procedimiento de concierto social, las resoluciones de concertación se publicarán en el Diario Oficial de Galicia, con efectos de notificación, aunque se pueden complementar con notificaciones electrónicas. Además, en los conciertos de adhesión, se publicarán las resoluciones sobre plazas, prestaciones o programas asignados.

Por lo que se refiere a los recursos, hay que tener en cuenta que las resoluciones de los procesos de asignación y de admisión de plazas en los conciertos de adhesión son definitivas en vía administrativa. Contra ellas, las entidades pueden interponer un recurso potestativo de reposición o un recurso contencioso-administrativo, siguiendo los plazos y formas establecidos por la normativa correspondiente.

Para finalizar, la formalización de los conciertos sociales se realiza mediante un documento administrativo que debe suscribirse dentro de los 30 días posteriores a la publicación de la resolución de concertación.

La formalización es un requisito indispensable para la ejecución del concierto, y el documento incluye aspectos esenciales como: identificación de las partes (órgano administrativo y entidad prestadora), antecedentes administrativos del concierto social y definición del objeto del concierto (servicios y características), régimen económico, régimen de participación, en su caso, de las personas usuarias en el coste del servicio, plazos totales y parciales de duración del concierto, condiciones de renovación, y posibilidad de revisión de precios, obligaciones de la entidad concertada, incluyendo la garantía de prestación de servicios, referencia a la posibilidad y condiciones para realizar prestaciones no gratuitas y servicios complementarios, seguro de responsabilidad civil para cubrir las contingencias que se puedan producir en la prestación del servicio, a la obligatoriedad de continuar prestando los servicios concertados de existir usuarios que deban ser atendidos en el caso de finalización o extinción del concierto social y a las obligaciones laborales y sociales con el personal contratado para la prestación del servicio, limitaciones para subcontratar o ceder el concierto y cualquier otra cláusula que estime necesaria la Administración.

También se permite un único concierto para múltiples centros o servicios de una misma entidad si se busca mayor eficacia o eficiencia, debiendo especificar los aspectos diferenciales de cada uno.

Si el concierto no se formaliza por causas atribuibles a la entidad, la Administración puede resolver el acuerdo e incautar la garantía si existe. Por el contrario, si la no formalización es atribuible a la Administración, esta deberá indemnizar a la entidad por los daños y perjuicios ocasionados.

## IX.3.7. MODIFICACIÓN, SUCESIÓN Y RENOVACIÓN Y DE LOS CONCIERTOS SOCIALES

La modificación puede afectar directamente al acuerdo de concertación, al número de plazas o servicios y/o a las condiciones técnicas. De acuerdo con lo previsto en el Decreto 229/2020, una vez formalizados los *acuerdos de concertación*, podrán ser modificados solo por razones de interés público debido a circunstancias sobrevenidas, justificadas y derivadas de las necesidades de atención a las personas usuarias. Estas modificaciones no deben alterar las condiciones esenciales, no pueden afectar la calidad del servicio ni contravenir los requisitos legales para la prestación de los servicios. El procedimiento de modificación puede iniciarse de oficio o a propuesta de la entidad concertada, siendo necesario documentar el proceso e incluir informes técnicos y jurídicos. El órgano que autorizó el concierto será el responsable de aprobar las modificaciones (art. 27).

Por otra parte, la Administración puede *ajustar el número de plazas o servicios* durante la vigencia del concierto, siempre que esté justificado por la demanda de los servicios por las personas que tengan o hayan podido tener derecho a estos y se respeten los límites de incremento establecidos (máximo 50%). Se podrá minorar el número de plazas o servicios concertados en los casos en que no exista suficiente demanda para su cobertura. Si hay insuficiencia prolongada de demanda (tres meses consecutivos o de seis meses en un período de doce), la Administración puede reducir unilateralmente el número de plazas ofertadas. En conciertos de adhesión, la asignación de plazas no se considera una modificación, pero deben documentarse y notificarse (art. 28).

En cuanto a las *condiciones técnicas*, estas pueden modificarse por cambios normativos o revisiones de la Administración con la finalidad de mejorar la prestación de servicios. Estas modificaciones deben estar justificadas por informes técnicos y contar con una memoria económica que evalúe su impacto en los precios. Las entidades concertadas deben ser consultadas, y los cambios deben aplicarse de manera uniforme a todas las plazas o unidades del mismo tipo (art. 29). La modificación de las condiciones técnicas deberá afectar a todas las plazas de la misma tipología de servicio, sin que se pueda hacer distinción en función de la entidad concertada.

Por lo que se refiere al cambio de titularidad del servicio concertado, por *sucesión de la entidad concertada* o por la cesión del concierto formalizado, se considera una modificación del concierto. En caso de fusión o transformación, el concierto continuará con la entidad sucesora si cumple los requisitos y se subroga en los derechos y obligaciones existentes. Si la entidad sucesora no reúne los requisitos exigidos en el concierto social, se considerará un caso de resolución del concierto por culpa de la entidad concertada. La entidad inicial debe notificar a la Administración cualquier circunstancia de sucesión o cesión (art. 30).

La *renovación de los conciertos sociales* se permite por mutuo acuerdo entre las partes, siempre que cumpla con los límites temporales previstos en la normativa aplicable. Para renovarlos, la Administración debe justificar la necesidad de continuar el servicio, verificar que la entidad cumple con los requisitos, que presta el servicio correctamente, y asegurar que existen recursos presupuestarios suficientes.

El procedimiento se inicia de oficio con suficiente antelación, al menos dos meses antes de la finalización del concierto, y requiere el consentimiento de ambas partes. La entidad concertada debe demostrar que sigue cumpliendo los requisitos. La renovación debe formalizarse dentro de los 15 días posteriores a la notificación de la resolución[55].

## IX.3.8. CONTROL, EXTINCIÓN Y RESOLUCIÓN DE LOS CONCIERTOS SOCIALES

Una vez iniciada la ejecución del concierto, es preciso llevar a cabo actuaciones de *auditoría y control* en orden a comprobar su correcta realización, así como la adecuación y suficiencia de los medios empleados y la calidad de los servicios concertados. De ahí que entre las obligaciones de la entidad concertada se encuentra la de facilitar las labores de control e inspección del cumplimiento del concierto social, en particular, poniendo a disposición de la Administración toda la información económica, fiscal, laboral, técnica y asistencial o de cualquier otra clase que sea precisa para este fin, siempre con sujeción a la legislación en materia de protección de datos. Y, asimismo, tiene la entidad concertada el deber de someterse a las actuaciones de control financiero que corresponda a los órganos competentes de la Administración en relación con los fondos públicos aportados para la financiación de los conciertos sociales[56].

Los conciertos sociales se extinguen por cumplimiento (cuando se realiza en su totalidad y concluye su periodo de vigencia) o por

---

[55] Véase el artículo 31 del Decreto 229/2020, de 17 de diciembre, por el que se desarrolla el régimen de conciertos sociales en el ámbito de la Comunidad Autónoma de Galicia.

[56] Ídem, artículo 20 letras i) y j).

resolución[57]. Las causas de resolución incluyen mutuo acuerdo, incumplimientos graves de la entidad concertada (como no cumplir estándares de calidad, seguridad, legislación fiscal o laboral), la comisión de una infracción grave o muy grave de las tipificadas en la LSSGA cuando lleve aparejada una de las sanciones accesorias previstas en el artículo 83.2 de dicha norma[58], cese voluntario de la prestación concertada, inviabilidad económica, pérdida de autorización administrativa, falta prolongada de demanda, y cobros indebidos a usuarios. También se consideran causas la suspensión o retrasos significativos imputables a la Administración.

Si se resuelve por mutuo acuerdo, debe fundamentarse en razones de interés público. La entidad concertada puede solicitar la resolución si considera que la Administración incumple, pero deberá continuar prestando servicios mientras haya usuarios a atender.

La Administración debe garantizar la continuidad del servicio a los usuarios al resolver un concierto, por lo que deberá establecer la fecha en la que tendrá efectos dicha resolución tras un procedimiento administrativo con audiencia a la entidad afectada. En cuanto a los efectos de la resolución si es (i) por mutuo acuerdo, las partes ajustan sus derechos según lo pactado, (ii) por incumplimiento de la Administración, la entidad concertada puede reclamar daños y perjuicios, de conformidad con los precios vigentes y (iii) por incumplimiento culpable de la entidad concertada, esta deberá indemnizar a la Administración y puede enfrentar sanciones administrativas, civiles

---

57 Ídem, artículos 32 a 35.

58 De acuerdo con el artículo 82.3 de la LSSGA: ·En cualquier caso, las sanciones graves y muy graves podrán llevar como accesorias las siguientes: a) Prohibición de acceder a la financiación pública de la Xunta de Galicia durante un periodo de entre uno y cinco años, con relación al centro, servicio o programa sancionado. b) Inhabilitación para el desarrollo de las funciones o actividades en cuyo desarrollo se haya cometido la infracción, hasta un plazo máximo de cinco años. La inhabilitación podrá referirse a las personas físicas o jurídicas que sean titulares o gestoras de los centros, programas o servicios sociales, y a las personas físicas que asuman, en aquellas personas jurídicas o en los centros, programas o servicios sociales dependientes de ellas, las funciones de representación, administración, gerencia o dirección. c) La suspensión de la actividad o el cierre temporal, total o parcial, por un periodo máximo de cinco años. d) El cese definitivo del servicio o programa o el cierre definitivo del centro, ya sea total o parcial.

o penales. En todos los casos, debe garantizarse la continuidad del servicio a los usuarios.

## IX.3.9. REFLEXIÓN FINAL

El legislador gallego se suma a la regulación del concierto social como fórmula alternativa al procedimiento clásico de contratación pública con la finalidad de cohonestar las características especiales que revisten los servicios sociales, que exigen calidad, estabilidad y continuidad en su prestación, con los principios que deben presidir su gestión, esto es, solidaridad, eficiencia presupuestaria y complementariedad.

De acuerdo con la regulación expuesta, el concierto social se presenta como una alternativa a las clásicas fórmulas de colaboración público-privada (contratos y subvenciones) en el ámbito de la prestación de los servicios, que destaca por su flexibilidad y capacidad por incorporar a los usuarios en la toma de decisiones. Además, se articula en base a unos requisitos de acceso o unos criterios de selección en los que, como se ha podido observar, el arraigo, la experiencia o la tenencia de medios materiales y personales adquieren un peso destacado. Asimismo, si bien no excluye a las entidades de iniciativa mercantil en la participación de la provisión de estos servicios, otorga un papel preponderante a las entidades sin ánimo de lucro.

Frente a la mayoría de las comunidades autónomas, la LSSGA prevé dos procedimientos de concertación. Por un lado, el denominado procedimiento de adhesión, que responde a un modelo de concertación flexible y ágil que permite a todas las entidades que cuenten con la pertinente autorización y/o acreditación se adhieran al sistema durante el periodo que esté vigente el concierto social. En este caso, el órgano competente de la Administración concertante, priorizando la elección de la persona usuaria, concertará plazas, prestaciones o programas con la periodicidad establecida en la convocatoria. Por otra parte, está previsto el procedimiento de asignación de conciertos en aquellos casos en los que las limitaciones presupuestarias exijan llevar a cabo una selección de los prestadores de los servicios y el número de plazas, las prestaciones o programas que cada uno de ellos prestará durante el concierto social, de acuerdo con los criterios de selección y preferencia de la convocatoria. El hecho de que no todas las entidades que reúnan los requisitos establecidos en la pertinente convocatoria pueden acceder al concierto es la principal razón que debilita el carácter no contractual del concierto social gallego desde el punto de vista de la legislación de contratos.

Para concluir cabe apuntar que si bien, hasta ahora, salvo error, no se ha publicado ninguna convocatoria de prestación de servicios sociales que se rija por el procedimiento de adhesión, sí se puede afirmar que a partir de finales del año 2022 se han publicado poco más que una veintena convocatorias, procedentes en su inmensa mayoría de la Administración autonómica, para la prestación de servicios sociales mediante el procedimiento de asignación de conciertos. Si tenemos en cuenta que desde el año 2020 se cuenta con un detallado desarrollo reglamentario del concierto social previsto y regulado en la LSSGA desde el 2016 y si, asimismo, tomamos en consideración el amplio abanico de prestaciones que se pueden gestionar a través de este instrumento, se puede afirmar que es una figura que se encuentra poco utilizada pero, no obstante, parece que empieza a despegar por lo que habrá que esperar un tiempo para poder realizar una valoración acertada de su funcionalidad en Galicia.

## IX.3.10. JURISPRUDENCIA

STJUE núm. 559/2022, de 14 de julio de 2022 (ponente C. Lycourgos). (ASUNTO C-436/20).

## IX.3.11. BIBLIOGRAFÍA

ÁLVAREZ FERNÁNDEZ, Mónica, "El concierto social como fórmula alternativa (y no contractual) para la gestión indirecta de los servicios sociales públicos", *IUS ET VERITAS: Revista de la Asociación IUS ET VERITAS* (62), 2021, pp. 14-36.

BERNAL BLAY, Miguel Ángel, "La contratación de los servicios a las personas", en GALLEGO CÓRCOLES, Isabel y GAMERO CASADO, Eduardo (dirs.), *Tratado de Contratos del Sector Público* vol. 3, Valencia 2018, pp. 2841-2874.

BERNAL BLAY, Miguel Ángel, "La incidencia de la contratación pública en la gestión de los servicios sociales", *Revista Aragonesa de Administración Pública* (29), 2006, pp. 205-236.

CONSELLERÍA DE POLÍTICA SOCIAL, SECRETARÍA XERAL TÉCNICA, SUBDIRECCIÓN XERAL DE INSPECCIÓN E SERVIZOS SOCIAIS, "Informe da explotación estatística do Rexistro Único de Entidades Prestadoras de Servizos Sociais (ano 2023)", https://politicasocial.xunta.gal/gl/recursos/publicacions/informe-da-explotacion-estatistica-do-rexistro-unico-de-entidades-prestadoras (última visita, 20 de diciembre de 2024).

DARNACULLETA GARDELLA, Mercè, "Les noves modalitats de gestió de serveis a les persones a la legislació autonòmica de serveis socials: especial referència a l'acció concertada", *Revista Catalana de Dret Públic* (62), 2021, pp. 37-52.

EZQUERRA HUERVA, Antonio, "Las repercusiones de la crisis económica en el sector de los servicios sociales", *Revista jurídica de Asturias* (40), 2017, pp. 83-105.

FORNS I FERNÁNDEZ, M. Victòria, *El model de prestació dels serveis socials de Catalunya basat en la persona desde la perspectiva local,* Barcelona, 2018.

FUENTES I GASÓ, Josep Ramón, "El contrato de concesión de servicios. Un instrumento público prestacional en evolución", *Revista catalana de dret públic* (64), 2022, pp. 122-139.

FRESNO GARCÍA, José Manuel, "Concierto Social y cooperación administrativa-Tercer Sector", en IZAOLA ARGÜESO, Amaia (coord.), *VIII Congreso de la Red Española de Política Social (REPS) REPS 2021. Cuidar la vida, garantizar la inclusión, convivir en diversidad: consensos y retos,* Actas de congreso, Bilbao, 2022, pp. 987-1012.

GARRIDO JUNCAL, Andrea, *Los servicios sociales en el s. XXI: nuevas tipologías y nuevas formas de prestación,* Madrid, 2020.

GIMENO FELIÚ, José María, "Los contratos de servicios a las personas y su exclusión de la Ley de Contratos. La colaboración del tercer sector social en la prestación de los servicios locales", en MARTÍNEZ FERNÁNDEZ, José Manuel (coord.), *La gestión de los servicios públicos locales en el marco de la LCSP, LRJSP y la LRSAL,* Madrid, 2019, pp. 689-710.

GIMENO FELIÚ, José María, "Un paso firme en la construcción de una contratación pública socialmente responsable mediante colaboración con entidades sin ánimo de lucro en prestaciones sociales y sanitarias", https://www.obcp.es/opiniones/un-paso-firme-en-la-construccion-de-una-contratacion-publica-socialmente-responsable (última visita, 20 de diciembre de 2024)

LAZO VITORIA, Ximena, "Prestación de servicios a las personas: ¿concierto social o contrato?", *Revista de Estudios de la Administración Local y Autonómica. Nueva Época* (20), 2023, pp. 31-46.

LAZO VITORIA, Ximena A., "Un cambio de rumbo en la prestación de los servicios sociales en Asturias", *Revista Jurídica de Asturias* (42), 2019, pp. 73-88.

MARTÍN EGAÑA, Arantza, "Los servicios a las personas: La adjudicación directa como alternativa al concierto social", *Gabilex: Revista del Gabinete Jurídico de Castilla-La Mancha* (25), 2021, pp. 272-375.

MÍGUEZ MACHO, Luis, "Las distinciones entre las concesiones de servicios y otros contratos públicos a la luz de la Directiva 2014/23/UE: repercusiones en el Derecho español", en GIMENO FELIÚ, José Maria *et al.* (coords.), *Las nuevas directivas de contratación pública: (ponencias sectoriales X Congreso Asociación Española Profesores de Derecho Administrativo,* Navarra, 2015, pp. 395-409.

NÚÑEZ LOZANO, María del Carmen, "El concierto social para la prestación de los servicios sociales: Crónica de su reconducción a la legislación de contratos", *Revista Andaluza de Administración Pública* (101), 2018, pp. 495-506.

TORNOS MAS, Joaquín y GALÁN GALÁN, Alfredo, *La configuración de los servicios sociales como servicio público. Derecho subjetivo de los ciudadanos a la prestación del servicio,* Madrid, 2007.

VAQUER CABALLERÍA, Marcos, *La acción social,* Valencia, 2002.

# *IX.4. La acción concertada social y las fórmulas no contractuales en la provisión de servicios de atención a la persona: Andalucía*

**JOSÉ CUESTA REVILLA**
*Profesor Titular de Derecho Administrativo*
*Universidad de Granada*

**Resumen**: El concierto social, como nueva modalidad de contratación para la prestación de servicios sanitarios y sociales, se ha revelado como muy útil en Andalucía. De hecho, se ha configurado como un contrato administrativo especial que se enmarca dentro de los modos de gestión indirecta que contempla la Ley de Contratos del Sector Público, si bien se modula conforme a una serie de reglas de las que se ocupa este trabajo. Teniendo en cuenta, además, que, en ocasiones, se contempla un derecho de adjudicación preferente a las entidades sin ánimo de lucro que concurran a la licitación. En concreto se ha estudiado esta figura en los campos de la Atención Infantil Temprana, los Servicios Sociales y la Discapacidad.

**Palabras clave:** concierto social, servicios sociales, atención infantil temprana, cláusulas sociales, cláusulas medioambientales, contratación pública.

**Índice:** 

## Abreviaturas empleadas:

AIT: Atención Infantil Temprana
art.: Artículo
CAIT: Centros de Atención e Intervención Temprana

LATA: Ley 1/2023, de 16 de febrero, por la que se regula la atención temprana en la Comunidad Autónoma de Andalucía
LCSP: Ley 9/2017, de 8 de noviembre, de Contratos del Sector Público
LDAPDA: Ley 4/2017, de 25 de septiembre, de los Derechos y la Atención a las Personas con Discapacidad en Andalucía
LSSA: Ley 9/2016, de 27 de diciembre, de Servicios Sociales de Andalucía
PCAPT: Pliego de Cláusulas Administrativas y Prescripciones Técnicas
STC: Sentencia del Tribunal Constitucional

## IX.4.1. LOS SERVICIOS DE ATENCIÓN A LAS PERSONAS EN ANDALUCÍA

El Estatuto de Autonomía para Andalucía reconoce un importante número de derechos íntimamente relacionados con las políticas de atención a las personas o políticas sociales, como es el caso del derecho a la igualdad de género (art. 15), a la protección contra la violencia de género (art. 16), a la protección de la familia (art. 17), de personas menores (art. 18), de personas mayores (art. 19), de personas con discapacidad o dependencia (art. 24), al acceso de todas las personas en condiciones de igualdad a las prestaciones de un sistema público de servicios sociales (art. 23.1) y a una renta básica que garantice unas condiciones de vida dignas (art. 23.2). Estos derechos vinculan a los poderes públicos y son exigibles en la medida en que vengan determinados por su propia regulación. Los poderes públicos que están involucrados en Andalucía son la propia Administración de la Comunidad Autónoma y los entes locales, como establece la Ley 5/2010, de 11 de junio, de Autonomía Local de Andalucía, sobre la base de lo definido en la Ley estatal de Bases de Régimen Local, así como lo establecido por la normativa sectorial de desarrollo, lo que determina la necesidad de fortalecer los mecanismos de cooperación entre las Administraciones para garantizar una prestación de servicios sociales integral, continua, de alta calidad y de acceso universal, en el marco de las respectivas competencias. En desarrollo de este mandato estatutario, se aprobaron algunas normas, en el campo que nos interesa, con desigual fortuna, si bien con posterioridad el legislador ha estado más preocupado por ofrecer una regulación más acertada, aunque todavía incompleta.

Así ocurre, por ejemplo, en materia servicios sociales. Esta importante ley, la 9/2016, de 27 de diciembre, de Servicios Sociales de Andalucía (en lo sucesivo LSSA) ha definido el Sistema Público de Servicios Sociales de Andalucía como

> "el conjunto de servicios, recursos y prestaciones de las Administraciones Públicas de Andalucía orientados a garantizar el derecho de todas las personas en Andalucía a la protección social, la promoción social y la prevención, en los términos recogidos en el Estatuto de Autonomía para Andalucía, en esta ley y en el resto de la normativa vigente en la materia" (art. 24.1 LSSA).

Esta norma vino a derogar la primera de 1988 que se dictó en cumplimiento de lo establecido en el art. 23 del Estatuto. Dicho precepto garantiza el derecho de todos a acceder en condiciones de igualdad a las prestaciones de un sistema público de servicios sociales (art. 23), elevando a la categoría de derecho subjetivo el acceso a un conjunto de recursos y servicios que garantizan las Administraciones Públicas. En concreto el Estatuto identifica dos grupos concretos que, en opinión del legislador, merecen una especial atención: las personas con discapacidad y las personas en situación de dependencia.

Por otra parte, el Estatuto andaluz garantiza la defensa de los derechos sociales, especialmente, en el ámbito de los sectores más débiles y vulnerables de la sociedad. Y se abre también a la tutela de otras realidades. En particular, dispone en su art. 18.1 que las personas menores de edad tienen derecho a recibir de los poderes públicos de Andalucía la protección y la atención integral necesarias para el desarrollo de su personalidad y para el bienestar en el ámbito familiar, escolar y social, así como a percibir las prestaciones sociales que establezcan las leyes. A su vez, en su art. 22.3, se determina que las personas con enfermedad mental, las que padezcan enfermedades crónicas e invalidantes y las que pertenezcan a grupos específicos reconocidos sanitariamente como de riesgo, tendrán derecho a actuaciones y programas sanitarios especiales y preferentes, estableciéndose los términos, condiciones y requisitos del ejercicio de estos derechos. Con este fin, se aprobó primero, por ejemplo, el Decreto 85/2016, que ha sido derogado en gran parte por la reciente Ley 1/2023, de 16 de febrero, por la que se regula la atención temprana en la Comunidad Autónoma de Andalucía en adelante (LATA).

En el ámbito de los servicios sociales, la Ley 9/2016, para la definición de los servicios y prestaciones ofrecidas, de su alcance y de las condiciones requeridas para acceder a los mismos previó la creación de un Catálogo de Prestaciones del Sistema Público de Servicios Sociales de Andalucía, cuya aprobación se atribuye al Consejo de Gobierno de la Comunidad (art. 41 LSSA). Sin embargo, pese a diseñarse como una pieza esencial del modelo, a día de hoy, nueve años después, no ha sido aprobado no obstante ser demandado desde muy distintos foros y por muchos colectivos vulnerables.

Pues bien, a las prestaciones incluidas en dicho Catálogo se les atribuye la consideración de servicio público (art. 41.6 LSSA) y, para su provisión, la Administración autonómica y la de las Corporaciones locales han creado una red integrada de centros y servicios de responsabilidad y control público en la que la colaboración de entidades privadas juega un papel muy importante. Así es, el Sistema Público de Servicios Sociales de Andalucía incluye, junto a los servicios, recursos y prestaciones de titularidad pública, los que prestan entidades privadas que ofrecen sus servicios a la ciudadanía, bajo cualquier forma de contrato, con la Administración de la Junta, con las Entidades Locales o con cualquiera de sus entes instrumentales (arts. 44 y 100 LSSA). Es por ello que los servicios sociales y los centros que los prestan pueden clasificarse atendiendo al origen y carácter de sus recursos, y a su titularidad desde un punto de vista jurídico. Hay centros privados, que funcionan en régimen de mercado, centros públicos y centros privados concertados para la prestación de los servicios del añorado Catálogo de Prestaciones. Estos últimos, no obstante, forman parte del sistema público, al amparo de distintas fórmulas contractuales, sin que por ello se vea afectado el carácter público del servicio. Recordemos, al efecto, la conocida STC 84/2015, de 30 de abril[1] que insistía en la necesidad de que el servicio fuera reconocible como público.

---

1 Según la STC, en Pleno, de 30 de abril de 2015 (ponente Francisco Pérez de los Cobos), aun cuando una prestación de este ámbito sea llevada a cabo por una entidad que no tenga el carácter de pública, el servicio seguirá siendo público si se dan, como mínimo, una serie de características como las siguientes: financiación a través de fondos públicos, niveles de calidad en la atención de los usuarios y derechos de los usuarios suficientemente garantizados.

La misma ley de 2016, al amparo de la archisabida potestad de autoorganización de las Administraciones Públicas permite la elección de la forma de gestión del servicio público, ya que gozan de una amplia libertad de configuración siempre que se respeten las exigencias derivadas de la propia configuración del servicio, en este caso los principios de universalidad, igualdad de acceso, equidad, continuidad en la prestación, transparencia y calidad (art. 25 LSSA). Ahora bien, esta libertad está sujeta a ciertos límites, ha de modularse. Así, por ejemplo en el caso concreto de los llamados servicios sociales, el art. 100 LSSA, en su primer apartado, prevé que la prestación de los servicios del Catálogo se organice "a través de las siguientes fórmulas: gestión directa, régimen de concierto social previsto en esta ley y gestión indirecta en el marco de la normativa de contratación del sector público, garantizando, en todo caso, los principios de igualdad y no discriminación, publicidad y transparencia"; si bien, a continuación, el legislador concede una clara preferencia al concierto social. De hecho, establece de una manera clara, que solo permite recurrir a otros mecanismos de gestión indirecta —contratos del sector público y convenios con entidades de iniciativa social con experiencia acreditada— cuando no sea posible la utilización del concierto social (arts. 108 y 110 LSSA)

Por su parte, la Ley 1/2023, de 16 de febrero, de Atención Temprana en la Comunidad Autónoma de Andalucía (en adelante LATA), se articula teniendo como uno de sus pilares fundamentales los llamados "Centros de Atención e Intervención Temprana" (en adelante CAIT). Estos son unidades asistenciales especializadas para llevar a cabo el tratamiento de intervención temprana de la persona menor, su familia y su entorno, y se constituyen como recursos descentralizados y especializados, compuestos por equipos interprofesionales que prestan servicios de atención temprana dentro de un ámbito territorial. Son centros de referencia para la realización del citado tratamiento de intervención temprana. Ahora bien, ello no impedirá que, en función de las necesidades de la persona menor y su familia, así como de los objetivos terapéuticos, se puedan realizar estas intervenciones en otros contextos del entorno de las personas menores, incluyendo sus domicilios o centros docentes.

Pues bien, la Consejería competente en materia de salud podrá llevar a cabo la gestión de estos recursos en régimen de gestión directa o en régimen de gestión indirecta, bien a través de fórmulas contractuales o no contractuales, siempre que las mismas garanticen una publicidad suficiente y se ajusten a los principios de transparencia y no discriminación, de conformidad con lo dispuesto en la Ley de Contratos del Sector Público (en adelante LCSP), por la que se transponen al ordenamiento jurídico español las Directivas del Parlamento Europeo y del Consejo 2014/23/UE y 2014/24/UE.

Por todo lo anterior creemos que es imprescindible analizar la regulación del concierto social en Andalucía y tratar de conocer cómo se ha configurado éste, de manera concreta, en los expedientes de contratación que se han desarrollado hasta el día de hoy.

## IX.4.2. EL CONCIERTO SOCIAL EN LA LEGISLACIÓN ANDALUZA

### *A) El concierto social como modo de gestión indirecta con carácter "preferente"*

Hasta las primeras adjudicaciones de los primeros conciertos sociales en Andalucía, la gestión indirecta de servicios sociales en la Comunidad Autónoma se realizaba a través de convenios de colaboración y de contratos de gestión de servicio público, en las modalidades de concierto y concesión. Pero debe señalarse que, aunque la legislación andaluza coincide con el esquema habitual de los modos de gestión en las leyes autonómicas de servicios sociales, también ha establecido una clara preferencia a favor del concierto social, que se configura como una variedad contractual con notables particularidades frente a los contratos típicos regulados en la LCSP. Así lo acabamos de ver al citar el art. 100.1 LSSA. Por tanto, con la excepción de un número reducido de prestaciones que se reservan a la gestión directa (art. 44 LSSA), si la Administración recurre a la gestión indirecta debe emplear, en primer lugar, el concierto social. Conforme a los arts. 108 y 110 LSSA, únicamente cabría recurrir a otros instrumentos (convenios con entidades de iniciativa social con experiencia acreditada o contratos del sector público) cuando no sea posible la aplicación del concierto social. Y esto habrá de justificarse. El art. 108 LSSA es bien claro, al respecto, cuando afirma que sólo se permite emplear las figuras previstas en la LCSP "cuando por la naturaleza o por el carácter del tipo de prestación de servicios sociales" no sea de aplicación el régimen de concierto social. Regla que se completa con el contenido del art. 110 que solo permite usar la figura del convenio:

> "con entidades de iniciativa social con experiencia acreditada en la materia de que se trate para la provisión de prestaciones del Catálogo de Prestaciones del Sistema Público de Servicios Sociales en aquellos supuestos que, por razones de urgencia, la singularidad de la actividad o prestación de que se trate, o su carácter innovador y experimental, aconsejen la no aplicación motivada del régimen de concierto social".

Pues bien, la Junta, a través de la Consejería competente en materia de servicios sociales —y también la Agencia de Servicios Sociales y Dependencia de Andalucía— celebraron en 2019 el primer concierto de este carácter con una oferta de plazas para la prestación de los servicios de atención residencial, centro de día y centro de día con terapia ocupacional para personas con discapacidad en situación de dependencia en nuestra Comunidad[2]. Con posterioridad se han celebrado otros tres relativos a la Prestación de Atención Temprana Infantil, el último de los cuales, se adjudicó el 16 de marzo de 2023. En la actualidad, por ejemplo, está licitado el concierto social de plazas para la prestación de los servicios de atención residencial, centro de día y centro de noche para personas mayores y personas con discapacidad en situación de dependencia en la Comunidad Autónoma de Andalucía, pendiente de adjudicación. Y quedan por convocar algunos conciertos de atención a las drogodependencias y adicciones y familias (centros de protección de menores, servicios de inserción social y laboral, etc.).

Así pues, de lo que acabamos de exponer se deduce que el concierto social es una modalidad contractual con entidad propia. Ello es corroborado por el art. 101.3 LSSA, cuando dispone que el concierto social "se establece como una modalidad diferenciada del concierto regulado en la normativa de contratación del sector público, siendo necesario establecer condiciones especiales, dadas las especificidades de los servicios sociales debiendo cumplir los principios informadores de la normativa europea en materia de concertación".

---

2 En concreto fue adjudicado el 9 de mayo de 2019 (Expediente nº CA-15/2018)

Y en un sentido similar se expresa la ley, también andaluza, de los derechos y la atención a las personas con discapacidad, que califica el concierto social como "modalidad diferenciada de las recogidas en la normativa de contratación del sector público"[3] (art. 81 LDAPDA).

De todo lo anterior podemos colegir que, en la medida en que se vayan sustituyendo los conciertos y convenios vigentes, las relaciones entre la Administración responsable del servicio social y otras prestaciones asimilables, las entidades que colaboren en su prestación van a dejar de someterse a la legislación de contratos del sector público, en primer lugar, para regularse por las normas que configuran ese nuevo contrato especial.

Por esta razón, el Decreto 41/2018, de 20 de febrero, por el que se regula el concierto social para la prestación de los servicios sociales, había previsto que, hasta su paulatina sustitución por los correspondientes conciertos sociales, los contratos de gestión de servicios públicos deberían mantenerse hasta que se diera el servicio efectivo de la entidad adjudicataria del concierto social que los sustituyera. Esta solución, que estaba en consonancia con la Disposición Transitoria 1ª de la LCSP, supone que hasta ese momento se regirían por el derecho vigente en el momento en que fueran adjudicados. Lo llamativo es que esa misma disposición les ponía fecha de caducidad, previendo la sustitución de los contratos (o convenios) vigentes por conciertos sociales en el muy concreto plazo de dos años desde la

---

3 Ley 4/2017, de 25 de septiembre, de los Derechos y la Atención a las Personas con Discapacidad en Andalucía. "1. Las Administraciones Públicas de Andalucía y sus entes instrumentales impulsarán la colaboración con la iniciativa social, en el desarrollo de sus actividades, mediante asesoramiento técnico, coordinación, planificación y apoyo económico. Especial atención recibirán las entidades sin ánimo de lucro, promovidas por las personas con discapacidad, sus familiares o sus representantes legales.
2. Asimismo, la iniciativa social podrá colaborar con los poderes públicos en la prestación de servicios en el marco de la legislación vigente. En aquellos casos en los que las Administraciones Públicas andaluzas, para atender las necesidades específicas de las personas con discapacidad que sean usuarias de sus servicios o prestaciones, necesiten contratar los servicios de entidades sin ánimo de lucro representativas de personas con discapacidad y de sus familias, podrán acogerse a fórmulas de concierto o colaboración diferenciadas de las recogidas en la normativa sobre contratación del sector público conforme a lo establecido en la Ley 9/2016, de 27 de diciembre, de Servicios Sociales de Andalucía".

entrada en vigor del citado Decreto. Para el Gobierno de la Junta éste era un plazo razonable en el que las entidades interesadas se podían preparar bien de cara al nuevo marco normativo y también para que, a su vez, las Administraciones pudieran preparar y adjudicar los nuevos conciertos sociales.

El tiempo ha demostrado que el legislador fue algo aventurado y estuvo poco acertado cuando calificó dicho plazo como improrrogable: "en todo caso, transcurrido el plazo de dos años desde la entrada en vigor del presente Decreto, quedarán extinguidos los convenios y contratos a los que se refiere el apartado 1" (Disposición Transitoria 1ª). De hecho, fueron muchos los problemas causados y esta previsión fue modificada por el Decreto 20/2020, de 10 de febrero, que prorrogó el plazo de dos años hasta el 24 de noviembre de 2020. Solución que, en honor a la verdad, tampoco fue muy efectiva pues no resolvió unos conflictos que, de hecho, volvieron a surgir.

### *B) Naturaleza jurídica del concierto social en la legislación de Andalucía*

Veamos las distintas regulaciones existentes al respecto en varias normativas sectoriales. Por un lado, la Ley de Servicios Sociales como hemos visto, regula el concierto social en el Capítulo 11 de su Título IV (arts. 101 a 107), en el marco de la llamada "regulación de la iniciativa privada y social". Conforme a esta previsión las Administraciones Públicas competentes pueden acogerse a esta figura para atender las necesidades específicas de las personas usuarias de los servicios o prestaciones del Sistema Público de Servicios Sociales de Andalucía. El problema es que esta figura, la del concierto social, como tuvimos ocasión de ver, es definida en esta Ley de 2016 de un modo tan abierto, ambiguo incluso, que puede estar referida tanto a soluciones de naturaleza contractual como de carácter organizativo[4]. No obstante,

---

4 Era evidente que tan parca previsión legal necesitaba ser desarrollada mediante un Reglamento. De hecho, su art. 101.4 confiaba a la aprobación de esa norma los aspectos y criterios a los cuales habrían de someterse los conciertos sociales. Así dicho precepto disponía que "estos aspectos y criterios se referirán al cumplimiento de los requisitos previstos, a la tramitación de la solicitud, a la formalización, condiciones de actuación de las entidades concertadas, a la vigencia o la

el Reglamento que vino a desarrollar la norma legal —aprobado por Decreto 41/2018, de 20 de febrero— que se ocupaba expresamente del concierto social para la prestación de los servicios sociales, califica el mismo como "contrato administrativo especial" (art. 1.2).

Por otra parte, la Ley 4/2017, de 25 de septiembre, de los Derechos y la Atención a las Personas con Discapacidad en Andalucía (LDAPDA), previó la utilización del concierto social para la prestación de los servicios de atención infantil temprana (art. 17.4) y los servicios sociales destinados a las personas con discapacidad prestados por la iniciativa privada (art. 34.4). En esos preceptos se utilizaba también una fórmula tan poco precisa como la contenida en el art. 101 LSSA. Se alude a los conciertos sociales para la prestación del servicio de atención infantil temprana y para los servicios sociales destinados a las personas con discapacidad como "modalidades diferenciadas de las recogidas en la normativa de contratación del sector público", advirtiendo que, cuando se utilicen, debe hacerse conforme a lo dispuesto en la LSSA (así se expresa la LDAPDA en su Exposición de motivos y en el art. 81.2)[5].

---

duración máxima del concierto y sus causas de extinción, a las condiciones para su renovación o su modificación, a las obligaciones de las entidades que presten el servicio concertado y de la Administración Pública otorgante del concierto social, a la sumisión del concierto al Derecho administrativo, y otras condiciones necesarias en el marco de lo previsto en la presente ley". A tal efecto se aprobó el Decreto 41/2018, de 20 de febrero, por el que se regulaba el concierto social para la prestación de los servicios sociales. Éste califica en su art. 1.2 el concierto social como un contrato administrativo especial, de acuerdo con el art. 25.1.b) de la LCSP, por lo que en defecto de regulación expresa en el Decreto 41/2018, se aplicarán la Ley 9/2017, de 8 de noviembre, de Contratos del Sector Público, el Real Decreto 817 /2009, de 8 de mayo, por el que se desarrolla parcialmente la Ley 30/2007, de Contratos del Sector Público, el Reglamento General de la Ley de Contratos de las Administraciones Públicas, aprobado por el Real Decreto 1098/2001, de 12 de octubre (en adelante RGLCAP), en lo que no se opongan a la LCSP. Por último, con carácter supletorio se aplicarán las restantes normas de derecho administrativo y, en su defecto, las normas de derecho privado.

5 Como antecedente de dicha ley recordemos que ya el Decreto 85/2016, de 26 de abril, por el que se regulaba la intervención integral de la Atención Infantil Temprana en Andalucía se previó la posibilidad de organizar la prestación del servicio de Atención Infantil Temprana, dirigida a la población infantil menor de seis años afectada por trastornos en el desarrollo o con riesgo de padecerlos, a través de conciertos sociales, entendidos estos como "modalidades diferencia-

Por último, cabe decir que, en desarrollo de esa previsión contemplada en la LDAPDA, en relación con la Atención Infantil Temprana, se aprobó el Decreto 57/2020, de 22 de abril, que también contempla el concierto social para la prestación de la Atención Infantil Temprana. Si bien incorpora un modelo similar al del Decreto 41/2018. A mayor abundamiento, ante tales previsiones normativas podemos afirmar, como ya hemos anticipado, que el legislador no fue concluyente, y contemplaba una fórmula que abarca tanto la opción por soluciones de naturaleza contractual como de carácter organizativo. No obstante lo cual es indudable que en Andalucía el concierto social se ha configurado como una modalidad diferenciada de los contratos regulados en la LCSP, aunque incluso esta afirmación merece ser matizada y, sobre todo, precisados sus contornos. Veamos.

### a) El concierto social en la Ley de Servicios Sociales de Andalucía

Determinar la naturaleza jurídica del concierto social no es nada fácil. Tomemos como modelo de referencia para nuestra reflexión la LSSA. Como hemos dicho, el legislador autonómico permite optar entre varias soluciones para satisfacer los intereses generales y los derechos de los destinatarios de los servicios sociales. Y la LSSA, en su art. 101.1 contempla el concierto social como "el instrumento por medio del cual se produce la prestación de servicios sociales de responsabilidad pública a través de entidades, cuya financiación, acceso y control sean públicos". Como vemos es una definición nada precisa que, como venimos reiterando, podría dar cobertura, tanto a soluciones de carácter organizativo como a las de naturaleza contractual. Esta vaguedad, además, no es resuelta en otros preceptos de la LSSA. Como muy acertadamente subraya *Pizarro Nevado*[6], la re-

---

das de las recogidas en la normativa de contratación del sector público". Más tarde, en desarrollo de esta previsión, se aprobó el Decreto 57/2020, de 22 de abril, que regula el concierto social para la prestación de la Atención Infantil Temprana, que incorporó un modelo similar al del Decreto 41/2018.

6 PIZARRO NEVADO, Rafael, "El concierto social en la legislación andaluza de servicios sociales", en FERNÁNDEZ RAMOS, Severiano y PÉREZ MONGUIÓ, José María (coord.), *Estudio sobre el nuevo marco legal de las políticas sociales e igualdad de Andalucía,* Sevilla, 2020, p. 72

ferencia hecha al concierto social en su art. 101.3 como "modalidad diferenciada" podía sugerir que el concierto social es una variedad del concierto regulado en el RD Legislativo 3/2011, de 14 de noviembre, por el que se aprobó el Texto Refundido de la Ley de Contratos del Sector Público y, por tanto, su naturaleza, contractual. El mismo autor ofrece otra pista:

> "también hay que tener en cuenta que el concierto social se regula en el capítulo II del Título IV de la LSSA (art. 101 a 107), mientras que la participación de la iniciativa privada en el marco de contratación del sector público se regula en el capítulo 11 del mismo Título. Este dato, que por sí solo puede parecer insuficiente para negar la naturaleza contractual del concierto social, adquiere más relevancia si se pone en relación con otros dos preceptos. El art. 100 de la LSSA opta por una clasificación trimembre de los modos de gestión de los servicios sociales, distinguiendo entre gestión directa, régimen de concierto social previsto en esta ley y gestión indirecta; y el art. 108 establece que *se podrá recurrir a la gestión indirecta*, prevista en la legislación general de contratación del sector público, cuando por la naturaleza o por el carácter del tipo de prestación de servicios sociales, de responsabilidad pública, que se pretende concertar con la iniciativa privada *no sea de aplicación motivada el régimen de concierto social*"[7].

De donde podemos deducir algo que intuíamos: que, para el legislador andaluz, pese a todo, el concierto social es un contrato administrativo especial y que, además, en la adjudicación del mismo, gozan de una posición preferente las entidades de iniciativa social. Ocupémonos ahora de la primera de estas dos cuestiones.

La legislación andaluza parte de un reconocimiento del carácter contractual del concierto social si bien lo configura como un contrato especial, distinto a los contratos "típicos" de la legislación de contratos del sector público. Por tanto podemos afirmar que estamos ante un auténtico contrato administrativo, una relación sinalagmática en la que la Administración se compromete a asumir determinadas obligaciones, fundamentalmente la asignación de fondos públicos para el sostenimiento de los centros y servicios concertados, y, a la par, las entidades prestadoras se comprometen a proveer determina-

---

7 Ídem

dos servicios sociales a los usuarios que designe aquella y a hacerlo de acuerdo con las normas administrativas que los regulen.

El Gobierno andaluz ha hecho suya esta opción de una forma, a nuestro juicio, muy clara, como resulta tanto del Decreto 41/2018 como del Decreto 57/2020 ya citados.

Por su parte la LDAPDA (arts. 17 y 34), califica los conciertos sociales para la prestación del servicio de atención infantil temprana y los que se suscriban para la prestación de servicios sociales destinados a las personas con discapacidad, como "modalidades diferenciadas de las recogidas en la normativa de contratación del sector público". En ambos casos se asume la naturaleza contractual del concierto social y, consecuentemente, "los procedimientos para su formalización se sujetan a los principios de publicidad, transparencia y no discriminación".

Por otro lado, el Decreto 57/2020, en su Exposición de motivos, manifiesta que la creación de este contrato especial es "la forma más idónea para satisfacer los intereses generales y los de los colectivos destinatarios de los servicios prestados", y en consecuencia le atribuye expresamente esa calificación en el art. 1.2.

Y en esas mismas razones incide el legislador cuando en la LSSA afirma que la especificidad del concierto social "radica en la singularidad de los servicios sociales que se prestan y que tiene amplia acogida en el Derecho comparado español". Así pues, no estamos ante un contrato administrativo típico de la LCSP.

Por tanto, de conformidad con esta definición, el concierto social en Andalucía va a contar con una regulación propia, específica, justificada por la necesidad de "establecer condiciones especiales" que permitan dar respuesta a las especificidades y principios informadores de los servicios sociales, partiendo de la "normativa europea en materia de concertación". Ese régimen jurídico será el que se aplique en primer lugar al concierto social. Y, en consecuencia, la LCSP pasa a un segundo plano, sirviendo como marco subsidiario que le dé cobertura frente a las posibles lagunas que puedan existir en su regulación. Ahora bien, podemos resaltar también la ventaja que se deriva de optar por esa definición: la aplicación de esa regulación especial seguirá unos esquemas trillados, bien conocidos por la Administración. Así podemos ver cómo en el Decreto 41/2018 se contempla un procedimiento típicamente contractual, con las clásicas fases que todos conocemos: expediente de contratación, convocatoria de la licitación, pliegos de cláusulas administrativas y prescripciones técnicas, presentación de ofertas, etc.

En esta línea se pronunció el Consejo Consultivo de Andalucía, al informar sobre el Decreto por el que se regula la prestación de los servicios sociales[8]:

> "La configuración del concierto social como contrato administrativo especial permitirá aplicar la LCSP para colmar las numerosas lagunas de su régimen jurídico, que son comunes en la normativa de otras Comunidades Autónomas que han optado por su configuración como un instrumento no contractual y en la que no resulta tan clara esa solución".

Y, por último, como acertadamente advierte *Pizarro Nevado*:

> "todo ello tendrá importantes repercusiones que conviene destacar. Esto supondrá ante todo que, en la medida en que los conciertos sociales vayan sustituyendo los conciertos y convenios vigentes en materia de AIT, las relaciones entre la Administración responsable del servicio y las entidades que colaboren en su prestación van a dejar de someterse en primer término a la legislación de contratos del sector público para regularse directamente por las normas propias de este contrato especial. La LCSP pasa a funcionar como una red de cobertura frente a eventuales lagunas en esa regulación especial"[9].

---

8 Se trata del interesante Dictamen 58/2018, de 7 de febrero, sobre el Proyecto de Decreto por el que se regula la prestación de los Servicios Sociales a través de la figura del concierto social en la Comunidad Autónoma de Andalucía. Y al hilo de lo que en él se afirma respecto del derecho comparado autonómico pueden verse dos cualificados trabajos; en ellos sendos autores se ocupan de la inseguridad jurídica en los conciertos sociales regulados como instrumentos organizativos. Vid. EZQUERRA HUERVA, Antonio, "Epílogo. Algunas reflexiones jurídicas acerca del futuro de los servicios sociales", en FORNS I FERNÁNDEZ, María Victoria (ed.), *La protección jurídica de la atención a las personas en materia de Servicios Sociales. Una perspectiva interdisciplinar*, Barcelona, 2020, pp. 401-443., y FUENTES I GASÓ, Josep Ramón, "El regim jurídic de la provisió de serveis d'atenció a les persones a Catalunya: el concert social després de les directives europees de contractatió pública", en FORNS I FERNÁNDEZ, María Victoria (ed.), *La protección jurídica de la atención a las personas en materia de Servicios Sociales. Una perspectiva interdisciplinar*, Barcelona, 2020, pp. 221-223.

9 Así pues, en defecto de regulación expresa en los Decretos vistos, se aplicarán la Ley 9/2017, de 8 de noviembre, de Contratos del Sector Público, el Real Decreto 817/2009, de 8 de mayo, por el que se desarrolla parcialmente la Ley

## IX.4.3. SINGULARIDADES DERIVADAS DE LA CONSIDERACIÓN DEL CONCIERTO SOCIAL COMO CONTRATO ADMINISTRATIVO ESPECIAL

De la consideración del concierto social como un contrato especial derivan una serie de particularidades que se expanden a lo largo de los preceptos que configuran su régimen jurídico tanto en la LSSA y en la LDAPDA como en los archicitados Decretos 41/2018, 20/2020 y 57/2020. Dado que las características de este trabajo nos impiden llevar a cabo un tratamiento profundo y detallado de dicha regulación, vamos a destacar sólo algunas de tales singularidades, las más significativas.

### A) *Preferencia, limitada, en favor de las entidades de iniciativa social*

En efecto, la LSSA y la LDAPDA otorgan a las entidades de iniciativa social un, por así decir, un *derecho de adjudicación preferente* del concierto social frente a las entidades mercantiles.

Para *Pizarro Nevado*[10] "este tipo de entidades, que actúan sin ánimo de lucro, movidas únicamente por un objetivo de solidaridad, han demostrado que son capaces de ofrecer resultados económicos, responsabilidad institucional y una elevada calidad prestacional". A su juicio eso justificaría las importantes particularidades que el ordenamiento español y el de la UE han incorporado al régimen jurídico de las entidades de iniciativa social. Por su parte, *Gimeno Feliú*, aun admitiendo la posible bondad de la medida, advierte del riesgo de romper el principio de igualdad entre proveedores y de la necesidad

---

30/2007, de Contratos del Sector Público y el Reglamento general de la Ley de Contratos de las Administraciones Públicas, aprobado por el Real Decreto 1098/2001, de 12 de octubre, en lo que no se opongan a la LCSP. Por último, con carácter supletorio, se aplicarán las restantes normas de derecho administrativo y, en su defecto, las normas de derecho privado.

10 Él habla de "preferencia condicionada". PIZARRO NEVADO, Rafael, "El concierto social para la prestación de la atención Infantil Temprana en Andalucía", *Revista de Estudios de la Administración Local y Autonómica: Nueva Época* (14), 2020, pp. 96 y 97.

de justificar que realmente se dan las circunstancias para ese trato "privilegiado". Recuerda el autor:

> "que no es suficiente con ser una entidad sin ánimo de lucro, pues el derecho europeo exige que se trate de organizaciones vinculadas al principio de solidaridad, e insiste en que no puede pervertirse la regla de la mejor eficiencia y calidad en la prestación de los servicios sociales, pues es esta la única justificación admisible para este tipo de soluciones (y no las preferencias ideológicas)"[11].

Pues bien, el legislador andaluz ha optado por una alternativa que, frente a otras que veremos, hemos llamado "preferencia limitada". El cambio no es tan innovador como pudiera parecer a primera vista. Como sabemos la gestión indirecta de los servicios sociales y sanitarios en nuestra Comunidad se lleva a cabo a través de los clásicos instrumentos contractuales. En esta línea la lógica de la concurrencia se respeta y se permite concurrir a la licitación tanto a entidades con ánimo de lucro como a entidades que carezcan de él. Pero, y aquí está el matiz, porque en las últimas leyes el legislador andaluz ha optado por conceder preferencia en la adjudicación a las entidades de iniciativa social frente al resto de licitadores cuando presenten ofertas equivalentes. De ahí que nos hayamos atrevido a hablar, aunque no sea del todo correcta la expresión, de un derecho de adjudicación preferente en favor de dichas entidades.

La LDAPDA nos ofrece una muestra de ello en su art. 34, en consonancia con lo dispuesto en el art. 17, al conceder preferencia en el establecimiento de conciertos sociales a las entidades sin ánimo de lucro, promovidas por las personas con discapacidad, sus familiares o sus representantes legales frente a otros sujetos en igualdad de condiciones de eficacia, calidad y rentabilidad social en las ofertas presentadas. Y la LSSA incluso va más allá pues en sus arts. 100.4 y 101.1 obliga a las Administraciones contratantes a dar prioridad en el establecimiento de conciertos y contratos "a las entidades de la iniciativa social, de economía social, cooperativas y pequeñas y medianas

---

11 GIMENO FELIÚ, José María, "La colaboración público-privada en el ámbito de los servicios sociales y sanitarios dirigidos a las personas. Condicionantes europeos y constitucionales", *Revista Aragonesa de Administración Pública* (52), 2018, p. 41.

empresas" cuando existan análogas condiciones de eficacia, calidad y rentabilidad social. En línea con esta opción, la Ley, en su art. 3, se ocupa de delimitar los contornos de las llamadas entidades de iniciativa social. En primer lugar, señala como principal característica la ausencia de ánimo de lucro, para luego incluir en ese concepto a "las fundaciones, asociaciones, organizaciones de voluntariado y demás entidades e instituciones sin ánimo de lucro, a excepción de las entidades públicas territoriales, que realizan actividades de servicios sociales". Y a ellas suma, además, las sociedades cooperativas calificadas como entidades sin ánimo de lucro conforme a su normativa específica.

A título de ejemplo puede citarse también el art. 81 LDAPDA, que promueve la colaboración de las Administraciones públicas con la iniciativa social en el desarrollo de sus actividades, en especial con las entidades sin ánimo de lucro, *promovidas por las personas con discapacidad, sus familiares o sus representantes legales.* Específicamente en relación con la prestación de los servicios contemplados en esa Ley, el apartado segundo de dicho precepto permite acogerse a la fórmula de concierto social cuando "las Administraciones Públicas andaluzas, para atender las necesidades específicas de las personas con discapacidad que sean usuarias de sus servicios o prestaciones, necesiten contratar los servicios de entidades sin ánimo de lucro representativas de personas con discapacidad y de sus familias".

Pues bien, para terminar este punto, como habíamos anunciado, señalaremos que, frente a este modelo seguido en Andalucía, en España encontramos otros entre los que destaca, por su radicalidad, el seguido por Extremadura[12] o Murcia[13], Comunidades Autónomas en las que solo permite establecer conciertos sociales con entidades privadas sin ánimo de lucro, a las que concede una preferencia exclusiva. Un régimen, por tanto, de exclusividad, aunque en el caso aragonés se añade un requisito muy importante: la retribución que percibe la entidad concertada ha de consistir exclusivamente en el reintegro de los costes de la prestación.

---

12 Art. 5 de la Ley 13/2018.

13 Art. 7 bis de la Ley 3/2003, modificada por la Ley 5/2016, de 2 de mayo.

### *B) Sujetos que intervienen en el concierto social*

#### a) Las entidades prestadoras de los servicios concertados

Como es obvio, los sujetos del contrato son la Junta de Andalucía, como titular y responsable del servicio, y como contraparte, las entidades que prestan éste en régimen de concierto social.

Precisamente los requisitos que deben reunir las entidades que suscriban este contrato es uno de los aspectos en los que el concierto social muestra mayores diferencias con el régimen común de contratación pública, pues se da un aumento de dichas exigencias para poder colaborar con la Administración en la gestión de los servicios sociales o sanitarios de que se trate.

A nuestro juicio cabría destacar, en primer lugar, cómo en el procedimiento de adjudicación se busca, ante todo, que la entidad y los servicios que va a prestar, objeto del concierto, tengan un elevado nivel de calidad, puesto que van a pasar a formar parte del Sistema Público de Andalucía, en el área correspondiente. Por ello se va a exigir que la entidad licitadora y el lugar donde presta el servicio tenga vigente, en todo momento, la autorización de funcionamiento requerida para éste, y los medios y recursos necesarios para realizar los servicios concertados. Asimismo, debe estar inscrito en el Registro administrativo correspondiente, contar con experiencia previa y tener presencia en la zona en la que se vaya a prestar el servicio.

Por último, a estas exigencias ha de sumarse la posibilidad de que el órgano contratante pueda introducir en los pliegos de cláusulas administrativas particulares otros requisitos adicionales a fin de acreditar con mayor seguridad las condiciones de eficacia, calidad y rentabilidad social, siempre teniendo en cuenta la naturaleza jurídica de la prestación de los servicios de que se trate. Se abre así un delicado ámbito de discrecionalidad que lógicamente queda acotado por la finalidad señalada. En este sentido recogen tal previsión, por ejemplo, el art. 8.2 y 9 del Decreto 57/2020, relativo, como sabemos, a los Servicios de Atención Infantil Temprana.

Por su parte el Decreto 41/2018 (art. 8.1) reitera casi literalmente el elenco de requisitos que estableció tempranamente la LSSA en su art. 105, y que son los siguientes:

a) Haber prestado atención de manera continuada, durante el tiempo que se determine en función de la naturaleza del servicio, a personas, familias o grupos con necesidades similares a las de las personas destinatarias del servicio o centro cuya concertación solicita.

b) Acreditar[14] su presencia previa en la zona en la que se vaya a prestar el servicio.

c) Acreditar que en su organización actúan con pleno respeto y cumplimiento de la normativa laboral, mediante la articulación de medidas orientadas a la estabilidad laboral y la calidad del empleo.

d) Acreditar la titularidad del centro o ser titulares de un derecho real de uso y disfrute sobre el mismo, que, en cualquier caso, no podrá ser inferior al período de vigencia del concierto. Cuando la persona titular del centro no sea propietaria del local o edificio, deberá acreditar que cuenta con la autorización de la persona titular propietaria para destinarlo al fin del concierto.

e) Acreditar que en su organización, funcionamiento e intervención actúan con pleno respeto al principio de igualdad, mediante la integración efectiva de la perspectiva de género y la articulación de medidas o planes de igualdad orientados a dicho objetivo, en particular medidas orientadas a la conciliación de la vida familiar y laboral

f) Contar con la debida autorización de funcionamiento.

g) Estar inscritas en el Registro de Entidades, Centros y Servicios Sociales.

h) Contar con autorización y acreditación administrativa debidamente inscrita en el Registro de Entidades, Centros y Servicios Sociales, en los términos que reglamentariamente se determinen.

---

14 El Decreto 187 /2018, de 2 de octubre, aprobó el Reglamento de Comunicación, Autorización y Acreditación Administrativas en el ámbito de los Servicios Sociales de Andalucía, y del Registro de Entidades, Centros y Servicios Sociales y derogó el Decreto 87/1996, de 20 de febrero, por el que se regulaba la autorización, registro y acreditación de los servicios sociales de Andalucía.

### b) Las Administraciones contratantes

El régimen jurídico que estudiamos se aplica a los conciertos sociales que suscriban, en el ámbito de sus competencias, sobre servicios sociales, sanitarios, dependencia, entre otros, la Administración de la Junta de Andalucía y sus entidades instrumentales, así como las Entidades Locales y sus entes vinculados o dependientes. Así lo recoge, por ejemplo, el art. 2 del Decreto 41/2018, por lo que afecta a los servicios sociales. Sirvámonos de esta regulación como modelo-tipo.

Para determinar cuál de estos entes puede adjudicar un concierto social hay que estar, en primer lugar, a la responsabilidad en la prestación del servicio.

También hay que advertir que, además de ser un contrato administrativo, el Decreto 41/2018 atribuye a la entidad pública que suscribe el concierto social importantes prerrogativas para la interpretación y modificación del concierto social, lo que limita el ámbito subjetivo de este Reglamento, que queda reducido a las entidades de naturaleza jurídico-administrativa que integran el sector público andaluz o local. En el caso de la Administración de la Comunidad Autónoma es inevitable tener en cuenta la Agencia de Servicios Sociales y Dependencia de Andalucía, creada en virtud del art. 18.1 de la Ley 1/2011, de 17 de febrero, de reordenación del sector público de Andalucía, y adscrita, en la actualidad, a la Consejería de Inclusión Social, Juventud, Familias e Igualdad. Entre sus fines generales destaca el desarrollo de las actividades de organización y prestación de los servicios necesarios para la gestión del Sistema para la Autonomía y Atención a la Dependencia en Andalucía, para lo cual ha comenzado a suscribir conciertos sociales. Por el contrario, no pueden suscribir conciertos sociales las sociedades mercantiles del sector público andaluz, que tienen por objeto "la realización de actividades comerciales o de gestión de servicios en régimen de mercado, actuando bajo el principio de la libre competencia", que "en ningún caso podrán ejercer potestades administrativas" ni tampoco podrán suscribir dichos conciertos las fundaciones del sector público andaluz (arts. 75.2 y 78 de la Ley 9/2007, de 22 de octubre, de la Administración de la Junta de Andalucía).

El mismo razonamiento debe aplicarse al sector público local, por lo que solo es admisible la suscripción de conciertos sociales por parte de las Corporaciones locales o las entidades de su sector público de naturaleza administrativa. Y, al igual que hemos visto en el párrafo anterior, por no poder ejercer potestades administrativas y carecer de esa naturaleza, no podrán suscribir conciertos las sociedades mercantiles locales que eventualmente puedan colaborar en la gestión de estos servicios ni las fundaciones públicas locales (arts. 38 y 40 de la Ley 5/2010, de 11 de junio, de Autonomía local de Andalucía).

Si tomamos como ejemplo una de las prestaciones garantizadas del Catálogo de Prestaciones enumeradas en el art. 42 LSSA, el servicio de ayuda a domicilio de los servicios sociales comunitarios, comprobamos que se atribuye como competencia propia a los entes locales (art. 51 LSSA). Serán por tanto estas entidades, o sus entes instrumentales cuando tengan atribuida tal competencia, quienes suscriban los conciertos sociales necesarios para su gestión indirecta, si se opta por esa fórmula.

### *C) Solvencia económica, financiera y profesional o técnica*

En el procedimiento de contratación las entidades licitadoras deben acreditar que reúnen las condiciones mínimas de solvencia profesional o técnica, económica y financiera y así se ha de especificar en el Pliego de Cláusulas Administrativas y Prescripciones Técnicas (en adelante PCAPT) en relación, obviamente, con el concreto objeto del concierto. Este grupo de exigencias persigue comprobar la aptitud de los licitadores para ejecutar la prestación acordada, por lo que es importante advertir que se convierte en un requisito inicial para participar en el procedimiento y no un criterio a tener en cuenta en el momento de la valoración de las ofertas.

En consecuencia, en este punto no son aplicables al concierto social las reglas generales de la LCSP, sino las establecidas en la correspondiente legislación andaluza y las que puedan fijarse en los pliegos mencionados. Así, por ejemplo, vemos que en el Decreto 57/2020, en el que se indica que las entidades licitadoras deberán acreditar que disponen de los medios y recursos materiales y personales suficientes y adecuados para la prestación del servicio de Atención Infantil Temprana de acuerdo con lo previsto en el Decreto 85/2016, de 26 de abril, y la Orden de 13 de diciembre de 2016, por la que se establecen las condiciones materiales y funcionales de los Centros de

Atención Infantil Temprana para su autorización (art. 10). Los criterios para valorar la suficiencia y la adecuación de los medios materiales y personales serán los recogidos en las normas citadas, aunque las condiciones exigibles en cada licitación deben concretarse con detalle en los correspondientes pliegos.

Precisamente, en este ámbito de la AIT, puede servirnos como ejemplo un Expediente concreto, el 77/2020. Por lo que se refería a la solvencia profesional o técnica, los Pliegos que se utilizaron en el procedimiento de contratación contemplaban dos modos de acreditarla:

- Acreditación de, al menos, tres años de experiencia en prestación de Atención Temprana, a menores de 0 a 6 años con trastornos del desarrollo, adquirida bien en el ámbito público o en el privado.
- Relación del personal técnico o de las unidades técnicas, integradas o no en la empresa, participantes en el contrato, debiendo éstas contar con, al menos, nueve años de experiencia en el cómputo total de terapeutas (con las titulaciones de Psicología, Logopedia y Fisioterapia), de actividad directa en centros de atención a menores con trastornos del desarrollo o riesgo de padecerlos.

En cuanto a la acreditación de la solvencia económica y financiera el PCAPT contemplaba tener en cuenta el volumen anual de negocio de la persona licitadora, que, referido al mejor ejercicio dentro de los tres últimos disponibles en función de las fechas de constitución o de inicio de actividades de la persona licitadora y de presentación de ofertas, sea al menos igual al importe de la oferta presentada, entendiendo por tal la suma de todos los lotes a los que el licitador se presente.

En el campo de los servicios sociales, la solución adoptada es muy similar. Aunque la LSSA únicamente exige que se acrediten "los medios y recursos suficientes para garantizar el cumplimiento de las condiciones estipuladas en el Catálogo de Prestaciones del Sistema Público de Servicios Sociales de Andalucía, así como el cumplimiento de la normativa que, con carácter general o específico, les sea de aplicación, tanto en función de la naturaleza jurídica de la entidad como en función del tipo de servicio objeto del concierto" (art. 105).

Y, por su parte, el art. 10.1 del Decreto 41/2018, considera que la entidad que se presente a la licitación debe acreditar que dispone de medios y recursos suficientes, tanto materiales como personales, y que estos son adecuados para la prestación del servicio.

Y, con carácter general, ¿cómo se acredita la suficiencia e idoneidad de medios y recursos? Diremos que, mediante la declaración responsable del licitador, en la que detallará los medios con que cuenta la entidad para la ejecución del concierto social (art. 10.2 Decreto 41/2018). Ahora bien, cuando el objeto del concierto social lo requiera, en los PCAPT de cada contrato se indicará si es necesario aportar documentación adicional, como títulos académicos, contratos de trabajo o cualquier otra referida a las instalaciones, medios materiales, personales y equipamiento técnico.

En concreto, para acreditar la solvencia económica y financiera en el Pliego correspondiente del concierto para la prestación de servicios sociales a personas con discapacidad en situación de dependencia se contemplaba la posibilidad de que las entidades pudieran elegir entre tres opciones:

a) Declarar que se cuenta con un seguro de responsabilidad civil por los daños que deriven del funcionamiento del centro en el que se encuentren las plazas concertadas y sus instalaciones, por los daños que puedan causar los profesionales y en general cualquier persona dependiente del centro, con unas coberturas de 300.000 euros por siniestro y año

b) Justificar la solvencia económica mediante la cobertura del seguro contratado como condición de la autorización sectorial (por ese importe mínimo)

c) Presentar una declaración apropiada de entidad financiera que indique, de manera expresa, que la entidad tiene solvencia económica y financiera propia o crediticia para cumplir con las obligaciones derivadas del objeto del concierto por un importe equivalente, como mínimo, a lo que sería el importe de la anualidad de concertación de todas las plazas ofertadas.

Para finalizar este apartado puede servirnos como ejemplo lo ocurrido con un reciente concierto firmado por la actual Consejería de Igualdad, Políticas Sociales y Conciliación de la Junta de Andalucía, a través de la Agencia de Servicios Sociales y Dependencia de esta

Comunidad Autónoma. Se trata del servicio de atención a menores con trastornos mentales. Pues bien, tras la interposición de un recurso contencioso por parte de la patronal APAAT, los tribunales han entendido la petición de que se adoptaran medidas cautelares. En el recurso se reclamaba la paralización inmediata de su licitación. Aunque la razón esgrimida fuera la escasa financiación del contrato, los recurrentes usaron como argumento esencial la imposibilidad real de ofrecer el servicio con los parámetros de calidad propios del tiempo y el lugar actuales. A mayor abundamiento también se invocaba que, con tal financiación por parte de la Junta, se estaba abriendo un camino progresivo hacia la ruina de los centros especializados.

### *D) Condiciones de eficacia, calidad y rentabilidad social*

Como es sabido, la Administración ha de procurar prestar los servicios públicos en los mejores términos posibles. En el ámbito sanitario o social, del que nos ocupamos en este trabajo, esta obligación se hace más intensa dado el carácter esencial de esta actividad prestacional, mucho más sensible para la ciudadanía. Por esa razón, principalmente, se ha justificado la opción por el concierto social, como tuvimos ocasión de ver. Se entiende que este singular contrato contribuye a que el servicio sanitario o social se presten con mayor calidad y rentabilidad social.

Pues bien, a estas "condiciones de eficacia, calidad y rentabilidad social" hace referencia la normativa andaluza de aplicación y, en cuanto que las mismas se apoyan en conceptos que bien podemos calificar como indeterminados, se remite su concreción y detalle a los Pliegos de Cláusulas Administrativas Particulares y a los de Prescripciones Técnicas. A su vez el órgano redactor de estos está sujeto a una serie de límites que vamos a enumerar:

- Las condiciones de eficacia deben establecerse en relación a la capacidad económica y financiera, técnica o profesional de la entidad licitadora.
- Por lo que se refiere a las condiciones de calidad asistencial, éstas han de buscar satisfacer los estándares de calidad acreditados por las entidades licitadoras en los términos señalados en la normativa vigente y el PCAPT. Ello supone un aggiornamento de la entidad que ha de mantenerse alerta para tener

ese nivel de exigencia en el momento de la licitación, pero también amoldarse a los instrumentos que ponga en marcha la Consejería competente de cara a la mejora continua de la calidad del servicio, generalmente incluidos en los Pliegos.

- Por último, en cuanto a las condiciones de la llamada rentabilidad social, éstas deben referirse a la concreta experiencia de la entidad y sus profesionales, ya sea generalista o, en su caso, específica, en servicios de acompañamiento y apoyo a los individuos y a las familias, así como de gestión de la continuidad y coordinación con los centros. Como la normativa no es más específica, su determinación y acreditación se establecerán en el PCAP, debiendo estar vinculadas tales condiciones al objeto del concierto y ser proporcionadas al mismo.

En el marco concreto de los Servicios Sociales, estos requisitos de calidad deben apoyarse en el modelo de calidad del Sistema Público de Servicios Sociales de Andalucía. La LSSA prevé que los instrumentos que ponga en marcha la Consejería competente en materia de servicios sociales para la mejora continua de la calidad de los servicios son de aplicación a la totalidad de agentes involucrados en el Sistema Público de Servicios Sociales de Andalucía y, consecuentemente, las Administraciones responsables de los servicios deben incorporarlos a los pliegos de los conciertos sociales (art. 78 LSSA).

Con posterioridad, los arts. 79 y 84 de la Ley 9/2016, regulan, respectivamente, la certificación de la calidad de los servicios sociales y la acreditación administrativa de la calidad de centros y servicios que se remiten a lo estipulado en el Catálogo de Prestaciones del Sistema Público de Servicios Sociales. Ahora bien, en cuanto que, como sabemos, éste no ha sido aprobado aún, la Disposición Transitoria 2ª señala que esta exigencia se entenderá cumplida mediante una resolución de acreditación administrativa, la regulada en el art. 84 de la LSSA. En conclusión, en tanto en cuanto el Catálogo no sea aprobado, se entiende que solo reúnen las exigidas condiciones de calidad aquellas entidades que dispongan de una resolución de acreditación administrativa[15].

---

15 Así se ha hecho, por ejemplo, en el caso del Concierto Social de plazas para la prestación de los servicios de atención residencial, centro de día y centro de día

Por último, el Decreto 41/2018, por lo que se refiere a las condiciones de rentabilidad social, estipula que ésta debe comprobarse a tenor de "la concreta experiencia de la entidad en materias de carácter social como la inserción socio-laboral, atención a la infancia, adicciones, discapacidad, dependencia, igualdad entre mujeres y hombres, entre otras, que se especifiquen en la correspondiente convocatoria" (art. 9.4).

Si bien es importante subrayar, como lo hace *Pizarro Nevado*, que "solo se van a considerar las condiciones acreditadas por la propia Administración. A este respecto no produce tal efecto lo que pueda acreditar cualquier otra entidad, ni siquiera las que estén homologadas en materia de calidad"[16].

### E) Consideraciones ambientales y sociales en la celebración del contrato del concierto social

Por último, en esta apretada síntesis sobre algunos aspectos del contenido de los conciertos sociales hay que aludir a la obligatoriedad de la incorporación en los mismos de cláusulas sociales y ambientales.

Como es notorio, desde hace décadas está asumido que la contratación pública no es un fin en sí mismo, sino que es mucho más puesto que se ha convertido en un instrumento para alcanzar otros fines generales. Y así en los contratos públicos, fundamentalmente por imperativo europeo, venimos incluyendo cláusulas sociales y ambientales cuyo objetivo es lograr una mayor estabilidad laboral, una mejor integración social, una mayor innovación y una protección del medio ambiente más lograda. Todas las Directivas de la UE aprobadas en este campo y, en consecuencia, también nuestras legislaciones de contratos del sector público van en esa dirección. De hecho, la LCSP permite introducir criterios ambientales y sociales a lo largo

---

ocupacional para personas con discapacidad en situación de dependencia en la Comunidad Autónoma de Andalucía (Expediente CA-20/2022).

16 PIZARRO NEVADO, "El concierto social en la legislación andaluza de servicios sociales", p. 80

de todo el proceso de contratación, desde la fase de preparación del contrato hasta la fase de su ejecución. Así en:

- La fase de preparación: al definir el objeto del contrato, al redactar los pliegos de cláusulas administrativas particulares y de prescripciones técnicas.
- La fase de selección de los licitadores: prohibiciones para contratar y solvencia técnica.
- La fase de adjudicación: criterios de adjudicación.
- La fase de ejecución: Condiciones especiales de ejecución y seguimiento de las cláusulas ambientales y sociales de la normativa sectorial que sea de aplicación al contrato.

También en el caso de Andalucía ocurre así. De hecho, desde 2016, nuestra Comunidad cuenta con un documento específico que pretende ayudar a los órganos contratantes en esta tarea. Se trata de la llamada "Guía para la inclusión de cláusulas sociales y medioambientales en la contratación del sector público de la Junta de Andalucía"[17].

La LCSP no solo establece al inicio de su articulado la obligación de incluir, de forma transversal, en todos los contratos y procedimientos criterios sociales y ambientales, sino que también recoge de forma expresa la obligatoriedad de incluir, al menos, una condición especial de ejecución de tipo medioambiental o de tipo social con el objetivo de potenciar las políticas sociales y ambientales (art. 202 LCSP). Y tal condición puede considerarse como criterio de valoración en la adjudicación o en la ejecución.

Ahora bien, estas condiciones especiales de ejecución deben referirse al modo en que se prestan los servicios no a las condiciones que se han tenido en cuenta para definir las prestaciones (prescripciones técnicas) o seleccionar al contratista (criterios de adjudicación) por lo que son obligaciones distintas de las prestaciones principales. Obviamente, y más en nuestro caso, las condiciones especiales de ejecu-

---

[17] La última "Guía para la incorporación de cláusulas sociales y ambientales en la contratación del sector público de la Junta de Andalucía", ha sido aprobada en 2023, si bien la de 2016 fue revisada anualmente en su primer quinquenio de vigencia. El documento actual ha sido elaborado y publicado por la Consejería de Economía, Hacienda y Fondos Europeos de la Junta de Andalucía.

ción, ambientales o sociales, dependerán de las prestaciones de cada contrato pues se exige expresamente que estén vinculadas con las que definen el objeto del contrato, entendidas, de nuevo en sentido amplio (art. 145 LCSP). Por tanto:

- No pueden redactarse de forma vaga e imprecisa, ni de forma genérica y dependerá de cada contrato establecer cuáles son las más idóneas.
- No remitirán, sin más, al cumplimiento de la normativa vigente sino a algo adicional a lo exigido en la normativa.
- Deberá instrumentarse el medio o los medios para poder verificar su cumplimiento. Además, se indicará qué condiciones especiales de ejecución se configuran como obligaciones contractuales esenciales o si su incumplimiento es considerado como una infracción grave a efecto de penalidades o de resolución del contrato. Por ello se han de supervisar durante la fase de ejecución y fijarse previamente las consecuencias ante posibles incumplimientos.

Cuando se configuran como condiciones especiales de ejecución del contrato (art. 26.3 Decreto 41/2018), como ha afirmado *Pizarro Nevado*:

> "adquieren una especial relevancia, puesto que los pliegos pueden establecer penalidades para el caso de incumplimiento de tales cláusulas (art. 192.1 LCSP) o atribuirles el carácter de obligaciones contractuales esenciales a los efectos señalados en la letra f) del art. 211 LCSP, lo que supone que su incumplimiento se considera causa de resolución del concierto social. Y, aun cuando el incumplimiento de estas cláusulas no se tipifique como causa de resolución del contrato, el mismo podrá ser considerado en los pliegos como infracción grave a los efectos establecidos en la letra c) del apartado 2 del art. 71 LCSP, por lo que puede desembocar en una prohibición para contratar con las Administraciones Públicas"[18].

En el caso del concierto social, en concreto, los arts. 25.2 y 26.3 del citado Decreto 41/2018 permiten que en los pliegos de cláusulas administrativas particulares se atribuya la consideración de obligaciones esenciales a estas condiciones especiales de ejecución, y con-

---

18 PIZARRO NEVADO, *Revista de Estudios de la Administración Local y Autonómica*, 2020, p. 102.

secuentemente su incumplimiento por la entidad concertada también será considerado como una causa de resolución del concierto. Es más, en el mismo artículo se contempla que cuando los pliegos no les atribuyan la consideración de obligación esencial a aquellas condiciones, su incumplimiento podrá dar lugar a la imposición de penalidades hasta un máximo del 10% del importe del concierto.

Sírvanos como una muestra del rigor que el legislador ha sabido introducir en este ámbito un contrato al que hemos hecho mención en páginas anteriores, el concierto para la prestación de los servicios de atención residencial, centro de día y centro de día ocupacional para personas con discapacidad en situación de dependencia en la Comunidad Autónoma de Andalucía (Expediente 20/2022). Este contrato administrativo especial tuvo por objeto concertar plazas para la prestación de los servicios de atención residencial, centro de día y centro de día con terapia ocupacional para personas con discapacidad en situación de dependencia en la Comunidad Autónoma de Andalucía.

## IX.4.4. JURISPRUDENCIA

STC núm. 84/2015, de 30 de abril de 2015 (ponente Francisco Pérez de los Cobos), (Rec. de inconstitucionalidad 1884/2013).

## IX.4.5. BIBLIOGRAFÍA

CASTRO ARGÜELLES, Miguel Ángel, "La nueva Ley de Servicios Sociales de Andalucía: una presentación", *Revista de Ciencias Jurídicas y Sociales* (2), 2016, pp. 313-334

CASTRO LÓPEZ, María del Pilar, "El régimen jurídico administrativo de los servicios sociales en Andalucía: principales aportaciones de la nueva Ley 9/2016, de 27 de diciembre", en GONZÁLEZ RÍOS, Isabel (dir.), *Servicios de interés general y protección de los usuarios (educación, sanidad, servicios sociales, vivienda, energía, transportes y comunicaciones electrónicas)*, Madrid, 2018, pp. 249-295

EZQUERRA HUERVA, Antonio, "Epílogo. Algunas reflexiones jurídicas acerca del futuro de los servicios sociales", en FORNS I FERNÁNDEZ, María Victoria (ed.), *La protección jurídica de la atención a las personas en materia de Servicios Sociales. Una perspectiva interdisciplinar*, Barcelona, 2020, pp. 401-443.

FUENTES I GASÓ, Josep Ramón, "El regim jurídic de la provisió de serveis d'atenció a les persones a Catalunya: el concert social després de les directives europees de contractatió pública", en FORNS I FERNÁNDEZ, María Victoria (ed.), *La protección jurídica de la atención a las personas en materia de Servicios Sociales. Una perspectiva interdisciplinar*, Barcelona, 2020, pp. 221-223.

GALLEGO CÓRCOLES, Isabel, "La integración de cláusulas sociales, ambientales y de innovación en la contratación pública", *Documentación Administrativa* (4), 2017, pp. 92-113

GALLEGO CÓRCOLES, Isabel, "La introducción de cláusulas sociales como criterios de adjudicación", en GARCÍA ROMERO, Belén y PARDO LÓPEZ, María Magnolia (dirs.), *Innovación social en la contratación administrativa: las cláusulas sociales*, Pamplona, 2017, pp. 81-112

GARRIDO JUNCAL, Andrea, *Los servicios sociales en el s. XXI: nuevas tipologías y nuevas formas de prestación*, Madrid, 2020.

GIMENO FELIÚ, José María, "La contratación pública en los contratos sanitarios y sociales", https://www.obcp.es/opiniones/la-contratacion-publica-en-los-contratos-sanitarios-y-sociales

GIMENO FELIÚ, José María, "Las condiciones sociales en la contratación pública: posibilidades y límites", *Anuario de Derecho Local* (1), 2017, pp. 272-284.

GIMENO FELIÚ, José María, "La colaboración público-privada en el ámbito de los servicios sociales y sanitarios dirigidos a las personas. Condicionantes europeos y Constitucionales", *Revista Aragonesa de Administración Pública* (52), 2018, pp. 12-65.

HERNANDO RYDINGS, María, "Procedimientos de contratación y su incidencia en las entidades locales: principales novedades", *Anuario del Gobierno Local* (1), 2018, pp. 129-172.

LAZO VITORIA, Ximena, "La figura del 'concierto social' tras las directivas europeas de contratación pública", https://www.obcp.es/opiniones/la-figura-del-concierto-social-tras-las-directivas-europeas-de-contratacion-publica.

NÚÑEZ LOZANO, Mª del Carmen, "El impulso de la incorporación de cláusulas sociales y ambientales en los contratos de la Comunidad Autónoma de Andalucía: Informe", *Administración de Andalucía: Revista Andaluza de Administración Pública* (96), 2016, pp. 421-429.

NÚÑEZ LOZANO, Mª del Carmen, "La nueva regulación de los derechos y de la atención a las personas con discapacidad en Andalucía", *Administración Pública. Revista Andaluza de Administración Pública* (99), 2017, pp. 431-440.

PIZARRO NEVADO, Rafael, "El concierto social para la prestación de la atención Infantil Temprana en Andalucía", *Revista de Estudios de la Administración Local y Autonómica: Nueva Época* (14), 2020, pp. 88-103.

PIZARRO NEVADO, Rafael, "El concierto social en la legislación andaluza de servicios sociales", en FERNÁNDEZ RAMOS, Severiano y PÉREZ MONGUIÓ, José María (coord.), *Estudio sobre el nuevo marco legal de las políticas sociales e igualdad de Andalucía*, Sevilla, 2020, pp. 61-115.

ROMEO RUIZ, Aritz, "Las cláusulas sociales en la ley 9/ 2017, de 8 de noviembre, de contratos del sector público", *Revista española de Derecho Administrativo* (191), 2018, pp. 297-325.

# *IX.5. La acción concertada social y las fórmulas no contractuales en la provisión de servicios de atención a la persona: Asturias*

**EVA MARÍA MENÉNDEZ SEBASTIÁN**
*Catedrática de Derecho Administrativo*
*Universidad de Oviedo*

**Resumen:** En este trabajo se analiza la concertación y las fórmulas no contractuales en la provisión de servicios de atención a la persona en el Principado de Asturias, para lo cual se realiza una breve mención a la regulación del concierto sanitario y el educativo tras analizar en mayor medida el concierto social, dada las dudas que éste viene generando en general y también en particular en el Principado de Asturias.

**Palabras clave:** concierto social, comunidades autónomas, servicios sociales.

**Índice:** 

**Abreviaturas empleadas:**

CE: Constitución española
INSERSO: Instituto Nacional de Servicios Sociales
LCSP: Ley 9/2017, de 8 de noviembre, de Contratos del Sector Público
SESPA: Servicio de Salud del Principado de Asturias
TJUE: Tribunal de Justicia de la Unión Europea

## IX.5.1. INTRODUCCIÓN

Teniendo en cuenta que el título y objeto de este trabajo se refiere a la concertación y las fórmulas no contractuales en la provisión de servicios de atención a la persona en el Principado de Asturias, es preciso comenzar por deslindar la cuestión de otras conexas o delimitar este objeto con mayor precisión.

Así, en primer lugar, cabe referirse especialmente a los conciertos, dado que hablamos de concertación. En este caso, y tomando como referencia el contenido íntegro del libro, que engloba dentro de los servicios a las personas tanto el ámbito sanitario, como educativo y social, será necesario hacer mención al concierto sanitario, al educativo y al concierto social.

No obstante, ya adelanto que mi exposición se centrará especialmente en el último de ellos, el concierto social, dada las dudas que viene generando en general y también en particular en el Principado de Asturias. Por lo que me referiré muy brevemente a la regulación del concierto sanitario y el educativo, que gozan de una mayor estabilidad en el sentido de ser mucho menos debatidos. Incluso cabe ya apuntar que en el ámbito de los servicios sociales esta cuestión ha sido objeto de diversas reformas que ponen de manifiesto las dudas indicadas y cuya evolución aún no ha llegado —ni mucho menos— a culminar.

De otro lado, deben quedar fuera, por tanto, las formas contractuales, como el título de la obra indica, es decir, la gestión indirecta por vía contractual, que, sin embargo, no es estrictamente la única, tanto por lo que se refiere a la acción concertada o concertación si ésta realmente no tiene naturaleza contractual, como porque pueden existir otras vías a las que me referiré muy brevemente.

## IX.5.2. LA DEBATIDA FIGURA DE LA ACCIÓN CONCERTADA O CONCIERTO SOCIAL

Como ya se ha avanzado, la gestión de los servicios sociales cuenta con particularidades propias que han generado un arduo debate[1] que ha llegado incluso al Tribunal de Justicia de la Unión Europea (TJUE), como se expondrá seguidamente. Esta especialidad ha sido

---

1 Al que se refiere también GARRIDO JUNCAL, Andrea, "Las nuevas formas de gestión de los servicios sociales: elementos para un debate", *Revista Catalana de Dret Públic* (55), 2017, pp. 84-100

aceptada por la propia Unión Europea, que entiende que estos servicios por su propia naturaleza tienen una dimensión transfronteriza limitada. Además, dichos servicios se prestan en un contexto particular que varía mucho de un Estado miembro a otro, debido a las diferentes tradiciones culturales[2].

De esta manera, la Directiva 2014/24/UE de contratos, de un lado, fija unos umbrales diferentes a otros servicios, y, de otro, abre la puerta a que estos puedan seguir siendo prestados por los propios Estados y poderes adjudicadores por sí mismos u organizar los servicios sociales de manera que no sea necesario celebrar contratos públicos, por ejemplo, mediante la simple financiación de estos servicios o la concesión de licencias o autorizaciones a todos los operadores económicos que cumplan las condiciones previamente fijadas por el poder adjudicador, sin límites ni cuotas, siempre que dicho sistema garantice una publicidad suficiente y se ajuste a los principios de transparencia y no discriminación.

En cuanto a la primera cuestión, es preciso recordar que la citada norma europea, precisamente en el Título III referente a los regímenes de contratación particulares, comienza con los servicios sociales y otros servicios específicos, de tal manera que por debajo de los 750.000 euros los contratos de servicios sociales quedan excluidos de la Directiva y por encima de esa cifra la Directiva permite un procedimiento a determinar libremente por los Estados respetando los principios de transparencia y de igualdad de trato de los operadores. Opción esta última que, sin embargo, y salvo por lo que se dirá a continuación, no ha sido recogida en la Ley 9/2017, de 8 de noviembre, de Contratos del Sector Público (LCSP), a diferencia de otros países. También la norma europea permite en este ámbito los contratos reservados[3].

---

2 Considerando 118 de la Directiva 2014/24/UE, de 26 de febrero de 2024, sobre contratación pública.

3 Art. 77. En relación con esta cuestión véase, por ejemplo, BENETTI, Giulia, "¿Puede ofrecerse un trato diferenciado a los licitadores según tengan o no ánimo de lucro? Implicaciones de los últimos pronunciamientos del TJUE acerca de los contratos reservados", *Actualidad Administrativa* (3), 2024, pp. 1-10.

Respecto a la segunda posibilidad ésta fue acogida por la LCSP. En particular, cabe señalar tanto el artículo 11.6 como la Disposición Adicional cuadragésima novena.

Así, el primero de ellos recoge de forma literal lo establecido en el considerando 114 de la Directiva de 2014, ya indicado. Por su parte, la citada disposición adicional precisa que las Comunidades Autónomas, en el ejercicio de las competencias que tienen atribuidas, pueden legislar articulando instrumentos no contractuales para la prestación de servicios públicos destinados a satisfacer necesidades de carácter social.

En definitiva, si bien se hace eco de la posibilidad de que los servicios sociales sean prestados por vía diferente a la contractual, se remite a la regulación que a tal efecto puedan hacer las Comunidades Autónomas, entendiendo, por tanto, que tal cuestión encaja en las competencias que estas tienen respecto a la asistencia social a que se refiere el artículo 148.1.20ª.

Con base en esta competencia las Comunidades Autónomas aprobaron sus leyes de servicios sociales, recogiéndose en ellas las distintas formas de gestión de estos servicios a las personas[4]. Y de este modo, junto a las gestión directa e indirecta por vía contractual en algunas normativas autonómicas se introdujo una figura particular

---

4 Actualmente, las Leyes de servicios sociales autonómicas son las siguientes: la Ley 9/2016, de 27 de diciembre, de Servicios Sociales de Andalucía; la Ley 5/2009, de 30 de junio, de Servicios Sociales de Aragón; la Ley 1/2003, de 24 de febrero, de servicios sociales; la Ley 2/2007, de 27 de marzo, de derechos y servicios sociales, de Cantabria; la Ley 14/2010, de 16 de diciembre, de servicios sociales de Castilla-La Mancha; la Ley 16/2010, de 20 de diciembre, de servicios sociales de Castilla y León; la Ley 12/2007, de 11 de octubre, de Servicios Sociales, de Cataluña; la Ley 14/2015, de 9 de abril, de Servicios Sociales de Extremadura; la Ley 13/2008, de 3 de diciembre, de servicios sociales de Galicia; la Ley 4/2009, de 11 de junio, de servicios sociales de las Illes Balears; la Ley 16/2019, de 2 de mayo, de Servicios Sociales de Canarias; la Ley 7/2009, de 22 de diciembre, de Servicios Sociales de La Rioja; la Ley 12/2022, de 21 de diciembre, de Servicios Sociales de la Comunidad de Madrid; la Ley 3/2021, de 29 de julio, de Servicios Sociales de la Región de Murcia; Ley Foral 15/2006, de 14 de diciembre, de Servicios Sociales, de Navarra; la Ley 12/2008, de 5 de diciembre, de Servicios Sociales, del País Vasco; y la Ley 3/2019, de 18 de febrero, de servicios sociales inclusivos de la Comunitat Valenciana.

denominada concierto social o acción concertada, afirmándose en la mayoría de los casos que su naturaleza no es contractual.

Esta opción ha venido causando muchas vacilaciones. Así, en primer lugar, en mi opinión, si bien conforme al precepto constitucional indicado las Comunidades Autónomas tienen competencia en materia de asistencia social, no debe olvidarse que en contratos y concesiones administrativas la competencia para aprobar la legislación básica corresponde al Estado, de acuerdo con el art. 149.1.18ª, y qué puede ser más básico que determinar las figuras contractuales. Y si bien es cierto que la LCSP se remite a la posibilidad de que las Comunidades Autónomas puedan prever formas de gestión no contractual, no lo es menos que dada la configuración que han llevado a cabo es más que dudoso que no tengan carácter contractual.

En esta línea incluso lo que viene diciendo el TJUE en sus últimas sentencias es que los propios Estados no pueden fijar la naturaleza contractual o no de estos instrumentos, dado que la misma dependerá de sus notas características y no de lo que diga la norma que es.

En concreto, el TJUE prohíbe dos cuestiones básicamente: una, calificar como no contractual tal figura, no porque sea contractual sino porque tal calificación depende de cómo se regule y no cómo se califique, y dos, que haya un proceso selectivo entre las entidades, puesto que esto para el TJUE es un indicio del carácter contractual. No olvidemos que en el ámbito de los contratos hay especialidades también para estos servicios, pero esto es otra cuestión, es la posibilidad que prevé la DA49ª de la LCSP de que las Comunidades Autónomas legislen articulando instrumentos no contractuales para la prestación de servicios públicos destinados a satisfacer necesidades de carácter social. Es más, el art. 11.6 de la LCSP dice en cierto modo cómo deberían ser esos supuestos que quedarían fuera del ámbito de la contratación.

Así, si bien es cierto que no deja la puerta cerrada a otras posibilidades, dado que utiliza la expresión “entre otros medios”, ofrece básicamente dos opciones: la simple financiación de estos servicios o la concesión de licencias o autorizaciones a todas las entidades que cumplan las condiciones previamente fijadas por el poder adjudicador, sin límites ni cuotas, y que dicho sistema garantice una publicidad suficiente y se ajuste a los principios de transparencia y no discriminación.

De este modo, las Comunidades Autónomas podrían optar entre algo similar al concierto educativo[5] o una especie de habilitación para todas aquellas que cumplan los requisitos previamente establecidos y sin selección previa entre ellas[6]. Si bien no es menos cierto que en mi opinión esto puede generar ciertas dificultades respecto a la financiación, puesto que no olvidemos que se trata de servicios financiados, al menos, en su mayoría, por la propia Administración, por lo que la dificultad puede encontrarse en que la norma exige que se "habilite" o conceda autorización o licencia a todas las entidades que lo soliciten y cumplan los requisitos sin poder hacer una selección entre ellas, pero es evidente que ello no puede implicar que los servicios que presten todas ellas puedan ser financiados con fondos públicos.

Además, es preciso destacar otro aspecto, y es que hay normas autonómicas que restringen la acción concertada o concierto social para las entidades de iniciativa social o también llamadas del tercer sector, es precisamente el caso de Asturias[7], también otras como Va-

---

5 En caso de que entendamos que carece de carácter contractual, lo cual podría ser en algún aspecto dudoso, en concreto, respecto a la valoración o selección de las entidades. Y teniendo en cuenta las diferencias con el ámbito de los servicios sociales, dado que en este caso en concierto educativo cuenta con el respaldo de la Ley Orgánica 2/2006, de 3 de mayo, de Educación.

6 En cierto modo en esta dirección apunta la opción que prevé el art. 77 de la Ley catalana de servicios sociales al hablar de las entidades colaboradoras, si bien no es menos cierto que también en esta Comunidad Autónoma se regula el concierto social y la gestión delegación a través del Decreto 69/2020, de 14 de julio.

7 A este respecto la Ley 1/2003, de 24 de febrero, de servicios sociales, del Principado de Asturias recogía el concierto social como forma de gestión de los servicios sociales, opción que por el momento se regula en la Ley 3/2019, de 15 de marzo, sobre acción concertada con entidades de iniciativa social sin ánimo de lucro para la prestación de servicios de carácter social; si bien en la actualidad se está trabajando en el borrador de una nueva Ley del Sistema Integral de Derechos Sociales, en la que se pretende hacer la adaptación oportuna a lo dicho a este respecto por el TJUE, tal y como explicaré más adelante.

lencia[8]. Por el contrario, otras normas autonómicas como la más reciente de la Comunidad de Madrid, abren tal posibilidad a todas las personas físicas o jurídicas de carácter privado, cualquiera que sea su naturaleza jurídica, siempre que cumplan los requisitos establecidos.

En definitiva, ante el panorama jurídico expuesto lo cierto es que, como ha indicado *Lazo Vitoria*[9], los "conciertos sociales" también denominados "acuerdos de acción concertada" aparecen definidos en la legislación autonómica como instrumentos no contractuales para la prestación de servicios sociales, sanitarios y, en algunos casos, también educativos. Con carácter general, como indica la autora, dicha calificación, así como las reglas que conforman el régimen jurídico de esta figura se recogen en las normas autonómicas de servicios sociales, a esta tendencia se sumó también la Ley 12/2022, de 21 de diciembre, de Servicios sociales de la Comunidad de Madrid, aunque también encontramos algunas referencias en la legislación estatal y autonómica relativa al tercer sector[10].

De otro lado, Aragón fue una de las primeras Comunidades Autónomas en aprobar una normativa específica: la Ley 11/2016, de 15 de diciembre, de acción concertada para la prestación a las personas de servicios de carácter social y sanitario de la Comunidad Autónoma de Aragón.

Precisamente, ha sido con ocasión de la regulación que de esta cuestión hacen Valencia y Aragón cómo se ha manifestado el TJUE

---

8 Art. 87 de la Ley 3/2019, de 18 de febrero, de servicios sociales inclusivos de la Comunitat Valenciana.

9 LAZO VITORIA, Ximena, "Prestación de servicios a las personas: ¿concierto social o contrato?", *Revista de Estudios de la Administración Local y Autonómica. Nueva Época* (20), 2023, pp. 31-46.

10 De este modo, la Ley 43/2015, de 9 de octubre, del Tercer Sector de Acción Social, establece que el Gobierno aprobará un programa de impulso de las entidades del Tercer Sector de Acción Social incluyendo entre otras medidas "la potenciación de los mecanismos de colaboración entre la Administración General del Estado y las entidades del Tercer Sector de Acción Social, para el desarrollo de programas de inclusión social de personas o grupos vulnerables en riesgo de exclusión social y de atención a las personas con discapacidad o en situación de dependencia, con especial atención al uso de los conciertos y convenios" (artículo 7. f). Para el ámbito autonómico, véase la Ley 1/2020, de 3 de febrero, del Tercer Sector de Castilla-La Mancha.

en los términos que ya he explicado, en particular, en la STJUE, Sala Cuarta, de 14 de julio de 2022 (ponente C. Lycourgos), asunto C-436/20 (*ASADE*) respecto a la regulación valenciana[11], así como Auto del TJUE, Sala Novena, de 31 de marzo de 2023, (ponente C. Lycourgos), también respecto a *ASADE*, esta vez en relación con la normativa de Aragón.

Es interesante recordarlo porque aunque esta jurisprudencia europea se refiere a las dos normas autonómicas citadas, la regulación asturiana ha optado por una regulación similar, si bien es cierto que, como explicaré más adelante, actualmente se está elaborando un borrador para la aprobación de una nueva ley que incluye importantes novedades, entre las cuales se encuentra precisamente la regulación de las formas de gestión de estos servicios, con la finalidad de adaptarse a las directrices marcadas por el TJUE.

Finalmente, quiero referirme también a la jurisprudencia europea respecto a algunos aspectos que han adquirido importancia en la materia. En primer lugar, en cuanto al tema del concepto mismo de contrato público y el carácter oneroso de éste, dado que en algunos casos se ha pretendido sostener que cuando se trata de entidades sin ánimo de lucro tal onerosidad no existe y, por ende, quedan fuera del ámbito de aplicación de la normativa de contratos.

---

11 Por lo que se refiere a este asunto, la STSJ de la Comunidad Valenciana, Sala de lo Contencioso-Administrativo, de 29 de junio de 2023 (ponente Manuel José Domingo Zaballos), tras haber formulado una cuestión prejudicial ante el TJUE que dio lugar a la mencionada sentencia del TJUE, en cuyo fundamento jurídico noveno constata que la acción concertada según el diseño valenciano tal y como ocurre con los contratos públicos se basa en un "*previo examen competitivo de las ofertas* por parte de la Administración", dado que "la decisión de concertar con una determinada entidad sin ánimo de lucro debe ir precedida de un procedimiento de concurrencia competitiva". Respecto a esta sentencia puede verse LAZO VITORIA, Ximena, "Servicios sociales", *Revista General de Derecho Administrativo* (65), 2024, pp. 1-15. Este modelo es el que se sigue también en la Ley asturiana 3/2019, de 15 de marzo, sobre acción concertada con entidades de iniciativa social sin ánimo de lucro para la prestación de servicios de carácter social, si bien el borrador que actualmente se está redactando de Ley del Sistema Integral de Derechos Sociales opta por aplicar esta jurisprudencia y eliminar ese proceso selectivo.

A este respecto y partiendo de lo establecido en art. 2.1.5 Directiva 2014/24/UE[12], es decir, que contrato público es un contrato oneroso celebrado por escrito entre uno o varios operadores económicos y uno o varios poderes adjudicadores, cuyo objeto sea la ejecución de obras, el suministro de productos o la prestación de servicios, el TJUE parte en primer lugar de que la expresión "contrato oneroso" implica un contrato en virtud del cual cada una de las partes se compromete a realizar una prestación en contrapartida de otra[13].

Por tanto, resulta crucial determinar qué se entiende por "contraprestación" o qué incluye la "contrapartida" a los efectos de esta definición. Y en esta cuestión el TJUE ha optado por una interpretación amplia de tales términos al considerar que el aludido carácter oneroso no implica necesariamente el pago de una cantidad de dinero por parte del poder adjudicador, pudiendo consistir, por ejemplo, en la mera exoneración de las cargas[14] y también en el simple reembolso de los gastos soportados por prestar el servicio pactado. En definitiva, la no inclusión del beneficio (ya que únicamente se cubren costes) en la contraprestación que efectúa la Administración no elimina el carácter "oneroso" del negocio jurídico, es decir, a pesar de que no se haya incluido el citado beneficio, el negocio puede seguir siendo considerado un contrato público[15].

De otro lado, precisamente en cuanto a la prestación de servicios a las personas por entidades sin ánimo de lucro, también destaca la jurisprudencia europea, dado que el TJUE viene aceptando que los Estados puedan reservar en exclusiva o dar preferencia a este tipo de entidades en la prestación de estos servicios, sobre la base de la particularidad de los mismos, así como, por ejemplo, el hecho de que sea

---

12 En el caso de la LCSP, su art. 2.1, párrafo segundo, establece que: "Se entenderá que un contrato tiene carácter oneroso en los casos en que el contratista obtenga algún tipo de beneficio económico, ya sea de forma directa o indirecta".

13 A este respecto véase el apartado 45 de la STJUE, Sala Primera, de 18 de enero de 2007 (ponente E. Juhász), (Asunto C-220/05), otros y el apartado 43 de la STJUE, Sala Tercera, de 21 de diciembre de 2016 (ponente D. Šváby), (Asunto C-51/15)

14 Como en el caso de la STJUE, Sala Sexta, de 12 de julio de 2001 (ponente V. Skouris), (Asunto C-399/98).

15 LAZO VITORIA, Ximena, *Revista de Estudios de la Administración Local y Autonómica. Nueva Época,* 2023, pp. 34-35.

el principio de solidaridad aquel en que se base el sistema, y a condición de que el marco legal y convencional en el que se desarrolle la actividad de estos organismos contribuya realmente a una finalidad social y a la prosecución de los objetivos de solidaridad y eficiencia presupuestaria[16].

## IX.5.3. EL SUPUESTO DEL PRINCIPADO DE ASTURIAS

### *A) Breve evolución histórica*

Muy brevemente, cabe recordar los inicios de los servicios sociales en España y su regulación en el Principado de Asturias. La evolución histórica de los servicios sociales en España ha estado marcada por distintos momentos clave, desde sus inicios en la caridad privada y la beneficencia hasta la consolidación de un sistema público y universal en la actualidad.

Así, a partir del siglo XVIII, se crean en España las primeras instituciones públicas de asistencia social como hospicios para personas en situación de pobreza y asilos para personas mayores y con enfermedades. Un siglo después, se aprueba la primera Ley General de Beneficencia (1849) que pone el foco en la "beneficencia" con el objetivo de resolver situaciones personales graves y ofrecer apoyo familiar a niñas y niños abandonados, personas en situación de pobreza con enfermedades y/o discapacidades, personas mayores en situación vulnerable y/o exclusión.

Ya en el siglo XX se crea el Instituto de Reformas Sociales (1903) y el Instituto Nacional de Previsión (1908), respondiendo a las necesidades de protección social de las personas trabajadoras. A mediados del siglo XX confluyen distintas medidas y actores en la provisión de bienestar social, como son los seguros sociales, la acción benéfica del Estado y la acción social de las organizaciones privadas como la Cruz Roja y algunas entidades, la mayoría religiosas.

---

16 Por ejemplo, las STJCE, de 17 de junio de 1997 (ponente P.J.G. Kapteyn), (Asunto C-70/95); STJUE, Sala Quinta, de 28 de enero de 2016, (ponente D. Šváby). (ASUNTO C-50/14); o STJUE, Sala Quinta, de 11 de diciembre de 2014, (ponente D. Šváby), (Asunto C-113/13).

Y es que, acabada la Guerra Civil española, la acción social se practica desde la beneficencia pública y privada, con carácter graciable y sin generar ningún derecho, mientras que el Estado del Bienestar se había ido asentando en Europa. En nuestro país, sin embargo, es preciso esperar al 28 de diciembre de 1963, cuando se aprueba la Ley de Bases de la Seguridad Social, en la que ya se contemplan los servicios sociales y la asistencia social como complemento de las prestaciones básicas[17].

Con la Constitución Española de 1978 se establece un reparto competencial entre el Estado y las Comunidades Autónomas, diferenciando las competencias de seguridad social que son de ámbito nacional de las de asistencia social que pasan al ámbito autonómico. Ese mismo año se crea el Instituto Nacional de Servicios Sociales (INSERSO) para la gestión de servicios complementarios de las prestaciones del sistema de seguridad social.

Y si bien en 1988, el Ministerio de Trabajo y Seguridad Social aprueba el Plan Concertado de Prestaciones Básicas de Servicios Sociales[18] para articular la cooperación económica y técnica entre la Administración General del Estado y las Comunidades Autónomas y consolidar una red de servicios sociales de gestión local con las entidades, ya un año antes el Principado de Asturias dispone de una ley específica.

En efecto, por lo que se refiere a la regulación de la prestación de los servicios sociales en el Principado de Asturias, cabe comenzar por la Ley 5/1987, de 11 de abril de servicios sociales, predecesora de la aún vigente Ley 1/2003, de 24 de febrero, de servicios sociales,

---

17 Como recuerda GUTIÉRREZ RESA, Antonio, "Pasado, presente y futuro de los servicios sociales españoles", *Acciones e investigaciones Sociales* (3), 1995, p. 35.

18 Aunque la prestación de servicios sociales está descentralizada, el entonces Ministerio de Trabajo y Seguridad Social instauró, en el año 1988, el Plan Concertado para el Desarrollo de Prestaciones Básicas de Servicios Sociales, con el objeto de establecer un marco de colaboración entre el Estado y las Comunidades y Ciudades Autónomas que garantizara la atención de las necesidades sociales básicas, financiando, mediante convenios, un conjunto de prestaciones básicas, concretamente las de información y orientación; apoyo a la unidad convivencial y ayuda a domicilio; alojamiento alternativo y prevención e inserción social, situándose todas ellas en el nivel de los servicios sociales de atención primaria en el ámbito del municipio.

si bien, como trataré de explicar esta última norma ha sufrido importantes reformas y está pendiente de ser derogada por una nueva ley que se adapte al nuevo marco jurídico y prestacional.

Esta primera norma de los años ochenta del pasado siglo ya resulta interesante, dado que en su Preámbulo habla de que responde al desarrollo de una serie de preceptos constitucionales, comenzando por el art. 9.2 de la Constitución española (CE), es decir, el que se refiere a la igualdad material[19], y continuando por los principios rectores de la política social y, en concreto, los arts. 39, en cuanto a familia e infancia, art. 48 respecto a juventud, art. 49 en cuanto a las personas con discapacidad[20], hoy recuérdese que este precepto constitucional ha sido objeto de reforma de 15 de febrero de 2024, y el art. 50 respecto a la tercera edad.

Esta norma, al igual que la mayoría, distingue entre servicios sociales generales y especializados, e incluye prestaciones económicas y asistenciales. De otro lado, en cuanto a la iniciativa social prevé que el Principado de Asturias promoverá la participación de asociaciones e instituciones privadas sin ánimo de lucro en la prestación de servicios sociales especializados y en la realización de actividades en materia de acción social. Y a dicho efecto establecerá programas de subvenciones que se distribuirán de acuerdo con el interés social de los distintos servicios y proyectos, con los objetivos señalados por la planificación regional de servicios sociales y con las garantías ofrecidas para su realización por la entidad promotora.

Sin embargo, nada se precisa respecto a las modalidades de gestión de los servicios sociales, siendo de aplicación, por tanto, la regulación general en materia de servicios públicos y de contratación en caso de gestión indirecta[21].

---

19 A este respecto véase lo dicho en MENÉNDEZ SEBASTIÁN, Eva María, La Administración al servicio de la justicia social, Madrid, 2017.

20 Esta reforma trae causa de la Convención sobre los derechos de las personas con discapacidad, celebrada en Nueva York el 13 de diciembre de 2006, ratificada por España el 3 de diciembre de 2007 y en vigor desde el 3 de mayo de 2008.

21 Recuérdese que entonces la normativa de contratos vigente era la Ley de Contratos del Estado de 1967 en la redacción dada por La Ley 5/1973, de 17 marzo, que modificó parcialmente la Ley de Contratos del Estado; así como el Reglamento General de Contratación del Estado de 1975, si bien, la incorporación

Con la Ley del Principado de Asturias 1/2003, de 24 de febrero, de servicios sociales, en su versión original, tampoco se hace una gran precisión, a pesar de que fue una norma pionera en materia de servicios sociales.

Desde la perspectiva de la gestión se limita a prever en su art. 8 la delegación o encomienda de gestión, en los siguientes términos:

> "Las Administraciones Públicas competentes en materia de servicios sociales, con el fin de mejorar la eficacia de la gestión pública y la atención a las personas usuarias, podrán delegar o encomendar la prestación o gestión de sus servicios o establecer convenios de colaboración de conformidad con los instrumentos previstos en el ordenamiento jurídico".

Sí se refiere también, como es habitual en la regulación de los servicios sociales desde el comienzo en esta Comunidad Autónoma a la iniciativa social, pero en esta ocasión, además de la posibilidad de que el Principado de Asturias promueva e impulse la participación de asociaciones e instituciones sin ánimo de lucro en la realización de actividades en materia de acción social a través de programas de subvenciones[22]; se establece expresamente que también podrá celebrar convenios con entidades sin ánimo de lucro debidamente acreditadas de acuerdo con lo establecido en la normativa aplicable[23].

---

de España a la entonces denominada Comunidad Económica Europea en 1986, obligó a la adaptación inmediata de la legislación de contratos del Estado a las Directivas Comunitarias sobre Obras y Suministros, lo que tuvo lugar mediante la publicación del Real Decreto Legislativo 931/1986, que nuevamente volvió a modificar los artículos de la Ley de Contratos afectados por las Directivas, así como la modificación del Reglamento para adaptarlo al Real Decreto Legislativo 931/86 y a las Directivas europeas, lo que tuvo lugar mediante la publicación del Real Decreto 2528/1986, de 28 de noviembre.

22 Que, de conformidad con lo establecido en el art. 44 se concederán de acuerdo con el interés social de los distintos servicios y proyectos con la adecuación a los objetivos señalados por la planificación autonómica en materia de servicios sociales y con las garantías ofrecidas para su realización por la entidad promotora.

23 Las cuales quedarán vinculadas a las determinaciones de la planificación autonómica en materia de servicios sociales y a los requisitos que sean fijados por la normativa y por el propio convenio. Además, también se especifica en dicha norma que estos convenios podrían tener carácter plurianual a fin de garantizar un marco estable que favorezca la mejor prestación de los servicios o programas. Y que finalizado dicho plazo podían ser renovados, sin perjuicio de su

Esta previsión nos lleva a un conocido problema, como es el de los convenios que realmente tienen el contenido propio de un contrato. Y es que recuérdese que la propia normativa de contratos para evitar que por esta vía se eluda su aplicación prevé la exclusión de la misma de aquellos convenios cuando estos no tengan contenido propio de un contrato, además de otra serie de requisitos hoy previstos en el art. 6 de la vigente LCSP. Entonces estaba vigente el Real Decreto Legislativo 2/2000, de 16 de junio, por el que se aprueba el texto refundido de la Ley de Contratos de las Administraciones Públicas[24].

### B) *El régimen jurídico aún vigente de los servicios sociales en el Principado de Asturias*

La mencionada Ley de servicios sociales del Principado de Asturias de principios de siglo, todavía vigente, sufre varias modificaciones, algunas menores en 2004, 2005 y 2007, siendo las más destacadas, a los efectos que aquí nos interesan, las llevadas a cabo en 2015 y 2019.

Y es precisamente con la modificación operada por la Ley 9/2015, de 20 de marzo, de primera modificación de la Ley 1/2003, de 24 de febrero, de Servicios Sociales, con la que se introduce una regulación específica del concierto social dentro de las formas de gestión de los servicios sociales, en concreto, en los arts. 44 a 44 *nonies*. A este respecto debe apuntarse que esa modificación, por tanto, es anterior a la LCSP, aunque posterior a la Directiva de contratos de 2014.

En efecto, esta norma en su redacción dada en 2015 por primera vez recoge expresamente las modalidades de gestión de los servicios sociales, haciendo referencia literalmente a las siguientes fórmulas: "gestión directa, gestión indirecta en el marco general de la normativa de contratación del sector público incluido el régimen de concierto social previsto en esta ley, y convenios con entidades de iniciativa social", para pasar seguidamente a reconocer el derecho de la iniciativa privada, a participar en los servicios sociales mediante la creación

posible extinción por causa de incumplimiento o cualesquiera otras causas que se fijen reglamentariamente o en el propio convenio.

24 En dicha norma la mencionada previsión se contenía en el art. 3.1, d).

de centros y servicios, y la gestión de programas y prestaciones de esta naturaleza[25].

Además, ya adelanta que el Principado de Asturias dotará de un estatuto propio de colaboración con su Administración a las entidades de iniciativa social, respecto de las cuales promoverá, facilitará e impulsará su participación en la realización de actividades y programas en materia de acción social[26]. Esta regulación específica se producirá a través de la Ley 3/2019, a la que me referiré seguidamente.

Respecto a la regulación que esta norma hace de los conciertos sociales cabe destacar una serie de cuestiones. En primer lugar, que su naturaleza jurídica parece un tanto confusa, dado que en el citado art. 44 parece calificarla como contractual, dado que se refiere a la "gestión indirecta en el marco de la normativa de contratación incluido el régimen del concierto social", sin embargo, en el art. 44 *bis*, 3, precisa que el concierto social se establece como modalidad diferenciada de la del concierto general regulado en la normativa de contratación del sector público[27]. Además, en el apartado anterior aclara que se entiende por régimen de concierto social, la prestación de servicios sociales especializados de responsabilidad pública cuya financiación, acceso y control sean públicos, a través de entidades de iniciativa privada.

De otro lado, fija la prioridad para acceder a estos conciertos de las entidades de iniciativa social que ofrecen servicios sociales previstos en el catálogo de prestaciones y/o en la planificación autonómica, eso sí, siempre y cuando existan análogas condiciones de eficacia, calidad y rentabilidad social.

El objeto de estos conciertos sociales se centra en dos cuestiones: la reserva y la ocupación de plazas para uso exclusivo de las personas

---

25 El art. 44 precisa en su apartado segundo que el ejercicio de este derecho por las entidades de iniciativa privada y su integración en el sistema de servicios sociales quedarán sujetos al régimen de autorización, acreditación y registro establecido en esta ley y en las disposiciones reglamentarias que la desarrollen.

26 A los efectos precisa que se entiende por entidades de iniciativa social aquellas que siendo sin ánimo de lucro, realicen actividades de servicios sociales.

27 Recordemos que, si bien las Comunidades Autónomas pueden regular formas de gestión de servicios sociales, de acuerdo con la LCSP y el reparto competencial previsto en la CE, estas deben no ser contractuales.

usuarias de servicios sociales de responsabilidad pública, cuyo acceso sea autorizado por el órgano competente mediante la aplicación de los criterios previstos en la normativa vigente; y la gestión integral de prestaciones técnicas, programas, servicios o centros.

Y por supuesto para acceder al concierto social se requiere una serie de requisitos, destacando la necesidad de contar con la oportuna acreditación administrativa de sus centros y servicios, así como la habilitación administrativa cuando sea precisa, figurar inscritas en el Registro de entidades, centros y servicios sociales[28].

Cabe destacar también que la Ley prevé, como algo diferenciado al concierto social, la posibilidad de celebrar convenios con entidades de iniciativa social con experiencia acreditada en la materia de que se trate para la provisión de prestaciones del catálogo de servicios sociales en aquellos supuestos en que por razones de urgencia, la singularidad de la actividad o prestación de que se trate, o su carácter innovador y experimental, aconsejen la no aplicación motivada del régimen de concierto social[29]; así como que el Principado de Asturias podrá establecer con las entidades de iniciativa social acuerdos de colaboración que recojan los conciertos, convenios o cualesquiera otras formas de colaboración que se suscriban respectivamente con cada una de ellas.

Este panorama, por lo demás poco claro, especialmente, por lo que se refiere a la naturaleza jurídica de estas vías de gestión de los servicios sociales, se modifica, como ya se ha adelantado, por la Ley 3/2019, de 15 de marzo, sobre acción concertada con entidades de

---

[28] Además, las entidades de iniciativa privada tendrán que acreditar, en todo caso, la disposición de medios y recursos suficientes para garantizar el cumplimiento de las condiciones establecidas para cada servicio, así como el cumplimiento de la normativa que, con carácter general o específico, les sea aplicable, tanto por la naturaleza jurídica de la entidad como por el tipo de servicio objeto de concertación. Y aquellas entidades con las cuales se subscriban conciertos sociales de ocupación o de reserva de plazas tendrán que acreditar la titularidad del centro o su disponibilidad por cualquier título jurídico válido en derecho por un periodo no inferior al de vigencia del concierto.

[29] No obstante, la norma prevé que en tales casos se aplicarán a dichos convenios las características y requisitos propios del régimen de concierto previsto en esta Ley que no resulten incompatibles con su naturaleza.

iniciativa social sin ánimo de lucro para la prestación de servicios de carácter social.

Esta nueva norma, por un lado, deroga los arts. 44 *bis* a 44 *nonies*, y por otro, procede a regular precisamente la acción concertada en los términos que seguidamente expondré. Sin embargo, previamente es preciso comentar la redacción que da al art. 44 de la Ley de Servicios Sociales, donde se recogen con carácter general las formas de prestación de los servicios sociales, así como el régimen de actuación de las entidades de iniciativa privada.

A este respecto, la redacción, vigente todavía, del citado precepto en su apartado primero enumera una serie de posibles modalidades de gestión de los servicios sociales. Así, en primer lugar, prevé como preferente la gestión directa, dentro de la que se incluye la utilización de medios propios, aunque la redacción no sea quizás la más apropiada, pero es evidente que si esta figura se caracteriza y escapa de la normativa de contratación por asimilarse a los servicios propios se trata de gestión directa.

En segundo término se refiere a la colaboración y cooperación entre Administraciones públicas, sin aventurarse a ejemplificar siquiera a través de qué instrumentos, como pueda ser el consorcio, si bien tampoco esta figura escapa a la polémica[30].

Es en tercer lugar cuando se recoge la posibilidad de llegar a acuerdos de acción concertada con entidades de iniciativa social sin ánimo de lucro. Acción concertada que se regula más profusamente en la citada Ley 3/2019, a la que me referiré seguidamente.

Y finalmente concluye haciendo referencia a la gestión indirecta en el marco de la normativa de contratos, lo que ya es un primer indicio de que entiende que la acción concertada no es contractual, indicio que se confirma, como ahora diré, en la Ley de 2019.

---

30 En concreto, porque su naturaleza es un tanto peculiar y encaja mal en otras categorías, ya que si la gestión directa de los servicios sociales es aquella en la que las Administraciones públicas prestan los servicios mediante recursos profesionales y financieros propios, incluyendo sus entidades vinculadas o dependientes, entonces los consorcios adscritos serían gestión directa, porque no hay otra forma de entender la adscripción si no es como "vinculación o dependencia", si bien esto casa mal si en la composición del consorcio hay participación de un "privado".

En efecto, la Ley 3/2019, confirma lo ya adelantado, que entiende en su art. 2, a) que los acuerdos de acción concertada son los instrumentos organizativos de naturaleza no contractual suscritos con entidades de iniciativa social sin ánimo de lucro, a través de los cuales se podrá realizar la prestación de servicios sociales. Sin embargo, como ya se ha avanzado, la naturaleza contractual o no de la acción concertada no deriva de su calificación en la norma sino de sus características, como bien viene sosteniendo el TJUE en la jurisprudencia ya comentada.

Y recuérdese que conforme a esta jurisprudencia el hecho de que se trate de entidades sin ánimo de lucro no excluye necesariamente el carácter contractual, puesto que ha considerado que un contrato es oneroso si existe contraprestación y ésta puede darse, aunque no haya beneficio sino solo cobertura de costes. De otro lado, también ha considerado que hay contrato cuando se lleva a cabo una selección, que es precisamente lo que se regula en la citada Ley asturiana.

Así, en concreto, en el Capítulo III esta norma regula el procedimiento de concertación, estableciendo la selección de entidades[31], cuando sea necesario debido a las limitaciones presupuestarias o al número o características de las prestaciones susceptibles de la acción concertada. Es más, enumera los criterios que el órgano concertante deberá tener en cuenta para hacer esa selección, que son en concreto: la implantación en la localidad donde vaya a prestarse el servicio; la valoración favorable de las personas atendidas, si ya se hubiera prestado el servicio anteriormente, efectuada o supervisada por el órgano concertante; las certificaciones de calidad y la experiencia acreditada en la gestión y mejora de los servicios; la continuidad en la atención y calidad prestada; el arraigo de la persona en el entorno de atención; las buenas prácticas sociales y de gestión de personal; así como la eventual incorporación de mejoras voluntarias en materia laboral, salarial o de seguridad en el trabajo; la formación específica del equipo humano que prestará el servicio en la materia social específica que sea clave para su prestación; la incorporación al equipo de trabajadores y colaboradores de la entidad de una proporción signi-

[31] Art. 8.

ficativa de personas con dificultades de acceso al mercado de trabajo; el cumplimiento del principio de igualdad de trato y de oportunidades en el acceso al empleo, en la promoción profesional y en las condiciones de trabajo, y la eventual mejora de los requisitos mínimos exigibles en materia de igualdad y conciliación en la normativa autonómica; el establecimiento de mecanismos para la participación efectiva de los usuarios y sus familias, en la prestación y evaluación de los servicios; el trabajo en red con otras entidades en la gestión de prestaciones y servicios análogos conforme a criterios de proximidad y participación; y la promoción de la participación del voluntariado en el desarrollo de sus acciones.

A mayor abundamiento el art. 12, dedicado a la instrucción del procedimiento, determina en su apartado tercero que las solicitudes de las entidades serán valoradas por una comisión de valoración designada en la forma establecida en el artículo 15. Dejando por tanto claro que hay una valoración.

Esto, sin duda, es contrario a la jurisprudencia del TJUE y una de las cuestiones que, como se verá, será modificada en la futura Ley de Sistema Integral de Derechos Sociales que se está preparando.

Finalmente, indicar, que la Ley 1/2003 también fue modificada por la Ley 4/2019, de 15 de marzo, respecto al sistema de información de servicios sociales que se configura en el nuevo título X, destacando la regulación de la Historia Social Única Electrónica.

Y que en el año 2021 se desgaja de la Ley de Servicios Sociales la ordenación de las prestaciones económicas, que pasan a regularse por la Ley 3/2021, de 30 de junio, de Garantía de Derechos y Prestaciones Vitales.

### *C) La nueva visión del borrador de la Ley del Sistema Integral de Derechos Sociales*

Como ya se ha adelantado, en la actualidad se ha constituido un grupo de expertos para la redacción de una nueva Ley que no solo se referirá, previsiblemente, a los servicios sociales del Principado de Asturias, sino que dará coherencia a lo que ha dado en llamarse "Sistema Integral de Derechos Sociales".

Si bien es cierto que existe ya un primer borrador elaborado en el seno de este grupo de trabajo, éste se encuentra aún en fase de estudio, por lo que los cambios que puedan introducirse, así como el texto que finalmente en su caso se tramite y apruebe en la Junta General del Principado de Asturias puede sufrir variaciones importantes.

Por ello y con todas las cautelas, cabe indicar que en ese primer borrador uno de los múltiples cambios que se han abordado ha sido precisamente el de las modalidades de gestión de los servicios sociales, con la finalidad de aclarar, de un lado, qué es la gestión directa y qué la indirecta, adaptarse, de otro, a la jurisprudencia europea y, en tercer lugar, para introducir conceptos —que, a pesar de ser clásicos, no se vienen recogiendo en este tipo de normas— como el de buena administración.

A tales efectos, en primer lugar, establece la posibilidad de la gestión directa, incluida la que se lleva a cabo a través de medios propios, así como la colaboración con otras Administraciones, incluido en su caso el ya citado consorcio y con las prevenciones y matizaciones ya indicadas previamente.

Pero, además, se establece que, de acuerdo con el principio de buena administración, las Administraciones Públicas deberán elegir motivadamente la forma más eficaz y eficiente de gestión de los servicios sociales de entre todas las posibles. A este respecto, se pretende matizar la previsión de la Ley 7/1985, de 2 de abril, reguladora de las bases del régimen local, en el sentido de no tener solo en cuenta en la sostenibilidad el aspecto económico, sino la idea de que debe responder a una mejor gestión desde la perspectiva de la ciudadanía, de la calidad del servicio, etc.

Se define también con claridad qué es la gestión directa, entendiendo por tal aquella en la que las Administraciones Públicas y sus entidades vinculadas o dependientes prestan los servicios mediante sus recursos, o través de medios propios, en los términos establecidos en la normativa aplicable. Y, matizando, como es obvio, que se desarrollarán mediante gestión directa todos aquellos servicios que impliquen ejercicio de autoridad.

Precisamente, al regular la gestión indirecta se concreta que, en las funciones no reservadas al ejercicio directo de las Administraciones Públicas, la realización de prestaciones de servicios sociales podrá efectuarse, mediante las figuras jurídicas más adecuadas a cada caso, por entidades privadas, con o sin ánimo de lucro. Siendo la gestión indirecta aquella en la que existe la participación de un privado en la prestación de servicios públicos destinados a satisfacer necesidades de carácter social, a través de los diversos instrumentos contractuales o no, reconocidos por el ordenamiento jurídico aplicable.

De este modo, se incluye la posibilidad que abre la propia LCSP, en la ya mencionada DA 49ª y que cabe recordar que permite que las Comunidades Autónomas prevean figuras no contractuales, sin embargo, se evita, como exige el TJUE, calificar el concierto social expresamente como no contractual. Además, de este modo, la norma deja claro que la gestión indirecta no es solo la contractual, sino toda aquella en la que interviene un privado, sea contractual, vía convenio —aunque esta opción es difícil, dado que si tiene el objeto de un contrato lo será, como ya se ha dicho— concierto social, etc., y dejando la puerta abierta a otras vías que además podrían aplicarse al estar previstas con carácter general sin necesidad de desarrollo concreto en esta Ley.

De otro lado, nuevamente se baraja, como es habitual en esta Comunidad Autónoma, que las Administraciones Públicas con competencias en materia de servicios sociales, cuando existan análogas condiciones de eficacia, calidad y rentabilidad social, den prioridad a las entidades de iniciativa social para la gestión de los servicios previstos en el Catálogo de Prestaciones del Sistema Público Asturiano de Servicios Sociales mediante el régimen de acción concertada.

Precisamente respecto a esta vía de la concertación, el borrador cuenta con dos opciones que están aún en proceso de debate y decisión, y que resumidamente serían, algo similar al concierto educativo o una habilitación en la línea del Decreto 5/1998, en el ámbito de menores[32].

Muy resumidamente, en la primera opción se trata de mantener la acción concertada regulada actualmente en la ya mencio-

32 Se trata del Decreto 5/98, de 5 de febrero, por el que se aprueba el Reglamento de instituciones colaboradoras de integración familiar y de entidades colaboradoras de adopción internacional.

nada Ley 3/2019 básicamente, pero suprimiendo los dos aspectos que entran en contradicción con la jurisprudencia del TJUE, es decir, de un lado, no calificar esta opción como una vía no contractual, no porque sea contractual sino porque tal calificación depende de cómo se regule y no de cómo se califique, y de otra parte, que no haya un proceso selectivo entre las entidades, dado que ello para el TJUE es un indicio del carácter contractual. Todo ello sin olvidar que en el ámbito de los contratos hay especialidades también para estos servicios, pero aquí se trata de otra cosa, es la posibilidad que prevé la DA 49ª de la LCSP de que las Comunidades Autónomas legislen articulando instrumentos no contractuales para la prestación de servicios públicos destinados a satisfacer necesidades de carácter social, en línea con lo establecido en el art. 11.6 de la LCSP.

De otro lado, se estudia la opción de la habilitación, es decir, en línea con ese mismo precepto de la LCSP, no hacer una selección entre las entidades de este tipo que soliciten concertar con la Administración, sino habilitar a todas aquellas que cumplan con los requisitos que legalmente se establezcan.

Se parte de definir la habilitación como el instrumento jurídico por medio del cual se reconoce como entidad colaboradora para la prestación de servicios sociales cuya financiación, acceso y control sean públicos, a entidades de iniciativa social sin ánimo de lucro. Además, se prevé expresamente que el procedimiento para la habilitación en todo caso garantizará una publicidad suficiente y se ajustará a los principios de transparencia y no discriminación, sin prever límites ni cuotas a aquellas entidades que cumplan las condiciones previamente fijadas.

De este modo, se pretende ajustar la regulación asturiana a la LCSP, las Directivas de contratos y la interpretación que de ellas ha hecho el TJUE, si bien es cierto, que el ámbito de la gestión de los servicios sociales cuenta con particularidades que, en mi opinión, dificultan la extrapolación sin más del concierto educativo o sanitario. Y es que, especialmente cuando hablamos de entidades sin ánimo de lucro, no se trata de empresas que prestan en el ámbito privado estos servicios a través de su actividad económica y con los que la Administración puede concertar ciertas plazas, sino de algo diferente, lo que en gran medida se explica por el origen mismo de los servicios sociales y el carácter de estas organizaciones.

## IX.5.4. UNAS BREVES PINCELADAS SOBRE EL CONCIERTO SANITARIO Y EDUCATIVO EN EL PRINCIPADO DE ASTURIAS

Para concluir con el estudio de la concertación y las fórmulas no contractuales en la provisión de servicios de atención a la persona en el Principado de Asturias, resulta obligado hacer una brevísima referencia al concierto sanitario y al educativo en esta Comunidad Autónoma.

A este respecto, solo mencionar, que la Ley 7/2019, de 29 de marzo, de Salud, del Principado de Asturias, en su art. 145, se refiere a los conciertos para la prestación de servicios sanitarios, calificándolos como contratos de servicios o de concesión de servicios[33] suscritos entre el Servicio de Salud del Principado de Asturias (SESPA) y las entidades públicas y privadas titulares de centros, servicios y establecimientos sanitarios, y concretando que se regirán por lo dispuesto en la propia ley de salud, por la Ley 14/1986, de 25 de abril, y por lo establecido en la normativa vigente sobre contratos del sector público.

Además, los conciertos se han de formalizar de acuerdo con los principios de subsidiariedad respecto de los servicios públicos y de optimización de los recursos públicos y deberán garantizar que la asistencia sanitaria reúna, al menos, las mismas condiciones de calidad, seguridad, eficacia y eficiencia que la prestada por el SESPA.

En definitiva, se opta por su calificación como contratos, según las propias categorías de la LCSP, como no podría ser de otro modo y, por tanto, escapa al debate principal de la acción concertada en el ámbito de los servicios sociales.

De otro lado, por lo que se refiere al concierto educativo, cabe mencionar la Resolución de 3 de marzo de 2023, de la Consejería de Educación, por la que se establece el procedimiento por el que se

---

[33] Evidentemente dependiendo de que se exista o no riesgo operacional.

regirá la suscripción por primera vez al régimen de conciertos educativos a los centros docentes privados de la Comunidad del Principado de Asturias, la renovación de los conciertos educativos existentes, así como sus modificaciones durante los cursos escolares 2023/2024 a 2028/2029, y las normas para la aplicación de dicho régimen de conciertos educativos a los centros docentes privados de la Comunidad Autónoma Principado de Asturias.

Como recoge el propio preámbulo la Ley Orgánica 2/2006, de 3 de mayo, de Educación, establece en su artículo 116.1 que los centros privados que ofrezcan enseñanzas declaradas gratuitas en esta Ley y satisfagan necesidades de escolarización, en el marco de lo dispuesto en los artículos 108 y 109, podrán acogerse al régimen de conciertos educativos en los términos legalmente establecidos, debiendo los centros que accedan al régimen de concertación educativa formalizar con la Administración educativa que proceda el correspondiente concierto. De otro lado, el Real Decreto 2377/1985, de 18 de diciembre, aprueba el Reglamento de Normas Básicas sobre Conciertos Educativos, correspondiendo de conformidad con el artículo 116.4 de la Ley 2/2006, de 3 de mayo, a las Comunidades Autónomas dictar las normas necesarias para el desarrollo del régimen de conciertos.

Regulado el procedimiento reglamentariamente, la disposición adicional octava del citado Real Decreto 2377/1985 prevé que las Comunidades Autónomas puedan adaptar los plazos previstos en el mismo. Procede asimismo la citada resolución del Principado de Asturias a incorporar las modificaciones operadas en la Ley Orgánica 2/2006, de 3 de mayo, de Educación por la Ley Orgánica 3/2020, de 29 de diciembre, en materia de conciertos[34].

En cuanto al concierto educativo es preciso tener en cuenta que dispone de particularidades respecto al ámbito de los servicios so-

---

[34] Así la disposición adicional vigésima quinta dedicada al fomento de la igualdad efectiva entre hombres y mujeres, que señala en su apartado 1 que con el fin de favorecer la igualdad de derechos y oportunidades y fomentar la igualdad efectiva entre hombres y mujeres, los centros sostenidos parcial o totalmente con fondos públicos desarrollarán el principio de coeducación en todas las etapas educativas, de conformidad con lo dispuesto por la Ley Orgánica 3/2007, de 22 de marzo, para la igualdad efectiva de mujeres y hombres, y no separarán al alumnado por su género.

ciales, a mi juicio, en principal que cuenta con el respaldo de la Ley Orgánica 2/2006, de 3 de mayo, de Educación y el Real Decreto 2377/1985, de 18 de diciembre, por el que se aprueba el Reglamento de Normas Básicas sobre Conciertos Educativos. Es decir, es la propia normativa estatal la que prevé esta figura. Una regulación, en la que obvia calificar su naturaleza jurídica, es decir, si se trata o no de un contrato, y en la que introduce una serie de criterios que denomina de "preferencia", pero que sin duda sirven para hacer una valoración y, en su caso, selección, entre las entidades candidatas.

En definitiva, hay o puede haber evaluación, pero es que piénsese que el concierto educativo está regulado por el Estado en las citadas normas y con anterioridad a que las Directivas prestaran atención a la contratación de los servicios públicos, un concepto propio del sistema francés y español y ajeno para muchos otros. Cuestión distinta y a tener en cuenta también es qué servicios se consideran incluidos entre los educativos que se someten a la LCSP, en particular, los del Anexo IV.

## IX.5.5. JURISPRUDENCIA

Auto del TJUE núm. 289/2023, de 31 de marzo de 2023, (ponente C. Lycourgos). (ASUNTO C-676/20).

STJCE núm. 301/1997, de 17 de junio de 1997 (ponente P.J.G. Kapteyn). (ASUNTO C-70/95).

STJUE núm. 401/2004, de 12 de julio de 2001 (ponente V. Skouris). (ASUNTO C-399/98).

STJUE núm. 31/2007, de 18 de enero de 2007 (ponente E. Juhász). (ASUNTO C-220/05).

STJUE núm. 2440/2014, de 11 de diciembre de 2014, (ponente D. Šváby). (ASUNTO C-113/13).

STJUE núm. 56/2016, de 28 de enero de 2016, (ponente D. Šváby). (ASUNTO C-50/14).

STJUE núm. 985/2016, de 21 de diciembre de 2016 (ponente D. Šváby). (ASUNTO C-51/15)

STJUE núm. 559/2022, de 14 de julio de 2022 (ponente C. Lycourgos). (ASUNTO C-436/20).

STSJ de la Comunidad Valenciana núm. 339/2023, de 29 de junio de 2023 (ponente Manuel José Domingo Zaballos). (Rec. 170/2018).

## IX.5.6. BIBLIOGRAFÍA

BENETTI, Giulia, "¿Puede ofrecerse un trato diferenciado a los licitadores según tengan o no ánimo de lucro? Implicaciones de los últimos pronunciamientos del TJUE acerca de los contratos reservados", *Actualidad Administrativa* (3), 2024, pp. 1-10.

GARRIDO JUNCAL, Andrea, "Las nuevas formas de gestión de los servicios sociales: elementos para un debate", *Revista Catalana de Dret Públic* (55), 2017, pp. 84-100.

GUTIÉRREZ RESA, Antonio, "Pasado, presente y futuro de los servicios sociales españoles", *Acciones e investigaciones Sociales* (3), 1995, pp. 33-52.

LAZO VITORIA, Ximena, "Prestación de servicios a las personas: ¿concierto social o contrato?", *Revista de Estudios de la Administración Local y Autonómica. Nueva Época* (20), 2023, pp. 31-46.

LAZO VITORIA, Ximena, "Servicios sociales", *Revista General de Derecho Administrativo* (65), 2024, pp. 1-15.

MENÉNDEZ SEBASTIÁN, Eva María, *La Administración al servicio de la justicia social*, Madrid, 2017.

# *IX.6. La acción concertada social y las fórmulas no contractuales en la provisión de servicios de atención a la persona: Cantabria*

**DIANA PAOLA GONZÁLEZ MENDOZA**
*Investigadora Postdoctoral "Margarita Salas" de Derecho Administrativo*
*Universidad de Oviedo / Universidad de Cantabria*[1]

**Resumen:** Las directivas en materia de contratación han tenido un importante calado en el ordenamiento jurídico español. En estas se prevén la prestación de servicios a las personas. La LCSP en su DA. 49ª prevé la posibilidad de acudir a fórmulas no contractuales para proveer los servicios sociales. De manera que, será la normativa autonómica la que establecerá la acción social concertada. Este trabajo analizará si el ordenamiento jurídico cántabro en materia de servicios sociales da respuesta a lo establecido en materia de contratación.

**Palabras clave:** concierto social, contratos públicos, Cantabria, servicios sociales, Estado social.



## Abreviaturas empleadas:

CE: Constitución española

1 Actividad financiada por la Unión Europea-NextGenerationEU, Ministerio de Universidades y Plan de Recuperación, Transformación y Resiliencia, mediante convocatoria de la Universidad de Oviedo (MU-21-UP2021-030 70087867). Este trabajo también se enmarca en el Proyecto PID2021-126784NB-I00 "Reorganización Administrativa y de los Servicios Públicos a los ciudadanos en la post-pandemia", financiado por MCIN/AEI/10.13039/501100011033/ y por FEDER Una manera de hacer Europa

ICASS: Instituto Cántabro de Servicios Sociales
LCSP: Ley 9/2017, de 8 de noviembre, de Contratos del Sector Público
TJUE: Tribunal de Justicia de la Unión Europea

## IX.6.1. INTRODUCCIÓN

Las directivas europeas en materia de contratación han supuesto un cambio de paradigma en la materia e introducido cambios de gran calado. En estas se prevén diversas disposiciones que precisamente tienen que ver con la prestación de servicios de carácter social, en este sentido, bajo el cumplimiento de determinados requisitos se excluye la aplicación del contenido de estas directivas.

En cuanto al contenido de la Constitución española (CE) es pertinente recordar que, España se constituye como es un Estado social y democrático de Derecho en el que se plasman valores, principios y derechos, así como, la articulación de poderes públicos e instituciones, todo ello resultado del consenso social. Al hilo de esto, el principio de solidaridad juega un papel determinante en nuestra sociedad y, de acuerdo con el Tribunal Constitucional, supone "el sacrificio de los intereses de los más favorecidos frente a los más desamparados con independencia, incluso, de las consecuencias puramente económicas de esos sacrificios"[2].

Como señala *Vaquer Caballería* el principio de solidaridad social, como mandato a los ciudadanos:

> "se encuentra implícitamente reconocido en la afirmación del 'respeto a los derechos de los demás' que le sigue justamente, conciliando lo individual con lo social, a la proclamación de la dignidad de la persona y los derechos inviolables que le son inherentes en el apartado 1° del artículo 10 CE"[3].

Ahora bien, como mandato a los poderes públicos este se "expresa de forma general y primigenia"[4] en el contenido del aptdo. 2 del art. 9 CE, a lo que se suman las previsiones relativas a "Los principios

---

2 STC, en Pleno, núm. 134/1987, de 21 de julio de 1987 (ponente Ángel Latorre Segura) FJ 5.

3 VAQUER CABALLERÍA, Marcos, *La acción social*, Valencia, 2002, p. 72.

4 Ibidem, p. 73.

rectores de la política social y económica" establecidas en el Cap. III, Título I CE.

El art. 41 CE establece el mandato a los poderes públicos de establecer un régimen público de seguridad social para todas las personas "que garantice la asistencia y prestaciones sociales suficientes ante situaciones de necesidad (...) La asistencia y prestaciones complementarias serán libres". Dicho mandato debe entenderse en sentido amplio, esto es, comprende, por un lado, el sistema de seguridad social y por el otro, la asistencia social. Además, del art. 48 al 50 CE se prevé la protección a determinados colectivos con necesidades específicas como los jóvenes, las personas con discapacidad, y personas mayores. En este contexto, a lo largo de este trabajo se analizará si la normativa de la Comunidad Autónoma de Cantabria prevé al concierto social como una formula no contractual de prestación indirecta de servicios a las personas.

## IX.6.2. EL REPARTO COMPETENCIAL ENTRE EL ESTADO Y LA COMUNIDAD AUTÓNOMA DE CANTABRIA EN MATERIA DE SERVICIOS SOCIALES

Como se ha tratado en otros trabajos de esta obra es de obligada referencia el contenido del art. 148.1.20ª de la CE, el cual prevé la posibilidad de las Comunidades Autónomas de asumir la competencia en "asistencia social", complementaria de la de seguridad social[5],

---

[5] En relación con distribución competencial de la garantía institucional del artículo 4, *López Cumbre* señala que, "ha de insistirse en que se entiende mal la distribución competencial efectuada por los arts. 148 y 149 CE en los apartados antes mencionados, admitiendo el constituyente que sobre asistencia social exista una competencia exclusiva de las CCAA. (...) La única forma de solventar esta duda es atender a la distinción efectuada por el Tribunal Constitucional sobre las prestaciones complementarias y asistenciales internas y externas al sistema. Las que son internas, merecen el mismo trato que el resto de las prestaciones y sobre ellas se defiende la competencia exclusiva del Estado. Por el contrario, las externas son competencia exclusiva de las CCAA al no formar parte de la acción protectora de la Seguridad Social". Véase LÓPEZ CUMBRE, Lourdes, "Sanidad y acción social", en MARTÍN REBOLLO, Luis (ed.), Derecho Público de Cantabria, Cantabria, 2003, p. 697. En este mismo sentido VAQUER CABALLERÍA, *La acción social*, pp. 83-84 y 94-101.

la cual se constituye en palabras del Tribunal Constitucional como un "mecanismo protector de situaciones de necesidad específicas, sentidas por grupos de población a los que no alcanza aquel sistema y que opera mediante técnicas distintas de las propias de la Seguridad Social"[6].

La competencia de "*asistencia y bienestar social, incluida la política juvenil*" en el caso de Cantabria fue asumida desde el principio con la aprobación de su Estatuto a través de la Ley Orgánica 8/1981, de 30 de diciembre, de Estatuto de Autonomía de Cantabria[7]. En la actualidad, tras la modificación efectuada en 2008, el aptdo. 22 del art. 24 establece las competencias en la materia de la siguiente forma:

> "La Comunidad Autónoma de Cantabria tiene competencia exclusiva en las materias que a continuación se señalan, que serán ejercidas en los términos dispuestos en la Constitución (...)
>
> 22. Asistencia, bienestar social y desarrollo comunitario incluida la política juvenil, para las personas mayores y de promoción de la igualdad de la mujer".

El siguiente apartado de ese mismo artículo prevé la competencia de la Comunidad Autónoma sobre "*protección y tutela de menores*" la cual mantiene estrecha relación con la asistencia social, lo cual "facilitará la coordinación de políticas destinadas a la inserción y desarrollo desde la infancia hasta la mayoría de edad de los residentes en la Comunidad de Cantabria"[8].

---

6 STC, en Pleno, de 9 de junio de 1986 (ponente Miguel Rodríguez-Piñero y Bravo-Ferrer) FJ 6.

7 Aptdo. 18 de su artículo 22. Tal y como señala *Martín Rebollo* "cabe indicar que en su primera versión, de 1981, el Estatuto asumió para la Comunidad las competencias que entonces podía, esto es, muchas —aunque no todas— de la lista del art. 148.1 CE; competencias asumidas en términos de exclusividad y con la pretensión de incluir todas las funciones posibles, o, lo que es lo mismo, con la pretensión de asumir la posibilidad de legislar, ejecutar y aplicar esa legislación", como es el caso de la competencia en cuestión, véase MARTÍN REBOLLO, Luis, *La Autonomía de Cantabria (1981-2008). Una radiografía institucional, una reflexión prospectiva*, Cantabria, 2008, p. 64. Una vez pasados los cinco años, el Estatuto de Autonomía fue modificado y aunque fueron asumidas más materias se siguió contemplando en el mismo aptdo. y precepto la competencia antes aludida.

8 LÓPEZ CUMBRE, "Sanidad y acción social", p. 703.

## IX.6.3. LA INFLUENCIA DE LAS DIRECTIVAS EN MATERIA DE CONTRATACIÓN EN LA PRESTACIÓN DE SERVICIOS A LAS PERSONAS

Como es bien sabido, la Unión Europea tiene competencias en materia de contratación pública. En febrero de 2014 se aprobaron un conjunto de Directivas en la materia: 1) la Directiva 2014/24/UE, de 26 de febrero de 2014 sobre contratación pública y por la que se deroga la Directiva 2004/18/CE; 2) la Directiva 2014/25/UE, de 26 de febrero de 2014, relativa a la contratación por entidades que operan en los sectores del agua, la energía, los transportes y los servicios postales y por la que se deroga la Directiva 2004/17/CE y, 3) la Directiva 2014/23/UE, de 26 de febrero de 2014, relativa a la adjudicación de contratos de concesión. Para saber si estamos ante un contrato público hay que partir de la delimitación conceptual que proporciona el Derecho europeo, en este sentido, son contratos onerosos celebrados "por escrito entre uno o varios operadores económicos y uno o varios poderes adjudicadores, cuyo objeto sea la ejecución de obras, el suministro de productos o la prestación de servicios"[9]. De manera que, la relación sinalagmática, la onerosidad y la elección de una oferta son elementos esenciales de los mismos[10]. Por tanto, "la calificación que el Derecho de un Estado miembro otorgue a un determinado contrato o figura jurídica no es pertinente para determinar si ese negocio jurídico es o no un "contrato público" y, tampoco, por ende, para determinar su sometimiento o no a las Directivas de contratación de 2014"[11].

---

9 Art. 2.1.5 Directiva 2014/24/UE, de 26 de febrero de 2014.

10 En concordancia con lo que señala LAZO VITORIA, Ximena, "Prestación de servicios a las personas: ¿concierto social o contrato?", *Revista de Estudios de la Administración Local y Autonómica. Nueva Época* (20), 2023, p. 34-35. Por su parte el Tribunal de Justicia de la Unión Europea (TJUE) ha dejado claro que la onerosidad es un elemento distintivo de los contratos públicos, pues, "*sólo un contrato celebrado a título oneroso puede constituir un contrato público*", STJUE, Sala Tercera, de 21 de diciembre de 2016 2016 (ponente D. Šváby), aptdo. 43. Aunque la sentencia se refiera a la Directiva 2004/18/CE este elemento como hemos visto se traslada a la normativa vigente en materia de contratación.

11 LAZO VITORIA, *Revista de Estudios de la Administración Local y Autonómica,* 2023, p. 34.

Las Directivas establecen disposiciones relativas a los "servicios a las personas", entre los que se encuentran los "servicios sociales, sanitarios y educativos"[12]. A estos se les reconoce una "naturaleza propia" alejada de los contratos públicos al uso y, un impacto o dimensión transfronteriza "limitada" ya que los operadores económicos no presentan especial interés en contratos pues se realizan en un contexto propio de cada Estado[13]. A lo anterior, hay que sumarle el hecho de que en el propio considerando 114 de la Directiva 2014/24/UE, señala que:

> "Los Estados miembros y los poderes públicos siguen teniendo libertad para prestar por sí mismos esos servicios u organizar los servicios sociales de manera que no sea necesario celebrar contratos públicos (...) que cumplan las condiciones previamente fijadas por el poder adjudicador, sin límites ni cuotas, siempre que dicho sistema garantice una publicidad suficiente y se ajuste a los principios de transparencia y no discriminación"[14].

Otra referencia directa a la prestación de los servicios a las personas la encontramos en el considerando 53 de la Directiva 2014/23/UE, en el que se señala que "es procedente excluir de la aplicación plena de la presente Directiva únicamente aquellos servicios con menor dimensión transfronteriza, como algunos servicios de carácter social, sanitario o educativo". Además, en el considerando que le sucede se reconoce la discrecionalidad de los Estados para seleccionar a los prestadores de este tipo de servicios "*de la manera que consideren*

---

12 De acuerdo con la Comisión Europea, los servicios sociales tienen determinadas características organizativas entre las que se encuentran: funcionamiento sobre la base del principio de solidaridad, garantía de los derechos fundamentales de las personas especialmente de aquellas en situación de vulnerabilidad, ausencia de ánimo de lucro, participación de voluntarios, integración en la tradición cultural de cada Estado miembro y, relación asimétrica entre prestadores y beneficiarios, véase COMISIÓN (CE), "Aplicación del programa comunitario de Lisboa. Servicios sociales de interés general en la Unión Europea" (Comunicación) COM(2006) 177 final, 26 de abril de 2006.

13 Esta última razón justifica que puedan estar sometidos a un régimen simplificado salvo que superen el umbral de 750 000€. Umbral que se ha incrementado considerablemente en la referida Directiva precisamente por las peculiaridades que presentan los contratos de servicios a las personas, véase considerandos 114 y 117 y art. 4 de la Directiva 2014/24/UE.

14 Ídem.

*más apropiada*". Pudiendo recurrir en la prestación de estos servicios a operadores que no persigan un fin lucrativo[15]. Tal y como señala *Lazo Vitoria* es indudable que "las reglas de mercado se modulan en ámbitos vinculados al principio de solidaridad como el caso de la prestación de los denominados servicios a las personas"[16].

Por lo que concierne a la Ley que transpone al ordenamiento jurídico español las Directivas antes señaladas, esto es, la Ley 9/2017, de 8 de noviembre, de Contratos del Sector Público (LCSP), determina en su Preámbulo —numeral IV— que los poderes públicos tienen libertad para "prestar por sí mismos determinadas categorías de servicios, en concreto los servicios que se conocen como servicios a las personas", entre los que se encuentran los servicios sociales, sin que sea necesario recurrir a las figuras contractuales siempre que se cumplan con las disposiciones establecidas por el poder adjudicador, las previsiones de publicidad, transparencia y no discriminación. El aptdo. 6 del art. 11 de la LCSP excluye de su ámbito de aplicación "*la prestación de servicios sociales por entidades privadas*", siempre que se lleve a cabo a través de "otros medios" basados en "*la simple financiación de estos servicios o la concesión de licencias o autorizaciones*", a condición de que se cumplan los requisitos antes señalados. Y es que, aunque solamente se señalen los servicios sociales, como bien apunta *Domínguez Martín* "en coherencia con las Directivas y con lo afirmado en la exposición de Motivos de la propia LCSP, esa referencia debe entenderse en sentido amplio, incluyendo servicios sociales, sanitarios y educativos"[17].

---

15 STJCE, de 17 de junio de 1997 (ponente P.J.G. Kapteyn), aptdo. 32.

16 LAZO VITORIA, *Revista de Estudios de la Administración Local y Autonómica*, 2023, p. 42.

17 DOMÍNGUEZ MARTÍN, Mónica, "La acción concertada de los servicios a las personas en la ley de contratos del sector público y en la legislación autonómica ¿instrumentos no contractuales para la prestación de servicios públicos destinados a satisfacer carácter social?", en TOLIVAR ALAS, Leopoldo y CUETO PÉREZ, Miriam (dirs.), *La prestación de servicios socio-sanitarios: nuevo marco de la contratación pública*, Valencia, 2020, p. 51. En este mismo sentido, *Villar Rojas* señala que "en coherencia con la normativa europea, esa expresión debe entenderse en sentido amplio, incluyendo servicios sociales, sanitarios y educativos". VILLAR ROJAS, Francisco José, "El impacto de la nueva Ley de Contratos del Sector Público en la gestión de los servicios públicos locales", *Anuario de Derecho Municipal* (11), 2017, p. 95.

Ahora bien, es la Disposición Adicional 49ª de la LCSP la que abre la posibilidad de que las Comunidades Autónomas, obviamente, en el ejercicio de sus competencias puedan articular mediante una ley instrumentos no contractuales "*para la prestación de servicios públicos destinados a satisfacer necesidades de carácter social*", entre los que se encuentra "el concierto social"[18]. De forma que, deberán fijar los sujetos intervinientes —con especial mención a las entidades que pueden resultar beneficiadas—, el objeto de los conciertos, su duración y el procedimiento a seguir en el marco de sus competencias.

## IX.6.4. EL ORDENAMIENTO JURÍDICO CÁNTABRO RELATIVO A LA PRESTACIÓN DE SERVICIOS A LAS PERSONAS

Antes de realizar el análisis del ordenamiento jurídico autonómico en la materia conviene recordar que "los servicios sociales en su más amplio sentido son precisamente los servicios que la sociedad (personificada en el Estado) presta a la persona en tanto que miembro de la misma; los servicios, en definitiva, que aquí llamamos 'atinentes a la persona'"[19]. En tanto que, como ha señalado el Tribunal Constitucional la asistencia social puede dispensarse por "entes públicos o por organismos dependientes de entes públicos cualquiera que éstos sean o también por entidades privadas"[20]. La Comunidad Autónoma de Cantabria regula la prestación de servicios sociales a través de la Ley 2/2007, de 27 de marzo de derechos y servicios sociales, la cual se aprueba en ejercicio de su competencia prevista en el aptdo. 22 del art. 24 de su Estatuto de Autonomía, como se ha seña-

---

18 Lo cual mantiene relación con el contenido del art. 11.6 LCSP, por el que se excluye de la aplicación de esa ley a "la prestación de servicios sociales por entidades privadas, siempre que esta se realice sin necesidad de celebrar contratos públicos, a través, entre otros medios, de la simple financiación de estos servicios o la concesión de licencias o autorizaciones a todas las entidades que cumplan las condiciones previamente fijadas por el poder adjudicador, sin límites ni cuotas, y que dicho sistema garantice una publicidad suficiente y se ajuste a los principios de transparencia y no discriminación".

19 VAQUER CABALLERÍA, *La acción social*, p. 114.

20 STC, en Pleno, de 23 de julio de 1998 (ponente José Gabaldón López) FJ 3.

lado anteriormente. En concreto dedica el Capítulo VI del Título II a la "Gestión en el Sistema Público de Servicios Sociales"[21], en el cual se prevé de manera clara uno de los sistemas de gestión, el de gestión directa, sin embargo, queda más difuminado el sistema de gestión indirecta como se verá a continuación.

Se reserva a la Administración autonómica la gestión directa de aquellos servicios que la ley considera "públicos esenciales": 1) los servicios de evaluación, valoración y orientación diagnostica especializada, 2) la gestión de las prestaciones económicas garantizadas en la Cartera de Servicios[22] y, 3) los servicios de adopción nacional e internacional[23]. De manera residual debe entenderse que la gestión indirecta es regulada por el artículo 55 de la Ley 2/2007, de 27 de marzo, en el que se señala que, de conformidad con los instrumentos previstos en el ordenamiento jurídico se podrán, establecer "*conciertos, encomendar la prestación o gestión de sus servicios y establecer convenios de colaboración*" con otras Administraciones o con entidades prestadoras de servicios sociales. En este último caso siempre que estén inscritas en el "Registro de Entidades, Centros y Servicios Sociales", esto es, personas físicas y jurídicas que presten servicios sociales o que ostenten la titularidad de un centro. Para el caso de las personas jurídicas se debe hacer constar en el registro si se trata de una entidad sin fines lucrativos o con ánimo de lucro[24]. De lo anterior

---

21 Este Capítulo se ha visto modificado mayormente por diversas leyes de medidas fiscales y administrativas, concretamente se ha modificado el contenido del art. 55 por la Ley 2/2017, de 24 de febrero; los arts. 59 y 60 por la Ley 9/2017 de 26 de diciembre, este último precepto también se modificó por la Ley 6/2009, de 29 de diciembre, de medidas fiscales y de contenido financiero; y el art. 62 fue modificado por las leyes 7/2014, de 26 de diciembre y 9/2017, de 26 de diciembre. Este último artículo también fue modificado por la Ley 3/2009, de 27 de noviembre, de creación del Instituto Cántabro de Servicios Sociales.

22 Véase INSTITUTO CANTÁBRICO DE SERVICIOS SOCIALES, "Cartera de servicios", https://www.serviciossocialescantabria.org/uploads/documentos%20e%20informes/Cartera%20de%20Servicios%20del%20ICASS.pdf, (última visita, 19 de diciembre de 2024).

23 Art. 54 de la Ley 2/2007, de 27 de marzo, de derechos y servicios sociales.

24 Arts. 80.1 de la Ley 2/2007, de 27 de marzo y art. 24 del Decreto 04/08, de 17 de abril por el que se regulan Autorización, la Acreditación, el Registro y la Inspección de Entidades, Servicios y Centros de Servicios Sociales de la Comunidad Autónoma de Cantabria. El art. 80 de la referida ley prevé que dicho registro

puede extraerse que, en el actual marco normativo no se establece si se está ante una formula no contractual de gestión indirecta de servicios sociales o si por el contrario se tratan de fórmulas ajustadas a la normativa de contratación. Con lo cual, para conocer su naturaleza tendríamos que acudir a la propia definición de contrato público y a los elementos que la integran.

Conviene recordar que, el hecho de que se le dé una denominación específica a una forma de gestión en la normativa autonómica no puede tener como consecuencia la inaplicación de la normativa de contratación. Y es que, como hemos visto anteriormente, uno de los elementos esenciales de los contratos es la contrapartida económica, la cual puede traducirse también en el reembolso de los costes. Además, tal y como ha señalado el TJUE las entidades sin ánimo de lucro pueden ejercer "una actividad económica en sentido de la Directiva 2014/24/UE", motivo por el cual no las excluye de la aplicación de la legislación de contratos, de manera que, la normativa que de preferencia a entidades sin ánimo de lucro puede conculcar el principio de igualdad en materia de contratación. Sin embargo, la exclusión de entidades con ánimo de lucro en procedimientos de adjudicación de los contratos cuyo objeto sean servicios sociales puede explicarse "cuando dicha exclusión contribuya efectivamente a la finalidad social y a la consecución de los objetivos de solidaridad y de eficiencia presupuestaria que sustentan ese sistema"[25]. En sí la inaplicación de la normativa de contratos puede justificarse en aplicación a los principios de universalidad y solidaridad o en su caso por razones de eficiencia económica y adecuación siempre que sirvan al interés general.

Las previsiones anteriores aplicables al ámbito subjetivo se completan con lo establecido en el art. 10 de la Ley 3/2009, de 27 de

---

es un "instrumentos de constatación, ordenación, publicidad y transparencia". Este artículo como se puede imaginar se desarrolla a través del Decreto 04/08, de 17 de abril, cuyo objeto es regular "las autorizaciones y comunicaciones administrativas, la acreditación, la constancia registral, la inspección y el régimen sancionador por incumplimiento del presente Decreto y de su normativa de desarrollo, aplicable a los centros de servicios sociales ubicados en la Comunidad Autónoma de Cantabria". Véase art. 1 del Decreto 04/08, de 17 de abril.

25 STJUE, Sala Cuarta, de 14 de julio de 2022 (ponente C. Lycourgos), aptdo. 91.

noviembre, de creación del Instituto Cántabro de Servicios Sociales (ICASS), a través del cual se regula el régimen de "conciertos y convenios", por el que se establece que el Instituto[26] puede suscribir convenios con entidades del sector privado. Ese mismo precepto señala requisitos específicos aplicables a las entidades prestadoras de servicios sociales, entre los que se entran: 1) estar inscrita en el Registro de Entidades, Centros y Servicios Sociales, 2) carecer de ánimo de lucro y, 3) que el objeto del convenio sea la satisfacción de una necesidad social. Por lo que, en principio, los conciertos se suscribirán con entidades prestadoras de servicios sociales que cumplan estos tres requisitos, aunque parece que se deja abierta la posibilidad o al menos no queda claro que, no puedan suscribirse convenios —conciertos— de este tipo con entidades privadas con ánimo de lucro.

En este punto es importante aclarar que, los servicios sociales pueden abarcar actividades tanto económicas como no económicas[27] y el hecho de que se prevea la posibilidad de suscribir convenios con entes privados con ánimo de lucro no puede suponer *per se* la inaplicación de la normativa en materia de contratación, por entender que se trata de una fórmula no contractual por estar situada en el mismo precepto que regula los conciertos, pues hemos visto que las fórmulas no contractuales deben establecerse como tal en la legislación autonómica y bajo el cumplimiento de las condiciones señaladas

---

26 El Instituto Cántabro de Servicios Sociales es un organismo autónomo con personalidad jurídica y plena capacidad de obrar, dotado de tesorería y patrimonio propio y de autonomía de gestión, de conformidad con el art. 1 de la Ley 3/2009, de 27 de noviembre, de creación del Instituto Cántabro de Servicios Sociales.

27 COMISIÓN (UE), "Un marco de calidad para los servicios de interés general en Europa" (Comunicación) COM(2011) 900 final, 20 de diciembre de 2011. En este sentido también la STJUE, de 12 de septiembre de 2000 (ponente J.C. Moitinho de Almeida), asuntos acumulados C-180/98 a C-184/98, aptdo. 118: "Bien es verdad que el hecho de perseguir una finalidad social, los elementos de solidaridad antes mencionados, así como las restricciones o controles relativos a las inversiones realizadas por el Fondo pueden dar lugar a que los servicios prestados por éste sean menos competitivos que los servicios semejantes prestados por las compañías de seguros. Aunque estas limitaciones no impiden considerar como económica la actividad desarrollada por el Fondo, sí podrían justificar el derecho exclusivo de esta entidad para gestionar un régimen de pensiones complementarias".

antriormente, así como, por las previsiones de publicidad, transparencia y no discriminación. Sin embargo, podrían ajustarse más a una la formula contractual de gestión indirecta bajo el amparo de lo establecido en el art. 77 de la Directiva 2014/24 y en la D.A.48ª LCSP si se llegarán a cumplir con los requisitos específicos para ello[28]. Y es que, como señala *Domínguez Martín*:

> "tampoco puede usarse la acción concertada como manera de escapar de la normativa y del procedimiento de contratación y de sus principios (igualdad, no discriminación, competencia, transparencia) si es que ocultan una auténtica relación contractual ya que, además de no tener competencia para regular formas contractuales, puede suponer una conculcación de las reglas de libre competencia"[29].

Más adelante el artículo 57 de la ley cántabra de derechos y servicios sociales señala los requisitos que han de cumplir las personas físicas y jurídicas. En el aptdo. 1 se establece la posibilidad de concertar la prestación de servicios sociales tanto a personas físicas como jurídicas, siempre que sean propietarias de edificios o locales donde se encuentre ubicado el centro de servicios sociales, al tiempo que ejerzan directamente la gestión de este. Aunque también se posibilita a las personas que no sean propietarias del mismo que dispongan de

---

28 Tal y como señala la *Martín Egaña* existe "la posibilidad de reservar a determinadas organizaciones el derecho a participar en los procedimientos de licitación de los contratos de servicios sociales del Anexo IV, como ya sabemos está condicionada al cumplimiento de una serie de requisitos acumulados contemplados en la Disposición Adicional 48ª LCSP", véase MARTÍN EGAÑA, Arantza, "Los servicios a las personas; la adjudicación directa como alternativa al concierto social", Gabilex. Revista del Gabinete Jurídico del Castilla-La Mancha (25), 2021, p. 85. Estos requisitos se prevén en el aptdo. 2 de la D.A. 48ª: "a) Que su objetivo sea la realización de una misión de servicio público vinculada a la prestación de los servicios contemplados en el apartado primero. b) Que los beneficios se reinviertan con el fin de alcanzar el objetivo de la organización; o en caso de que se distribuyan o redistribuyan beneficios, la distribución o redistribución deberá realizarse con arreglo a criterios de participación. c) Que las estructuras de dirección o propiedad de la organización que ejecute el contrato se basen en la propiedad de los empleados, o en principios de participación, o exijan la participación activa de los empleados, los usuarios o las partes interesadas. d) Que el poder adjudicador de que se trate no haya adjudicado a la organización un contrato para los servicios en cuestión con arreglo al presente artículo en los tres años precedentes".

29 DOMÍNGUEZ MARTÍN, "La acción concertada de los servicios...", p. 74.

centro y que cuenten con autorización del propietario para destinar el inmueble al concierto.

Se prevén unos requisitos específicos para suscribir conciertos con las Administraciones del Sistema Público de Servicios Sociales en el art. 57 de la Ley cántabra de derechos y servicios sociales, entre los que se encuentran: 1) haber obtenido las autorización previa y de funcionamiento de los centros[30]; 2) estar inscritas en el registro de entidades, centros y servicios sociales tanto sus centro como sus servicios; 3) haber obtenido la acreditación de centro o servicio social objeto de la concertación, esto es, que la Consejería competente[31] acredite que desarrollan sus funciones "con arreglo a criterios de calidad" en cuanto a los requisitos estructurales y funcionales mínimos exigibles, la implantación de sistemas de gestión de calidad en la atención a las personas y contar con protocolos de actuación y procedimientos de atención[32]; 4) no haber sido inhabilitada para concertar por haber cometido una infracción grave[33]; 5) no haber resuelto

---

30 Las autorizaciones previas y de funcionamiento se regulan en el art. 6.2 del Decreto 40/08, de 17 de abril. La primera de ellas tiene por objeto "la comprobación de que el proyecto que se presenta se adecua a las condiciones mínimas materiales y funcionales establecidas para el tipo de centro solicitado". Se requiere autorización previa cuando se prevea la creación de o construcción de centros, cuando se modifiquen de manera sustancial o se pretenda el traslado del centro (art. 8). Por lo que se refiere a la autorización de funcionamiento, esta "tiene por finalidad la habilitación para que el centro o servicio puedan realizar las actividades que constituyen su objeto. Dicha autorización se otorgará una vez efectuada la comprobación de que el centro o el servicio dispone de la capacidad material, técnica y humana adecuada para llevar a cabo sus objetivos, y, además, en el caso de los centros, que estos aspectos se conforman o mejoran el proyecto autorizado previamente". Aunque se requiere previamente autorización previa, su obtención condiciona el inicio, modificación de la actividad o reanudación en caso de traslado. También se requiere en el caso de que se prevea un aumento de capacidad asistencial, para realizar un cambio de horario en la atención a las personas y la implantación o modificación de los servicios de proximidad destinados a promover la autonomía personal y facilitar su permanencia en su medio habitual o en su caso, en relación con alojamientos supervisados (arts. 12 y 4).

31 Actualmente sería la Consejería de Inclusión Social, Juventud, Familias e Igualdad, véase Decreto 6/2023, de 7 de julio, de reorganización de las Consejerías de la Administración de la Comunidad Autónoma de Cantabria.

32 Previsto en el art. 79 de la Ley cántabra de derechos y servicios sociales.

33 De las previstas en el art. 92.1 de la Ley 2/2007, de 27 de marzo.

un concierto por causas imputables la entidad solicitante y; 6) no haber sido sancionada en los últimos cinco años por la comisión de alguna infracción grave o muy grave de la normativa laboral o tampoco haber sido condenada durante el mismo periodo de tiempo mediante sentencia firme "*por delitos contra los derechos de los trabajadores*".

Aunado a lo anterior, se establecen determinados criterios de prioridad consistentes primordialmente en el hecho de ser un prestador de servicios y en cumplir determinados aspectos del servicio ofertado como: 1) la demanda en la zona, 2) que su ubicación permita el acceso fácil a los servicios o centros, 3) que la titularidad del centro corresponda a otras administraciones públicas, 4) que la oferta sea acompañada de otros servicios esenciales o complementarios lo cual repercuta en la calidad del servicio; 5) que cuente con medios materiales idóneos, 6) que mejore el número o cualificación de la plantilla, 7) que fomente la creación de empleo mediante contratación indefinida y contrate a personas con discapacidad, 8) que se facilite la reserva de plaza ocupada sin contraprestación económica y, 9) que disponga de planes de igualdad. Estos criterios de prioridad pueden dar lugar a confusión pues la concurrencia de estos en determinadas solicitudes habiendo varias puede que sean determinantes para elegir al ente con el que se celebrará el concierto, pudiendo constituirse, así como criterios determinantes para la elección de una solicitud, en tanto que se elegiría entre varias a la que cumpla todos o en parte de los criterios de prioridad. Por lo que, tal y como señala *Villar Rojas* "las fórmulas no contractuales pueden fundarse en 'condiciones de aptitud' (art. 65 de la LCSP), pero no en 'criterios de adjudicación' (art. 145 de la LCSP)"[34].

Al hilo de lo anterior, recientemente el TJUE se ha pronunciado en relación con el cumplimiento de los requisitos de los conciertos: "se desprende que la atribución de un acuerdo de acción concertada

---

[34] VILLAR ROJAS, *Anuario de Derecho Municipal*, p. 97. En este mismo sentido, *Domínguez Martín* señala que, "una acción concertada en sentido estricto, el estilo de los actos administrativos necesitados de colaboración/aceptación, sin que exista competición y sin que existan criterios selectivos entre los solicitantes. Esto reconduce a fórmulas no contractuales, perfectamente admisibles de acuerdo con la DA 49ª LCSP", véase DOMÍNGUEZ MARTÍN, "La acción concertada de los servicios…", p. 74.

viene precedida, en la práctica por una selección entre las entidades privadas sin ánimo de lucro que hayan manifestado su interés en prestar los servicios sociales de asistencia a las personas que constituyen el objeto de tal acuerdo"[35]. Y es que, tal y como pone de manifiesto *Lazo Vitoria* "cuando un poder adjudicador renuncia a comparar y a clasificar las ofertas admisibles y a designar a un adjudicatario (exclusividad), dichos negocios no están comprendidos en el ámbito de aplicación de las Directivas de contratación"[36].

En cuanto al objeto de los conciertos se acotan a "la reserva y/o ocupación de plazas en Centros de servicios sociales"[37] por parte de las Administraciones del Sistema Público de Servicios Sociales. La vigencia temporal de los conciertos será desde la fecha que se establezcan a la finalización del año natural, los cuales se prorrogarán automáticamente por años naturales, sin embargo, no se establece un plazo máximo de duración o de las situaciones que den lugar a prórrogas[38].

Los conciertos deberán contener como mínimo la identificación de las partes, el objeto del concierto y sus objetivos, la fecha de inicio de la prestación de los servicios, el plazo de vigencia, las causas de extinción, el plazo de renuncia y el sistema aplicable a las prórrogas, el régimen de aportación económica, financiación y periodicidad de pago, régimen de abono de los precios públicos por plaza, la delegación de la función de gestión y liquidación de precios públicos y finalmente, el sistema de inspección y evaluación técnica y administrativa[39].

---

35 STJUE, Sala Cuarta, de 14 de julio de 2022, aptdo. 69.

36 LAZO VITORIA, *Revista de Estudios de la Administración Local y Autonómica*, 2023, p. 41.

37 Art. 56 de la Ley 2/2007, de 27 de marzo. Las cuales se pueden tramitar a través de la cumplimentación del siguiente formulario: INSTITUTO CANTÁBRICO DE SERVICIOS SOCIALES, "Solicitud de concertación de plazas", https://www.serviciossocialescantabria.org/index.php?page=concertaci%C3%B3n-de-plazas-en-centros-de-servicios-sociales#:~:text=Solicitud%20de%20concertaci%C3%B3n%20de%20plazas, (última visita, 19 de diciembre de 2024).

38 Art. 60 de la Ley 2/20007, de 27 de marzo.

39 Art. 58 de la Ley 2/2007, de 27 de marzo.

En cuanto a las obligaciones, la ley realiza una clara diferenciación por sujeto. De esta manera, se constituyen como obligaciones para la Administración de la Comunidad Autónoma de Cantabria el abono del importe de la diferencia entre la cuantía abonada por las personas y el importe del precio público, así como, comunicar al centro concertado cualquier circunstancia que afecte de manera relevante el concierto con suficiente antelación[40]. Por su parte, la persona física o jurídica concertada estará obligada a realizar el objeto del concierto, poner a disposición de la Consejería competente el número de plazas previstas, atender a los requerimientos de dicha Consejería, así como, cumplir sus órdenes e instrucciones, mantener la calidad del servicio, detallar y remitir la certificación de las cantidades percibidas de las personas beneficiaria, así como los expedientes relativos a las reclamaciones de carácter económico realizadas por los usuarios. Igualmente deberá facilitar previo requerimiento toda información económica, laboral, técnica, asistencial y de otra naturaleza que le sea solicitada, la cual permita valorar la ejecución del concierto. También deberá comunicar a la Administración concertante cualquier tipo de financiación consistente en subvenciones donaciones o aportaciones privadas, cuyo objeto sea los costes de mantenimiento del centro y del objeto del concierto. Además, se compromete a garantizar la profesionalidad y formación de sus empleados y a someterse a cualquier control financiero[41].

El artículo 62 de la referida ley regula el procedimiento de celebración de los conciertos, señalando la posibilidad de iniciarse por solicitud o de oficio, sin embargo, no se establece la publicación de una convocatoria en régimen de concurrencia competitiva, por lo que ha de entenderse que se trata de un procedimiento de adjudicación directa. También, se prevé la realización de un informe de la unidad que se encargue de los conciertos perteneciente al ICASS en el que se reflejará el cumplimiento de los requisitos, la concurrencia de criterios prioritarios, las causas que justifiquen el concierto con la persona física o jurídica y un informe de servicio de asesoramiento jurídico. Terminada la instrucción de dicho expediente, el titular del

---

40 Arts. 59.1 y 52.2 de la Ley 2/2007, de 27 de marzo.

41 Véase aptdo. 2 del art. 59 de la Ley 2/2007, de 27 de marzo.

ICASS formalizará los conciertos en documento administrativo, atendiendo los límites presupuestarios del ejercicio. Por lo que,

> "Esta técnica de actuación (la concertada) de la Administración presenta una identidad evidente con una sucesión de actos jurídicos: la norma (o plan) fija unos objetivos, unas condiciones y requisitos; las empresas o particulares presentan una solicitud para acogerse al régimen de acción concertada; esa solicitud, si cumple los requisitos, es admitida por la Administración y se firma el "acta de concierto", que concreta las obligaciones y beneficios y supone la aceptación por el particular de un acto administrativo necesitando de colaboración"[42].

Finalmente, se señala que en los casos en que se acuerde no suscribir algún concierto se deberá de dictar una resolución en el que se motivarán las razones de su no celebración. Además, se prevé que el sentido del silencio será negativo pasados tres meses desde la presentación de la solicitud.

## IX.6.5. CONCLUSIONES

En primer lugar, puede afirmarse que la normativa cántabra relativa a los derechos y servicios sociales no ha tenido una modificación sustancial derivada de la aprobación de las Directivas en materia de contratación ni en relación con lo previsto en la Disposición Adicional 49ª de la LCSP, por la que se posibilita a las Administraciones Públicas a articular instrumentos no contractuales para la prestación de servicios públicos de carácter social. En este sentido, la actual Ley 2/2007, de 27 de marzo, de derechos y servicios sociales no establece una forma de gestión alternativa a las formas de gestión directa e indirecta de estos servicios no económicos prestada por entidades sin ánimo de lucro. Las previsiones de la ley cántabra de derechos y servicios sociales relativas al concierto social resultan insuficientes, y parece clara la necesidad de desarrollar y ajustar la figura del concierto social al nuevo panorama normativo.

Se requiere precisamente de un marco sólido que permita acudir a la figura del concierto social sin que quepan dudas sobre su natu-

---

42 DOMÍNGUEZ MARTÍN, "La acción concertada de los servicios…", p. 70.

raleza, la cual posibilita a las entidades sin ánimo de lucro a prestar servicios de atención a las personas. Quizás, sea conveniente también que se clarifique el objeto de los conciertos en la normativa autonómica o se amplíe su objeto dando paso a prestación de un abanico más amplio de servicios sociales a través de esta fórmula, claro, siempre que se ajuste a los límites presupuestarios y respete el contenido del resto del ordenamiento jurídico. Esperemos que el cambio de modelo sea pronto.

## IX.6.6. JURISPRUDENCIA

STC núm. 76/1986, de 9 de junio de 1986 (ponente Miguel Rodríguez-Piñero y Bravo-Ferrer). (Rec. de inconstitucionalidad 666/1983, 189/1986, acumulados).

STC núm. 134/1987, de 21 de julio de 1987 (ponente Ángel Latorre Segura). (Rec. de inconstitucionalidad 494/1985, 545/1985, 561/1985, 570/1985, 807/1985, 808/1985, acumulados).

STC núm. 171/1998, de 23 de julio de 1998 (ponente José Gabaldón López). (Conflictos positivos de competencia 506/1986, 1637/1991, acumulados).

STJCE núm. 301/1997, de 17 de junio de 1997 (ponente P.J.G. Kapteyn). (ASUNTO C-70/95).

STJUE de 17 de junio de 1997, asunto C-70/95, aptdo. 32 (ECLI:EU:C:1997:301).

STJUE núm. 428/200, de 12 de septiembre de 2000 (ponente J.C. Moitinho de Almeida). (ASUNTOS ACUMULADOS C-180/98 a C-184/98)

STJUE núm. 985/2016, de 21 de diciembre de 2016 (ponente D. Šváby). (ASUNTO C-51/15)

STJUE núm. 559/2022, de 14 de julio de 2022 (ponente C. Lycourgos). (ASUNTO C-436/20).

## IX.6.7. BIBLIOGRAFÍA

COMISIÓN (CE), "Aplicación del programa comunitario de Lisboa. Servicios sociales de interés general en la Unión Europea" (Comunicación) COM(2006) 177 final, 26 de abril de 2006.

COMISIÓN (UE), "Un marco de calidad para los servicios de interés general en Europa" (Comunicación) COM(2011) 900 final, 20 de diciembre de 2011.

DOMÍNGUEZ MARTÍN, Mónica, "La acción concertada de los servicios a las personas en la ley de contratos del sector público y en la legislación autonómica ¿instrumentos no contractuales para la prestación de servicios públicos destinados a satisfacer carácter social?", en TOLIVAR ALAS, Leopoldo y CUETO PÉREZ, Miriam (dirs.), *La prestación de servicios sociosanitarios: nuevo marco de la contratación pública*, Valencia, 2020, pp. 47-75.

INSTITUTO CANTÁBRICO DE SERVICIOS SOCIALES, "Cartera de servicios", https://www.serviciossocialescantabria.org/uploads/documentos%20e%20informes/Cartera%20de%20Servicios%20del%20ICASS.pdf, (última visita, 19 de diciembre de 2024).

INSTITUTO CANTÁBRICO DE SERVICIOS SOCIALES, "Solicitud de concertación de plazas", https://www.serviciossocialescantabria.org/index.php?page=concertaci%C3%B3n-de-plazas-en-centros-de-servicios-sociales#:~:text=Solicitud%20de%20concertaci%C3%B3n%20de%20plazas, (última visita, 19 de diciembre de 2024).

LAZO VITORIA, Ximena, "Prestación de servicios a las personas: ¿concierto social o contrato?", *Revista de Estudios de la Administración Local y Autonómica. Nueva Época* (20), 2023, pp. 31-46.

LÓPEZ CUMBRE, Lourdes, "Sanidad y acción social", en MARTÍN REBOLLO, Luis (ed.), *Derecho Público de Cantabria*, Cantabria, 2003, pp. 695-748.

MARTÍN EGAÑA, Arantza, "Los servicios a las personas; la adjudicación directa como alternativa al concierto social", *Gabilex. Revista del Gabinete Jurídico del Castilla-La Mancha* (25), 2021, pp. 15-113.

MARTÍN REBOLLO, Luis, *La Autonomía de Cantabria (1981-2008). Una radiografía institucional, una reflexión prospectiva*, Cantabria, 2008.

VAQUER CABALLERÍA, Marcos, *La acción social*, Valencia, 2002.

VILLAR ROJAS, Francisco José, "El impacto de la nueva Ley de Contratos del Sector Público en la gestión de los servicios públicos locales", *Anuario de Derecho Municipal* (11), 2017, pp. 75-101.

# *IX. 7. La acción concertada social y las fórmulas no contractuales en la provisión de servicios de atención a la persona: La Rioja*

**DAVID SAN MARTÍN SEGURA**
*Profesor Contratado Interino de Derecho Administrativo*
*Universidad de La Rioja*

**Resumen**: Al margen del desarrollo de los conciertos educativos, La Rioja solo ha regulado la acción concertada en los servicios sociales públicos, mediante previsión introducida en la Ley autonómica en la materia en 2018. La norma opera una amplia remisión al desarrollo reglamentario que, sin embargo, no ha sido culminado hasta la fecha, avocando a la inaplicación del concierto social. Sin embargo, aun sin aplicación efectiva, la configuración legal del concierto fue reformada en 2020 y objeto de un nuevo proyecto de modificación en 2024. Este inestable escenario normativo es fruto de las controversias políticas en cuanto al sentido y finalidad que deba atribuirse al concierto social y arroja dudas sobre sus posibilidades de regulación y aplicación futura.

**Palabras clave:** concierto social, Sistema Público Riojano de Servicios Sociales, servicios de interés general, contratación pública.

**Índice:** 

## Abreviaturas empleadas:

art(s).: artículo(s)
BOPR: Boletín Oficial del Parlamento de La Rioja
LCSP: Ley 9/2017, de 8 de noviembre, de Contratos del Sector Público
LGUM: Ley 20/2013, de 9 de diciembre, de Garantía de la Unidad de Mercado
LSSR: Ley 7/2009, de 22 de diciembre, de Servicios Sociales de La Rioja
SIEG: Servicios de Interés Económico General
SIGNE: Servicios de Interés General No Económicos
STJCE: Sentencia del Tribunal de Justicia de las Comunidades Europeas

STJUE: Sentencia del Tribunal de Justicia de la Unión Europea
TJUE: Tribunal de Justicia de la Unión Europea

## IX.7.1. INTRODUCCIÓN

El legislador riojano se ha mostrado dubitativo al incorporar la acción concertada como modalidad de gestión indirecta de los servicios públicos "de atención a la persona". Esas vacilaciones, fruto de una falta de consenso sobre el sentido del instrumento, han conducido a su inaplicación pese a figurar en la legislación autonómica sobre servicios sociales desde el año 2018. La ausencia de desarrollo reglamentario de las escuetas previsiones legales que acogen el concierto social determina, hasta la fecha, su inexistencia en la práctica administrativa riojana.

Al margen de la habitual concertación educativa[1], la posibilidad de análisis de la acción concertada en La Rioja se limita, *de lege lata*, a ese sucinto marco legal introducido en la Ley 7/2009, de 22 de diciembre, de Servicios Sociales de La Rioja (LSSR). No obstante, ese acercamiento puede completarse atendiendo al intento de desarrollo reglamentario emprendido en 2022, interrumpido por la convocatoria electoral autonómica de mayo del año siguiente.

Ofrecemos un análisis de la accidentada previsión legal del concierto en la LSSR y algunas notas sobre el borrador de Decreto que llegó a ser sometido a información pública en su día. Damos cuenta, en fin, de los últimos acontecimientos políticos en la materia, que acentúan las dudas sobre la orientación que pueda darse a la acción concertada en La Rioja y su posible aplicación efectiva a corto plazo.

---

1 En ese ámbito educativo, la previsión de los arts. 108.3, 116 y 117 de la Ley Orgánica 2/2006, de 3 de mayo, de Educación, ha sido desarrollada por el reglamentador autonómico por última vez mediante Orden EDE/90/2024, de 23 de diciembre, por la que se establecen las normas para la aplicación del régimen de conciertos educativos con centros docentes privados de la Comunidad Autónoma de La Rioja, y el procedimiento para la suscripción, la renovación y la modificación de los conciertos educativos durante los cursos escolares 2025/2026 al 2030/2031.

## IX.7.2. CONFIGURACIÓN LEGAL SUCESIVA DEL CONCIERTO SOCIAL EN SERVICIOS SOCIALES

El concierto social fue incorporado a la LSSR en 2018, mediante reforma operada por la Ley de Medidas Fiscales y Administrativas para dicho año[2]. Si consideramos la secuencia temporal de recepción de la acción concertada en los ordenamientos autonómicos, el caso riojano se sitúa entre aquellas autonomías que adoptaron regulaciones con posterioridad a la aprobación de la Ley 9/2017, de 8 de noviembre, de Contratos del Sector Público (LCSP) —antes se sitúan, primero, aquellas que contaban ya con regulación anterior a las Directivas de contratación de 2014[3] y, segundo, las que adoptaron regulaciones posteriores a las Directivas pero anteriores a la LCSP—. El concierto fue introducido en el Título VII de la LSSR, dedicado a la iniciativa privada en los servicios sociales y sus formas de prestación, en su Capítulo II, rubricado ahora "Iniciativa en los servicios sociales, formas de prestación y régimen de concierto social". Sin embargo, aún sin ejecución alguna de estas previsiones, el régimen del concierto fue modificado en 2020, de nuevo mediante la Ley de Medidas Fiscales y Administrativas, para dar nueva redacción al art. 61ter en los términos que expondremos enseguida[4].

Si atendemos al sistema de fuentes, el legislador riojano ha optado por regular el concierto en exclusiva en la ley general sobre servicios sociales, caracterizándolo en sus aspectos más esenciales, pero con una amplia remisión al desarrollo reglamentario posterior. Esta opción sistemática difiere de aquellas autonomías que han aprobado normas legales específicas que abordan en detalle el concierto, con o sin previsión en sus leyes generales sobre servicios sociales, y con mayor o menor grado de remisión al reglamento.

---

2 En concreto, por el art. 10 de la Ley 2/2018, de 30 de enero, de Medidas Fiscales y Administrativas para el año 2018, que modificó el art. 60 LSSR e introdujo los arts. 61bis a 61quater.

3 Directivas 2014/23/UE y 2014/24/UE, de 26 de febrero de 2014, relativas a la adjudicación de contratos de concesión y sobre contratación pública, respectivamente.

4 La modificación se operó por el art. 13 de la Ley 2/2020, de 30 de enero, de Medidas Fiscales y Administrativas para el año 2020.

### A) *Calificación jurídica*

Tras la reforma de 2018, el art. 61 LSSR admite como formas organizativas para la prestación de los servicios sociales del Sistema Público Riojano la gestión directa, la gestión indirecta en régimen de concierto social, la gestión indirecta conforme a la normativa sobre contratación del sector público y la suscripción de convenios con entidades de iniciativa social y sin ánimo de lucro. Esta enumeración, y la aseveración del art. 61ter.4, constata que la Ley concibe la concertación como una modalidad diferenciada de la contratación pública y de la vía convencional, pero la cataloga como un modo de gestión indirecta junto al cauce contractual. Ello, a diferencia de las Comunidades que lo contemplan como *tertium genus* frente a la gestión directa y la indirecta (circunscrita ahí al contrato), o que lo entienden como caso de contrato administrativo especial. En la LSSR, el marco normativo de la contratación pública no se prevé siquiera supletorio al régimen del concierto, aunque, como es notorio, la plena exclusión de dicho marco ha de ser matizada tras la jurisprudencia europea recaída en los casos ASADE I y II, al menos cuando el instrumento de concertación sea subsumible en el concepto europeo de contrato público[5].

La Ley establece, además, la exigencia de optar por la concertación de cualquier servicio del Sistema Público riojano cuando se den "análogas condiciones de eficacia, calidad y rentabilidad social" (art. 61ter.3 LSSR). Aunque la literalidad del precepto lo omite, esa prioridad ha de entenderse frente la modalidad contractual y la suscripción de convenios, pero no ante la posibilidad de la gestión directa. Así lo confirma el art. 61ter.5 que, entre otros requisitos, condiciona la aplicación del concierto a la justificación de la carencia de medios propios para la gestión del servicio considerado.

### B) *Servicios susceptibles de concertación*

Considerando el alcance atribuido a los conciertos, la LSSR admite su empleo tanto por la Administración autonómica como por las

---

5 STJUE, Sala Cuarta, de 14 de julio de 2022 (ponente C. Lycourgos) (Asunto C-436/20) y Auto del TJUE, Sala Novena, de 31 de marzo de 2023, (ponente C. Lycourgos), (ASUNTO C-676/20).

entidades locales (art. 61.2). Sin embargo, el carácter de los servicios susceptibles de concertación ha sufrido variaciones. La redacción original del art. 61ter.1 LSSR, dada en 2018, admitía el uso del concierto solo sobre servicios sociales de carácter especializado (o de "segundo nivel", según la terminología del Sistema riojano). La modificación operada en 2020 afectó a este extremo, de modo que actualmente se permite la concertación tanto de servicios especializados como de aquellos de carácter básico (o de "primer nivel"). Esta delimitación del alcance tiene a su vez repercusiones en el plano subjetivo, ya que la competencia sobre el segundo nivel del Sistema es esencialmente autonómica, mientras el primero es de gestión necesariamente local —sin perjuicio de los servicios especializados que las entidades locales puedan prestar bajo su propia responsabilidad y financiación, caso muy anecdótico en la región—. Es decir, la reforma del año 2020 ha generalizado la disponibilidad del concierto social en el ámbito local riojano.

Más allá de esa expansión del alcance, la LSSR no especifica qué tipos de servicio son susceptibles de concertación. En un terreno especialmente movedizo como este, dadas las incertidumbres jurídicas que todavía afectan a la acción concertada, no parece aconsejable establecer listados taxativos de servicios aptos para concertar siquiera a nivel reglamentario, y mucho menos legal. Ahora bien, como sucede en otras Comunidades Autónomas bajo distintas fórmulas, la LSSR requiere que la Administración realice una previsión y justificación de los servicios que se pretenda concertar (art. 61.ter.5). Esta exigencia procede de la reforma de 2020, que impuso, además, la valoración del coste de los servicios a concertar y una doble justificación: la carencia de medios propios para su gestión (prioridad de la gestión directa, ya mencionada), y la idoneidad de la gestión concertada para el caso concreto.

### *C) Objeto*

El art. 61quater LSSR acoge el criterio mayoritario en el panorama autonómico en cuanto al objeto de la concertación. Se admite su uso para la reserva y ocupación de plazas por personas usuarias del Sistema Público de Servicios Sociales (es decir, mediante derivación por parte de la Administración Pública competente) y también para la gestión integral de servicios, prestaciones y centros.

Mientras la primera variante es el espacio propio de las adjudicaciones *open-house*, que plantean menores fricciones con el régimen de la contratación pública, la segunda modalidad resulta más problemática, al menos en regímenes de concertación que excluyen la iniciativa privada con ánimo de lucro, como precisamente el riojano. El motivo es que, en la medida en que requiera selección entre competidores para adjudicar la gestión de los servicios, cae necesariamente bajo el concepto de contrato público acogido por el derecho europeo, con independencia del *nomen iuris* del instrumento[6].

### *D) Entidades concertadas*

Qué sujetos resulten admisibles para concertar con la Administración es una de las variables clave en el régimen de la acción concertada. Es el eje de los litigios cursados a escala interna y ante la jurisdicción de la Unión Europea. Y es, precisamente, el factor que ha suscitado los mayores titubeos del Parlamento riojano al caracterizar el concierto en la LSSR.

En una visión comparada, las distintas Comunidades Autónomas han optado, bien por admitir únicamente la concertación con entidades sin ánimo de lucro (sea bajo esa calificación expresa, o bajo las denominaciones "iniciativa social" o "Tercer Sector"), bien por habilitarla con cualquier entidad privada, aunque incorporando algunos requisitos y criterios de prioridad en favor de las entidades sociales sin fines lucrativos.

La Rioja ha oscilado entre los dos regímenes. En su redacción original de 2018, el art. 61ter.2 LSSR autorizaba la concertación con entidades de iniciativa privada sin ánimo de lucro, pero también con entidades con fines lucrativos siempre que asumieran "estatutariamente la reinversión de sus posibles beneficios en fines sociales".

---

6 Así, el art. 1.2 de la Directiva 2014/24/UE vincula la acción pública de contratar a la elección entre varios operadores económicos. *Vid.* en este sentido las STJUE, Sala Quinta, de 2 de junio de 2016 (ponente D. Šváby) (ASUNTO C-410/14) y la STJUE, Sala Tercera, de 1 de marzo de 2018 (ponente D. Šváby), (ASUNTO C-9/17).

La norma no incluía mayores precisiones sobre el tipo de fines sociales a los que debían orientarse las inversiones ni las posibles formas (a priori nada sencillas) de garantizar su efectividad y su control. Curiosamente, la exposición de motivos de la Ley de Medidas para el año 2018, que operó la reforma, justificó la incorporación del concierto social en la pretensión de aprovechar la experiencia y conocimientos de las entidades del Tercer Sector en ciertos ámbitos de intervención social[7]. Sin embargo, el apartado tercero del precepto solo priorizaba la concertación con tales entidades no lucrativas cuando existieran análogas condiciones de eficacia, calidad y rentabilidad social.

La modificación introducida en 2020 incidió especialmente en este aspecto. Ahora, el apartado segundo del art. 61ter excluye la posibilidad de concertación con entidades de carácter lucrativo. Paralelamente, el apartado tercero establece hoy la prioridad del concierto frente a la contratación administrativa ordinaria en casos de gestión indirecta, y no ya la preferencia entre uno u otro tipo de sujetos jurídicos.

Estos cambios normativos fueron resultado directo de las variaciones en la composición mayoritaria de la Cámara legislativa autonómica. La configuración inicial dada al concierto social en 2018, que admitía la concertación con entidades con ánimo de lucro, fue objeto de enmiendas parciales al proyecto de ley, rechazadas, pero que anticiparon casi literalmente el contenido de la reforma introducida en 2020, tras el cambio parlamentario derivado de las elecciones del año anterior[8]. Las intervenciones en el Pleno vertidas en el proceso

---

7 Literalmente, el apartado III de dicho expositivo afirmaba que, a través del concierto, se "pretende aprovechar en determinados ámbitos el valor de la experiencia de las entidades que conforman el llamado Tercer Sector en cuanto a su conocimiento de primera mano de los problemas sociales y métodos para afrontarlos, su proximidad y visión de las necesidades y capacidades de las personas, familias, colectivos o comunidades con las que trabajan; su capacidad integradora, su papel activo de concienciación y cohesión sociales, su vínculo y compromiso permanente con las personas, familias, colectivos y comunidades a cuyo servicio están, cuando no surgen de su propio impulso, y con la sociedad de la que forman parte".

8 La reforma de la LSSR de 2018 que introdujo el concierto social se aprobó bajo la mayoría del Grupo Parlamentario Popular en la IX Legislatura. Las enmien-

de aprobación de ambas Leyes de Medidas revelan las discrepancias en la concepción del concierto social en cuanto a su espacio propio de actuación y sentido, y también los riesgos de erosión del régimen de la contratación ortodoxa[9].

Aún más, el nuevo cambio en la mayoría parlamentaria fruto de las elecciones del año 2023 ha suscitado una nueva iniciativa de reforma del (todavía inédito) concierto social riojano, presentada en diciembre de 2024. Se trataba ahora de revertir el art. 61ter LSSR a su tenor original de 2018, esto es, de readmitir a las entidades lucrativas de servicios sociales como sujetos aptos para concertar. Una iniciativa de reforma incorporada (cómo no) en el Proyecto de Ley de Medidas Fiscales y Administrativas para el año 2025 que, sin embargo, fue objeto de una enmienda de supresión que prosperó en la votación, ya que fue formulada por el grupo mayoritario en la Cámara —que, curiosamente, enmendó en este punto el Proyecto promovido por el Gobierno de su mismo color político—[10]. Esta rectificación sobreve-

das al articulado, formuladas conjuntamente por los Grupos Parlamentarios Socialista y Podemos La Rioja, plantearon una redacción alternativa del art. 61ter que acogía un régimen similar al hoy vigente, al menos en cuanto al alcance y sujetos aptos para concertar, si bien proponía un régimen legal más detallado en algunos aspectos (criterios de selección de las entidades, exigencias de formalización y efectos del concierto…) que, en cambio, no fueron incorporados a la Ley en la reforma de 2020 (*vid.* BOPR de 15 de enero de 2018, Serie A, Núm. 169, pp. 4176-4180, enmiendas nº 1 a 7). Dicha reforma de 2020 se produjo en la X Legislatura bajo la mayoría del Grupo Parlamentario Socialista, el Grupo Parlamentario Mixto y una Diputada no adscrita. En esta ocasión, a través de enmienda al articulado, el Grupo Parlamentario Popular instó, simplemente, la supresión de la modificación pretendida en el Proyecto como «mejora técnica» que permitiera preservar la redacción original del art. 61ter LSSR (BOPR de 21 de enero de 2020, Serie A, Núm. 13, pp. 402, enmienda nº 18).

9 *Vid.*, respectivamente, Diario de Sesiones del Parlamento de La Rioja de 21 de diciembre de 2017, P-D, Núm. 54, pp. 3471, 3478 y 3487; y de 23 de diciembre de 2019, P-D, Núm. 16, pp. 756-757.

10 Esta nueva iniciativa de reforma se ha producido bajo la mayoría del Grupo Parlamentario Popular en la XI Legislatura. El Proyecto de ley enviado a la Cámara devolvía los apartados 2 y 3 del art. 61ter LSSR a la redacción original de 2018. En la Exposición de Motivos, el Gobierno justificó la oportunidad de esta reversión para "adaptar la figura del concierto social a la última directiva europea en la materia y a la jurisprudencia del TJUE", sin mayores aclaraciones. Sin embargo, sorprendentemente, el Grupo Parlamentario Popular (de la misma adscripción política que el Gobierno autor del Proyecto) presentó enmienda

nida de la "contrarreforma" de la LSSR conservará por el momento, previsiblemente, la configuración legal del concierto social vigente desde el año 2020.

## *E) Principios de concertación y remisión al reglamento*

De conformidad con la jurisprudencia del TJUE, el art. 61ter.4 LSSR impone los principios de publicidad, transparencia y no discriminación en el empleo de la acción concertada[11].

Si bien la Ley no establece requisitos específicos que deban reunir las entidades concertadas, el apartado sexto del precepto incorpora un conjunto de principios a los que ha de atenderse "en el establecimiento de los conciertos sociales". Operan, por lo tanto, como exigencias para las entidades que presten servicios sociales en régimen concertado. Se trata de criterios de intervención que conectan, al menos en parte, con los principios del Sistema Público Riojano de Servicios Sociales enunciados en el art. 7 de la Ley[12]. Pero, además, la norma exige que tales principios se hagan operativos mediante el

---

de supresión de la citada reforma de la LSSR, justificándola con la escueta expresión de "mejora técnica" (BOPR de 5 de diciembre de 2024, Serie A, Núm. 60, p. 2858). La enmienda fue finalmente aprobada en el debate en el Pleno (Diario de Sesiones del Parlamento de La Rioja de 19 de diciembre de 2024, P-D, Núm. 34, p. 3479, votación de la enmienda Nº 6, aprobada pese al error de transcripción sobre el sentido de la votación que parece constar en el Diario).

11 El TJUE exige el respeto a estos principios con independencia de la fórmula de gestión escogida en los servicios por los poderes públicos. *Vid.*, por ejemplo, la STJCE, Sala Cuarta, de 15 de mayo de 2008 (ponente E. Juhász), (Asuntos acumulados C-147/06 y C-148/06), apartes 20-21, y las STJUE, Sala Cuarta, de 16 de febrero de 2012 (ponente K. Schiemann), (Asuntos acumulados C-72/10 y C-77/10), apartes 70-73; STJUE, Sala Quinta, de 11 de diciembre de 2014 (ponente D. Šváby), (Asunto C-113/13), apartes 45-46; STJUE, Sala Décima, de 18 de diciembre de 2014 (ponente C. Vajda), (Asunto C-470/13), aparte 32; y STFUE, Sala Quinta, de 16 de abril de 2015 (ponente D. Šváby), (Asunto C-278/14), aparte 16.

12 Los principios reclamados por el art. 61ter.6 LSSR son los siguientes: atención personalizada e integral, arraigo de la persona en el entorno de atención social, continuidad en la atención y calidad del servicio para todas las personas usuarias, solidaridad, igualdad de oportunidades, eficiencia en la asignación y utilización de los recursos públicos, adecuación a la planificación estratégica de los servicios públicos, promoción de fines sociales y ambientales, innovación en

establecimiento de "requisitos, cláusulas, medidas de preferencia o medidas de discriminación positiva", que pueden consistir en "criterios sociales, de promoción de la igualdad de género, de calidad, de experiencia y trayectoria acreditada, u otros que se determinen reglamentariamente", además del clausulado social que le resulte aplicable a cada concierto.

La Ley riojana no estipula en cambio criterios para la selección de las entidades con las que concertar. Este aspecto es objeto de la amplia remisión al reglamento que opera el apartado séptimo del mismo art. 61ter: en ese desarrollo ulterior habrán de especificarse los principios generales, los aspectos y los criterios básicos a los que, siempre bajo los principios legales, se someterán los conciertos. Tal especificación abarcará aspectos sustanciales como el cumplimiento de los requisitos exigibles, la tramitación, la formalización, las condiciones de ejecución, la duración máxima, las causas de extinción, las condiciones de renovación y modificación, las obligaciones de las entidades que presten los servicios concertados y de la propia Administración otorgante, así como "la sumisión del concierto al derecho administrativo y otras condiciones necesarias" dentro del marco legal descrito.

La amplitud de esta remisión, que alcanza a muchos elementos sustantivos y plenamente a los aspectos procedimentales, imposibilita la concertación efectiva de servicios en ausencia de tal reglamentación. Al mismo tiempo, arroja sobre el ejecutivo autonómico la responsabilidad de caracterizar el concierto social con una intensidad que, probablemente, le obliga a adentrarse en espacios de decisión que habrían de ser propiamente legislativos.

### IX.7.3. BORRADOR DE DESARROLLO REGLAMENTARIO DE 2022 (DECAÍDO)

La aprobación de un Decreto regulador de los conciertos sociales en servicios sociales ha figurado, persistentemente, como previsión en los sucesivos Planes anuales normativos de la Comunidad Autóno-

---

la gestión de entidades y servicios públicos, estableciendo dichos principios de manera expresa en el objeto o condiciones de ejecución de los conciertos.

ma de La Rioja desde el año 2019[13]. Tal propósito ha sido incumplido con la misma constancia. Esta omisión, junto a la extensa remisión legal en favor del ejecutivo, impiden un análisis más detallado del carácter de este instrumento en La Rioja.

No obstante, en esta coyuntura puede resultar de interés atender, siquiera brevemente, al propósito de desarrollo reglamentario emprendido en el tramo final de la X Legislatura y que llegó a materializarse en un borrador de Decreto sometido a información pública[14]. Ha de apuntarse que, en realidad, la primera iniciativa de desarrollo se produjo al inicio de dicho periodo, mediante la convocatoria de una consulta previa para la regulación del concierto en febrero de 2019. El proceso de elaboración normativa no superó esa etapa preliminar y el propósito de regulación no se retomó, al menos públicamente, hasta noviembre de 2022. Se convocó entonces una nueva consulta previa sucedida, ya en los primeros meses de 2023, por el sometimiento a información pública del borrador de Decreto. Concluida esa exposición a finales del mes de febrero, y habiendo recaído incluso informes posteriores sobre la iniciativa, esta no pudo culminarse con la necesaria antelación a la cita electoral autonómica de mayo de dicho año. La iniciativa, en consecuencia, decayó.

Carece de interés ofrecer aquí un análisis exhaustivo de un ensayo de regulación que no llegó a materializarse. Nos conformamos con dar cuenta de la sistemática que acogía la norma y de la opción regulativa que proponía en dos aspectos clave apenas predeterminados por la Ley: la definición de las entidades aptas para celebrar conciertos (obviamente, dentro de aquellas que carezcan de fines lucrativos) y los criterios para decidir los servicios susceptibles de gestión concertada.

---

13 Los planes son accesibles a través de la sección correspondiente del portal riojano de transparencia: GOBIERNO DE LA RIOJA, “Planes normativos anuales”, https://web.larioja.org/portal-transparencia/transparencia?n=tra-plan-normativo-anual(última visita, 19 de noviembre de 2024)

14 GOBIERNO DE LA RIOJA, “Consulta previa: regulación del Concierto Social en el ámbito de los Servicios Sociales de La Rioja”, https://web.larioja.org/participa/participacion?n=part-consulta-previa-decreto-regulador-del-concierto-social-en-servicios-sociales-de-la-rioja (última visita, 19 de noviembre de 2024)

Desde el punto de vista sistemático, el borrador de Decreto se componía de treinta y dos artículos distribuidos en cuatro capítulos, más dos Disposiciones adicionales, una transitoria y cuatro finales. Los capítulos se dedicaban, sucesivamente, al "Objeto, naturaleza y principios de aplicación" de los conciertos sociales, la "Aptitud para concertar", el "Procedimiento para la concertación social" y la "Duración, ejecución y finalización de los conciertos sociales". A lo largo de ese articulado, el reglamento daba cumplimiento a las remisiones expresas de los apartados sexto y séptimo del art. 61ter LSSR y proponía soluciones a algunos aspectos no considerados expresamente por el legislador, como la necesaria diversidad de cauces procedimentales para las distintas modalidades de concertación (competitiva, no competitiva e incluso eventuales necesidades excepcionales de adjudicación directa), las formas de control, evaluación y seguimiento de los conciertos o el régimen sancionador (bajo la cobertura del aparato punitivo previsto con carácter más general en la LSSR), entre otros.

Pero, según hemos anticipado, el mayor interés del borrador normativo radicaba en el modo en que abordó la aptitud para concertar y la determinación de los servicios susceptibles de esta modalidad de gestión indirecta.

En el primer sentido, el reglamento ha de operar conforme a la vigente restricción de la LSSR de permitir la concertación, únicamente, con entidades sociales sin ánimo de lucro. Bajo ese filtro previo, y asiendo las previsiones generales de los dos apartados finales del art. 61ter de la Ley, el Capítulo II del borrador imponía el cumplimiento de un conjunto de requisitos adicionales. Algunos resultaban obvios, al remitir a mandatos legales prescritos por la LSSR o por otras leyes sectoriales (tributarias, laborales, de tipo social, penal...), por referirse a la solvencia económica y técnica o a la legítima disponibilidad de los inmuebles necesarios para la prestación del servicio. Se añadía, sin embargo, una exigencia adicional referida a la experiencia de la entidad: debía acreditarse la previa atención continuada durante al menos dos años al mismo tipo de personas y necesidades que serán destinatarias del servicio a cuya concertación se aspire. Y se sumaban a ello un conjunto de condiciones de carácter económico, dirigidas a asegurar la ausencia de finalidades lucrativas en la actividad de la entidad.

En este último sentido, se incorporaba una prohibición adicional: no podrían suscribir conciertos sociales las entidades sin ánimo de lucro creadas por personas jurídicas de carácter mercantil, o cuyo capital mayoritario y control efectivos correspondieran a ese tipo de sujeto económico. Se trataba, en definitiva, de evitar en lo posible la creación de entidades no lucrativas por operadores mercantiles, en fraude de ley, con la única intención de acceder a la concertación social.

El borrador incorporaba una solución interesante para facilitar la gestión de las evaluaciones de la aptitud para concertar. Permitía la creación de "registros de entidades habilitadas para la prestación de servicios sociales concertados" por parte de las administraciones públicas competentes. Su finalidad era la de inscribir en él aquellas entidades que hubieran sido consideradas aptas para suscribir conciertos en virtud de las correspondientes evaluaciones, sea con carácter general o para ciertos tipos de servicios. Dicha inscripción podría incluso considerarse preceptiva para acceder a los subsiguientes procedimientos de concertación, lo que sustituiría cualquier exigencia de acreditación de aptitud en dichos cauces procedimentales.

En cuanto al segundo aspecto de interés, la determinación del alcance de la acción concertada, el reglamentador de 2022 adoptó una solución enfocada en asegurar la solidez de la regulación frente a hipotéticas impugnaciones, en un terreno que se estaba mostrando ya altamente litigioso. Ha de advertirse que, desde 2020, la LSSR admite la configuración de los conciertos sociales que se ha revelado más conflictiva en términos jurídicos: limita la acción concertada a las entidades con ánimo de lucro, al tiempo que admite cauces plenamente competitivos de adjudicación de conciertos para la gestión integral de servicios (y no solo concertación *open-house*). Es decir, a tenor de la jurisprudencia europea, el concierto riojano se adentra al menos parcialmente en el concepto de contrato público, pero restringe las posibilidades de participación en las licitaciones por razón de la naturaleza (al menos económica) de los sujetos.

La solución jurídicamente "conservadora" que adoptó el borrador de Decreto consistió en asegurar el carácter no contractual del concierto limitando su aplicación a aquellos servicios sociales que pudieran calificarse "de interés general no económico" (SIGNE). Estos quedan de suyo excluidos de las normas europeas sobre mercado interior y competencia y del marco normativo de la contratación pública[15], si bien les resulta aplicable el principio de no discriminación. Propiamente, los SIGNE escapan al concepto mismo de "servicio" al carecer de carácter económico y no se subsumen en el ámbito objetivo de la Directiva de servicios[16] ni, en el plano interno, en el de la Ley 20/2013, de 9 de diciembre, de garantía de la unidad de mercado (LGUM)[17]. En cambio, la gestión indirecta de aquellos servicios de interés general que sí presenten "carácter económico" (los llamados SIEG) será subsumible en ese elenco normativo y, además, en la perspectiva del borrador de Decreto, habría de reconducirse necesariamente a la vía contractual ordinaria.

Desde esa perspectiva, la regulación exigía un mecanismo adecuado para determinar, *ex ante*, qué servicios sociales carecen de ese carácter económico y admitirían, en consecuencia, su gestión concertada. La jurisprudencia europea vincula la ausencia de carácter económico en los servicios de interés general a la preponderancia del ingrediente "social" frente al "económico" en su prestación. Juicio en el que son relevantes varios factores, como el carácter no lucrativo de la remuneración por el servicio y, de manera muy determinante, la inexistencia de un mercado efectivo en su contexto de prestación[18].

---

15 Véanse los Considerandos 6 de las Directivas 2014/24/UE y 2014/23/UE.

16 Arts. 2.2.a) y 4.1) de la Directiva 2006/123/CE, de 12 de diciembre de 2006, relativa a los servicios en el mercado interior. Véanse al respecto las Conclusiones del Abogado General, Sr. Michal Bobek, en los Asuntos acumulados C-724/18 y C-727/18, apartes 64-66.

17 El art. 1 se proyecta sobre el "acceso a actividades económicas en condiciones de mercado".

18 Sobre esa caracterización véase la COMISIÓN (UE), "Aplicación de las normas de la Unión Europea en materia de ayudas estatales a las compensaciones concedidas por la prestación de servicios de interés económico general" (Comunicación) COM(2012) C 8/02, 11 de enero de 2012, apartes 11 y 47 y, entre otras muchas, las STJCE, de 16 de junio de 1987 (ponente T. F. O'Higgins), (Asunto 118/85) y STJCE, Sala Quinta, de 18 de junio de 1998 (ponente M. Wathelet), (Asunto C-35/96), y la STJUE, Sala Quinta, de 11 de diciembre de 2014, (Asunto C-113/13), apartes 36; 52; 54; 60, 61 y 62, y STJUE, Sala Quinta, de 28 de enero de 2016, (ponente D. Šváby), (Asunto C-50/14), aparte 72. Resultan de interés, así mismo, las Conclusiones de los Abogados Generales recaídas en los Asuntos C-205/03 (Sr. M. Poiares Maduro), C-393/17 (Sr. Michal Bobek), C-724/18 y C-727/18 (Sr. Michal Bobek), y C-281/06 (Sr. M. Poiares Maduro).

Un servicio no podrá ser considerado SIGNE, independientemente de su régimen de retribución y financiación, si en su prestación existe concurrencia mercantil, es decir, se satisface en un contexto de mercado. En la perspectiva de la propuesta normativa, y dado el marco definido por la LSSR, el ámbito de aplicación propio del concierto social es, por su naturaleza no contractual, el de los servicios sociales que puedan calificarse como SIGNE.

Siguiendo las advertencias de las autoridades europeas, el reglamentador riojano autor del borrador admite en su expositivo que la dicotomía SIEG/SIGNE es dinámica, "susceptible de variación, según la realidad económica y social que afecte a los distintos servicios"[19]. De ahí el régimen de "planificación de las modalidades de gestión" que proponía acoger la norma en su art. 4. Se requería que, con ocasión de la actualización de la Cartera de servicios y prestaciones del Sistema Público Riojano de Servicios Sociales —y con una periodicidad máxima de 4 años— las Administraciones titulares de los distintos servicios determinaran aquellos a gestionar en régimen directo, mediante concertación social o bien a través de contratación pública. La previsión de la acción concertada se restringía a aquellos servicios en que la planificación vigente apreciara su carácter no económico. Tal concepto jurídico indeterminado se reglaba a través de un conjunto de criterios dirigidos a verificar su "carácter exclusivamente social": sentido no lucrativo de la remuneración satisfecha por el servicio, baja concurrencia económica en su prestación (inexistencia de mercado o carácter reducido de este) y ausencia de interés transfronterizo del servicio desde la perspectiva del mercado interior de la UE.

Este esquema seguía parcialmente la solución regulativa adoptada por Baleares, si bien dicha Comunidad admite la proyección del concierto social sobre los servicios de carácter económico, incluyendo en su ámbito, en ese caso, a operadores económicos con ánimo de lucro[20]. La Rioja propuso una aplicación más restrictiva del concier-

---

19 Ese carácter dinámico de la dicotomía fue advertido, por ejemplo, en la citada COM(2012) C 8/02, §14 y COMISIÓN (UE), "Libro Verde sobre los servicios de interés general" (Comunicación) COM (2003) 270 final, 21 de mayo de 2003, aparte 45

20 Véase la Ley 12/2018, de 15 de noviembre, de servicios a las personas en el ámbito social en la Comunidad Autónoma de las Illes Balears.

to social. En este caso, a la limitación subjetiva (solo entidades no lucrativas) se sumaba otra de índole objetivo (solo servicios de carácter no económico).

## IX.7.4. CONCLUSIÓN Y PERSPECTIVAS DE FUTURO

El caso riojano es peculiar en el panorama autonómico comparado. No tanto por contar con una regulación legal del concierto social inaplicada durante años, sino más bien por la inestabilidad de la configuración legal, afectada por modificaciones efectivas y amagadas, antes de que aquella aplicación haya tenido lugar. El régimen del concierto en servicios sociales ha sido catalizador de divergencias políticas más generales sobre la gestión de los servicios públicos, sobre el modo de apoyarse en la iniciativa privada para su prestación y sobre el papel que haya de reservarse al Tercer Sector en la satisfacción de servicios de atención a la persona.

Más allá de las discrepancias sobre qué sujetos deban ser aptos para concertar, la técnica normativa de la LSSR al incorporar el concierto social es cuestionable por excesivamente sucinta. El legislador ha renunciado a caracterizar el instrumento en algunos de sus aspectos esenciales, lo que aboca a una remisión al reglamento demasiado abierta. El reglamentador se verá impelido a adoptar decisiones regulativas, no ya sobre los detalles aplicativos del concierto, sino sobre su propio carácter y formas de utilización, cometidos que son más propios de la norma legal.

El borrador de Decreto que llegó a ser sometido a información pública en el año 2023 acometió esa intensa tarea de especificación normativa, adoptando un criterio restrictivo sobre el alcance del concierto social en servicios sociales. Un enfoque que parecía coherente con el marco legal dispuesto por la LSSR y prudente atendiendo a la jurisprudencia recaída hasta el momento.

Decaída aquella iniciativa de regulación, el ejecutivo autonómico conformado en 2023 no lo retomó ni emprendió otro desarrollo alternativo. La nueva propuesta de modificación legal del régimen del concierto, presentada a finales de 2024, parecía alumbrar la posibilidad de un efectivo desarrollo reglamentario bajo esos parámetros legales reformados. Sin embargo, la enmienda de supresión de tal reforma avoca a un escenario de incertidumbre redoblada. Si no se opera ninguna modificación sobre la LSSR, cabe esperar que se retome la iniciativa reglamentaria decaída en su momento, quizá sometida a algunas variaciones; es posible, en cambio, que se plantee una regulación reglamentaria *ex novo*, aunque deba moverse necesariamente en los márgenes impuestos por la redacción vigente de la LSSR y de los criterios jurisprudenciales que le afectan. Es posible también, en fin, que se promueva una nueva reforma de la Ley en términos similares o distintos a la propuesta enmendada, lo que abriría, a su vez, nuevas posibilidades de ejecución reglamentaria.

Mientras se despejan estas incertidumbres, el concierto social en servicios sociales sigue inédito en los servicios sociales púbicos riojanos, pese a contar con habilitación legal desde el año 2018.

## IX.7.5. JURISPRUDENCIA

Auto del TJUE núm. 289/2023, de 31 de marzo de 2023, (ponente C. Lycourgos), (ASUNTO C-676/20).

STJCE núm. 283/1987, de 16 de junio de 1987 (ponente T. F. O' Higgins), (ASUNTO 118/85)

STJCE núm. 303/1998, de 18 de junio de 1998 (ponente M. Wathelet), (ASUNTO C-35/96).

STJCE núm. 277/2008, de 15 de mayo de 2008 (ponente E. Juhász), (ASUNTOS ACUMULADOS C-147/06 y C-148/06)

STJUE núm. 20/2012, de 16 de febrero de 2012 (ponente K. Schiemann), (ASUNTOS ACUMULADOS C-72/10 y C-77/10)

STJUE núm. 2440/2014, de 11 de diciembre de 2014 (ponente D. Šváby), (ASUNTO C-113/13).

STJUE núm. 2469/2014, de 18 de diciembre de 2014 (ponente C. Vajda), (ASUNTO C-470/13)

STFUE núm. 228/2015, de 16 de abril de 2015 (ponente D. Šváby), (ASUNTO C-278/14).

STJUE núm. 56/2016, de 28 de enero de 2016, (ponente D. Šváby), (ASUNTO C-50/14).

STJUE núm. 399/2016, de 2 de junio de 2016 (ponente D. Šváby), (ASUNTO C-410/14).

STJUE núm. 142/2018, de 1 de marzo de 2018 (ponente D. Šváby), (ASUNTO C-9/17).

STJUE núm. 559/2022, de 14 de julio de 2022 (ponente C. Lycourgos), (ASUNTO C-436/20).

## IX.7.6. BIBLIOGRAFÍA

COMISIÓN (UE), "Libro Verde sobre los servicios de interés general" (Comunicación) COM (2003) 270 final, 21 de mayo de 2003.

COMISIÓN (UE), "Aplicación de las normas de la Unión Europea en materia de ayudas estatales a las compensaciones concedidas por la prestación de servicios de interés económico general" (Comunicación) COM(2012) C 8/02, 11 de enero de 2012.

GOBIERNO DE LA RIOJA, "Planes normativos anuales", https://web.larioja.org/portal-transparencia/transparencia?n=tra-plan-normativo-anual(última visita, 19 de noviembre de 2024)

GOBIERNO DE LA RIOJA, "Consulta previa: regulación del Concierto Social en el ámbito de los Servicios Sociales de La Rioja", https://web.larioja.org/participa/participacion?n=part-consulta-previa-decreto-regulador-del-concierto-social-en-servicios-sociales-de-la-rioja (última visita, 19 de noviembre de 2024)

# *IX.8. La acción concertada social y las fórmulas no contractuales en la provisión de servicios de atención a la persona: Murcia*

**BLANCA SORO MATEO**
*Catedrática de Derecho Administrativo*
*Universidad de Murcia*

*Catón.– [...] Mas la culpa de todas estas lamentaciones radica en el carácter, no en la edad [...].*
*Lelio.– Es tal como dices, Catón; pero quizá alguien podría replicar que los recursos, riquezas y rango social de que gozas te hacen encontrar la vejez más soportable; pero que esto no muchos lo pueden alcanzar.*
*(Marco Tulio Ciceron, Catón de la vejez, III, 8)*

**Resumen:** El presente trabajo da cuenta de la irrupción y desarrollo del concierto social y de los convenios de colaboración en el ordenamiento jurídico de la Comunidad Autónoma de la Región de Murcia.

**Palabras clave:** concierto social, convenio, entidades de iniciativa social, entidades con ánimo de lucro, tercer sector social

**Índice:** 

**Abreviaturas empleadas:**

CARM: Comunidad Autónoma de la Región de Murcia

CCAA: Comunidades Autónomas
CE: Constitución española
EELL: Entidades locales
LCSP: Ley 9/2017, de 8 de noviembre de Contratos del Sector Público
LSSRM: Ley 3/2021, de 29 de julio, de Servicios Sociales de la Región de Murcia
ONG: Organizaciones no gubernamentales
PEF: Punto de Encuentro Familiar
TJUE: Tribunal de Justicia de la Unión Europea
UE: Unión Europea

## IX.8.1. INTRODUCCIÓN

El tránsito a un Estado social, democrático y de derecho, la constitucionalización del Estado de las autonomías, la integración de España en la Unión Europea (UE) y la denominada revolución tecnológica han reorientado la vocación del derecho administrativo, al que ahora se plantean nuevos retos a los ya tradicionales como el establecimiento de los límites entre la aplicación del derecho administrativo y el derecho privado, el control de la discrecionalidad y de la inactividad administrativa, la garantía patrimonial de los administrados, los nuevos modos de gestión de los servicios públicos, el auge del tercer sector, la presencia de las entidades colaboradoras de las administraciones públicas, la concertación, las posibilidades de transacción, la irrupción de la autorregulación y, entre otros, la aplicación de las nuevas tecnologías a las administraciones públicas. Éstos son sólo algunos de los retos planteados.

Sin pretender, desde luego, dada la finalidad del presente trabajo, abarcar toda la problemática que circunda, en el momento actual, los confines del derecho administrativo, sí resulta conveniente enmarcar el alcance de la concertación de servicios sociales en la Región de Murcia, en un ambiente de auge y resurgimiento, en los últimos años, de la idea de participación ciudadana en general, que en el ámbito de los servicios públicos y de las funciones públicas corre paralela al reforzamiento de los principios de subsidiariedad, sostenibilidad, eficiencia, eficacia y razones de seguridad pública o urgencia, a partir de la concepción europea de los servicios públicos de interés general, en el caso que nos ocupa, de contenido social.

Los poderes públicos demandan la participación como una forma de favorecer la calidad y de reducir el coste de la provisión de los servicios públicos y los ciudadanos, las comunidades locales, la sociedad civil y el llamado "tercer sector" demandan un papel en la toma de decisiones y en la gestión pública[1]. A ello se une la externalización de los servicios públicos, señaladamente los servicios sociales especializados, que cada vez más son prestados por la iniciativa privada. Así, la estructura de nuestra sociedad, en el ámbito de los servicios sociales, se encuentra vertebrada en cuatro sectores: las administraciones públicas, las entidades del tercer sector de acción social, las empresas y las redes primarias o informales que se articulan en el seno de comunidad en torno al voluntariado. De la participación de todas ellas dependerá el resultado de la consagración en España del denominado cuarto pilar del Estado del bienestar.

La UE fijó los objetivos de contenido social en la Resolución del Parlamento Europeo, de 17 de diciembre de 2020, sobre una Europa social fuerte para unas transiciones justas, en la que se hace hincapié en que *"el avance hacia una Europa social sostenible, justa e integradora exige un fuerte compromiso común tanto con el fomento de la Agenda 2030 de las Naciones Unidas como con la ejecución y la materialización de los principios y derechos contenidos en el pilar europeo de derechos sociales"*. Hacer realidad el pilar europeo de derechos sociales es una responsabilidad compartida de las instituciones de la UE, las autoridades nacionales, regionales y locales, los interlocutores sociales y la sociedad civil.

---

1 COMISIÓN (CE), "Aplicación del programa comunitario de Lisboa. Servicios sociales de interés general en la Unión Europea" (Comunicación) COM(2006) 177 final, 26 de abril de 2006. Este documento hace casi dos décadas advirtió el papel clave de los servicios sociales, por desempeñar una importante función en la sociedad y en la economía europea, y reconociendo que el sector de los servicios sociales, situado en un entorno cada vez más competitivo, se encuentra en plena expansión e inmerso en un proceso de modernización que puede adoptar distintas formas. Entre ellas se alude a la introducción de métodos de evaluación comparativa y de control de calidad y la participación de los usuarios en la gestión, a la descentralización de la organización con el establecimiento de servicios a nivel local o regional, al desarrollo de marcos de colaboración entre los sectores público y privado y al recurso de otras formas de colaboración complementarias a la pública, como desafío de futuro de los servicios sociales en los Estados Miembros.

Aunque la aplicación eficaz del denominado pilar europeo de derechos sociales depende, en gran medida, de los Estados miembros, y en nuestro caso, también de las Comunidades Autónomas (CCAA), que son los principales responsables de las políticas sociales, las acciones a nivel de la Unión pueden complementar las acciones nacionales.

En este sentido, el Plan de acción social europeo[2], como contribución de la Comisión a la aplicación de los principios del pilar social establece una serie de acciones de la UE que la Comisión se compromete a adoptar durante el mandato actual, basándose en las numerosas acciones emprendidas desde la proclamación del pilar europeo de derechos sociales en Gotemburgo. También propone objetivos a escala de la UE que deben alcanzarse para 2030 y que ayudarán a dirigir las políticas y reformas nacionales.

Ahora bien, para la consecución de dichos objetivos, el derecho europeo no predetermina las modalidades de gestión de los servicios públicos y, en especial, de los servicios sociales. No obstante, sí alude, como es sabido, a la participación de los usuarios en la gestión, a la descentralización de la organización con el establecimiento de servicios a nivel local o regional, al desarrollo de marcos de colaboración entre los sectores público y privado y al recurso de otras formas de colaboración complementarias a la pública, como desafíos de futuro de los servicios sociales en los Estados miembros[3].

A lo anterior debe añadirse que el derecho europeo ha incidido en algunos aspectos relevantes para el tema que nos ocupa, como la liberalización de los servicios y las exigencias de publicidad, concurrencia, no discriminación y transparencia. En este segundo caso, nos referimos especialmente a la Directiva 2014/24/UE, de 26 de febrero de 2014, sobre contratación pública por la que se deroga la Directiva 2004/18/CE, que reconoce, aunque no en su parte dispositiva, la libertad de los Estados miembros para prestar por sí mismos esos servicios u organizar los servicios sociales de manera

---

2 COMISIÓN (UE), "Plan de Acción del Pilar Europeo de Derechos Sociales", https://ec.europa.eu/social/main.jsp?catId=1607&langId=es (última visita, 19 de noviembre de 2024).

3 COMISIÓN (CE), "Aplicación del programa comunitario de Lisboa. Servicios sociales de interés general en la Unión Europea", p. 7.

que no sea necesario celebrar contratos públicos, por ejemplo, mediante la simple financiación de estos servicios o la concesión de licencias o autorizaciones a todos los operadores económicos que cumplan las condiciones previamente fijadas por el poder adjudicador, sin límites ni cuotas, siempre que dicho sistema garantice una publicidad suficiente y se ajuste a los principios de transparencia y no discriminación[4].

---

[4] Artículo 76 Principios de adjudicación de contratos 1. Los Estados miembros establecerán normas nacionales para la adjudicación de los contratos sujetos a lo dispuesto en el presente capítulo, a fin de garantizar que los poderes adjudicadores respetan los principios de transparencia y de igualdad de trato de los operadores económicos. Los Estados miembros serán libres de determinar las normas de procedimiento aplicables, siempre que tales normas permitan a los poderes adjudicadores tener en cuenta la especificidad de los servicios en cuestión. 2. Los Estados miembros velarán por que los poderes adjudicadores puedan tener en cuenta la necesidad de garantizar la calidad, la continuidad, la accesibilidad, la asequibilidad, la disponibilidad y la exhaustividad de los servicios, las necesidades específicas de las distintas categorías de usuarios, incluidos los grupos desfavorecidos y vulnerables, la implicación y la responsabilización de los usuarios y la innovación. Además, los Estados miembros podrán disponer que la elección del proveedor de servicios se haga sobre la base de la oferta económicamente más ventajosa, teniendo en cuenta criterios de calidad y de sostenibilidad en el caso de los servicios sociales.
Artículo 77 Contratos reservados para determinados servicios 1. Los Estados miembros podrán disponer que los poderes adjudicadores estén facultados para reservar a determinadas organizaciones el derecho de participación en procedimientos de adjudicación de contratos públicos exclusivamente en el caso de los servicios sociales, culturales y de salud que se contemplan en el artículo 74 y que lleven los códigos CPV 75121000-0, 75122000-7, 75123000-4, 79622000-0, 79624000-4, 79625000-1, 80110000-8, 80300000-7, 80420000-4, 80430000-7, 80511000-9, 80520000-5, 80590000-6, desde 85000000-9 hasta 85323000-9, 92500000-6, 92600000-7, 98133000-4 y 98133110-8.Artículo 79 ES 28.3.2014 Diario Oficial de la Unión 2. Las organizaciones a que se refiere el apartado 1 deberán cumplir todas las condiciones siguientes: a) que su objetivo sea la realización de una misión de servicio público vinculada a la prestación de los servicios contemplados en el apartado 1; b) que los beneficios se reinviertan con el fin de alcanzar el objetivo de la organización; en caso de que se distribuyan o redistribuyan beneficios, la distribución o redistribución deberá basarse en consideraciones de participación; c) que las estructuras de dirección o propiedad de la organización que ejecute el contrato se basen en la propiedad de los empleados o en principios de participación o exijan la participación activa de los empleados, los usuarios o las partes interesadas, y d) que el poder adjudicador de que se trate no haya adjudicado a la organización un contrato para los ser-

Como nos recuerda *Lazo Victoria:*

> "la delimitación del ámbito de aplicación de las normas de contratación ha sido, sin duda, uno de los temas estrella de la jurisprudencia europea en esta materia. El TJUE ha ido fijando los contornos del concepto de contrato público, así como de los sujetos que quedan sometidos en su actividad contractual a las normas armonizadas europeas, confiriendo un tratamiento especial a los servicios que se prestan a las personas"[5].

Así, la conocida STJUE, Sala Quinta, de 11 de diciembre de 2014 (ponente D. Šváby) consideró conforme a derecho europeo la adjudicación directa a una entidad sin ánimo de lucro y, en el mismo sentido, la STJUE, Sala Quinta, de 28 de enero de 2016 (ponente D. Šváby) (asunto C-50/14).

Más recientemente, la STJUE, Sala Cuarta, de 14 de julio 2022 (ponente C. Lycourgos), asunto C-436/20 viene a confirmar los citados pronunciamientos en sus líneas principales[6]. En efecto, advierte

---

vicios en cuestión con arreglo al presente artículo en los tres años precedentes. 3. La duración máxima del contrato no excederá de tres años. 4. En la convocatoria de licitación se hará referencia al presente artículo. 5. No obstante lo dispuesto en el artículo 92, la Comisión evaluará los efectos de la aplicación del presente artículo y presentará un informe al respecto al Parlamento Europeo y al Consejo a más tardar el 18 de abril de 2019.

5 LAZO VITORIA, Ximena, "Prestación de servicios a las personas: ¿concierto social o contrato?", *Revista de Estudios de la Administración Local y Autonómica. Nueva Época* (20), 2023, pp. 31-46.

6 Ibidem. *Vid.*, asimismo, BERNAL BLAY, Miguel Ángel, "La contratación de los servicios a las personas", en GALLEGO CÓRCOLES, Isabel y GAMERO CASADO, Eduardo (dirs.), *Tratado de Contratos del Sector Público* vol. 3, Valencia 2018, pp. 2864-2865; Darnaculleta i Gardella, M. M. (2021). Les noves modalitats de gestió de serveis a les persones a la DARNACULLETA GARDELLA, Mercè, "Les noves modalitats de gestió de serveis a les persones a la legislació autonòmica de serveis socials: especial referència a l'acció concertada", *Revista Catalana de Dret Públic* (62), 2021, pp. 37-52; GARRIDO JUNCAL, Andrea, "Las nuevas formas de gestión de los servicios sociales: elementos para un debate", *Revista Catalana de Dret Públic* (55), 2017, pp. 84-100; GIMENO FELIÚ, José María, "La colaboración público-privada en el ámbito de los servicios sociales y sanitarios dirigidos a las personas. Condicionantes europeos y Constitucionales", *Revista Aragonesa de Administración Pública* (52), 2018, pp. 12-65; LAZO VITORIA, Ximena, "Fórmulas de xestión indirectas (contractuais e non contractuais) na nova Lei 12/2022, do 21 de decembro, de servizos sociais da Comunidade de Madrid. Primeira regulación legal do 'concerto social' en

el Tribunal que los artículos 76 y 77 de la referida Directiva 2014/24/UE deben interpretarse en el sentido de que no se oponen a una normativa nacional que reserva a las entidades privadas sin ánimo de lucro la facultad de celebrar, previo examen competitivo de sus ofertas, acuerdos en virtud de los cuales esas entidades prestan servicios sociales de asistencia a las personas, a cambio del reembolso de los costes que soportan, sea cual fuere el valor estimado de esos servicios, aunque dichas entidades no cumplan los requisitos establecidos en dicho artículo 77, siempre y cuando, por una parte, el marco legal y convencional en el que se desarrolla la actividad de esas entidades contribuya efectivamente a la finalidad social y a la consecución de los objetivos de solidaridad y de eficiencia presupuestaria que sustentan esa normativa y, por otra parte, se respete el principio de transparencia, tal como se precisa, en particular, en el artículo 75 de la mencionada Directiva[7]. Añade, además, que el artículo 76 de la Directiva 2014/24/UE debe interpretarse en el sentido de que se opone a una normativa nacional según la cual, en el marco de la adjudicación de un contrato público de servicios sociales contemplados en el anexo XIV de dicha Directiva, la implantación del operador económico en la localidad en la que deben prestarse los servicios constituye un criterio de selección de los operadores económicos, previo al examen de sus ofertas.

Para finalizar, debemos señalar que en España, a lo largo de las últimas décadas, se ha podido apreciar el surgimiento y evolución de un tejido social que, de manera más o menos espontánea, y al mar-

---

Madrid", *Administración & cidadanía: revista da Escola Galega de Administración Pública* (17), 2022, pp. 145-151; LEÑERO BOHÓRQUEZ, María Rosario, "La naturaleza jurídica de la acción concertada como modalidad de gestión de los servicios a las personas", en DARNACULLETA GARDELLA, Mercé et al., *La colaboración público-privada en la gestión de servicios sociales*, Madrid, 2022, pp. 135-195.

7 Las dudas planteadas en la cuestión prejudicial eran fundamentalmente tres: 1) Si los "conciertos sociales" pueden configurarse como una fórmula no contractual para la gestión de los servicios públicos a las personas por el mero de hecho de limitar la retribución del prestador del servicio al reembolso de los costes; 2) Si las leyes autonómicas pueden restringir la participación, en los "conciertos sociales", a entidades sin ánimo de lucro; 3) Si en las convocatorias de los "conciertos sociales" puede valorarse, como criterio de adjudicación, la implantación del licitador en la localidad donde vaya a prestarse el servicio.

gen del Estado y del mercado, trata de remediar una gran diversidad de problemas sociales que afectan al interés general, como sucede en el caso de la sanidad, los servicios sociales o el medio ambiente. Todo ello es el resultado de numerosas y variadas iniciativas que, aunque materializadas desde las motivaciones más diversas, excluyen, en principio, la obtención de un beneficio económico y el ejercicio de poder político. En nuestro país, además, el Estado es una de las principales fuentes de financiación de las entidades del "Tercer Sector", frente a la preponderante financiación privada del tercer sector anglosajón, donde las entidades no gubernamentales tienen miles o incluso millones de socios. Lo cierto es que, a partir de 2016 se observa un renacimiento de la figura del concierto como una alternativa a las fórmulas de gestión contractual de la Ley 9/2017, de 8 de noviembre de Contratos del Sector Público (LCSP) como instrumento no contractual para la prestación de servicios sociales, sanitarios y, en algunos casos, también educativos.

En efecto, como es sabido, las CCAA, entre ellas la Región de Murcia, en ejercicio de sus competencias en materia de servicios sociales y en desarrollo de las bases en materia de contratación, se han ocupado desde hace años de regular el denominado *concierto social*, lo cual está generando dudas, como se verá, acerca de la conformidad a derecho europeo de la contratación de dichas regulaciones.

La regulación de esta cuestión es dispar. Así, algunas CCAA han abordado la regulación de los conciertos, circunscribiendo dicha posibilidad a las entidades sin ánimo de lucro. Es el caso de la Comunidad de Madrid[8], de Castilla-La Mancha[9], Navarra[10], Aragón[11] y

---

[8] Ley 12/2022, de 21 de diciembre, de Servicios Sociales de la Comunidad de Madrid.

[9] Ley 14/2010, de 16 de diciembre, de Servicios Sociales de Castilla-La Mancha.

[10] Ley Foral 13/2017, de 16 de noviembre, de conciertos sociales en los ámbitos de salud y servicios sociales.

[11] Ley 11/2016, de 15 de diciembre, de acción concertada para la prestación a las personas de servicios de carácter social y sanitario de la Comunidad Autónoma de Aragón.

Valencia[12]. En Andalucía tienen prioridad las entidades sin ánimo de lucro y sólo excepcionalmente podrán participar en estos conciertos las entidades privadas con ánimo de lucro[13]. En Murcia, en cambio, se contempló primeramente el concierto social como figura reservada a las entidades privadas con ánimo de lucro, lo cual, a priori, resultaba, cuanto menos, bastante llamativo, al excluir a las entidades sin ánimo de lucro de esta modalidad no contractual de gestión[14]. Esta regulación ha sido objeto de una importante reforma por la Ley 3/2021.

La última manifestación de la que hemos tenido noticia de este interesante movimiento legislativo autonómico es la Ley 12/2022, de 21 de diciembre, de Servicios Sociales de la Comunidad de Madrid, que incluye por primera vez una regulación legal de los conciertos sociales también como un instrumento no contractual de servicios sociales y, al parecer, reservado a entidades sin ánimo de lucro[15], a imagen de la solución murciana, que recientemente ha sido modificada, como se verá a continuación.

## IX.8.2. LA EVOLUCIÓN DEL SISTEMA DE LOS SERVICIOS SOCIALES EN LA REGIÓN DE MURCIA. LA REGULACIÓN DE LOS CONCIERTOS SOCIALES Y LOS CONVENIOS DE COLABORACIÓN A PARTIR DEL DECRETO-LEY 2/2015, DE 6 DE AGOSTO

El Sistema de Servicios Sociales de España vive en la actualidad un momento clave en el que está en juego su consolidación como

---

12 Ley 3/2019, de 18 de febrero, de Servicios Sociales inclusivos de la Comunitat Valenciana y Decreto 181/2017, de 17 de noviembre, del Consell, por el que se desarrolla la acción concertada para la prestación de servicios sociales en el ámbito de la Comunitat Valenciana por entidades de iniciativa social

13 Decreto 41/2018, de 20 de febrero, por el que se regula el concierto social para la prestación de los servicios sociales.

14 Nos referimos a la Ley murciana 3/2003, de Servicios sociales, en su versión modificada por el Decreto Ley 2/2015, al que nos referimos en el epígrafe 2 del presente trabajo.

15 LAZO VITORIA, *Revista de Estudios de la Administración Local y Autonómica. Nueva Época*, 2023, pp. 31-46.

cuarto pilar del Estado del bienestar, esto es, como un sistema público para la garantía universal de derechos sociales, dentro de las nuevas estrategias del bienestar social. El objetivo es asegurar el derecho subjetivo a la atención social básica y en el acceso a las prestaciones garantizadas del Sistema de Servicios Sociales, lo cual hace necesario afianzar los nuevos mecanismos de organización de la gestión de los servicios sociales.

Como consecuencia de lo anterior, las más recientes normas autonómicas sobre servicios sociales vienen a superar la visión de los servicios sociales como recursos para colectivos especiales, avanzando en su consideración como servicios para todas las personas, que se utilizarán cuando se den situaciones de necesidad. Se pretende, en definitiva, vertebrar un Sistema de Servicios Sociales dirigido a generar condiciones para garantizar la igualdad efectiva y real. Ello comprende la adopción de medidas de acción positiva para la participación, la autonomía personal y la calidad de vida. En última instancia, la finalidad que persigue este sistema es reducir e intentar eliminar las desigualdades en las que, por razones diversas, puedan encontrarse las personas que conforman una sociedad democrática moderna, así como mejorar las condiciones de vida de todas ellas.

Como es sabido, el artículo 148.1.20ª de la Constitución española (CE) establece que "Las Comunidades Autónomas pueden asumir competencias en materia de asistencia social". En virtud de dicho precepto, la Ley Orgánica 4/1982, de 9 de junio, de Estatuto de Autonomía para la Región de Murcia, en su artículo 10. Uno, apartado 18, atribuyó a la Comunidad Autónoma de la Región de Murcia (CARM) la competencia exclusiva en materia de "Asistencia y Bienestar Social. Desarrollo Comunitario. Política Infantil y de la Tercera Edad. Instituciones de Protección y tutela de menores, respetando en todo caso, la legislación civil, penal y penitenciaria. Promoción e integración de los discapacitados, emigrantes y demás grupos sociales necesitados de especial protección incluida la creación de centros de protección, reinserción y rehabilitación".

En desarrollo de dichas previsiones, se dictó la 8/1985, de 9 de diciembre, de Servicios Sociales de la Región de Murcia, con el fin de hacer efectivos, en el marco del bienestar social y en su ámbito territorial, los derechos de la infancia[16], la juventud[17], las personas con discapacidad[18] y la tercera edad[19], recogidos en el Capítulo III del texto constitucional[20]. Dicha Ley autonómica instauró las bases de los Servicios Sociales en la Región de Murcia, perfilando un

---

16 El Servicio Social de la Infancia tenía por objeto *el desarrollo de las actuaciones para la atención social de dicho colectivo, en orden a conseguir las mayores cotas de promoción y protección de las unidades habituales de convivencia que favorezcan el crecimiento y el desarrollo armónico de niños y adolescentes, conseguir la corrección de las disfuncionalidades que se produzcan en dicho medio y adoptar medidas correctoras en instituciones comunitarias cuando no puedan ser solucionadas en el medio habitual* (art. 19 de la Ley murciana 8/1985). En la actualidad, este servicio social especializado se amplía al sector de la familia, comprendiéndose ahora, como fin adicional, la estabilización familiar. Además, se comprenden expresamente los supuestos de violencia y ruptura familiar.

17 El Servicio Social de Juventud ha tenido por *objeto normalizar de las condiciones de vida de la juventud inserta en medios de alto riesgo de marginación* y entre otros *promover su participación coordinándose con la acción global del Gobierno en materia de juventud* (art. 23 de la Ley 8/1985). La Ley 3/2003, de 10 de abril ya no se refirió expresamente a este grupo social.

18 El objeto del antes denominado Servicio Social de Minusválidos se concretaba en la integración social de los mismos, *promoviendo la prevención de las minusvalías, la instauración precoz de un tratamiento integral, la rehabilitación y la integración laboral sin desarraigarles, siempre que sea posible, de su entorno sociofamiliar* (art. 31 de la Ley 8/1985). Posteriormente, la Ley 3/2003, se refirió a los servicios sociales especializados en el sector de personas con discapacidad, que procurarán el tratamiento, rehabilitación e integración social de los discapacitados físicos, psíquicos y sensoriales, así como la prevención de la discapacidad. Además, desarrollarán programas de valoración y diagnóstico de la discapacidad, atención temprana, formación ocupacional, integración laboral, supresión de barreras, ayudas técnicas, capacitación en actividades de autocuidado, actividades de ocio e integración social, garantizándoles una atención residencial adecuada cuando lo precisen y cuantos otros sean necesarios para favorecer la autonomía personal e integración social del discapacitado (art. 13).

19 El Servicio Social de la Tercera Edad en un primer momento tendía *normalizar las condiciones de vida del anciano, prevenir su marginación y procurar su integración, favoreciendo el mantenimiento en su medio, en coordinación con los servicios de atención a domicilio* (art. 27 de la Ley 8/1985). La Ley 3/2003, de 2 de mayo, aludió a las personas mayores ampliando las actuaciones a favor de este colectivo. Así, se refiere a su bienestar, autonomía e integración social, a la promoción de su desarrollo sociocultural, a la prevención de su marginación, al favorecimiento de su permanencia en su medio habitual, a la garantía de una atención residencial adecuada y a la potenciación del voluntariado en este ámbito (art. 12).

20 Además de los servicios sociales referenciados, existen muchos otros de carácter especializado —delincuencia, minorías étnicas, mujer y drogodependencia—

modelo público y estableciendo lo que serían los objetivos fundamentales de la actuación administrativa. A tal efecto, y tal y como disponía su art. 1.2, se constituyó un sistema público de servicios sociales que, basado en los principios del bienestar social y la calidad de vida, integró la entonces red de beneficencia y asistencia social, correspondiendo al gobierno regional la transformación en servicios sociales de los recursos benéfico-asistenciales entonces existentes.

El art. 63 de esta primera Ley murciana de Servicios Sociales atribuyó a la recién creada Dirección Regional de bienestar social, entre otras competencias, la de autorizar la creación de servicios y apertura de centros, tanto de carácter público como privado, y el seguimiento administrativo de las entidades concertadas y colaboradoras, en relación con el registro de servicios sociales.

Esta norma de los inicios del Estado constitucional fue derogada por la Ley 3/2003, de 10 de abril del Sistema de Servicios Sociales de la Región de Murcia, cuyo Título IV regulaba la llamada Iniciativa en la Prestación de Servicios Sociales en sus artículos 25 y 26. El artículo 25 disponía que "se reconoce el derecho de la iniciativa privada a participar en la prestación de servicios sociales con sujeción al régimen de registro, autorización e inspección establecido en esta Ley y demás legislación que resulte de aplicación". Asimismo, en su apartado 3 se establecía que "las Administraciones Públicas darán prioridad, cuando existan análogas condiciones de eficacia, calidad y costes a los servicios y centros dedicados a la prestación de servicios sociales de los que sean titulares entidades de iniciativa privada sin fin de lucro y atiendan preferentemente a personas de condición socioeconómica desfavorable". Dicho reconocimiento estaba en consonancia con el principio de participación recogido en su artículo 5, según el cual, los poderes públicos deberán promover la participación de los usuarios, de las entidades y de los ciudadanos en general en la planificación y gestión de los servicios sociales en los términos recogidos en la citada ley.

---

y comunitario —información y orientación, promoción y cooperación social, atención domiciliaria y convivencia—.

Así pues, como principio que había de regir el sistema de servicios sociales según esta Ley, se erigió el de la participación, la cual debía ser promovida y garantizada por los poderes públicos a todos los niveles. Se trataba de la participación de los ciudadanos y de la participación de las entidades de iniciativa social (sin ánimo de lucro), tanto en la planificación como en la gestión de los servicios sociales.

Años más tarde, y precisamente con motivo de la necesaria efectividad de dicha participación, según confesaba la norma en su Exposición de Motivos, se hizo necesario dictar el Decreto-Ley 2/2015, de 6 de agosto. Dicha norma dictada por el Ejecutivo, con rango de ley, modificó la referida Ley 3/2003, de 10 de abril, del sistema de Servicios Sociales de la Región de Murcia, precisamente para contemplar expresamente los modos de organización de la gestión de los servicios sociales, introduciendo el régimen de concierto social con entidades privadas y el de convenios con entidades sin ánimo de lucro. En efecto, dicho Decreto-Ley añadió un artículo 7 *bis* al Título II de la Ley 3/2003, dedicado a la organización y planificación del Sistema de Servicios Sociales, con el título Modos de Organización de la Gestión de los Servicios Sociales y con el siguiente contenido:

> "Las administraciones públicas, en el ámbito de sus respectivas competencias, podrán organizar la prestación de los servicios sociales a través de las siguientes fórmulas:
>
> a) Gestión directa.
>
> b) Gestión indirecta en el marco general de la normativa de contratación del sector público.
>
> c) Mediante conciertos sociales con entidades privadas con o sin ánimo de lucro declaradas de interés asistencial según lo establecido en el artículo 7.
>
> d) Y mediante convenios con entidades de iniciativa social, entendiendo como tales las fundaciones, asociaciones, cooperativas, organizaciones de voluntariado y demás entidades e instituciones sin ánimo de lucro que realizan actividades de servicios sociales, siempre que sobre dichas entidades no ostente el dominio efectivo una entidad mercantil que opere con ánimo de lucro".

También se añadió la regulación del régimen jurídico de la concertación, mediante la adición de un nuevo artículo 25 *bis*, con el siguiente contenido: "Las Administraciones Públicas podrán encomendar la prestación de los servicios sociales de su competencia mediante el sistema de concierto social con entidades privadas con los requisitos que se establezcan en la normativa por la que se desarrolle, con pleno respeto a los principios de publicidad, transparencia y no discriminación". De este modo pretendía salvarse el cumplimiento de las Directivas sobre contratación, cuya transposición aún no había completado el legislador estatal.

Como puede comprobarse, la reforma permitió, por un lado, que la CARM y las Entidades Locales (EELL) pudieran encomendar "subsidiaria y complementariamente" a otras entidades la prestación de los servicios incluidos en el catálogo de servicios sociales, mediante un régimen de concertación, distinto al regulado en la normativa de contratación del sector público, al que sólo podían acceder las entidades con ánimo de lucro; y, por otro, mediante la celebración de convenios con entidades privadas sin ánimo de lucro, para la prestación de los servicios sociales de su competencia en los supuestos en que, por razones de urgencia, por la singularidad del servicio o prestación de que se trate, o por su carácter innovador o experimental, fuera aconsejable la no aplicación del régimen de concierto, lo cual debía motivarse. Se apostaba, pues, por la preferencia del concierto y, sólo excepcionalmente, por razones tasadas y motivadamente, podría recurrirse al convenio con organizaciones no gubernamentales (ONG).

Se entendía por concierto social la prestación de servicios sociales públicos a través de terceros, cuya financiación, acceso y control fueran públicos. Ahora bien, se indicaba expresamente que el concierto social era un modo de organización de la gestión de los servicios sociales diferenciado de la modalidad contractual del concierto regulado en la normativa de contratación del sector público y se difería la regulación del régimen jurídico aplicable a los conciertos a una futura Orden de la Consejería competente en materia de servicios sociales, añadiéndose los servicios que podrían ser objeto de concierto (art. 25 *ter*).

Por lo que se refiere a los requisitos que habrían de cumplir las entidades, establecía dicho precepto que:

> "1. Podrán suscribir conciertos con las administraciones públicas competentes en materia de servicios sociales de la Región de Murcia, todas las personas físicas o jurídicas de carácter privado, con o sin ánimo de lucro, que presten los servicios objeto de concierto y que lo soliciten.

2. Para poder suscribir conciertos, las entidades solicitantes deberán reunir necesariamente los requisitos que se establezcan en esta Ley y en su normativa de desarrollo, y en especial:

a) Haber obtenido la oportuna autorización administrativa o, en su caso, acreditación, para la prestación del servicio objeto de concierto.

b) Estar inscritas en el correspondiente Registro de Entidades, Centros y Servicios Sociales.

c) Acreditar la disposición de los medios y recursos suficientes para garantizar el cumplimiento de las condiciones previstas en el acuerdo de formalización del concierto. En concreto, en el caso de reserva y ocupación de plazas deberán acreditar la titularidad del centro o su disponibilidad por cualquier título jurídico válido por un período no inferior a la vigencia del concierto.

d) Acreditar el cumplimiento de cualquier otra normativa que, con carácter general o específico, les sea de aplicación, tanto por la naturaleza jurídica de la entidad como por el tipo de servicio objeto de concertación".

Por lo que se refiere a la formalización de los conciertos, según el art. 25 *quinquies*, éste se formalizaría mediante un documento administrativo, denominado acuerdo de concierto, cuyo modelo sería aprobado por el/la titular de la Consejería competente en materia de servicios sociales.

En fin, en relación a los efectos del concierto, según el artículo 25 *sexies*, estos se producirían desde el momento de su suscripción y hasta la fecha que se determine en el mismo, pudiendo renovarse por acuerdo expreso de las partes, antes de su vencimiento, y con el límite máximo de 10 años. Asimismo, se contemplaba la posibilidad de revisión de los conciertos y, en su caso, de modificación, en los términos que se establezca en el correspondiente acuerdo de concierto, cuando varíen las circunstancias iniciales de su suscripción, con el fin de adecuar las condiciones económicas y las prestaciones asistenciales a las nuevas necesidades.

Finalmente, extinguido el concierto por alguna de las causas que se establezcan en su normativa de desarrollo, deberá garantizarse a los usuarios por parte de la Administración la continuidad en la prestación del servicio.

Respecto de la financiación, resultaba de aplicación, en todo caso, la normativa sobre precios públicos en el supuesto de servicios para los que estuviera prevista la participación de los usuarios en el coste del servicio objeto de concierto. Además, las entidades concertadas no podían cobrar a las personas usuarias cantidad alguna distinta al precio público por las prestaciones propias del sistema del servicio de que se trate, y el cobro de cualquier otra cantidad por servicios complementarios al margen de los precios estipulados debía ser comunicado a la administración pública competente en la prestación del servicio objeto de concierto.

Por otra parte, el nuevo artículo 25 *nonies* de la Ley 3/2003 se dedicaba al régimen de convenios con entidades privadas sin ánimo de lucro, para la prestación de los servicios sociales de su competencia, como señalábamos *supra,* en los supuestos en que por la singularidad del servicio de que se trate, resultara la forma más idónea para su prestación y así se justificara.

Como fundamento de esta modificación de la Ley 3/2003, se invocó, curiosamente, la Directiva 2014/24/UE, que reconocía, como señalábamos *supra,* aunque no en la parte dispositiva, la libertad de los Estados miembros para prestar por sí mismos esos servicios u organizar los servicios sociales de manera que no sea necesario celebrar contratos públicos, por ejemplo, mediante la simple financiación de estos servicios o la concesión de licencias o autorizaciones a todos los operadores económicos que cumplan las condiciones previamente fijadas por el poder adjudicador, sin límites ni cuotas, siempre que dicho sistema garantice una publicidad suficiente y se ajuste a los principios de transparencia y no discriminación.

Así, dispuso el legislador murciano en la Exposición de Motivos de este Decreto-Ley regional que:

> "teniendo en cuenta la regulación comunitaria, a la vista de la legislación de otras Comunidades Autónomas y a la espera de la transposición por el Estado Español de la misma, se puede considerar que la Comunidad Autónoma de la Región de Murcia tiene competencias para aprobar la presente modificación que tiene por objeto establecer las 4 formas de organización de la gestión de los servicios sociales. A los tradicionales modos de gestión directa e indirecta en el marco de la legislación de contratos, hay que añadir ahora el concierto social y los convenios de colaboración y dar cobertura al desarrollo posterior del concierto social y a la utilización del convenio de colaboración con las entidades privadas sin ánimo de lucro. Todo ello, en virtud de sus competencias exclusivas en materia de Servicios Sociales".

Debe tenerse en cuenta que la citada Directiva 2014/24/UE produjo efectos una vez concluido el plazo de transposición sin que el Estado hubiera aprobado ningún instrumento por el que se incorporaran sus disposiciones, lo cual tuvo lugar mediante la LCSP en 2017. Dicha norma europea establecía que "los servicios no económicos de interés general debían quedar excluidos del ámbito de aplicación de la presente Directiva" (Considerando 6). En segundo lugar, la Directiva reconocía expresamente, en relación con los servicios que se conocen como "servicios a las personas", como ciertos servicios sociales, que las administraciones públicas competentes por razón de la materia:

> "siguen teniendo libertad para prestar por sí mismos esos servicios u organizar los servicios sociales de manera que no sea necesario celebrar contratos públicos, por ejemplo, mediante la simple financiación de estos servicios o la concesión de licencias o autorizaciones a todos los operadores económicos que cumplan las condiciones previamente fijadas por el poder adjudicador, sin límites ni cuotas, siempre que dicho sistema garantice una publicidad suficiente y se ajuste a los principios de transparencia y no discriminación" (Considerando 114).

Es decir, la propia Directiva 2014/24/UE, en el marco de las previsiones del Tratado de Funcionamiento de la Unión Europea, afirmaba expresamente que la aplicación de la normativa contractual pública no era la única posibilidad de la que gozan las autoridades competentes para la gestión de los servicios a las personas. En consecuencia, se entendió que no parecía oportuno que se restringieran las posibilidades de organización de dichos servicios con terceros.

No obstante, debe tenerse en cuenta que la acción concertada se circunscribe, en el marco de la reciente jurisprudencia del Tribunal de Justicia de la Unión Europea (TJUE), a entidades sin ánimo de lucro, limitándose su retribución al reintegro de costes y siempre en el marco del principio de eficiencia presupuestaria. De este modo, la posible prestación de servicios en régimen de gestión directa, objetivando los costes, en régimen de gestión indirecta, recurriendo al mercado para la determinación de los precios, y en régimen de acción concertada, mediante módulos, permitirá un adecuado control de los costes de las diferentes prestaciones que, además, deberán ser transparentes y publicarse periódicamente. Este sistema de régimen de acción concertada es, en todo caso, complementario y no excluyente del régimen establecido en la normativa sobre contratación. De este modo, en principio, si un operador económico aspiraba legítimamente a obtener un beneficio empresarial, un lucro, como consecuencia de su colaboración con la administración pública en la prestación de servicios a las personas, sólo podrá hacerlo en el marco de un proceso de contratación y sólo las entidades sin ánimo de lucro podrán colaborar con la Administración bajo la forma de acción concertada.

Así, la STJUE, Sala Quinta, de 28 de enero de 2016 (asunto C-50/14) admitió la colaboración con entidades sin ánimo de lucro autorizada por la legislación de los Estados miembros como instrumento para la consecución de los objetivos de solidaridad y de eficiencia presupuestaria, controlando los costes de los servicios a las personas, siempre que estas entidades, actuando en el marco de dichos objetivos, "no obtengan ningún beneficio de sus prestaciones, independientemente del reembolso de los costes variables, fijos y permanentes necesarios para prestarlas, ni proporcionen ningún beneficio a sus miembros" (párrafo 64). Por su parte, de la Ley 43/2015, de 9 de octubre, del Tercer Sector de Acción Social, se deduce, igualmente la participación de las entidades sin ánimo de lucro en los conciertos sociales, al prever la gestión de prestaciones con estas entidades "preferentemente" en el marco de conciertos o convenios.

*Lazo Victoria* recientemente nos ha dado cuenta de la STJUE, Sala Cuarta, de 14 de julio 2022, asunto C-436/20 (caso ASADE I), en la que el Tribunal, a su juicio, ha realizado una interpretación muy generosa del artículo 77 de la Directiva 2014/24, "*permitiendo albergar derogaciones más profundas de lo que se deduce de su tenor literal*", al difuminar los requisitos exigidos por el legislador, mostrándose "poco clarificador", para evitar cerrar las puertas a futuras interpretaciones en un ámbito caracterizado por tantas singularidades nacionales como el de los servicios a las personas. Por otra parte, debe aludirse también al Auto del TJUE de 31 de marzo de 2023 (ponente C. Lycourgos), conocido como ASADE II, que resolvió una cuestión prejudicial planteada por la Sala de lo Contencioso del Tribunal Superior de Justicia de Aragón, cuyo contenido es, en buena parte, coincidente con la STJUE, Sala Cuarta, de 14 de julio 2022 (caso ASADE I). En el caso ASADE I se impugna una regulación autonómica aragonesa relativa a fórmulas no contractuales de prestación de servicios sanitarios y sociales y reservada a entidades sin ánimo de lucro (acuerdos de acción concertada). Pues bien, advierte el TJUE que la exclusión de las entidades con ánimo de lucro no es contraria al principio de igualdad, "*siempre y cuando dicha exclusión contribuya efectivamente a la finalidad social y a la consecución de los objetivos de solidaridad y de eficiencia presupuestaria que sustentan ese sistema*". Y, por tanto, resuelve señalando que los artículos 76 y 77 de la Directiva 2014/24/UE no se oponen a la legislación autonómica impugnada, siempre y cuando, claro está, se cumpla la finalidad social y los objetivos antes indicados[21].

En contra de esta reciente jurisprudencia, y como se verá en el siguiente epígrafe, años antes, se aprueba la Ley murciana 3/2021, de 29 de julio, de Servicios Sociales de la Región de Murcia (LSSRM), que deroga la Ley 3/2003 comentada, justificando su Exposición de Motivos que resultaba ineludible afrontar el cambio significativo del contexto, tanto social como normativo, que se venía produciendo desde la promulgación de la Ley 3/2003, de 10 de abril, caracterizado, entre otros rasgos, por el crecimiento de las necesidades y demandas de atención, protección e integración social asociadas a situaciones de vulnerabilidad y de cronificación de las situaciones de exclusión social, por los cambios demográficos derivados del crecimiento de la población, por los procesos migratorios, así como por el envejecimiento y el incremento del número de personas con limitaciones en su autonomía, aludiendo también a la promulgación a nivel estatal de la Ley 39/2006, de 14 de diciembre, de Promoción de la Autonomía Personal y Atención a las Personas en situación de dependencia, y, por último, a la propia práctica en la prestación de los servicios sociales, caracterizada por la participación de las entidades de la iniciativa social, en cuanto agentes que complementan la actuación de los poderes públicos, y una mayor presencia de modelos de gestión basados en la calidad, donde las nuevas tecnologías adquieren un papel relevante.

---

21 LAZO VITORIA, *Revista de Estudios de la Administración Local y Autonómica. Nueva Época*, 2023, pp. 31-46.

La regulación de los conciertos, y de los convenios sociales, va a ser alterada por esta más reciente LSSRM, a la que se dedica el siguiente epígrafe[22].

## IX.8.3. LOS INSTRUMENTOS NO CONTRACTUALES DE GESTIÓN INDIRECTA DE LOS SERVICIOS SOCIALES CONTEMPLADOS POR LA LEY 3/2021, DE 29 DE JULIO, DE SERVICIOS SOCIALES DE LA REGIÓN DE MURCIA: EL CONCIERTO SOCIAL Y EL CONVENIO SOCIAL

### *IX.8.3.1. Consideraciones generales*

La LSSRM tiene por objeto promover y garantizar en la CARM el derecho de acceso, en condiciones de igualdad, a un sistema de servicios sociales de carácter universal y reconocer el derecho subjetivo a las prestaciones garantizadas del Sistema de Servicios Sociales de responsabilidad pública, en las condiciones y términos específica-

---

22 No obstante, años antes se aprobó el Decreto n.º 62/2019, de 3 de mayo, por el que se establece el régimen jurídico de los conciertos sociales en la Región de Murcia, en materia de protección y reforma del menor.
Se advierte que la LCSP, establece en su artículo Art. 11, relativo a negocios o contratos excluidos, en el punto 6. "Queda excluida de la presente Ley la prestación de servicios sociales por entidades privadas, siempre que esta se realice sin necesidad de celebrar contratos públicos, a través, entre otros medios, de la simple financiación de estos servicios o la concesión de licencias o autorizaciones a todas las entidades que cumplan las condiciones previamente fijadas por el poder adjudicador, sin límites ni cuotas, y que dicho sistema garantice una publicidad suficiente y se ajuste a los principios de transparencia y no discriminación". En el mismo sentido en la Disposición adicional cuadragésima novena, rubricada como "Legislación de las Comunidades Autónomas relativa a instrumentos no contractuales para la prestación de servicios públicos de carácter social", refiere que "Lo establecido en esta Ley no obsta para que las Comunidades Autónomas, en el ejercicio de las competencias que tienen atribuidas, legislen articulando instrumentos no contractuales para la prestación de servicios públicos destinados a satisfacer necesidades de carácter social ". Ello llevó a que la Comunidad Autónoma de la Región de Murcia en virtud de sus competencias exclusivas en materia de servicios sociales, permitiera la participación de entidades con o sin ánimo de lucro en la gestión de los servicios sociales, teniendo preferencias las declaradas de interés asistencial mediante el sistema de concertación social.

mente previstos para cada una de ellas, así como regular y ordenar el Sistema de Servicios Sociales de la Región de Murcia, estableciendo el marco normativo al que han de ajustarse las actuaciones públicas y la iniciativa privada en materia de servicios sociales, fomentando y garantizando el derecho a su participación en la prestación de los mismos, mediante concierto social u otras formas de colaboración (art. 1 LSSRM).

Para hacer efectiva esta participación, dispone que se establece como modo de organización de la gestión el régimen de concierto social con entidades de iniciativa social y entidades de iniciativa privada mercantil y el régimen de convenios con entidades de iniciativa social. El derecho de la iniciativa social y de la iniciativa privada mercantil a participar en la gestión de los servicios sociales se regula en el Título VIII de la LSSRM.

El art. 68 LSSRM se refiere a diversas fórmulas de colaboración, señalando que "Las Administraciones Públicas, en el ámbito de sus respectivas competencias, podrán establecer conciertos, convenios u otras fórmulas de cooperación para la prestación de servicios sociales con cualquier entidad prestadora de los mismos recogida en la presente ley, de acuerdo con la planificación general de servicios sociales".

Por lo que se refiere al sistema de *concierto social*, las administraciones públicas podrán encomendar la prestación de los servicios sociales de su competencia mediante el sistema de concierto social a entidades de iniciativa social y entidades de iniciativa privada mercantil, con los requisitos que se establezcan en la normativa por la que se desarrolle, con pleno respeto a los principios de publicidad, transparencia y no discriminación (art. 69.1 LSSRM).

En segundo lugar, por lo que se refiere al sistema de *convenio*, las administraciones públicas podrán celebrar convenios exclusivamente con entidades de iniciativa social, para la prestación de los servicios sociales de su competencia, en los supuestos en que, por razones de la singularidad del servicio de que se trate, o su carácter innovador y experimental, resulte la forma más idónea para su prestación y así se justifique (art. 68.2).

Como puede observarse, la fórmula del convenio se reserva ahora para entidades de iniciativa social, mientras que la fórmula del concierto resulta ahora aplicable tanto a entidades de iniciativa social como a entidades de iniciativa privada mercantil, sin establecer preferencia alguna, a diferencia de lo que sucede en otras CCAA.

El concierto, a efectos de la LSSRM, supone la prestación de servicios sociales públicos a través de terceros, cuya financiación, acceso y control sean públicos (art. 69.2 LSSRM), diferenciándose así de la modalidad contractual del concierto regulado en la normativa de contratación del sector público (art. 69.3 LSSRM). Se remite a Decreto el desarrollo del régimen jurídico aplicable a los conciertos sociales, incluidos los criterios para la asignación del concierto para cada tipo de centro o servicio. No obstante, en relación a los conciertos de plazas en recursos para personas mayores y personas con discapacidad, la Ley obliga a atender necesariamente a los principios de atención personalizada e integral, arraigo de la persona en el entorno de atención social, libre elección de la persona y continuidad en la atención y la calidad.

Por lo que hace al objeto de los conciertos, el art. 70 LSSRM establece que podrán ser objeto de concierto tanto la reserva y ocupación de plazas, para su uso exclusivo por las personas usuarias del Sistema de Servicios Sociales, cuyo acceso será autorizado por las administraciones públicas competentes mediante los criterios previstos para ello, como la gestión integral de prestaciones, servicios o centros, salvo las limitaciones previstas en el apartado 2 del artículo 30 LSSRM.

Podrán suscribir conciertos con las administraciones públicas competentes en materia de servicios sociales de la Región de Murcia todas las entidades de iniciativa social y las entidades de iniciativa privada mercantil o persona física que presten los servicios objeto de concierto y que lo soliciten (art. 71 LSSRM), siempre que reúnan los requisitos que se establezcan en la normativa de desarrollo de esta Ley y, en especial: haber obtenido la oportuna autorización administrativa o, en su caso, acreditación, para la prestación del servicio objeto de concierto; estar inscritas en el correspondiente Registro de Entidades, Centros y Servicios Sociales; y acreditar la disposición de los medios y recursos suficientes para garantizar el cumplimiento de las condiciones previstas en el acuerdo de formalización del concierto. En concreto, en el caso de reserva y ocupación de plazas, deberán acreditar la titularidad del centro o su disponibilidad por cualquier título jurídico válido, por un período no inferior a la vigencia del concierto, y acreditar el cumplimiento de cualquier otra normativa que, con carácter general o específico, les sea de aplicación, tanto por la naturaleza jurídica de la entidad como por el tipo de servicio objeto de concertación (art. 71 LSSRM).

La formalización de los conciertos se efectuará mediante un documento administrativo, denominado *acuerdo de concierto*, cuyo modelo será aprobado por el titular de la Consejería competente en materia de servicios sociales (art. 72 LSSRM). Dicho acuerdo obliga al titular de la entidad concertada a la prestación del servicio o provisión de plazas en los términos estipulados en el citado acuerdo y al cumplimiento de la normativa aplicable al servicio o centro objeto del concierto desde el momento de su suscripción. Se podrá subscribir un único concierto para la reserva y la ocupación de plazas en varios centros o para la gestión integral de una pluralidad de prestaciones o servicios, cuando todos ellos dependan de una misma entidad titular. Esta suscripción se efectuará en las condiciones que se determinen reglamentariamente (art. 73 LSSRM).

La duración inicial de los conciertos será de un máximo de seis años. Dicho periodo de duración podrá renovarse, mediante acuerdo expreso de las partes adoptado con una antelación de tres meses antes de su vencimiento, por otro periodo máximo adicional de cuatro años (art. 74.1 LSSRM). No obstante, podrán ser objeto revisión y, en su caso, de modificación en los términos que se establezca en el correspondiente acuerdo de concierto, cuando varíen las circunstancias iniciales de su suscripción, con el fin de adecuar las condiciones económicas y las prestaciones asistenciales a las nuevas necesidades.

Extinguido el concierto por alguna de las causas que se establezcan en su normativa de desarrollo, deberá garantizarse a los usuarios por parte de la Administración la continuidad en la prestación del servicio. A tal efecto, la Administración podrá obligar a la entidad concertada a seguir prestando el objeto de concierto social, en las mismas condiciones que se venía prestando, hasta que pueda ser asumido por otra entidad y en todo caso por un periodo máximo de nueve meses, siempre que concurran las siguientes circunstancias: a) Que a la fecha de extinción del concierto social no se hubiera formalizado un nuevo concierto, convenio o contrato que garantice la continuidad de la prestación del servicio, como consecuencia de incidencias resultantes de acontecimientos imprevisibles para la

Administración producidas en el procedimiento aplicable a dicha formalización, b) Que existan razones de interés público para no interrumpir la prestación, y; c) Que se acredite el inicio de un nuevo expediente destinado a la formalización de concierto, contrato o convenio que asegure la continuidad en la prestación del servicio, con una antelación mínima de tres meses respecto a la fecha de extinción del concierto social.

En cuanto a la participación de los usuarios en el coste de los servicios concertados, será de aplicación, en todo caso, la normativa sobre precios públicos, en el supuesto de servicios para los que esté prevista la participación de los usuarios en el coste del servicio objeto de concierto. Así, las entidades concertadas no podrán cobrar a las personas usuarias cantidad alguna distinta al precio público por las prestaciones propias del sistema del servicio de que se trate. No obstante, el cobro de cualquier otra cantidad por servicios complementarios al margen de los precios estipulados deberá ser autorizado por la administración pública competente en la prestación del servicio objeto de concierto[23].

Por otra parte, el artículo 95 LSSRM regula la inscripción registral, donde se da publicidad a la autorización otorgada a todas las entidades públicas o privadas a efectos de su constancia oficial como entidad, servicio o centro de servicios sociales autorizado[24]. Obviamente, esta inscripción no tendrá efectos constitutivos, ni conferirá a las personas interesadas más derechos que la constancia de los actos y datos de los que trae causa. Eso sí, la inscripción de las entidades, centros y servicios sociales será requisito para la celebración de conciertos, concesión de subvenciones o cualquier clase de ayuda de la Administración Pública de la Región de Murcia.

Varios comentarios adicionales merecen las innovaciones que se introducen en el régimen jurídico de los conciertos sociales y convenios por esta Ley 3/2021.

---

[23] La Consejería competente informará de todos los aspectos a que se refiere en los apartados anteriores a las personas usuarias con carácter previo al reconocimiento del derecho al acceso a la prestación.

[24] Las entidades inscritas en el Registro, con el fin de garantizar su permanente actualización, deberán poner al día sus propios datos y los relativos a los servicios y centros de su titularidad, cuando se produzcan modificaciones en los mismos.

### *IX.8.3.2. Consideraciones específicas*

Por lo que se refiere a la restricción de la fórmula del convenio a las entidades de iniciativa social, no hay realmente alteración en la naturaleza de las entidades con las que celebrar convenios respecto de lo que establecía la derogada Ley de 2003, que hablaba de "entidades privadas sin ánimo de lucro" que se identifican con las denominadas ahora "entidades de iniciativa social". Sí hay diferencia apreciable, en cambio, en cuanto a los supuestos en los que se podrá hacer uso de este instrumento. Ahora, al ya contemplado de la singularidad del servicio a prestar, se añaden otros dos, la urgencia o el carácter innovador y experimental que así lo aconsejen.

El Dictamen del Consejo Jurídico de la Región de Murcia núm. 43/2020 formuló algunas recomendaciones esenciales al texto del proyecto de Ley. Así, de entrada, señaló la difícil justificación de la convivencia de ambas figuras, el convenio y el concierto social, únicamente posible en el caso de las entidades de iniciativa social. No se presenta, a primera vista, una razón que objetivamente lo justifique. Más aún, si esas razones son las tres aducidas pues dvierte el órgano consultivo que:

> "Así, por ejemplo, en el caso de la urgencia, lo prioritario será atender a la necesidad existente, con los medios de que se disponga, a lo que está obligado el Sistema de Servicios Sociales a tenor de sus objetivos y fines. Y si el Consejo de Gobierno debe garantizar la suficiencia no solo financiera sino también técnica, se entiende poco coherente con ese deber limitar los medios de los que pudiera disponerse en el hipotético caso de que para atender la urgencia surgida no existiera entidad de iniciativa social que prestara el servicio, pero sí una de iniciativa privada. Junto con ello, el carácter innovador o la singularidad del servicio lo pueden justificar tanto los generados por una como por otro tipo de entidades. Queda, eso sí, la garantía de que, en cualquier caso, los tres supuestos han de ser debidamente justificados en el expediente que se instruya, lo que pretende convertirse en garantía para evitar el riesgo de que por esta vía se hurte al sistema general, el concierto social, la satisfacción de las necesidades, generando inseguridad a la vista de la ausencia total de requerimientos que concreten su régimen jurídico frente al pormenorizado de los conciertos sociales".

Por otra parte, debe destacarse que ahora se limita el alcance de los conciertos que tengan por objeto la gestión integral de prestaciones, servicios o centros, al impedirse, en el caso de los servicios de atención primaria, por ser exclusivamente de titularidad pública y gestión directa porque así lo establece expresamente el art. 30.2 LSSRM[25].

Por otra parte, en relación a la posibilidad de obligar a la entidad concertada a seguir prestando el servicio, vencido un concierto y mientras no se alcanza suscribir uno nuevo, como señaló el Consejo Consultivo en el referido Dictamen:

> "es un remedio inspirado en la legislación de contratos del sector público (artículo 213 Ley 9/2017, de 8 de noviembre, de Contratos del Sector Público, por la que se transponen al ordenamiento jurídico español las Directivas del Parlamento Europeo y del Consejo 2014/23/UE y 2014/24/UE, de 26 de febrero de 2014, LCSP), pero no igual. En esta las causas que lo habilitan son limitadas, no siendo ninguna la expiración del plazo, y hay una condición de entrada: que se esté tramitando un nuevo expediente de contratación una vez iniciado el procedimiento de resolución del contrato. Aquí se fundamenta en la garantía de los derechos de los usuarios que no deben verse afectados por la extinción del concierto '(...) por alguna de las causas que se establezcan en su normativa de desarrollo'".

Como consecuencia de esta observación, el legislador incorporó un nuevo apartado 3 al art. 74, según el cual:

> "Extinguido el concierto por alguna de las causas que se establezcan en su normativa de desarrollo, deberá garantizarse a los usuarios por parte de la Administración la continuidad en la prestación del servicio.
>
> A tal efecto, la Administración podrá obligar a la entidad concertada a seguir prestando el objeto de concierto social, en las mismas condiciones que se venía prestando, hasta que pueda ser asumido por otra entidad y en todo caso por un periodo máximo de nueve meses, siempre que concurran las siguientes circunstancias:
>
> a) Que a la fecha de extinción del concierto social no se hubiera formalizado un nuevo concierto, convenio o contrato que garantice la continuidad de la prestación del servicio, como consecuencia de incidencias resultantes de acontecimientos imprevisibles para la Administración producidas en el procedimiento aplicable a dicha formalización.

---

25 En virtud del art. 30.2 LSSRM: "Los Servicios Sociales de Atención Primaria serán de titularidad pública y de gestión directa, debiendo proporcionar una atención de carácter universal y global a las necesidades sociales garantizadas bajo los principios de igualdad en todo el territorio y de proximidad a las personas usuarias y a su entorno familiar y social".

b) Que existan razones de interés público para no interrumpir la prestación.

c) Que se acredite el inicio de un nuevo expediente destinado a la formalización de concierto, contrato o convenio que asegure la continuidad en la prestación del servicio, con una antelación mínima de tres meses respecto a la fecha de extinción del concierto social".

A pesar de la mejora en la redacción de dicho precepto, debe resaltarse que el deber de garantizar los derechos de los usuarios pesa sobre la Administración, no sobre la entidad que hubiera suscrito el concierto. Ya se señaló que había que matizar los casos en que podrá acordarse la prórroga forzosa, no siendo acorde con su carácter extremo dejar su concreción a norma de rango reglamentario. Por tal razón, se aconsejó suprimir o, al menos, modificar este apartado para no remitir a reglamento la concreción de las situaciones en las que se habilita al ejercicio de semejante potestad, concretando sus causas tasadas legitimadoras o explicitando los criterios que han de servir para moderar su ejercicio. El precepto finalmente mantuvo la remisión reglamentaria, aunque añadió una serie de circunstancias, como ha quedado señalado, que deben concurrir para que la Administración pueda obligar a dicha prórroga, lo cual es cuestionable.

Ya para finalizar, debe darse cuenta de dos Decretos reguladores de los conciertos sociales especializados en la Región de Murcia: el Decreto núm. 10/2018, de 14 de febrero, por el que se establece el régimen jurídico de los conciertos sociales en los servicios sociales especializados, en los sectores de personas mayores y personas con discapacidad[26] y el Decreto núm. 62/2019, de 3 de mayo, por el que

---

26 Sobre este, puede consultarse el Dictamen del Consejo Jurídico de la Región de Murcia, número 119/19, a cuyo tenor "Podría plantearse si el que la Comunidad Autónoma regule el concierto social como modo de gestión de los servicios sociales al margen de las normas de contratación pública no estaría afectando a legislación básica estatal. A esa cuestión ya dio respuesta este Órgano Consultivo en la Consideración Segunda de su Dictamen nº 331/2017, de 27 de noviembre, sobre el proyecto de Decreto nº 10/2018, de 14 de febrero, por el que se establece el régimen jurídico de los conciertos sociales en la Región de Murcia en los servicios sociales especializados en los sectores de personas mayores y personas con discapacidad, diciendo que: '(...) Es por ello que, en la actualidad, sí podemos concluir que, de acuerdo con lo expuesto, la Comunidad Autónoma de la Región de Murcia está autorizada para regular el régimen jurídico de los

se establece el régimen jurídico de los conciertos sociales, en materia de protección y reforma del menor, modificado por la Ley 2/2024, de 11 de julio, de incremento del importe de las plazas y servicios correspondientes a los conciertos sociales de los sectores de menor y reforma.

Asimismo, mediante Resolución han sido aprobados los modelos de acuerdo social en sectores como la discapacidad, centro de día de personas mayores, atención residencial para personas con discapacidad física e intelectual, trastornos del espectro autista, centros de día para personas con discapacidad física, trastorno del espectro autista y trastorno mental grave[27], atención residencial (residencias/vivien-

---

conciertos sociales en la Región de Murcia, en los Servicios Sociales Especializados de personas mayores y personas con discapacidad, como instrumento de gestión de servicios sociales al margen de las modalidades de contratación reguladas en la normativa estatal, siempre y cuando dicho régimen garantice una publicidad suficiente y se ajuste a los principios de transparencia y no discriminación, tal y como impone la Directiva 24/2014'".

27 Resolución por la que se aprueba el modelo de acuerdo de concierto social para la reserva y ocupación de plazas de servicios especializados en el sector de personas con discapacidad, y por la que se determina el precio de las mismas (BORM nº 182, 8/8/2018); Resolución por la que se aprueba el modelo de acuerdo de concierto social para la reserva y ocupación de plazas del servicio especializado de centro de día en el sector de personas mayores y por la que se determina el precio de las mismas (BORM nº 236, 11/10/2018); Resolución por la que se aprueba el modelo de acuerdo de concierto social para la reserva y ocupación de plazas de servicios especializados en el sector de personas con discapacidad, en el servicio de atención residencial para personas con discapacidad física y por la que se determina el precio de las mismas; Resolución por la que se aprueba el modelo de acuerdo de concierto social para la reserva y ocupación de plazas de servicios especializados en el sector de personas con discapacidad, en el Servicio de Atención Residencial para Personas con Discapacidad Intelectual y por la que se determina el precio de las mismas; Resolución por la que se aprueba el modelo de acuerdo de concierto social para la reserva y ocupación de plazas de servicios especializados en el sector de personas con discapacidad, en el servicio de atención residencial para personas con trastornos del espectro autista y por el que se determina el precio de las mismas; Resolución por la que se aprueba el modelo de acuerdo de concierto social para la reserva y ocupación de plazas de servicios especializados en el sector de personas con discapacidad, en el servicio de centro de día para personas con discapacidad física y por la que se determina el precio de las mismas; Resolución por la que se aprueba el modelo de acuerdo de concierto social para la reserva y ocupación de plazas de servicios especializados en el sector de personas con discapacidad, en el servicio

das colectivas y residencias psicogeriátricas), en el sector de personas mayores, atención diurna para personas con discapacidad intelectual, vivienda de estancia limitada para personas con discapacidad intelectual, habilitación psicosocial y de apoyos personales, atención y cuidados en alojamientos de soporte a la inclusión comunitaria para personas con trastorno mental grave[28]. Más recientemente, con for-

---

de centro de día para personas con discapacidad intelectual y por la que se determina el precio de las mismas; Resolución por la que se aprueba el modelo de acuerdo de concierto social para la reserva y ocupación de plazas de servicios especializados en el sector de personas con discapacidad, en el servicio de centro de día para personas con trastornos de espectro autista y por la que se determina el precio de las mismas; Resolución por la que se aprueba el modelo de acuerdo de concierto social para la reserva y ocupación de plazas de servicios especializados en el sector de personas con discapacidad, en el servicio de centro de día para personas con trastorno mental grave y por la que se determina el precio de las mismas. Estas resoluciones pueden consultarse en el BORM nº 238, 15/10/2018.

28 Resolución por la que se aprueba el modelo de acuerdo de concierto social para la reserva y ocupación de plazas de servicios especializados en atención residencial (residencias/viviendas colectivas y residencias psicogeriátricas), en el sector de personas mayores y por la que se determina el precio de las mismas; Resolución por la que se aprueba el modelo de acuerdo de concierto social para la reserva y ocupación de plazas de servicios especializados en el sector de personas con discapacidad, en el Servicio de Atención Residencial para Personas con Trastorno Mental grave por el que se determina el precio de las mismas (BORM nº 182, 8/8/2018); Resolución por la que se aprueba el modelo único de acuerdo de concierto social para la reserva y ocupación de plazas en varios centros cuya titularidad corresponda a una misma entidad, en los sectores de personas mayores y personas con discapacidad (BORM nº 256, 06/11/2018); Resolución por la que se aprueba el modelo de acuerdo de concierto social para la reserva y ocupación de plazas de servicios especializados en el sector de personas con discapacidad, en el Servicio de Promoción de la Autonomía Personal de Intensidad Especializada en régimen de atención diurna para personas con discapacidad intelectual y por la que se determina el precio de las mismas (BORM nº 260, 10/11/2018); Resolución por la que se aprueba el modelo de acuerdo de concierto social para la reserva y ocupación de plazas de servicios especializados en el sector de personas con discapacidad, en el servicio de promoción de la autonomía personal de intensidad especializada en la modalidad de vivienda de estancia limitada para personas con discapacidad intelectual y por la que se determina el precio de las mismas; Cláusula de modificación de los modelos de acuerdo de concierto social para la reserva y ocupación de plazas de servicios especializados en los sectores de personas mayores y personas con discapacidad (BORM nº 158, 10/07/2020); Orden por la que se aprueba el modelo de acuerdo de concierto social para la prestación del servicio de promoción de la

ma de Orden, se han aprobado los modelos de acuerdo de concierto para la prestación del servicio de acogimiento familiar especializado de dedicación exclusiva para menores tutelados en la Región de Murcia[29], la gestión integral de centros de titularidad pública para la ejecución de medidas judiciales de internamiento de menores[30] para la reserva y ocupación de plazas en centro para menores a los que se les haya impuesto medidas judiciales de convivencia en grupo educativo dictadas por los Jueces de Menores[31], para la prestación del servicio de intervención y supervisión del acogimiento familiar en familia extensa y ajena de personas menores de edad tuteladas[32] para la prestación del servicio de Punto de Encuentro Familiar (PEF)[33], para la reserva y ocupación de plazas de centros de primera acogida y media/larga estancia para menores de 0 a 6 años cuya tutela y/o guarda haya sido asumida por la entidad pública[34], para la reserva y ocupación de plazas para menores con discapacidad cuya tutela y/o

---

autonomía personal en las modalidades de habilitación psicosocial y de apoyos personales, atención y cuidados en alojamientos de soporte a la inclusión comunitaria para personas con trastorno mental grave (BORM nº 115, 20/05/2022).

29 Orden de 24 de enero de 2024, por la que se aprueba el modelo de acuerdo de concierto social para la prestación del servicio de acogimiento familiar especializado de dedicación exclusiva para menores tutelados en la Región de Murcia y por la que se determina el precio de dichos servicios (BORM nº 28, 03/02/2024).

30 Orden por la que se aprueba el modelo de acuerdo de concierto social para la gestión integral de centros de titularidad pública para la ejecución de medidas judiciales de internamiento de menores y por la que se determina el importe de la plaza en el mismo (BORM nº 271, 26/11/2022).

31 Orden por la que se aprueba el modelo de acuerdo de concierto social para la prestación del servicio de intervención socioeducativa para la ejecución de medidas judiciales de medio abierto con menores y por la que se determina el precio del mismo (BORM nº 121, 27/05/2022).

32 Orden por la que se aprueba el modelo de acuerdo de concierto social para la prestación del servicio de intervención y supervisión del acogimiento familiar en familia extensa y ajena de personas menores de edad tuteladas y por la que se determina el precio de dicho servicio (BORM nº 168, 23/07/2021).

33 Orden por la que se aprueba el modelo de acuerdo de concierto social para la prestación del servicio de Punto de Encuentro Familiar (PEF) y por la que se determina el precio de dicho servicio (BORM nº 69, 24/03/2020).

34 Orden por la que se modifica el modelo de acuerdo de concierto social para la reserva y ocupación de plazas de centros de primera acogida y media/larga estancia para menores de 0 a 6 años cuya tutela y/o guarda haya sido asumida

guarda haya sido asumida por la entidad pública[35], para la reserva y ocupación de plazas en centros de media/larga estancia para menores cuya tutela y/o guarda haya sido asumida por la entidad pública, para la reserva y ocupación de plazas en centros para primera acogida de menores en situación de urgencia o emergencia social cuya tutela y/o guarda haya sido asumida por la entidad pública[36], para el servicio de acogimiento familiar temporal y/o de urgencia en familia ajena de personas menores de edad tuteladas[37], para centros de media/larga estancia de menores con problemas de conducta cuya tutela y/o guarda haya sido asumida por la entidad pública[38], para la reserva y ocupación de plazas en centros con medidas de seguridad para menores a los que se les haya impuesto medidas judiciales de internamiento dictadas por los Jueces de Menores[39], para la prestación del servicio de preparación para la vida independiente a personas jó-

---

por la entidad pública y por la que se determina el precio de las mismas (BORM nº 89, 20/04/2021).

35 Orden por la que se modifica el modelo de acuerdo de concierto social para la reserva y ocupación de plazas para menores con discapacidad cuya tutela y/o guarda haya sido asumida por la entidad pública y por la que se determina el precio de las mismas (BORM nº 89, 20/04/2021).

36 Orden por la que se modifica el modelo de acuerdo de concierto social para la reserva y ocupación de plazas en centros para primera acogida de menores en situación de urgencia o emergencia social cuya tutela y/o guarda haya sido asumida por la entidad pública y por la que se determina el importe de las mismas (BORM nº 89, 20/04/2021).

37 Orden por la que se aprueba el modelo de acuerdo de concierto social para el servicio de acogimiento familiar temporal y/o de urgencia en familia ajena de personas menores de edad tuteladas y por la que se determina el precio de dicho servicio (BORM nº 89, 20/04/2021).

38 Orden por la que se aprueba el modelo de acuerdo de concierto social para la reserva y ocupación de plazas para centros de media/larga estancia de menores con problemas de conducta cuya tutela y/o guarda haya sido asumida por la entidad pública y por la que se determina el precio de las mismas (BORM nº 128, 05/06/2021).

39 Orden por la que se aprueba el modelo de acuerdo de concierto social para la reserva y ocupación de plazas en centros con medidas de seguridad para menores a los que se les haya impuesto medidas judiciales de internamiento dictadas por los Jueces de Menores y por la que se determina el importe de las mismas (BORM nº 70, 26/03/2021).

venes tuteladas y extuteladas en riesgo de exclusión social[40], para la reserva y ocupación de plazas en centros con medidas de seguridad para menores a los que se les haya impuesto medidas judiciales de internamiento dictadas por los jueces de menores[41], para la prestación del servicio de preparación para la vida independiente a personas jóvenes tuteladas y extuteladas en riesgo de exclusión social[42].

## IX.8.4. CONCLUSIONES

El TJUE ha venido declarando válido el recurso a las entidades sin ánimo de lucro, basado en razones objetivas, cediendo los principios de igualdad de trato y no discriminación, así como la libre concurrencia, en general, en la prestación de servicios sociales a través de la fórmula del concierto social.

Desde 2015, la normativa de la Región de Murcia contempló el concierto social como figura reservada a las entidades privadas con ánimo de lucro, lo cual, a priori, resultó discutible, como lo es la Ley 12/2022, de 21 de diciembre, de Servicios sociales de la Comunidad de Madrid, que a día de hoy incluye por primera vez una regulación legal de los conciertos sociales, como un instrumento no contractual de servicios sociales reservado a entidades sin ánimo de lucro[43]. No obstante, la vigente Ley murciana corrigió dicha reserva 3/2021 e incorpora a las entidades de iniciativa social como posibles partes del

---

40 Orden por la que se aprueba el modelo de acuerdo de concierto social para la prestación del servicio de preparación para la vida independiente a personas jóvenes tuteladas y extuteladas en riesgo de exclusión social y por la que se determina el importe de dicho servicio (BORM nº 61, 15/03/2021).

41 Orden por la que se modifica el modelo de acuerdo de concierto social para la reserva y ocupación de plazas en centros con medidas de seguridad para menores a los que se les haya impuesto medidas judiciales de internamiento dictadas por los jueces de menores y por la que se determina el importe de las mismas (BORM nº 155, 08/07/2021).

42 Orden por la que se modifica el modelo de acuerdo de concierto social para la prestación del servicio de preparación para la vida independiente a personas jóvenes tuteladas y extuteladas en riesgo de exclusión social y por la que se determina el importe de dicho servicio (BORM nº 110, 15/05/2021).

43 LAZO VITORIA, *Revista de Estudios de la Administración Local y Autonómica. Nueva Época*, 2023, pp. 31-46.

concierto social, de conformidad con la reciente jurisprudencia del TJUE.

## IX.8.5. JURISPRUDENCIA

Auto del TJUE núm. 289/2023, de 31 de marzo de 2023, (ponente C. Lycourgos). (ASUNTO C-676/20).

STJUE núm. 2440/2014, de 11 de diciembre de 2014, (ponente D. Šváby). (ASUNTO C-113/13).

STJUE núm. 56/2016, de 28 de enero de 2016, (ponente D. Šváby). (ASUNTO C-50/14).

STJUE núm. 559/2022, de 14 de julio de 2022, (ponente C. Lycourgos). (ASUNTO C-436/20).

## IX.8.6. BIBLIOGRAFÍA

BERNAL BLAY, Miguel Ángel, "La contratación de los servicios a las personas", en GALLEGO CÓRCOLES, Isabel y GAMERO CASADO, Eduardo (dirs.), *Tratado de Contratos del Sector Público* vol. 3, Valencia 2018, pp. 2841-2874.

COMISIÓN (CE), "Aplicación del programa comunitario de Lisboa. Servicios sociales de interés general en la Unión Europea" (Comunicación) COM(2006) 177 final, 26 de abril de 2006.

COMISIÓN (UE), "Plan de Acción del Pilar Europeo de Derechos Sociales", https://ec.europa.eu/social/main.jsp?catId=1607&langId=es (última visita, 19 de noviembre de 2024)

DARNACULLETA GARDELLA, Mercè, "Les noves modalitats de gestió de serveis a les persones a la legislació autonòmica de serveis socials: especial referència a l'acció concertada", *Revista Catalana de Dret Públic* (62), 2021, pp. 37-52.

GARRIDO JUNCAL, Andrea, "Las nuevas formas de gestión de los servicios sociales: elementos para un debate", *Revista Catalana de Dret Públic* (55), 2017, pp. 84-100.

GIMENO FELIÚ, José María, "La colaboración público-privada en el ámbito de los servicios sociales y sanitarios dirigidos a las personas. Condicionantes europeos y Constitucionales", *Revista Aragonesa de Administración Pública* (52), 2018, pp. 12-65.

LAZO VITORIA, Ximena, "Prestación de servicios a las personas: ¿concierto social o contrato?", *Revista de Estudios de la Administración Local y Autonómica. Nueva Época* (20), 2023, pp. 31-46.

LAZO VITORIA, Ximena, "Fórmulas de xestión indirectas (contractuais e non contractuais) na nova Lei 12/2022, do 21 de decembro, de servizos sociais da Comunidade de Madrid. Primeira regulación legal do 'concerto social' en Madrid", *Administración & cidadanía: revista da Escola Galega de Administración Pública* (17), 2022, pp. 145-151.

LEÑERO BOHÓRQUEZ, María Rosario, "La naturaleza jurídica de la acción concertada como modalidad de gestión de los servicios a las personas", en DARNACULLETA GARDELLA, Mercé *et al.*, *La colaboración público-privada en la gestión de servicios sociales*, Madrid, 2022, pp. 135-195.

# *IX.9. La acción concertada social y las fórmulas no contractuales en la provisión de servicios de atención a la persona: Comunitat Valenciana*[1]

**BELÉN ANDRÉS SEGOVIA**
*Profesora Ayudante Doctora de Derecho Administrativo*
*Universitat Jaume I*

**Resumen:** Los servicios públicos recurren de forma habitual a la colaboración con el sector privado. La concertación y las fórmulas no contractuales es una buena muestra de ello. En el caso de la salud se encuentran bien definidos en el artículo 90 de la Ley General de Sanidad. Sin embargo, el actual marco normativo que regula la prestación por los poderes públicos de los servicios a la persona ha sufrido un profundo cambio. Es precisamente en este nuevo contexto normativo en el que las Comunidades Autónomas han comenzado a legislar, articulando instrumentos no contractuales para la prestación de servicios públicos de carácter social. El presente estudio pretende dar a conocer como en la Comunitat Valenciana se ha legislado esta materia en los términos establecidos por la Disposición adicional 49ª de la Ley 9/2017, de 8 de noviembre, de Contratos del Sector Público, por la que se transponen al ordenamiento jurídico español las Directivas del Parlamento Europeo y del Consejo 2014/23/UE y 2014/24/UE, de 26 de febrero de 2014, donde la referencia a los servicios sociales debe entenderse en sentido amplio, incluyendo servicios sociales, sanitarios y educativos. Y, así, la Generalidad Valenciana ha aprobado la Ley 7/2017, de 30 de marzo, de acción concertada para la prestación de servicios a las personas en el ámbito sanitario, en la cual nos detendremos, sin descuidar las otras modalidades, a fin de conocer cómo esta va a afectar a su prestación.

**Palabras clave:** Concertación, fórmulas no contractuales, contratos, servicios públicos, Comunitat Valenciana



1 El presente estudio se ha desarrollado en el marco del Proyecto de investigación titulado "Derecho a la salud, actividad económica y servicio público en el régimen jurídico del medicamento" de la Acció 1.1. Pla de Promoció de la Investigació i Transferència de Coneixement de la Universitat Jaume I de Castelló, convocatoria 2024, (Ref.UJI-2024-07), de la que es investigadora principal: Belén Andrés Segovia.

NIDADES AUTÓNOMAS Y, PARTICULARMENTE, DE LA COMUNITAT VALENCIANA. IX.9.4. CONCEPTO Y RÉGIMEN GENERAL DE LA ACCIÓN CONCERTADA EN LA COMUNITAT VALENCIANA. IX.9.5. APLICACIÓN DE LOS PRINCIPIOS GENERALES DE LA ACCIÓN CONCERTADA SANITARIA. A) La calidad de los servicios: igualdad y no discriminación. B) Las prestaciones sanitarias: solidaridad y subsidiaridad. C) Participación ciudadana e institucional: transparencia. D) Asistencia pública sanitaria: publicidad y eficiencia presupuestaria. IX.9.6. RÉGIMEN DE LA ACCIÓN CONCERTADA DE ATENCIÓN A LAS PERSONAS EN LA COMUNITAT VALENCIANA. IX.9.7. PROCEDIMIENTO DE CONCERTACIÓN, MODIFICACIÓN Y EXTINCIÓN PARA LA PRESTACIÓN DE SERVICIOS SANITARIOS. IX.9.8. CONCLUSIONES. IX.9.9. JURISPRUDENCIA. IX.9.10. BIBLIOGRAFÍA.

**Abreviaturas empleadas:**

Art./Arts.: Artículo/Artículos
CE: Constitución española
Decreto 75/2023, de 19 de mayo: Decreto 75/2023, de 19 de mayo, del Consell, de regulación de los conciertos educativos en la Comunitat Valenciana
Decreto 181/2017, de 17 de noviembre: Decreto 181/2017, de 17 de noviembre, del Consell, por el que se desarrolla la acción concertada para la prestación de servicios sociales en el ámbito de la Comunitat Valenciana por entidades de iniciativa social
Decreto Ley 7/2016, de 4 de noviembre: Decreto Ley 7/2016, de 4 de noviembre, del Consell, sobre acción concertada para la prestación de servicios a las personas en el ámbito sanitario
DOGV: Diario Oficial de la Generalitat Valenciana
EACV: Estatuto de Autonomía de la Comunitat Valenciana
GVA: Generalitat Valenciana
Ley 7/2017, de 30 de marzo: Ley 7/2017, de 30 de marzo, sobre acción concertada para la prestación de servicios a las personas en el ámbito sanitario
LCSP: Ley 9/2017, de 8 de noviembre, de Contratos del Sector Público
LGS: Ley 14/1986, de 25 de abril, General de Sanidad
p./pp. : Página/Páginas
TJUE: Tribunal de Justicia de la Unión Europea

## IX.9.1. INTRODUCCIÓN

El escenario normativo que regula la prestación ejercida por los poderes públicos de los servicios de atención a la persona ha experimentado un cambio profundo en los últimos tiempos. Es en este contexto en el que las Comunidades Autónomas han comenzado a legislar esta materia bajo la fórmula de "instrumentos no contractuales para la prestación de servicios públicos cuyo destino es la satisfacción de las necesidades de carácter social", en los términos que ya venía estableciendo la Disposición Adicional 49 de la Ley 9/2017, de 8 de noviembre, de Contratos del Sector Público (en adelante LCSP)[2]. Aunque este precepto hace alusión en exclusiva a los servicios sociales, mostrando así una cierta coherencia con las Directivas 2014/23/ UE y 2014/24/UE y lo señalado en la LCSP, tal consideración deberá entenderse en sentido amplio, integrando en este término no solo los servicios sociales sino también los que se sitúan en el plano educativo y en el sanitario.

Tal y como viene defendiendo el artículo 11.6 de la LCSP la prestación de los servicios sociales podrá llevarse a cabo mediando fórmulas no contractuales. Esto tendrá lugar siempre que quede garantizado que todos los agentes implicados puedan dar cumplimiento a los requisitos tasados. De este modo, podrán tener acceso a este régimen, prestar los servicios y, en su caso, obtener la financiación que se haya fijado, bien de la Administración, bien del usuario. Así, la Generalidad Valenciana aprobó la Ley 7/2017, de 30 de marzo, de acción concertada para la prestación de servicios a las personas en el ámbito sanitario, cuyo objeto es "establecer las medidas urgentes necesarias para la puesta en funcionamiento del régimen de acción concertada para la prestación a las personas de servicios de carácter sanitario". Es en este marco donde centraremos el presente estudio y donde daremos cuenta de la posición que ocupa a la Comunitat Valenciana en su prestación.

## IX.9.2. DEFINICIÓN E IMPLICACIONES DE LA CONCERTACIÓN Y FÓRMULAS NO CONTRACTUALES

En los últimos años, junto con la reforma de la legislación sobre contratación pública (tanto nacional como de la Unión Europea) es-

---

2 DOMÍNGUEZ MARTÍN, Mónica, "La acción concertada de los servicios a las personas en la ley de contratos del sector público y en la legislación autonómica ¿instrumentos no contractuales para la prestación de servicios públicos destinados a satisfacer carácter social?", en TOLIVAR ALAS, Leopoldo y CUETO PÉREZ, Miriam (dirs.), *La prestación de servicios socio-sanitarios: nuevo marco de la contratación pública*, Valencia, 2020, pp. 54-57.

tamos asistiendo a un cambio de la regulación relativa a los contratos y, en concreto, a los que desarrollan las administraciones públicas en el ámbito sanitario. Tradicionalmente, en la Ley de Contratos del Sector Público del año 2007, se ha podido afirmar que los contratos de servicios y las concesiones de servicios eran técnicas contractuales intercambiables. Así lo señaló la STJUE, Sala Tercera, de 15 de octubre de 2009 (ponente J.N. Cunha Rodrigues), asunto C-196/08 y en el Informe 22/09, de 25 de septiembre de 2009[3]. En ambos supuestos existía una delicada línea que delimitaba ligeramente cada una de estas fórmulas contractuales atendiendo a las características específicas del servicio en cuestión empleando en su desempeño toda diligencia posible.

En nuestro sistema jurídico actual la colaboración pública y privada[4] en la contratación pública, presente en la LCSP[5], es clave para la prestación de un buen servicio público en un sistema que sea equitativo y que preserve el interés general de las personas que son objeto de las actividades y de las prestaciones. De ahí que nuestro sistema pivote entre dos tipos de contratos para lograr su mejor prestación: por un lado, el que sería de concesión de servicios que se encuentra regulado en el artículo 15 de la LCSP que son aquellos:

> "en cuya virtud uno o varios poderes adjudicadores encomiendan a título oneroso a una o varias personas, naturales o jurídicas, la gestión de un servicio cuya prestación sea de su titularidad o competencia, y cuya contrapartida venga constituida bien por el derecho a explotar los servicios objeto del contrato o bien por dicho derecho acompañado del de percibir un precio (...) El derecho de explotación de los servicios implica-

---

3 El Informe 22/09, de 25 de septiembre de 2009, tenía por objeto "Diversas cuestiones sobre un contrato de gestión de servicio público para recogida selectiva de residuos".

4 En el ámbito sanitario, los conciertos sanitarios quedan bien definidos en el artículo 90 de la Ley General de Sanidad (LGS). En este sentido, DE LA CRUZ Y FERRER, Juan, *Regulación de la sanidad. Motivos, modelos y concesiones*, Madrid, 2019, pp. 119-120.

5 Esta norma ha asumido el contenido de la Directiva 2014/23/UE y de los pronunciamientos jurisprudenciales y doctrinales al respecto. Ver en DOMÍNGUEZ MARTÍN, Mónica, "Los contratos de prestación de servicios a las personas. Repensando las formas de gestión de los servicios sanitarios públicos tras las Directivas contratos de 2014 y la Ley 9/2017 de Contratos del Sector Público", *Revista General de Derecho Administrativo* (50), 2019, pp. 1-17.

> rá la transferencia al concesionario del riesgo operacional, en los términos señalados en el apartado cuarto del artículo anterior"

Y, por otro lado, el contrato de servicios que se encuentra en el artículo 17 de la LCSP que lo define como:

> "aquellos cuyo objeto son prestaciones de hacer consistentes en el desarrollo de una actividad o dirigidas a la obtención de un resultado distinto de una obra o suministro, incluyendo aquellos en que el adjudicatario se obligue a ejecutar el servicio de forma sucesiva y por precio unitario. No podrán ser objeto de estos contratos los servicios que impliquen ejercicio de la autoridad inherente a los poderes públicos"

En el primero hay una actividad más intelectual, mientras que el segundo, sería una prestación más material[6]. Es por ello que la LCSP suprime el contrato de gestión de servicios y lo sustituye por la concesión de servicios y el contrato de servicios a los ciudadanos.

Uno de los elementos para tener en cuenta en sendas formulas contractuales es lo que se ha denominado el riesgo operacional[7].

---

6 Extremadamente clarificador es en este sentido el Informe 12/2010, de 23 de julio, de la Junta Consultiva de Contratación Administrativa del Estado cuando afirma que: "de las circunstancias anteriores debe considerarse que la asunción del riesgo de explotación por el concesionario resulta indispensable para atribuir a la relación jurídica que examinemos la condición de concesión de servicios. Las restantes condiciones, el hecho de que la prestación vaya destinada de forma directa a su utilización por los particulares y que la organización del servicio se encomiende en mayor o menor grado al concesionario son consecuencias, bien del mismo concepto de servicio público que tiene el objeto de la concesión, bien de la propia exigencia de asunción del riesgo derivado de la explotación del servicio. De lo anterior se desprende que cuando un negocio jurídico, aunque reúna algunas características de la concesión, como es el caso de que se encomiende la organización del servicio al contratista, pero no contemple la asunción del riesgo de explotación tantas veces mencionado, no podrá considerarse a los efectos de la legislación de contratos del sector público como una concesión de servicios".

7 LAZO VITORIA, Ximena, "El riesgo operacional ¿una nueva era para los contratos de concesión?", *El Cronista del Estado Social y Democrático de Derecho* (74), 2018, pp. 62-69. También, HUERGO LORA, Alejandro "El riesgo operacional en la nueva Ley de Contratos del Sector Público", en VAQUER CABALLERÍA, Marcos; MORENO MOLINA, Ángel Manuel y DESCALZO GONZÁLEZ, Antonio, (coord.), *Estudios de Derecho Público en homenaje a Luciano Parejo Alfonso*, Valencia, 2018, pp. 1791-1832; y FUENTES I GASÓ, Josep Ramón, *La concesión y el*

En esencia, si el prestador arriesga o no, si tiene cubierto o no el peligro por parte de la Administración, o si es a riesgo y ventura del que presta el servicio. Lo que caracteriza a los contratos de concesión de servicios es que el contratista asume el riesgo y ventura de la explotación de los servicios percibiendo como contrapartida una retribución por el uso del servicio fijada en función de su utilización, tal y como dispone el artículo 15.2 de la LCSP. Esta cuestión ha sido abordada *a sensu contrario* en la STJUE, Sala Tercera, de 10 de marzo de 2011 (ponente E. Juhász), asunto C-274/09:

> "si bien el modo de remuneración es, por tanto, uno de los elementos determinantes para la calificación de una concesión de servicios, de la jurisprudencia se desprende además que la concesión de servicios implica que el concesionario asuma el riesgo de explotación de los servicios de que se trate y que la inexistencia de transmisión al prestador del riesgo relacionado con la prestación de los servicios indica que la operación en cuestión constituye un contrato público de servicios y no una concesión de servicios" (apartado 26)[8].

Todo el escenario que acabamos de dibujar nos conduce al triunfo de la calidad sobre la cantidad.

Además de lo anterior, la jurisprudencia del TJUE permite que los contratos de prestaciones personales de carácter sanitario se excepcionen de las reglas de la concurrencia, propias de un contrato típico de servicios y que su prestación se puede llevar a cabo a través de fórmulas no contractuales: reserva y acción concertada. Por ello, tras el debate nos encontramos la acción concertada que no es más que una forma de gestión de servicios con una larga práctica en nuestro ordenamiento jurídico. La normativa sobre sanidad, educación o servicios sociales ya la contempla como una alternativa a la gestión directa o indirecta de los servicios[9]. Sin embargo, el régimen jurídi-

---

*procedimiento administrativo: Dos instituciones administrativas en simbiosis*, Valencia, 2021, pp. 20-21.

8 La citada sentencia guarda una gran relación argumental con la STJUE, Sala Tercera, de 29 de abril de 2010 (ponente K. Lenaerts), asunto C-160/08.

9 GALLEGO ANABITARTE, Alfredo, "La acción concertada: nuevas y viejas técnicas jurídicas de la Administración. Contribución a la distinción entre la resolución y el contrato administrativo", en UNIVERSIDAD DE VALENCIA (ed.), Libro homenaje al profesor Juan Galván Escutia, 1980, pp. 141-188.

co al que debe ajustarse la celebración de los conciertos no siempre ha quedado esclarecida, hasta el punto de que, en los últimos años, y quizás por la falta de claridad de la normativa de contratos públicos, se ha venido asimilando el régimen de los conciertos al propio de una determinada modalidad de contrato público[10].

La concertación, que en nuestro modelo europeo está perfectamente legitimada, no ha llegado al sistema español porque la LCSP lo ha dejado en manos, en gran medida, de las Comunidades Autónomas (art. 149.1.18 CE) para resolver estas cuestiones[11], puesto que son estas entidades las competentes para prestar estos servicios de atención sobre las personas con la rúbrica de "conciertos", "acción concertada" o "formulas no contractuales"[12]. La concentración consiste en poner en valor lo cualitativo por debajo de lo cuantitativo. Habida cuenta de esta circunstancia, la Generalitat Valenciana ha creído por oportuno y necesario dar la adecuada cobertura jurídica a esta acción social en tanto se regula sobre la materia contractual las prestaciones que llevan aparejado la protección de la salud y un elevado contenido social y de protección de los derechos fundamentales.

## IX.9.3. EL PAPEL DE LAS COMUNIDADES AUTÓNOMAS Y, PARTICULARMENTE, DE LA COMUNITAT VALENCIANA

La salud constituye un derecho esencial de todas las personas y, como tal, solo mediante la satisfacción personal y colectiva puede

---

10 La exposición de motivos de la LCSP en su apartado IV habla de "*la nueva figura de la concesión de servicios*".

11 De ahí que la STC, en Pleno, de 30 de abril de 2015 (ponente Francisco Pérez de los Cobos), declarara inconstitucional el artículo 63 de la Ley 12/2001, de 21 de diciembre, de Ordenación Sanitaria de la Comunidad de Madrid, al considerar que la preferencia que este precepto otorga a las Sociedades de profesionales, compuestas por en su mayoría por el servicio de personal médico de la Comunidad de Madrid era contrario a la legislación básica del Estado.

12 DOMÍNGUEZ MARTÍN, Mónica y CHINCHILLA PEINADO, Juan Antonio, "La acción concertada en la gestión de servicios sanitarios en la Ley 9/2017 de contratos del sector público", *Derecho y Salud* 29 (extraordinario), 2019, pp. 199-206.

materializarse la igualdad sustancial entre los ciudadanos. La protección de la salud viene establecida en virtud de lo señalado en el artículo 43 de la Constitución española (CE), en el que se impone a los poderes públicos el deber de organizar y tutelar la salud pública a través de mecanismos preventivos y de las prestaciones o servicios necesarios. La ley 14/1986, de 25 de abril, General de Sanidad (LGS), estableció un nuevo sistema sanitario de cara a la asunción de competencias en materia de salud. Con ella se inició la última reforma del sistema sanitario español a través de la creación del sistema nacional de salud, cuya base está sostenida por la universalidad y el carácter público, el cual se encuentra concebido como el conjunto de servicios de salud de las Comunidades Autónomas, que se encuentran convenientemente organizados. Esta estructura estatal que se prevé para el servicio público de salud ha sido completada por un marco normativo autonómico del cual la Comunitat Valenciana no es ajeno.

En este sentido, la protección del derecho a la salud viene contemplada en los artículos 49.1.11ª y 54 del Estatuto de Autonomía de la Comunitat Valenciana (en adelante EACV), mediante el cual permite la ordenación de la asistencia sanitaria así como la prevención de la enfermedad y la protección y promoción de la salud tanto individual como colectiva.

La Ley 10/2014, de 29 de diciembre, de la Generalitat, de salud de la Comunitat Valenciana, ha establecido un nuevo sistema sanitario de cara a la asunción de competencias en materia de protección de la salud. El objetivo de esta ley no es otro que hacer efectivo el derecho de los ciudadanos valencianos a la protección de la salud que enuncia el artículo 43.1 de la CE. En este sentido, corresponde a la Generalitat determinar las directrices a las que deben de converger los poderes públicos valencianos en materia de salud, del mismo modo que deberán establecer los medios que garanticen el cumplimiento de dichas actuaciones, medidas y prestaciones del sistema valenciano de salud. Para ello, implanta un nuevo modelo de ordenación sanitaria, enumera los derechos y deberes de los ciudadanos de la Comunitat Valenciana en relación con la Administración sanitaria, instaura los servicios del sistema valenciano de salud, delimita su estructura y funciones, regula y establece sus principios rectores, entre los que debemos hacer hincapié en el principio de participación ciudadana.

Esta Ley permite la convalidación del Decreto Ley 7/2016, de 4 de noviembre, del Consell, sobre acción concertada para la prestación de servicios a las personas en el ámbito sanitario (en adelante Decreto Ley 7/2016, de 4 de noviembre), que se aprobó al amparo de la exigencia de extraordinaria y urgente necesidad que establece el artículo 44.4 EACV para la aprobación de un Decreto-ley. Esta circunstancia viene justificada por la ausencia de transposición de la Directiva 2014/24/UE, de 26 de febrero, al ordenamiento jurídico español y a su vez, por la incertidumbre que genera sobre cuando se realizará, resultando urgente clarificar que la acción concertada dispone de una naturaleza diferenciada a la del contrato público, así como determinar los principios por los que debe regirse su celebración. En virtud de todo lo anterior, y de conformidad con lo dispuesto en el artículo 58 de la Ley 5/1983, de 30 de diciembre, de la Generalitat, del Consell, a propuesta de la consellera de Sanidad Universal y Salud Pública, el Consell, previa deliberación, en la reunión del día 4 de noviembre de 2016, se aprobó el citado Decreto Ley.

En este sentido cabe enfatizar que los preceptos constitucionales que presentan una mayor relevancia en la organización de los servicios sanitarios son los relativos al reparto de competencias entre el Estado y las Comunidades Autónomas. El órgano constituyente quiso atribuir al Estado, en exclusiva, la competencia para legislar la sanidad exterior, para establecer las bases y coordinación general de la sanidad, la legislación sobre productos farmacéuticos y para fijar la legislación básica y régimen económico de la seguridad social, sin perjuicio de la ejecución de sus servicios por las Comunidades Autónomas, según viene establecido en el tenor del artículo 149.1 apartados 16 y 17 de la Constitución[13]. Se trata pues de títulos competenciales que van a disponer de importantes repercusiones sobre la organización de los servicios sanitarios. Por su parte, el artículo 148.1.21 CE, por su parte, reconoce a las Comunidades Autónomas competencias en materia de sanidad e higiene.

---

13 Para un análisis más detenido de cada una de estas competencias, véase BARNUEVO HERVÁS, Rafael, "El proceso de descentralización de competencias en asistencia sanitaria", *Revista de Administración Sanitaria* 6 (2), 2022, pp. 25-38.

En la Comunitat Valenciana, la acción concertada para la prestación de servicios se encuentra regulada en los siguientes textos normativos: en el ámbito sanitario se ocupa la la Ley 7/2017, de 30 de marzo, sobre acción concertada para la prestación de servicios a las personas en el ámbito sanitario (en adelante Ley 7/2017, de 30 de marzo); los conciertos educativos en el Real Decreto 2377/1985, de 18 de diciembre, por el que se aprueba el Reglamento de Normas Básicas sobre Conciertos Educativos y el Decreto 75/2023, de 19 de mayo, del Consell, de regulación de los conciertos educativos en la Comunitat Valenciana (en adelante Decreto 75/2023, de 19 de mayo), y la acción concertada para la prestación de servicios sociales en el Decreto 181/2017, de 17 de noviembre, del Consell, por el que se desarrolla la acción concertada para la prestación de servicios sociales en el ámbito de la Comunitat Valenciana por entidades de iniciativa social (en adelante Decreto 181/2017, de 17 de noviembre).

Pues bien, en este marco, la Ley 7/2017, de 30 de marzo, tiene por objeto establecer aquellas medidas urgentes que sean necesarias para la puesta en funcionamiento del régimen de acción concertada para la prestación de servicios de carácter sanitario en la Comunitat Valenciana, tal y como viene sosteniendo su artículo 1. En este sentido permite que sea la Conselleria competente en materia sanitaria la que pueda gestionar dicha prestación. Se explica así igualmente que la ley, además de analizar la acción concertada para la protección de la salud, opta por un sistema de prestación que puede materializarse de diversas formas. En primer lugar, mediante la gestión directa o con medios propios. En segundo lugar, mediante la gestión indirecta con arreglo a algunas de las fórmulas establecidas en la normativa sobre contratos del sector público. Y, finalmente, en tercer lugar, mediante acuerdos de acción concertada con entidades públicas o, en su caso, con entidades privadas sin ánimo de lucro no vinculadas o creadas ad hoc por otra empresa o grupo de empresas con ánimo de lucro.

Más adelante, la legislación autonómica optó, definitivamente, por la predilección en la gestión directa de la sanidad. La nueva redacción del art. 3.3 de la Ley 8/2018, de 20 de abril, de la Generalitat, de modificación de la Ley 10/2014, de 29 de diciembre, de la Generalitat, de Salud de la Comunitat Valenciana, establece como principio general que el modelo de organización de centros y servicios del sistema valenciano de salud se va a caracterizar preferentemente por la gestión directa, como fórmula de mayor garantía de universalidad, de accesibilidad, de equidad, de no discriminación y de no demora en el acceso a la asistencia sanitaria a los servicios y actuaciones sanitarias y de salud pública[14].

## IX.9.4. CONCEPTO Y RÉGIMEN GENERAL DE LA ACCIÓN CONCERTADA EN LA COMUNITAT VALENCIANA

La acción concertada es una muestra más de colaboración económica entre el sector público y el sector privado. Dicha convergencia de esfuerzos hace referencia a los servicios de solidaridad y de asistencia social. En la actualidad, se prestan en muy diversos escenarios, puesto que ya no se circunscriben al ámbito sanitario y educativo, sino que son extensibles al cuidado de menores o de personas que forman parte de la denominada tercera edad, también quienes padecen algún trastorno adictivo o la prevención de la drogodependencia.

Señalados estos aspectos generales, debemos hacer énfasis en el hecho de que, en la Comunitat Valenciana, la Ley 7/2017, de 30 de marzo, señala que serán considerados acuerdos de acción concertada sanitaria aquellos instrumentos organizativos de naturaleza no contractual a través de los cuales la propia Conselleria competente en materia sanitaria dispondrá de los medios para poder organizar la prestación de los servicios de salud cuya financiación, acceso y control sean propios de su competencia. Con este destino deberá ajustarse al procedimiento y requisitos que están previstas en esta ley y en la normativa sectorial, así como el desarrollo que resulta de tal aplicación.

Uno de los aspectos a destacar, en el tenor de su artículo 3, es la existencia de una errata en el texto normativo. Aunque lo hemos se-

---

14 CANTERO MARTÍNEZ, Josefa, "Cuestiones laborales de la vuelta a la gestión directa de un servicio externalizado: sucesión de empresas y principios rectores del acceso a la administración", en TOLIVAR, Leopoldo y CUETO PÉREZ, Miriam (dirs.), *La prestación de servicios socio-sanitarios nuevo marco de la contratación pública*, Valencia, 2020, p. 131.

ñalado adecuándonos al contenido, la Ley 7/2017, de 30 de marzo, hace mención de que deberá obedecer a lo señalado en el presente decreto ley cuando, el texto examinado, es una ley. Esto nos hace reflexionar en el hecho de como el legislador ha creado esta norma con celeridad sin detenerse a repensar sobre su contenido, convirtiéndose, en gran medida en una reproducción de lo señalado en el Decreto Ley 7/2016, de 4 de noviembre.

## IX.9.5. APLICACIÓN DE LOS PRINCIPIOS GENERALES DE LA ACCIÓN CONCERTADA SANITARIA

El sistema de los servicios sociales ha adquirido una identidad y vitalidad suficiente en los últimos años para ser reconocido como un instrumento fundamental de nuestro Estado social de derecho. Los pilares básicos sobre los cuales se construye hacen que la responsabilidad que existe sobre los mismos recaiga, fundamentalmente, sobre las Comunidades Autónomas. Los principios generales con los cuales se inspira nuestro sistema de servicios sociales gira en torno al principio general de responsabilidad pública, junto a los de solidaridad, igualdad y universalidad, en el ámbito de la Comunitat Valenciana. Para su presentación se tiene en consideración la iniciativa privada y, en especial, las entidades de iniciativa social, cuya labor ha ayudado a desarrollar y crear numerosos centros y servicios para garantizar la atención, integración e inclusión social, sin perjuicio de las facultades que corresponden a los poderes públicos.

Las actuaciones que permite la acción de ejecución de las diferentes labores en materia de servicios sociales se encuentran sometidas, en primer lugar, al principio general de responsabilidad pública, que viene definido en el artículo 4.a de la Ley 5/1997, de 25 de junio, por la que se regula el sistema de servicios sociales en el ámbito de la Comunitat Valenciana, que ha sido reformada por la Ley 13/2016, de 29 de diciembre, de medidas fiscales, de gestión administrativa y financiera, y de organización de la Generalitat. La Ley 13/2016, de 29 de diciembre, de la Generalitat, introdujo en el artículo 44 bis, como un modo de provisión de las prestaciones del sistema público valenciano de servicios sociales, el conjunto de acuerdos de acción concertada con las entidades de iniciativa social.

En el preámbulo de la ley de medidas se señala que con la inclusión de un nuevo artículo 44 bis, la modificación de los artículos 53, 56.2 y del título VI de la Ley 5/1997, se pretende delimitar el régimen jurídico de la acción concertada. En estos aspectos termina aclarando que tal acción concertada, como forma de provisión de las prestaciones del sistema público de servicios sociales de la Comunitat Valenciana, el cual dispone de una naturaleza distinta a la de los contratos públicos sujetos a alguna de las modalidades previstas en la legislación de contratos públicos, acogiéndose para ello a la posibilidad que ofrece la nueva normativa comunitaria (Directiva 2014/24/UE), dada la posibilidad de la que gozan las autoridades competentes para la gestión y organización de determinados servicios, como son los servicios sociales, a través de un sistema de financiación pública, se realizará siempre que dicho sistema garantice una publicidad suficiente y se ajuste a los principios de transparencia y no discriminación.

Pues bien, a partir de estos conceptos, el artículo 4 de la Ley 7/2017, de 30 de marzo, realiza una enumeración de los principios generales que atienden a la acción concertada sanitaria en la Comunitat Valenciana. La Conselleria de sanidad competente en la materia dispondrá del poder de ajustar las acciones concertadas con terceros, atendiendo a las necesidades que plantea la ciudadanía. En concreto, para la prestación a las personas de los servicios sanitarios. Así pues, esta descripción guarda relación con los principios de: subsidiariedad, solidaridad, igualdad, publicidad, transparencia, no discriminación y eficiencia presupuestaria. Para su análisis debemos de informar que todos los principios podrían ser agrupados en cuatro categorías y que tienen que ver con: la calidad de los servicios, las prestaciones sanitarias, la participación ciudadana e institucional y los principios relativos a las relaciones entre las diferentes administraciones públicas con responsabilidades sanitarias y la asistencia pública sanitaria, y es sobre la misma sobre la cual plasmaremos su exégesis.

### *A) La calidad de los servicios: igualdad y no discriminación*

La calidad de los servicios y de las prestaciones sanitarias es uno de los elementos que tenemos que considerar para su garantía. El mismo, debe informar la ordenación y actuaciones que realicen el sistema sanitario en la Comunitat Valenciana. Se contempla así, la necesidad de humanizar los medios e intentar que la acción concertada quede garantizada para el conjunto de las personas. Para ello se requiere que dicha prestación se realice en condiciones de igualdad con las personas que sean atendidas directamente por la Administración. Al igual que sucede con la igualdad, debemos considerar la no discriminación estableciendo condiciones de acceso a la acción concertada que permita garantizar la igualdad entre las entidades que opten a ella. Pues bien, dentro de estos dos aspectos, es preciso tener en consideración la adecuación de las prestaciones sanitarias a los servicios de salud. Para la correcta plasmación de estos, la propia Conselleria competente y sin perjuicio de la forma de gestión por la que opte, directa o indirecta, podrá ofertar la prestación de servicios sanitarios mediante la acción concertada, tanto con entidades públicas como con entidades privadas, ambas sin ánimo de lucro, teniendo en consideración previamente la utilización óptima de los recursos sanitarios que serán extensibles para el conjunto de los ciudadanos (art. 5.1 de la Ley 7/2017). Para lograrlo, la Conselleria fijará mediante condiciones administrativas y técnicas necesarias, los requisitos y factores mínimos, básicos, económicos y comunes, aplicables a la acción concertada atendiendo a tarifas máximas o módulos revisables con carácter periódico, que permitirán la retribución como máximo de los costes variables, fijos y permanentes de las prestaciones garantizando así, la indemnidad patrimonial de la entidad prestadora, sin incluir el beneficio patrimonial.

### *B) Las prestaciones sanitarias: solidaridad y subsidiaridad*

Por lo que se refiere a los principios que atienden a las relaciones entre las diferentes administraciones públicas, encontramos dos fórmulas que servirán para materializar la acción concertada. Es preciso señalar que la propia Ley 7/2027 prevé para su cumplimento del principio de solidaridad y el de subsidiaridad. Por un lado, el principio de solidaridad se consigue fomentando la implicación que muestran las entidades del denominado tercer sector en la prestación del servicio a las personas de carácter sanitario de conformidad con lo estipulado en la Ley 43/2015, de 9 de octubre, del tercer sector social[15]. Esta se trata de una norma que regula con detalle y pormenorizadamente todas las entidades que lo conforman, estableciendo, además, los cauces de cooperación. Por otro lado, existe la fórmula de la subsidiaridad conforme a la cual la acción concertada con entidades públicas o privadas sin ánimo de lucro se encontrará subordinada, con carácter previo, a la utilización óptima de los recursos propios. La convergencia de esfuerzos logrará que la prestación del servicio sea más adecuada a las necesidades que plantee la ciudadanía.

### *C) Participación ciudadana e institucional: transparencia*

Entre los principios que se defienden, la transparencia dispone de un valor fundamental[16]. La forma de lograrla es difundiendo en su portal los acuerdos de acción concertada en vigor en cada momento. El portal de transparencia en la Comunitat Valenciana se encuentra entre una de las estrategias de la conocida como "GVA Oberta"[17]. Es la web a través de la cual la Generalitat publica, de forma dinámica e integrada, toda la información relativa a la transparencia y a las acciones de buen gobierno en conexión con la normativa vigente y los compromisos asumidos, de acuerdo con su marco competencial. A modo de ejemplo, uno de los casos que se han publicado es la Convocatoria de la acción concertada para la prestación del servicio

---

15 Según dispone el artículo 2.1 de la Ley 43/2015, de 9 de octubre, del tercer sector social, "Las entidades del Tercer Sector de Acción Social son aquellas organizaciones de carácter privado, surgidas de la iniciativa ciudadana o social, bajo diferentes modalidades, que responden a criterios de solidaridad y de participación social, con fines de interés general y ausencia de ánimo de lucro, que impulsan el reconocimiento y el ejercicio de los derechos civiles, así como de los derechos económicos, sociales o culturales de las personas y grupos que sufren condiciones de vulnerabilidad o que se encuentran en riesgo de exclusión social". El antecedente de esta noción se encuentra en la Ley 39/2006, de 14 de diciembre, de Promoción de la Autonomía Personal y Atención a las personas en situación de dependencia, que asentó con mayor precisión la definición de Tercer Sector.

16 GARCÍA MACHO, Ricardo y DÍEZ SÁNCHEZ, Juan José, *Comentarios a la Ley 2/2015, de 2 de abril, de Transparencia, Buen Gobierno y Participación Ciudadana de la Comunitat Valenciana,* Madrid, 2019.

17 GENERALITAT VALENCIANA, "Portal de transparencia GVA Oberta, https://gvaoberta.gva.es/va/que-es-gva-oberta (última visita, 1 de noviembre de 2024)

de carácter sanitario de los Programas de Tratamiento de Drogodependencias y Otras Adicciones, en Viviendas de Apoyo a la Incorporación Sociolaboral, que se ofrece a través de la Resolución de 15 de diciembre de 2022, del conseller de Sanidad Universal y de Salud Pública, por la que se convoca la acción concertada para la prestación del servicio de carácter sanitario de los Programas de tratamiento de drogodependencias y otras adicciones en viviendas de apoyo a la incorporación sociolaboral.

Como podemos observar, no son pocas las virtudes que nos ofrece este principio. Otra de ellas es el fomento de una mayor participación ciudadana en los asuntos que les son interés[18], teniendo conocimiento de las acciones realizadas por las administraciones públicas en la provisión de servicios de atención a las personas. El artículo 53 de la LGS exige que todas las Comunidades Autónomas ajusten el ejercicio de sus competencias en materia sanitaria a criterios de participación democrática de todas las partes interesadas[19], así como de los representantes sindicales y de las organizaciones empresariales. Este aspecto no nos causa sorpresa si tenemos en consideración que la participación ciudadana es un aspecto que en el ámbito sanitario se concreta en el artículo 9.2 de la CE. Este precepto atribuye así, a los poderes públicos, la obligación de incentivar la participación de todos los ciudadanos en la vida política, económica, cultural y social. Con la transparencia y la participación ciudadana en los asuntos públicos, lo que se pretende es lograr la efectiva y real participación de las personas en la gestión sanitaria, tanto en lo que concierne al respeto a la autonomía de sus decisiones individuales como en las expectativas colectivas[20]. De este modo, se permite el intercambio de conocimiento y experiencias. El principio de participación ciudadana ha sido incorporado en el Decreto 181/2017, de 17 de

---

18 CASTELLANOS CLARAMUNT, Jorge, *Participación ciudadana y buen gobierno democrático posibilidades y límites en la era digital*, Madrid, 2020.

19 GIMENO FELIÚ, José María, "Servicios de salud y reservas de participación ¿una nueva oportunidad para la mejora del SNS? (Análisis de los artículos 74 a 77 de la nueva Directiva 2014/24/UE sobre contratación pública)", *Revista Derecho y Salud* 26 (2), 2015, pp. 65-85.

20 GIMENO FELIÚ, José María, "Medidas de prevención de corrupción y refuerzo de la transparencia en la contratación pública", *Revista de Estudios de la Administración Local y Autonómica: Nueva Época* (7), 2017, pp. 45-67.

noviembre, del Consell, por el que se desarrolla la acción concertada para la prestación de servicios sociales en el ámbito de la Comunitat Valenciana por entidades de iniciativa social para la prestación de servicios sociales.

### D) *Asistencia pública sanitaria: publicidad y eficiencia presupuestaria*

Es importante poner el foco en la universalización de los servicios públicos. El establecimiento de una asistencia pública sanitaria debe ofrecer una cobertura universal tal y como viene estableciendo el artículo 16 de la LGS, la cual extendió la asistencia sanitaria en condiciones de igualdad efectiva a toda la población en España, al atribuir el derecho de protección de la salud a todas las personas con nacionalidad española y extranjera (siempre y cuando estas tuvieran establecida su residencia en territorio nacional). Sin embargo, siendo consciente de las enormes repercusiones que este hecho tendría, el legislador dispuso la aplicación progresiva de la universalización en la Disposición Transitoria Quinta de la LGS.

La Comunitat Valenciana se caracteriza por ser dinámica y variable. Para el adecuado abordaje de las necesidades que presenta la salud de su población es preciso trazar un sistema sanitario con una ordenación territorial ágil, eficiente y eficaz, de manera que garantice la máxima integración y la optimización de los recursos económicos, técnicos y humanos. El Decreto 205/2018, de 16 de noviembre, del Consell, por el que se aprueba el mapa sanitario de la Comunitat Valenciana (artículo 14 de la Ley 10/2014, de 29 de diciembre, de la Generalitat, de Salud de la Comunitat Valenciana), tiene entre sus objetivos el compromiso de universalización de la atención sanitaria, garantizando la igualdad efectiva, la equidad en el acceso, el respeto a la dignidad de la persona, la concepción integral de la salud, y todo ello bajo una racionalización, eficacia y efectividad de la organización de los recursos[21]. Por lo que resulta de un mecanismo de gran utilidad.

---

21 GENERALITAT VALENCIANA, "Mapa sanitario", https://www.san.gva.es/es/web/tarjeta-sanitaria/mapa-sanitari (última visita, 2 de noviembre de 2024).

Pero, además, para llevar a cabo su garantía, uno de los aspectos que se debe dar para el régimen de la acción concertada es que tiene que ser conocida por todos y cada uno de los ciudadanos. En este sentido, la publicidad considera que las solicitudes de acción concertada y la adopción de acuerdos de acción concertada deberán ser objeto de publicación en el Diario Oficial de la Generalitat Valenciana (en adelante DOGV).

La prestación de estos servicios de salud queda condicionada a la existencia de una partida presupuestaria que permita que el servicio sea prestado en condiciones de continuidad y sea aplicable a todos y cada uno de los ciudadanos. Por ello, uno de los principios que se defienden es el de la eficiencia presupuestaria la cual, permite fijar las contraprestaciones económicas a percibir por las entidades concertadas acordes con las tarifas máximas o módulos que, en su caso, se establezcan. Estas cubrirán como máximo los costes variables, fijos y permanentes de prestación del servicio, sin adicionar el beneficio industrial.

## IX.9.6. RÉGIMEN DE LA ACCIÓN CONCERTADA DE ATENCIÓN A LAS PERSONAS EN LA COMUNITAT VALENCIANA

El sistema sanitario de la Comunitat Valenciana es el encargado de proteger la salud, promover la educación sanitaria y prevenir la enfermedad. Y es que, efectivamente, para el adecuado cumplimiento de estos objetivos se debe atender a cuál va a ser el sistema de la acción concertada que se dibuja para la prestación de estos servicios. Pero si lo importante es la protección sanitaria, no lo es menos el promover mecanismos que, mediante la educación, permitan fomentar la prevención, el autocuidado y la rehabilitación y la reinserción, así como prevenir la enfermedad, para lo cual se requerirá de un sistema eficaz de información sanitaria, vigilancia y acción epidemiológica. Así pues, podrán acceder a la acción concertada tanto las entidades públicas y privadas que actúen sin ánimo de lucro prestadoras de servicios sanitarios previamente autorizadas por la Administración sanitaria. Este régimen será incompatible con la concesión de subvenciones económicas que permitan la financiación de las actividades o servicios que sean objeto de concierto. Sin embargo, no todas las entidades tendrán acceso al mismo.

En el ámbito educativo, pueden acogerse al régimen de conciertos los centros privados, pero tendrán preferencia, "aquellos que atiendan a poblaciones escolares de condiciones económicas desfavorables, los que realicen experiencias de interés pedagógico para el sistema educativo, los que fomenten la escolarización de proximidad y los que estén constituidos y funcionen en régimen de cooperativa, cuya especificidad será objeto de reconocimiento en la normativa correspondiente" (art. 116.2 de la Ley Orgánica 2/2006, de 3 de mayo, de Educación)

En el sector de los servicios sociales, sólo pueden acceder a la acción concertada las "entidades de iniciativa social" que se definen como "fundaciones, asociaciones, organizaciones de voluntariado y otras entidades sin ánimo de lucro que realicen actividades de servicios sociales. Asimismo, se consideran incluidas las sociedades cooperativas calificadas como entidades sin ánimo de lucro conforme a su normativa específica" (arts. 1 y 3 Decreto 181/2017)[22].

En el ámbito de salud, de acuerdo con el artículo 2 c) de la Ley 7/2017, de acción concertada, las entidades públicas o privadas sin ánimo de lucro no vinculadas o creadas *ad hoc* por otra empresa o grupo de empresas con ánimo de lucro, entre cuyos fines esté el apoyo y colaboración de los colectivos de pacientes, deberán cumplir los siguientes requisitos que establece el artículo 6 de la Orden 3/2017 de la Conselleria de Sanidad Universal y Salud Pública, por la que se regula la acción concertada para la prestación de servicios a las personas en el ámbito sanitario.

a) Estar debidamente inscritas en el Registro Autonómico de Centros, Servicios y Establecimientos Sanitarios, las actividades y servicios objeto de la acción concertada cuando se establezca este requisito normativamente. Hace referencia a la necesidad

---

22 GENERALITAT VALENCIANA, "La reversión de los servicios públicos externalizados a partir de la experiencia de la Generalitat Valenciana. Borrador informe 2015-2023", https://cjusticia.gva.es/documents/19317797/169685743/Informe+Reversi%C3%B3n+Servicios+P%C3%BAblicos++30.06.23.pdf (última visita, 3 de noviembre de 2024)

de ejercer un control sobre los diferentes servicios que se vayan habilitando para atender a las enfermedades y necesidades sanitarias que presente la población. El cuestionario es muy sencillo, solo se tiene que dar a conocer el nombre del centro, número de registro, tipo de centro (si es un centro especializado, un hospital, una óptica, etc.), la dirección, el código postal, la provincia en la que ejercerá su actividad, municipio, teléfono, persona titular y la oferta asistencial que propone. Un ejemplo lo encontramos en la Resolución de 20 de octubre de 2022, del conseller de Sanidad Universal y Salud Pública, por la que se convoca la acción concertada para la gestión, organización y tramitación de los desplazamientos de personas en tratamiento de la enfermedad renal crónica avanzada mediante hemodiálisis[23]. También en la Resolución de 15 de diciembre de 2022, del conseller de Sanidad Universal y de Salud Pública, por la que se convoca la acción concertada para la prestación del servicio de carácter sanitario de los programas de tratamiento de drogodependencias y otras adicciones en comunidades terapéuticas[24]. Estos supuestos que han sido puesto en conocimiento de la ciudadanía a través del boletín oficial correspondiente deberán llevar a cabo este proceso para su ejecución, de lo contrario no será considerados válidos.

b) Acreditar una experiencia mínima en la atención del colectivo al que se dirige el objeto de la acción concertada, por un plazo de tiempo mínimo que fijará el órgano competente para aprobar los acuerdos. Hace mención a la necesidad de que el fin que justifique su creación sea amparado en una experiencia mínima de modo que permita conocer cuál es su actividad y el beneficio que podrá está adoptar sobre el conjunto de la población. A modo de refuerzo tenemos que citar el Decreto 181/2017, de 17 de noviembre, del Consell, por el que se desarrolla la acción concertada para la prestación de servicios sociales en el ámbito de la Comunitat Valenciana por entidades de iniciativa social. Este es el caso de los servicios sociales

---

23 DOGV núm. 9463, de 04.11.2022.

24 DOGV núm. 9505, de 04.01.2023.

donde se permite la celebración de acuerdos de acción concertada y formalizar conciertos sociales con entidades sin ánimo de lucro, que constituyen el tercer sector de la acción social, en tanto organizaciones regidas por el principio de solidaridad, que poseen una reconocida labor y experiencia en la prestación de los servicios sociales, garantizando la sostenibilidad de estos recursos sociales, de modo que su financiación comprenda los costes variables, fijos y permanentes de las prestaciones garantizando la indemnidad patrimonial de la entidad prestadora, sin incluir beneficio industrial, dado que cumplen fines y funciones de interés general.

c) Acreditar la solvencia financiera, tal como establezca el órgano competente para aprobar los acuerdos de acción concertada. Hace alusión como veníamos diciendo, a que la propuesta de acción concertada debe acompañarse de una partida presupuestaria que haga que se pueda hacer efectiva la acción.

d) Acreditar la solvencia técnica para prestar el servicio, tal como establezca el órgano competente para aprobar los acuerdos de acción concertada. Disponer de los mecanismos necesarios con lo que poder hacer efectiva la atención a la persona que se quiera desarrollar. Para esta finalidad no solo se requiere de un monto económico sino un conjunto de profesionales que tengan acreditados los conocimientos para la prestación del servicio de forma que sea eficaz, de calidad y pueda dar cumplimiento así al objeto con el cual se constituyó.

e) Estar al corriente en el pago de las obligaciones tributarias y de la seguridad social. En las contrataciones con entidades del sector público, conforme dispone el artículo 71.1. d) de la LCSP, relativo a las prohibiciones de contratar, "No podrán contratar con las entidades previstas en el artículo 3 de la presente Ley con los efectos establecidos en el artículo 73, las personas en quienes concurra alguna de las siguientes circunstancias: (...) d) No hallarse al corriente en el cumplimiento de las obligaciones tributarias o de Seguridad Social impuestas por las disposiciones vigentes".

El certificado que acredite el estar al corriente de las obligaciones tributarias es simple, solo hay que solicitarlo de forma telemática[25].

f) Cuando el objeto de la acción concertada consista en servicios que, de acuerdo con la normativa vigente, deban prestarse en un espacio físico determinado, acreditar la titularidad del centro, o la disponibilidad por cualquier título jurídico válido por un período no inferior al de la vigencia del acuerdo de acción concertada. Este aspecto hace mención a la necesitad de capacitar determinados servicios de algunos condicionantes que, por sus características especiales, deberán ser acreditados y registrados para su correcta implementación. Un ejemplo que permite visualizar este contenido es el de aquellos colectivos o sujetos encuadrados en la categoría de especialmente vulnerables y que en el seno de la Comunitat Valenciana se encuentran regulados en la Ley 3/2019, de 18 de febrero, de servicios sociales inclusivos de la Comunitat Valenciana[26].

g) Acreditar el cumplimiento de la normativa que, con carácter general o específico, les sea aplicable, tanto por la naturaleza jurídica de la entidad como por el tipo de servicio objeto de concertación. En este sentido, desde el plano estatal y europeo son dos: por un lado, a nivel estatal, LCSP, y por otro, a nivel europeo, la Directiva 2014/24/UE. Por su parte, en el plano autonómico, la normativa de la Comunitat Valenciana sobre acción concertada en sanidad y en servicios sociales, es mucho más amplia, aunque nos gustaría poner el acento en la Ley 7/2017, de 30 de marzo, sobre acción concertada para la prestación de servicios a las personas en el ámbito sanitario, la Ley 8/2018, de 20 de abril, de modificación de la Ley 10/2014, de

---

25 GENERALITAT VALENCIANA, "Solicitud del certificado de estar al corriente de las obligaciones tributarias", https://www.gva.es/es/inicio/procedimientos?id_proc=1621 (última visita, 2 de noviembre de 2024).

26 El art. 34.3 de la Ley 3/2019, de 18 de febrero, de servicios sociales inclusivos de la Comunitat Valenciana detalla: "En todo caso, las Administraciones públicas proveerán mediante la modalidad de gestión directa aquellos servicios previstos en los artículos 18.1 y 18.2 apartados a, b, c y d de la presente ley, así como la prescripción de las prestaciones y la elaboración, seguimiento y evaluación del Plan personalizado de intervención social".

29 de diciembre, de Salud de la Comunitat Valenciana y en la Ley 3/2019, de 18 de febrero, de servicios sociales inclusivos de la Comunitat Valenciana, por el objeto que interesa al presente estudio.

h) Por último, se hace referencia a la necesidad de acreditar el cumplimiento de lo establecido en la normativa de prevención de riesgos laborales, planes de autoprotección, planes de emergencia, o medidas de emergencia, según proceda. El objetivo es establecer un conjunto de pautas a seguir que permitan la elaboración e implantación de los Planes de Autoprotección y las Medidas de Emergencia en los edificios y centros de trabajo gestionados por la Conselleria de Sanidad conforme a lo establecido en la normativa de aplicación nacional y autonómica[27]. También el tener un especial cuidado con las personas que desarrollarán en este ámbito su actividad laboral.

## IX.9.7. PROCEDIMIENTO DE CONCERTACIÓN, MODIFICACIÓN Y EXTINCIÓN PARA LA PRESTACIÓN DE SERVICIOS SANITARIOS

Apoyándose en los principios de transparencia y publicidad, y sin descuidar el resto de los señalados, se dará comienzo, en primer lugar, al procedimiento de concertación, que se trata de un proceso público a través del cual se dará a conocer el régimen al que queda sujeta la acción concertada y el seguimiento de esta. La publicidad se dará a través del GOGV, por ser este el boletín oficial correspondiente en esta Comunidad Autónoma. Una vez aparezca serán valorados una serie de criterios para su selección, entre los cuales debemos destacar: los que tienen que ver con la localización donde se va a desarrollar la acción; la experiencia que ha adquirido en la prestación del servicio; así como las necesidades que presentan las personas a las que van dirigidas; certificados de calidad; su compromiso con la con-

27 GENERALITAT VALENCIANA, "Sistema de gestión de prevención de riesgos laborales, Conselleria de Sanidad", https://www.san.gva.es/documents/d/recursos-humans/planes-autoproteccion-y-medidas-de-emergencia_v2_castellano_firmado (última visita, 2 de noviembre de 2024).

tinuidad en la prestación del servicio; el arraigo de las personas con el entorno al que van a atender; la ejecución de prácticas sociales; la defensa de la igualdad de oportunidades entre hombres y mujeres, así como las posibilidad de inserción laboral que presentan y, la valoración de la capacidad e idoneidad de las entidades. Será un documento administrativo el que permita la formalización de la solicitud una vez que esta cumpla con los criterios citados. Este documento deberá contener: la normativa que le sea de desarrollo y aplicación, los derechos de las partes y las características concretas del servicio. Salvo que se establezca por ley, no podrán percibir cuantía alguna, salvo que lo establezca la ley, de quienes van a ser receptores de los servicios. En el caso de que se reciba cualquier servicio adicional al estipulado, su pago quedará condicionado a que esté previamente autorizado por la Administración concertante.

El segundo aspecto a tener en cuenta es con respecto a la financiación del servicio y el pago del coste de la acción concertada, para el cual se emplearán los acuerdos de sostenimiento de estos que se realicen con la Administración, por lo que serán los fondos públicos, establecidos por los Presupuestos Generales de la Generalitat los que serán asignados a cada uno de ellos a través de una cuantía global. Las cuantías que se fijen como contraprestación económica por la recepción de la acción concertada, nunca será superior a lo establecido legalmente por la ley de tasas que en ese momento se encuentre vigente. Así pues, entre las obligaciones que deberán asumir las partes, para la correcta prestación, se incluyen la prestación gratuita del servicio o, en su caso, solo podrá percibir las cuotas que a través de la figura reglamentaria fije la Administración pública. A cambio, la entidad titular se compromete a cumplir las condiciones técnicas establecidas en el acuerdo de concertación. Por lo tanto, el pago de la acción concertada corresponderá a la propia Administración y será está la que deberá supervisar, con carácter mensual, que esta tenga lugar con acuerdo al orden de precios establecidos.

Para proceder al cobro, las entidades deberán presentar una factura donde se detallen los servicios prestados y el número de personas atendidas durante ese mes. De esa factura se deducirán los gastos extras, en el caso de que estos hayan tenido que ser soportados por quienes reciben el servicio. En caso de ser necesario, la Administración podrá acordar adelantar un porcentaje del precio marcado a fin de que pueda prestarse el servicio con plenas garantías. Todos los gastos realizados deberán ser justificados por la persona titular del servicio en un informe que será sometido a una auditoría externa. La apropiación indebida de cantidades llevará aparejada así la obligación del titular a su devolución. Toda la financiación recibida quedará sujeta a una serie de mecanismos de control y supervisión con el objeto de que no se desvíe el dinero público. En el caso que esto suceda se llevarán a cabo, por parte de la Administración, de acciones sancionadoras establecidas en el acuerdo. En consecuencia, al propia Administración podrá llevar a cabo la inspección continuada de la acción concertada cuando así lo estime oportuno, valorando periódicamente los resultados y los objetivos marcados.

El tercer lugar, un aspecto para considerar, es que queda prohibida su cesión, ya sea total o parcial, con la salvedad de que sea declarada en concurso de acreedores con autorización expresa y previa de la propia Administración. En caso de que esto suceda, la continuidad y calidad del servicio deberá de ser garantiza por el titular del servicio. Puede acontecer que, para su correcto funcionamiento, el titular del servicio deba recurrir a la ayuda de terceros, sin que ello suponga la traslación de la titularidad. Esto podrá materializarse cuando de ello dependa la idoneidad de su prestación.

La adopción de medidas para poder proceder a la acción concertada es susceptible de ser modificada una vez se ha llevado a cabo su adjudicación. Las razones que pueden llevar a que esto se materialice no son pocas y guardan relación con las necesidades que planteen los usuarios del servicio u otras circunstancias individualizadas. Entre estas se encuentra el cambio de titularidad siempre y cuando se encuentre justificada y, por lo tanto, que se subrogue en derechos y deberes establecidos en el concierto. Para poder llevarla a cabo se podrá hacer de oficio —siendo preceptiva la audiencia a la parte interesada— o a instancia de la parte titular. Uno de los aspectos que se deberá considerar es que la Administración competente podrá ejercer la revisión, de las condiciones técnicas y económicas establecidas, de oficio. En cualquier caso, la Administración competente deberá dar audiencia a las partes interesadas a fin de que puedan alegar o formular propuestas antes de acordar la revisión de la acción concertada. También podrán revisarse los importes de los módulos económicos durante el plazo de duración del concierto social, por resolución del órgano competente de la Conselleria, para mantener las condiciones económicas del concierto, dentro de las disponibilidades presupuestarias y de los términos previstos en la Ley 2/2015, de 30 de marzo, de desindexación de la economía española. Estas revisiones no podrán ser inferiores a un año natural.

En este contexto y, en cuarto lugar, cabe advertir que la acción concertada es susceptible de extinción[28]. Para que esto suceda existen un conjunto de causas tasadas. Por un lado, por la existencia de un acuerdo entre las partes intervinientes o por un incumplimiento de las obligaciones estipuladas en la acción concertada. Se sucederá del mismo modo, por la expiración del plazo[29] en el que se encuentra la acción concertada salvo que exista un acuerdo de prórroga o, en su caso, de renovación. Por otro lado, por la extinción de la persona jurídica quien ostenta la titularidad de la acción concertada o, en su caso, la revocación de la acreditación, homologación o autorización administrativa de la entidad concertada o de los servicios de la acción concertada. También podrá darse por el cierre voluntario, siempre y cuando se encuentre correctamente autorizado, de la entidad concertada de la prestación del servicio. Otra de las causas puede ser la inviabilidad económica o incluso la negativa o la denegación de atención a los usuarios derivados por la Administración competente, o la prestación de servicios no objeto de la acción concertada o no autorizados por esta. Asimismo, será causa de extinción la petición de abono a las personas receptoras de servicios o prestaciones complementarias cuando no hayan sido autorizadas por la Administración. Del mismo modo, se dará cuando exista una infracción de las limitaciones a la contratación o cesión de servicios concertados. En un último lugar, establece una cláusula abierta que permite que la normativa sectorial amplíe otras causas por las que se podrá dar por

---

[28] MESTRE DELGADO, Javier, *La extinción de la concesión de servicio público,* Madrid, 1992, p. 269.

[29] En el caso de los conciertos educativos, el artículo 43 del RD 2377/1985, menciona que, el centro concertado tiene derecho a poder solicitar la renovación, y una vez examinada la documentación presentada, la Administración procederá a renovar por otros cuatro años o, en su caso, a denegar la solicitud de renovación. En este sentido, se ha pronunciado el Fundamento de derecho séptimo de la STS, Sala de lo Contencioso, Sección Cuarta, de 14 de octubre de 2020 (ponente José Luis Requero Ibáñez), rec. núm. 4547/2018.

finalizada la acción concertada. Una vez extinguido el acuerdo, la Administración competente deberá garantizar la prestación, en condiciones de continuidad, del servicio.

Finalmente, en cualquier punto de este procedimiento que hemos señalado, cuando se materialice cualquier cuestión litigiosa, que se suceda en relación con la acción concertada, serán resueltas, previo conocimiento de la persona interesada, por la Administración competente de la Generalitat Valenciana. Sin perjuicio de que se pueda hacer uso de la vía administrativa, siempre podrá acudirse a la vía contencioso-administrativa. De este modo, se dará cumplimiento a un procedimiento en el que se otorgaran las condiciones con plenas garantías tanto para los titulares del servicio como para los ciudadanos.

## IX.9.8. CONCLUSIONES

El servicio público se encuentra en un momento de transformación. El propio sistema cambia debido a los conceptos que rigen su creación: jurídicos, técnicos y políticos, los cuales deben encontrarse en sintonía con el fin de que los ciudadanos los reciban de forma adecuada. Los valores fundamentales del servicio público deben estar presentes en cualquier tipo de acción pública. Este se deberá de materializar a través de las clásicas tres "E": efectividad o eficacia, eficiencia y economía de medios; pero también equidad y calidad. También se le pueden adicionar tres atributos: buena gestión, sólidas reglas de administración y capacidad de intermediación para abordar las deficiencias.

Para entender los valores del servicio público tenemos que comprender las reglas que mueven a los sectores sin fines de lucro, que se aplican, tanto al sector público o sector privado sin ánimo de lucro: la ausencia de medidas de lucro, la limitación impuesta por el interés público a los propósitos y estrategias, la dependencia de los contribuyentes que, pagando impuestos, financian los servicios públicos, el control excesivo por parte de los profesionales, provisión de cuentas diferentes porque no se identifica al accionista, una alta gerencia con menos responsabilidades y recompensas y la responsabilidad política.

Entre estos valores e intenciones, las administraciones públicas cada vez acuden con mayor frecuencia a la modalidad de colaboración pública y privada para la prestación de los servicios a las personas y llevar así a cabo las funciones que le han sido encomendadas por el ordenamiento jurídico. En la tradición de la regulación de los contratos del sector público hemos visto el concierto como una modalidad del contrato de gestión de los servicios públicos. La acción concertada tiene su origen en el derecho europeo en el que establecen, a través de las Directivas 2014/23/UE y 2014/24/UE, junto con lo señalado en la LCSP, una cierta coherencia para la prestación de los servicios sociales. Tal consideración deberá ampliarse, integrando en este término no solo los servicios sociales sino también los que se sitúan en el plano educativo y en el sanitario, que son analizados desde diferentes esferas territoriales.

Desde un plano estatal, en su artículo 90, la LGS reforzaba esta idea y parte de la necesidad de trazar un sistema de salud que sea adecuado para la atención al servicio de las personas a través de la figura de la acción concertada. En un ejercicio de amplitud de vistas, cabe recordar que la adecuada aplicación de la reforma dependía de la decisión con la que se ejecutara el Derecho a la salud del artículo 43 de la CE donde señala, en su apartado segundo, a los poderes públicos como los responsables en organizar y tutelar la salud pública. Con todo, la LGS mostró el principio de integración de todos los servicios sanitarios teniendo presente la competencia de las Comunidades Autónomas en este escenario.

Por ello, desde un plano autonómico, la Generalitat Valenciana, define un conjunto de funciones y una modalidad de prestación con el objetivo de mejorar la atención ciudadana a través de la Ley 10/2014, de 29 de diciembre, de la Generalitat, de salud de la Comunitat Valenciana. Más tarde, el Decreto Ley 7/2016, de 4 de noviembre, del Consell, sobre acción concertada para la prestación de servicios a las personas en el ámbito sanitario, se aprueba por la urgencia (44.4 EACV) que suponía la ausencia de transposición al ordenamiento jurídico español de las Directivas Europeas. Tras este, la Ley 7/2017, de 30 de marzo, vino a replicar su contenido y aplicarlo a la Comunitat Valenciana sin demasiados cambios.

En el marco de esta Ley se fijan los principios desde los que se ha de realizar la acción concertada. Entre ellos se encuentran: la subsidiariedad, la solidaridad, la transparencia, la publicidad, la eficiencia presupuestaria, la igualad y la no discriminación. Para una adecuada materialización de estos es preciso establecer un plan de control que evite la concentración del servicio de asistencia sanitaria concertada en una sola entidad, de facto o de iure, así como dar la publicidad suficiente a los criterios que van a primar la elección de la entidad en el concierto. Es por ello por lo que esta Ley sirve para dar cumplimiento a las garantías que exige el procedimiento de concertación en la provisión de servicios de atención a la persona de atención a la persona en la Comunitat Valenciana.

La cesión y ulterior extinción se podrá dar por causas tasadas. No obstante, en cualquiera de estos casos, los ciudadanos no podrán quedarse desprovistos del servicio, el cual deberá ser garantizado por los poderes públicos. En definitiva, nos encontramos en la Comunitat Valenciana con un escenario cambiante donde las garantías de los ciudadanos se convierten en una prioridad, siendo que, las Comunidades Autónomas, en nuestra organización sanitaria, disponen de una trascendencia de primer orden.

## IX.9.9. JURISPRUDENCIA

STC núm. 84/2015, de 30 de abril de 2015 (ponente Francisco Pérez de los Cobos). (Rec. de inconstitucionalidad 1884/2013).

STJUE núm. 628/2009, de 15 de octubre de 2009 (ponente J.N. Cunha Rodrigues). (ASUNTO C-196/08).

STJUE núm. 230/2010, de 29 de abril de 2010 (ponente K. Lenaerts). (ASUNTO C-160/08).

STJUE núm. 130/2011, de 10 de marzo de 2011 (ponente E. Juhász). (ASUNTO C-274/09)

## IX.9.10. BIBLIOGRAFÍA

BARNUEVO HERVÁS, Rafael, “El proceso de descentralización de competencias en asistencia sanitaria”, *Revista de Administración Sanitaria* 6 (2), 2022, pp. 25-38.

CANTERO MARTÍNEZ, Josefa, “Cuestiones laborales de la vuelta a la gestión directa de un servicio externalizado: sucesión de empresas y principios rectores del acceso a la administración”, en TOLIVAR, Leopoldo y CUETO PÉREZ, Miriam (dirs.), *La prestación de servicios socio-sanitarios nuevo marco de la contratación pública,* Valencia, 2020, pp. 77-138.

CASTELLANOS CLARAMUNT, Jorge, *Participación ciudadana y buen gobierno democrático posibilidades y límites en la era digital,* Madrid, 2020.

DE LA CRUZ Y FERRER, Juan, *Regulación de la sanidad. Motivos, modelos y concesiones,* Madrid, 2019.

DOMÍNGUEZ MARTÍN, Mónica, "La acción concertada de los servicios a las personas en la ley de contratos del sector público y en la legislación autonómica ¿instrumentos no contractuales para la prestación de servicios públicos destinados a satisfacer carácter social?", en TOLIVAR ALAS, Leopoldo y CUETO PÉREZ, Miriam (dirs.), *La prestación de servicios socio-sanitarios: nuevo marco de la contratación pública,* Valencia, 2020, pp. 47-75.

DOMÍNGUEZ MARTÍN, Mónica, "Los contratos de prestación de servicios a las personas. Repensando las formas de gestión de los servicios sanitarios públicos tras las Directivas contratos de 2014 y la Ley 9/2017 de Contratos del Sector Público", *Revista General de Derecho Administrativo* (50), 2019, pp. 1-17.

DOMÍNGUEZ MARTÍN, Mónica y CHINCHILLA PEINADO, Juan Antonio, "La acción concertada en la gestión de servicios sanitarios en la Ley 9/2017 de contratos del sector público", *Derecho y Salud* 29 (extraordinario), 2019, pp. 199-206.

FUENTES I GASÓ, Josep Ramón, *La concesión y el procedimiento administrativo: Dos instituciones administrativas en simbiosis,* Valencia, 2021.

GENERALITAT VALENCIANA, "Portal de transparencia GVA Oberta, https://gvaoberta.gva.es/va/que-es-gva-oberta (última visita, 1 de noviembre de 2024).

GENERALITAT VALENCIANA, "Mapa sanitario", https://www.san.gva.es/es/web/tarjeta-sanitaria/mapa-sanitari (última visita, 2 de noviembre de 2024).

GENERALITAT VALENCIANA, "Solicitud del certificado de estar al corriente de las obligaciones tributarias", https://www.gva.es/es/inicio/procedimientos?id_proc=1621 (última visita, 2 de noviembre de 2024).

GENERALITAT VALENCIANA, "Sistema de gestión de prevención de riesgos laborales, Conselleria de Sanidad", https://www.san.gva.es/documents/d/recursos-humans/planes-autoproteccion-y-medidas-de-emergencia_v2_castellano_firmado (última visita, 2 de noviembre de 2024).

GENERALITAT VALENCIANA, "La reversión de los servicios públicos externalizados a partir de la experiencia de la Generalitat Valenciana. Borrador informe 2015-2023", https://cjusticia.gva.es/documents/19317797/169685743/Informe+Reversi%C3%B3n+Servicios+P%C3%BAblicos++30.06.23.pdf (última visita, 3 de noviembre de 2024).

HUERGO LORA, Alejandro "El riesgo operacional en la nueva Ley de Contratos del Sector Público", en VAQUER CABALLERÍA, Marcos; MORENO MOLINA, Ángel Manuel y DESCALZO GONZÁLEZ, Antonio, (coord.), *Estudios de Derecho Público en homenaje a Luciano Parejo Alfonso*, Valencia, 2018, pp. 1791-1832.

GALLEGO ANABITARTE, Alfredo, "La acción concertada: nuevas y viejas técnicas jurídicas de la Administración. Contribución a la distinción entre la resolución y el contrato administrativo", en UNIVERSIDAD DE VALENCIA (ed.), *Libro homenaje al profesor Juan Galván Escutia*, 1980, pp. 191-262.

GARCÍA MACHO, Ricardo y DÍEZ SÁNCHEZ, Juan José, *Comentarios a la Ley 2/2015, de 2 de abril, de Transparencia, Buen Gobierno y Participación Ciudadana de la Comunitat Valenciana*, Madrid, 2019.

GIMENO FELIÚ, José María, "Medidas de prevención de corrupción y refuerzo de la transparencia en la contratación pública", *Revista de Estudios de la Administración Local y Autonómica: Nueva Época* (7), 2017, pp. 45-67.

GIMENO FELIÚ, José María, "Servicios de salud y reservas de participación ¿una nueva oportunidad para la mejora del SNS? (Análisis de los artículos 74 a 77 de la nueva Directiva 2014/24/UE sobre contratación pública)", *Revista Derecho y Salud* 26 (2), 2015, pp. 65-85.

LAZO VITORIA, Ximena, "El riesgo operacional ¿una nueva era para los contratos de concesión?", *El Cronista del Estado Social y Democrático de Derecho* (74), 2018, pp. 62-69.

MESTRE DELGADO, Javier, *La extinción de la concesión de servicio público*, Madrid, 1992, p. 269.

# *XI.10. La acción concertada social y las fórmulas no contractuales en la provisión de servicios de atención a la persona: Aragón*

**MARÍA DEL CARMEN DE GUERRERO MANSO**
*Profesora Titular de Derecho Administrativo*
*Universidad de Zaragoza*

**Resumen:** La Comunidad Autónoma de Aragón fue una de las pioneras en regular la acción concertada conforme al mayor margen de libertad permitido por las Directivas de contratos de 2014. En este trabajo analizo el régimen jurídico de la acción concertada en Aragón: su atribución competencial, el proceso de aprobación de la Ley de 2016, su contenido, el desarrollo normativo y la propuesta de un nuevo Anteproyecto de Ley que está actualmente en tramitación. Junto a ello, presto especial atención a algunos aspectos clave de la regulación aragonesa, como las 3 vías distintas para la prestación de determinados servicios sociales y sanitarios o la reserva de la acción concertada a entidades públicas o privadas sin ánimo de lucro, y a cómo la reciente jurisprudencia incide sobre esta regulación.

**Palabras clave:** acción concertada, contratación pública, servicios sociales y sanitarios, servicios a las personas, Aragón



## Abreviaturas empleadas:

art., arts.: artículo, artículos
CA, CCAA: Comunidad Autónoma, Comunidades Autónomas
CE: Constitución española
Coord./s: coordinador /es

DA: disposición adicional
Dir.: Director
Directiva 2014/23/UE: Directiva 2014/23/UE del Parlamento Europeo y del Consejo, de 26 de febrero de 2014, relativa a la adjudicación de contratos de concesión
Directiva 2014/24/UE: Directiva 2014/24/UE del Parlamento Europeo y del Consejo, de 26 de febrero de 2014, sobre contratación pública y por la que se deroga la Directiva 2004/18/CE
Directiva 2014/25/UE: Directiva 2014/25/UE del Parlamento Europeo y del Consejo, de 26 de febrero de 2014, relativa a la contratación por entidades que operan en los sectores del agua, la energía, los transportes y los servicios postales y por la que se deroga la Directiva 2004/17/CE
EELL: entidades locales
LCSP: Ley 9/2017, de 8 de noviembre, de Contratos del Sector Público, por la que se transponen al ordenamiento jurídico español las Directivas del Parlamento Europeo y del Consejo 2014/23/UE y 2014/24/UE, de 26 de febrero de 2014
Ley 11/2016: Ley 11/2016, de 15 de diciembre, de acción concertada para la prestación a las personas de servicios de carácter social y sanitario (en Aragón)
núm.: número
p./pp. : página/s
s./ss.: siguiente/s
STC: Sentencia Tribunal Constitucional
STSJ: Sentencia del Tribunal Superior de Justicia
STSJAr: Sentencia del Tribunal Superior de Justicia de Aragón
TSJ: Tribunal Superior de Justicia
TSJAr: Tribunal Superior de Justicia de Aragón
TJUE: Tribunal de Justicia de la Unión Europea
UE: Unión Europea
vol.: volumen

## IX.10.1. INTRODUCCIÓN

La acción concertada, también denominada concierto social, está estrechamente vinculada con la configuración de España como un “Estado social y democrático de Derecho, que propugna como valores superiores de su ordenamiento jurídico la libertad, la justicia, la igualdad y el pluralismo político” (art. 1 de la Constitución española, CE) y, en consecuencia, con la necesidad de que las administraciones públicas aseguren unas condiciones de vida dignas para todas las personas[1]. Al mismo tiempo y desde una perspectiva basada en la eficiencia podemos vincular la acción concertada con el principio de buena administración[2], ya que lo que se busca es prestar de la mejor manera posible determinados servicios sociales a la ciudadanía, lo cual implica obtener los mejores resultados alcanzables con los medios disponibles.

El régimen jurídico de la prestación de los servicios sociales en España experimentó un cambio esencial con la aprobación de las directivas europeas del año 2014[3], que a su vez recogieron diversos pronunciamientos previos del Tribunal de Justicia de la Unión Europea[4]. Estas directivas fueron traspuestas mediante la aprobación de la Ley 9/2017, de 8 de noviembre, de Contratos del Sector Público (LCSP)[5].

---

1 En este sentido, tal y como afirma MUÑOZ MACHADO, Santiago, *Discurso de Investidura como doctor Honoris Causa por la Universitat de València. Valencia, 7 de marzo de 2013*, Valencia, 2013, p. 77 "la eliminación o reducción de las políticas sociales puede afectar directamente a la dignidad humana, que es un valor situado en el artículo 10.1, a la igualdad y a la consecución de una convivencia más justa y solidaria." Sobre la redefinición del rol del Estado como prestador a garante de servicios públicos puede verse ESTEVE PARDO, José, *Estado garante. Idea y realidad*, Madrid, 2015.

2 Sobre la posibilidad de lograr una buena administración a través de la contratación pública puede verse el reciente libro de GIMENO FELIÚ, José María, *Hacia una buena administración desde la contratación pública. De la cultura de la burocracia y el precio a la de la estrategia y el valor de los resultados*, Madrid, 2024.

3 Directiva 2014/23/UE, de 26 de febrero de 2014, relativa a la adjudicación de contratos de concesión (Directiva 2014/23/UE); Directiva 2014/24/UE, de 26 de febrero de 2014, sobre contratación pública y por la que se deroga la Directiva 2004/18/CE (Directiva 2014/24/UE); Directiva 2014/25/UE, de 26 de febrero de 2014, relativa a la contratación por entidades que operan en los sectores del agua, la energía, los transportes y los servicios postales y por la que se deroga la Directiva 2004/17/CE (Directiva 2014/25/UE).

4 Especialmente cabe destacas la STJUE, Sala Quinta, de 11 de diciembre de 2014, (ponente D. Šváby), asunto C-113/13 y la STJUE, Sala Quinta, de 28 de enero de 2016, (ponente D. Šváby), asunto C-50/14, a las que más adelante me referiré.

5 Son muchos los autores que han analizado el cambio producido por las Directivas de 2014 y la LCSP en la forma de prestación de los servicios sociales. Entre ellos cabe destacar a MIGUEZ MACHO, Luis, "La distinción entre las concesiones de servicios y otros contratos públicos a la luz de la Directiva 2014/23/UE: repercusiones para el Derecho español", en GIMENO FELIÚ, José Maria

La premisa de la que parten las mencionadas Directivas es que las características específicas de determinados servicios a las personas (como ciertos servicios sociales, sanitarios y educativos), su limitada dimensión transfronteriza o su dependencia de un contexto particular, vinculado a diferentes tradiciones culturales, conlleva grandes diferencias entre los Estados miembros y supone la inadecuación de su adjudicación a través de la contratación pública. Por este motivo, establecen un régimen específico para los contratos públicos relativos a tales servicios, con un umbral más elevado que el aplicado a otros servicios (750 000 euros) y dotan a los Estados miembros de un

---

et al. (coords.), *Las nuevas directivas de contratación pública (ponencias sectoriales X Congreso Asociación Española Profesores de Derecho Administrativo)*, Madrid, 2015, pp. 395-409; TEJEDOR BIELSA, Julio, "Entidades sin ánimo de lucro, contratos 'in house' y reserva legal de contratos", https://www.obcp.es/opiniones/entidades-sin-animo-de-lucro-contratos-house-y-reserva-legal-de-contratos (última visita, 15 de noviembre de 2024); GIMENO FELIÚ, José María, "Un paso firme en la construcción de una contratación pública socialmente responsable mediante colaboración con entidades sin ánimo de lucro en prestaciones sociales y sanitarias", https://www.obcp.es/opiniones/un-paso-firme-en-la-construccion-de-una-contratacion-publica-socialmente-responsable (última visita, 20 de diciembre de 2024); GIMENO FELIÚ, José María, "Los contratos de servicios a las personas y su exclusión de la Ley de Contratos. La colaboración del tercer sector social en la prestación de los servicios locales", en MARTÍNEZ FERNÁNDEZ, José Manuel (coord.), *La gestión de los servicios públicos locales en el marco de la LCSP, LRJSP y la LRSAL*, Madrid, 2019, pp. 689-710; SERRANO CHAMIZO, Javier, "La contratación de servicios sociales en las directivas de contratación pública y su transposición en el proyecto de Ley de Contratos del sector público", *Revista Aranzadi Unión Europea* (10), 2017, pp. 129-143; GARRIDO JUNCAL, Andrea, "Las nuevas formas de gestión de los servicios sociales: elementos para un debate", *Revista Catalana de Dret Públic* (55), 2017, pp. 84-100; DOMÍNGUEZ MARTÍN, Mónica y CHINCHILLA PEINADO, Juan Antonio, "La acción concertada en la gestión de servicios sanitarios en la Ley 9/2017 de contratos del sector público", *Derecho y Salud* 29 (extraordinario), 2019, pp. 187-189; LAZO VITORIA, Ximena, "Un cambio de rumbo en la prestación de los servicios sociales en Asturias", *Revista Jurídica de Asturias* (42), 2019, pp. 73-75; PIZARRO NEVADO, Rafael, "El concierto social para la prestación de la atención infantil temprana en Andalucía", *Revista de Estudios de la Administración Local y Autonómica: Nueva Época* (14), 2020, pp. 92-95; y ÁLVAREZ FERNÁNDEZ, Mónica, "El concierto social como fórmula alternativa (y no contractual) para la gestión indirecta de los servicios sociales públicos", *IUS ET VERITAS: Revista de la Asociación IUS ET VERITAS* (62), 2021, pp. 22-24.

margen de discrecionalidad adicional para elegir la forma en la que quieren organizar la prestación de dichos servicios.

De forma específica conviene ahora remarcar dos preceptos de gran importancia. Por un lado, el considerando 6 de la Directiva 2014/24/UE, el cual recoge la exclusión del ámbito de aplicación de esta Directiva de los servicios no económicos de interés general, así como la libertad de que gozan los Estados miembros para organizar la prestación de los servicios sociales obligatorios o de cualquier otro servicio, ya sean estos servicios de interés económico general, servicios no económicos de interés general, o una combinación de ambos.

Por otro lado, el considerando 114 de la misma Directiva (cuyo contenido se reproduce de manera muy similar en los considerandos 54 de la Directiva 2014/23/UE y 120 de la Directiva 2014/25/UE) dispone que los contratos de servicios a las personas cuyo valor exceda el mayor umbral ya mencionado deberán observar los principios fundamentales de transparencia e igualdad de trato, además de asegurarse la aplicabilidad de criterios de calidad específicos. No obstante, junto a estos requisitos la Directiva aclara que:

> "los Estados miembros y los poderes públicos siguen teniendo libertad para prestar por sí mismos esos servicios u organizar los servicios sociales de manera que no sea necesario celebrar contratos públicos, por ejemplo, mediante la simple financiación de estos servicios o la concesión de licencias o autorizaciones a todos los operadores económicos que cumplan las condiciones previamente fijadas por el poder adjudicador, sin límites ni cuotas, siempre que dicho sistema garantice una publicidad suficiente y se ajuste a los principios de transparencia y no discriminación."

Conforme a lo anterior, el legislador europeo establece un amplio margen de discrecionalidad para los Estados miembros en la elección de la solución organizativa para la prestación de determinados servicios sociales, el cual permite gestionarlos a través de contratos públicos, pero también mediante otras fórmulas no contractuales, como pueden ser la mera financiación o la concesión de licencias o autorizaciones a los operadores económicos, siempre cumpliendo determinadas características ya expuestas. Este criterio ha sido aplicado por el TJUE en dos conocidas sentencias: STJUE, Sala Quinta, de 2 de junio de 2016 (ponente D. Šváby), asunto C-410/14 y STJUE, Sala Tercera, de 1 de marzo de 2018 (ponente D. Šváby), asunto C-

9/17[6]. Asimismo, y como analizaremos más adelante, el TJUE se ha pronunciado sobre posibilidad de limitar la prestación de servicios sociales de asistencia a las personas mediante acuerdos de acción concertada o conciertos sociales a entidades sin ánimo de lucro, afirmando que es posible excluir de los mismos a los operadores económicos que tengan ánimo de lucro, STJUE, Sala Cuarta, de 14 de julio de 2022 (ponente C. Lycourgos), asunto C-436/20 y Auto del TJUE, de 31 de marzo de 2023, (ponente C. Lycourgos), asunto C-676/20.

En coherencia con lo dispuesto en las directivas de contratación de la Unión Europea, la LCSP recoge también las singularidades en la prestación de los servicios sanitarios, educativos y sociales. No obstante, antes de adentrarnos en su estudio es preciso mencionar que quizá la modificación más relevante en este ámbito sea la supresión del contrato de gestión de servicios públicos, fórmula utilizada desde la Ley de contratos del Estado de 1965 para prestar este tipo de servicios bajo sus diversas modalidades: concesión, gestión interesada, empresa de economía mixta y concierto.

Además de las referencias realizadas sobre esta materia en la exposición de motivos de la LCSP, el art. 11.6, cuya literalidad es muy similar a la del considerando 114 de la Directiva 2014/24/UE, excluye de su ámbito de aplicación la prestación de servicios sociales por entidades privadas cuando esa actuación se sustente en un título que no tenga naturaleza contractual, ya sea mediante "la simple financiación de estos servicios o la concesión de licencias o autorizaciones a todas las entidades que cumplan las condiciones previamente fijadas por el poder adjudicador, sin límites ni cuotas". No obstante, se exige en todo caso que dicho sistema garantice una publicidad suficiente y se ajuste a los principios de transparencia y no discriminación.

Junto a lo anterior, en la LCSP se recoge también que las Comunidades Autónomas (CCAA) pueden, en el ejercicio de las competencias que tienen atribuidas, adoptar las normas necesarias para articular instrumentos no contractuales para la prestación de servicios públicos destinados a satisfacer necesidades de carácter social (dispo-

---

6 GARCÍA-ÁLVAREZ GARCÍA, Gerardo, "*Compra pública de medicamentos: regulación, realidad y alternativas*", Diario La Ley (10172), 2022, pp. 4-6.

sición adicional 49). Tal y como afirman *Álvarez Fernández*[7], y *Serrano Chamizo*[8], esta previsión parece superflua por dos elementos esenciales. Por un lado, porque el artículo 11.6 ya excluye las formas no contractuales del ámbito de aplicación de la LCSP, de forma que no aplicaría la competencia básica estatal reconocida en el art. 149.1.18ª CE. Por otro lado, porque las CCAA ostentan la competencia exclusiva en materia de asistencia social, habilitada en el art. 148.1.20ª CE y recogida en todos los Estatutos de Autonomía de las CCAA conforme a los ámbitos de la asistencia social y de los servicios sociales. En todo caso, como ponen de manifiesto diversos autores, la previsión de la DA 49 puede tener un efecto positivo, ya que aclara la posibilidad de que las CCAA opten por la vía organizativa que consideren más adecuada para la prestación de los servicios sociales, ya sea mediante instrumentos de carácter contractual o no contractual[9].

## IX.10.2. MARCO JURÍDICO DE LA ACCIÓN CONCERTADA EN ARAGÓN

Una vez introducida la actual regulación de la acción concertada en la Unión Europea y España vamos a analizar cómo la Comunidad Autónoma (CA) de Aragón regula esta forma de prestación de servicios sociales, estudiando de forma expresa cómo los pronunciamientos del Tribunal de Justicia de la Unión Europea y del Tribunal Superior de Justicia de Aragón han afectado a su régimen jurídico y a sus posibles efectos.

---

7 ÁLVAREZ FERNÁNDEZ, *IUS ET VERITAS: Revista de la Asociación IUS ET VERITAS*, 2021, p. 23

8 SERRANO CHAMIZO, *Revista Aranzadi Unión Europea*, 2017, p. 131

9 Véase en este sentido BERNAL BLAY, Miguel Ángel, "La contratación de los servicios a las personas", en GALLEGO CÓRCOLES, Isabel y GAMERO CASADO, Eduardo (dirs.), *Tratado de Contratos del Sector Público* vol. 3, Valencia 2018, pp. 2841-2874 y PIZARRO NEVADO, *Revista de Estudios de la Administración Local y Autonómica: Nueva Época*, 2020, p. 94.

### A) *Atribución competencial en el Estatuto de Autonomía de Aragón*

El punto de partida inexcusable para conocer la regulación aragonesa es determinar su ámbito competencial para aprobar normas sobre esta materia. Como se ha mencionado anteriormente, en la CE existen dos títulos competenciales esenciales que regulan, por un lado, la competencia exclusiva estatal sobre la legislación básica de contratos (art. 149.1.18ª CE)[10] y, por otro lado, la habilitación para que las CCAA asuman en exclusiva la competencia en materia de asistencia social (art. 148.1.20ª CE). Por lo tanto, debemos analizar si Aragón ha asumido esta competencia en su Estatuto de Autonomía.

Efectivamente, la competencia exclusiva de la CA de Aragón sobre este ámbito de actuación se establece en el art. 71, apartados 34ª y 55ª de la Ley Orgánica 5/2007, de 20 de abril, de Reforma del Estatuto de Autonomía de la CA de Aragón (Estatuto), conforme a la siguiente literalidad:

> "Acción social, que comprende la ordenación, organización y desarrollo de un sistema público de servicios sociales que atienda a la protección de las distintas modalidades de familia, la infancia, las personas mayores, las personas con discapacidad y otros colectivos necesitados de protección especial" y "Sanidad y salud pública, en especial, la organización, el funcionamiento, la evaluación, la inspección y el control de centros, servicios y establecimientos sanitarios. La Comunidad Autónoma participará, de acuerdo con el Estado, en la planificación y la coordinación estatal en lo relativo a sanidad y salud pública".

---

[10] Recuérdese en este sentido la STC, en Pleno, de 30 de abril de 2015 (ponente Francisco Pérez de los Cobos) que declaró la inconstitucionalidad del art. 63 de la Ley 12/2001, de 21 de diciembre, de ordenación sanitaria de la Comunidad de Madrid, al considerar que la preferencia otorgada a las sociedades profesionales del Servicio Madrileño de Salud era contraria a la legislación básica del Estado vigente en aquel momento. Es decir, que la configuración de los mecanismos de gestión indirecta de los servicios públicos realizada por las CCAA está condicionada por la legislación de contratación pública. PIZARRO NEVADO, *Revista de Estudios de la Administración Local y Autonómica: Nueva Época*, 2020, p. 92 y DOMÍNGUEZ MARTÍN y CHINCHILLA PEINADO, *Derecho y Salud*, 2019, p. 189.

Al tratarse de la acción concertada entran en juego también las competencias autonómicas exclusivas sobre régimen local (art. 71.5.ª del Estatuto), en materia de menores, que incluye la regulación del régimen de protección y tutela de los menores desamparados o en situación de riesgo (art. 71.39.ª del Estatuto), y sobre procedimiento administrativo derivado de las especialidades de la organización propia (art. 71.7.ª del Estatuto).

Por otro lado, si nos centramos en la acción concertada en materia educativa, resulta de aplicación el art. 73 del Estatuto, el cual atribuye a la CA de Aragón la competencia compartida en enseñanza en toda su extensión, niveles y grados, modalidades y especialidades, la cual incluye, entre otros aspectos, su ordenación; programación, inspección y evaluación; el establecimiento de criterios de admisión a los centros sostenidos con fondos públicos y la garantía de la calidad.

Junto a lo anterior, el Estatuto de Autonomía recoge las competencias compartidas de la Comunidad sobre "seguridad social, a excepción de las normas que configuran su régimen económico" (art. 75.1.ª del Estatuto), "políticas de integración de inmigrantes, en especial, el establecimiento de las medidas necesarias para su adecuada integración social, laboral y económica, así como la participación y colaboración con el Estado, mediante los procedimientos que se establezcan, en las políticas de inmigración y, en particular, la participación preceptiva previa en la determinación, en su caso, del contingente de trabajadores extranjeros" (art. 75.6.ª del Estatuto) y "régimen jurídico (...) de la Administración Pública de la Comunidad Autónoma" (art. 75.12.ª del Estatuto).

Además de los preceptos mencionados, los cuales establecen el marco competencial de la CA, es preciso destacar el contenido del art. 23.1 del Estatuto, el cual establece como principio rector de las políticas públicas vinculadas al bienestar y la cohesión social que:

> "Los poderes públicos de Aragón promoverán y garantizarán un sistema público de servicios sociales suficiente para la atención de personas y grupos, orientado al logro de su pleno desarrollo personal y social, así como especialmente a la eliminación de las causas y efectos de las diversas formas de marginación o exclusión social, garantizando una renta básica en los términos previstos por la ley".

### *B) Aprobación de la Ley 11/2016 de acción concertada en Aragón y filosofía de dicha norma*

Aragón fue una de las CCAA pioneras en la regulación de la acción concertada aprovechando el margen de discrecionalidad establecido por las Directivas de 2014 mencionadas anteriormente[11]. Así, al mes de transcurrir el plazo de transposición establecido en el artículo 90.1 de la Directiva 2014/24/UE (18 de abril de 2016), aprobó el Decreto-ley 1/2016, de 17 de mayo, sobre acción concertada para la prestación a las personas de servicios de carácter social y sanitario, amparado en la posibilidad de dictar este tipo de disposiciones legislativas provisionales en caso de urgente y extraordinaria necesidad (art. 44.1 del Estatuto). Las mencionadas condiciones se justificaron en la falta de transposición de la precitada Directiva al ordenamiento jurídico español y, como consecuencia de ello, en el riesgo de que se pudiera seguir interpretando que la acción concertada debía equipararse a alguna de las modalidades previstas en la legislación de contratos públicos, siendo que tiene una naturaleza distinta a ellos. Este Decreto-ley fue convalidado por las Cortes de Aragón el 2 de junio de 2016 y se acordó su tramitación como Proyecto de Ley. El resultado de la tramitación legislativa de dicho proyecto fue la aprobación por las Cortes de Aragón de la Ley 11/2016, de 15 de diciembre, de acción concertada para la prestación a las personas de servicios de carácter social y sanitario, actualmente en vigor (Ley 11/2016).

Esta norma, tal y como dispone su exposición de motivos, se basa "en una concepción equilibrada de la gestión directa, indirecta y acción concertada" con la finalidad de garantizar la aplicación de la normativa de contratación pública siempre y cuando los operadores económicos actúen en el mercado con ánimo de lucro y, consecuentemente, incorporando a los precios beneficio industrial. Por el contrario, la acción concertada queda circunscrita a las entidades sin

11 Junto a Aragón, las otras tres CCAA que regularon esta materia tras la aprobación de las Directivas de 2014 fueron el Principado de Asturias, la Región de Murcia y Galicia. GARRIDO JUNCAL, *Revista Catalana de Dret Públic*, 2017, pp. 87-91; DOMÍNGUEZ MARTÍN y CHINCHILLA PEINADO, *Derecho y Salud*, 2019, pp. 189-191; ÁLVAREZ FERNÁNDEZ, *IUS ET VERITAS: Revista de la Asociación IUS ET VERITAS*, 2021, pp. 25-28.

ánimo de lucro[12], limitándose su retribución al reintegro de costes y siempre en el marco del principio de eficiencia presupuestaria. De esta manera, la legislación aragonesa incorpora las condiciones previamente establecidas por el Tribunal de Justicia de la Unión Europea en los casos Spezzino (STJUE, Sala Quinta, de 11 de diciembre de 2014, asunto C-113/13) y Casta (STJUE, Sala Quinta, de 28 de enero de 2016, asunto C-50/14), según las cuales, pese a la general aplicación de los principios de no discriminación e igualdad de trato, estaría justificado un tratamiento preferencial o incluso la reserva a entidades sin ánimo de lucro de acuerdos de acción concertada cuando la prestación del servicio se haya organizado conforme a los principios de "universalidad, solidaridad y eficiencia económica". Tal y como resume *Lazo Vitoria,* el TJUE exige tres condiciones para el recurso prioritario a los organismos de voluntariado: 1) las asociaciones de voluntariado deben actuar en el ámbito de servicios a la persona sin perseguir objetivos distintos a los de solidaridad y eficacia presupuestaria; 2) no deben obtener ningún beneficio de sus prestaciones, aunque se admite el reembolso de los "costes variables, fijos y permanentes" necesarios para la prestación de los servicios encomendados. Tampoco pueden proporcionar beneficios a sus miembros; 3) pueden tener trabajadores, ya que en caso contrario no podrían actuar en varios sectores, pero deben respetar estrictamente la normativa laboral nacional[13].

---

12 Ya anteriormente en Aragón se establecía la reserva social de contratos a los Centros Especiales de Empleo en virtud de lo dispuesto en el art. 17 de la Ley 3/2011, de 24 de febrero, de medidas en materia de Contratos del Sector Público de Aragón. Recuérdese, asimismo, que el art. 77 de la Directiva 2014/24/UE permite la reserva de determinados contratos de servicios a ciertas organizaciones, siempre que se cumplan los requisitos establecidos en dicha norma. Esta previsión se contiene asimismo en la DA 47ª de la LCSP. ÁLVAREZ FERNÁNDEZ, *IUS ET VERITAS: Revista de la Asociación IUS ET VERITAS*, 2021, pp. 15-17 y DOMÍNGUEZ MARTÍN y CHINCHILLA PEINADO, *Derecho y Salud*, 2019, p. 188.

13 LAZO VITORIA, *Revista Jurídica de Asturias*, 2019, p. 83. En todo caso, como pone de manifiesto ÁLVAREZ FERNÁNDEZ, *IUS ET VERITAS: Revista de la Asociación IUS ET VERITAS*, 2021, p. 28 y ss., en muchas ocasiones no resulta fácil identificar las entidades de iniciativa social, ya que existe una gran diversidad de fórmulas jurídicas con un alcance y objetivos muy distintos. En este sentido resulta de interés el cuadro comparativo del tratamiento realizado por las nor-

Conforme a lo anterior, la exposición de motivos de la Ley aragonesa explica que uno de sus objetivos es facilitar un adecuado control de los costes de las diferentes prestaciones, independientemente de que se realicen de forma directa, objetivando los costes, en gestión indirecta, recurriendo al mercado para la determinación de los precios, o en régimen de acción concertada mediante módulos, control que se verá potenciado por las obligaciones de transparencia y publicación periódica contenidas en la Ley. De esta forma se observa cómo uno de los objetivos de esta Ley es fomentar la eficiencia en la prestación de los servicios sociales implicados, para lo cual se acoge la libertad de elección establecida en las Directivas europeas vinculada al control del gasto y determinada por la concurrencia de ciertos requisitos, entre los que destacan la aplicación de los principios de solidaridad, universalidad, eficiencia económica y equilibrio presupuestario, los cuales son claves para permitir la exclusión de las reglas de competencia y libre prestación de servicios que con carácter general rigen en la Unión Europea.

En resumen y según las palabras utilizadas por el legislador aragonés, la filosofía que subyace en esta Ley es "simple". La gestión de los servicios sociales en Aragón puede realizarse tanto mediante fórmulas contractuales como mediante acuerdos de acción concertada. Sin embargo, estas posibilidades no son intercambiables. La única manera de colaborar con la Administración bajo la forma de acción concertada es desde la gestión solidaria de las prestaciones, sin que concurra ánimo de lucro. Si, por el contrario, un operador económico pretende, legítimamente, obtener un beneficio empresarial derivado de su colaboración con la administración pública en la prestación de servicios a las personas, sólo podrá hacerlo en el marco de un proceso de contratación.

### *C) Estructura y contenido de la Ley 11/2016*

Una vez expuestas las líneas generales de la Ley 11/2016 corresponde analizar su contenido específico. Se trata de una ley muy bre-

---

mas autonómicas del requisito de tratarse de una entidad de iniciativa social realizado por LAZO VITORIA, *Revista Jurídica de Asturias*, 2019, pp. 83 y 84.

ve ya que cuenta solo con nueve artículos, cinco disposiciones adicionales, una disposición derogatoria y seis disposiciones finales.

La estructura del articulado de la Ley es sencilla y lógica. Así, tras establecer su objeto se regulan las formas de prestación de servicios a las personas; el concepto y régimen general de la acción concertada; los principios generales aplicables; los procedimientos de concertación y criterios de preferencia; la formalización y efectos de los acuerdos de acción concertada; las limitaciones a la contratación o cesión de servicios concertados; las causas de extinción de los conciertos así como la garantía de continuidad de la prestación, y finalmente la resolución de conflictos.

El objetivo de las disposiciones adicionales es establecer la incompatibilidad de la acción concertada con la concesión de subvenciones para la financiación de las actividades o servicios que hayan sido objeto de concierto; su compatibilidad con convenios de vinculación en el ámbito sanitario; permitir su realización a través de sociedades cooperativas sin ánimo de lucro; establecer criterios de planificación y concertación, y regular las especialidades de la prestación de servicios a personas mayores dependientes.

Por su parte, las cuatro primeras disposiciones finales tienen como objetivo modificar diversas normas: la Ley 5/2009, de 30 de junio, de Servicios Sociales de Aragón; el Texto Refundido de la Ley del Servicio Aragonés de Salud aprobado mediante Decreto Legislativo 2/2004, de 30 de diciembre, del Gobierno de Aragón; la Ley 16/2002, de 28 de junio, de educación permanente de Aragón; y la Ley 8/2015, de 25 de marzo, de Transparencia de la Actividad Pública y Participación Ciudadana de Aragón. Las dos disposiciones finales restantes establecen las facultades de desarrollo de la Ley y el régimen de entrada en vigor de la norma, respectivamente.

### *D) Desarrollo normativo de la Ley 11/2016*

En cumplimento de la disposición final quinta de la Ley 11/2016[14] el Departamento de Ciudadanía y Derechos Sociales del Gobierno

---

14 Con la finalidad de no exceder la extensión máxima del presente trabajo no se analizan aquí otras disposiciones específicas en materia de acción concertada,

de Aragón aprobó primero la Orden CDS/2042/2017, de 30 de noviembre, por la que se regula la acción concertada en materia de prestación de servicios sociales en Aragón, anulada por la STSJAr, Sala de lo Contencioso-Administrativo, sección 1, de 17 de junio de 2020 (ponente Juan Carlos Zapata Hijar), puesto que carecía de memoria económica. Posteriormente aprobó la Orden CDS/124/2021, de 22 de febrero, con el mismo objeto que la anterior y también anulada, en este caso por la STSJAr, Sala de lo Contencioso-Administrativo, sección 1, de 14 de diciembre de 2022 (ponente Javier Albar García), ya que no contaba con el dictamen preceptivo del Consejo Consultivo de Aragón.

Tras esas órdenes el Departamento de Bienestar Social y Familia del Gobierno de Aragón ha aprobado el Decreto 100/2024, de 19 de junio, del Gobierno de Aragón, por el que se aprueba el Reglamento que regula la acción concertada en materia de prestación de servicios sociales en Aragón. En dicha norma se exponen cuatro deficiencias del régimen anterior que pretenden salvarse con la aprobación de este Reglamento.

En primer lugar, la necesidad de considerar el carácter descentralizado del Sistema público de Servicios Sociales, en el que las Entidades Locales tienen atribuidas importantes competencias sobre la gestión de los servicios sociales. En este sentido, el Reglamento incluye a las Entidades Locales (EELL) en su ámbito de aplicación, con expresa referencia a los servicios y prestaciones que pueden incluir en sus catálogos de servicios y actualiza la relación de servicios y prestaciones susceptibles de acción concertada, incorporando algunos gestionados principalmente por dichas EELL.

En segundo lugar, la conveniencia de simplificar los procedimientos para formalizar acuerdos de acción concertada. Para ello se regulan de forma más detallada determinados aspectos como "la aprobación de los módulos económicos, la publicidad de las convocatorias, la obligación de las entidades de relacionarse tele-

---

como por ejemplo, el Decreto 33/2022, de 9 de marzo, del Gobierno de Aragón, por el que se regula la acción concertada para la Educación Secundaria de Personas Adultas en colectivos de atención preferente en la Comunidad Autónoma de Aragón, ni las diversas órdenes que establecen módulos económicos, precios o tarifas máximas aplicables en la prestación de determinados servicios.

máticamente con la Administración, los supuestos de formalización directa, y desde el punto de vista de la tramitación contable y económica, se precisa el momento en que se produce el compromiso del gasto".

En tercer lugar, se encuentra el objetivo de mejorar la precisión en los mecanismos que permitan adecuar la prestación de los servicios a las necesidades reales y garantizar la continuidad en la prestación de los servicios, una vez extinguido el acuerdo de acción concertada, de forma que se eviten perjuicios a las personas usuarias. Con tal fin se regula de manera más completa el procedimiento de modificación de los acuerdos de acción concertada, se precisan las condiciones de su prórroga y renovación, y se introduce la posibilidad de formalizar estos acuerdos con otra entidad en los casos de extinción anticipada por incumplimiento de la entidad prestadora.

En cuarto y último lugar, el Reglamento pretende ofrecer mayor claridad sobre la normativa aplicable ante la existencia de lagunas. Así, se toma como punto de partida la naturaleza no contractual de los acuerdos de acción concertada, pero se remite a la LCSP para la resolución de dudas y lagunas presentadas, siempre que sea compatible con esta modalidad de gestión.

### E) *La futura regulación: Anteproyecto de Ley de Acción Concertada para la prestación a las personas de servicios en el ámbito social y sanitario*

El pasado 12 de junio de 2024 se publicó la Orden de la Consejera de Bienestar Social y Familia y del Consejero de Sanidad, por la que se acordaba el inicio del procedimiento de elaboración del Anteproyecto de Ley de Acción Concertada para la prestación a las personas de servicios en el ámbito social y sanitario.

Tal y como se establece en dicho texto, la limitación establecida en la Ley 11/2016 según la cual sólo pueden colaborar con la Administración bajo la forma de acción concertada entidades sin ánimo de lucro ha resultado en ciertas ocasiones un problema, puesto que algunos conciertos han quedado desiertos y de esta manera se ha impedido o retrasado la prestación de los servicios sociales. Para evitar este problema, se propone que la futura ley permita instrumentar acuerdos de acción concertada para la prestación de servicios en el ámbito social y sanitario a entidades públicas y entidades privadas, con independencia de que éstas persigan o no un fin lucrativo, siempre que se reúnan determinadas condiciones establecidas en la ley.

Sin embargo, en atención a la singular naturaleza de la acción concertada y al espíritu de esta figura, cuya finalidad es lograr la calidad asistencial y los objetivos sociales por encima de otras consideraciones, se pretende que el recurso a entidades privadas con ánimo de lucro sea excepcional. Conforme a ello, las administraciones públicas aragonesas con competencias en materia sanitaria y de servicios sociales podrán concertar con estas entidades única y exclusivamente en ausencia de entidades de iniciativa social que reúnan los requisitos exigidos. De esta forma se establece una prioridad de las entidades sin ánimo de lucro vinculada a la ponderación del valor social y la función que prestan en el ámbito de los servicios a las personas, al estar presidida su actuación por el principio de solidaridad.

La Orden expone asimismo las pautas jurídicas que considerará para configurar la nueva regulación de la acción concertada en Aragón, basadas, como no podía ser de otra manera, en la reciente jurisprudencia del TJUE en esta materia. Conforme a ello, pretende construir un sistema dual, con una serie de requisitos adicionales para aquellos acuerdos de acción concertada cuyo importe sea igual o superior a 750.000 euros, a la par que se establezca un modelo más ágil y flexible para los de importe inferior, priorizando, en todo caso, la calidad del servicio prestado.

A los pocos días de publicarse esta Orden (el 17 de junio de 2024) se inició el trámite de Consulta Pública previa para elaborar el correspondiente Anteproyecto de Ley, finalizado el 2 de julio de 2024[15]. Durante este trámite se recibieron 6 aportaciones, realizadas

---

15 Puede verse información específica sobre este trámite y las diversas aportaciones en: GOBIERNO DE ARAGON, "Consulta Pública previa Anteproyecto de Ley de Acción Concertada en el ámbito social y sanitario", https://gobiernoabierto.aragon.es/agoab/participacion/consultas-publicas/232478414000 (última visita, 20 de diciembre de 2024).

por la Patronal Aragonesa de la Discapacidad (PADIS), el Comité de Entidades Representantes de Personas con Discapacidad (CERMI Aragón), la Federación Empresarial de Asociaciones de Iniciativa Social (IGUALIS), la Asociación Estatal de Entidades de Servicios de Atención a Domicilio (ASADE), la Confederación Coordinadora de Entidades para la Defensa de las Personas con Discapacidad Física y Orgánica (COCEMFE Aragón), y la Asociación Aragonesa para la Dependencia (ARADE). Este hecho pone de manifiesto el interés que esta regulación suscita en el sector implicado, si bien es cierto que las aportaciones de PADIS, CERMI Aragón, IGUALIS y COCEMFE Aragón son literalmente iguales, por lo que son 6 las entidades intervinientes, pero sólo existen 3 tipos de aportaciones.

En líneas generales y de forma resumida puede decirse que las cuatro entidades coincidentes proponen que la acción concertada quede limitada a entidades sin ánimo de lucro pudiendo participar el resto de entidades en la prestación de servicios mediante otras fórmulas de colaboración público-privada. Junto a ello proponen que se refuerce la publicidad, que se contemple la revisión anual de precios en función del IPC e incrementos salariales derivados de normativa o de negociación colectiva, y que se prevea la posibilidad de ampliar el concierto durante su vigencia para atender necesidades imprevistas.

Por su parte ARADE promueve lo contrario: la igualdad de trato entre las entidades prestadoras de servicios sociales, al margen de si tienen o no ánimo de lucro.

El texto más detallado lo presenta ASADE, lo cual es lógico al haber recurrido previamente la Ley 11/2026, recurso que dio lugar al auto del TJUE y a la STSJAr ya mencionadas. En esencia, ASADE expone la necesidad de regular la acción concertada conforme a la normativa de contratación y propone la participación de cualquier organización en los acuerdos de acción concertada, sin considerar si tienen o no ánimo de lucro.

En todo caso, será preciso seguir atentos para conocer el texto de la futura norma y ver cómo evoluciona la tramitación de la misma.

## IX.10.3. ALGUNOS ASPECTOS RELEVANTES DEL ACTUAL MARCO NORMATIVO ARAGONÉS DE LA ACCIÓN CONCERTADA E INCIDENCIA EN EL MISMO DE LAS RESOLUCIONES DEL TJUE Y DEL TSJAR

Son diversos los aspectos del actual marco normativo de la acción concertada en Aragón que conviene analizar junto a los efectos derivados de la STJUE, Sala Cuarta, de 14 de julio de 2022 (ASADE I), el Auto TJUE, Sala Novena, de 31 de marzo de 2023 (ASADE II) y la STSJAr, Sala de lo Contencioso-Administrativo, de 12 de febrero de 2024 (ponente Juan José Carbonero Redondo).

En primer lugar, el legislador aragonés establece las posibles vías en las que puede organizarse la prestación de servicios de carácter social y sanitario. Se trata de 3 alternativas. Las dos formas básicas: mediante gestión directa o con medios propios, y mediante gestión indirecta con arreglo a alguna de las fórmulas establecidas en la normativa sobre contratos del sector público, y la novedad aparece en la tercera vía: mediante acuerdos de acción concertada con entidades públicas o con entidades privadas sin ánimo de lucro. Como se ve, se acoge la fórmula de tres vías distintas, reservándose de forma expresa y en exclusiva la posibilidad de desarrollar acuerdos de acción concertada a entidades sin ánimo de lucro y estableciendo esta vía como una clara alternativa a la aplicación de la normativa sobre contratos.

A continuación, el legislador aporta la definición de acuerdos de acción concertada, de forma que exista claridad sobre su contenido y su régimen general. Así, el artículo 3 de la Ley dispone que consisten en:

> "instrumentos organizativos de naturaleza no contractual, con las garantías de no discriminación, transparencia y eficiencia en la utilización de fondos públicos, que atienden a la consecución de objetivos sociales y de protección ambiental, a través de los cuales las Administraciones públicas competentes podrán organizar la prestación a las personas de servicios de carácter social o sanitario cuya financiación, acceso y control sean de su competencia, al producirse una mejor prestación conforme a los citados objetivos, ajustándose al procedimiento y requisitos previstos en esta ley y en la normativa sectorial que resulte de aplicación".

Quizá los aspectos más relevantes del precepto transcrito son la contundencia y claridad con la que se afirma que los acuerdos de acción concertada son instrumentos organizativos de naturaleza no contractual, de forma que no deja dudas sobre su régimen diferenciado de la normativa de contratos públicos, además de fijar una serie de garantías y de objetivos para su correcta utilización, así como la finalidad última de lograr una mejor prestación de los servicios sociales o sanitarios.

Pues bien, tal y como se afirma en la STJUE, Sala Cuarta, de 14 de julio de 2022 (ASADE I), apartado 55, "al ser el concepto de 'contrato público' un concepto del Derecho de la Unión, la calificación que el derecho español da a los acuerdos de acción concertada carece de pertinencia" y, en consecuencia, "la precisión que figura en el artículo 62, apartado 1, de la Ley 5/1997, según la cual tales acuerdos constituyen 'instrumentos organizativos de naturaleza no contractual', no basta para que queden fuera del ámbito de aplicación de la Directiva 2014/24" (apartado 56). Esta afirmación se refiere a la Ley de la Comunidad Valenciana, pero resulta igualmente aplicable a la legislación aragonesa. De esta manera, la STJAr, Sala de lo Contencioso-Administrativo, de 12 de febrero de 2024, FJ 5º, declara "el desplazamiento de la regulación autonómica que concibe la acción concertada como un *tertium genus* en la gestión de servicios", lo cual afecta a los tres primeros artículos de la Ley (FJ 8º), además de afirmar expresamente que, "nos encontramos ante contratos de servicios sujetos a la Directiva 2014/24/UE, independientemente de la naturaleza, denominación y contenido que la normativa nacional haya pretendido dar a este tipo de instrumentos de gestión de servicios" (FJ 6º).

El TJUE también se pronuncia sobre la posibilidad de reservar este tipo de contratos a entidades sin ánimo de lucro, en este caso de manera afirmativa, tal y como se establece en los fallos de las dos resoluciones mencionadas y el TSJAr acoge esta interpretación positiva, aunque condicionada al cumplimiento de determinados requisitos, en su FJ 6º. Al ser más completa la del Auto del TJUE, de 31 de marzo de 2023, ASADE II es la que reproducimos (Apartado 59 y 74):

> "no se oponen a una normativa nacional que reserva a las entidades sin ánimo de lucro la facultad de celebrar, con observancia de los principios de publicidad, de competencia y de transparencia, acuerdos en virtud de los cuales esas entidades prestan servicios sociales o sanitarios de interés general, a cambio del reembolso de los costes que soportan,

sea cual fuere el valor estimado de esos servicios, cuando la utilización de tales acuerdos persiga satisfacer objetivos de solidaridad, sin mejorar necesariamente la adecuación o la eficiencia presupuestaria de la prestación de dichos servicios respecto del régimen de aplicación general a los procedimientos de adjudicación de contratos públicos, siempre que,

– por una parte, el marco legal y convencional en el que se desarrolla la actividad de esas entidades contribuya efectivamente a la finalidad social y a la consecución de los objetivos de solidaridad y de eficiencia presupuestaria que sustentan esa normativa y,

– por otra parte, se respete el principio de transparencia, tal como se precisa, en particular, en el artículo 75 de la mencionada Directiva".

El art. 4 de la Ley aragonesa detalla los principios generales que rigen la acción concertada. Como no podría ser de otra manera, se trata de una relación de principios rectores de los servicios sociales, entre los que se encuentran los de subsidiariedad, orientado a lograr la utilización óptima de los recursos propios; solidaridad, que promueve la participación de entidades del tercer sector; igualdad respecto a los usuarios atendidos directamente por la Administración pública; publicidad en el "Boletín Oficial de Aragón" de las convocatorias de acción concertada y la adopción de acuerdos de acción concertada; transparencia de los acuerdos de acción concertada suscritos y los procedimientos en tramitación a través del portal de transparencia; no discriminación, con condiciones de acceso iguales para las entidades que opten a ella; eficiencia presupuestaria, para lo que se pretende fijar contraprestaciones económicas de acuerdo con las tarifas máximas y mínimas o bien los módulos que cubran como máximo, conforme a la jurisprudencia europea, los costes variables, fijos y permanentes de prestación del servicio, sin incluir beneficio industrial; intencionalidad social y ambiental, para lo que se establecerá de forma expresa esta finalidad en el objeto de los conciertos, junto a la igualdad de género y la innovación; participación, para lograr la implicación efectiva de los usuarios en la prestación y evaluación de los servicios; y calidad asistencial, principio que se constituye en el criterio determinante de la elección de la entidad que prestará el servicio, así como principio inspirador de la organización de la acción concertada en todos sus aspectos.

En relación al precepto anterior, la STJAr, de 12 de febrero de 2024 (FJ 8°) declara el desplazamiento de su letra d), referida a la publicidad, por aplicación directa del artículo 75 de la Directiva

2014/24/UE ya que la Ley aragonesa prevé sólo "la publicidad del anuncio de licitación en el Boletín Oficial de Aragón, o en el Portal de Transparencia del Gobierno de Aragón".

El procedimiento de concertación regulado en el artículo 5 de la Ley parte de la obligación de justificar la necesidad de acudir a la acción concertada, ya sea por insuficiencia de medios propios, por ser la forma idónea de gestionar la prestación de que se trate o por aplicación de los criterios de planificación para dotar de recursos al sistema público con los que hacer posible el efectivo acceso de las personas a los servicios garantizados. Los criterios específicos de selección de entidades, cuando sean necesarios, deberán establecerse por la normativa sectorial. No obstante, la propia Ley 11/2016 fija trece criterios aplicables que será preciso determinar en el objeto y condiciones de los conciertos. Uno de estos principios es "la implantación en la localidad donde vaya a prestarse el servicio". Como es bien sabido, la justificación que suele darse para establecer este tipo de criterios se vincula a ofrecer un mejor servicio para los ciudadanos, ya que la cercanía puede incidir en otros aspectos como la inmediatez, la continuidad en la atención o la calidad prestada. No obstante, se trata de un principio muy controvertido y, de hecho, fue objeto de la tercera cuestión prejudicial planteada ante el TJUE en el asunto ASADE I y de la quinta cuestión del asunto ASADE II. En sus conclusiones, la Abogada General (L. Medina) considera que se trata de una medida ilegal, ya que produce un trato distinto en situaciones comparables. Por su parte el TJUE se ratifica en las conclusiones de la Abogada General y considera que no se puede aplicar este criterio de selección en una fase previa a la adjudicación del concierto (ASADE I, apartado 110):

> "el artículo 76 de la Directiva 2014/24 debe interpretarse en el sentido de que se opone a una normativa nacional según la cual, en el marco de la adjudicación de un contrato público de servicios sociales contemplados en el anexo XIV de dicha Directiva, la implantación del operador económico en la localidad en la que deben prestarse los servicios constituye un criterio de selección de los operadores económicos, previo al examen de sus ofertas".

El art. 6 de la Ley 11/2026 dispone la obligación de formalizar los acuerdos de acción concertada en documento administrativo. Asimismo, se prohíbe la percepción de cantidades por parte de los usuarios de los servicios, excepción hecha de los precios públicos establecidos, así como de pagos por servicios complementarios, los cuales deberán ser previamente autorizados por la Administración pública concertante y figurar en el documento del concierto. Mediante estas medidas adicionales se persigue el cumplimiento de las condiciones establecidas por la normativa y la jurisprudencia, según las cuales la entidad que preste los servicios sociales bajo la forma de acción concertada no puede tener ánimo de lucro, y sólo puede percibir la contraprestación de los gastos o costes en los que realmente incurra, pudiendo ser estos variables, fijos y/o permanentes, pero en todo caso necesarios para la prestación de los servicios encomendados.

Como medio para garantizar la finalidad y la correcta ejecución de la acción concertada el art. 7 de la Ley prohíbe la cesión, total o parcial, de los servicios objeto de la misma, salvo en los supuestos en los que la entidad haya sido declarada en concurso de acreedores con autorización expresa y previa de la Administración pública, la cual deberá adoptar las medidas para garantizar la continuidad y calidad del servicio. También se establece, entre otros aspectos, la posibilidad de que la entidad contrate con terceros la realización parcial de la prestación, hasta un 45 por 100 del importe del concierto o del fijado en el documento administrativo de concierto, salvo que se haya dispuesto lo contrario en el concierto o de su naturaleza o condiciones se deduzca la necesidad de ejecución directa por la entidad. En todo caso la responsable directa de la prestación seguirá siendo la entidad concertada.

Finalmente, la Ley aragonesa establece las causas de extinción de los conciertos, junto a la obligación de la Administración pública competente de garantizar la continuidad de la prestación del servicio de que se trate (art. 8), y el régimen de resolución de conflictos, primero en vía administrativa y, una vez agotada ésta, a través de la jurisdicción contencioso-administrativa (art. 9).

## IX.10.4. CONCLUSIONES

La Comunidad Autónoma de Aragón fue una de las primeras en regular la prestación a las personas de determinados servicios de carácter social y sanitario conforme al margen de libertad fijado por las

Directivas de contratos de 2014. Así, ya en 2016 estableció un régimen especial basado en 3 vías distintas: la gestión directa o con medios propios, la gestión indirecta con arreglo a alguna de las fórmulas establecidas en la normativa sobre contratos del sector público, y mediante acuerdos de acción concertada, en este caso reservados a entidades públicas o privadas sin ánimo de lucro.

La jurisprudencia del TJUE y del TSJAr ha incidido de forma clara en esta regulación, especialmente al establecer que la acción concertada está dentro del ámbito de aplicación de las directivas en materia de contratación pública, por lo que se han desplazado los artículos que regulaban esta forma de prestación de servicios sociales y sanitarios como una alternativa al margen de la normativa de contratos.

En la actualidad se está tramitando un nuevo anteproyecto de ley de acción concertada en Aragón, del cual se desconoce el contenido pero que, en todo caso, deberá adecuarse a las resoluciones jurisprudenciales emanadas sobre esta materia. De esta forma habrá que estar atentos para ver cómo evoluciona el marco regulador de esta materia en Aragón.

## IX.10.5. JURISPRUDENCIA

Auto del TJUE núm. 289/2023, de 31 de marzo de 2023, (ponente C. Lycourgos). (ASUNTO C-676/20).

STC núm. 84/2015, de 30 de abril de 2015 (ponente Francisco Pérez de los Cobos). (Rec. de inconstitucionalidad 1884/2013).

STJUE núm. 2440/2014, de 11 de diciembre de 2014, (ponente D. Šváby). (ASUNTO C-113/13).

STJUE núm. 56/2016, de 28 de enero de 2016, (ponente D. Šváby). (ASUNTO C-50/14).

STJUE núm. 399/2016, de 2 de junio de 2016 (ponente D. Šváby). (ASUNTO C-410/14).

STJUE núm. 142/2018, de 1 de marzo de 2018 (ponente D. Šváby). (ASUNTO C-9/17).

STJUE núm. 559/2022, de 14 de julio de 2022 (ponente C. Lycourgos). (ASUNTO C-436/20).

STSJAr núm. 269/2020, de 17 de junio de 2020 (ponente Juan Carlos Zapata Hijar). (Rec. ordinario 43/2018).

STSJAr núm. 424/2022, Sala de lo Contencioso-Administrativo, sección 1, de 14 de diciembre de 2022 (ponente Javier Albar García). (Rec. ordinario 240/2021).
STSJAr núm. 65/2024, de 12 de febrero de 2024 (ponente Juan José Carbonero Redondo). (Rec. ordinario 280/2017).

## IX.10.6. BIBLIOGRAFÍA

ÁLVAREZ FERNÁNDEZ, Mónica, "El concierto social como fórmula alternativa (y no contractual) para la gestión indirecta de los servicios sociales públicos", *IUS ET VERITAS: Revista de la Asociación IUS ET VERITAS* (62), 2021, pp. 14-36.
BERNAL BLAY, Miguel Ángel, "La contratación de los servicios a las personas", en GALLEGO CÓRCOLES, Isabel y GAMERO CASADO, Eduardo (dirs.), *Tratado de Contratos del Sector Público* vol. 3, Valencia 2018, pp. 2841-2874.
DOMÍNGUEZ MARTÍN, Mónica y CHINCHILLA PEINADO, Juan Antonio, "La acción concertada en la gestión de servicios sanitarios en la Ley 9/2017 de contratos del sector público", *Derecho y Salud* 29 (extraordinario), 2019, pp. 199-206.
ESTEVE PARDO, José, *Estado garante. Idea y realidad*, Madrid, 2015.
FRESNILLO LOBO, Lamberto, "La 'acción concertada' del Gobierno de Aragón es en realidad un 'contrato', no un 'instrumento de naturaleza no contractual' y por ello sujeta a la legislación básica del Estado y la Directiva Europea de Contratos Públicos", https://www.obcp.es/opiniones/la-accion-concertada-del-gobierno-de-aragon-es-en-realidad-un-contrato-no-un-instrumento (última visita, 20 de diciembre de 2024).
GALLEGO CÓRCOLES, Isabel, "Aragón: Acción concertada con entidades sin ánimo de lucro, https://www.obcp.es/monitor/aragon-accion-concertada-con-entidades-sin-animo-de-lucro (última visita, 20 de diciembre de 2024).
GARCÍA-ÁLVAREZ GARCÍA, Gerardo, "Compra pública de medicamentos: regulación, realidad y alternativas", *Diario La Ley* (10172), 2022, pp. 1-12.
GARRIDO JUNCAL, Andrea, "Las nuevas formas de gestión de los servicios sociales: elementos para un debate", *Revista Catalana de Dret Públic* (55), 2017, pp. 84-100.
GIMENO FELIÚ, José María, *Hacia una buena administración desde la contratación pública. De la cultura de la burocracia y el precio a la de la estrategia y el valor de los resultados*, Madrid, 2024.
GIMENO FELIÚ, José María, "Un paso firme en la construcción de una contratación pública socialmente responsable mediante colaboración con entidades sin ánimo de lucro en prestaciones sociales y sanitarias",

https://www.obcp.es/opiniones/un-paso-firme-en-la-construccion-de-una-contratacion-publica-socialmente-responsable (última visita, 20 de diciembre de 2024)

GIMENO FELIÚ, José María, "La colaboración público-privada en el ámbito de los servicios sociales y sanitarios dirigidos a las personas. Condicionantes europeos y Constitucionales", *Revista Aragonesa de Administración Pública* (52), 2018, pp. 12-65.

GIMENO FELIÚ, José María, "Los contratos de servicios a las personas y su exclusión de la Ley de Contratos. La colaboración del tercer sector social en la prestación de los servicios locales", en MARTÍNEZ FERNÁNDEZ, José Manuel (coord.), *La gestión de los servicios públicos locales en el marco de la LCSP, LRJSP y la LRSAL,* Madrid, 2019, pp. 689-710.

GOBIERNO DE ARAGON, "Consulta Pública previa Anteproyecto de Ley de Acción Concertada en el ámbito social y sanitario", https://gobiernoabierto.aragon.es/agoab/participacion/consultas-publicas/232478414000 (última visita, 20 de diciembre de 2024).

LAZO VITORIA, Ximena, "Prestación de servicios a las personas: ¿concierto social o contrato?", *Revista de Estudios de la Administración Local y Autonómica. Nueva Época* (20), 2023, pp. 31-46.

LAZO VITORIA, Ximena, "Un cambio de rumbo en la prestación de los servicios sociales en Asturias", *Revista Jurídica de Asturias* (42), 2019, pp. 73-88.

MIGUEZ MACHO, Luis, "La distinción entre las concesiones de servicios y otros contratos públicos a la luz de la Directiva 2014/23/UE: repercusiones para el Derecho español", en GIMENO FELIÚ, José Maria *et al.* (coords.), *Las nuevas directivas de contratación pública (ponencias sectoriales X Congreso Asociación Española Profesores de Derecho Administrativo),* Madrid, 2015, pp. 395-409.

MUÑOZ MACHADO, Santiago, *Discurso de Investidura como doctor Honoris Causa por la Universitat de València. Valencia, 7 de marzo de 2013,* Valencia, 2013.

PIZARRO NEVADO, Rafael, "El concierto social para la prestación de la atención infantil temprana en Andalucía", *Revista de Estudios de la Administración Local y Autonómica: Nueva* Época (14), 2020, pp. 88-103.

SERRANO CHAMIZO, Javier, "La contratación de servicios sociales en las directivas de contratación pública y su transposición en el proyecto de Ley de Contratos del sector público", *Revista Aranzadi Unión Europea* (10), 2017, pp. 129-143.

TEJEDOR BIELSA, Julio, "Entidades sin ánimo de lucro, contratos 'in house' y reserva legal de contratos", https://www.obcp.es/opiniones/entidades-sin-animo-de-lucro-contratos-house-y-reserva-legal-de-contratos (última visita, 15 de noviembre de 2024).

# *IX.11. La acción concertada social y las fórmulas no contractuales en la provisión de servicios de atención a la persona: Castilla-La Mancha*

**ANTONIO VILLANUEVA CUEVAS**
*Profesor Titular Derecho Administrativo*
*Universidad de Castilla-La Mancha*

**Resumen:** Las administraciones públicas autonómicas están utilizando, cada vez con mayor frecuencia, instrumentos de naturaleza no contractual para la prestación de servicios a las personas, en concreto, de servicios sociales. Estas herramientas se basan en la concertación con entidades privadas para la gestión de ciertas prestaciones sociales, generalmente, cuando aquellas Administraciones carecen de los recursos suficientes para su gestión directa. En Castilla-La Mancha también se ha procedido a regular y utilizar el concierto social como mecanismo de gestión de las prestaciones incluidas en su catálogo de servicios sociales. Sin embargo, la utilización de tales instrumentos presenta ciertos problemas, por un lado, su propia naturaleza, dado que, si bien la normativa autonómica los califica como "no contractuales", hay que analizar si cumplen los requisitos que el Tribunal de Justicia de la Unión Europa ha establecido para no aplicarles las Directivas sobre contratación pública, y por otro, la inclusión de ciertos criterios de valoración de las entidades participantes puede ser incompatibles con principios como el de no discriminación. En este estudio analizaremos el contenido de la normativa aprobada por Castilla-La Mancha sobre esta materia.

**Palabras clave:** Servicios sociales, concierto social, no discriminación, contrato oneroso, selección de ofertas, entidades privadas sin ánimo de lucro.



**Abreviaturas empleadas:**

CLM: Castilla-La Mancha
DOCM: Diario Oficial de Castilla-La Mancha

JCCM: Junta de Comunidades de Castilla-La Mancha
LGUM: Ley 20/2013, de 9 de diciembre, de garantía de la unidad de mercado
TJUE: Tribunal de Justicia de la Unión Europea
STJUE: Sentencia del Tribunal de Justicia de la Unión Europea

## IX.11.1. INTRODUCCIÓN

Desde hace unos años viene desarrollándose por las Comunidades Autónomas una forma de gestión de sus servicios sociales basada en la formalización de instrumentos que, según la misma, no tienen naturaleza contractual. Así ha ocurrido también en Castilla-La Mancha, cuya normativa en esta materia acude a la concertación con entidades privadas para la gestión de prestaciones sociales cuando, como veremos más abajo, aquella carezca de los medios necesarios para ello. Sin embargo, ello no ha estado exento de problemas que han sido analizados por la doctrina, tanto por su calificación como no contractuales, que obliga a comprobar si realmente ello es así[1], como por cuestiones como la territorialidad que se incorpora entre los requisitos de valoración de las entidades privadas que se presentan a las convocatorias de conciertos sociales[2], entre otras cuestiones.

En Castilla-La Mancha, ha sido la Ley 14/2010, de 16 de diciembre, de servicios sociales de dicha Comunidad Autónoma[3], la norma que ha previsto esta forma de gestión de los servicios sociales en su ámbito territorial, posteriormente desarrollada en lo relativo a los conciertos sociales por el Decreto 52/2021, de 4 de mayo, por el

---

1 Ver, por ejemplo, LAZO VITORIA, Ximena, "Prestación de servicios a las personas: ¿concierto social o contrato?", *Revista de Estudios de la Administración Local y Autonómica. Nueva Época* (20), 2023, pp. 34 y ss., o GIMENO FELIÚ, José María, "Un paso firme en la construcción de una contratación pública socialmente responsable mediante colaboración con entidades sin ánimo de lucro en prestaciones sociales y sanitarias", https://www.obcp.es/opiniones/un-paso-firme-en-la-construccion-de-una-contratacion-publica-socialmente-responsable (última visita, 15 de octubre de 2024).

2 GARRIDO JUNCAL, Andrea, "Las nuevas formas de gestión de los servicios sociales: elementos para un debate", *Revista Catalana de Dret Públic* (55), 2017, p. 91.

3 DOCM, nº 251, de 31 de diciembre de 2010.

que se regula el concierto social para la gestión de servicios sociales y atención a las personas en situación de dependencia en Castilla-La Mancha[4], e incidiendo también, aunque muy brevemente, la Ley 1/2020, de 3 de febrero, del Tercer Sector Social de Castilla-La Mancha[5]. En ejecución de dicha normativa, han sido varios los conciertos sociales convocados en dicha Comunidad Autónoma, como más abajo se verá que, incluso, subsanan *de facto* algún problema que hemos podido apreciar en la normativa antes citada.

## IX.11.2. LA REGULACIÓN DE LA ACCIÓN CONCERTADA EN CASTILLA-LA MACHA EN EL ÁMBITO DE LOS SERVICIOS SOCIALES

Como acabamos de indicar, en Castilla-La Mancha, fue la Ley 14/2010, en desarrollo del art. 31.1.20 del Estatuto de Autonomía de la citada Comunidad Autónoma que otorga a la misma, competencias en materia de "Asistencia social y servicios sociales. Promoción y ayuda a los menores, jóvenes, tercera edad, emigrantes, minusválidos y demás grupos sociales necesitados de especial atención, incluida la creación de centros de protección, reinserción y rehabilitación", la que previó en un primer momento la posibilidad de implantar la concertación en dicha materia. Concibiendo a los servicios sociales "como un derecho de ciudadanía", tal y como se especifica en su Preámbulo[6], uno de sus objetivos es introducir "nuevos criterios de eficiencia y eficacia" en la planificación y, por lo que a nosotros interesa, gestión y prestación de los servicios sociales, elevando con ello nivel de calidad de los mismos, para lo cual, según se destaca en aquél:

> "La iniciativa privada, igualmente, desempeña un importante papel en el ámbito de los servicios sociales. De hecho, la presente Ley incorpora a dicho Sistema a todos los recursos de titularidad privada que mantengan un vínculo de colaboración o concertación con la Administración, en el marco de la planificación general de la Comunidad Autónoma, posibili-

---

4 DOCM, nº 87, de 7 de mayo de 2021.

5 BOE, nº 106, de 16 de abril, de 2020.

6 Apartado IV, párrafo 2, del Preámbulo de la Ley 14/2010, de 16 de diciembre.

tando también la prestación de servicios sociales totalmente privados... "[7].

A este respecto, la iniciativa privada en la prestación de servicios sociales se regula en el art. 28 de la Ley, donde se indica que "podrá crear centros y establecimientos de Servicios Sociales de Atención Especializada, así como gestionar prestaciones del Sistema Público de Servicios Sociales, de acuerdo a lo estipulado en la presente Ley", para lo cual, el mismo precepto clasifica las entidades de iniciativa privada de servicios sociales en dos clases: de iniciativa social, que serían "las fundaciones, asociaciones, entidades de voluntariado y otras entidades e instituciones sin ánimo de lucro", y de iniciativa mercantil, que incluye a "los empresarios individuales y las personas jurídicos privadas con ánimo de lucro"[8], es decir, el elemento diferenciador entre las mismas es que posean o no ánimo de lucro en el desarrollo de su actividad.

Para el desarrollo de su actividad por dichas entidades, sin diferenciación de clase, se establece en el apartado 4 del citado art. 28, la necesidad de que las mismas posean la autorización pertinente y se encuentren registradas. Por lo que respecta al primer requisito, el art. 49.2 de la Ley vuelve a reiterar la obligación, "en todos los casos", de que las entidades de iniciativa privada que presten servicios sociales obtengan la correspondiente autorización administrativa, lo mismo que los centros y equipamientos previstos en la misma en los que se presten tales servicios —y que debe ser previa al inicio de su actividad—. Mientras que en relación al Registro de Servicios Sociales, regulado en el art. 51 de la misma norma, "se configura como un instrumento de ordenación, constatación y publicidad de las entidades privadas que hayan obtenido autorización para la prestación de servicios sociales, así como los centros y equipamientos necesarios para la prestación de los mismos, tengan éstos carácter público o privado", siendo de oficio la inscripción de dichas autorizaciones, y reiterando que la inscripción en el mismo es "requisito imprescin-

7 *Ídem*, párrafo 7.

8 Apartado 3, letras a) y b), de la Ley 14/2000, de 16 de diciembre.

dible" para establecer alguna de las fórmulas de colaboración que aquella ley prevé[9].

La regulación de estas fórmulas de colaboración que acabamos de citar comienza en el art. 18 de la citada Ley, referido a los Servicios Sociales de Atención Especializada[10], en cuyo apartado 1 ya se resalta que éstos podrán ser "servicios de titularidad pública y privada con los que se haya establecido alguna forma de colaboración con la administración pública, de las previstas en la presente Ley y en la normativa vigente que sea de aplicación", para profundizar en el apartado 3 del mismo precepto, al indicar que "Las administraciones públicas podrán contratar, concertar o convenir entre sí determinadas prestaciones de los Servicios Sociales de Atención Especializada, así como con la iniciativa privada que sea titular de dichos servicios o de los centros desde los que se prestan, incorporándose en este caso, al Sistema Público de Servicios Sociales".

Estas previsiones iniciales son desarrolladas posteriormente en el art. 40 de la misma Ley, donde lo primero que conviene resaltar es que la misma se decanta, *de manera preferente*, por la gestión pública propia de las prestaciones sociales incluidas en el catálogo de prestaciones del Sistema, si bien también se indica que las administraciones públicas "podrán utilizar cualquiera de las fórmulas de gestión indirecta o colaboración previstas en el ordenamiento jurídico a través

---

[9] La creación y regulación del Registro de Servicios Sociales de Castilla-La Mancha se ha realizado, tardíamente, por el Decreto 45/2022, de 1 de junio, del régimen de autorización administrativa y comunicación, acreditación, registro e inspección de los servicios sociales en Castilla-La Mancha, siendo también de destacar el Decreto 2/2022, de 18 de enero, por el que se establecen las condiciones básicas de los centros de servicios sociales de atención especializada, destinados a las personas mayores de Castilla-La Mancha, y el Decreto 88/ 2017, de 5 de diciembre, por el que se regulan las condiciones mínimas exigibles a los centros y servicios destinados a la atención a personas con discapacidad en Castilla-La Mancha.

[10] Según el art. 18.1 de la citada Ley 14/2010, de 16 de diciembre, tales Servicios son aquellos que "dan respuesta a necesidades específicas de las personas que requieren una atención de mayor especialización técnica o un dispositivo que trasciende el ámbito de los Servicios Sociales de Atención Primaria", que son, como se indica en el art. 14.1 de la misma Ley, los que "Constituyen el primer nivel de atención del Sistema Público de Servicios Sociales".

de entidades de la administración local o entidades privadas de carácter social o mercantil".

A este respecto, el art. 42 de aquélla, donde se desarrolla la concertación con entidades de la administración local y entidades privadas, recoge la posibilidad de "encomendar" a las mismas "la provisión o gestión de prestaciones previstas en el catálogo mediante concierto social, convenio o contrato, ajustándose la pertinencia de su aplicación al carácter de la actividad a contratar o a la provisión de servicios de que se trate, siempre que, en el caso de entidades privadas, cuente con la oportuna autorización y figuren inscritas en el Registro de Servicios Sociales", y además, dando prioridad a las de "iniciativa social".

Por tanto, del contenido de la citada Ley, podemos extraer ya algunas elementos esenciales: primero, la posibilidad de encomendar las prestación de servicios sociales a entidades privadas, y no sólo a públicas; segundo, para ello se pueden utilizar tanto fórmulas contractuales como no contractuales (concierto social y convenio); tercero, si se hace con entidades privadas, deben poseer la autorización respectiva y estar inscritas en el Registro de Servicios sociales; y cuarto, en cuanto a las prestaciones a encomendar, se abre a todas las incluidas en el catálogo de prestaciones del Sistema, tanto por lo que se acaba de describir, como porque en el art. 28.1, relativo a la iniciativa privada, se indica que ésta podrá gestionar prestaciones del Sistema Público de Servicios Sociales, a pesar de que, en el art. 18, parecían limitarse a las de Atención Especializada

En relación a esto último, en el art. 41 de la Ley se especifican las prestaciones que deben ser exclusivamente de gestión pública, salvo que sean autorizadas por la legislación estatal, donde se incluyen las prestaciones técnicas (destinadas a facilitar el acceso al sistema, a valorar las necesidades de las personas, la dirigidas a valorar y reconocer el grado y nivel de dependencia,...), las prestaciones económicas (la gestión de la Renta Básica, Emergencia Social,...) y actuaciones que podemos llamar claramente administrativas (planificación, el Registro de Centros y Entidades de Servicios Sociales, las autorizaciones administrativas, la inspección,...).

En cuanto a la concertación con entidades privadas, será el Consejo de Gobierno regional, según el apartado 2 del art. 42 antes citado, quien debe fijar "el régimen jurídico y las condiciones de actuación de la iniciativa privada que participe en el Sistema Público de Servicios Sociales, determinando los requisitos de acceso, la duración máxima, los estándares de calidad y las causan de extinción", indicando además, en su apartado 3, que, "a los efectos de la concertación de plazas o la provisión de determinadas prestaciones, en el marco establecido en esta ley, el Consejo de Gobierno establecerá un régimen jurídico especial, atendiendo a las específicas condiciones de la prestación de los servicios sociales", remitiéndose al desarrollo reglamentario para fijar el procedimiento, los requisitos de acceso, las prescripciones técnicas y los criterios de concesión. Por último, en el apartado 4 de dicho precepto, establece una limitación específica en cuanto al gasto, al indicar que "La concertación social de plazas en residencias de personas mayores conllevará únicamente el pago de las plazas efectivamente ocupadas".

Podemos concluir, por tanto, que la Ley 14/2010 constituye la base de la concertación social en Castilla-La Mancha, como demuestra la aprobación por dicha Comunidad Autónoma de la Ley 1/2020, de 3 de febrero, del Tercer Sector Social de Castilla-La Mancha, en cuya Disposición Adicional Tercera, se indica que:

> "en el marco de esta ley, será de aplicación a efectos de la provisión de servicios sociales prestados por la Junta de Comunidades de Castilla-La Mancha, lo establecido en el artículo 42 de la Ley 14/2010, de 16 de diciembre, de Servicios Sociales de Castilla-La Mancha, referente a la encomienda a las entidades del tercer sector social, mediante concierto, convenido o contrato según proceda".

Según el Preámbulo de dicha norma, tales entidades se caracterizan por no tener ánimo de lucro y su actividad principal es la prestación de servicios sociales para colectivos vulnerables[11], y tal y como

---

[11] Dicha Ley indica que "Constituyen el tercer sector social las entidades de carácter privado con personalidad jurídica, surgidas de la iniciativa ciudadana o social bajo diferentes modalidades, que responden a criterios de solidaridad y participación social, con fines de interés general y ausencia de ánimo de lucro, que impulsan el reconocimiento y el ejercicio de los derechos civiles, así como de los derechos económicos, sociales o culturales de las personas y grupos que sufren condiciones de vulnerabilidad, dependencia, discapacidad, desprotección o se encuentran en riesgo o en situación de exclusión social

indica la Disposición Adicional transcrita, para el desarrollo de la labor que identifica a las mismas, la Administración autonómica podrá concertar o convenir, pero también contratar, la prestación de servicios sociales de competencia autonómica, en los términos que hemos expuesto más arriba.

## IX.11.3. LA VIGENTE REGULACIÓN REGLAMENTARIA DE LOS CONCIERTOS SOCIALES EN CASTILLA-LA MANCHA

Como destaca el propio Decreto 52/2021, de 4 de mayo, citado más arriba, en ejecución de la ley 14/2010 se han celebrado en dicha Comunidad numerosos convenios, conciertos y contratos con diversas entidades. Sin embargo, la aprobación de la ley 9/2017, de contratos del sector público, así como la Ley 39/2015, de 1 de octubre, del procedimiento administrativo común, entre otras, ha suscitado la necesidad de desarrollo reglamentario de las previsiones previstas en aquella ley autonómica, desarrollo que, ciertamente, ha sido tardío, habida cuenta que el art. 42 de la misma, como ya hemos visto, se remitía al Consejo de Gobierno autonómico para tal regulación reglamentaria. Analicemos a continuación el contenido del citado Decreto.

### *A) Concepto y principios del concierto social en Castilla-La Mancha*

Quizá una de las cuestiones más importantes previstas en el Decreto 52/2021 sea la propia definición que el mismo hace de "concierto social", dado que tal Decreto, como se indica en su art. 1.1, tiene como objeto la regulación de su régimen jurídico. Y a

---

y/o pobreza" (art. 2, apartado 1), para continuar indicando que "en todo caso, son entidades del tercer sector social las asociaciones y las fundaciones, así como las federaciones o asociaciones que las integren, siempre que cumplan con lo previsto en esta ley y dentro del ámbito definido por la normativa estatal básica en la materia" (art. 2, apartado 2), refiriéndose seguidamente a algunas por su "singularidad institucional", como Cáritas Española, Cruz Roja Española o la Organización Nacional de Ciegos Españoles, si bien se remite a su regulación específica.

este respecto, en el apartado 3 de dicho precepto, se indica que "se entiende por concierto social la forma de prestación de servicios sociales incluidos en el Sistema Público de Servicios Sociales de Castilla-La Mancha, por entidades privadas de carácter social o mercantil, mediante instrumentos de naturaleza no contractual, ni subvencional". Es decir, para la normativa castellano-manchega, la concertación social carece de naturaleza contractual por definición[12], pero abre la misma a cualquier tipo de entidad, con o sin ánimo de lucro, si bien da prioridad a las entidades que integran el tercer sector "cuando existan análogas condiciones de eficacia, calidad y costes", y por tanto, como ya hemos visto, a entidades sin ánimo de lucro, pero, reiteramos, sólo en dicha situación de igualdad en las condiciones de prestación.

Cabe resaltar que, en cuanto al ámbito subjetivo, el concepto de concierto social previsto en el citado Decreto es más restrictivo que la noción que parece desprenderse del art. 42 de la Ley 14/2010, ya que éste, como se ha hecho referencia más arriba, se titula, quizá de manera algo defectuosa por su generalidad[13], "Concertación con entidades de la administración local y entidades privadas", y después permite "encomendar… mediante concierto social", las prestaciones incluidas en el catálogo tanto a entidades de la Administración local como a entidades privadas, mientras que el Decreto de desarrollo limita la utilización del concierto social sólo para entidades privadas. Realmente, podemos entender que dicha limitación podría ser un exceso reglamentario, más aún cuando aquel precepto legal no establece ningún criterio de distinción en la utilización de las diferentes

---

12 Tanto la jurisprudencia del Tribunal de Justicia de la Unión Europa (TJUE), como la doctrina más autorizada, entiende que "la calificación que el Derecho de un Estado miembro otorgue a un determinado contrato o figura jurídica no es pertinente para determinar si ese negocio jurídico es o no un 'contrato público' y tampoco, por ende, para determinar su sometimiento o no a las Directivas de contratación de 2014". Ver, por ejemplo, la reciente STJUE, Sala Cuarta, de 14 de julio de 2022, (ponente C. Lycourgos) caso Asade, asunto C-436/20, y su interpretación, entre otros, por LAZO VITORIA, *Revista de Estudios de la Administración Local y Autonómica. Nueva Época*, 2023, p. 39 y ss.

13 En nuestra opinión, la alusión al término "concertación" no es correcta, en cuanto que, junto a la concertación social, también incluye fórmulas como el convenio o el contrato, resultado, con ello, excesivamente genérico.

fórmulas de "concertación" que prevé, más allá de ceñir "la pertinencia de su aplicación al carácter de la actividad a contratar o la provisión de los servicios de que se trate" y que entendemos que quiere aludir al uso de la concertación en general y no a la diferenciación entre los instrumentos previstos, y sin perjuicio de considerar que, atendiendo a la naturaleza de la entidad encomendada, puede ser más adecuada la utilización una u otra de las fórmulas enumeradas en el precepto.

Por otro lado, y haciendo referencia también al ámbito subjetivo del concierto social, ya se ha dicho que incluye a entidades privadas de carácter social o mercantil, y según el concepto de las mismas que se recoge en el art. 28.3 de la Ley 14/2010, estas segundas se caracterizan por tener ánimo de lucro. A diferencia del modelo escogido por Castilla-La Mancha, *Lazo Vitoria* resalta que "el legislador autonómico ha asumido con frecuencia un modelo de concierto social que no incluye el beneficio industrial en el pago", y continua, tras analizar la jurisprudencia del TJUE sobre el elemento de la onerosidad en los contratos, que:

> "En líneas generales, cabe indicar que el TJUE ha establecido que la expresión 'contrato oneroso' designa un contrato en virtud del cual cada una de las partes se compromete a realizar una prestación en contrapartida a otra... Por tanto, la existencia de una relación sinalagmática es un elemento determinante para apreciar la existencia de un contrato oneroso, en el marco de la Directiva 2014/24"[14].

Esta apreciación tiene verdadera relevancia porque, si el concierto social se puede completar con entidades mercantiles, el ánimo de lucro, y por tanto, el beneficio en la retribución por la Administración autonómica a las mismas, debe estar presente, lo que acercaría el concierto social previsto en el Decreto 52/2021 a un verdadero contrato público, al menos, en los realizados con entidades mercantiles, pues como la autora arriba citada indica, uno de los criterios que utiliza el TJUE para saber si estamos en

---

14 LAZO VITORIA, *Revista de Estudios de la Administración Local y Autonómica. Nueva Época*, 2023, pp. 34 y ss.

presencia de un verdadero contrato es "el carácter oneroso del negocio"[15].

Igualmente, conviene reseñar que, en el apartado 2 del art. 1, se requiere de manera expresa la motivación cuando se escoja como forma de gestión la acción concertada, la cual debe basarse en criterios de sostenibilidad y eficiencia, y respeto a los principios de publicidad suficiente, transparencia y no discriminación, integrándose las prestaciones concertadas en el Sistema Público de Servicios Sociales y Atención a la Dependencia, y con ello, la aplicación a las mismas del régimen jurídico recogido en la Ley 14/2010.

Para concluir este primer apartado, baste decir que el art. 5 del Decreto 52/2021 recoge una amplia lista de principios de la acción concertada, en la que, sin ánimo exhaustivo, se recogen los principios de subsidiaridad —se acudirá a la acción concertada cuando la Administración no disponga de los medios para la prestación directa del servicio—; preferencia del tercer sector en igualdad de condiciones en la prestación; proximidad; igualdad; eficiencia presupuestaria; publicidad; transparencia; no discriminación; participación, innovación social...

### *B) Delimitación del régimen de concertación*

Con esa denominación, el citado Decreto regula las prestaciones susceptibles de acción concertada, los requisitos que se deben exigir a las entidades privadas para acudir a esta fórmula, las prohibiciones para concertar y los tipos de conciertos sociales.

A este respecto, el art. 5 del mismo indica que podrán ser concertadas las prestaciones sociales incluidas en el Sistema Público de Servicios Sociales de Castilla-La Mancha (CLM), con exclusión de las enumeradas en el art. 41 de la Ley 14/2010, que son reservadas a la gestión pública, y a la que ya hicimos referencia más arriba, siendo quizá, lo mas interesante en este sentido, que el apartado 4 del citado precepto especifica las actuaciones que pueden incluir la prestación concertada, haciendo alusión a: "a) La gestión, integral o parcial, de

---

15 Ibidem, p. 43. También GIMENO FELIÚ, "Un paso firme en la construcción de una contratación pública socialmente responsable", p. 1.

servicios y programas vinculados a las prestaciones sociales"; "b) La ocupación de plazas, conforme se especifique en la correspondiente convocatoria"[16]; y "c) La concertación de plazas vinculadas a la construcción de centros"[17].

Por lo que se refiere a los requisitos que se exigen a las entidades privadas para acudir a la concertación social, algunos ya son conocidos, como disponer de la oportuna autorización administrativa, estar inscritas en el Registro de Servicios Sociales y, en el caso de las entidades del tercer sector social, en el inventario que crea la Ley 1/2010, ya aludida, reguladora en CLM de las mismas, mientras que otros son más novedosos, como disponer de un plan de prevención de riesgos laborales, estar al corriente de sus obligaciones tributarias y con la Seguridad Social, disponer de la estructura y capacidad suficientes para el desarrollo de la prestación —lo que incluye un inmueble cuando así lo requiera dicho desarrollo por tiempo no inferior al de la vigencia de la concertación—, o cumplir los requisitos en materia de igualdad y conciliación recogidas en la legislación estatal y autonómica aplicable al respecto (art. 7.1). Junto a estos requisitos, que serían aplicables de manera genérica a toda acción concertada, también se prevé la posibilidad de que en cada concierto social concreto se establezcan requisitos específicos en relación a la acreditación de experiencia mínima en la gestión de la prestación a que se refiera, a los estándares mínimos y adecuados de calidad en la prestación, a la disposición de los medios y materiales adecuados y suficientes para el desarrollo de la misma, así como cualquier otro incluido en la normativa general o sectorial aplicable (art. 7.2).

---

16 Al respecto, se puede ver la Orden 51/2022, de 9 de marzo, de la Consejería de Bienestar Social de la Junta de Comunidades de Castilla-La Mancha (JCCM), por la que se establecen las bases y se convoca el concierto social para el servicio de plazas residenciales, estancias temporales y plazas en centros de día para personas mayores en la JCCM para el período 2022-2025, resuelta mediante Resolución de 22/06/2022, de la Dirección General de Mayores de la JCCM.

17 Al respecto, se puede ver la Orden 147/2022, de 26 de julio, de la Consejería de Bienestar Social de la JCCM, por la que se convoca el concierto social para el servicio de plazas residenciales en la JCCM, así como la Resolución de 07/12/2022, de la Dirección General de Mayores de la JCCM, por la se resuelve la convocatoria anterior.

Por otro lado, en cuanto a las prohibiciones para concertar, el art. 8 del Decreto se remite a las causas previstas en el art. 71.1 de la Ley 9/2017, de 8 de noviembre, de Contratos del Sector Públicos, a donde nos remitimos.

Más interesante resulta la regulación de tipos de conciertos prevista en el precepto siguiente. Y de esta manera, se distinguen dos tipos de concierto: en primer lugar, el concierto de prestaciones, en virtud del cual "la Administración podrá concertar plazas u otras prestaciones con entidades privadas, cuando no disponga de medios para satisfacer la demanda" (art. 9, letra a), que sería el ejemplo paradigmático de aplicación del principio de subsidiaridad en esta materia, al que hicimos referencia más arriba; y, en segundo lugar, el concierto vinculado a la construcción de un centro:

> "entendiendo por tal el procedimiento de concertación de servicios residenciales en zonas en las que se acredite el interés social de los mismos, con el fin de mejorar la atención a las personas usuarias, estableciendo el compromiso de la Administración para concertar plazas de servicios que se prevean prestar en centros de nueva construcción" (art. 9, letra b).

### *C) Procedimiento y ejecución de la acción concertada*

En el capítulo III del Decreto 52/2021, se recoge el procedimiento para llegar a la concertación que, si bien no ponemos analizarlo en profundidad, sí que conviene que nos detengamos en algunas de las cuestiones, en nuestra opinión, más relevantes.

Dicho procedimiento se iniciará de oficio por el órgano competente para gestionar la prestación, mediante resolución motivada que debe basarse en la insuficiencia de medios propios de la Administración para la gestión de aquélla y en la idoneidad de la forma de gestión elegida (art. 10.1), y, además, debe acompañarse de un cálculo de importe económico de los conciertos, con detalle de las partidas y los créditos correspondientes para su financiación (art. 10.2). Posteriormente, el titular de la Consejería competente en materia de bienestar social aprobará unas bases que regirán convocatorias, las cuales debes incluir una pluralidad de cuestiones, como definición del contenido de la prestación, órganos competentes para tramitar y resolver el procedimiento, composición de la comisión de valoración, documentación exigida, criterios de valoración y preferencia de las entidades… (art. 11.1).

Pero quizá, una de las cuestiones más conflictivas es la relativa a los criterios de selección de las entidades que concurran a las convocatorias, y ello por varias razones. En primer lugar, porque, según *Lazo Vitoria,* para determinar si nos encontramos ante un contrato público, y no ante una acción concertada, la jurisprudencia del TJUE indica que es necesario comprobar si existe o no una selección previa entre todas las entidades interesadas, o bien, dicha concertación se abre a todas las entidades que cumplan los requisitos establecidas en las bases, pero sin una selección de la mejor oferta[18]. Nos estaríamos refiriendo, como indica la autora arriba citada, al elemento de la "exclusividad"[19], el cual dicha autora analiza con exhaustividad en la jurisprudencia de aquél Tribunal y a cuyo estudio nos remitimos.

A este respecto, en el art. 12 del Decreto se indica, en su apartado 1, que "Los criterios que servirán para la selección de las entidades que hayan concurrido a la convocatoria del concierto de prestaciones quedarán determinados en la orden de convocatoria". Como se puede ver, claramente se dice "selección", lo que lleva a pensar que puede haber una elección entre las entidades privadas que se presenten a la convocatoria, en base a los criterios referidos. Sin embargo, si leemos el art. 14, donde ser regula la comisión de valoración que verificará el cumplimiento de tales requisitos, la conclusión es más dudosa, ya que, en su apartado 1, se indica que tal comisión "será la encargada de verificar si se cumplen los requisitos, condiciones y criterios establecidos en las bases, y en su caso en el pliego técnico, a fin de proponer la formalización de los acuerdos de acción concertada", debiendo, para ello, elaborar un informe que elevará al órgano instructor (art. 14.5). Como se puede observar, parece aludir que dicha comisión únicamente comprueba el cumplimiento de los requisitos exigidos, y, por tanto, no habría selección, ni tampoco, exclusividad, pero a la vez, cuando se habla de "informe de valoración", parece decantarse, por lo contrario, es decir, por asignación de un baremo

---

18 LAZO VITORIA, *Revista de Estudios de la Administración Local y Autonómica. Nueva Época,* 2023, p. 43.

19 Ibidem, pp. 36 y ss.

a cada una de las entidades presentadas y, con ello, de una selección entre las mismas.

Para intentar aclarar este extremo, acudimos a varias órdenes donde se convocan las bases de algunos instrumentos de concertación social. En concreto, la Orden 51/2022, de 9 de marzo, de la Consejería de Bienestar Social, por la que se establecen las bases y se convoca el concierto social para el servicio de plazas residenciales, estancias temporales y plazas en centro de día para personas mayores en la Junta de Comunidades de Castilla-La Mancha para el período 2022-2025. Y a este respecto, también podemos encontrar elementos contradictorios, pues mientras, por un lado, en su art. 8 se vuelve a reiterar que la comisión de valoración "examinará las solicitudes y la documentación adjunta, para determinar si la entidad y el centro cumplen los requisitos establecidos en la convocatoria", es decir, mera comprobación de que las entidades poseen los requisitos exigidos o no, por otro, en el art. 6, se recogen unas criterios de valoración, que conllevan la asignación de puntos a cada una de las entidades que los cumplan, entendemos que atendiendo al grado de cumplimiento, y por tanto, parece inclinarse hacia una selección entre las entidades.

La solución la ofrecen, a nuestro entender, dos preceptos de la Orden citada: en primer lugar, en el art. 7.2 se indica que "se establecerá la correspondiente propuesta de concierto con aquellas entidades cuyos centros resulten con mayor puntuación, hasta cubrir el importe de la consignación presupuestaria existente para cada provincia, teniendo en cuenta las necesidades de plazas y estancias en las localidades"; y en segundo lugar, y sobre todo, el art. 8.9, que se refiere a las solicitudes de entidades que hayan sido denegadas, indica que se debe indica si tal denegación lo fue "por incumplimiento de requisitos, hallarse en supuesto de prohibición para concertar, falta de consignación presupuestaria, o cualquier otra causa", en definitiva, incumplimiento de las condiciones para poder concertar con la Administración autonómica.

De ambos preceptos se desprende con facilidad que no hay una verdadera selección entendida como elegir a una entidad frente a otras, sino que la atribución de puntos y la limitación de entidades con las que se va a concertar viene exigida, básicamente, por las limitaciones presupuestarias y las necesidades de plazas y estancias en las localidades, es decir, es el instrumento para, entre todas las posibles, dar preferencia a las que más puntuación alcancen ante la constatación de una limitación pública de los recursos, sin perjuicio, incluso, de poder concertar con todas las presentadas que cumplan los requisitos si dichos recursos fueran suficientes. De hecho, la exclusión de entidades no viene dada por la mayor o menor puntuación, como se puede observar más arriba, sino por el mero incumplimiento de condiciones exigidas. Es más, el carácter abierto de la concertación se demuestra en el art. 4.4, donde se permite a otras entidades y centros incorporarse a este concierto social, "sin precisar convocatoria, en el primer trimestre de cada año natural, siempre que cumplan con los requisitos exigidos", lo que demuestra que, basta el cumplimiento de tales requisitos, para poder acceder a este tipo de concierto social, y por tanto, no existe la "exclusividad" en el sentido que antes aludíamos[20].

En el mismo sentido nos decantamos tras el análisis de las Órdenes 147/2022, de 26 de julio, de la Consejería de Bienestar Social, por la que se establecen las bases y se convoca el concierto social para el servicio de plazas residenciales en la Junta de Comunidades de Castilla-La Mancha vinculadas a la construcción de residencias para mayores, y la Orden 146/2024, de 3 de septiembre, de la Consejería de Bienestar Social, por la que se establecen las bases y se convoca el concierto social para la gestión del servicio de acogimiento residencial de menores y para la ejecución de las medidas judiciales de convivencia en grupo educativo en la Junta de Comunidades de Castilla-La Mancha para periodo 2024-2028, en las cuales prácticamente se repiten la sistemática y los preceptos que acabamos de describir más arriba, si bien, las segunda de las Órdenes citadas, al hablar de las solicitudes denegadas es más imprecisa, indicando en su art. 8.2, segundo párrafo, únicamente, que tales resoluciones deben ser motivadas, sin mayor aclaración al respecto.

Aclarado lo anterior, otra cuestión problemática que se deriva de los criterios de selección de entidades privadas para acceder a

---

20 A idéntica conclusión se llega si se analiza la Resolución de 22/06/2022, de la Dirección General de Mayores, por la que se resuelve la convocatoria de concierto social que se analiza en el texto.

la concertación social estriba en la incorporación de elementos de territorialidad para acceder a dichos instrumentos. Como indica *Garrido Juncal*, tales "cláusulas en la configuración de este instrumento parecen tener un difícil encaje con el principio de no discriminación, anunciado en el art. 3 de la LGUM y desarrollado con mayor detalle en el art. 18 de la LGUM"[21]. En concreto, el art. 12 del Decreto 52/2021, señala entre los criterios de valoración y preferencia de las entidades privadas, "a) El arraigo de la persona usuaria en el entorno" o "d) La implantación de la entidad en la localidad donde vaya a prestarse el servicio"[22]. Ciertamente, las Órdenes antes citadas por las que se convocan supuestos concretos de concierto social no incluyen entre sus criterios de valoración la implantación territorial de la persona usuaria o de la entidad en la localidad, de manera que no ha habido una plasmación real de tales requisitos en dichos conciertos sociales.

Sin embargo, la mera posibilidad permitida por el Decreto 52/2021, como indica la autora arriba citada y a la que nos remitimos, es contraria a la jurisprudencia del TJUE, pues "rechaza que las convocatorias de licitación contengan exigencias de ubicación geográfica porque, de un lado, implican una exclusión automática de licitadores y, de otro, porque el estar situado imperativamente en un término municipal no garantiza tampoco el objetivo marcado, esto es, la proximidad y la accesibilidad del centro hospitalario"[23], lo que nos lleva a entender que los citados criterios incluidos en el art. 12 del Decreto citado debieran ser suprimidos, lo que, como hemos indicado, parecen haber hecho *de facto* las Órdenes analizadas.

Para finalizar este apartado, baste decir que, tras la instrucción, la resolución del procedimiento de concierto social debe ser dictada por el órgano competente de la Administración autonómica en un

---

21 GARRIDO JUNCAL, *Revista Catalana de Dret Públic*, 2017, p. 91.

22 También alude a "c) La ubicación del centro en municipios considerados zonas escasamente pobladas o en riesgo de despoblación", si bien consideramos que su finalidad es potenciar la implantación de nuevas actividades en esas zonas escasamente pobladas, y no tanto a limitar el acceso a entidades no implantadas en el territorio, es más, lo que se busca es que, precisamente, tales entidades se instalen en dichas zonas despobladas.

23 GARRIDO JUNCAL, *Revista Catalana de Dret Públic*, 2017, p. 93.

plazo máximo de 6 meses, transcurrido el cual, el silencio se considera desestimatorio (art. 16). Aprobada dicha resolución, se formalizará cada concierto social en el plazo de un mes, "mediante la suscripción de documentos administrativos denominados acuerdos de acción concertada" (art. 17.1), con el contenido que el precepto citado recoge, y con una duración de cuatro años, prorrogables por periodos de dos años, hasta un máximo de diez años, y debiendo existir acuerdo entre Administración autonómica y entidad privada (art. 19), si bien también se enumerar unas causas de extinción y resolución de los conciertos, que van desde el mutuo acuerdo entre las partes a la extinción de la entidad, pasando por la sanción firme por infracción de la legislación de servicios sociales, entre otras varias, estando obligada la Administración autonómica a realizar un seguimiento y evaluaciones de los servicios prestados que incluirá, al menos, una evaluación final, y que servirán "de base para determinar si se mantiene o no la prestación de los servicios en régimen de acción concertada y para determinar si procede la prórroga de los acuerdos..." (art. 24.4).

### *D) La acción concertada directa*

El Decreto 52/2021 recoge la posibilidad de completar acuerdos directos cuando concurran "situaciones imprevistas de urgencia social, emergencia y catástrofe, que requieran una respuesta inmediata" (art. 27.1). Para su utilización, se requerirá motivación del órgano competente en base a dichas circunstancias, así como la existencia de crédito presupuestario para su desarrollo (art. 27.2), mientras que las entidades encomendadas deberán poseer los requisitos que se exijan en el concierto social correspondiente atendiendo a la materia (art. 27.3). Los acuerdos así celebrados, una vez formalizados, tienen un plazo de un mes para el inicio de la prestación (art. 27.2).

## IX.11.4. CONCLUSIONES

Castilla-La Mancha reguló la concertación en el ámbito de los servicios sociales de manera genérica en su Ley 14/2010, siendo tardío su desarrollo reglamentario por lo que se refiere a los conciertos sociales, realizada en 2021. Ello nos ha llevado a apreciar algunos problemas que ha generado la aprobación de dicha normativa: por un lado, la excesiva generalidad de la Ley al utilizar el término "concertación", que incluye tanto instrumentos no contractuales como contractuales, y dirigido tanto a Administraciones locales como a entidades privadas, y que ha sido subsanada, por lo que se refiere a los conciertos sociales, por el Decreto 52/2021, el cual ha concretado el ámbito de aplicación de los mismos, pero por otro lado, dicho Decreto, si bien regula con amplitud el régimen jurídico de tales conciertos, no deja de generar algún problema como la posibilidad de introducir criterios de vinculación territorial para valorar a las entidades privadas que participen en las convocatoria de tales convenios, y que, de facto, ha sido solucionado en las bases de tales convocatorias al no introducir dichos criterios de valoración.

En todo caso, analizando tal regulación con los requisitos que exige el TJUE para no aplicar la normativa europea sobre contratación pública a estos instrumentos, todavía aparece algún aspecto dudoso, como el hecho de permitir que participen en la concertación social entidades con ánimo de lucro, las llamadas entidades mercantiles, pues el carácter oneroso de la relación jurídica formalizada lleva a aquel a considerar que estamos ante un contrato público. La solución puede estar en modificar la normativa autonómica castellano-manchega y limitar la participación en la concertación social a entidades privadas sin ánimo de lucro, opción por la que se ha decantado la generalidad de la legislación autonómica en la materia.

## IX.11.5. JURISPRUDENCIA

STJUE núm. 559/2022, de 14 de julio de 2022 (ponente C. Lycourgos). (ASUNTO C-436/20).

## IX.11.6. BIBLIOGRAFÍA

BERNAL BLAY, Miguel Ángel, "La contratación de los servicios a las personas", en GALLEGO CÓRCOLES, Isabel y GAMERO CASADO, Eduardo (dirs.), *Tratado de Contratos del Sector Público* vol. 3, Valencia 2018, pp. 2841-2874.

DARNACULLETA GARDELLA, Mercè, "Les noves modalitats de gestió de serveis a les persones a la legislació autonòmica de serveis socials: especial referència a l'acció concertada", *Revista Catalana de Dret Públic* (62), 2021, pp. 37-52.

DÍAZ SASTRE, Silvia, "Contratos «open-house»: comprar sin licitar", *Revista de Estudios de la Administración Local y Autonómica: Nueva Época* (15), 2021, pp. 5-23.

DOMÍNGUEZ MARTÍN, Mónica, "Los contratos de prestación de servicios a las personas. Repensando las formas de gestión de los servicios sanitarios públicos tras las Directivas contratos de 2014 y la Ley 9/2017 de Contratos del Sector Público", *Revista General de Derecho Administrativo* (50), 2019, pp. 1-17.

GARRIDO JUNCAL, Andrea, "Las nuevas formas de gestión de los servicios sociales: elementos para un debate", *Revista Catalana de Dret Públic* (55), 2017, pp. 84-100.

GARRIDO JUNCAL, Andrea, "Análise da futura Lei de servizos sociais de Andalucía", *Administración & cidadanía: revista da Escola Galega de Administración Pública* 10 (2), 2015, pp. 93-108.

GIMENO FELIÚ, José María, "Un paso firme en la construcción de una contratación pública socialmente responsable mediante colaboración con entidades sin ánimo de lucro en prestaciones sociales y sanitarias", https://www.obcp.es/opiniones/un-paso-firme-en-la-construccion-de-una-contratacion-publica-socialmente-responsable (última visita, 15 de octubre de 2024).

GIMENO FELIÚ, José María, "La contratación pública en los contratos sanitarios y sociales", https://www.obcp.es/opiniones/la-contratacion-publica-en-los-contratos-sanitarios-y-sociales (última visita, 16 de octubre de 2024)

GIMENO FELIÚ, José María, "Los contratos de servicios a las personas y su exclusión de la Ley de Contratos. La colaboración del tercer sector social en la prestación de los servicios locales", en MARTÍNEZ FERNÁNDEZ, José Manuel (coord.), *La gestión de los servicios públicos locales en el marco de la LCSP, LRJSP y la LRSAL*, Madrid, 2019, pp. 689-710.

LAZO VITORIA, Ximena, "Prestación de servicios a las personas: ¿concierto social o contrato?", *Revista de Estudios de la Administración Local y Autonómica. Nueva Época* (20), 2023, pp. 31-46.

LAZO VITORIA, Ximena, "La figura del 'concierto social' tras las directivas europeas de contratación pública", https://www.obcp.es/opiniones/la-figura-del-concierto-social-tras-las-directivas-europeas-de-contratacion-publica (última visita, 10 de octubre de 2024).

LAZO VITORIA, Ximena, "Fórmulas de xestión indirectas (contractuais e non contractuais) na nova Lei 12/2022, do 21 de decembro, de servizos sociais da Comunidade de Madrid. Primeira regulación legal do 'concerto social' en Madrid", *Administración & cidadanía: revista da Escola Galega de Administración Pública* (17), 2022, pp. 145-151.

VILALTA REIXACH, Marc, "De novo sobre os negocios xurídicos excluídos da Lei de contratos do sector público: encargos a medios propios personificados e transferencias de competencias entre entidades públicas", *Revista Galega de Administración Pública* 1 (56), 2018, pp. 37-70.

# *IX.12. La acción concertada social y las fórmulas no contractuales en la provisión de servicios de atención a la persona: Canarias*

**FRANCISCO JOSÉ VILLAR ROJAS**
*Catedrático de Derecho Administrativo*
*Universidad de La Laguna*

**Resumen**: La Ley de Servicios Sociales de Canarias de 2019 regula el concierto social como un "instrumento de gestión no contractual". En 2021, esa regulación fue modificada para adaptarla al artículo 11.6 de la Ley de Contratos del Sector Público de 2017, manteniendo aquella calificación. La doctrina posterior del Tribunal de Justicia de la Unión Europea (2022 y 2023), afirmando que, en tanto se produce selección de prestador, el concierto social es un contrato público de servicios, impone la adaptación de la normativa autonómica a esta naturaleza y sus consecuencias jurídicas.

**Palabras clave**: concierto social, instrumento de gestión no contractual, selección de prestadores, servicios sociales, contrato público de servicios.

**Índice:** 

**Abreviaturas empleadas:**

LCSP: Ley 9/2017, de 8 de noviembre, de Contratos del Sector Público
LGS: Ley 38/2003, de 17 de noviembre, General de Subvenciones
TJUE: Tribunal de Justicia de la Unión Europea

## IX.12.1. INTRODUCCIÓN: LA CONTROVERSIA EN TORNO A LA VINCULACIÓN DE LAS ENTIDADES SIN ÁNIMO DE LUCRO AL SISTEMA PÚBLICO DE SERVICIOS SOCIALES

En Canarias, como en todas las comunidades autónomas, uno de los conflictos recurrentes en la gestión del sistema público de servicios sociales (en rigor, del servicio público autonómico de servicios sociales) es cómo encajar en el mismo a las entidades sin ánimo de lucro que, tradicionalmente, vienen prestando esa clase de servicios, sin someterlas a las reglas de selección propias de la contratación pública, incluyendo las diversas modalidades de gestión indirecta de los servicios públicos[1].

Con la Ley 9/1987, de 28 de abril, de Servicios Sociales, primera de las leyes autonómicas en esta materia aprobada por la Comunidad Autónoma de Canarias, la forma de colaboración de las fundaciones, asociaciones y otras entidades eran "*los convenios y los acuerdos*" que se calificaban de forma conjunta, como "*conciertos*", exigiéndoles como condición previa "*finalidad de solidaridad social y sin ánimo de lucro*" (art. 14 Ley 9/1987). De esa fórmula y de su realidad práctica da cuenta el derecho transitorio de la vigente Ley 16/2019, de 2 de mayo, de Servicios Sociales de Canarias (Ley 16/2019), precisando que, "mientras no se dicten las correspondientes normativas de desarrollo en materia de conciertos sociales, *se prorrogarán aquellos convenios* vigentes a la fecha de entrada en vigor de esta Ley, siempre que exista acuerdo entre las partes" (DT 3ª Ley 16/2019). El convenio fue, durante muchos años, la fórmula jurídica que articulaba la relación de esas entidades con el sistema público de servicios sociales. Su utilización, como en otros lugares, siempre estuvo rodeado de polémica, con el argumento de ser una "*huida del derecho de los contratos públicos*",

[1] Sobre las formas de colaboración privada en la prestación de los servicios sociales públicos, dentro de una amplia bibliografía, los trabajos de GARRIDO JUNCAL, Andrea, *Los servicios sociales en el s. XXI: nuevas tipologías y nuevas formas de prestación,* Madrid, 2020, y de DARNACULLETA GARDELLA, Mercé *et al.*, *La colaboración público-privada en la gestión de servicios sociales*, Madrid, 2022.

pero era la vía para establecer esa vinculación y, lo más importante, para que se prestaran los servicios a los usuarios[2].

La regulación de los convenios por la Ley 40/2015, de 1 de octubre, de Régimen Jurídico del Sector Público, excluyendo de su ámbito de aplicación aquellos que tengan por objeto prestaciones propias de un contrato (art. 47.1); y, poco después, la previsión de "*instrumentos no contractuales para la prestación de servicios públicos de carácter social*" en la Ley 9/2017, de 8 de noviembre, de Contratos del Sector Público (DA 49ª LCSP)[3] , llevaron al legislador autonómico a la reconsideración de la forma jurídica que debía utilizarse para articular la relación de las entidades sin ánimo de lucro con los servicios sociales públicos, apareciendo o, mejor, poniendo en valor la figura del *concierto social*.

## IX.12.2. LA SOLUCIÓN: EL CONCIERTO SOCIAL COMO FORMA DE GESTIÓN SINGULAR EN LA LEY DE SERVICIOS SOCIALES DE CANARIAS DE 2019

La Ley de Servicios Sociales de Canarias aborda la controversia planteada exponiendo lo siguiente:

> "... *La iniciativa privada participará* subsidiariamente y de forma *complementaria en el sistema público* de servicios sociales *mediante acuerdos de concertación social* o con arreglo a alguna de las fórmulas establecidas en la normativa sobre contratos del sector público y bajo la vigilancia y control de la Administración pública. *Corresponde a la comunidad autónoma canaria la configuración del sistema propio de servicios sociales,* tal

---

2 Se dio cuenta de todo esto en VILLAR ROJAS, Francisco José, "Formas de gestión de los servicios sociales: en particular, la vinculación de gestores privados al sistema público mediante conciertos y convenios", *Documentación Administrativa* (271-272), 2005, pp. 389-412, y VILLAR ROJAS, Francisco José, "Iniciativa privada y prestación de servicios sociales. Las redes o sistemas públicos de servicios sociales", en EZQUERRA HUERVA, Antonio (coord.), *El marco jurídico de los servicios sociales en España*, Barcelona, 2012, pp. 87-120.

3 Sobre el impacto de la Ley de Contratos, HERNÁNDEZ GONZÁLEZ, Francisco Lorenzo, "La adjudicación directa de contratos públicos a las entidades sin ánimo de lucro", en LAGUNA DE PAZ, José Carlos; SANZ RUBIALES, Íñigo y DE LOS MOZOS TOUYA, Isabel (coords.), *Derecho Administrativo e integración europea: estudios en homenaje al profesor José Luis Martínez López-Muñiz* vol. 2, t. 2, Madrid, 2017, pp. 1035-1052.

> y como se ha hecho en otras comunidades autónomas, *estableciendo un régimen de concierto diferenciado de la modalidad contractual recogida en la Ley de Contratos del Sector Público, a través del cual se dé respuesta a las necesidades de los colectivos más vulnerables, asegurando la participación y la colaboración de las entidades de iniciativa social sin ánimo de lucro* de Canarias en esta tarea, garantizando, al tiempo, el cumplimiento de los principios informadores de la normativa estatal y europea en materia de concertación de la iniciativa social" (apartado III del preámbulo).

Afirmada la competencia propia, el legislador autonómico diseña un régimen de provisión de servicios basado en la diferencia clásica entre: *gestión directa* y *gestión indirecta* (art. 59.1 Ley 16/2019), distinguiendo a su vez en esta segunda dos modalidades: "*acuerdos de concertación con entidades privadas de iniciativa social*", que son aquellas sin ánimo de lucro, y "*alguna de las fórmulas establecidas en la normativa sobre contratos públicos*", que es el ámbito de las entidades de iniciativa mercantil (art. 59.1.b y 61 Ley 16/2019)[4]. En todo caso, la iniciativa privada tiene carácter subsidiario y complementario, en defecto de actuación pública directa que es preferente, y, de existir análogas condiciones de eficacia, calidad y rentabilidad social entre entidades privadas, se otorga prioridad a las de iniciativa social (art. 59.1.a y 3 Ley 16/2019).

En lo que aquí importa, la colaboración de las entidades sin ánimo de lucro se articula mediante *acuerdos de concertación* cuyo régimen jurídico básico se establece en la propia ley (art. 63 a 69 Ley 16/2019), sin perjuicio de su desarrollo reglamentario por el Gobierno (63.3 Ley 16/2019). Los términos de esa regulación ponían de manifiesto la pretensión de establecer un marco normativo, diferenciado y singular, para regular la vinculación de las entidades de iniciativa social sin ánimo de lucro al margen de la legislación de contratos públicos

---

4 El proyecto de ley de servicios sociales (publicado en el BO del Parlamento de Canarias, núm. 379, de 24 de noviembre de 2017), recogía un régimen de actuación de las entidades privadas de iniciativa social que abarcaba los convenios de colaboración por razones de urgencia o de economía, el régimen de concierto y la contratación pública (art. 61.1); en relación con los conciertos y sus singularidades, el texto recordaba la obligación de garantizar la libre competencia y, de forma expresa, los principios de igualdad de trato, de no discriminación y de transparencia en su adjudicación (art. 65.5 del proyecto). El texto aprobado es resultado de la posterior tramitación parlamentaria (enmiendas).

y de sus principios rectores (publicidad, transparencia, no discriminación y concurrencia). Así resultaba de algunos de esos preceptos:

> "Artículo 65. Requisitos de las entidades.
>
> 1. *Podrán suscribir conciertos* con las administraciones públicas competentes en materia de servicios sociales de la Comunidad Autónoma de Canarias todas *las personas físicas o jurídicas de carácter privado, sin ánimo de lucro.*
>
> (...)
>
> 3. No obstante, *el Gobierno* de Canarias, mediante decreto, *podrá establecer* un *procedimiento de concertación diferenciado* vinculado a aquellos servicios que, en función de su naturaleza y alta especialización, recoja las características específicas de los mismos, tales como la concurrencia de las entidades o el ámbito de vigencia del concierto, entre otras".
>
> "Artículo 66. Méritos preferentes para suscribir los conciertos.
>
> Para la *elección de la entidad* que prestará el servicio, *se valorarán* los méritos y capacidades de las mismas, tales como:
>
> a) Los *años de experiencia* acreditada en la prestación del servicio.
>
> b) Que acredite *buena valoración de las personas usuarias*, si ya ha prestado el servicio anteriormente.
>
> c) Que haya obtenido *certificaciones de calidad.*
>
> d) Que la entidad aporte *informes de buenas prácticas en el ámbito laboral* de las empresas.
>
> e) Que la entidad cuente con *más del 40% de mujeres en los órganos de dirección.*
>
> f) Que aplique *medidas orientadas a la conciliación* personal, familiar y laboral de quienes trabajan en la entidad.
>
> g) Que la entidad aplique *medidas para la efectiva integración laboral de las personas con discapacidad* más allá de las exigencias legales.
>
> h) Otros que se determinen reglamentariamente".

De acuerdo con esta normativa, los méritos a valorar se refieren a la experiencia previa, la calidad que puedan acreditar las entidades y una serie de méritos de carácter social (que parecen cláusulas sociales de los contratos públicos); no se incluye el precio, ni tampoco la mejora o innovación técnica/profesional en las prestaciones. El régimen legal omite cualquier referencia los principios de publicidad suficiente, transparencia y no discriminación, así como a los de no discriminación, igualdad de trato y la garantía de la libre competencia, característicos de la contratación pública (art. 1 y 11.6 LCSP).

A su vez, una vez adjudicado —seleccionada la entidad—, la decisión se formaliza en un "*documento administrativo*":

Artículo 67. Formalización de los conciertos.

1. La *formalización de los conciertos* se efectuará a través de *un documento administrativo...*".

Ese documento se denomina "*concierto*", debe ser suscrito por ambas partes y no empieza a producir efectos hasta que se produce esa concurrencia de voluntades:

"Artículo 68. Efectos de los conciertos.

1. La *formalización por escrito del concierto ... perfecciona el acuerdo entre las partes,* obligando al titular de la entidad concertada a la prestación del servicio...".

De este modo, el legislador evita calificar el concierto social como contrato, aunque, como dice el precepto, el concierto social se perfecciona por "*acuerdo entre las partes*", tal y como ocurre con los contratos públicos (art. 36.1 y 153.1 LCSP). La identidad con los contratos públicos resulta patente.

## IX.12.3. LA OBLIGADA RECONSIDERACIÓN TRAS LA ADVERTENCIA DE INCONSTITUCIONALIDAD: LA REFORMA LEGAL EN 2020

Tras la publicación de la Ley 16/2019, la Administración General del Estado interpuso recurso de inconstitucionalidad en relación con algunos de los preceptos que regulaban los conciertos (art. 7, 65.3, 66, 104.2 y DT3ª). En concreto, la controversia se centró en el alcance de la competencia autonómica para regular esa forma de gestión a partir de dos preceptos de la LCSP:

"Artículo 11. Otros negocios o contratos excluidos.

(...)

6. *Queda excluida* de la presente Ley *la prestación de servicios sociales* por entidades privadas, *siempre que esta se realice sin necesidad de celebrar contratos públicos, a través,* entre otros medios, *de la simple financiación* de estos servicios o *la concesión de licencias o autorizaciones a todas las entidades que cumplan las condiciones* previamente fijadas por el poder adjudicador, *sin límites ni cuotas, y que dicho sistema garantice una publicidad suficiente y se ajuste a los principios de transparencia y no discriminación*".

"Disposición adicional cuadragésima novena. Legislación de las Comunidades Autónomas relativa a instrumentos no contractuales para la prestación de servicios públicos de carácter social.

Lo establecido en esta Ley no obsta para que *las Comunidades Autónomas,* en el ejercicio de las competencias que tienen atribuidas, *legislen articulando instrumentos no contractuales para la prestación de servicios públicos destinados a satisfacer necesidades de carácter social*".

De acuerdo con lo previsto en el artículo 33 de la Ley Orgánica 2/1979, de 3 de octubre, del Tribunal Constitucional, ambas Administraciones iniciaron negociaciones para estudiar y solventar las discrepancias competenciales señaladas. El debate giró sobre la consideración de los conciertos sociales como instrumentos de gestión no contractuales y, en consecuencia, la sujeción, o no, a los principios de publicidad, transparencia y no discriminación previstos en el artículo 11.6 transcrito y, en general, los principios rectores de la contratación pública, entre ellos, la libre competencia y el respeto a las libertades de establecimiento y de prestación de servicios (art. 1.1 LCSP).

El Acuerdo de la Comisión Bilateral de Cooperación Administración General del Estado - Comunidad Autónoma de Canarias[5] supuso el reconocimiento expreso de que los conciertos sociales quedaban sujetos a los principios de publicidad suficiente, transparencia y no discriminación, imponiendo la modificación de los artículos 63, 65.3, 66 y 104.2. Además se incorporó un acuerdo interpretativo sobre el alcance de la disposición transitoria 3ª relativa a la prórroga de los convenios preexistentes, señalando que quedaban sujetos al plazo de vigencia fijado por la Ley 40/2015. En su virtud, el texto de esos preceptos quedó con la siguiente redacción:

Se añade un nuevo párrafo al apartado 3 al artículo 63:

Artículo 63. Régimen de concertación en el sistema público de los servicios sociales con entidades de iniciativa social.

3. ...

En todo caso, en *esta modalidad de provisión* de los servicios sociales *se deberán tener en cuenta los principios de publicidad y transparencia,* así como los de *igualdad de trato* y *prohibición de discriminación,* con *pleno respeto* a las normas de *libre competencia* y la *no aplicación de*

5 BOE. 41, sec. III, de 17 de febrero de 2020.

*medidas* que sean *restrictivas de la libertad de establecimiento y de la libre prestación de los servicios*.

Se suprime el apartado 3 del artículo 65, que establecía:

Artículo 65. Requisitos de las entidades.

3. No obstante, el Gobierno de Canarias, mediante decreto, podrá establecer un procedimiento de concertación diferenciado vinculado a aquellos servicios que, en función de su naturaleza y alta especialización, recoja las características específicas de los mismos, tales como la concurrencia de las entidades o el ámbito de vigencia del concierto, entre otras.

Se reescribe por completo el artículo 66:

"Artículo 66. Motivación para la suscripción de los conciertos y publicidad.

1. *Para la suscripción de los acuerdos de concertación social*, en su tramitación será necesario que el procedimiento se acompañe de una *memoria justificativa* donde se analice su necesidad y oportunidad mediante la justificación de los siguientes aspectos:

a) La *carencia de recursos* personales y materiales propios de la administración competente para la gestión directa de las prestaciones objeto de concertación, su *impacto económico, el carácter no contractual de la actividad* en cuestión, así como el cumplimiento de lo previsto en esta ley.

b) Que *la naturaleza de la actuación admite su sometimiento al régimen de concertación* por tratarse de actuaciones en las que el arraigo de la persona a su entorno, la vinculación terapéutica u otros criterios de necesidad asistencial o atención social justifican su provisión a través de este régimen.

c) La *conveniencia de acudir al régimen de concertación* para la prestación del servicio a través de una persona o entidad sin ánimo de lucro.

d) El *desglose de los costes de los servicios* a concertar y que se han tenido en cuenta para fijar el precio o tarifa a aplicar a la concertación, así como los criterios o parámetros que se consideran idóneos para establecer los parámetros de actualización de precios.

2. Los conciertos sociales una vez suscritos serán objeto de *publicación* en el 'Boletín Oficial de Canarias' o en el «Boletín Oficial de la Provincia», según corresponda, así como en el Portal de Transparencia de la administración concertante".

Los términos del acuerdo de la Comisión Bilateral fueron incorporados a la Ley de Servicios Sociales de Canarias mediante la Ley 3/2020, de 27 de octubre, de medidas urgentes de carácter social (D.F. 3ª). En todo caso, la modificación legal no cambió el entendimiento de que el concierto social es un "*instrumento no contractual de gestión de los servicios públicos sociales*"; en este sentido, uno de los contenidos obligatorios de la memoria justificativa del concierto es la motivación "*del carácter no contractual de la actividad en cuestión*" (art. 66.1.a transcrito).

## IX.12.4. LA REGULACIÓN DETALLADA DEL CONCIERTO SOCIAL: EL REGLAMENTO DE 2021

El Gobierno de Canarias procedió al desarrollo de este instrumento mediante el Decreto 144/2021, de 29 de diciembre, por el que se aprueba el Reglamento del concierto social en el ámbito de los servicios sociales de la Comunidad Autónoma de Canarias (BOC. núm. 9, de 13 de enero de 2022). En su preámbulo se dice lo siguiente:

> "*...en atención a las carencias mostradas por la normativa contractual* para dar respuesta a determinados servicios, *la Ley 9/2017,* de 8 de noviembre, de Contratos del Sector Público (...) *ha sancionado* positivamente el reconocimiento de *la figura de los conciertos sociales* en el ordenamiento jurídico español al reconocer expresamente en su disposición adicional cuadragésimo novena la competencia legislativa de las comunidades autónomas para emplear estos instrumentos de concertación, *como modalidad no contractual, y por tanto, al margen de la normativa de contratos,* para la *prestación de servicios públicos destinados a satisfacer necesidades de carácter social,* al mismo tiempo que, en el apartado sexto del artículo 11, los excluye de su ámbito de aplicación".

A partir de este entendimiento, el Reglamento define los *conciertos sociales* como: "los *instrumentos organizativos de gestión indirecta, de naturaleza no contractual,* suscritos por personas físicas o entidades de iniciativa social sin ánimo de lucro, a través de los cuales se podrá encomendar la prestación de servicios sociales" (art. 4.1). A continuación, diseña el régimen jurídico de este instrumento, del que cabe destacar las siguientes piezas:

1. Sujetos:
   - La *administración* concertante —las administraciones públicas canarias— (art. 2 y 3) y las *entidades de iniciativa social,* sin ánimo de lucro, que, entre otros requisitos, deben estar inscritas en el registro único de entidades, centros y servicios

y deben contar con la acreditación del servicio a concertar (art. 8).

2. Objeto:
   - La prestación de servicios sociales, en concreto la reserva y la ocupación de plazas en centros y servicios sociosanitarios, y/o la gestión integral de los servicios, prestaciones o centros (art. 2).
   - Los usuarios/beneficiarios de las prestaciones son designados por la administración concertante (art. 41).
3. Causa:
   - Actuaciones en las que el *arraigo de la persona a su entorno*, la *vinculación* terapéutica *u otros criterios de necesidad asistencial o atención social*, justifican la *conveniencia de su prestación* por una persona o entidad *sin ánimo de lucro* (art. 15.2.b y c).
4. Plazo de duración:
   - Mínimo 2 años, máximo 5, prorrogable 2 más (art. 25).
5. Precio:
   - Indiferente (en ocasiones, superior a 750.000 euros).
6. Retribución de la entidad:
   - Compensación por los costes variables, los fijos y los permanentes asociados a los mismos, y los gastos generales de estructura.
   - En ningún caso se contempla beneficio industrial, partida que se excluye expresamente (art. 31 a 33)
7. Procedimiento de adjudicación:
   a. Inicio de oficio —documentos— (art. 13):
      - *Memoria de insuficiencia de medios propios* y *estudio de costes* (art. 15).
      - *Bases* —incluye criterios de valoración de las ofertas— y
      - *Pliego Técnico* o de prescripciones técnicas (13.3 y 16).
   b. Convocatoria pública —Boletín Oficial de Canarias o Boletín Oficial de la Provincia— (13.2).
   c. Presentación de proposiciones/ofertas por las entidades interesadas (art. 13.3 y 14).

d. Valoración de las proposiciones por un *Comité Técnico de Valoración* (art. 17 y 18).
e. Propuesta de resolución del órgano instructor (art. 19.3).
f. Adjudicación:
   - Resolución unilateral de adjudicación (art. 20).
   - Formalización en documento administrativo: "*acuerdo de acción concertada*" (art. 22).
g. Publicación del concierto —Boletín Oficial de Canarias o Boletín Oficial de la Provincia— (art. 20.3).
h. Ejecución y cumplimiento:
   - Derechos y deberes de la entidad concertada (art. 8 y 9).
   - Prerrogativas y obligaciones de la administración (art. 10, 24 y 39).
   - Renovación, modificación y cesión (art. 25 a 30).
i. Extinción (art. 38 y 40).

Este es el régimen jurídico al que quedan sometidos los conciertos sociales[6].

## IX.12.5. VALORACIÓN PRELIMINAR DE LA REGULACIÓN REGLAMENTARIA DE LOS CONCIERTOS SOCIALES

La regulación legal y reglamentaria del concierto social expuesta lo presenta como una figura distinta de los contratos públicos. Sin embargo, es inevitable reconocer la cercanía, casi la identificación, con el régimen jurídico de ese negocio jurídico.

En efecto, el régimen descrito es equivalente al de los contratos públicos, de los que la norma dice querer separarse ("*instrumento de gestión indirecta no contractual*"). La *Memoria de insuficiencia* es análoga

---

6 Ejemplifica la aplicación de esta regulación, la convocatoria del Cabildo Insular de Tenerife para seleccionar entidades sin ánimo de lucro, mediante concierto social para la provisión de los servicios de gestión de las 180 plazas en acogimiento residencial para niños, niñas y adolescentes con medidas de guarda o tutela (Resolución de selección y adjudicación, con relato de antecedentes, publicada en BOP. S/C de Tenerife, núm. 154, de 20 de diciembre de 2023).

al *Informe de necesidad* (art. 28 LCSP). Las *Bases* y *Pliego técnico* se corresponden con el *pliego de cláusulas administrativas particulares y de prescripciones técnicas* (art. 116, 122 y 124 LSCP). Asimismo, de forma expresa, el funcionamiento del Comité técnico de valoraciones se remite a las previsiones legales sobre las Mesas de Contratación (D.F. 1ª Decreto 144/2021).

Cierto que también es posible equiparar la regulación del concierto social con el régimen de convocatoria, concesión y cumplimiento de las subvenciones, en particular las bases y la adjudicación por resolución unilateral son equivalentes (cfr. Ley 38/2003, de 17 de noviembre, General de Subvenciones, LGS); incluso la denominación se asemeja a la figura tradicional de la "*acción concertada*", una de las formas de articulación de las políticas de fomento[7].

No obstante, entre una y otra categoría se dan diferencias estructurales: las subvenciones se caracterizan por ser entregas dinerarias sin contraprestación directa de los beneficiarios (art. 2.1.a LGS), mientras que los conciertos sociales se caracterizan por el intercambio de prestaciones, siendo servicios a cambio de compensación o remuneración (art. 67.1.d Ley 16/2919, art. 32 y 33 Decreto 144/2021); las subvenciones se dirigen a fomentar una actividad privada que se entiende de interés público o social (art. 2.1.c LGS), en tanto los conciertos sociales son un medio para gestionar prestaciones del sistema público de servicios sociales (art. 63.1 Ley 16/2019, art. 1 Decreto 144/2021); del mismo modo, las subvenciones son renunciables por el beneficiario, con devolución de lo percibido, mientras que en los conciertos sociales no se admite la renuncia unilateral de la entidad concertada por impedirlo la obligada continuidad del servicio público social que se presta, se admite el cese voluntaria pero sujeto a previa autorización administrativa, por tanto no es unilateral (art. 69.2.f Ley 16/2019, art. 38.g Decreto 144/2021).

A tenor de lo apuntado, los conciertos sociales se parecen muchos más a los contratos que las subvenciones. La clave radica en el intercambio directo de prestaciones entre la Administración social y

---

7 Esa es la denominación (régimen de acción concertada) que empleaba el artículo 46 del Decreto 902/1969, de 9 de mayo, por el que se aprueba el Texto Refundido de la Ley del Plan de Desarrollo Económico y Social.

la entidad concertada, que no deja de serlo porque carezca de ánimo de lucro[8]. Con todo, esa conclusión tropieza con la declaración legal de que se trata de "*instrumentos de gestión indirecta no contractuales*" con la consecuencia de quedar fuera del ámbito de la legislación de contratos públicos. La contradicción resulta patente. Ahora bien, como recuerda la jurisprudencia:

> "constituye puro nominalismo entender que (la) denominación legal sea elemento determinante de su verdadera naturaleza, pues las categorías, más allá de las denominaciones legales, tienen cada una de ellas la naturaleza propia y específica que les corresponde de acuerdo con la configuración y estructura que reciban en el régimen jurídico que vengan sometidas" [STC, en Pleno, de 25 de febrero de 2015 (ponente Pedro González-Trevijano Sánchez), FJ 7º].

Así que resulta obligada la siguiente pregunta: ¿de verdad los conciertos sociales no son contratos públicos? ¿cuál es entonces su naturaleza jurídica?[9].

---

8 En rigor, contrato y subvención (de fomento) no son categorías alternativas. Cuando se trata de que una entidad privada, con o sin ánimo de lucro, colabore en la gestión de un servicio público —de una prestación que debe garantizar la Administración—, la figura sólo puede ser el contrato, con intercambio de prestaciones, y garantía de continuidad del servicio; en cambio, cuando se trata de ayudar, promover o impulsar la actividad social realizada por entidades sin ánimo de lucro, el instrumento es la subvención de fomento. Los conciertos sociales son una forma de gestión, por tanto, su articulación jurídica debe ser la propia de los contratos y no la de las subvenciones, con independencia de si se sujetan o no a la legislación de contratos públicos.

9 El debate sobre la naturaleza de los conciertos sociales ha generado una amplia doctrina en la que cabe destacar las aportaciones de: DOMÍNGUEZ MARTÍN, Mónica, "La acción concertada de los servicios a las personas en la ley de contratos del sector público y en la legislación autonómica ¿instrumentos no contractuales para la prestación de servicios públicos destinados a satisfacer carácter social?", en TOLIVAR ALAS, Leopoldo y CUETO PÉREZ, Miriam (dirs.), *La prestación de servicios socio-sanitarios: nuevo marco de la contratación pública*, Valencia, 2020, pp. 47-75; GARRIDO JUNCAL, *Los servicios sociales en el s. XXI*, pp. 201-283, LEÑERO BOHÓRQUEZ, María Rosario, "La naturaleza jurídica de la acción concertada como modalidad de gestión de los servicios a las personas", en DARNACULLETA GARDELLA, Mercé *et al.*, *La colaboración público-privada en la gestión de servicios sociales*, Madrid, 2022, pp. 135-195; y LAZO VITORIA, Ximena, "Prestación de servicios a las personas: ¿concierto social o contrato?", *Revista de Estudios de la Administración Local y Autonómica. Nueva Época* (20), 2023, pp.

## IX.12.6. LAS FORMAS NO CONTRACTUALES DE PRESTACIÓN DE SERVICIOS PÚBLICOS: CARACTERES

Como dice la LCSP (art. 11.6), en línea con la formulación recogida en la Directiva 2014/23/UE de contratos públicos, la gestión o prestación de servicios sociales, sanitarios, culturales, entre otros, mediante fórmulas no contractuales, tiene lugar cuando se realice: "...a través, entre otros medios (...) de la simple financiación de estos servicios o la concesión de licencias o autorizaciones *a todas las entidades que cumplan* las condiciones previamente fijadas por el poder adjudicador, *sin límites ni cuotas...*". Dicho de otra manera, la gestión no contractual es aquella en la que la Administración pública, tras fijar los requisitos para colaborar —lo que sería equivalente a la solvencia exigida al licitador en la contratación—, admite a la prestación de servicios a todos los que los cumplan, sin selección entre ellos, por tanto, sin límites ni cuotas[10]. En otro caso, como recuerda el Tribunal de Justicia de la Unión Europea (TJUE), el encargo queda sujeto a la legislación de contratos en la medida que: "*la elección de una oferta* —y, por tanto, de un adjudicador— *es un elemento intrínsecamente vinculado al régimen de contratos públicos* que se establece mediante la referida Directiva (Directiva 2004/18) y, por consiguiente, al concepto de contrato público en el sentido del artículo 1, apartado 2, de ésta" [STJUE, Sala Quinta, de 12 de junio de 2016 (ponente D. Šváby), asunto C-410/14 y STJUE, Sala Tercera, de 1 de marzo de 2018 (ponente D. Šváby), asunto C-9/17].

En la legislación estatal relacionada con los servicios sociales es posible encontrar un ejemplo de esta modalidad de gestión no contractual: la colaboración de entidades privadas sin ánimo de lucro en el sistema de acogida en materia de protección internacional. En concreto, el Real Decreto 220/2022, de 29 de marzo, por el que se

31-46; y LAZO VITORIA, Ximena, "Servicios sociales", *Revista General de Derecho Administrativo* (65), 2024, pp. 1-15.

10 La explicación de la posibilidad de prestar servicios por fórmulas no contractuales, DÍAZ SASTRE, Silvia, "Contratos «open-house»: comprar sin licitar", *Revista de Estudios de la Administración Local y Autonómica: Nueva Época* (15), 2021, pp. 5-23.

aprueba el Reglamento por el que se regula el sistema de acogida en materia de protección internacional, declara lo siguiente:

> "(...) *se plantea ... un nuevo modelo de colaboración con entidades, a través de un sistema de acción concertada,* que se suma a los servicios de acogida gestionados por el Ministerio de Inclusión, Seguridad Social y Migraciones, tanto de forma directa, como indirecta a través de fórmulas contractuales, así como a aquellos otros que con carácter excepcional se dispongan para la atención a situaciones de urgente necesidad y a circunstancias de vulnerabilidad.
>
> A este respecto, cabe señalar que, *hasta la fecha, el sistema de acogida de protección internacional se ha financiado, principalmente, a través de un sistema de subvenciones a las entidades que prestan los servicios de acogida,* proporcionando una solución coyuntural a un factor que se ha revelado como estructural. En efecto, el carácter eminentemente anual de las mencionadas subvenciones dificulta la visión a largo plazo del sistema, *generándose incertidumbre e ineficiencias en la planificación y la gestión de las entidades colaboradoras,* especialmente en lo que a recursos humanos y materiales se refiere. Además, el sistema de subvenciones implica elevados costes de tramitación para la Administración General del Estado y dificulta una efectiva evaluación de resultados. Por último, no se generan suficientes incentivos a la innovación o al control de costes.
>
> *El nuevo modelo de acción concertada* permite superar algunas de las limitaciones del actual sistema de subvenciones. Así, la previa planificación de las necesidades del sistema *permite conceder una autorización a toda entidad que cumpla los requisitos establecidos para la prestación de servicios de acogida durante un periodo de hasta cuatro años.* De esta manera, se promueve una visión plurianual del sistema, incrementando su estabilidad y previsibilidad y permitiendo, al mismo tiempo, un vínculo más estrecho con las entidades".

La consecuencia es el establecimiento de un sistema de acción concertada con entidades privadas sin ánimo de lucro basado en la autorización temporal (4 años) de todas aquellas que cumplan los requisitos que se establezcan. De este modo, la acción concertada se define como: "el instrumento por el que se concede la autorización a aquellas entidades que cumplan las condiciones establecidas en este reglamento y sus normas de desarrollo para la prestación de servicios de acogida" (art. 35.a); precisando que: "serán autorizadas todas las entidades que cumplan los requisitos establecidos en el presente reglamento y en las normas de desarrollo, respetando las disposiciones del artículo 11.6 de la Ley 9/2017, de 8 de noviembre, de Contratos del Sector Público. Dichas autorizaciones se podrán solicitar y conceder en cualquier momento" (art. 39.2). Sin perjuicio del obligado cumplimiento de los requisitos preceptivos (art. 38), lo que permite calificar a esta modalidad de gestión como fórmula no contractual es que todas las entidades que cumplan serán autorizadas para concertar con la Administración competente en materia de servicios de acogida de protección internacional.

Como se apuntó, la regulación del concierto social en Canarias prevé la selección entre las ofertas presentadas por las entidades de iniciativa social: "recibidas las propuestas de concierto en el plazo habilitado, la selección de las personas o entidades se efectuará de conformidad con los siguientes criterios de valoración" (art. 17.3 Decreto 144/2021). Esta previsión impide que esta fórmula de colaboración pueda ser considerado como una forma de gestión no contractual, sin que para ello baste con que esa sea la denominación legal. La selección pugna con la característica fundamental de esa modalidad de gestión: que todas las entidades que cumplan los requisitos sean concertadas, pero no lo son. La consecuencia es la naturaleza contractual de los conciertos sociales.

## IX.12.7. LA JURISPRUDENCIA EUROPEA: LOS CONCIERTOS SOCIALES SON CONTRATOS DE SERVICIOS

La doctrina del TJUE ha confirmado la naturaleza contractual de los conciertos sociales[11]. En síntesis, en sus pronunciamientos se establecen los siguientes criterios:

---

[11] STJUE, Sala Cuarta, de 14 de julio de 2022 (ponente C. Lycourgos), asunto C-436/20, conocido como caso "ASADE I", sobre el Decreto 181/2017, de 17 de noviembre, por el que se desarrolla la acción concertada para la prestación de servicios sociales en el ámbito de la Comunitat Valenciana por entidades de iniciativa social, aprobado en desarrollo de la Ley 5/1997, de 25 de junio, del Sistema de Servicios Sociales de la Comunidad Valenciana (modificada por Ley 13/2016, de 29 de diciembre); y el Auto del mismo Tribunal de 31 de marzo de 2023 (C-676/20, caso "ASADE II"), sobre el Decreto 62/2017, de 11 de abril, sobre acuerdo de acción concertada de servicios sanitarios y convenios de vinculación con entidades públicas y entidades sin ánimo de lucro, dictado en desarrollo de la Ley 11/2016, de 15 de diciembre, de acción concertada para la prestación a las personas de servicios de carácter social y sanitario de Aragón.

1. Que los conciertos sociales son contratos públicos (de acuerdo con el concepto europeo-funcional) en la medida que los prestadores son operadores económicos, aunque no tengan ánimo de lucro; las prestaciones son servicios económicos (todas o algunas son servicios sociales del Anexo); existe onerosidad, aunque no se retribuya el beneficio industrial (sólo costes incurridos); se da una relación sinalagmática entre las partes; se adjudican previa selección entre ofertantes; y es la administración quien "designa" y, en su caso, financia, a los usuarios que deben ser atendidos por los prestadores elegidos.
2. Que el incumplimiento por los conciertos sociales de los requisitos del art. 77 de la Directiva 2014/24/UE ("*contratos reservados a determinadas organizaciones*") no determina su invalidez, porque la Directiva admite contratos públicos de servicios sociales reservados a entidades sin ánimo de lucro distintos de los supuestos de ese precepto, con la salvedad de que estos contratos quedan sujetos a los principios de transparencia, concurrencia e igualdad del art. 76 de la Directiva.
3. Que la reserva de los conciertos sociales a las entidades sin ánimo de lucro, con exclusión de las que tienen ánimo de lucro, es legítima cuando esa exclusión/reserva encuentre su causa en los *principios de universalidad y solidaridad*, propios de un sistema de asistencia social, bien en *razones de eficiencia económica y de adecuación*, en tanto permiten la prestación en condiciones de equilibrio económico en el orden presupuestario, por ser entidades constituidas para servir el interés general.

Pues bien, a tenor de estos criterios, las formas de gestión indirecta de los servicios públicos sociales entre las que pueda optar o combinar la Administración competente son las siguientes:

*1. Formas contractuales* en función del tipo de entidad colaboradora:

a. Entidades con ánimo de lucro ("iniciativa mercantil"):

– Reglas de las directivas de contratos públicos y LCSP cuando el importe sea inferior al umbral de 750.000 euros.

- Modalidades: "*contrato de servicios*" y "*concesión de servicios*"[12].

b. Entidades sin ánimo de lucro ("iniciativa social"):

- Sin cumplir los requisitos de los contratos reservados (DA 48ª LCSP).
- Fines: principios de universalidad, solidaridad, y también razones de eficiencia económica
- Selección: principios de igualdad de trato, concurrencia y transparencia.
- Régimen jurídico singular: compensación de gastos sin beneficio industrial.
- Modalidades: "*concierto social*" con naturaleza de "contrato de servicios".

c. Entidades sin ánimo de lucro ("iniciativa social" —voluntariado—):

- Cumpliendo los requisitos de los contratos reservados (DA 48 LCSP).
- Fines: principios de universalidad y solidaridad
- Selección: concurrencia entre organizaciones que cumplan los requisitos
- Régimen jurídico: contrato reservado con compensación de gastos sin beneficio industrial.
- Modalidad: "*contrato de servicios*" por un plazo máximo de 3 años.

2. *Formas no contractuales (sin selección entre dos o más oferentes)*:

La posibilidad de utilizar una forma de gestión indirecta (por tanto, a través de una entidad privada, mercantil o de iniciativa social) que no sea contractual requiere que todos cuantos

---

12 Aunque, como en todos los servicios públicos, resulta harto complicado traspasar el riesgo operacional a un prestador de servicios sociales públicos, siendo ese traspaso el elemento determinante de la figura de la concesión (art. 15 en relación con art. 14.4 LCSP). La garantía de prestación regular y continua se impone. Sobre esta cuestión, por todos, HERNÁNDEZ GONZÁLEZ, Francisco Lorenzo, *La nueva concesión de servicios: estudio del riesgo operacional*, Cizur Menor, 2018.

cumplan los requisitos que establezca la administración sean concertados y, por tanto, presten servicios.

De acuerdo con lo anterior y con la jurisprudencia citada, los llamados "conciertos sociales", en tanto implican selección del prestador, son contratos públicos de servicios y, como tales, quedan sujetos a los principios propios de la contratación pública.

## IX.12.8. EL IMPACTO SOBRE EL CONCIERTO SOCIAL COMO FORMA DE GESTIÓN DE LOS SERVICIOS SOCIALES

La aplicación de la doctrina del TJUE sobre los conciertos sociales que regula la Ley de Servicios Sociales de Canarias determina que los mismos son contratos de servicios que, por tanto, quedan sujetos a la normativa sobre contratación, en particular a los principios de publicidad, transparencia, concurrencia e igualdad en los términos y con el alcance que resulta del derecho europeo. De esta condición resulta la necesidad de adaptar la legislación autonómica a la misma y, en su caso, a las reglas que pueda establecer el legislador estatal de contratos, en la medida que, teniendo naturaleza contractual, la competencia exclusiva de la Comunidad Autónoma en materia de servicios sociales que amparaba el régimen vigente cede ante la competencia básica del Estado en materia de contratos públicos [con el alcance señalado, entre otras, en STC, en Pleno, de 18 de marzo de 2021 (ponente Juan Antonio Xiol Ríos)].

Esa adaptación pasa por exigir, con mayor detalle, la concurrencia de una causa legítima: universalidad y solidaridad, y, en su caso, eficiencia económica que justifique acudir a una contratación reservada a entidades sin ánimo de lucro, resultando innecesario justificar que se trata de un "instrumento no contractual", porque no es esta su naturaleza jurídica. La normativa vigente hace referencia como causa del concierto social a: "tratarse de actuaciones en las que el arraigo de la persona a su entorno, la vinculación terapéutica u otros criterios de necesidad asistencial o atención social justifican su provisión por este régimen" (art. 15.2.b Decreto 144/2021), precisando la conveniencia de acudir a esta fórmula con entidades sin ánimo de lucro "por cuanto permiten una mejor atención personalizada e integral, el arraigo, la permanencia de las personas usuarias en su entorno, la continuidad en la atención el máximo bienestar y la eficiencia presupuestaria" (art. 17.2.c Decreto 144/2021).

Pues bien, a tenor de la jurisprudencia europea, es obligatoria una justificación precisa, más allá de la presunción de que la provisión por entidades sin ánimo de lucro cumple esas exigencias y se diferencia por el hecho de hacerlo. De aceptar acríticamente esta presunción se estaría concluyendo que la provisión por una entidad con ánimo de lucro resulta incapaz de cumplir esos requerimientos ("atención personalizada, arraigo, permanencia de las personas en su entorno, continuidad de la atención"), lo cual carecería de sentido alguno, no sólo por las exigencias de solvencia técnica y profesional que deben cumplir las entidades prestadoras, sean mercantiles o sean de iniciativa social, sino porque la exigencia de esos requisitos y su cumplimiento son responsabilidad de la Administración pública competente. Es posible justificar el concierto social, pero es ineludible una motivación que explique la preferencia de esta modalidad.

Acreditada la concurrencia de una causa justificativa, la adecuación a la normativa europea afecta al modo de publicación, que en función de la cuantía de los conciertos deberá producirse en el Diario Oficial de la Unión Europea (sin que pueda limitarse a los diarios oficiales provincial o autonómico). También incide sobre los criterios de valoración y adjudicación de las ofertas. La relación recogida en el reglamento debe ser revisada a la luz de la doctrina asentada en materia de contratos públicos; en particular, la doble valoración de la experiencia previa, como criterio de solvencia y como criterio valoración (art. 8.2.b y 17.3.g Decreto 144/2021), o la exigencia de que la entidad esté implantada "*en la localidad donde vaya a prestarse el servicio*" (art. 17.3.f Decreto 144/2021). Del mismo modo, la duración del concierto social habrá de acomodarse al plazo de los contratos de servicios (máximo 5 años incluyendo las prórrogas, art. 29.4 LCSP, sólo ampliable cuando lo imponga la continuidad del tratamiento a los usuarios, art. 29.4, cuarto párrafo); también el régimen de modificación y revisión del concierto social debe adecuarse a las previsiones propias de los contratos de servicios (art. 202 a 205 LCSP). En suma, el régimen jurídico del concierto social debe pasar de pretender ser "*un instrumento no contractual*" a lo que de verdad es: un contrato público de servicios.

En tanto el legislador básico lleve a cabo la regulación básica del concierto social, dando forma a un contrato de servicios que responda a sus características básicas, la adaptación apuntada puede y debe realizarse, concierto a concierto, incorporando en las bases de la convocatoria y en el clausulado del acuerdo, los elementos precisos para que se cumplan las exigencias de la normativa de contratos públicos de obligado cumplimiento.

## IX.12.9. CONCLUSIONES

Por sus características, especialmente las relativas a las personas que deben ser atendidas, es razonable —siempre lo fue— establecer un régimen particular para regular la colaboración de entidades de iniciativa social, sin ánimo de lucro, con el servicio público de asistencia social o servicios sociales, basado en los principios de universalidad y de solidaridad. Ahora bien, la especialidad no puede ir más allá de lo estrictamente necesario para la consecución de esos fines. Por ello, en tanto la reserva de contratos y recursos públicos vía conciertos sociales a entidades privadas sin ánimo de lucro, tal y como se encuentran regulados en la legislación de servicios sociales de Canarias, va más allá de los mismos, resulta necesario adaptar esa regulación a los criterios señalados por la jurisprudencia europea.

## IX.12.10. JURISPRUDENCIA

STC núm. 31/2015, de 25 de febrero de 2015 (ponente Pedro González-Trevijano Sánchez). (Rec. de inconstitucionalidad 5829/2014)

STC núm. 68/2021, de 18 de marzo de 2021 (ponente Juan Antonio Xiol Ríos). (Rec. de inconstitucionalidad 4261/2018)

STJUE núm. 399/2016, de 2 de junio de 2016 (ponente D. Šváby). (ASUNTO C-410/14).

STJUE núm. 142/2018, de 1 de marzo de 2018 (ponente D. Šváby). (ASUNTO C-9/17).

STJUE núm. 559/2022, de 14 de julio de 2022 (ponente C. Lycourgos). (ASUNTO C-436/20).

## IX.12.11. BIBLIOGRAFÍA


DARNACULLETA GARDELLA, Mercé *et al.*, *La colaboración público-privada en la gestión de servicios sociales,* Madrid, 2022

DÍAZ SASTRE, Silvia, "Contratos «open-house»: comprar sin licitar", *Revista de Estudios de la Administración Local y Autonómica. Nueva Época* (15), 2021, pp. 5-23.

DOMÍNGUEZ MARTÍN, Mónica, "La acción concertada de los servicios a las personas en la ley de contratos del sector público y en la legislación autonómica ¿instrumentos no contractuales para la prestación de servicios públicos destinados a satisfacer carácter social?", en TOLIVAR ALAS, Leopoldo y CUETO PÉREZ, Miriam (dirs.), *La prestación de servicios sociosanitarios: nuevo marco de la contratación pública,* Valencia, 2020, pp. 47-75.

GARRIDO JUNCAL, Andrea, *Los servicios sociales en el s. XXI: nuevas tipologías y nuevas formas de prestación,* Madrid, 2020.

HERNÁNDEZ GONZÁLEZ, Francisco Lorenzo, "La adjudicación directa de contratos públicos a las entidades sin ánimo de lucro", en LAGUNA DE PAZ, José Carlos; SANZ RUBIALES, Íñigo y DE LOS MOZOS TOUYA, Isabel (coords.), *Derecho Administrativo e integración europea: estudios en homenaje al profesor José Luis Martínez López-Muñiz* vol. 2, t. 2, Madrid, 2017, pp. 1035-1052.

HERNÁNDEZ GONZÁLEZ, Francisco Lorenzo, *La nueva concesión de servicios: estudio del riesgo operacional,* Cizur Menor, 2018.

LEÑERO BOHÓRQUEZ, María Rosario, "La naturaleza jurídica de la acción concertada como modalidad de gestión de los servicios a las personas", en DARNACULLETA GARDELLA, Mercé *et al.*, *La colaboración público-privada en la gestión de servicios sociales,* Madrid, 2022, pp. 135-195.

LAZO VITORIA, Ximena, "Prestación de servicios a las personas: ¿concierto social o contrato?", *Revista de Estudios de la Administración Local y Autonómica. Nueva Época* (20), 2023, pp. 31-46.

LAZO VITORIA, Ximena, "Servicios sociales", *Revista General de Derecho Administrativo* (65), 2024, pp. 1-15.

VILLAR ROJAS, Francisco José, "Formas de gestión de los servicios sociales: en particular, la vinculación de gestores privados al sistema público mediante conciertos y convenios", *Documentación Administrativa* (271-272), 2005, pp. 389-412

VILLAR ROJAS, Francisco José, "Iniciativa privada y prestación de servicios sociales. Las redes o sistemas públicos de servicios sociales", en EZQUERRA HUERVA, Antonio (coord.), *El marco jurídico de los servicios sociales en España,* Barcelona, 2012, pp. 87-120.

# *IX.13. La acción concertada social y las fórmulas no contractuales en la provisión de servicios de atención a la persona: Navarra*

**ARITZ ROMEO RUIZ**
*Profesor Contratado Doctor de Derecho Administrativo*
*Universidad Pública de Navarra*

**Resumen:** El presente capítulo aborda el régimen de los conciertos sociales en la Comunidad Foral de Navarra que, como consecuencia de su régimen foral propio, dispone de competencias de naturaleza histórica en unos casos, y estatutaria en otros, que le permiten desarrollar una regulación propia en materia de conciertos. La Ley Foral de Contratos Públicos de Navarra excluyó del régimen contractual los conciertos de servicios dirigidos a las personas en los ámbitos de la salud, de los servicios sociales, de la educación y de la cultura, existiendo regulación específica en todos ellos, salvo en el ámbito cultural. En las próximas páginas se explica el sistema navarro en cuanto a los conciertos sociales, sanitarios y socio-sanitarios, aportando una serie de propuestas de mejora de la norma actual, la Ley Foral 13/2017, de 16 de noviembre, de conciertos sociales.

**Palabras clave:** Navarra, régimen foral, conciertos sociales, contratos públicos, cláusulas sociales.

**Índice:** 

**Abreviaturas empleadas:**

LCSP: Ley 9/2017, de 8 de noviembre, de Contratos del Sector Público
LFCP: Ley Foral 2/2018, de 13 de abril, de Contratos Públicos de Navarra

LFCS: Ley Foral 13/2017, de 16 de noviembre, de conciertos sociales en los ámbitos de salud y servicios sociales
LORAFNA: Ley Orgánica 13/1982, de 10 de agosto, de reintegración y amejoramiento del Régimen Foral de Navarra
UE: Unión Europea

## IX.13.1. COMPETENCIAS DE LA COMUNIDAD FORAL DE NAVARRA EN MATERIA DE CONCIERTOS

### *A) Competencias estatutarias, competencias forales y competencias delegadas*

Una primera cuestión que debe mencionarse es el singular régimen competencial de la Comunidad Foral de Navarra, que cuenta con atribuciones de diferente naturaleza jurídica. Así, Navarra goza de las denominadas competencias estatutarias, las competencias forales o históricas y las competencias atribuidas por delegación.

Las primeras de ellas, las denominadas estatutarias son aquellas que nacen del juego entre los artículos 149 y 148 de la Constitución, y el desarrollo de este último en la Ley Orgánica 13/1982, de 10 de agosto, de reintegración y amejoramiento del Régimen Foral de Navarra (LORAFNA). Son las competencias que Navarra ostenta en el mismo sentido que las Comunidades Autónomas de régimen común, y a las que les son de aplicación los límites típicos que se derivan del Título VIII de la Constitución.

Las segundas, las denominadas competencias forales o competencias históricas son aquellas que configuran el sistema foral propio y privativo de Navarra, y que encuentran su fundamento constitucional en la disposición adicional primera y en la constitución derogatoria de la Ley Fundamental.

Estas tienen una naturaleza singular, ya que pueden, incluso, transcender la competencia básica del Estado en determinadas materias, sin perjuicio (y sin tacha) de los principios generales de integración del Estado autonómico: solidaridad, unidad, igualdad de derechos y obligaciones, y unidad de sistema económico.

Para que una competencia esté comprendida en el grupo de competencias forales de Navarra ha de cumplir tres requisitos: estar reconocida como tal en la LORAFNA, no ser contraria al orden constitucional y tener historicidad. Es decir, Navarra tenía que venir ejerciendo competencias en esa determinada materia con anterioridad al régimen constitucional de 1978.

Finalmente, las competencias atribuidas por delegación son aquellas que el Estado haya delegado en favor de la Comunidad Foral.

En materia de concertación social, como a continuación veremos, en Navarra van a confluir competencias de diversa naturaleza, y, por tanto, con alcance diferente tanto entre ellas como en relación con el resto de Comunidades Autónomas.

### *B) Títulos competenciales de Navarra en materia de conciertos*

Son varios los títulos que fundamentan la competencia de Navarra en materia de conciertos. Por un lado, el principal título competencial es el que se refiere a los contratos del sector público. Y, por otro lado, están las competencias sustantivas en relación con las materias propias de cada modalidad de concertación: el bienestar social, la educación y la cultura.

#### a) Las competencias de Navarra en materia de contratos públicos y concesiones administrativas

En materia de contratos públicos Navarra tiene competencias de las denominadas forales o históricas. El artículo 49.1.d) LORAFNA establece que "en virtud de su régimen foral, corresponde a Navarra la competencia exclusiva sobre (...) contratos y concesiones administrativos, respetando los principios esenciales de la legislación básica del Estado sobre la materia", de manera que se concitan los derechos históricos de Navarra con la competencia básica estatal en materia de contratos públicos[1]. Además, la Comunidad Foral de Navarra debe ejercer esa competencia con arreglo al derecho de la Unión Europea (UE) en materia de contratación pública.

---

1 ALLI ARANGUREN, Juan Cruz, "Competencias de la Comunidad Foral de Navarra en materia de Contratos", en ALLI ARANGUREN, Juan Cruz (coord.) *Comentarios a la Ley Foral de Contratos Públicos (Ley Foral 6/2006, de 9 de junio)*, Pamplona, 2006, p. 45.

El hecho de que Navarra cuente con competencias de naturaleza foral en contratación pública conlleva que a la Comunidad Foral le corresponden las potestades legislativas, de desarrollo reglamentario, de gestión administrativa y revisora en vía administrativa, es decir, se trata de un régimen de exclusividad en el ejercicio de la competencia.

Sin embargo, y pese a la naturaleza foral o histórica, existe un límite fundamental a su ejercicio, como es la primacía del derecho de la Unión Europea, que, como es sabido, establece un marco común a toda la Unión, a través de las Directivas 2014/23/UE, 2014/24/UE y 2014/25/UE, sobre diversos aspectos relacionados con la contratación pública y con las concesiones. Por tanto, Navarra deberá adoptar su marco legislativo y regulador en la materia a las disposiciones de dichas directivas, y, muy especialmente, a la directiva 2014/24/UE de contratos públicos.

Por otro lado, un segundo límite se refiere al alcance de la competencia foral en materia de contratación pública, en relación con la competencia básica que la Constitución, en su artículo 149.1.18ª reserva al Estado en materia de contratos y concesiones administrativas. Debe tenerse en cuenta, que el artículo 49.1.c) de la LORAFNA proclama la competencia de Navarra sobre contratos y concesiones, pero con respeto, no a la legislación básica del Estado, sino a los principios esenciales de ésta.

En relación con esto, *Alli Aranguren*[2], en un análisis en relación con la anterior Ley Foral 6/2006, de 9 de junio, de Contratos Públicos consideró que la competencia foral es "exclusiva en todos los aspectos organizativos y procesales", pero, en lo que hace a los principios esenciales, debe respetar la legislación básica del Estado.

En el preámbulo de la vigente Ley Foral 2/2018, de 13 de abril, de Contratos Públicos de Navarra (LFCP) se afirma que cuando el art. 49.1.c) de la LORAFNA proclama la competencia Navarra en contratos y concesiones administrativas "respetando los principios esenciales de la legislación básica del Estado en la materia", dichos principios esenciales son los recogidos en las Directivas europeas, que concreta el legislador foral en los de igualdad de trato, no discrimina-

2 Ibidem, p. 50.

ción, reconocimiento mutuo, proporcionalidad y transparencia"[3]. Sintetiza así, el legislador foral de 2018 lo que, con mayor desarrollo, ya afirmara el preámbulo de la Ley Foral de Contratos de 2006: los principios esenciales de la legislación básica del Estado en materia de contratación pública están hoy en día determinados por las directivas europeas sobre la materia. Dado que la STC, en Pleno, de 22 de abril de 1993 (ponente Eugenio Díaz Eimil), estableció doctrina en el sentido de que el desarrollo del derecho europeo y su ejecución, corresponde a quien tenga atribuida la competencia sobre la materia según las normas de derecho interno, y que en el caso de la contratación pública es a Navarra a quien le corresponde tal cuestión, la Comunidad Foral debe transponer las Directivas para el territorio de Navarra sin necesidad de estar a lo que establezca la legislación del Estado. Y, puesto que los principios esenciales de la contratación pública en España son los que se señalan en el derecho de la UE, "la potestad legislativa de la Comunidad Foral de Navarra se halla tan solo limitada por la observancia de aquellos principios que, extraídos del Tratado Constitutivo de la Unión Europea por el Tribunal de Justicia, hoy definen el sistema de la contratación pública en Europa" y que hoy en día se contienen en las denominadas directivas de cuarta generación de contratos públicos.

### b) Competencias de Navarra en las materias sustantivas que pueden ser objeto de concertación

Además de la competencia foral sobre contratos públicos, la LORAFNA atribuye a Navarra competencias en los ámbitos materiales que pueden ser gestionados mediante la figura de concierto. De este modo, el artículo 44.17 recoge la competencia exclusiva de Navarra

---

3 Este primer párrafo del preámbulo de la LFCPN resulta un tanto sorprendente, no sólo por la referencia no literal entrecomillada al art. 49.1.c) LORAFNA (la expresión "sin otros límites que" no aparece en la LORAFNA, aunque sí en el preámbulo de la Ley Foral 6/2006), sino, fundamentalmente, porque no hace mención a todos los principios de la contratación pública que contiene el artículo 18 de la Directica 2014/24 de contratos públicos, a saber, igualdad de trato, no discriminación, transparencia, proporcionalidad, competencia, no exclusión artificial de la aplicación de la directiva, así como garantía de inclusión de cláusulas medioambientales, sociales y de innovación.

en el ámbito de la asistencia social, mientras que el punto 18 del mismo artículo 44 lo hace en relación con el desarrollo comunitario, las políticas de igualdad, la política infantil y juvenil y la política de la tercera edad.

La LORAFNA, en su artículo 44.17 establece que Navarra tiene competencia en materia de asistencia social. Dicha atribución comprende la facultad de ordenar la prestación de servicios de asistencia a las personas en el ámbito social. También debe mencionarse el artículo 53 LORAFNA que recoge la competencia de Navarra en cuanto a sanidad.

Entre las facultades que comprenden dichas competencias se encuentra la de decidir qué medios han de emplearse o la elección entre la gestión directa o indirecta para la prestación de servicios públicos

Además de lo anterior, debe reseñarse que Navarra cuenta con competencia de naturaleza foral o histórica en cuanto a su régimen local, que queda reconocida en el artículo 46 de la LORAFNA, lo que le da la facultad de ordenar la forma de prestación de los servicios públicos locales, a través de la Ley Foral 6/1990, de 2 de julio, de la administración local de Navarra. Esta norma contempla el desarrollo de la figura del concierto local en sus artículos 192.3 y 203. En concreto, el artículo 203.3 se remite a lo dispuesto en la LFCS a los efectos de regular la prestación de servicios públicos concertados en los ámbitos relativos a la sanidad y los servicios sociales y socio-sanitarios.

En materia sanitaria, el artículo 53 de la LORAFNA reconoce a Navarra las competencias que venía ostentado así como el desarrollo legislativo y la ejecución de la legislación básica del Estado. Ello comprende la facultad de organizar los servicios correspondientes a la salud y a la sanidad, así como el ejercicio de la tutela de las instituciones, entidades y fundaciones relacionadas con dicha materia.

A ello hay que sumar la competencia de la Comunidad Foral de Navarra en materia educativa, que se contiene en el artículo 47 de la LORAFNA y que se configura como una consecuencia "plena" para la regulación y la administración de la "enseñanza en toda su extensión, niveles y grados", y sin perjuicio de los preceptos constitucionales, de las leyes orgánicas y de las competencias estatales en materia educativa.

En materia cultural, el artículo 44 de la LORAFNA reconoce a Navarra competencias en cultura "en coordinación con el Estado", sobre el patrimonio cultural, sin perjuicio de las competencias del Estado frente a la expoliación y la exportación, así como en materia de archivos, bibliotecas, museos, hemerotecas y centros de depósito cultural que no sean de titularidad estatal.

Por tanto, Navarra cuenta con facultades para la organización de servicios a las personas mediante gestión concertadas en los ámbitos en los que le faculta la LFCP.

## IX.13.2. LOS CONCIERTOS, COMO NEGOCIO JURÍDICO EXCLUIDO DE LA LEY FORAL DE CONTRATOS PÚBLICOS DE NAVARRA

Las Directivas de contratación pública alteraron el régimen hasta entonces aplicable a los conciertos sociales, y dieron una nueva solución en el marco de la figura de contrato a los llamados "servicios a las personas". Al transponer las directivas, la Ley 9/2017, de 8 de noviembre, de Contratos del Sector Público (LCSP), optó, en su artículo 11.6, por excluir de su ámbito de aplicación la acción concertada de servicios a las personas, aunque circunscrita a los servicios sociales prestados por entidades privadas, que se realice sin necesidad de celebrar contratos públicos, mediante la mera financiación de los servicios prestados y su autorización para la prestación[4]. Como ha señalado *Gimeno Feliú,* ese modelo de acción concertada es, en todo caso, un modelo organizativo que no pueden ocultar prestaciones propias de un contrato de servicios y que, en realidad, la concertación, como señaló *Jordana de Pozas* es una fórmula que se encuadra dentro de la actividad administrativa de fomento, que publifica

4 MELLADO GIL, Lorenzo, "El ámbito objetivo de la LCSP. Tipos contractuales y negocios jurídicos excluidos", en GALLEGO CÓRCOLES, Isabel y GAMERO CASADO, Eduardo (dirs.), *Tratado de Contratos del Sector Público* t. 1, Valencia, 2024, p. 670.

actividades de entidades particular para la consecución del interés general[5].

En Navarra, la LFCP da una solución algo distinta y de mayor alcance. La LFCP comprende la figura del concierto como tal, y lo hace con una aplicación sectorial más amplia que en la LCSP estatal. De esta manera se prevé la posibilidad de suscribir conciertos, sin aplicar el régimen de la LFCP, en los ámbitos de los servicios sociales, culturales, educativos y sanitarios a las personas, cuando estos se celebren con entidades su ánimo de lucro y como una fórmula de gestión indirecta.

El artículo 7.1.j) LFCP considera que este tipo de conciertos son negocios jurídicos excluidos de la aplicación de las disposiciones de esta Ley, aunque exige que la adjudicación de dichos conciertos se realice con publicidad suficiente y de acuerdo con los principios de transparencia y no discriminación. Sin embargo, dicho apartado j), termina señalando lo siguiente: "que se regirán por su normativa específica, siempre que la misma garantice una publicidad suficiente y se ajuste a los principios de transparencia y no discriminación".

De lo anterior debe entenderse que sólo puede haber conciertos para gestionar indirectamente servicios a las personas en los ámbitos social, sanitario, educativo y cultural, y cuando haya una norma específica que los desarrolle. Además, no todos los poderes adjudicadores pueden concertar, ya que únicamente les corresponde esta facultad a las administraciones públicas de Navarra. Y debe concertarse siempre con entidades sin ánimo de lucro y mediante un procedimiento que, además de garantizar los principios de publicidad, transparencia y no discriminación, esté previsto y desarrollado en una norma específica.

Dicho de otra manera, para que pueda haber conciertos será necesaria la existencia de una norma que así lo establezca, y en la que se regule la figura concreta del concierto y que desarrolle sus elementos básicos como el objeto, las entidades que pueden resultar adjudicatarias, los criterios de adjudicación y valoración, la fijación de los precios, las fórmulas de control y seguimiento posterior de

---

5 GIMENO FELIÚ, José María, *La Ley de Contratos del Sector Público 9/2017. Sus principales novedades, los problemas interpretativos y las posibles soluciones*, Cizur Menor, 2019, p. 154.

los conciertos, su duración máxima, y todas aquellas cuestiones que permitan su desarrollo y aplicación.

En ausencia de dicha norma sectorial, no puede darse un concierto como tal, y deberemos remitirnos a las reglas establecidas para los contratos de servicios de la Ley Foral de Contratos Públicos.

En el ámbito social y sanitario, todo ello se ha desarrollado a través de la Ley Foral 13/2017, de 16 de noviembre, de conciertos sociales en los ámbitos de salud y servicios sociales (LFCS), que sustituyó a la anterior Ley Foral 20/1985, de 25 de octubre, de conciertos en materia de servicios sociales[6], la cual trata de superar, pues, como se afirma en el preámbulo de la Ley Foral de 2017, la concertación social "se había perdido en un proceso de mercantilización de la gestión indirecta de los servicios públicos en este ámbito".

En lo que hace al ámbito educativo, los conciertos están previstos para ciclos de educación obligatoria, así como para enseñanzas de bachillerato, los ciclos formativos de grado medio y los programas de garantía social. Su regulación está contenida en diversos instrumentos normativos, como la Ley Foral 11/1998, de 3 de julio, por la que se regula la financiación pública de los centros de iniciativa social que impartan las enseñanzas de bachillerato, ciclos formativos de grado medio y programas de garantía social; el Decreto Foral 156/1995, de 26 de junio, por el que se dictan normas relativas a los conciertos educativos con centros de titularidad privada; el Decreto Foral 416/1992, de 14 de diciembre, por el que se aprueba el Reglamento de Normas sobre Conciertos Educativos; la Orden Foral 78/2013, de 27 de agosto, del Consejero de Educación, por la que se desarrolla el Reglamento de Normas sobre Conciertos Educativos, aprobada por Decreto Foral 416/1992, de 14 de diciembre, entre otras de naturaleza reglamentaria. Por razones de espacio, no podemos entrar aquí a analizar la cuestión relativa a los conciertos educativos en Navarra, por lo que las siguientes páginas se centran en el análisis de los conciertos sociales.

---

6 Entre la prácticamente inexistente bibliografía relativa a la cuestión de los conciertos sociales en Navarra, podemos mencionar, precisamente, el breve comentario de Federico Tajadura en el que se comenta la Ley Foral de 1985: TAJADURA ISO, Federico, "Ley de conciertos en materia de servicios sociales en Navarra", *Cuadernos de Acción Social* (3), 1986, pp. 60-61.

En el ámbito cultural no se ha desarrollado normativamente la figura del concierto. La ausencia de una norma legal que, al igual que sucede en los ámbitos social, sanitario y educativo, regule este tipo de conciertos, nos lleva a la conclusión de que no es posible, a día de hoy, concertar en el ámbito cultural, en tanto en cuanto la figura del concierto no de desarrolle también para el ámbito cultural, de forma similar a lo que ya existe en materia social y sanitaria y en materia educativa.

## IX.13.3. LA CONCERTACIÓN EN EL ÁMBITO SOCIAL Y SANITARIO

Como se señala más arriba, los conciertos sociales en los sectores social, sanitario y socio-sanitario se regulan en la LFCS, una norma que, superando el marco de la Ley Foral 20/1985, tiene por objetivo ofrecer a las entidades sociales sin ánimo de lucro un marco de financiación más estable, al margen del régimen de subvenciones, y de otras fórmulas de financiación y, al mismo tiempo, creando un sistema objetivo y garantista de adjudicación de los conciertos, en gran medida inspirado en el derecho de contratos públicos, aunque al margen de este.

La LFCS establece un sistema de concertación social complementario y subsidiario de la gestión directa de servicios sociales y socio-sanitarios, ya que, en todo momento, prevé reglas para priorizar la gestión directa sobre la gestión indirecta concertada. Además, guarda especial cuidado en recordar que los servicios concertados siguen siendo servicios públicos, por lo que las entidades prestadoras deberán cumplir deberán garantizar los derechos contenidos en la correspondiente normativa sectorial, y con las carteras de servicios.

La LFCS es una norma breve, de tan sólo 11 artículos en los que condesa los elementos necesarios para habilitar la concertación de servicios públicos. Así, aborda cuestiones como el objeto y los principios, los requisitos de las entidades adjudicatarias, condiciones del concierto, procedimiento y criterios de adjudicación, duración y ejecución, cláusulas sociales, incumplimiento y extinción, evaluación y régimen supletorio.

Es, por tanto, una norma de mínimos, que establece unas reglas sencillas que tienen por objeto tratar de facilitar la concertación social, siempre como instrumento subsidiario respecto de las fórmulas de gestión directa.

### *A) La definición de concierto en la LFCS y los principios*

La LFCS define a los conciertos sociales como "instrumentos organizativos" que tienen como fin atender a objetivos sociales, mediante los que se podrán organizar la prestación de servicios a las personas. Son, por tanto, una forma de organización de los servicios de naturaleza social, sanitaria o sociosanitaria, limitada por los principios, normas y procedimientos de adjudicación y ejecución de la Ley y que tienen naturaleza potestativa para las administraciones públicas.

Es importante reseñar que la LFCS está muy orientada a que los conciertos se establezcan para el cumplimiento de objetivos que han de tener naturaleza social y que deberán responder a los principios de la ley foral, que se recogen a continuación:

1. *Principio de servicio público*: los servicios concertados son servicios públicos, por lo que las entidades adjudicatarias de los conciertos deberán garantizar los derechos de las personas usuarias, así como las prestaciones previstas en la normativa sectorial y en las correspondientes carteras de servicios.
2. *Calidad*: la gestión concertada ha de prestar una atención integral y continuada de las prestaciones.
3. *Subsidiariedad*: los conciertos son un instrumento al que únicamente podrá recurrirse cuando quede justificado que la administración no puede prestar el servicio mediante fórmulas de gestión directa, a la que se da preferencia.
4. *Solidaridad:* que supone la implicación de entidades del Tercer Sector en la prestación de este tipo de servicios para favorecer la consecución de fines sociales junto con la prestación del servicio.
5. *Igualdad y no discriminación*, a través, entre otros instrumentos, de la transparencia y la publicidad.
6. *Respeto al principio de libre competencia*, y, por tanto, compromiso de las entidades titulares del concierto de no aplicar una

política de precios inferior a la del mercado y no alteración de la competencia.

7. *Concertación estratégica*: la letra i) del artículo 1.3 hace mención a distintos objetivos que han de cumplir los conciertos. Se menciona la necesidad de utilizar los conciertos para la promoción de fines sociales, de igualdad en mujeres y hombres, de innovación y de sostenibilidad ambiental. Para ello se determina que el objeto de los conciertos ha de recoger este tipo de objetivos, de manera similar a como sucede en el caso de la inserción de cláusulas sociales, ambientales y de innovación en los pliegos de los contratos públicos, en el marco de lo que se conoce como contratación pública estratégica.
8. *Participación* de las personas usuarias de los servicios en la mejora de la prestación y en la evaluación de estos.
9. *No previsión de beneficio empresarial*, por parte de la administración al fijar el precio del concierto y, al mismo tiempo, las entidades adjudicatarias han de comprometerse a invertir cualquier margen de beneficio en medios personales o materiales para mejorar las prestaciones.
10. *Minoración* de las diferencias retributivas y de jornada entre el personal de las entidades que conciertan y las del personal de la administración que pertenezcan a similares categorías profesionales, aunque sin incrementar el gasto del servicio concertado respecto al gasto que hubiera supuesto la anterior fórmula de gestión.

### *B) Entidades adjudicatarias*

La LFCS establece cuales son los requisitos que han de cumplir las entidades adjudicatarias de los conciertos sociales. De este modo, el artículo 2 establece tales requisitos. El principal de ellos es que, para poder ser adjudicataria de un concierto, la entidad deberá estar debidamente registrada, no debe tener ánimo de lucro, así como contar con la previsión, en sus estatutos, de reinvertir cualquier clase de beneficio.

Sobre esta última cuestión se insiste a lo largo del artículo 2 en varios apartados. Así, por ejemplo, el punto 3° reitera la necesidad de prever en los estatutos que no se obtendrán beneficios o, en su caso, reinvertirlo reitera la necesidad de contribuir a la finalidad social objeto del concierto. A partir de ahí debe acreditar una serie de circunstancias en cuanto a su actividad:

1. Actividad efectividad de prestación de servicios sin ánimo de lucro durante, al menos, los cinco años anteriores a la convocatoria.
2. No distribuir resultados positivos
3. Las aportaciones de los socios al capital social han de devengar un interés superior al legal.
4. Carácter gratuito del desempeño de los cargos de los órganos de dirección.
5. Las retribuciones de personal y de los socios no han de superar el 150% del convenio regulador del sector.

Además de ello, la LFCS les exige cumplir con la normativa sectorial del concierto, que los fines de la entidad estén dirigidos a la consecución de los fines propios de la prestación objeto del concierto; también el respeto a la libre competencia y, por consiguiente, el compromiso de no beneficiarse condiciones ventajosas que puedan alterar el mercado; estar al corriente del cumplimiento de las obligaciones que la Ley Foral de Contratos Públicos exige a los contratistas; y el compromiso de cumplir con la prestación objeto del contrato sin incrementar el importe en que se hubiera convocado.

### *C) Objeto de los conciertos y condiciones de la concertación social*

Pueden ser objeto de prestación mediante concierto los servicios públicos que sean de titularidad de la administración pública, que tengan naturaleza social, de nivel especializado, así como carácter sanitario o sociosanitario, siempre que se trate de servicios de interés general y de atención directa a las personas.

La LFCS prevé la división del objeto para la suscripción de varios conciertos, estableciendo de este modo una figura similar a la división en lotes del objeto del contrato en materia de contratación pública. La división por lotes está prevista para los supuestos en los que se deban realizar prestaciones en distintos servicios o centros, y asegurando la coordinación entre diferentes entidades adjudicatarias.

Para ello se exige acreditar que la división no haga la ejecución del concierto excesivamente difícil u onerosa, y que las necesidades de coordinación no pongan en riesgo la correcta prestación de los servicios.

En cuanto a las condiciones de los conciertos, estas quedan fijadas en el artículo 3, un precepto en el que se abordan cuestiones diversas como los pliegos, el precio, las condiciones económicas para los usuarios o la solvencia. Cuestiones dispares que, probablemente podrían haberse ordenado con arreglo a otra sistemática más adecuada.

Respecto de las condiciones generales simplemente se dice en la ley foral que deberán fijarse previamente y que habrán de establecer las obligaciones jurídicas, administrativas y económicas de las partes, así como los criterios de selección. También han de fijarse las especificaciones técnicas de ejecución y la información sobre las condiciones de subrogación del personal, así como los criterios de evaluación. Puede comprobarse que es una concatenación de aspectos propios de los pliegos de condiciones de los contratos públicos, que no quedan concretadas ni tienen un tratamiento específico.

Sobre el precio del concierto, se establece que el mismo habrá de fijarse de manera que sea suficiente para garantizar la prestación del servicio, hacer frente a los gastos salarias, calculados según lo dispuesto en el convenio colectivo sectorial del menor ámbito territorial, así como los gastos directos e indirectos que se deriven del servicio. Además, se fija un tope, de manera que el precio no podrá ser superior al que resultaría de aplicarse la normativa foral de tasas y precios públicos, ni el precio o coste por el que se viniera prestando. El precio debe calcularse de manera que se garantice que el servicio se presta en las mismas condiciones económicas para las personas usuarias, que si se prestara mediante una fórmula de gestión directa.

### *D) La adjudicación de los conciertos*

#### a) Procedimiento de adjudicación

Las normas sobre adjudicación se establecen en los artículos 5 y 6. Existen tres tipos de procedimiento: con publicidad y concurrencia, adjudicación directa y concurrencia limitada sin publicidad. Sin embargo, esos procedimientos no tienen un desarrollo en la ley foral, y parece dejarse un amplio margen a la administración convocante.

La adjudicación directa puede realizarse o cuando sea "preciso para garantizar la continuidad asistencial de las personas beneficiarias de servicios residenciales o centros de día u otros", o cuando una de las entidades que cumpla los requisitos para ser adjudicataria, que ya estuviera prestando el servicio, o que pudiera prestarlo, adopte el compromiso de poner a disposición de la administración parte de la financiación del coste disminuyendo el coste para la administración.

En los supuestos en que vaya a realizarse una adjudicación, debe comunicarse al resto de entidades que pudieran encontrarse en situación similar, y cumplan los requisitos con el fin de que puedan presentar oferta, que será valorada conforme a los criterios de adjudicación del artículo 6. Sin embargo, llama la atención esta cuestión, pues, como vamos a ver a continuación, el artículo 6 únicamente establece una serie de elementos en los que basar la valoración, pero no los concreta ni establece qué peso debe tener cada uno de ellos en la puntuación global. Por tanto, no parece que una oferta presentada en un procedimiento que en principio quiere adjudicarse directamente, y que ha de ser valorada con unos criterios que no se especifican, vaya a tener muchas opciones.

Por otro lado, existe la posibilidad de un procedimiento restringido sin publicidad, en los mismos supuestos en que cabe este tipo de procedimientos en la Ley Foral de Contratos Públicos, exigiendo que, al menos se soliciten tres ofertas. En el resto de los casos, se deberá adjudicar en procedimientos abiertos con publicidad.

De esta manera, la norma general es la adjudicación mediante procedimiento abierto con publicidad, aunque existe un amplio margen de discrecionalidad para optar por el procedimiento negociado y de adjudicación directa, como consecuencia la falta de concreción de los requisitos exigidos para estos. Debe reseñarse que, en la práctica, prevalecen las adjudicaciones mediante procedimiento abierto. Así, de las 14 adjudicaciones de conciertos que se han realizado desde la entrada en vigor de la LFCS, una se canceló, uno se ha adjudicado por el procedimiento restringido (negociado sin publicidad), tres por el procedimiento directo y nueve mediante procedimientos abiertos[7]. Todo ello tiene que ver, sin duda, con la configuración del tejido asociativo de entidades especializadas sin ánimo de lucro que trabajan en Navarra en el sector social y sociosanitario, y el escaso tamaño poblacional de una Comunidad pequeña como Navarra.

### b) Criterios de adjudicación y cláusulas sociales

En cuanto a los criterios de adjudicación, el artículo 6 LFCS establece una serie de cuestiones que pueden servir para valorar las ofertas, aunque su utilización es potestativa. Por un lado, porque el listado constituye un *numerus apertus*, y, como tal, pueden emplearse criterios no contemplados en la ley foral. Por otro lado, porque tal y como dice el primer párrafo de dicho artículo 6, los criterios que servirán para la valoración serán los que "en cada caso se establezcan" teniendo, eso sí, los del listado, carácter preferente para hacer la valoración. El único aspecto preceptivo es el contemplado en la letra a) del punto primero, que hace referencia a la menor diferencia retributiva del personal respecto a l personal de similar categoría de la administración de la Comunidad Foral de Navarra.

De la misma manera, será la administración convocante la que fije los criterios en cada caso, pero no se establece qué peso ha de tener cada uno de ellos, ni siquiera el porcentaje máximo que debe valorarse, por ejemplo, la oferta económica, por lo que también corresponderá al órgano convocante decidir sobre la valoración que debe darse a cada uno de los criterios de adjudicación.

Entre los criterios previstos, algunos pueden medirse de manera objetiva, como la menor diferencia retributiva respecto del personal de similar categoría profesional de la administración foral, los años de experiencia, el valor técnico de la oferta, la valoración de las personas usuarias o el perfil lingüístico del personal. Sin embargo, hay otras cuestiones cuya objetivación parece algo más compleja. Sería este el caso del arraigo de la persona en el centro de atención, por ejemplo.

---

7 Toda la información puede encontrarse en la siguiente dirección web: GOBIERNO DE NAVARRA, "Portal de Contratación Navarra", https://portalcontratacion.navarra.es/es/quiero-consultar-los-conciertos-sociales (última visita, 15 de octubre de 2024).

Está previsto, también, en el artículo, la posibilidad de admitir o exigir "variantes", que, aunque no se concreta en qué consisten, parecen asimilarse al concepto de "mejoras" de la contratación pública. De igual manera, únicamente se habilita la posibilidad tanto de que se exijan por el órgano adjudicador como de que se oferten por las entidades candidatas, aunque sin ofrecer ninguna concreción de en qué han de consistir, ni fijar ningún límite ni en cuanto a su valoración ni al respecto del peso específico que han de tener en la valoración de la oferta.

El artículo 8 contempla también la introducción de cláusulas sociales, que habrán de incluirse necesariamente en los procedimientos de adjudicación. A pesar de que la literalidad del artículo 8 las relaciona con los criterios de adjudicación del artículo 6, en realidad, y como ya se ha señalado los del artículo 6 son potestativos, mientras que la incorporación de cláusulas sociales es preceptiva, al igual que lo es en los procesos de licitación en la contratación pública.

Se refiere a cláusulas llamadas a la consecución de objetivos sociales, especialmente relacionados con el desempleo, la seguridad en el trabajo, los derechos sindicales, la discapacidad y la igualdad entre hombres y mujeres.

Es un precepto claramente inspirado en la legislación de contratos públicos (tanto en la LCSP del Estado como en la LFCP de Navarra), en la que se prevé la incorporación de este tipo de cláusulas en todos los procesos de licitación con carácter transversal y preceptivo. Sin embargo, la LFCS se queda corta en relación con el derecho de contratos públicos, por dos razones. En primer lugar, porque en la LFCS sólo se contempla la introducción de cláusulas de contenido social, como se ha visto. Mientras que las leyes que regulan la contratación pública contemplan la obligación de incorporar no sólo cláusulas sociales, sino también cláusulas ambientales y cláusulas de innovación. Y, en segundo lugar, porque, mientras que la LFCP y la LCSP prevén la posibilidad de incorporar este tipo de cláusulas en todas las fases del procedimiento de licitación[8], la LFCS lo limita,

---

[8] Una obra necesaria y completa en relación con la inclusión de cláusulas sociales, que analiza pormenorizadamente la compra pública estratégica tanto en sus aspectos teóricos como en la aplicación práctica es la siguiente: PALACÍN

exclusivamente, a los criterios de adjudicación y a las condiciones de ejecución.

Además, es necesario señalar que, para la incorporación de cláusulas sociales, ambientales y de innovación, debe exigirse que la cláusula que vaya a incorporarse guarde relación directa con el objeto del contrato, esté contemplada en los pliegos, de manera que pueda ser conocida previamente por los licitadores, no resulte discriminatoria, no de un poder ilimitado de decisión al órgano de contratación y sea acorde con los principios del derecho de la UE, y, en particular, con el principio de libre competencia. Se trata de una consolidada y conocida doctrina de los órganos jurisdiccionales de la UE, que fue formulada en la jurisprudencia (desde la conocida sentencia *Bentjees* hasta *Regiopost*, pasando, entre otras por *Concordia Bus*[9]), y posteriormente se "positivizó" en la Directiva 2014/24/UE, y se ha recogido tanto en la LCSP como en la LFCP[10]. Por tanto, siguiendo con la inspiración contractualista de la LFCS, lo propio sería que se hubiera introducido alguna previsión a este respecto, más que nada para evitar una posible litigiosidad.

---

SÁENZ, Bernabé, *A la responsabilidad social por la contratación pública*, Madrid, 2022.

9 Algunos de los principales pronunciamientos sobre la incorporación de criterios sociales e, la jurisprudencia del TJUE son los siguientes: STJCE, Sala Cuarta, de 20 de septiembre de 1988 (ponente G.C. Rodríguez Iglesias), asunto 31/87, *Gebroederes Beentjes*; STCE, de 26 de septiembre de 2000 (ponente G.C. Rodríguez Iglesias), asunto C-225/98, Comisión c. República Francesa; STJCE, de 17 de septiembre de 2002 (ponente G.C. Rodríguez Iglesias), asunto C-513/99, *Concordia Bus Finland Oy Ab*; STJCE, de 3 de septiembre de 2008, *Rüffert* (As. C 346/06); STJUE, Sala Cuarta, de 17 de noviembre de 2015 (ponente A. Prechal), asunto C-115/14, *Regiopost*.

10 Me remito a lo ya analizado en mi trabajo sobre contratación pública social y derecho de la Unión Europea: ROMEO RUIZ, Aritz, "Contratación pública social y derecho de la Unión Europea", en RAZQUIN LIZARRAGA, Martín María (dir,), *Nueva contratación pública: mercado y medio ambiente*, Cizur Menor, 2016, pp. 405-422. También en ROMEO RUIZ, Aritz, "Las cláusulas sociales en la ley 9/2017, de 8 de noviembre, de contratos del sector público", *Revista Española de Derecho* Administrativo (191), 2018, pp. 297-325.

### *E) Finalización y evaluación de los conciertos*

Los conciertos finalizan por transcurso del plazo de duración o por resolución como consecuencia de un incumplimiento grave.

La LFCS prevé una duración máxima de los conciertos, incluidas todas las prórrogas posibles, de 9 años. Pueden celebrarse conciertos por una duración de 3 años, prorrogables por períodos del mismo tiempo hasta el máximo de los 9 años señalados. O, también, puede concertarse un servicio por un año, pudiendo prorrogarse hasta un máximo de 9 años, con prórrogas anuales. Las prórrogas requieres que haya evaluación positiva.

En cuanto a los incumplimientos, la LFCS en su artículo 9 prevé dos tipos: los incumplimientos de carácter leve, que son aquellos que son causa de resolución. Pueden dar lugar a la resolución los incumplimientos que así se prevea en las condiciones del concierto, así como la acumulación de cinco incumplimientos cuando no haya recogido ninguna previsión a este respecto. Por otro lado, el artículo 9.2 recoge una serie de causas que dan lugar a la "extinción" del concierto.

Respecto a la evaluación, se realiza por una comisión paritaria de seguimiento del concierto, que debe reunirse, al menos dos veces al año, y que habrá de revisar la ejecución del concierto, las actuaciones desarrolladas, los posibles incumplimientos, las memorias anuales y, en general aquellos aspectos que tienen que ver con el seguimiento del concierto. Es obligatorio realizar, al menos, una evaluación final, salvo cuando el concierto tenga una duración inicial de tres años, que deberá realizarse una evaluación intermedia al cumplirse un año y medio desde la suscripción del concierto.

## IX.13.4. CONCLUSIONES

Navarra ha contemplado expresamente en su Ley Foral de Contratos del Sector Público, la exclusión de los conciertos para la realización de prestaciones propias de los denominados servicios a las personas, del régimen jurídico de los contratos públicos, manteniendo la figura de los conciertos, y previendo, expresamente, esta fórmula de gestión indirecta de servicios públicos en los ámbitos social, sanitario, educativo y cultural.

Sin embargo, únicamente se ha desarrollado la figura del concierto en los ámbitos social, sanitario y sociosanitario, y en el ámbito educativo. En el sector cultural, en tanto en cuanto no se desarrolle una normativa específica que regule los conciertos culturales, estos tendrán la consideración jurídica de un contrato de servicios.

En relación con los conciertos sociales, la Ley Foral de Conciertos Sociales en los ámbitos de la salud y de los servicios sociales constituye hoy en día el marco de referencia, desarrollando un régimen jurídico sencillo y que permite la suscripción ágil de conciertos. Dicha ley foral regula un sistema de adjudicación de mínimos con una serie de reglas sencillas, que parten de una evidente inspiración del derecho de contratos públicos.

No obstante, hay aspectos claramente mejorables, como la determinación de unas normas procedimentales mínimas para la adjudicación abierta con publicidad, el procedimiento negociado sin publicidad y para las adjudicaciones directas. También se considera importante introducir modificaciones que aporten mayor claridad y limiten los supuestos en los que es posible la adjudicación directa y la adjudicación sin publicidad, dando preferencia clara a los procedimientos abiertos. De igual manera, sería recomendable concretar el peso específico de cada aspecto a valorar en cuanto a los criterios de adjudicación, y desarrollar estos con mayor concreción, tomando como referencia el concepto de mejor relación calidad-precio de la contratación pública. Unido a esto, se considera de importancia ampliar las posibilidades de introducir cláusulas sociales en las distintas fases del procedimiento de adjudicación, especificar que estas han de guardar relación con objeto del concierto, e introducir, también las cláusulas ambientales y de innovación.

Con todo, se trata de una ley positiva por cuanto permite desarrollar los conciertos sociales como forma de gestión indirecta de servicios, aunque con importantes cuestiones a mejorar.

## IX.13.5. JURISPRUDENCIA

STC núm. 141/1993, de 22 de abril de 1993 (ponente Eugenio Díaz Eimil). (Conflicto positivo de competencia 513/1987)

STJCE núm. 422/1988, de 20 de septiembre de 1988 (ponente G.C. Rodríguez Iglesias). (ASUNTO 31/87)
STCE núm. 494/2000, de 26 de septiembre de 2000 (ponente G.C. Rodríguez Iglesias). (ASUNTO C-225/98)
STJCE núm. 495/2002, de 17 de septiembre de 2002 (ponente G.C. Rodríguez Iglesias). (ASUNTO C-513/99).
STJUE núm. 760/2015, de 17 de noviembre de 2015 (ponente A. Prechal). (ASUNTO C-115/14).

## IX.13.6. BIBLIOGRAFÍA

ALLI ARANGUREN, Juan Cruz, "Competencias de la Comunidad Foral de Navarra en materia de Contratos", en ALLI ARANGUREN, Juan Cruz (coord.) *Comentarios a la Ley Foral de Contratos Públicos (Ley Foral 6/2006, de 9 de junio)*, Pamplona, 2006, pp. 43-119.

ALLI ARANGUREN, Juan Cruz (coord.) *Comentarios a la Ley Foral de Contratos Públicos (Ley Foral 6/2006, de 9 de junio)*, Pamplona, 2006.

GALLEGO CÓRCOLES, Isabel y GAMERO CASADO, Eduardo (dirs.), *Tratado de Contratos del Sector Público* t. 1, 2da edición, Valencia, 2024.

GIMENO FELIÚ, José María, *La Ley de Contratos del Sector Público 9/2017. Sus principales novedades, los problemas interpretativos y las posibles soluciones*, Cizur Menor, 2019.

GOBIERNO DE NAVARRA, "Portal de Contratación Navarra", https://portalcontratacion.navarra.es/es/quiero-consultar-los-conciertos-sociales (última visita, 15 de octubre de 2024).

MELLADO GIL, Lorenzo, "El ámbito objetivo de la LCSP. Tipos contractuales y negocios jurídicos excluidos", en GALLEGO CÓRCOLES, Isabel y GAMERO CASADO, Eduardo (dirs.), *Tratado de Contratos del Sector Público* t. 1, Valencia, 2024, pp. 647-714.

PALACÍN SÁENZ, Bernabé, *A la responsabilidad social por la contratación pública*, Madrid, 2022.

RAZQUIN LIZARRAGA, Martín María (dir,), *Nueva contratación pública: mercado y medio ambiente*, Cizur Menor, 2016.

ROMEO RUIZ, Aritz, "Contratación pública social y derecho de la Unión Europea", en RAZQUIN LIZARRAGA, Martín María (dir,), *Nueva contratación pública: mercado y medio ambiente*, Cizur Menor, 2016, pp. 405-422

ROMEO RUIZ, Aritz, "Las cláusulas sociales en la ley 9/2017, de 8 de noviembre, de contratos del sector público", *Revista Española de Derecho* Administrativo (191), 2018, pp. 297-325.

TAJADURA ISO, Federico, "Ley de conciertos en materia de servicios sociales en Navarra", *Cuadernos de Acción Social* (3), 1986, pp. 60-61.

# *IX.14. La acción concertada social y las fórmulas no contractuales en la provisión de servicios de atención a la persona: Extremadura*

**ENRIQUE HERNÁNDEZ-DIEZ**
*Profesor Contratado Doctor de Derecho Administrativo*
*Universidad de Extremadura*

**Resumen:** este estudio aborda la regulación de la acción concertada entre la Administración y las organizaciones no lucrativas para la prestación indirecta de servicios de interés general en la Comunidad Autónoma de Extremadura, en los ámbitos social, sanitario y sociosanitario. Primero, se introducen los enfoques y normas que han precedido a la legislación de 2018, que fue promulgada para ajustarse al régimen europeo y estatal habilitado por la legislación de contratos del sector público. Segundo, se contextualizan los títulos competenciales que invocaron los poderes públicos autonómicos para dictar una normativa específica entre 2018 y 2022, que diferencia la concertación social de las técnicas contractuales y subvencionales. En tercer lugar, el estudio se detiene en la sistematización de las principales características de la legislación y su desarrollo reglamentario (su alcance, las modalidades, formas de adaptación y control de los conciertos y el impacto en otras regulaciones, entre otros aspectos). Finalmente, se apuntan algunas conclusiones.

**Palabras clave:** acción concertada, conciertos sociales, tercer sector, servicios de interés general.



## Abreviaturas empleadas:

EAEx: Ley Orgánica 1/2011, de 28 de enero, de Reforma del Estatuto de Autonomía de la Comunidad Autónoma de Extremadura
LCS: Ley 13/2018, de 26 de diciembre, de conciertos sociales para la prestación de servicios a las personas en los ámbitos social, sanitario y sociosanitario en Extremadura

LCSP: Ley 9/2017, de 8 de noviembre, de Contratos del Sector Público
LOMLOE: Ley Orgánica 3/2020, de 29 de diciembre, por la que se modifica la Ley Orgánica 2/2006, de 3 de mayo, de Educación
MADEX: Marco de Atención a la Discapacidad en Extremadura
TFUE: Tratado de Funcionamiento de la Unión Europea

## IX.14.1. INTRODUCCIÓN

Extremadura sobresale desde hace décadas y de manera frecuente en diversos indicadores europeos y estatales de vulnerabilidad social. Por ello, no debe extrañar la especial trascendencia de la forma de atender los servicios de interés general para la cohesión social. Desde el inicio de su autonomía (en 1983), los poderes públicos autonómicos parecen haber preferido la prestación directa de estos a través de amplios servicios públicos, frente al mero carácter excepcional y supletorio de la prestación indirecta (eminentemente mediante concesiones contractuales) o al uso de técnicas de fomento, a través de subvenciones.

Es notorio que la polisemia de la palabra "concierto" como herramienta jurídica ha dado lugar a una reconocida y ya analizada confusión terminológica y de categorías durante décadas[1]. También en Extremadura se produjo su relativa dilución conceptual entre las técnicas contractuales o de convenio subvencional más extendidas. Y ello sucedió a pesar de que en, el ordenamiento jurídico extremeño, esta técnica de concertación ya figuraba pretendidamente separada de las otras en la Ley 10/2001, de 28 de junio, de Salud de Extremadura. Pero su uso fue muy limitado durante las décadas siguientes, como señala el propio legislador autonómico en la parte expositiva de una norma que marca el cambio más significativo que analizarán

---

1 Así se puede apreciar con facilidad en el debate doctrinal sobre la naturaleza de estos instrumentos, apoyados en las interpretaciones jurisprudenciales (en particular, del Tribunal de Justicia de la Unión Europea), desde VILLAR ROJAS, "Formas de gestión de los servicios sociales: en particular, la vinculación de gestores privados al sistema público mediante conciertos y convenios", *Documentación Administrativa* (271-272), 2005, pp. 389-412; hasta CASAS AVILÉS, "Acción social concertada: ¿son realmente los conciertos sociales "instrumentos no contractuales"? Extremadura y otras normativas autonómicas", Boletín Digital de Contencioso-Administrativo (34), 2023, pp. 49-76.

estas páginas, a través de la específica Ley 13/2018, de 26 de diciembre, de conciertos sociales para la prestación de servicios a las personas en los ámbitos social, sanitario y sociosanitario en Extremadura (en adelante, LCS). Si la subsunción en las técnicas contractuales justifica el poco uso de aquellas previsiones de 2001, más utilizadas han sido las previsiones del Decreto 151/2006, de 31 de julio, por el que se regula el Marco de Atención a la Discapacidad en Extremadura (MADEX). Sin embargo, aquel reglamento reconducía la provisión indirecta de estos servicios al régimen subvencional. Esta situación también cambia de forma radical a través de la aplicación de la citada LCS. En suma, según el criterio de *Casas Avilés*[2], esta concertación es una modalidad contractual excluida de la aplicación directa de la legislación de contratos estatal.

Como en buena parte de las comunidades autónomas, también en Extremadura se produjo aquel giro del legislador a raíz del escenario abierto de forma expresa por la normativa europea de contratación pública y su transposición a través de la legislación estatal (esto es, mediante la Ley 9/2017, de 8 de noviembre, de Contratos del Sector Público, en adelante LCSP)[3]. En síntesis, el legislador extremeño ha pretendido "introducir una alternativa de financiación a la ofrecida por el régimen de subvenciones o contratos" (según la parte expositiva de la LCS), y por tanto regida por la Ley 6/2011, de 23 de marzo, de Subvenciones de la Comunidad Autónomas de Extremadura.

Por todo ello, el objeto de las siguientes páginas es doble. De una parte, trataré de describir de forma sucinta el marco jurídico que da

---

2 CASAS AVILÉS, *Boletín Digital de Contencioso-Administrativo*, 2023, pp. 49-76

3 Véase GARRIDO JUNCAL, "Las nuevas formas de gestión de los servicios sociales: elementos para un debate", *Revista Catalana de Dret Públic* (55), 2017, pp. 84-100. Véase, también el análisis del caso andaluz realizado por NÚÑEZ LOZANO, "El concierto social para la prestación de los servicios sociales: Crónica de su reconducción a la legislación de contratos", *Revista Andaluza de Administración Pública* (101), 2018, pp. 495-506; y MARTÍNEZ FERNÁNDEZ y CASAS AVILÉS, "La gestión de los servicios sociales tras la LCSP de 2017: Servicios a las personas y servicios a la ciudadanía. Las formas de prestación (indirecta) de estos servicios. Contratos concesionales, contratos de servicios y conciertos locales", en PINTOS SANTIAGO (dir.), *Cinco años de la Ley de Contratos del sector público: Estudio de situación y soluciones para su regulación*, Madrid 2023, pp. 923-984.

hoy cobertura al empleo de esta técnica en particular, el concierto social, por los poderes públicos extremeños (autonómicos y locales), mediante la mencionada Ley de 2018 y su desarrollo reglamentario por Decreto autonómico en 2022. De otra parte, y al mismo tiempo, trataré de subrayar las principales notas características y diferenciadoras de estas disposiciones, para que puedan entenderse de forma sistematizada frente a la regulación propuesta en otros ordenamientos autonómicos

## IX.14.2. CONCEPTUALIZACIÓN Y MARCO COMPETENCIAL

Los poderes públicos extremeños han sido particularmente rigurosos a la hora de invocar las nociones recogidas en el derecho de la Unión Europea a propósito de los servicios no económicos de interés general[4]. Para ordenar la concertación social, la primera fundamentación del legislador autonómico (en la LCS) se ha apoyado en el reconocimiento de la importancia de estos servicios por el artículo 14 del Tratado de Funcionamiento de la Unión Europea (TFUE). Con ello ha querido subrayar que se trata de un instrumento que sirve a la persona y al disfrute efectivo de sus derechos fundamentales. Y, en efecto, es este eje central el que motiva que la Unión reconozca a los Estados (respetando su organización territorial interna) la libertad para organizar la prestación de los servicios sociales. Justo por ello, se desarrolla también en Extremadura el concepto de "concierto social" como herramienta alternativa a los contratos públicos típicos, y al amparo de los considerandos 6 y 114 de la Directiva 2014/24/UE, de 26 de febrero, sobre contratación pública[5].

---

4 Véanse, por todos, las síntesis de CASAS AVILÉS, *Boletín Digital de Contencioso-Administrativo,* 2023, p. 49; GARRIDO JUNCAL, *Revista Catalana de Dret Públic,* 2017, p. 84-100 y MARTÍN EGAÑA, "Los servicios a las personas: La adjudicación directa como alternativa al concierto social", *Gabilex: Revista del Gabinete Jurídico de Castilla-La Mancha* (25), 2021, pp. 272-375.

5 Como señala CASAS AVILÉS, *Boletín Digital de Contencioso-Administrativo,* 2023, p. 49, la STJUE, Sala Cuarta, de 14 de julio de 2022 (ponente C. Lycourgos), asunto C-436/20, declara la naturaleza de la concertación como contratación singular, pero, en última instancia, como verdadera contratación, en un sentido

Conviene señalar que los poderes públicos extremeños (primero el Legislador y después el Ejecutivo) han optado por hacer explícito un vínculo del concepto de "concierto social" con tres ámbitos competenciales donde despliega su intervención sectorial de forma distinta: los servicios sociales, los servicios sanitarios y los servicios sociosanitarios. Así, por ejemplo, la concertación para los servicios educativos reglados sigue respetando las pautas recogidas esencialmente en el artículo 116 de la Ley Orgánica 2/2006, de 3 de mayo, de Educación, (en su redacción dada por la Ley Orgánica 3/2020, de 29 de diciembre, por la que se modifica la Ley Orgánica 2/2006, de 3 de mayo, de Educación, o LOMLOE). Nótese que es la propia Directiva europea la que alude a los servicios sociales, sanitarios y educativos, como sectores de excepción, por lo que cabría coordinar los tres ámbitos. Pero la trayectoria de la concertación educativa motiva, seguramente, que el legislador autonómico incluya en la nueva regulación los dos primeros (con el matiz de los sociosanitarios desgajados), pero no los de tipo educativo, ni siquiera de la educación no reglada, como sí hace la regulación aragonesa[6].

En efecto, detrás de estas tres categorías de servicios (sociales, sanitarios y sociosanitarios), estos poderes autonómicos han entendido que se encuentran servicios de atención a las personas con mayor vulnerabilidad, y no tanto los servicios públicos universales (como la educación formal). En los textos jurídicos que serán objeto de análisis en las siguientes páginas, son mencionados de forma expresa pero no limitativa la atención a la infancia vulnerable y la protección de menores, las personas mayores, con discapacidad, en situación de dependencia, en riesgo o en situación de exclusión social, con trastornos mentales, con deterioro cognitivo, y con enfermedades específicas de particular gravedad, como las de tipo oncológico o hematológicas u otras patologías crónicas[7].

---

general de acto jurídico entre dos o más partes siendo una de ellas un poder adjudicador, aunque quede al margen de las reglas ordinarias de los contratos públicos.

6 Véase MARTÍN EGAÑA, *Gabilex: Revista del Gabinete Jurídico de Castilla-La Mancha*, 2021, pp. 272-375.

7 Véase también, para el caso extremeño, la descripción dada por la Ley 14/2015, de Servicios Sociales de Extremadura, y desarrollada mediante Decreto 35/2023,

Dado aquel perfil típico de los beneficiarios finales de los denominados conciertos sociales, no era extraño que la disposición adicional cuadragésimo novena de la LCSP aluda expresamente a la competencia legislativa de las comunidades autónomas para que delimiten estos instrumentos de concertación al margen de la normativa de contratos del sector público. Es coherente, así, con la expresa exclusión de esta técnica del ámbito de aplicación (véase el artículo 11.6 LCSP). Es una elección que parece obedecer al intento de primar los valores sociales sobre la competencia contractual típica y su eficiencia desde una óptica economicista más intensa[8].

Como consecuencia de esta prefiguración, los títulos competenciales invocados para regular esta técnica (el concierto social) han sido seis. Todos ellos se remiten a la Ley Orgánica 1/2011, de 28 de enero, de Reforma del Estatuto de Autonomía de la Comunidad Autónoma de Extremadura (en adelante, EAEx). En particular, el legislador autonómico se ha referido a cinco títulos competenciales de tipo sectorial y otro organizativo (sobre el régimen local, en virtud del artículo 53 EAEx). Las cinco competencias sectoriales sobre las que se ampara la ordenación de estos conciertos sociales se dividen, a su vez, entre cuatro ámbitos de competencias exclusivas (de las contenidas en el artículo 9 EAEx, entre los apartados 1.26 y 1.29):

1. Sobre la política de infancia y juventud, y la protección y tutela de menores (artículo 9.1.26 EAEx).
2. Sobre la acción social, y en particular "la promoción y protección de los mayores y la prevención, atención e inserción social de los colectivos afectados por cualquier tipo de discapacidad, dependencia o cualesquiera otras circunstancias determinantes de exclusión social" (artículo 9.1.27 EAEx).

---

de 19 de abril, por el que se aprueba el Catálogo del Sistema Público de Servicios Sociales de Extremadura (como bien apunta CASAS AVILÉS, *Boletín Digital de Contencioso-Administrativo*, 2023, p. 49).

8 Véase, en particular, COMISIÓN (UE), "Libro Verde sobre los servicios de interés general" (Comunicación) COM (2003) 270 final, 21 de mayo de 2003. Pero también los análisis de GARRIDO JUNCAL, *Los servicios sociales en el s. XXI: nuevas tipologías y nuevas formas de prestación*, Madrid, 2020; o de MARTÍN EGAÑA, *Gabilex: Revista del Gabinete Jurídico de Castilla-La Mancha*, 2021, pp. 272-375 y demás autores referenciados en la bibliografía.

3. Sobre las políticas de integración y participación social, cultural, económica y laboral de los inmigrantes (artículo 9.1.28 EAEx).
4. Sobre las políticas de igualdad de género (artículo 9.1.29 EAEx).

En efecto, estos cuatro ámbitos dan contenido sustantivo a los servicios sociales de cooperación público-privada que la Unión Europea reconoce caracterizados por los principios de solidaridad, la personalización de la atención, la ausencia de ánimo de lucro, la participación ciudadana (notablemente, a través del voluntariado), la integración cultural local y un grado de asimetría para el beneficiario final que motiva el pago del servicio por terceros (fondos públicos, en el caso de la concertación)[9].

La quinta competencia sectorial invocada es una competencia de desarrollo normativo y ejecución, a propósito de la sanidad y la salud pública (en el artículo 10.1.9 EAEx). Parece obvio que esta encaja en los valores antedichos en la medida en que los beneficiarios de la acción concertada sean personas, de nuevo, en particular situación de vulnerabilidad.

## IX.14.3. PRINCIPALES NOTAS SOBRE LA REGULACIÓN LEGAL Y REGLAMENTARIA

El régimen jurídico extremeño sobre los conciertos sociales consta de dos normas principales. La primera es la Ley 13/2018, de 26 de diciembre, de conciertos sociales para la prestación de servicios a las personas en los ámbitos social, sanitario y sociosanitario en Extremadura. La Ley recoge una parte expositiva, dieciocho artículos, cinco disposiciones adicionales, dos disposiciones transitorias, una disposición derogatoria y seis disposiciones finales.

La segunda es el Decreto 122/2022, de 28 de septiembre, por el que se desarrolla la Ley 13/2018, de 26 de diciembre, de conciertos

---

9 Véanse GARRIDO JUNCAL, *Los servicios sociales en el s. XXI: nuevas tipologías y nuevas formas de prestación*, p. 111-113 y MARTÍN EGAÑA, *Gabilex: Revista del Gabinete Jurídico de Castilla-La Mancha*, 2021, pp. 272-375.

sociales para la prestación de servicios a las personas en los ámbitos social, sanitario y sociosanitario en Extremadura. El Decreto de 2022 consta de una parte expositiva, treinta y cuatro artículos, una disposición adicional, una disposición transitoria, una disposición derogatoria y dos disposiciones finales.

Desde la promulgación de aquel Decreto se han publicado en el Diario Oficial de Extremadura hasta trece Resoluciones de ejecución sobre diversas modalidades de concertación contempladas en la regulación (entre octubre de 2022 y septiembre de 2024).

Cabe señalar que ambos textos no resultan reiterativos, denotando una técnica normativa eficiente para el desarrollo y la concreción legislativa.

### *A) Alcance de la concertación social extremeña*

El artículo 1 LCS y el artículo 1 del Decreto de 2022 comparten la misma rúbrica sobre el "objeto y ámbito de aplicación" de ambas normas. Ambos preceptos son claros: la Ley persigue "establecer el régimen jurídico de la acción concertada" en Extremadura para los tres tipos de servicios que intitulan la norma (sociales, sanitarios y sociosanitarios), y el Decreto contiene "el desarrollo de la Ley". Sobresalen cuatro características de la delimitación de esta regulación.

En primer lugar, no se ciñe a la acción concertada del sector público autonómico, sino que contempla el empleo de estas técnicas por otras Administraciones "incluidas en los sistemas de servicios sociales, sociosanitarios y sanitarios". Esto debe leerse a la luz del título competencial sobre régimen local que invoca la misma Ley (disposición final tercera), y de las competencias municipales reconocidas por la Ley 3/2019, de 22 de enero, de garantía de la autonomía municipal de Extremadura (por ejemplo, en materia de "ordenación, planificación, programación, fomento y gestión de los servicios sociales y de las políticas de inclusión social", como contempla el artículo 15.1.d).1° de esta Ley de 2019).

En segundo lugar, se reconoce que esta acción concertada es solo una de las tres vías posibles de gestión de los servicios objeto de prestación. En realidad, existen: a) la gestión directa o a través de medios propios, como vía preferente; b) la gestión indirecta a través de las modalidades de contratación de la LCSP; y c) esta gestión indirecta por vía concertada[10]. Entre las dos modalidades indirectas no establece preferencias explícitas el Legislador ni el Ejecutivo. Sin embargo, sí parece prefigurarse una preferencia implícita por la técnica de concertación en virtud de las características que se atribuyen a estos servicios, donde la calidad asistencial parece determinada por factores como el arraigo de los prestadores, la solidaridad, la continuidad de la atención o la permanencia de las personas usuarias en su entorno (entre otros que al doctrina del Tribunal de Justicia de la Unión Europea ha reconocido que justifican la separación de las fórmulas contractuales en el mercado ordinario). De hecho, el Decreto (artículo 2) señala estos criterios como condicionantes justificativos de la necesidad de optar por la fórmula de concertación. Y *Casas Avilés* recuerda, acertadamente, que la opción no es libérrima[11].

En tercer lugar, la ordenación extremeña contempla que la concertación pueda versar sobre la gestión integral, o bien solo parcial de las prestaciones (artículo 4.2 LCS, y artículo 2.2 del Decreto). Esto es algo no siempre recogido de forma explícita en los regímenes de este modelo en otras comunidades autónomas y puede favorecer mecanismos más flexibles de prestación mixta (pública-directa y consorciada-indirecta). Sobre esta misma flexibilidad ahonda la previsión de la llamada "concertación conjunta" (artículo 4.3 LCS, y artículo 3 del Decreto). Esta se refiere a la colaboración interdepartamental hacia un único concierto cuando la prestación "afecte de forma simultánea al ámbito social, sanitario y sociosanitario", eventualmente con distintos órganos concertantes competentes. También se orienta hacia la misma eficiencia la disposición adicional primera de la Ley, que ofrece una serie de pautas exigibles a la colaboración interadministrativa.

En cuarto lugar, el articulado de la Ley y el Decreto parecen contemplar como sujetos titulares del concierto solo a entidades que carezcan de ánimo de lucro. Sin embargo, ya *Martín Egaña* señaló

10 Ya apuntado por VILLAR ROJAS, *Documentación Administrativa*, 2005, pp. 389-412

11 CASAS AVILÉS, *Boletín Digital de Contencioso-Administrativo*, 2023, p. 49.

la contradicción con la previsión de la parte expositiva de la Ley[12], donde sí se indica la posibilidad de que las entidades prestadoras sean entidades con ánimo de lucro (aunque las no lucrativas gocen de prioridad). La discrepancia puede obedecer a reformas parciales del texto antes de su aprobación, pero parece concluir que las entidades con fin de lucro pueden asimilarse a las que carecen de él cuando renuncien al beneficio industrial en la acción concertada. No obstante, veremos a continuación de uno de los principios generales sí contempla la participación de las entidades en el mercado, sin precisar su naturaleza o el significado del ánimo lucrativo.

Finalmente, y aunque la sistemática del legislador sitúa este aspecto en el artículo 10 LCS, se configura una planificación de los ámbitos susceptibles de concertación que contribuye a delimitar el alcance de esta. En particular, así la Ley exige que la incorporación de servicio al régimen comporta la elaboración previa de estudios y memorias que demuestren, entre otros factores relevantes, la carencia de medios para la gestión directa, que la actuación es susceptible de ser subsumida en esta modalidad social, que es conveniente, y una estimación de los costes y sus consecuencias financieras, incluyendo la previsión de actualización.

### *B) Un marco axiológico en tres niveles*

La regulación extremeña del concierto social trata de responder a tres niveles de principios que permean toda la regulación. De una parte, introduce concreciones que realicen los principios exigidos por el derecho de la Unión Europea para excepcionar estos conciertos de la regulación de contratos públicos: la transparencia, la publicidad y la no discriminación (véase la Directiva 2014/24/UE)[13].

De otra parte, procura adecuarse a los principios de buena regulación contenidos en el artículo 129 de la Ley 39/2015, de 1 de octubre, del Procedimiento Administrativo Común de las Administraciones

---

12 MARTÍN EGAÑA, *Gabilex: Revista del Gabinete Jurídico de Castilla-La Mancha*, 2021, p. 272.

13 Véanse, por todos, NÚÑEZ LOZANO, *Revista Andaluza de Administración Pública*, 2018, pp. 495-506 o MARTÍN EGAÑA, *Gabilex: Revista del Gabinete Jurídico de Castilla-La Mancha*, 2021, p. 272.

Públicas (en concreto, a los principios de necesidad, eficacia, proporcionalidad, seguridad jurídica, transparencia y eficiencia). Ello lo intenta acreditar el Ejecutivo autonómico, por ejemplo, mencionando expresamente el papel participativo de la Mesa del Diálogo Civil.

Finalmente, el legislador extremeño amplió estos hasta once principios generales aplicados a la concertación (artículo 3 LCS): publicidad, transparencia, igualdad, subsidiariedad, solidaridad, no discriminación, eficiencia presupuestaria, calidad asistencial, adecuación a la planificación estratégica sectorial, responsabilidad social, y compromiso de las entidades concertadas de no beneficiarse de tal condición cuando actúen en el mercado (matiz de concreción a la ausencia de ánimo de lucro).

### *C) Condiciones, modalidades y procedimientos para concertar*

El artículo 5 LCS contempla ocho requisitos de acceso al régimen de concierto social (apartado 1), aunque remite al desarrollo reglamentario (apartado 2) operado por el Decreto de 2022.

Los ocho requisitos legales para las personas jurídicas susceptibles de concertación pueden sintetizarse en cinco: 1) carecer de ánimo de lucro (ya hemos visto que puede ser excepcionado); 2) constar registradas para prestar los servicios objeto de concierto; 3) reunir los requisitos sectoriales correspondientes, incluyendo las habilitaciones para la actividad, los medios materiales y personales, y las instalaciones pertinentes; 4) acreditar una experiencia mínima de tres años prestando el servicio objeto de concierto (también es susceptible de excepción justificada y orientada a garantizar la prestación); y 5) demostrar documentalmente el respeto de la entidad a la normativa laboral y de Seguridad Social.

El reglamento señala que son dos los soportes donde comprobar el cumplimiento de los requisitos: además de estos requisitos legales, podrán establecerse otros en el acto que da inicio al proceso de concertación, ya sea en la convocatoria (si es en régimen de concurrencia) o en el acuerdo (de inicio del procedimiento de concertación directa). Equipara, además, las prohibiciones de concertación a las previstas en la legislación de contratos del sector público. En todo caso, el Ejecutivo procura la simplificación documental de estas acreditaciones mediante el empleo muy extendido de la técnica de la declaración responsable en todo el reglamento.

De la otra parte, el artículo 4 del mismo Decreto de 2022 señala que disponen de potestad para concertar los órganos superiores de las consejerías de la Junta de Extremadura, en función de sus competencias sectoriales, o los órganos directivos de los entes públicos descentralizados (sin perjuicio de la posibilidad de delegación en ambos casos). No obstante, la Ley y el reglamento advierten la necesidad de control previo mediante informes de la Abogacía General y la Intervención General en todos los casos, y la autorización previa del Consejo de Gobierno cuando las convocatorias superen los seiscientos mil euros (artículos 6.5 LCS y 4 *in fine* del Decreto).

Cumplidos los requisitos y perfilada la potestad de concertar, las modalidades que caben son en esencia dos: una ordinaria y otra excepcional. La ordinaria se tramita mediante convocatoria pública y concurrencia. La excepcional es la adjudicación directa, aunque también reglada y solo orientada a la garantía de la continuidad asistencial (artículos 6 a 8 LCS y 5 del Decreto). Ambas disposiciones (Ley y reglamento) detallan de forma pormenorizada los contenidos mínimos de la convocatoria, el expediente y los pliegos o bases (artículos 7 y 8 del Decreto; nótese la ambigüedad en el empleo de ambos términos, "pliegos" y "bases", vinculadas respectivamente a la técnica contractual o subvencional), los criterios de selección susceptibles de considerar (artículo 6 LCS), la incorporación de cláusulas sociales y ambientales (artículo 7 LCS), y los límites a los procedimientos excepcionales de adjudicación directa (artículo 8 LCS). El Capítulo III del Título II del Decreto (artículos 9 a 13) detalla el procedimiento de convocatoria pública y concurrencia, mientras que el Capítulo IV del mismo Título (artículos 14 y 15) se refiere a la adjudicación o concertación llamada directa (y excepcional).

En cualquier modalidad, el artículo 9 LCS señala cuatro límites significativos en las condiciones de concertación. En primer término, como regla general queda prohibido el pago de los usuarios a las entidades concertadas por la prestación del servicio (sin perjuicio de previsiones normativas que lo excepcionen, nunca pudiendo exceder el coste o precio efectivo del servicio, en consonancia con la ausencia de ánimo lucrativo que se presume a la actividad). En segundo término, la ampliación de los servicios que la entidad quiera prestar está sujeta a autorización administrativa. En tercer término, la cesión a terceros (parcial o total) de los servicios es posible bajo condiciones tasadas (como el concurso de acreedores o el cambio de titularidad de la entidad), siempre previa autorización de la Administración concertante. En cuarto y último término, la subcontratación del servicio objeto de concierto se contempla de forma restringida (en casos tasados, o por circunstancias sobrevenidas que no puedan ser afrontadas de otra manera) y también sometida a autorización previa. Todo ello es desarrollado y concretado en los artículos 20 y 21 del Decreto. Volveremos sobre estos dos supuestos (cesión y subcontratación) al delimitar los límites de las modificaciones del concierto inicial.

Para la adjudicación efectiva del concierto, tanto al Ley como el Decreto (artículos 11 y 16 respectivamente) aluden a la libertad de pactos, que es admisible de forma moderada: permite ampliar en la formalización lo previsto en la convocatoria siempre que no altere la garantía y seguridad de la concurrencia. La formalización, por su parte, es también reglada de forma precisa, en tiempos, forma y contenidos (artículos 12 y 17 de la Ley y el Reglamento). Como garantía de la transparencia exigida en la normativa europea, la publicidad se impone al órgano concertante, mediante la divulgación previa de las previsiones en el Portal de Transparencia de Extremadura, y de los actos más relevantes (convocatorias y acuerdos) en el Diario Oficial de Extremadura. Concreta así las exigencias también legales del nuevo artículo 9 bis de la Ley 4/2913, de 21 de mayo, de Gobierno Abierto de Extremadura.

### *D) Cambios y tiempos en la concertación*

El paso del tiempo es uno de los factores críticos que condicionan la eficiencia en el empleo de la técnica. De ello se deriva la importancia de las previsiones en materia de duración, renovación, modificación, prórrogas, extinción y la actualización de los correspondientes regímenes financieros.

El régimen contempla, con carácter general, que los pactos del concierto son susceptibles de evolución y adaptación a circunstancias cambiantes. Ello es coherente con el enfoque plurianual sobre el que se basa la concertación, en virtud de la naturaleza de las prestaciones.

Así, con carácter ordinario, la concertación social aparece configurada para periodos de 3 a 4 años, cuyas renovaciones permiten extenderlos hasta un máximo de 12 años (artículo 13.1 LCS).

El principal límite a las modificaciones requiere que estas no alteren las condiciones sustanciales que fueron consideradas para la concertación. Y la justificación admisible debe consistir en razones de interés público ("debidamente acreditadas", conforme al artículo 13.3 LCS).

Sobre cuáles son los márgenes de modificación, estos varían en función de las herramientas y en la extensión de los cambios. En cualquier caso, la modificación no cronológica (renovaciones, prórrogas o extinciones anticipadas) pueden operar sobre dos elementos: las cuantías o el contenido de las prestaciones asistenciales.

La primera excepción a los tiempos de concertación se contempla para los supuestos de servicios en los que no se hayan producido antes concertaciones sociales, el legislador ha contemplado la posibilidad de reducir la duración de los mismos a un año. Esto permite "determinar la idoneidad" de la técnica (artículo 13.1 LCS). Y esto afecta a las renovaciones, que tampoco pueden dictarse por periodos superiores al año, aunque no parece impedirse que alcancen el máximo general de los doce años por esta vía (esto es, con un máximo de once renovaciones, frente a las cuatro máximas posibles en condiciones ordinarias).

Una segunda forma de alterar el contenido original del concierto es mediante modificaciones consideradas previstas (tercer párrafo artículo 13.3 LCS). Se exige para estas que estén contempladas en la convocatoria, justificando la no alteración de la concurrencia, y solo podrán suponer una variación del treinta por ciento del importe del concierto inicial.

En tercer lugar, el legislador admite que "circunstancias excepcionales, de naturaleza sobrevenida" y "que fueran imprevisibles en el momento en que tuvo lugar la convocatoria", podrán justificar las denominadas "modificaciones no previstas". Estas permiten una alteración de las condiciones del concierto de hasta el cincuenta por ciento del importe inicial (cuarto párrafo del artículo 13.3 LCS).

Ya he aludido a la previsión excepcional de un régimen de cesión del concierto, que persigue evitar la falta de prestación del servicio cuando resulta imposible la continuidad en la actividad de la entidad concertada, o esta cambia de titularidad. El Decreto (artículo 20) detalla la previsión del artículo 9.3 LCS, señalando los plazos y condiciones en los que la Administración puede autorizar tal circunstancia, y previendo que esta cesión puede ser total o parcial. Cuestión distinta representa la subcontratación. Esta es regulada por el artículo 21 del Decreto, que remite a su vez a lo dispuesto en el artículo 9.4 LCS (limita, por ejemplo, el alcance objetivo de esta a ciertos servicios como el transporte, salvo que concurran causas sobrevenidas y de naturaleza coyuntural). La Ley impide, en todo caso, que esta operación exceda del cuarenta por ciento del importe del concierto en los supuestos de servicios subcontratados de forma ordinaria, y del veinte por ciento en los casos que lo sean por las condiciones de excepcionalidad (sobrevenidas y coyunturales). En ambos casos (cesión y subcontratación), asistimos a previsiones de los poderes públicos que tratan de preservar, en última instancia, la continuidad en la prestación de los servicios, en beneficio de los usuarios finales y la importancia que ello tiene para el disfrute de sus derechos fundamentales.

Por último, el artículo 14 LCS recoge hasta diecisiete supuestos concretos que pueden suponer la extinción del concierto distinto del plazo de vencimiento. Pero se trata, además, de un catálogo abierto, permitiendo al reglamento de desarrollo la ampliación de los supuestos, y la remisión ampliada a las causas que justifican la extinción de los contratos del sector público, recogidas en su correspondiente regulación.

### *E) Control, seguimiento y transparencia de la concertación*

La Ley dedica una atención amplia al régimen de control, inspección, sanción, seguimiento técnico y la transparencia debida por imperativo del derecho europeo. Con carácter general, el control corresponde a la Administración concertante (artículo 15.1 LCS). No obstante, esta debe designar una persona o unidad responsable de cada concierto, cuyas instrucciones tienen carácter inmediatamente ejecutivo cuando afectan a la seguridad de las personas beneficiarias o a la integridad de las instalaciones (artículo 15.2 LCS). Esta responsable debe, además, supervisar de forma periódica el concierto y realizar evaluaciones intermedias y finales (artículo 15.3 LCS). Las "penalidades" que puedan imponerse por los incumplimientos detectados se remiten a los pliegos o bases del concierto (artículo 15.4 LCS).

Sobre toda la acción concertada objeto de la Ley, se prevé también la constitución de una comisión de seguimiento de los conciertos sociales (artículo 16), reforzando los mecanismos de vigilancia sobre estos. Sobresale la importancia dada a la integración en estas comisiones de la participación efectiva de las personas usuarias del servicio. La redacción empleada por el legislador no era particularmente feliz, por lo que no quedaba claro de la lectura de la norma si esta comisión era única para toda la Administración en Extremadura, una comisión para cada concierto, o cuántas posibles comisiones podrían constituirse (aunque en todo momento la Ley se expresa en singular). El Ejecutivo resuelve esta incertidumbre en el Título V del Decreto de 2022 (artículos 31 y 32). En él puntualiza que se constituirá una comisión por cada centro directivo, para la supervisión de los conciertos que se celebren en su respectivo ámbito competencial. Dada la composición de estas por cuatro miembros de forma discrecional por el titular del órgano, todo apunta a que la participación de las personas usuarias no se produce por vía orgánica, sino procedimental (en "las evaluaciones que efectúe la comisión", de acuerdo con el artículo 33.2 de Decreto).

Finalmente, el legislador contempló la constitución de diversos registros de organizaciones prestadoras de servicios concertados (artículo 17 LCS), a razón de un registro por Administración competente o consejería de la Junta de Extremadura. Contempla, no obstante, el potencial establecimiento de mecanismos de coordinación interadministrativa e interdepartamental. Y las inscripciones serían indispensables para considerarse entidad susceptible de concertación (salvo las excepciones antedichas al inicio de estas páginas). Dada la homogeneidad del contenido de estos registros (con dos secciones, como desarrolla el Decreto en su artículo 34.2), y la existencia de medios telemáticos que hacen completamente viable el acceso simultáneo desde cualquier centro directivo, esta multiplicidad de herramientas registrales resulta una medida de dudosa eficiencia, porque un único registro autonómico al efecto, con los correspondientes descriptores competenciales y territoriales, haría mucho más sencilla la continuidad de su funcionalidad, con independencia de las frecuentes reorganizaciones (fusiones y escisiones) de los centros directivos.

### *F) Impacto en otras normas*

La promulgación de la Ley de 2018 supuso un impacto relevante en el ordenamiento jurídico extremeño, y en la forma en la que se venían prestando los servicios desde entonces potencialmente sujetos a concertación.

En primer lugar, la Ley dictó dos ámbitos de derogación parcial expresa: a) sobre la disposición adicional sexta de la Ley 14/2015, de 9 de abril, de Servicios Sociales de Extremadura, y b) el capítulo V del título V de la Ley 10/2001, de 28 de junio, de Salud de Extremadura (en ambos casos a través del apartado 1 de la disposición derogatoria única).

En segundo lugar, introdujo reformas parciales también en dos leyes de particular relevancia, aunque de calado menor (apenas para describir la nueva herramienta). Así, cambia los artículos 2 y 3 de la Ley 14/2015, de 9 de abril, de Servicios Sociales de Extremadura; pero también incorpora un artículo 9 bis en la Ley 4/2013, de 21 de mayo, de Gobierno Abierto de Extremadura.

En tercer y último lugar, conviene hacer mención al régimen transitorio con respecto a las prórrogas de los conciertos vigentes, sujetos a un marco normativo (el del MADEX y la Ley autonómica de subvenciones, ambos ya citados) que extiende sus efectos más allá de la entrada en vigor de la Ley, respetando la seguridad jurídica con las reglas que regían cuando se adoptaron, aun con los límites temporales sí previstos en la Ley. De forma que el Decreto 151/2006, del MADEX, contiene cláusulas incompatibles con la Ley, pero que representan un caso paradigmático de ultraactividad mientras produzcan efectos los conciertos amparados en el mismo.

## IX.14.4. CONCLUSIONES

A la luz de la regulación y los análisis existentes, es posible señalar cuatro notas de principal relevancia a propósito de la regulación en

Extremadura del instrumento de la concertación social, sociosanitaria y sanitaria.

En primer término, tanto el Legislador como el Ejecutivo han elaborado normas en el ámbito de sus competencias con una técnica cuidadosa. Estamos ante un ámbito de regulación particularmente sensible, en términos sociales y económicos, y creo constatar que las disposiciones dadas parecen ajustarse de forma razonable a los principios de buena regulación.

En segundo término, ambas disposiciones esenciales analizadas se adecúan, también, a los mandatos europeos que imponen, sobre el uso de esta técnica concertal, los principios de transparencia, concurrencia e igualdad. Al menos así es patente en las previsiones ordinarias.

En tercer término, los regímenes excepcionales se configuran de manera tasada y claramente orientada al valor superior de la protección de las personas vulnerables beneficiarias de los servicios de interés general objeto de concierto, para garantizar el disfrute de sus derechos fundamentales de tipo prestacional.

En cuarto y último lugar, existe una considerable producción doctrinal de gran utilidad que, fundamentada en la jurisprudencia y en la práctica de las Administraciones públicas, permite desarrollar la exégesis y la hermenéutica de las normas, tanto extremeñas como de otras comunidades autónomas.

## IX.14.5. JURISPRUDENCIA

STJUE núm. 559/2022, de 14 de julio de 2022 (ponente C. Lycourgos). (ASUNTO C-436/20).

## IX.14.6. BIBLIOGRAFÍA

ÁLVAREZ FERNÁNDEZ, Mónica, "El concierto social como fórmula alternativa (y no contractual) para la gestión indirecta de los servicios sociales públicos", *IUS ET VERITAS: Revista de la Asociación IUS ET VERITAS* (62), 2021, pp. 14-36.

CASAS AVILÉS, Álvaro, "Acción social concertada: ¿son realmente los conciertos sociales "instrumentos no contractuales"? Extremadura y otras normativas autonómicas", *Boletín Digital de Contencioso-Administrativo* (34), 2023, pp. 49-76.

COMISIÓN (UE), "Libro Verde sobre los servicios de interés general" (Comunicación) COM (2003) 270 final, 21 de mayo de 2003.

DOMÍNGUEZ MARTÍN, Mónica, "Los contratos de prestación de servicios a las personas. Repensando las formas de gestión de los servicios sanitarios públicos tras las Directivas contratos de 2014 y la Ley 9/2017 de Contratos del Sector Público", *Revista General de Derecho Administrativo* (50), 2019, pp. 1-17.

GARRIDO JUNCAL, Andrea, *Los servicios sociales en el s. XXI: nuevas tipologías y nuevas formas de prestación*, Madrid, 2020.

GARRIDO JUNCAL, Andrea, "Las nuevas formas de gestión de los servicios sociales: elementos para un debate", *Revista Catalana de Dret Públic* (55), 2017, pp. 84-100.

GIMENO FELIÚ, José María, "La colaboración público-privada en el ámbito de los servicios sociales y sanitarios dirigidos a las personas. Condicionantes europeos y Constitucionales", *Revista Aragonesa de Administración Pública* (52), 2018, pp. 12-65.

MARTÍN EGAÑA, Arantza, "Los servicios a las personas: La adjudicación directa como alternativa al concierto social", *Gabilex: Revista del Gabinete Jurídico de Castilla-La Mancha* (25), 2021, pp. 272-375.

MARTÍNEZ FERNÁNDEZ, José Manuel y CASAS AVILÉS, Álvaro, "La gestión de los servicios sociales tras la LCSP de 2017: Servicios a las personas y servicios a la ciudadanía. Las formas de prestación (indirecta) de estos servicios. Contratos concesionales, contratos de servicios y conciertos locales", en PINTOS SANTIAGO, Jaime (dir.), *Cinco años de la Ley de Contratos del sector público: Estudio de situación y soluciones para su regulación*, Madrid 2023, pp. 923-984.

NÚÑEZ LOZANO, María del Carmen, "El concierto social para la prestación de los servicios sociales: Crónica de su reconducción a la legislación de contratos", *Revista Andaluza de Administración Pública* (101), 2018, pp. 495-506.

PIZARRO NEVADO, Rafael, "El concierto social para la prestación de la atención infantil temprana en Andalucía", *Revista de Estudios de la Administración Local y Autonómica: Nueva* Época (14), 2020, pp. 88-103.

VILLAR ROJAS, Francisco José, "Formas de gestión de los servicios sociales: en particular, la vinculación de gestores privados al sistema público mediante conciertos y convenios", *Documentación Administrativa* (271-272), 2005, pp. 389-412.

# *IX.15. La acción concertada social y las fórmulas no contractuales en la provisión de servicios de atención a la persona: Illes Balears*

**TERESA MOREO MARROIG**
*Exinterventora delegada*
*Presidenta del Tribunal de Recursos Contractuales*
*Parlamento de las Illes Balears*

**INÉS MARÍA CALDENTEY FERRER**
*Jefa del Departamento de Servicios Jurídicos*
*Consejería de Familia y Servicios Sociales de la Administración*
*Comunidad Autónoma de las Illes Balears*

**Resumen:** El presente estudio aborda la normativa desarrollada en Baleares sobre la gestión de servicios a las personas, mediante fórmulas no contractuales, así como su aplicación práctica, con especial atención a los procedimientos. También se hace referencia a la regulación del control administrativo, como presupuesto básico de la concertación social y se recogen, de forma resumida, aspectos claves de su puesta en marcha con algunas ventajas, retos y puntos de mejora.

**Palabras claves:** Concierto social, concertación, tercer sector, régimen de control, servicios sociales, eficiencia financiera, libre elección, colaboración público-privada, principio de solidaridad, etc.

**Índice:** 

construcción. e) Procedimiento para la formalización de un convenio. i) Convenios con entidades locales. ii) Convenios de cooperación directa entre las administraciones y las entidades del tercer sector. C) Regulación control administrativo de los servicios sociales. IX.15.2. APLICACIÓN PRÁCTICA DE LAS FÓRMULAS NO CONTRACTUALES EN LAS ILLES BALEARS. A) Reparto competencial de los servicios sociales. B) Aspectos generales de gestión. a) Aplicación de los conciertos sociales. b) Aplicación de los convenios. c) Aplicación del convenio singular IX.15.3. CONCLUSIONES. IX.15.4. BIBLIOGRAFÍA.

**Abreviaturas empleadas:**

art.: artículo
BOIB: Boletín Oficial de las Illes Balears
CAIB: Comunidad Autónoma de las Illes Balears
DCP: Directiva 2014/24/UE, de 26 de febrero de 2014, sobre contratación pública y por la que se deroga la Directiva 2004/18/CE
EAIB: Estatuto de Autonomía de las Illes Balears
IMAS: Instituto Mallorquín de Asuntos Sociales
INSERSO: Instituto Nacional de Servicios Sociales
JCCA: Junta Consultiva de Contratación Administrativa
Ley 4/2009: Ley 4/2009, de 11 de junio, de servicios sociales de las Illes Balears
Ley 12/2018: Ley 12/2018, de 15 de noviembre, de servicios a las personas en el ámbito social de la Comunidad Autónoma de las Illes Balears
LCSP: Ley 9/2017, de 8 de noviembre, de Contratos del Sector Público
LRJSP: Ley 40/2015, de 1 de octubre, de Régimen Jurídico del Sector Público
LOTC: Ley Orgánica 2/1979, de 3 de octubre, del Tribunal Constitucional

## IX.15.1. NORMATIVA APLICABLE A LA GESTIÓN DE LOS SERVICIOS A LAS PERSONAS

### *A) Evolución del régimen jurídico*

La historia de la acción concertada en Baleares se remonta al siglo pasado, cuando recibimos las transferencias del antiguo Instituto Nacional de Servicios Sociales mediante el Real Decreto 2153/1996, de 27 de septiembre, sobre el traspaso de funciones y servicios de la Seguridad Social a la Comunidad Autónoma de las Islas Baleares en materias encomendadas al Instituto Nacional de Servicios Sociales (INSERSO).

Entre las funciones cedidas a la Comunidad Autónoma en virtud de lo dispuesto en el citado Real Decreto se encuentra el establecimiento, gestión, actualización y rescisión de los conciertos con entidades que presten sus servicios en dicha Comunidad. Así pues, en el desarrollo de la actividad que tiene legalmente encomendada, el Instituto Balear de Asuntos Sociales, éste viene instrumentando su colaboración con entidades privadas sin ánimo de lucro mediante conciertos y convenios de colaboración, como ya hacía anteriormente el INSERSO, con el objeto de desarrollar programas que, por su carácter experimental o sus peculiares exigencias técnicas no puedan o no deban ser realizados directamente por el propio Instituto a través de sus medios materiales y personales. El régimen de dicha acción viene regulado, entre otras disposiciones, por la Orden del Ministerio de Asuntos Sociales de 7 de julio de 1989, sobre acción concertada en materia de reserva y ocupación de plazas en centros residenciales para la tercera edad y minusválidos, por la Resolución de la Subsecretaría para la Seguridad Social de 18 de mayo de 1982, desarrollada por varias circulares posteriores, y por la Resolución de la Dirección General de Acción Social del INSERSO por la que se aprueban los Anexos números 1 y 2 para la suscripción de conciertos que tengan por objeto el desarrollo de programas de carácter experimental.

Heredamos la técnica de concertación que el INSERSO venía utilizando, pero, era necesario regular el régimen jurídico de dicha acción concertada del Instituto Balear de Asuntos Sociales, adaptándola a las peculiaridades de la administración y organización autonómicas. En base a la Orden de 7 de julio de 1989 por la que se regula la acción concertada del Instituto Nacional de Servicios Sociales en materia de reserva y ocupación de plazas en Centros Residenciales para la Tercera Edad y Minusválidos.

Con la entrada en vigor de la Ley 4/2009, de 11 de junio, de servicios sociales de las Illes Balears, en adelante Ley 4/2009, se rompe con el sistema establecido. En el artículo 89, Régimen de actuación de las entidades de iniciativa privada, se establecía que las entidades de iniciativa privada pueden gestionar servicios sociales de titularidad pública, mediante la formalización del correspondiente contrato, que se regirá por los principios de publicidad, concurrencia, igualdad y no discriminación, de acuerdo con la normativa de contratos del sector público. Con todo, se llevó a cabo la elaboración de un proyecto de decreto donde se establecieron los principios y el procedimiento para la celebración de convenios, que fue informado desfavorablemente por la Junta Consultiva de Contratación Administrativa (JCCA) de Baleares, Informe 1/2011, por considerar que vulneraba la regulación del procedimiento de contratación previsto para los contratos de gestión de servicios públicos mediante la modalidad de concierto en la Ley 9/2017, de 8 de noviembre, de Contratos del Sector Público (LCSP) y, asimismo, infringía la Ley 4/2009, de 11 de junio, de servicios sociales de las Illes Balears (Ley 4/2009).

Así las cosas, se constató que resultaba imprescindible llevar a cabo una modificación de la regulación vigente, estableciendo un régimen de concierto diferenciado de la modalidad contractual de concierto, que regula la normativa de contratación del sector público. Se modificó la Ley 4/2009 y el artículo 89 pasó a tener la siguiente redacción:

> "Las Administraciones Públicas de las Illes Balears, en el ámbito de sus competencias, pueden organizar la prestación de los servicios del Catálogo de Prestaciones y Servicios Sociales de las Illes Balears a través de las siguientes fórmulas: gestión directa, régimen de concierto previsto en esta ley, gestión indirecta en el marco de la normativa de contratación de las administraciones públicas y convenios con entidades sin ánimo de lucro".

A partir de entonces comenzó una nueva andadura para la acción concertada, cuyo recorrido se inició con la aprobación del Decreto 18/2015, de 10 de abril, por el que se establecen los principios generales a los que se han de someter los conciertos sociales, hoy derogado por el Decreto 48/2017, de 27 de octubre, por el que se establecen los principios generales a los que se han de someter los conciertos sociales en el ámbito territorial de las Illes Balears, actualmente vigente.

Como colofón de esta nueva etapa de la acción concertada, se inició la tramitación del proyecto de ley de servicios a las personas en el ámbito social de la Comunidad Autónoma de las Illes Balears (CAIB), tramitación que coincidió con la presentación de una proposición de ley para la regulación del Tercer Sector. El proceso culminó con la aprobación de la Ley 3/2018, de 29 de mayo, del tercer sector de acción social y, algunos meses después, la aprobación de la Ley 12/2018, de 15 de noviembre de servicios a las personas en el ámbito social (en lo sucesivo Ley 12/2018).

### a) Proceso de elaboración de la Ley 12/2018: una carrera de obstáculos

La Ley 12/2018 fue aprobada por el Pleno del Parlamento de las Illes Balears, en sesión celebrada el 30 de octubre de 2018, con cincuenta y cuatro votos a favor; ninguno en contra y dos abstenciones. A pesar de que la ley recibió un apoyo prácticamente unánime, el Ministerio de Política Territorial y Función Pública planteó la discrepancia por parte del Estado a varios artículos de la Ley, iniciándose el procedimiento previsto en el artículo 33.2 de la Ley Orgánica 2/1979, de 3 de octubre, del Tribunal Constitucional (LOTC), a los efectos de buscar una solución adecuada a fin de evitar el recurso de inconstitucionalidad. El Informe Competencial, que se acompañaba a la invitación, cuestionaba la constitucionalidad de la mitad de los artículos de la Ley 12/2018. En el proceso de negociación llevado a cabo en la Comisión bilateral, en defensa de la competencia de la comunidad autónoma, se pudo llegar a un acuerdo interpretativo y modificativo [Boletín Oficial de las Illes Balears (BOIB) núm. 131, de 26/09/19, p. 39091]. Gracias a la solidez y autenticidad de los argumentos alegados por el Gobierno balear, exclusivamente se hubieron de modificar dos artículos, ambos ubicados en el Capítulo II de la Ley 12/2018 que alude a la contratación pública de los servicios sociales.

Se suprimió un inciso del apartado 2 del artículo 12, referido a las exigencias de solvencia específica para garantizar la calidad de la prestación, donde se establecía la obligación de reinversión de un porcentaje mínimo de los beneficios de la entidad en la mejora de la gestión de los servicios adjudicados o de la distribución de beneficios en base a criterios de participación. Esta modificación se acuerda por motivos estrictamente técnicos, sin prejuzgar la oportunidad ni la necesidad de introducir en las licitaciones de contratos públicos consideraciones de esta naturaleza siempre y cuando ello sea posible de acuerdo con el marco jurídico vigente.

En relación con la controversia suscitada respecto al artículo 18, referido a los contratos reservados a las entidades del tercer sector en el ámbito de los servicios sociales, el apartado 2.d de la versión primigenia de la Ley 12/2018 establecía, como una de las condiciones, que las organizaciones debían cumplir el hecho de no haber resultado adjudicatarias de un contrato para los mismos servicios, de acuerdo con este artículo en los tres años precedentes, con un importe superior a 750.000€. Este último inciso in fine, donde se establecía un umbral económico, se tuvo que suprimir.

### b) Régimen jurídico. Principios rectores

#### *i) Régimen jurídico actual en el ámbito de las Illes Balears*

Con la entrada en vigor de la Ley 12/2018, se abre un abanico de instrumentos para la gestión de los servicios sociales a la población con financiación y control público basado en la colaboración público-privada, por medio de conciertos con entidades privadas, contratos públicos de servicios y concesiones y convenios de colaboración con entidades locales, en determinados casos. Se mantiene en un porcentaje irrelevante la financiación de estos servicios recurriendo a las subvenciones, en aquellos supuestos en los que la Cartera Básica de Servicios aprobada por el Gobierno garantice la prestación sujeta a disponibilidades presupuestarias, como por ejemplo el programa de mediación familiar o el programa de atención psicológica en la post-emergencia.

El bloque jurídico que regula la gestión de los servicios sociales en las Illes Balears lo conforman las normas siguientes:

1. Ley 4/2009, de 11 de junio, de servicios sociales de las Illes Balears.
2. Decreto 48/2017, de 27 de octubre, por el que se establecen los principios generales a los que se deben someter los conciertos sociales.
3. Ley 12/2018, de 15 de noviembre, de servicios a las personas en el ámbito social de las Illes Balears.
4. Decreto 32/2023, de 26 de mayo, por el que se aprueba la cartera básica de servicios sociales de las Illes Balears 2023-2027, se establecen los principios generales para las carteras insula-

res y locales y se modifica diversa normativa en el ámbito social.

5. Ley 3/2018, de 29 de mayo, del tercer sector de la acción social.

*ii) Principios rectores*

Los pilares sobre los que descansa la acción concertada de los servicios sociales son los principios que se señalan en la exposición de motivos y el artículo 3 de la Ley 12/2018.

1. *Publicidad y transparencia*, que se materializa en una publicidad ex ante y ex post, previendo que las convocatorias de acción concertada y la adopción de los acuerdos que se suscriban sean objeto de publicidad en el boletín oficial.
2. *Igualdad* en la atención que se preste a las personas y no discriminación en las condiciones de acceso a la red de acción concertada.
3. *Calidad* asistencial, con mecanismos de participación efectiva de los usuarios en la evaluación de los servicios.
4. *Libre elección y arraigo* de las personas usuarias como principal criterio de la elección de la entidad que prestará el servicio.
5. *Universalidad*, que implica que todas las personas puedan ser beneficiarias del sistema, independientemente de donde vivan y quienes sean, así como de su situación o características particulares.
6. *Eficiencia presupuestaria*, fijando correctamente las contraprestaciones económicas a percibir por las entidades concertadas que deben cubrir los costes, sin incluir beneficio industrial, conforme al principio de eficiencia y buena gestión empresarial.
7. *Subsidiariedad*, principio conforme al cual la acción concertada está subordinada a la utilización óptima de los recursos propios de la Administración.

*iii) Definición de servicios a las personas*

La Ley 12/2018, si bien incluye en su título los servicios a las personas, no contiene una definición de los mismos, razón por la cual conviene abordar qué se entiende por servicios a las personas y delimitar dicho concepto. Habría que garantizar que el uso de fórmulas no contractuales no se expanda a servicios que no encajan ni en la voluntad del legislador, ni en el de la Unión Europea, cuando permitieron excepciones en la forma de gestionar dichos servicios.

La primera referencia se encuentra en la propia Directiva 2014/24/UE, de 26 de febrero de 2014, sobre contratación pública y por la que se deroga la Directiva 2004/18/CE (DCP), cuyo considerando 114 prevé que determinadas categorías de servicios, en concreto los servicios que se conocen como servicios a las personas, como ciertos servicios sociales, sanitarios y educativos, siguen teniendo, por su propia naturaleza, una dimensión transfronteriza limitada. Dichos servicios se prestan en un contexto particular que varía mucho de un Estado miembro a otro, debido a las diferentes tradiciones culturales, motivo por el cual se reconoce la libertad de los Estados miembros para prestar por sí mismos esos servicios u organizarlos de manera que no sea necesario celebrar contratos públicos. En este contexto, la Ley 12/2018 ha previsto que podrán ser objeto de acción concertada los servicios relacionados en el anexo de dicha ley[1] que, también, deberán estar recogidos en la planificación estratégica de las administraciones competentes. Lo importante, en cualquier caso, es que los servicios que se pretendan concertar sean de financiación y acceso público[2] y que estén sometidos a un régimen de control administrativo.

Respecto de la planificación, la cartera de servicios sociales se regula en los artículos 24 y siguientes de la Ley 4/2009, como instru-

1 Incluye Prestaciones económicas, Servicios de reinserción, Servicios de inserción laboral, Servicios de enseñanza preescolar, Servicios de asistencia social, Servicios sociales administrativos, Programa de acción municipal, Otros servicios comunitarios, sociales o personales, Servicios diversos prestados por asociaciones y Servicio de comida a domicilio.

2 Mediante resolución administrativa, previa tramitación del procedimiento establecido, de acuerdo con los criterios de acceso previamente definidos y, generalmente, a instancia de parte.

mento que determina, en el ámbito de cada Administración competente y bajo la coordinación de la Conferencia Sectorial de las Illes Balears, el conjunto de prestaciones del sistema público de servicios sociales que ofrece dicha Administración. Las prestaciones sociales pueden ser técnicas, económicas y de carácter tecnológico. Para cada prestación, la cartera debe delimitar su concepto y finalidad; población destinataria; equipo, perfiles y ratios; estándares de calidad; previsión de la participación económica de la persona usuaria en el coste del servicio, según capacidad económica; requisitos y forma de acceso a dicha prestación; y, por último, pero de suma importancia, la sujeción a la disponibilidad presupuestaria y su reconocimiento como derecho subjetivo, en cuyo caso no cabrá alegar insuficiencia presupuestaria.

Cada Administración debería tener su propia cartera de servicios sociales. Entre todas, destaca especialmente, por su carácter básico y alcance autonómico, la Cartera Básica de Servicios Sociales, cuya elaboración corresponde a la Administración de la CAIB. Este documento, de carácter reglamentario, tiene una vigencia cuatrienal, motivada por la necesidad de actualización constante a las demandas sociales. La Cartera Básica de Servicios Sociales de las Illes Balears, para el período 2023-2027, se aprobó mediante el Decreto 32/2023, de 26 de mayo[3]. La Ley de servicios sociales prevé que los consejos insulares establezcan sus carteras[4], de forma complementaria y adicional al de la cartera básica autonómica; mientras que otras entidades locales lo pueden hacer, esta vez con carácter potestativo y de forma complementaria y adicional al contenido de las carteras que aprueben el Gobierno de las Illes Balears y los consejos insulares.

Respecto del Servicio de Orientación Profesional, tiene por finalidad mejorar la empleabilidad, promover la carrera profesional y fa-

---

3 Como antecedentes, Decreto 66/2016, de 18 de noviembre, por el cual se aprueba la Cartera básica de servicios sociales de las Islas Baleares 2017-2020, y el Decreto 56/2011, de 20 de mayo, por el que se aprueba la Cartera Básica de Servicios Sociales de las Islas Baleares 2011-2014.

4 Consejo insular de Mallorca (BOIB núm. 87, de 18 de julio de 2017 y núm. 161, de 30 de diciembre de 2017); Consejo insular de Menorca (BOIB núm. 70, de 27 de mayo de 2023); Consejo insular de Ibiza (BOIB núm. 40, de 30 de marzo de 2023).

cilitar la contratación u orientar hacia el autoempleo de sus usuarios. La concertación social del servicio se limita a colectivos altamente vulnerables, con discapacidad física u otras, jóvenes en riesgo de exclusión social, colectivo recluso o exrecluso y con dificultades especiales de inserción laboral.

Por tanto, para poder concertar un servicio, es necesario que dicho servicio se prevea en el anexo de la Ley 12/2018 y en la cartera de servicios de la Administración que pretenda prestarlo. En vista del éxito de la concertación social, aprovechando la ambigüedad del concepto de "servicios a las personas", se ha planteado, sin éxito, la posibilidad de incluir otros servicios que, si bien se prestan a personas, no encajan en el sistema tradicional de servicios sociales. Es el caso de servicios para jóvenes o del ámbito deportivo que, a pesar de encontrar ciertas excepciones en la normativa europea sobre libertad de mercado, no se caracterizan por la vulnerabilidad de sus usuarios.

*iv) Vinculación con el Tercer Sector*

En Baleares, el desarrollo de fórmulas no contractuales ha ido en paralelo a la regulación y reconocimiento del Tercer Sector. Mientras que la Ley 3/2018, de 29 de mayo, del Tercer Sector de Acción Social, se aprobó en mayo, la Ley 12/2018 lo hizo en noviembre. Tras su adaptación a la primera, en la que encuentra el fundamento para limitar la participación a entidades del tercer sector en la acción concertada, aunque con matices. La acción concertada se limita, exclusivamente, a entidades del Tercer Sector respecto de servicios considerados de interés general no económico. En cambio, los servicios generales de interés económico sí podrán ser prestados por entidades mercantiles.

El origen de dicha clasificación radica en el art. 6 de la Ley 3/2018, que establece que las prestaciones y los servicios de responsabilidad pública en el ámbito de la intervención social constituyen el sistema de servicios sociales que, habitualmente, serán de carácter no económico; no obstante, excepcionalmente podrán ser servicios de interés económico general, en los términos en los que estos conceptos son definidos en la normativa de referencia de la Unión Europea, tanto si son provistos directamente por las administraciones públicas, como si estas cuentan con la colaboración de la iniciativa privada.

Ante la excepción prevista, y la voluntad del legislador de contar con la iniciativa privada mercantil para garantizar la prestación de determinados servicios, la Ley 12/2018 previó que las administraciones competentes podrán encomendar la prestación de sus servicios, mediante el sistema de acción concertada, a entidades sin ánimo de lucro del Tercer Sector Social, tal y como se definen en los artículos 3 y 4 de la Ley 3/2018, o, si cabe, a entidades mercantiles, dando preferencia en este caso a las entidades del Tercer Sector Social, cuando existan análogas condiciones de eficacia, calidad y costes, y de acuerdo con los requisitos legales y con respeto a los principios de publicidad, transparencia y no discriminación. Es en la planificación anual de las prestaciones y servicios que se pretende que sean objeto de acción concertada, donde la Administración competente tendrá que definir de forma justificada aquellos servicios que sean considerados, de manera excepcional, servicios de interés económico general, prestables por la iniciativa privada con ánimo de lucro. Para la determinación de este carácter, la Ley indica que se tendrá en cuenta, como criterio fundamental, el arraigo de las personas usuarias a los servicios y la implantación de los servicios en dicho territorio.

### *B) Ley 12/2018, de 15 de noviembre, de servicios a las personas en el ámbito social de las Illes Balears*

### a) Exégesis de la ley

#### *i) Capítulo I. Régimen de colaboración privada en la gestión de servicios sociales a las personas mediante acción concertada*

Los nueve artículos que componen este capítulo y el anexo donde se fijan los códigos CPV de servicios sociales constituyen la bóveda esencial de esta forma de gestión de los servicios a las personas con financiación y control público de todas las administraciones territoriales que conforman el ámbito de las Illes Balears.

El artículo 2 de este capítulo define el régimen de acción concertada de los servicios a las personas con financiación y control público, destacando el sometimiento de las entidades postulantes a un catálogo de obligaciones que afectan a todo el sistema organizativo de forma más rigurosa que a la que se somete cualquier otra empresa que actúe en el mercado. El artículo 3, dedicado a los principios rectores, ya ha sido explicado en este trabajo.

En el artículo 4 se regula la obligación de aprobar una planificación anual de los servicios que se pretende sean objeto de acción concertada, ya referida en el último párrafo del apartado anterior de este trabajo. Asimismo, se relaciona de manera taxativa el ámbito objetivo de la acción concertada, limitándolo a los servicios sociales relacionados con su CPV en el anexo de la Ley.

El artículo 5 regula los requisitos exigibles a las entidades gestoras de servicios concertados donde destaca la necesidad de autorización y acreditación. Hay que señalar que en el apartado 2 de este precepto se abre la puerta a la concertación con entidades mercantiles, siempre que el servicio sea declarado de interés económico general, si bien, se dispone la preferencia de las entidades del Tercer Sector, en todas las ocasiones que existan análogas condiciones de eficacia, calidad y costes. En el territorio balear no es posible prescindir de las mercantiles porque son las únicas que nos ofrecen determinados servicios.

El procedimiento de concertación y los criterios de preferencia se establecen en el artículo 6 de la Ley. Su inicio será de oficio mediante la publicación de una resolución de convocatoria, donde se motive la concurrencia de las circunstancias necesarias para poder acudir a la acción concertada frente a la contratación pública de los servicios. Como criterios de selección de las entidades, cabe destacar la implantación en la localidad donde deba prestarse el servicio y el arraigo de la persona.

La ejecución de los acuerdos de acción concertada, su duración, modificación y extinción se regulan en el artículo 7 de la Ley, bajo la influencia de los principios que sostienen la acción concertada frente a la contratación pública. Como muestra, podrán tener una duración máxima de diez años, con posibilidad de renovación, podrán ser objeto de revisión o modificación cuando varíen las circunstancias iniciales de su suscripción con el fin de adecuar las condiciones económicas y garantizar la calidad del servicio. La cesión del servicio solo se admite en casos de declaración de concurso de la entidad.

El mínimo contenido que deben tener los acuerdos de concertación se relaciona en el artículo 8. Incluye las condiciones técnicas y su duración y causas de resolución, el sistema para el acceso al servicio, la contraprestación económica y la forma de pago y un sistema de penalización en caso de incumplimiento, que puede llegar a ser causa de extinción, según el artículo 9.

Muy importante es el sistema de evaluación y seguimiento de los servicios prestados, que se regula en el artículo 10, centrado en un modelo de evaluación que debe aprobar la Administración y el sometimiento a las actuaciones de verificación y auditoria que ésta decida realizar sobre aspectos de calidad o económicos concernientes al servicio en concreto.

*ii) Capítulo II. Reglas específicas de contratación pública de servicios sociales dirigidos a las personas*

En este capítulo se establecen las reglas que se aplicarán a los contratos de servicios a las personas y a las concesiones con traslado de riesgo, dentro del marco jurídico que establece la LCSP con las siguientes singularidades propias:

1. *Solvencia económica*: nunca será inferior al 75% del presupuesto base de licitación, del lote al que se concurre o de la anualidad media del contrato en caso de contratos de una duración superior a un año.
2. *Subcontratación*: En ningún caso se admitirá la subcontratación de la prestación principal.
3. *Plazo de duración* de los contratos de servicios: Con carácter general será de seis años.
4. *Criterios de adjudicación:* El precio no podrá superar el 20%. Se exigirá una cualificación subjetiva especial que acredite la experiencia, y la calidad y la disponibilidad de medios adecuados para cumplir la prestación. Se atenderá al mayor valor añadido de la oferta desde la perspectiva de la calidad y la garantía de continuidad, accesibilidad, asequibilidad, disponibilidad y exhaustividad de los servicios.
5. *Valoración por fases:* Deberán excluirse las ofertas que no obtengan, como mínimo, el 50% de la puntuación correspondiente a la calidad técnica.

6. *Condiciones especiales de ejecución:* Se prevén una serie de medidas que el órgano de contratación podrá exigir al contratista para garantizar la calidad del servicio. En todo caso, se incluirán las condiciones especiales de ejecución que aseguren que los servicios contratados se prestan en condiciones de calidad, continuidad, accesibilidad, disponibilidad, exhaustividad e innovación, que se podrán calificar como obligaciones esenciales. Como mínimo, en el pliego se incorporarán las siguientes: Obligación de nombrar a una persona representante único interlocutor, estabilidad laboral del personal, idoneidad de los medios personales adscritos a la ejecución, profesionales y directivos, y medidas de control de calidad.

*iii) Capítulo III. Sistema de cooperación directa con entidades del Tercer Sector Social*

En el artículo 21 de la Ley se permiten los acuerdos de cooperación directa con entidades del Tercer Sector, mediante convenios singulares de cooperación que se regirán por lo dispuesto en la Ley 40/2015, de 1 de octubre, de Régimen Jurídico del Sector Público (LRJSP).

### b) Un abanico de opciones. Elección de la fórmula adecuada. Importancia de la motivación

Con la aprobación de la Ley 12/2018, en el ámbito de la gestión indirecta de los servicios sociales en Baleares, se abre un nuevo escenario en el que los músicos habrán de interpretar una nueva partitura. Veremos convivir contratos, convenios de colaboración, convenios singulares de vinculación, concierto —ayer primos hermanos de las subvenciones con traje de contratos de gestión—, subvenciones, autorizaciones, etc., todos ellos con el objetivo común de garantizar un alto nivel de calidad, seguridad y acceso universal en la prestación de servicios sociales, incluso compartiendo CPV, pero a través de instrumentos sujetos a regímenes jurídicos diferentes. Si bien es cierto que habremos de superar el rigor de la división tripartita en compartimentos estanco: contrato, convenio, subvención, no lo es menos que no es posible una interpretación tan generosa de la DCP y de la LCSP que consista en deducir que ya no hace falta echar mano del medio propio para orillar la normativa en materia contractual porque basta con cambiar el *nomen iuris* del negocio y lo que antes se llamaba contrato ahora lo llamamos concierto. Existe una tensión entre la necesidad de garantizar un alto nivel de calidad, seguridad y acceso universal, que demandan los usuarios de estos servicios, y el principio de libre concurrencia que ampara a cualquier operador económico que actúe en el mercado.

De acuerdo con el artículo 6 de la Ley 12/2018, para dar cumplimiento al principio de subsidiariedad, deberá motivarse en el expediente la elección de la fórmula concertada con plena justificación de la carencia de medios propios y de las circunstancias que hagan necesario acudir a la acción concertada para la gestión de determinado servicio. Esta justificación se podrá basar en una mejor calidad y eficiencia de la prestación que viene garantizada por el sistema de control, basado en autorizaciones y acreditaciones que no conjuga con el régimen de capacidad y solvencia que se puede exigir a los licitadores a un contrato público y que obliga a las entidades postulantes a someter su organización empresarial a criterios más rigurosos que los exigidos a cualquier otra empresa que actúe en el mercado. La Administración tiene servicios en concierto, pero es la responsable de derivar a los individuos; está obligada a crear unidades de diagnóstico y derivación. Esto significa una gran ventaja frente a la fórmula subvencional, donde la persona llega a recibir el servicio sin pasar por una unidad de flujos profesionalizada, ni por un listado de prioridad.

### c) Aspectos económicos, presupuestarios y de control de la Intervención general

#### *i) Aspectos económicos y presupuestarios*

El principio de sometimiento a la legalidad no se agota con el cumplimiento de la normativa específica en materia de acción concertada. Los procedimientos que integran estos expedientes presentan una doble vertiente —administrativa y presupuestaria— que obliga a respetar la legalidad presupuestaria vigente. El concierto aparece como un instrumento de ejecución del presupuesto de gasto y, por tanto, sujeto al bloque jurídico presupuestario de aplicación y al control de legalidad. La Ley 47/2003, de 26 de noviembre, General Presupuestaria, la Ley Orgánica 2/2012, de 27 de abril, de Estabilidad Presupuestaria y Sostenibilidad Financiera y las sucesivas leyes por las que se aprueban los presupuestos generales del Estado, constituyen el marco normativo fundamental, que se complementa con la Ley 14/2014, de 29 de diciembre, de finanzas de la comunidad autónoma de las Illes Balears.

En suma, el principio de legalidad exige el cumplimiento del bloque jurídico vigente en la tramitación de los expedientes de acción concertada, tanto en su vertiente administrativa como en su vertiente presupuestaria, que estará presente en todo el recorrido de un concierto desde sus inicios, con la certificación de existencia de crédito adecuado y suficiente, que irá imputado a la partida presupuestaria correspondiente en función de quién gasta (clasificación orgánica), para qué se gasta (clasificación funcional) y en qué se gasta (clasificación económica; capítulos 2). La reserva de crédito deberá desglosar las anualidades que alcanza su ejecución. El Acuerdo del Consejo de Gobierno de 14 de marzo de 2025 por el que se aprueba la previsión de servicios a concertar prevé un total de 58.223.386€ para la concertación de servicios sociales en el ámbito de la CAIB, incluyendo los conciertos ya formalizados de años anteriores aún vigentes. Esta previsión tiene como base el estudio económico de costes de cada servicio, que calculará los importes de los módulos económicos correspondientes a cada prestación, teniendo en cuenta los costes directos, costes indirectos (gastos generales) y la fiscalidad del servicio, así como los ingresos previstos para su financiación.

El pago del coste del concierto se tramitará, previa presentación de una factura mensual, acompañada de una relación detallada de personas usuarias y servicios prestados. En el caso de existir copago, las cuotas aportadas por los usuarios deberán ser deducidas.

*ii) El control de legalidad en al ámbito de la Administración de la Comunidad Autónoma de las Illes Balears*

El control interno que ejerce la Intervención se configura en tres modalidades diferentes: La función interventora (ejercida ex ante), el control financiero permanente y la auditoría pública. La fiscalización previa de la función interventora tiene como nota fundamental su vocación preventiva y su efecto paralizante de las actuaciones. Presenta ventajas frente a los controles posteriores porque permite estudiar el problema en profundidad antes de dictar el acto, añadiendo un elemento de valor a la gestión de los fondos públicos. Con todo, es evidente que el "traje" de la función interventora, que sólo atiende a verificar el principio de legalidad, se queda excesivamente corto si no se completa con controles posteriores. Existen áreas de riesgo en desarrollo de estos expedientes que son detectados en los controles posteriores, especialmente si han sido financiados con fondos europeos y en muchos casos relacionados con el cálculo del módulo económico.

Los expedientes de acción concertada serán objeto del control de legalidad previsto en la Ley 14/2014, de 29 de diciembre. La Intervención de Baleares tiene establecido que este control se llevará a cabo mediante la fiscalización previa limitada, consistente en la comprobación de aspectos básicos, generales y específicos. En el Acuerdo de Consejo de Gobierno de 20 de junio de 2022, por el cual se aplica la previsión del artículo 117.2 de la Ley de Finanzas de la Comunidad Autónoma (BOIB núm. 80 de 21/06/2022), se determina que en la fiscalización previa de los expedientes de convocatoria de conciertos se verificará que consta una memoria justificativa de la necesidad de aprobar una convocatoria, un informe jurídico, un informe para la determinación del módulo económico, un pliego de condiciones técnicas donde se detalle el servicio a concertar y el borrador de la convocatoria que se pretende aprobar. El expediente de convocatoria no comporta un gasto inmediato y, por tanto, no es necesario acreditar la existencia de crédito adecuado y suficiente.

La fiscalización del expediente de concierto con una entidad determinada consistirá en la verificación de que existe una memoria justificativa del procedimiento seguido para la selección de la entidad, la certificación de existencia de crédito adecuado y suficiente y de autorización de imputación del gasto a ejercicios futuros, en el supuesto que se trate de un expediente plurianual y el borrador del acuerdo de concertación.

### d) Procedimiento para la concertación

*i) Expediente de convocatoria*

Mediante resolución del órgano competente se aprueba una convocatoria del concierto. Determinará, como mínimo, el órgano instructor del procedimiento; el tipo de servicio social para el cual se inicia el concierto social; el plazo para presentar las solicitudes; la documentación que deben aportar las entidades solicitantes; los requisitos específicos que deben cumplir las entidades; el número máximo de plazas o sesiones que se quieren concertar y su distribución territorial; la vigencia del concierto; el presupuesto máximo destinado a financiar todo el procedimiento que en ningún caso supondrá un compromiso de gasto; el precio máximo del módulo del servicio o sesión, así como la gestión de la lista de espera.

Acompañará a la resolución de convocatoria:

1. Los pliegos técnicos, donde se definirán las condiciones específicas de la acción concertada, las características concretas de la población a atender, el sistema de facturación y, si cabe, la participación económica de las personas usuarias, así como el régimen de realización con medios ajenos y las penalizaciones que se aplicarán en caso de incumplimiento por la entidad. También deberán concretar los requisitos de calidad de la actividad del servicio que se concierta, limitar los aspectos técnicos y económicos que se pueden modificar a lo largo de la ejecución del concierto, y fijar los sistemas de seguimiento y control del concierto.
2. Informe de los servicios jurídicos sobre la adecuación a la normativa de concertación social.
3. Estudio de costes.

Siempre que el presupuesto máximo estimado de la convocatoria supere el 1.500.000€[5], requerirá de la autorización previa del Consejo de Gobierno. El expediente debe ser remitido a la Intervención para su fiscalización. Aprobada la convocatoria se publica en el BOIB.

---

5 Art. 10.2 Ley 12/2023, de 29 de diciembre, de Presupuestos Generales de la Comunidad Autónoma de las Illes Balears para el año 2024.

*ii) Expediente de concierto*

Publicada la convocatoria, las entidades interesadas que cumplan los requisitos de admisión presentarán sus solicitudes. En caso de que no haya disponibilidad presupuestaria suficiente para atender toda la demanda, el órgano instructor seguirá el orden de prelación establecido en la convocatoria y que, en general, podría ser el siguiente:

Para la atribución de plazas, el criterio que se sigue es el de demanda. En primer lugar, en virtud del principio de arraigo, se financiarán las plazas ya ocupadas por personas designadas por la Administración que concierta el servicio. En segundo lugar, en caso de que haya remanente presupuestario y se trate de servicios con lista de espera, en virtud del principio de libre elección de la persona, se financiarán las plazas de los servicios de forma proporcional a la lista de espera. En tercer lugar, si sigue habiendo remanente presupuestario, habrá que ajustarse a la concesión proporcional al número de plazas ofrecidas del servicio. Esta distribución proporcional sólo se hará entre los servicios que no hayan agotado la lista de espera.

En los procedimientos en los que concurran entidades privadas con ánimo de lucro y entidades sin ánimo de lucro, cuando haya condiciones de eficacia, calidad y rentabilidad social análogas, el órgano competente dará preferencia a las entidades del Tercer Sector.

El expediente de concierto requiere de la debida consignación de crédito adecuado y suficiente (capítulo 2 del Presupuesto) y autorización de gasto plurianual, si su duración abarca más de un ejercicio presupuestario. Cuando el gasto que se deba autorizar y disponer como consecuencia del concierto supere el 1.000.000€, se requerirá la autorización previa del Consejo de Gobierno antes de su fiscalización y aprobación[6].

El plazo máximo de concertación es de 10 años, aunque normalmente su duración se establece en 4 años, si el servicio está acreditado y si no lo está, 1 año prorrogable. En el caso de los conciertos de construcción la duración mínima será de 5 años.

---

6 Ibíd.

*iii) Concierto vinculado a la construcción*

De acuerdo con el artículo 20 del Decreto 48/2017, la Administración competente, mediante un anuncio público, expondrá la necesidad de concertar plazas de un determinado servicio del cual no existan equipamientos o infraestructuras suficientes para cubrir toda la demanda. Este anuncio irá precedido de un informe técnico que justifique la demanda existente del servicio y la falta de plazas en la Red Pública de Servicios Sociales para dar respuesta a dicha necesidad.

El anuncio público tendrá que establecer el plazo de presentación de solicitudes, el número de plazas que se concertarán una vez finalizada la construcción, con la territorialización correspondiente, y la fecha a partir de la cual se iniciará el servicio en régimen de concierto, así como un importe máximo estimado del coste de estas plazas y, si procede, las condiciones técnicas de ejecución del proyecto. Los expedientes se podrán formalizar con una primera anualidad sin coste, mientras finaliza la construcción del equipamiento y con compromiso de gasto para anualidades futuras.

El concierto social vinculado a la construcción de centros de servicios sociales se formalizará en un documento administrativo en el que deberán constar los derechos y las obligaciones recíprocos, las condiciones técnicas que resulten de aplicación, así como la tipología de servicios que se prestarán en el centro, el plazo para construirlo, el precio del concierto por plaza, la duración prevista del concierto del servicio y las penalizaciones que puedan derivarse de su incumplimiento tanto por el promotor como por la administración pública. Una vez finalizada la construcción del centro, previo cumplimiento de los requisitos que establece el artículo 4 de la Ley 12/2018, se formalizará el concierto social de las plazas o sesiones del servicio previstas en el documento a que hace referencia el artículo 7.2 de dicha Ley. Estos conciertos serán compatibles con subvenciones otorgadas para cubrir los costes de infraestructuras que resulten deficitarios.

## e) Procedimiento para la formalización de un convenio

*i) Convenios con entidades locales*

La cooperación horizontal entre administraciones públicas mediante la suscripción de convenios de colaboración ya sea con los consejos insulares o con el resto de las corporaciones locales de las Illes Balears, se encuentra prevista en la Ley 4/2009. El expediente de convenio se tramitará con sujeción al Capítulo VI del Título Preliminar de la LRJSP y al bloque jurídico presupuestario. Debe quedar debidamente acreditado en el expediente que la causa del convenio será garantizar la realización de una misión de servicio público común.

*ii) Convenios de cooperación directa entre las administraciones y las entidades del tercer sector*

El artículo 21 de la Ley 12/2018 prevé la posibilidad de formalizar convenios singulares con entidades privadas del Tercer Sector seleccionadas de manera directa. En estos casos, el expediente de convenio singular se tramitará con sujeción al Capítulo VI del Título Preliminar de la LRJSP y al bloque jurídico presupuestario. Son los denominados convenios «típicos», definidos como aquellos que se celebren entre un ente público y una persona privada con arreglo a las normas específicas que los regulan.

### *C) Regulación control administrativo de los servicios sociales*

Como presupuesto para acceder a la acción concertada, los servicios sociales deben contar con la oportuna acreditación administrativa, como sistema de control administrativo. No se ciñe solo a la concertación, sino que resulta intrínseco a la configuración del propio sistema de servicios sociales, como mecanismo de protección de sus usuarios. Así se justificó en la transposición de la Directiva 2006/123/CE, de 12 de diciembre, relativa a los servicios en el mercado interior en el ordenamiento jurídico balear, mediante la Ley 12/2010, de 12 de noviembre, de modificación de varias leyes para la transposición en las Illes Balears de la Directiva mencionada, entre ellas la Ley 4/2009 que regula este régimen. Se justificó el mantenimiento del control como garantía para los usuarios y expresión del principio de responsabilidad pública del sistema, no pudiendo ser sustituido por medidas menos restrictivas, puesto que la incidencia de estos servicios sobre los usuarios es inmediata y un control *a posteriori* llegaría tarde para ser realmente eficaz.

El régimen de control establecido en Baleares se configura en tres niveles piramidales: en primer lugar, para actuar en el ámbito social se requiere la inscripción en el Registro Unificado de Servicios Sociales, como instrumento de conocimiento, planificación, ordenación, control y publicidad de los servicios sociales, y de las entidades que los prestan, existentes en la comunidad autónoma. Esta inscripción es requisito para ser beneficiario de subvenciones públicas; en segundo lugar, para prestar un servicio social hay que obtener la autorización correspondiente; y, finalmente, para integrarse en la red pública de servicios sociales —mediante el procedimiento que resulte oportuno— hay que obtener la acreditación administrativa.

La diferencia entre la autorización y la acreditación radica en el distinto nivel de exigencia. En tanto que la autorización establece unos requisitos de calidad mínimos que deben cumplir las entidades y servicios que operen en el territorio balear, la acreditación lleva implícito un mayor nivel de exigencia cualitativa que, además, permite integrarse en la red pública de servicios sociales.

Los procedimientos para la inscripción en el Registro, así como la autorización y la acreditación, se encuentran en el Decreto 10/2013, de 28 de febrero, por el que se fijan los principios generales del Registro Unificado de Servicios Sociales de las Illes Balears y de los procedimientos para la autorización y la acreditación de servicios sociales, y se regulan la sección suprainsular del Registro y los procedimientos para autorizar y acreditar servicios sociales de ámbito suprainsular, y los requisitos en la normativa sectorial reguladora de cada servicio.

## IX.15.2. APLICACIÓN PRÁCTICA DE LAS FÓRMULAS NO CONTRACTUALES EN LAS ILLES BALEARS

### A) *Reparto competencial de los servicios sociales*

El Estatuto de Autonomía de las Illes Balears (en adelante, EAIB), reconoce que la comunidad autónoma se organiza territorialmente en islas, que tendrán autonomía para la gestión de sus competencias exclusivas, entre las que se incluyen los servicios sociales. Más allá de la intervención estatal, son tres las administraciones competentes en materia social en el territorio balear: la Administración autonómica, a quien corresponde una tarea de coordinación e intermediación ante la Administración estatal, así como también la gestión de algunos servicios especializados o de carácter suprainsular, y el régimen de control e inspección sobre dichos servicios; los consejos insulares, que prestan servicios supramunicipales en las materias estatutarias o transferidas, como son la atención a población con discapacidad o personas mayores, y que gozan de potestad reglamentaria para su regulación propia, así como el régimen de control e inspección de los servicios de carácter insular; finalmente, los ayuntamientos, que deben evaluar e informar de las situaciones de necesidad social y prestar servicios de atención inmediata a personas con necesidad social o riesgo de exclusión social en su municipio.

Los consejos insulares son 4: Mallorca, Menorca, Ibiza y Formentera. El caso de Formentera es bastante particular por su condición de unimunicipal, con identidad de persona jurídica única. En el caso del Consejo insular de Mallorca, la gestión de los servicios sociales se canaliza a través del Instituto Mallorquín de Asuntos Sociales (IMAS), como organismo autónomo local[7].

Dentro de la tarea de coordinación de los consejos insulares, la Administración autonómica puede dictar reglamentos de principios generales sobre competencias propias de los consejos insulares, de acuerdo con la previsión del artículo 58.3 del EAIB. Sobre esta cuestión, el Consejo Consultivo de las Illes Balears[8] ha precisado que la adopción de dichos principios generales es asimilable *mutatis mutandi* a la legislación básica estatal y que dicha regulación no puede agotar la regulación material sobre la materia sino que corresponde dejar un margen regulatorio a los consejos insulares. Por ello, la inclusión en la titulación de un reglamento balear de su condición de principios generales tiene una clara intencionalidad jurídica.

Por tanto, corresponde a cada Administración la gestión y regulación de los servicios sociales de su competencia y, en consecuencia, la decisión de la fórmula concreta para su efectiva prestación. Por ello, la Ley 12/2018 tiene como ámbito de aplicación el autonómico

---

7 Estatutos aprobados por Acuerdo del Pleno del Consejo insular de Mallorca de 11 de abril de 2019 (BOIB núm. 67, de 18 de mayo de 2019).

8 Entre otros, dictámenes 116/2008, 114, 115 y 116/2010 y 69/2011.

y sus fórmulas de gestión resultan plenamente aplicables a todas las administraciones radicadas en las Baleares. No obstante, si bien en la Administración autonómica y en los consejos insulares, las fórmulas previstas por la Ley 12/2018 se están aplicando y con bastante éxito, no así en los ayuntamientos, salvo alguna excepción como es el caso del Ayuntamiento de Palma.

### *B) Aspectos generales de gestión*

La prestación de los diferentes servicios sociales debe tramitarse mediante los instrumentos previstos por el art. 89 de la Ley 4/2009. En su redacción inicial este artículo solo preveía la contratación administrativa, si bien con ciertos criterios de preferencia. Por tanto, la gestión de los servicios sociales se hacía básicamente por esta vía. En paralelo, algunos servicios se prestaban en colaboración con entidades locales, o incluso mediante subvenciones a través de convocatorias públicas, con todas las críticas que ello suscita[9] por financiar servicios públicos mediante fomento, lo que supone el sometimiento a la discrecionalidad administrativa y a la disponibilidad presupuestaria, sin una garantía ni seguridad jurídica para prestar un servicio con vocación de permanencia y calidad adecuada.

No obstante, con la modificación del artículo referido, a finales de 2013, se incorporaron nuevas fórmulas de gestión de los servicios sociales, concretamente: la gestión directa, el régimen de concierto previsto en la propia Ley, gestión indirecta en el marco de la normativa de contratación de las administraciones públicas y convenios con entidades sin ánimo de lucro. La reforma se fundamenta, por un lado, en el reconocimiento del papel clave de las entidades sin ánimo de lucro en el sistema público; y por otro, para mejorar, en términos de eficiencia, la gestión de los servicios sociales en un marco de crisis económica y reconociendo un sistema propio de concertación que respalde su singularidad cumpliendo con la normativa estatal y europea. El régimen jurídico del concierto social se reguló de for-

---

9 VILLAR ROJAS, Francisco José, "Iniciativa privada y prestación de servicios sociales. Las redes o sistemas públicos de servicios sociales", en EZQUERRA HUERVA, Antonio (coord.), *El marco jurídico de los servicios sociales en España*, Barcelona, 2012, pp. 98-100.

ma diferenciada del contrato administrativo, lo que permitía a entidades privadas prestar servicios sociales de responsabilidad pública bajo financiación, acceso y control públicos, priorizando la atención personalizada, la calidad, el arraigo en el entorno, y la continuidad del servicio, estableciendo criterios sociales y de experiencia para su adjudicación, con preferencia por las entidades sin ánimo de lucro en igualdad de condiciones de calidad y eficacia.

El desarrollo de las previsiones legales anteriores se hizo mediante el Decreto 18/2015, de 10 de abril, por el que se establecen los principios generales a los que se tienen que someter los conciertos sociales. Dicho Decreto fue de difícil aplicación por su literalidad respecto del concierto educativo. Entre otras cuestiones, preveía que las entidades que deseasen acogerse al régimen de concierto social deberían solicitarlo durante el mes de junio del año anterior; o que la formalización del mismo, debería resolverse antes del 15 de diciembre. Previsiones que, si bien pueden tener sentido en el ámbito educativo, no son extrapolables al social, en el cual se desconoce cuándo surgirá la necesidad individual del servicio, y no hay la certeza de un calendario preestablecido.

### a) Aplicación de los conciertos sociales

En base a la previsión del art. 89 bis de la Ley 4/2009 y siguiendo el procedimiento previsto en el Decreto 18/2015, se tramitaron en el año 2016 los primeros conciertos para la gestión de los servicios de tutela de personas incapacitadas; de atención temprana; y de servicio residencial para personas mayores dependientes. Estos servicios, hasta el momento, se habían gestionado mediante otras fórmulas, destacando la contractual, con algunas dificultades. En el caso residencial, por ejemplo, hay estudios[10] sobre el incremento de la mortalidad en las residencias asociada al "estrés por reubicación

10 LETURIA ARRAZOLA, Francisco Javier, "El proceso de adaptación en centros residenciales para personas mayores", *Revista española de geriatría y gerontología* 34 (2), 1999, pp. 105-112; GÓMEZ PÉREZ, Virginia, "Síndrome de estrés del traslado: caso clínico", https://www.revista-portalesmedicos.com/revista-medica/sindrome-de-estres-del-traslado-caso-clinico/ (última visita, 15 de octubre de 2024).

o traslado". Sin embargo, no son concluyentes por, entre otros motivos, la falta de información respecto del domicilio habitual oficial de los residentes[11]. La concertación social ofrece una estabilidad en la prestación del servicio que no se garantiza mediante la fórmula contractual, en la que no prima la lista de espera o la elección de la persona usuaria.

Respecto del año 2017, se ampliaron los servicios concertados. Este año también se tramitó el nuevo Decreto 48/2017 que suponía una mejora cualitativa en el aspecto procedimental. Eliminó aspectos poco prácticos, como la sujeción a plazos cerrados, y previó la convocatoria previa a la concertación, dando más seguridad jurídica tanto a la administración como a las entidades interesadas. Incluyó novedades como el concierto vinculado a la construcción a fin de potenciar la inversión privada en infraestructuras sociales.

Progresivamente, y más a partir de la aprobación de la Ley 12/2018, se han ido incrementando los servicios gestionados mediante la acción concertada, en paralelo con el desarrollo de la normativa reguladora de dichos servicios y la expansión del Estado social, especialmente en el ámbito de la dependencia. Al respecto, es imprescindible contar con un régimen de control con unos requisitos de funcionamiento bien definidos por reglamento. También se requiere la regulación de los criterios de acceso a los servicios públicos y de la lista de espera. Estos requisitos puede que, a corto plazo, eviten acudir a la concertación social.

Respecto de otras administraciones baleares, los consejos insulares han impulsado también la figura de la concertación, en vista: primero, de las demandas sociales y de las entidades del Tercer Sector; segundo, es patente la agilidad de la fórmula de la concertación; y tercero, es una garantía para la libertad de elección de la persona usuaria.

---

11 ZUNZUNEGUI, Maria Victoria; GARCIA LOPEZ, Fernando y RODRIGUEZ, Vicente, "La desconocida mortalidad de la población en las residencias de personas mayores de España", *Gaceta sanitaria: Órgano oficial de la Sociedad Española de Salud Pública y Administración Sanitaria* 37 (1), 2023, pp. 1-3.

Durante los años de aplicación de la concertación social en Baleares, han surgido dudas y contratiempos. A diferencia del contrato, los gestores no encuentran el amparo de la jurisprudencia, los pronunciamientos de las diferentes juntas consultivas de contratación, o de la doctrina. Ante las dudas, la vía fácil es recurrir a la analogía con los contratos, aunque dicha analogía debería aplicarse con cautela teniendo en cuenta la diferenciación expresa que realiza la DA 49ª de la LCSP, cuando reconoce expresamente que son "instrumentos no contractuales". Si ello es así, una aplicación directa de los supuestos contractuales resulta contraria al espíritu de la Ley y supone un tratamiento injusto a la figura de la concertación social por requerirle unos requisitos ajenos a su naturaleza.

## b) Aplicación de los convenios

Otra de las formas de gestión de los servicios sociales, ya fuera del ámbito de la Ley 12/2018, pero sí prevista por la Ley 4/2009, es el convenio de colaboración, regulado por la LRJSP.

Evidentemente, la formalización de estos convenios se limita a entidades públicas, ya sea los consejos insulares, ya sea con el resto de las corporaciones locales de las Illes Balears. Mediante estos convenios se gestiona la puesta a disposición de la Administración autonómica, competente en la gestión de servicios para personas dependientes, de aquellas plazas que las administraciones locales, competentes en personas mayores o con discapacidad o en la atención inmediata de las necesidades sociales de sus vecinos, tengan disponibles y a bien de integrarlas dentro del sistema de dependencia. En este caso, la administración local dejará de gestionar el acceso y lista de espera que pasará a manos de la Administración autonómica. En los presupuestos para el año 2025, se previó un montante de 18.210.734€ para hacer frente al gasto derivado de los convenios de atención a la dependencia con entidades locales.

Respecto de la gestión de los convenios, se puede destacar la dificultad que implica negociar cada uno de los convenios, debiendo respetar la gestión propia de la Administración titular de las plazas a convenir, lo que dificulta la aplicación de un mismo coste y de unas mismas condiciones.

### c) Aplicación del convenio singular

La Ley 12/2018 previó, en su capítulo III, un sistema de cooperación directa con entidades del Tercer Sector. Esta cooperación se limita a aquellos casos en los que la actividad tenga un carácter singular, en los términos definidos en la Ley del Tercer Sector. En este caso, a diferencia del concierto social, no se trata de un servicio regulado reglamentariamente y previsto en la planificación estratégica y anual. De reunir estos requisitos, sería más idóneo acudir a la figura de la concertación.

La Administración balear ha hecho uso de esta figura de forma excepcional, para prestar de forma indirecta servicios que no se encuentran regulados y que, tradicionalmente, se han prestado de forma exclusiva por una única entidad que sí reúne los requisitos exigidos por la normativa del Tercer sector.

## IX.15.3. CONCLUSIONES

Las nuevas formas de gestión de los servicios a las personas en el ámbito social en las Illes Balears han venido para quedarse. Tanto la Administración, como las entidades prestadoras, especialmente del Tercer Sector, y los ciudadanos, han visto ventajas en su incorporación. Para la primera, se trata de un procedimiento ágil que permite la cobertura de servicios esenciales para la población vulnerable con cierta rapidez. Para las segundas, la puesta en marcha de estas fórmulas, junto con la aprobación de la Ley 3/2018, ha supuesto un espaldarazo a su razón de ser y un impulso a su actividad social. Finalmente, las personas usuarias observan una mayor estabilidad en el servicio que reciben y ven atendidas sus demandas, con la priorización de la lista de espera y el respeto del arraigo al servicio.

No obstante, el mantenimiento de las fórmulas no contractuales exige dar respuesta a algunas de las dificultades surgidas, entre otras, podemos citar las siguientes:

La primera y principal desventaja es su gran desconocimiento. El concierto social no se conoce. Y lo que es peor, se confunde con otras figuras como el contrato de concesión de servicios. Ello hace que se juzgue como un contrato, cuando no lo es. Son figuras totalmente diferentes, con origen y principios rectores divergentes. Por tanto, tenemos un gran reto y es la necesaria difusión de la figura del concierto social a fin de que no sea juzgada bajo la lupa de la contratación, cuando la normativa y la jurisprudencia europea han reconocido su sitio al margen de la contratación pública, siempre vinculada a la eficiencia de los recursos públicos.

Se podría plantear si sería adecuada una regulación básica estatal, con fundamento en la competencia exclusiva estatal sobre las bases del régimen jurídico de las Administraciones públicas y con pleno respeto a la competencia exclusiva autonómica en asistencia social. Ya se hizo con la Ley 39/2006, de 14 de diciembre, de Promoción de la Autonomía Personal y Atención a las personas en situación de dependencia.

Además, la posición estatal sobre la acción concertada es favorable, puesto que el Estado también ha hecho uso de esta figura para la prestación de los servicios del sistema de acogida[12], de competencia estatal. A nivel autonómico, en el II Plan estratégico de servicios sociales de las Illes Balears (2022-2026)[13], se han incluido medidas tendentes a promover la acción concertada, cuyo objetivo principal es generalizar el uso del concierto, como modalidad de provisión de servicios sociales externa, entre los tres niveles administrativos de Baleares. Si bien en el ámbito autonómico e insular, las fórmulas no contractuales se están aplicando, no así en el ámbito local, con algún caso aislado. Entre las razones, más allá de su desconocimiento, tal vez se encuentre la dificultad inherente a la puesta en marcha de un nuevo instrumento, y la resistencia al cambio.

En segundo lugar, el auge de la concertación ha implicado, también, un incremento de la actividad de control de los servicios a concertar lo que ha desbordado la organización interna de las administraciones competentes, así como el retraso en la obtención de las autorizaciones y, en consecuencia, en la formalización de los con-

---

12 Título V del Real Decreto 220/2022, de 29 de marzo, por el que se aprueba el Reglamento por el que se regula el sistema de acogida en materia de protección internacional (BOE núm. 76, de 30 de marzo de 2022).

13 GOVERN DE LES ILLES BALEARS, "III pla estratègic de serveis socials (2022-2026)", https://www.caib.es/sites/plaestrategicsocial/ca/iii_pla_estratagic_de_serveis_socials_2022-2026 (última visita, 15 de octubre de 2024)

ciertos y en la prestación del servicio. La acreditación es un requisito imprescindible, no solo para acceder a la financiación pública, sino también para mantenerla.

El sistema actual, previsto en la Ley 4/2009, parece ser que es mejorable. No obstante, el control debe mantenerse por dos motivos: primero, como garantía de calidad para sus usuarios, especialmente vulnerables y, en muchas ocasiones, privados de elección; y segundo, como requisito para la implementación de fórmulas no contractuales, como establece el artículo 11.6 de la LCSP. Si bien, además de la reasignación de los recursos adecuados, cabría analizar medidas de simplificación administrativa que, sin suponer un descenso del nivel de calidad, faciliten su gestión.

Por otro lado, también se ha planteado alguna dificultad en la modificación de los conciertos, concretamente en la revisión del coste. Cabe tener en cuenta la naturaleza jurídica y principios del concierto, especialmente de eficiencia presupuestaria, así como la conformación de su coste, cuya única referencia es, básicamente, la mano de obra.

La Recomendación del Consejo de la Unión Europea, de 8 de diciembre de 2022[14], sobre el acceso a cuidados de larga duración de alta calidad asequibles, a la vez que recoge la preocupación de la Unión Europea por la calidad de dichos servicios, vinculados al principio de solidaridad y de cohesión económica, recomienda a los Estados miembros promover una ocupación de calidad y unas condiciones de trabajo justas, promoviendo el diálogo social y la negociación colectiva, apoyando la generalización de salarios atractivos y de fórmulas de trabajo adecuadas y la no discriminación.

Además, por su naturaleza y ausencia de lucro, la entidad concertada no asume el riesgo operacional, propio de la concesión de servicios. Al limitar la concurrencia, por la sujeción a licencias o autorizaciones, y debido al control exhaustivo sobre la entidad concertada, no se observa una transferencia del riesgo. Procede, por tanto, buscar equilibrio económico entre las partes en caso de situaciones acontecidas y evitar un enriquecimiento injusto por una de ellas.

---

[14] DOUE n.º 476, de 15 de diciembre de 2022, páginas 1 a 11

Finalmente, se hace imprescindible la reforma del actual Decreto de conciertos sociales, puesto que se debe adaptar tanto a la Ley 12/2018, como a los últimos pronunciamientos del Tribunal de Justicia de la Unión Europea al respecto. Además, ya con unos años de experiencia en la gestión de esta figura, se han planteado mejoras regulatorias, como puede ser la denominación del "primer concierto" o un desarrollo del sistema de evaluación y seguimiento de los servicios prestados, así como las actuaciones de verificación y auditoria sobre aspectos de calidad o económicos concernientes al servicio en concreto.

Con estas medidas, especialmente su difusión, esperemos que las fórmulas no contractuales no sean solo un capítulo más, sino que se reafirmen como los instrumentos idóneos para la cobertura de servicios a las personas más vulnerables, poniendo el foco en la calidad del servicio y en la atención a la persona. Se integran en el desarrollo del Modelo Social Europeo, basado en el principio de solidaridad, que debe regir la actividad pública dentro de la Unión Europea, y potenciar la colaboración público-privada. La sinergia entre múltiples actores fomentará la innovación, lo que redundará en mayores beneficios sociales y económicos.

## IX.15.4. BIBLIOGRAFÍA

DÍAZ SASTRE, Silvia, "Contratos «open-house»: comprar sin licitar", *Revista de Estudios de la Administración Local y Autonómica: Nueva Época* (15), 2021, pp. 5-23.

GIMENO FELIÚ, José María, "La contratación pública de los contratos sanitarios y sociales", https://www.obcp.es/opiniones/la-contratacion-publica-en-los-contratos-sanitarios-y-sociales (última visita, 15 de octubre de 2024)

GOVERN DE LES ILLES BALEARS, "III pla estratègic de serveis socials (2022-2026)", https://www.caib.es/sites/plaestrategicsocial/ca/iii_pla_estratagic_de_serveis_socials_2022-2026 (última visita, 15 de octubre de 2024)

GÓMEZ PÉREZ, Virginia, "Síndrome de estrés del traslado: caso clínico", https://www.revista-portalesmedicos.com/revista-medica/sindrome-de-estres-del-traslado-caso-clinico/ (última visita, 15 de octubre de 2024)

LETURIA ARRAZOLA, Francisco Javier, "El proceso de adaptación en centros residenciales para personas mayores", *Revista española de geriatría y gerontología* 34 (2), 1999, pp. 105-112.

LAZO VITORIA, Ximena, "La figura del 'concierto social' tras las directivas europeas de contratación pública", https://www.obcp.es/opiniones/la-figura-del-concierto-social-tras-las-directivas-europeas-de-contratacion-publica (última visita, 19 de diciembre de 2024).

LAZO VITORIA, Ximena, "Prestación de servicios a las personas: ¿concierto social o contrato?", *Revista de Estudios de la Administración Local y Autonómica. Nueva Época* (20), 2023, pp. 31-46.

VILLAR ROJAS, Francisco José, "Iniciativa privada y prestación de servicios sociales. Las redes o sistemas públicos de servicios sociales", en EZQUERRA HUERVA, Antonio (coord.), *El marco jurídico de los servicios sociales en España*, Barcelona, 2012, pp. 87-120.

ZUNZUNEGUI, Maria Victoria; GARCIA LOPEZ, Fernando y RODRIGUEZ, Vicente, "La desconocida mortalidad de la población en las residencias de personas mayores de España", *Gaceta sanitaria: Órgano oficial de la Sociedad Española de Salud Pública y Administración Sanitaria* 37 (1), 2023, pp. 1-3.

# *IX.16. La acción concertada social y las fórmulas no contractuales en la provisión de servicios de atención a la persona: Madrid*

**XIMENA LAZO VITORIA**
*Profesora Titular de Derecho Administrativo*
*Universidad de Alcalá*

**Resumen:** Este trabajo tiene por objeto analizar el marco jurídico aplicable a la prestación de servicios a las personas a través de la fórmula del concierto social, consagrada por la Ley de Servicios sociales de la Comunidad de Madrid de 2022.

**Palabras clave:** concierto social, servicios a las personas, servicios sociales.



**Abreviaturas empleadas:**

LCSP: Ley de Contratos del Sector Público
LSSCM: Ley 12/2022, de 21 de diciembre, de Servicios Sociales de la Comunidad de Madrid

## IX.16.1. INTRODUCCIÓN

La Comunidad de Madrid aprobó a fines de diciembre 2022 una nueva legislación de servicios sociales mediante la Ley 12/2022, de 21 de diciembre, de Servicios Sociales de la Comunidad de Madrid (LSSCM). Una de las novedades más destacadas de la nueva legislación ha sido la incorporación por primera vez del concierto social como fórmula de prestación indirecta de servicios sociales[1]. Hay que indicar que la legislación madrileña precedente, es decir, la Ley 11/2003, de 27 de marzo, de Servicios sociales de la Comunidad de Madrid no contenía mención alguna a dicha figura. De este modo, la Comunidad de Madrid se suma a la tendencia de la mayor parte de los legisladores autonómicos que han optado por regular esta figura con ocasión de la aprobación de su nueva legislación de servicios sociales.

Este trabajo ofrece una contextualización general del concierto como fórmula de gestión de servicios y seguidamente se exponen los rasgos principales del concierto social en la LSSCM.

## IX.16.2. CONTEXTUALIZACIÓN: EL TRATAMIENTO DE LOS SERVICIOS A LAS PERSONAS EN LAS DIRECTIVAS DE CONTRATACIÓN PÚBLICA Y LA POSIBILIDAD ABIERTA PARA LA GESTIÓN INDIRECTA NO CONTRACTUAL

A partir de la aprobación de las Directivas de contratación pública de 2014 que otorgan un tratamiento particular a los denominados "servicios a las personas" se ha iniciado un cambio generalizado en la legislación de distintas Comunidades Autónomas encaminado a fijar el régimen jurídico del denominado "concierto social" o "acuerdos de acción concertada".

En la mayor parte de los supuestos, el concierto social se ha configurado como una vía no contractual de prestación de dichos servi-

1 He dado cuenta de esta modificación en un trabajo anterior véase LAZO VITORIA, Ximena, "Fórmulas de xestión indirectas (contractuais e non contractuais) na nova Lei 12/2022, do 21 de decembro, de servizos sociais da Comunidade de Madrid. Primeira regulación legal do 'concerto social' en Madrid", *Administración & cidadanía: revista da Escola Galega de Administración Pública* (17), 2022, pp. 145-151. También véase el trabajo de NAVALPOTRO BALLESTEROS, Tomás, "El concierto social como fórmula para la prestación de los servicios sociales", *Revista jurídica de la Comunidad de Madrid*, 2023, pp. 1-8.

cios[2]. Se ha procedido a la reforma o, en su caso, a la aprobación de nuevas Leyes autonómicas de Servicios Sociales con la finalidad de plasmar las líneas fundamentales de la nueva figura y de su régimen jurídico básico. Éste se ha completado posteriormente mediante una nutrida normativa de desarrollo, tal y como se expone más adelante.

Cabe destacar la singularidad de la Comunidad Foral de Navarra que ha transitado por una vía distinta, esto es, la aprobación de una norma específica con rango de Ley reguladora del concierto (Ley Foral 13/2017, de 16 de noviembre, de conciertos sociales en los ámbitos de la salud y servicios sociales). También es llamativo el caso de Baleares, Comunidad Autónoma que después de seguir el recorrido general (modificación de su Ley de servicios sociales y posterior de-

2 En propiedad habría que hablar de una "reconfiguración" del concierto en cuanto modo tradicional de prestación de servicios. Cabe recordar que la acción social pública deriva de la antigua beneficencia del Estado y de las corporaciones locales que gestionaban hospitales benéficos, hospicios, casas de expósitos y demás establecimientos de beneficencias (Leyes de Beneficencia de 6 de febrero de 1822 y de 20 de junio de 1849 y Ley de Sanidad de 28 de noviembre de 1855). Desde la promulgación del Estatuto Municipal de Calvo Sotelo y, en concreto, del Estatuto Provincial de 20 de marzo de 1925, se perfiló el concierto administrativo (art. 127) como la técnica contractual por excelencia para la prestación indirecta de esos servicios de beneficencia. Más tarde, el Reglamento de Servicios de las Corporaciones Locales, aprobado por Decreto de 17 de junio de 1955 mantuvo la misma idea, al regular en su art. 43.2 que "los servicios relacionados con las actividades benéficas podrán prestarse por gestión directa o por concierto".

Aborde un primer análisis de este cambio legislación en el trabajo LAZO VITORIA, Ximena, "La figura del 'concierto social' tras las directivas europeas de contratación pública", https://www.obcp.es/opiniones/la-figura-del-concierto-social-tras-las-directivas-europeas-de-contratacion-publica (última visita, 19 de diciembre de 2024). Véanse también los siguientes trabajos de referencia en esta materia GIMENO FELIÚ, José María, "La colaboración público-privada en el ámbito de los servicios sociales y sanitarios dirigidos a las personas. Condicionantes europeos y Constitucionales", *Revista Aragonesa de Administración Pública* (52), 2018, pp. 12-65; DOMÍNGUEZ MARTÍN, Mónica, "Los contratos de prestación de servicios a las personas. Repensando las formas de gestión de los servicios sanitarios públicos tras las Directivas contratos de 2014 y la Ley 9/2017 de Contratos del Sector Público", *Revista General de Derecho Administrativo* (50), 2019, pp. 1-17; SERRANO CHAMIZO, Javier, "La contratación de servicios sociales en las directivas de contratación pública y su transposición en el proyecto de Ley de Contratos del sector público", *Revista Aranzadi Unión Europea* (10), 2017, pp. 129-143.

sarrollo normativo) ha optado por refundir las fórmulas de gestión de servicios a las personas (contractual y no contractual) en un solo texto normativo.

El legislador autonómico adopta de forma mayoritaria la denominación de "concierto social" aunque también se ha optado por la de "acuerdos de acción concertada" (Aragón y Valencia). Con ello se pretende conservar la terminología tradicional (concierto) pero añadiéndole algún calificativo (social, acuerdos de acción) que la aleje, a su vez, de aquella empleada por la legislación contractual para denominar a uno de los subtipos del ahora ya desaparecido contrato de gestión de servicios públicos[3].

Para comprender adecuadamente esta materia hay que recordar que el legislador europeo introduce la expresión "servicios a las personas" para referirse a un conjunto de servicios que se recogen (entre otros) en el anexo XIV de la Directiva 2014/24/UE, de 26 de febrero de 2014, sobre contratación púbica (Directiva 2014/24/UE). Tal y como ha subrayado *Bernal Blay*[4], esta denominación solo es empleada por el legislador europeo en el Considerando 114 de la citada Directiva. En cambio, en su parte normativa el legislador emplea la expresión "servicios sociales y otros servicios específicos". En el ámbito interno, dichos servicios (a las personas) se corresponden en buena parte con los servicios sociales regulados por las leyes autonómicas de servicios sociales. No obstante, como ha estudiado *Garrido Juncal* la determinación de lo que deba entenderse por "servicios sociales" en dicha ordenación no está tampoco exenta de problemas[5].

---

3 Recuérdese que hasta la entrada en vigor de la Ley de Contratos del Sector Público (LCSP), el legislador contemplaba cuatro modalidades de la contratación de la gestión de los servicios públicos, esto es, la concesión, la gestión interesada, la sociedad de economía mixta y el concierto. En relación con este último, el art. 277 del Real Decreto Legislativo establecía que consistía en la contratación con "persona natural o jurídica que venga realizando prestaciones análogas a las que constituyen el servicio público del que se trate".

4 Véase BERNAL BLAY, Miguel Ángel, "La contratación de los servicios a las personas", en GALLEGO CÓRCOLES, Isabel y GAMERO CASADO, Eduardo (dirs.), Tratado de Contratos del Sector Público vol. 3, Valencia 2018, p. 2844.

5 Véase GARRIDO JUNCAL, Andrea, *Los servicios sociales en el s. XXI: nuevas tipologías y nuevas formas de prestación*, Madrid, 2020, p. 73 y ss.

Este desarrollo normativo que hemos sintetizado en sus líneas generales fue impulsado, como antes se ha advertido, tras la aprobación de las Directivas europeas de contratación de 2014. En lo que aquí interesa destacar dichas normas establecieron, por un lado, algunas reglas especiales para la contratación de los servicios a las personas. Así, por ejemplo, un umbral específico sensiblemente más elevado que para el resto de los servicios; los principios que deben tenerse en cuenta a la hora de concretar tanto el procedimiento como los criterios de adjudicación de los contratos cuyo objeto sean "servicios a las personas"[6].

Otro tanto puede decirse del diseño de los criterios de adjudicación, ya que el legislador europeo ha establecido la obligación de garantizar la calidad, continuidad, accesibilidad, asequibilidad, disponibilidad y la exhaustividad de los servicios, así como las necesidades específicas de las distintas categorías de usuarios, incluidos los grupos desfavorecidos y vulnerables, y la implicación y responsabilidad de los usuarios y la innovación. Incluso la parte final del artículo 76.2 parece habilitar (aunque no obligar) a primar la calidad por sobre el precio al afirmar que "Los Estados miembros podrán disponer que la elección del proveedor de servicios se haga sobre la base de la oferta económicamente más ventajosa, teniendo en cuenta criterios de calidad y de sostenibilidad en el caso de los servicios sociales".

Pero, por otro lado, las Directivas de contratación también señalaron la posibilidad de que estos servicios fueran prestados mediante fórmulas no contractuales en atención a sus especiales características. Esto es lo que viene a declarar la Directiva 2014/24 en su Considerando 114 lo siguiente:

> "Los Estados miembros siguen teniendo libertad para prestar por sí mismos esos servicios (servicios a las personas: sociales, sanitarios, educativos., etc.) u organizar los servicios sociales de manera que no sea necesario celebrar contratos públicos, por ej., mediante la simple finan-

---

[6] Así, por ejemplo, el art. 76 Directiva 2014/24/UE después de reiterar la obligación de respetar los principios de transparencia e igualdad de todos los operadores económicos añade que "los Estados miembros serán libres de determinar las normas de procedimiento aplicables, siempre que tales normas permitan a los poderes adjudicadores tener en cuenta la especificidad de los servicios en cuestión".

ciación de estos servicios o el otorgamiento de licencias o autorizaciones a todos los operadores etc. que cumplan las condiciones previamente fijadas..., sin límites de cuotas, siempre que dicho sistema garantice una publicidad suficiente y se ajuste a los principios de transparencia y no discriminación."

Por su parte, la LCSP ha incorporado (en transposición de la citada Directiva) dos disposiciones muy relevantes para articular la posibilidad contemplada en el citado Considerando 114. Por un lado, al excluir de su ámbito de aplicación precisamente:

> "La prestación de servicios sociales por entidades privadas, siempre que ésta se realice sin necesidad de celebrar contratos públicos, a través, entre otros medios, de la simple financiación de estos servicios o la concesión de licencias o autorizaciones a todas las entidades que cumplan las condiciones previamente fijadas por el poder adjudicador, sin límites ni cuotas, y que dicho sistema garantice una publicidad suficiente y se ajuste a los principios de transparencia y no discriminación".

Y por otro, al establecer que lo regulado en la LCSP "no obsta para que las Comunidades Autónomas, en el ejercicio de las competencias que tienen atribuidas, legislen articulando instrumentos no contractuales para la prestación de servicios públicos destinados a satisfacer necesidades de carácter social" (DA 49ª Legislación de las Comunidades Autónomas relativa a instrumentos no contractuales para la prestación de servicios públicos de carácter social).

## IX.16.3. EL CONCIERTO SOCIAL EN EL ÁMBITO DE LA LSSCM

La LSSCM ha aprovechado precisamente esta última previsión (DA 49ª LCSP) para introducir la figura del concierto social para la prestación de servicios sociales[7]. En concreto, en el Preámbulo de la Ley se establece los siguiente:

---

7 Mediante el Estatuto de Autonomía de la Comunidad de Madrid aprobado por la Ley Orgánica 3/1983, de 25 de febrero, se asumieron competencias en materia de promoción y ayuda a la tercera edad, emigrantes, personas con discapacidad y demás grupos sociales necesitados de especial atención, incluida la creación de centros de protección, reinserción y rehabilitación (art. 26.1.23).

"Esta modalidad —el concierto social— a la que se dedica el capítulo segundo, se introduce por primera vez en la normativa de servicios sociales de la Comunidad de Madrid, al igual que se ha hecho ya en otras regulaciones autonómicas, al amparo de lo establecido en la disposición adicional cuadragésima novena de la Ley 9/2017, de 8 de noviembre, de Contratos del Sector Público, con el propósito de contar con un instrumento de colaboración que permita una mayor estabilidad en la prestación de los servicios, que redunde en la calidad del Sistema Público".

Según se explica en el Preámbulo de la LSSCM, uno de sus objetivos es fortalecer las fórmulas de colaboración con las entidades privadas. Para ello, se introduce la figura del concierto social "que deberá prestar atención, de manera especial, a los aspectos técnicos de la prestación de los servicios con el fin de asegurar su calidad". La Junta Consultiva de contratación administrativa de la Comunidad de Madrid al examinar el texto del anteproyecto de ley[8], puso de manifiesto que la provisión de los servicios sociales se llevaría a cabo principalmente mediante contratos públicos, subrayando, sin embargo, la novedad del concierto social respecto añadió la siguiente valoración:

"El concierto social es un instrumento de colaboración que ayuda a lograr la estabilidad en la prestación de los servicios sociales. Esta posibilidad normativa abre oportunidades para mejorar la cooperación público-privada y aumentar la calidad y estabilidad de los servicios en el ámbito social, especialmente en las condiciones en que se prestan, evitando instrumentarlos exclusivamente por la vía de la contratación, aunque esta deba seguir siendo la utilizada con carácter general para garantizar la sostenibilidad del sistema de servicios sociales. Todo ello puede redundar en beneficio de las personas usuarias, de las Administraciones y de las propias entidades que los desarrollan" (p. 4).

La Ley dedica su Título V a regular la "Provisión de los servicios sociales" (arts. 68 a 76). Ahí se establece que: "Las Administraciones

---

Asimismo, el apartado 1.24 del mismo artículo le atribuye la protección y tutela de menores y el desarrollo de políticas de promoción integral de la juventud, y el 1.25 la promoción de la igualdad respecto a la mujer que garantice su participación libre y eficaz en el desarrollo político, social, económico y cultural.

8 Véase Informe 1/2022, de 10 de marzo, sobre el Anteproyecto de Ley de Servicios Sociales.

Públicas podrán prestar servicios sociales directamente o a través de las fórmulas de gestión indirecta legalmente establecidas" (art. 68).

La Ley define los "servicios sociales públicos de gestión directa" como aquellos que son prestados por las administraciones públicas mediante recursos profesionales y financieros propios, sean de atención primaria o especializada. Además, todas aquellas actuaciones que supongan el ejercicio de autoridad sobre las entidades prestadoras de servicios sociales se llevarán a cabo mediante gestión directa: inspección, control de calidad, autorización, acreditación y Registro de Entidades, Centros y Servicios de Atención Social (art. 69).

A la gestión indirecta se refiere el artículo 70 de LSSCM indicando que las entidades privadas podrán contratar o concertar con las administraciones públicas la prestación de servicios, de acuerdo con las condiciones establecidas en los respectivos procedimientos, en el marco de las normativas reguladoras de la *contratación y concertación pública*. Es decir, podrá haber una gestión indirecta contractual (contrato de servicios, concesión de servicios, en su caso, contrato mixto) en el marco de la LCSP, incluidas las especialidades que para esta clase de servicios se prevén en la legislación estatal. O bien, se podrá emplear la vía del concierto social, la cual, a diferencia de la primera no cuenta con una regulación general en el ordenamiento jurídico español. Por ello, el legislador madrileño establece en el Titulo V, Capítulo II el "Régimen de concertación en el Sistema Público de Servicios Sociales" (arts. 72 y ss) en los términos que seguidamente se exponen.

### A) *Configuración del concierto social como una fórmula no contractual de gestión de servicios sociales*

Así se desprende de la definición que establece el legislador de la Comunidad de Madrid y se encuentra en sintonía con lo dispuesto en la supra citada DA 49ª LCSP y con lo expresado en el propio Preámbulo de la LSSCM:

> "A efectos de la presente Ley, se entiende por concierto social el instrumento no contractual que permite la realización total o parcial de programas sociales, así como la provisión de prestaciones en el marco del Sistema Público de Servicios Sociales, por entidades privadas (art. 72.1)".

### *B) Objeto*

El artículo 74 establece que podrá ser objeto de concertación por parte de las administraciones públicas: i) la reserva de plazas en centros o servicios para su ocupación del Sistema Público de Servicios Sociales, siempre vía derivación de la administración pública; ii) la gestión integral de programas, prestaciones o centros.

También se prevé la posibilidad de realizar lo que el legislador denomina "concertación conjunta" la que tiene lugar con una pluralidad de entidades distintas, cuando la realización de un servicio integral conlleve, a su vez, la intervención de diferentes centros o servicios de los que sean titulares entidades distintas. En este caso, el acuerdo de acción concertada debe incluir mecanismos de coordinación y colaboración de obligado cumplimiento.

### *C) Sujetos que pueden concertar con la Administración Pública madrileña*

Según se establece en el artículo 75 LSSCM la administración pública puede concertar la prestación de servicios sociales con "personas físicas o jurídicas de carácter privado, cualquiera que sea su naturaleza" (art. 75 "Requisitos para la suscripción de conciertos"). Además de lo anterior, el citado artículo ordena que la concertación con sujetos privados deberá realizarse "de acuerdo con los principios recogidos en el artículo 73". Esta norma establece por su parte que los acuerdos de acción concertada se regirán por los principios de libertad de acceso, publicidad y transparencia de los procedimientos y la salvaguarda de una asignación eficiente de los recursos públicos.

### *D) La financiación del concierto. En particular, la exclusión del beneficio industrial y su incidencia en el tipo de entidad con la que se puede concertar*

La administración pública fija anualmente los importes de los módulos económicos correspondientes a cada prestación susceptible de concierto. En su globalidad, la cuantía se refleja en los presupuestos de los distintas Administraciones Públicas. Ahora bien, de acuerdo con lo que establece el artículo 76.3 de la LSSCM:

> "Los módulos económicos retribuirán como máximo, los costes fijos y variables de las prestaciones, así como los costes indirectos en que se pueda incurrir garantizando la indemnidad patrimonial de la entidad prestadora, sin incluir beneficio industrial".

Una interpretación plausible de esta decisión adoptada por el legislador madrileño (excluir el beneficio industrial de la retribución) es entender que los destinatarios naturales del concierto social regulado por la LSSCM son, en realidad, las entidades sin ánimo de lucro. Nótese que en su Preámbulo la citada Ley subraya en relación con el concierto social precisamente los costes al indicar que "se deberá garantizar una cobertura adecuada de sus *costes* a lo largo de su período de vigencia". Además, refuerza lo anterior el hecho de que el citado artículo 76.3 recoge la doctrina (en su literalidad) del Tribunal de Justicia de la Unión Europea (por ejemplo, Sodemare[9]; Casta[10]) en el marco de la colaboración público-privada vía concierto con entidades sin ánimo de lucro. Por lo demás, hay varias Comunidades Autónomas que han optado por reservar los acuerdos de acción concertada a las entidades sin ánimo de lucro, como es el caso, por ejemplo, de Navarra, Valencia o Aragón.

En todo caso, hay que recordar que la Junta Consultiva de Contratación Administrativa de la Comunidad de Madrid (Informe 1/2022) recomendó que se modificara el artículo 75 en el sentido de que las entidades que pudieran celebrar conciertos sociales con la Administración madrileña fueran entidades sin ánimo de lucro. En concreto la Junta Consultiva señalo que:

> "por tanto, aunque el sistema retributivo previsto en el anteproyecto para el concierto social se ajusta a su consideración como figura no contractual, ya que los módulos económicos no retribuirán el beneficio industrial, debería recogerse expresamente en el artículo 75 (Requisitos para la suscripción de conciertos) que los conciertos en materia de servicios sociales sólo podrán suscribirlos las personas físicas o jurídicas de carácter privado que no tengan ánimo de lucro y que reúnan los requisitos establecidos en esta Ley y en su normativa de desarrollo".

---

9 STJUE de 17 de junio de 1997 (ponente P.J.G. Kapteyn).

10 STJUE, Sala Quinta, de 28 de enero de 2016 (ponente D. Šváby).

Esta recomendación estaba destinada lógicamente a dotar de más coherencia a la regulación legal.

Por su parte, *Navalpotro* considera que la redacción del artículo 75 LSSCM se debe a una "regla de cautela", fijándose una delimitación amplia de los sujetos que puedan suscribir conciertos "personas físicas o jurídicas de carácter privado", a la espera de la resolución de causas judiciales abiertas[11].

Como quiera que sea, lo cierto es que tal y como está redactada la legislación madrileña hay una cierta contradicción entre el artículo 75 y el artículo 76.3 del propio texto legal. Como se ha puesto de manifiesto, entiendo que la única opción razonable es la que antes he expuesto (entidades sin ánimo de lucro). Porque la otra interpretación, es decir, que puedan participar todas las entidades privadas (con o sin ánimo de lucro), excluya el beneficio industrial parece una opción difícilmente defendible. A este respecto, téngase en cuenta que el Tribunal Superior de Justicia del País Vasco recientemente ha descartado esta última opción (fijada en Euskadi en un texto reglamentario) por considerarlo (el precepto reglamentario) contrario a la libertad de empresa (art. 38 de la Constitución española)[12].

### *E) La remisión en bloque al desarrollo reglamentario*

Sin perjuicio de las reglas antes expuestas y de la relativa a la inscripción de los conciertos formalizados ex artículo 37.2 lo cierto es

---

11 Véase las sentencias ASADE I [STJUE, Sala Cuarta, de 14 de julio de 2022 (ponente C. Lycourgos)] y ASADE II [Auto del TJUE, Sala Novena, de 31 de marzo de 2023 (ponente C. Lycourgos)]. Un análisis de esta jurisprudencia en LAZO VITORIA, Ximena, "Prestación de servicios a las personas: ¿concierto social o contrato?", *Revista de Estudios de la Administración Local y Autonómica. Nueva Época* (20), 2023, pp. 31-46.

12 Véase la STSJ del País Vasco, de 3 de julio de 2024 (ponente Antonio Iglesias Martín).
En el caso del País Vasco, la legislación de servicios sociales de 2008 no excluye la posibilidad de beneficio económico en la prestación del servicio mediante concierto social. Pero el Decreto 168/2023, por el que se regulan el régimen de concierto social y los convenios en el Sistema Vasco de Servicios Sociales sí lo hace.

que, el grueso del régimen jurídico del concierto social vendrá determinado una vez que se apruebe su desarrollo reglamentario. Ello es así porque el artículo 72.2 LSSCM remite a la definición reglamentaria nada menos que los siguientes aspectos:

> "El régimen jurídico de la colaboración y las condiciones de prestación en los centros y servicios concertados vinculados al Sistema Públicos de Servicios Sociales, al procedimiento de suscripción, la duración máxima el concierto, las obligaciones de las partes, el seguimiento, la justificación, penalizaciones por incumplimientos de obligaciones, el procedimiento de extinción y la garantía de continuidad de los servicios, así como la posibilidad de cesión y la contratación de servicios accesorios. Dicho desarrollo contemplará, asimismo, la información que deben publicar las entidades concertantes que incluirá, al menos en los pliegos o documentos que sustenten el concierto, los importes básicos de la concesión, las condiciones de la misma, el seguimiento de las infracciones, las modificaciones económicas que se realicen y su justificación, así como las sanciones o informes de seguimiento establecidos".

Al momento de cierre de este trabajo, este desarrollo reglamentario aún no se producido. La Administración madrileña sí ha avanzado en otros materias de la LSSCM como es, por ejemplo, proyecto de Decreto del Consejo de Gobierno, por el que se regulan la Historia Social Única, el Registro único de usuarios y otros instrumentos de gestión de la información del Sistema Público de Servicios Sociales de la Comunidad de Madrid o el Proyecto de decreto, del Consejo de Gobierno, sobre la zonificación del Sistema Público de Servicios Sociales de la Comunidad de Madrid y la elaboración del Mapa de Servicios Sociales (este último, en trámite de audiencia hasta el 3 de diciembre de 2024).

## IX.16.4. JURISPRUDENCIA

Auto del TJUE núm. 289/2023, de 31 de marzo de 2023, (ponente C. Lycourgos). (ASUNTO C-676/20).

STJCE núm. 301/1997, de 17 de junio de 1997 (ponente P.J.G. Kapteyn). (ASUNTO C-70/95).

STJUE núm. 56/2016, de 28 de enero de 2016 (ponente D. Šváby). (ASUNTO C-50/14).

STJUE núm. 559/2022, de 14 de julio de 2022 (ponente C. Lycourgos). (ASUNTO C-436/20).

STSJ del País Vasco núm. 2017/2024, de 3 de julio de 2024, (ponente Antonio Iglesias Martín). (Rec. 32/2024)

## IX.16.5. BIBLIOGRAFÍA

BERNAL BLAY, Miguel Ángel, "La contratación de los servicios a las personas", en GALLEGO CÓRCOLES, Isabel y GAMERO CASADO, Eduardo (dirs.), vol. 3, Valencia 2018, pp. 2841-2874.

DOMÍNGUEZ MARTÍN, Mónica, "Los contratos de prestación de servicios a las personas. Repensando las formas de gestión de los servicios sanitarios públicos tras las Directivas contratos de 2014 y la Ley 9/2017 de Contratos del Sector Público", *Revista General de Derecho Administrativo* (50), 2019, pp. 1-17.

GARRIDO JUNCAL, Andrea, *Los servicios sociales en el s. XXI: nuevas tipologías y nuevas formas de prestación,* Madrid, 2020.

NAVALPOTRO BALLESTEROS, Tomás, "El concierto social como fórmula para la prestación de los servicios sociales", *Revista jurídica de la Comunidad de Madrid,* 2023, pp. 1-8.

LAZO VITORIA, Ximena, "Prestación de servicios a las personas: ¿concierto social o contrato?", *Revista de Estudios de la Administración Local y Autonómica. Nueva Época* (20), 2023, pp. 31-46.

LAZO VITORIA, Ximena, "Fórmulas de xestión indirectas (contractuais e non contractuais) na nova Lei 12/2022, do 21 de decembro, de servizos sociais da Comunidade de Madrid. Primeira regulación legal do 'concerto social' en Madrid", *Administración & cidadanía: revista da Escola Galega de Administración Pública* (17), 2022, pp. 145-151.

LAZO VITORIA, Ximena, "La figura del 'concierto social' tras las directivas europeas de contratación pública", https://www.obcp.es/opiniones/la-figura-del-concierto-social-tras-las-directivas-europeas-de-contratacion-publica (última visita, 19 de diciembre de 2024).

GIMENO FELIÚ, José María, "La colaboración público-privada en el ámbito de los servicios sociales y sanitarios dirigidos a las personas. Condicionantes europeos y Constitucionales", *Revista Aragonesa de Administración Pública* (52), 2018, pp. 12-65.

SERRANO CHAMIZO, Javier, "La contratación de servicios sociales en las directivas de contratación pública y su transposición en el proyecto de Ley de Contratos del sector público", *Revista Aranzadi Unión Europea* (10), 2017, pp. 129-143.

# *IX.17. La acción concertada social y las fórmulas no contractuales en la provisión de servicios de atención a la persona: Castilla y León*

**SARA GARCÍA GARCÍA**
*Profesora Ayudante Doctora de Derecho Administrativo*
*Universidad de Valladolid*

**Resumen:** El régimen jurídico que regula la prestación de los servicios sociales en Castilla y León es amplio y complejo. Estas características son compartidas por el resto de territorios, pero el caso de Castilla y León es aún más intrincado por sus condiciones y situación particular. De todo el amplio mosaico de normas que conforman ese sistema, a la cabeza se sitúa la Ley 16/2010, de 20 de diciembre, de servicios sociales de Castilla y León y su Decreto de desarrollo 3/2022, de 17 de febrero, por el que se establece el régimen jurídico del concierto social en determinados ámbitos del Sistema de Servicios Sociales de Responsabilidad Pública de Castilla y León.

**Palabras clave:** concierto social; servicios sociales; acción concertada; participación privada; entidades de iniciativa social sin ánimo de lucro

**Índice:** 

**Abreviaturas empleadas:**

LCSP: Ley 9/2017, de 8 de noviembre de Contratos del Sector Público
TFUE: Tratado de Funcionamiento de la Unión Europea
TJUE: Tribunal de Justicia de la Unión Europea

## IX.17.1. INTRODUCCIÓN: LA SITUACIÓN ESPECIAL DE PARTIDA DE CASTILLA Y LEÓN

El régimen jurídico que regula la prestación de los servicios sociales en Castilla y León es amplio y complejo. Estas características son compartidas por el resto de territorios, pues la propia materia es vasta y heterogénea, lo que redunda en un régimen de idéntica dificultad; ahora bien, Castilla y León tiene unas condiciones propias y una situación social que complican, aún más, el escenario en el que actuar y, por lo tanto, el sistema jurídico diseñado al efecto.

Los factores específicos que reúne Castilla y León y que elevan la complejidad a la hora de prestar estos servicios —y los demás— comienzan, sin duda, por su extenso territorio, en el que se encuentran numerosos y muy dispersos municipios, todos asolados por el envejecimiento y una dramática despoblación. Castilla y León cuenta, aproximadamente, con 2.409.164 habitantes censados, de los cuáles 603.839 superan los 65 años; es decir, un cuarto de la población de la Comunidad está envejecida, una cifra que va en aumento[1].

Otro dato que complica aún más el escenario en la Comunidad es que esa mencionada y conocida despoblación no sólo se ceba con su medio rural, sino que alcanza a muchas ciudades, quedando el grueso de sus habitantes concentrados en determinados núcleos urbanos. Ciertamente, este no es un fenómeno exclusivo de Castilla y León, en toda España hasta veintinueve capitales de provincia, que se

---

1 Los datos expuestos han sido extraídos de las cifras oficiales de población publicadas por la Junta de Castilla y León y por el Consejo Económico y Social de Castilla y León. Ver: JUNTA DE CASTILLA Y LEÓN, "Estadística de Castilla y León: Cifras oficiales de la población", https://estadistica.jcyl.es/web/es/estadisticas-temas/cifras-oficiales-poblacion.html (última visita, 15 de octubre de 2024). CONSEJO ECONÓMICO Y SOCIAL DE CASTILLA Y LEÓN, "Personas mayores de 65 años por estratos de edad y provincias en Castilla y León, 2018", https://www.cescyl.es/es/publicaciones/bases-datos-excel-informe-anual/base-datos-excel-informe-anual-2018/capitulo-3-calidad-vida-proteccion-social-castilla-leon-201/3-7-sistema-accion-social/3-7-2-prestaciones-servicios-sistema-servicios-sociales/personas-mayores-65-anos-estratos-edad-provincias-castilla— (última visita, 15 de octubre de 2024). Los datos elegidos corresponden al año 2018, pues no ha sido posible encontrar datos de envejecimiento más actualizados por parte del Consejo. La Junta de Castilla y León sí reconoce que la población de la Comunidad en 2023 descendió hasta los 2.380.149 habitantes.

dice pronto —recuérdese que son cincuenta y dos el total— han visto mermada de forma drástica su población en los últimos años; ahora bien, todo ello es especialmente sangrante en Comunidades como desde la que aún se escriben estas líneas[2].

Estos fenómenos demográficos se intentan compensar, en cierta medida, con un importante flujo de migración extranjera, un sector que demanda una atención especial por parte de los poderes públicos, más en el ámbito de los servicios sociales, lo que ejerce aún más presión sobre la prestación de estos servicios en esta Comunidad Autónoma[3].

Todo esto ha devenido en la creación definitiva de un sistema de servicios sociales de responsabilidad pública en el que se acogen, bajo un mismo paraguas, todos los servicios sociales de titularidad pública y los de prestación privada, financiados total o parcialmente con fondos públicos. Es a la hora de garantizar una financiación y gestión de estos servicios el momento en el que asumen protagonismo los llamados *conciertos sociales* y otras fórmulas no contractuales de gestión de servicios, diseñadas en todas las Comunidades, como magistralmente se expone al principio de esta obra, a partir de la Directiva 2014/24 sobre contratación pública, que otorgó libertad a los Estados miembros para organizar la prestación de los servicios sociales obligatorios al margen de la legislación en materia de contratos públicos.

## IX.17.2. EL MARCO JURÍDICO BÁSICO DE LA COMUNIDAD

Con lo anterior en mente y tras un constante goteo de normas, de distinto rango, se entiende y se asume la complejidad del sistema

---

2 Vid. el informe SECRETARÍA GENERAL PARA EL RETO DEMOGRÁFICO DEL MINISTERIO PARA LA TRANSICIÓN ECOLÓGICA Y EL RETO DEMOGRÁFICO, "El reto demográfico y la despoblación en España en cifras", https://www.lamoncloa.gob.es/presidente/actividades/Documents/2020/280220-despoblacion-en-cifras.pdf (última visita, 15 de octubre de 2024)

3 Estos son los factores que enumera destacadamente en su Preámbulo la propia Ley 16/2020, de 20 de diciembre, de servicios sociales de Castilla y León, vigente en la materia.

jurídico castellanoleonés en la materia. De todo ese amplio mosaico de normas, a la cabeza se sitúa la Ley 16/2010, de 20 de diciembre, de servicios sociales de Castilla y León. Esta es una Ley de *tercera generación*[4], modificada por última vez en febrero de 2024, tras la aprobación de la Ley 1/2024, de 8 de febrero, de apoyo al proyecto de vida de las personas con discapacidad en Castilla y León.

Junto con la Ley de 2010, se debe atender a su Decreto de desarrollo 3/2022, de 17 de febrero, por el que se establece el régimen jurídico del concierto social en determinados ámbitos del Sistema de Servicios Sociales de Responsabilidad Pública de Castilla y León. Su aprobación, que se esperaba para el año 2020, se retrasó, en parte por la pandemia, en parte por la tramitación y la consecuente aprobación de la Ley 5/2021, de 14 de septiembre, reguladora del Tercer Sector Social en Castilla y León, cuyo objeto era "*regular la plena adecuación del régimen de concertación social a los postulados de la Ley de Contratos del Sector Público*" (Ley 9/2017, de 8 de noviembre de Contratos del Sector Público, en adelante LCSP)[5].

Completan el panorama más esencial de este régimen otras normas tales como la Ley 8/2006, de 10 de octubre, del Voluntariado de Castilla y León, modificada por última vez, con la mencionada Ley 5/2021 reguladora del Tercer Sector Social; asimismo, puede ser de relevancia en este momento el Decreto 12/1997, de 30 de enero, regulador de la acción concertada en materia de reserva y ocupación de plazas en centros de servicios sociales para personas mayores y discapacitados, la Ley 14/2002, de 25 de julio, de Promoción, Atención y Protección a la Infancia en Castilla y León, junto con el Decreto 179/2001, de 28 de junio, por el que se regula la acción concertada en materia de reserva y ocupación de plazas para la atención de niños y jóvenes dependientes de los Servicios de Protección a la Infancia de las distintas Gerencias Territoriales de Ser-

---

4 Vid. GARRIDO JUNCAL, Andrea, *Los servicios sociales en el s. XXI: nuevas tipologías y nuevas formas de prestación*, Madrid, 2020, p. 194.

5 Vid. Preámbulo del Decreto 3/2022. Como dice ahí, recordemos que dicha LCSP establece en su Capítulo I la participación a la participación de las entidades privadas en los servicios sociales, reconociendo en su art. 86 el derecho a la iniciativa privada a participar en los servicios sociales mediante la creación de centros y servicios y la gestión de programas y prestaciones de esta naturaleza.

vicios Sociales o, finalmente, por importancia respecto al volumen de conciertos firmados, las órdenes dictadas periódicamente por la Consejería de Educación, en aplicación de lo dispuesto a nivel estatal por el Real Decreto 2377/1985, de 18 de diciembre, por el que se aprueba el Reglamento de Normas Básicas sobre Conciertos Educativos; actualmente, resultaría de aplicación a este respecto la Orden EDU/1922/2022, de 22 de diciembre por la que se establecen las normas para la aplicación del régimen de conciertos educativos a los centros docentes privados de la Comunidad de Castilla y León, así como el procedimiento por el que se regirá la suscripción por primera vez a dicho régimen, la renovación de los conciertos educativos existentes, así como sus modificaciones durante los cursos escolares 2023/2024 a 2028/2029.

De esta manera, Castilla y León construye los pilares básicos del régimen de su sistema público de servicios sociales aunando, como la "práctica totalidad de las leyes autonómicas, la regulación de las prestaciones sociales, la organización territorial y funcional de los servicios públicos, la ordenación de la iniciativa privada de creación de centros de servicios sociales y, casi sin solución de continuidad, fijan el papel de la iniciativa privada social y del voluntariado"[6].

## IX.17.3. EL RÉGIMEN DEL CONCIERTO SOCIAL EN CASTILLA Y LEÓN. OTRAS FÓRMULAS NO CONTRACTUALES DEL SISTEMA DE SERVICIOS SOCIALES DE RESPONSABILIDAD PÚBLICA DE LA COMUNIDAD

### A) *Los rasgos esenciales de la Ley 16/2010: conciertos, convenios y demás acuerdos de colaboración*

La Ley de servicios sociales de Castilla y León parte de reconocer la recepción de las prestaciones esenciales del sistema de servicios

---

6 VILLAR ROJAS, Francisco José, "Formas de gestión de los servicios sociales: en particular, la vinculación de gestores privados al sistema público mediante conciertos y convenios", *Documentación Administrativa* (271-272), 2005, p. 392.

sociales como un derecho subjetivo de los ciudadanos *sensu stricto*[7]. En garantía de ese derecho, destaca asimismo la regulación de un catálogo de servicios sociales que pretende unificar y determinar qué prestaciones o servicios quedarían bajo el paraguas de esa protección propia de un derecho subjetivo, que haría exigible su recepción[8]. Con este punto de partida, el grueso de la Ley se dirige a construir un sistema de servicios sociales en Castilla y León sólido y garantista por el cual se integre todo el panorama prestacional al efecto en un sistema simplificado y unificado de responsabilidad pública[9].

Este sistema está constituido por "el conjunto de recursos, programas, actividades, prestaciones, equipamientos y demás actuaciones de titularidad pública y los de titularidad privada financiados total o parcialmente con fondos públicos"[10]. Es decir, el sistema de servicios sociales de Castilla y León, en garantía de la adecuada prestación de estos servicios, reconocida como derecho subjetivo por esta Ley, asume un carácter público, pero reconoce una gestión, tanto directa, como indirecta[11]; los servicios de titularidad privada forman también parte del sistema de servicios sociales de responsabilidad pública, de forma subsidiaria, y se integran al sistema público general "mediante la firma, por sus entidades titulares o gestores, de conciertos, convenios, contratos y demás acuerdos de colaboración con las administraciones públicas de Castilla y León competentes en esta materia, para la dispensación de servicios sociales"[12].

De *conciertos, convenios, contratos y demás acuerdos* habla, así, la Ley de 2010 a la hora de establecer los mecanismos de gestión indirecta de estos servicios, a cuyo despliegue dedica por completo su Tí-

---

7 Art. 2 de la Ley.

8 Art. 16.

9 Respecto a la responsabilidad pública, el art. 45 de la Ley establece que "(...) son competentes en materia de servicios sociales la Comunidad de Castilla y León, los Municipios con población superior a 20.000 habitantes y las Provincias, que ejercerán sus competencias en los Municipios con población igual o inferior a 20.000 habitantes, sin perjuicio de las competencias atribuidas al resto de las entidades locales (...)".

10 Art. 4 de la Ley.

11 VILLAR ROJAS, *Documentación Administrativa*, 2005, pp. 396 y ss.

12 Art. 4 de la Ley.

tulo VIII (arts. 86 a 100) en el que establece el marco y régimen general al que ha de adecuarse la participación en la materia de la iniciativa privada, definiendo las fórmulas de colaboración para la prestación de servicios y determinando las vías para su financiación y apoyo cuando proceda. Una participación de la iniciativa privada dentro de la que admite, tanto a entidades con, como sin ánimo de lucro[13], pero impone una preferencia sobre estas últimas (entidades de iniciativa social sin ánimo de lucro), "ante análogas condiciones de calidad, eficacia y costes"[14] lo cual, como se verá más tarde, ha generado problemas, dentro y fuera de nuestras fronteras que, si bien han sido aparentemente resueltos desde un punto de vista jurídico, no parecen satisfacer a los sujetos implicados. Alimenta este problema el hecho de que esa prioridad que se impone por la Ley, de forma preceptiva y expresa, sobre las entidades de iniciativa social sin ánimo de lucro respecto del concierto social, se transforma en una restricción directa para establecer convenios u otras formas de financiación (fundamentalmente subvenciones[15]) para el resto de la iniciativa privada, reservando esta segunda posibilidad únicamente para las entidades sin ánimo de lucro y cerrando la puerta de las mismas al resto de la iniciativa privada:

De esta manera, el art. 95 de la Ley 16/2010 ofrece la posibilidad a las Administraciones públicas castellanoleonesas de "establecer convenios con entidades de iniciativa social sin ánimo de lucro para la provisión de prestaciones del catálogo de servicios sociales únicamente en aquellos supuestos en los que razones de urgencia, la singularidad de la actividad o prestación de que se trate, o su carácter innovador y experimental aconsejen la no aplicación del régimen de concierto y así se motive" y estableciendo como régimen regulador de estos convenios el propio de los conciertos sociales establecidos al efecto en la Comunidad[16]. En esta línea y, otra vez, únicamente con las entidades sin ánimo de lucro, la Ley permite a las Administraciones establecer "acuerdos marco de colaboración que recojan los

---

13 Art. 86.1 de la Ley.

14 Art. 87.2.

15 Art. 97 de la Ley.

16 Art. 95.2.

conciertos, convenios o cualesquiera otras formas de colaboración suscritos respectivamente con cada una de ellas”[17].

Es por esto que, al margen de la polémica surgida al efecto, el grueso de la regulación se centra en determinar las bases del régimen de concertación social (arts. 89 a 94 ter) que, después, es desarrollado por el Decreto 3/2022.

### *B) El régimen jurídico del concierto social en Castilla y León sobre la base de esa Ley 16/2010 y su Decreto 3/2022*

#### a) Concepto y naturaleza del concierto social

El art. 1 del Decreto define el concierto como “el instrumento de gestión indirecta de los servicios sociales públicos, regido por los principios de publicidad, transparencia y no discriminación y eficiencia en la utilización de fondos públicos, dirigidos a la atención directa a las personas, cuya financiación, acceso y control corresponde a las Administraciones públicas de la Comunidad”. Este instrumento, de carácter subsidiario, dice la norma, a los mecanismos de gestión directa, tiene una naturaleza no contractual por lo que queda excluida de la normativa de contratación pública[18]. Siguiendo lo dispuesto por la Ley 16/2010, de la forma expuesta anteriormente, el carácter subsidiario y no contractual del concierto social en Castilla y León,

---

17 Art. 96.

18 Vid. Preámbulo del Decreto. Este dice lo siguiente: “el presente decreto regula el régimen de los conciertos sociales, configurado como un modo de organización de la gestión de los servicios sociales en el que también pueden participar las entidades privadas, diferenciado de la modalidad contractual del concierto regulado en la normativa de contratación del sector público. La regulación se efectúa en el marco de lo dispuesto en el artículo 11.6 de la Ley 9/2017, de 8 de noviembre, de Contratos del Sector Público, y en su disposición adicional cuadragésima novena, que prevé la posibilidad de que las comunidades autónomas concierten servicios sociales con entidades privadas —toda vez que no son una actividad propia de mercado— fuera de la normativa de contratación pública, a través de un procedimiento especial, respetando los principios de publicidad, transparencia y no discriminación, tal y como se recoge en la Directiva 2014/24/UE, de 26 de febrero, sobre contratación pública y por la que se deroga la Directiva 2004/18/CE. El considerando 6 de la citada directiva reconoce de forma expresa que los servicios sociales deben quedar excluidos de su ámbito de actuación (…)”.

junto con su régimen general, se extiende a los Convenios y resto de formas de colaboración para la gestión de las prestaciones del catálogo de servicios sociales distintas del contrato establecidas, en este último caso, en exclusiva con entidades de iniciativa social sin ánimo de lucro. De esta forma, de la normativa autonómica se desprende que cualquier otra forma de relación en la materia entre la Administración y un sujeto privado distinto a una entidad sin ánimo de lucro deberá ser concertada o contractual.

### b) Objeto de los conciertos

La Ley y el Decreto, en sus arts. 90 y 4 respectivamente, acotan el concierto social a determinadas prestaciones. Estas serán las concretadas en cada momento por la Consejería competente[19], siempre que estén incluidas en el catálogo de servicios sociales de Castilla y León[20].

En este sentido, las administraciones públicas competentes, así como su sector público, que puedan encomendar esta gestión indirecta de servicios sociales a terceros, deberán "establecer una previsión de las prestaciones que pretenden concertar, estimación de su coste y

---

19 Art. 90.1 de la Ley 16/2010: "a) Medidas dirigidas a prevenir la exclusión social y a promover la autonomía de las personas. b) Actuaciones dirigidas a garantizar la protección y reforma de los menores. c) Medidas de apoyo familiar. d) Medidas de apoyo a las personas dependientes y sus familias, entendiendo como tales a las personas que por razones ligadas a la falta o a la pérdida de capacidad física, psíquica o intelectual tienen necesidad de una asistencia o ayuda importante para la realización de las actividades de la vida diaria. e) Medidas y ayudas técnicas para la atención, rehabilitación y el fomento de la inserción social de personas con necesidades especiales por causa de su discapacidad. f) Medidas dirigidas a la protección jurídica de las personas que tengan disminuida su capacidad de obrar y les impida valerse por sí mismas. g) Medidas dirigidas a incrementar la autonomía personal, la participación social y el desarrollo comunitario. h) Medidas de atención e integración de las víctimas de violencia de género. i) Proyectos innovadores de modelos de atención social y sistemas de apoyo a las personas destinatarias de los servicios sociales. j) Medidas preventivas y promocionales en el ámbito de las adicciones y de carácter sociosanitario y socioeducativo que se consideren susceptibles de complementar, desde estos ámbitos, a las prestaciones sociales del sistema de servicios sociales de responsabilidad pública".

20 Vid. art. 16 de la Ley 16/2010.

justificación de la carencia de medios propios" en su planificación periódica en materia de servicios sociales[21]. En todo caso, estos conciertos podrán incluir la reserva y la ocupación de plazas para uso exclusivo de las personas usuarias de servicios sociales de responsabilidad pública, así como la gestión integral de prestaciones sociales, servicios, programas, recursos o centros, cuya concreción viene determinada por normativa específica aprobada al efecto[22].

En principio, esta regulación se refiere a las administraciones autonómicas, si bien traslada el régimen del concierto a los servicios prestados a nivel local[23]: así, el art. 94 ter de la Ley de 2010 establece que "los órganos competentes de las entidades locales determinarán los servicios, prestaciones u otras actuaciones en el ámbito de los servicios sociales que puedan ser objeto de acción concertada, en el marco de las prestaciones a las personas de servicios de carácter social que desarrollen en ejercicio de sus competencias o en colaboración con la Administración de la Comunidad de Castilla y León, de conformidad con la legislación de régimen local y lo previsto en este decreto. Las entidades locales establecerán, en el marco de su potestad de autoorganización, la composición de la comisión de valoración prevista en este decreto, que estará formada por un mínimo de tres personas que deberán ser empleadas públicas de la entidad local que actúe como órgano concertante".

### c) Sujetos intervinientes

El Decreto habla en este caso de dos sujetos diferentes partícipes en un concierto: por un lado, las administraciones públicas de la Comunidad que sean competentes para prestar servicios sociales; por otro, las personas físicas o jurídicas o uniones de estas proveedoras

---

21 Art. 89.3 de la Ley.

22 Como se enumeró en el apartado anterior, esas serían, fundamentalmente, el Decreto 12/1997, de 30 de enero, regulador de la acción concertada en materia de reserva y ocupación de plazas en centros de servicios sociales para personas mayores y discapacitados y el Decreto 179/2001, de 28 de junio, por el que se regula la acción concertada en materia de reserva y ocupación de plazas para la atención de niños y jóvenes dependientes de los Servicios de Protección a la Infancia de las distintas Gerencias Territoriales de Servicios Sociales.

23 Vid. también disposición adicional del Decreto.

de servicios y prestaciones sociales, siempre que estos últimos sean susceptibles de gestión indirecta[24].

Recordemos que la Ley, en este último punto, distingue entre entidades con o sin ánimo de lucro, dando prioridad en la concertación o colaboración a estas últimas ante condiciones similares respecto de otros sujetos privados. El Decreto concreta esta cuestión estableciendo, en su art. 6.2., que "en el caso de que varias entidades obtengan, conforme a los criterios anteriores, la misma valoración, siempre que tengan análogas condiciones de eficacia, calidad y rentabilidad social, se optará por aquella que esté constituía sin ánimo de lucro y en el caso de que ambas lo sean, se optará por aquella que forme parte de la Red de Protección e inclusión a personas y familias en situación de mayor vulnerabilidad social o económica en Castilla y León". Debe quedar claro, por tanto, el *empate* que exige el Decreto a la hora de, en su caso, optar por la entidad sin ánimo de lucro; es decir, la preferencia dispuesta por la Ley de 2010 *no sustituye* a *un método de selección no competitivo*, como diría *Díez Sastre*[25].

¿Cuáles son esos criterios o condiciones de valoración que menciona la norma y que permitirían acordar la concertación de la prestación de servicios con uno u otro sujeto? lo determina la Ley en su art. 92.2 y el Decreto hace lo propio en el art. 6. Entre otros aspectos se valorará la experiencia en la prestación del servicio, la calidad del mismo y de los medios usados al efecto, el espacio a utilizar o el arraigo social del sujeto prestador en la localidad donde vaya a prestarse el servicio objeto de concierto. En este punto, también, se valora positivamente a la hora de dirimir el sujeto más adecuado para prestar un servicio determinado, la participación en el del voluntariado, como forma de promoción de las "condiciones para que la libertad e igualdad del individuo y de los grupos en que se integra sean reales y efectivas, removiendo los obstáculos que impidan o dificulten su plenitud y faciliten la participación de todos los castellanos y leoneses

---

24 Art. 2 del Decreto.

25 DÍEZ SASTRE, Silvia, "La acción concertada como nueva forma de gestión de los servicios sanitarios", en AGULLÓ AGÜERO, Antonia (dir.), *Tributación, gestión, control del gasto y reparto constitucional del poder financiero*, Valencia, 2020, p. 258.

en la vida política, económica, cultural y social", como dice la Ley 8/2006 del Voluntariado de Castilla y León[26].

En todo caso, todas estas entidades, con o sin ánimo de lucro, deberán reunir unas condiciones específicas, concretadas por estas normas[27]. Destaca en este punto la obligación de figurar inscritas en el Registro de Entidades, Servicios y Centros de carácter social, de Castilla y León y contar con la oportuna acreditación administrativa de sus centros y servicios, en clara aplicación de los principios básicos del servicio y lo dispuesto por el Derecho de la Unión mediante su Directiva 2006/123 de servicios en el mercado interior.

### d) Caracteres y régimen básico

El artículo 3 del Decreto determina cuáles son los principios generales que rigen estos conciertos u otras formas no contractuales de provisión de servicios sociales en Castilla y León, concretando como tales:

> "responsabilidad social, publicidad, transparencia y no discriminación, utilización racional y eficiente de los recursos públicos, innovación en la gestión de las entidades y de los servicios públicos, control público de la gestión de los servicios concertados, adecuación a la planificación estratégica de los servicios públicos y prestación de los servicios atendiendo a las especificidades y heterogeneidad de la demanda de las personas destinatarias, que recibirán una atención de calidad, personalizada, integral y continuada".

Estos principios rigen desde el momento de la tramitación y en la ejecución del concierto social. El procedimiento de concertación está minuciosamente estipulado por el Decreto de 2022. En él, en cumplimiento de los principios expuestos, se aprecian medidas dirigidas a garantizar la publicidad y la motivación del concierto, especialmente importante dado su carácter subsidiario y excepcional respecto del régimen general de los contratos públicos[28].

---

26 Apartado II de su Exposición de Motivos.

27 Art. 92.1 de la Ley 16/2010 y 5 del Decreto.

28 Arts. 7 a 12 del Decreto.

Formalizado el concierto, este desplegaría obligaciones específicas sobre la entidad concertada y la Administración concertante. Para la primera, al margen de las obvias dirigidas a garantizar una adecuada prestación del servicio y permitir su control y seguimiento por la Administración titular del mismo[29], destacaría aquí la limitación impuesta a la hora de exigir un pago por la recepción del servicio; en este sentido, la Ley establece que:

> "las prestaciones no gratuitas no podrán tener carácter lucrativo, no pudiéndose cobrar a las personas usuarias por las prestaciones propias del sistema de servicios sociales de responsabilidad pública cantidad alguna al margen del precio público establecido. El cobro a las personas usuarias de cualquier cantidad por servicios complementarios al margen de los precios públicos estipulados deberá ser autorizado por la Administración competente"[30].

La Administración, por su parte, deberá abonar en plazo las cantidades acordadas y controlar adecuadamente el desarrollo y cumplimiento del concierto; control que, fundamentalmente, deberá ser llevado a cabo por la Consejería competente en cada caso[31].

En principio, las condiciones acordadas mediante el concierto serían inmutables salvo que estas se modifiquen por razones de interés público o para, en su caso, actualizar esa contraprestación económica que perciba la entidad concertante[32]. Su duración será, como máximo de 4 años, prorrogable por años hasta un máximo de ocho[33]. El vencimiento de ese plazo supondría la extinción del concierto; lo mismo ocurriría si acaeciesen cualquiera de las otras causas de extinción previstas por la normativa aplicable[34].

---

29 Art. 15 del Decreto.

30 Art. 91 de la Ley 16/2010.

31 Arts. 16 y 18 del Decreto.

32 Art. 16 del Decreto.

33 Arts. 93 de la Ley y 12 del Decreto.

34 Arts. 94 bis de la Ley y 18 del Decreto.

### e) Su financiación

Cuando la normativa general de Castilla y León habla del sistema de pagos y financiación de esta gestión, directa e indirecta, de los servicios sociales no ofrece muchos matices, a diferencia de lo que ocurre en otras Comunidades, y resulta necesario acudir a la normativa de desarrollo específica en cada caso para concretar sus límites y características.

Así, en Castilla y León, si se quiere profundizar en ese coste y financiación de la gestión indirecta del servicio habría que acudir a la normativa específica reguladora de la acción concertada en cada situación y a la Resolución que, al efecto, se realice en cada caso por la Gerencia de Servicios Sociales de la Comunidad. Con carácter general, en esas normas es habitual encontrar, como criterios de determinación del coste del concierto, un cálculo del valor de la prestación individual en la cual se tienen en cuenta aspectos tales como el coste máximo por día o prestación, el tipo de centro o medios de prestación del servicio… y se podrá abonar una cantidad que podrá oscilar entre el importe total del coste de la prestación y un porcentaje sobre el coste convenido para ésta "este precio acordado en los conciertos podrá ser actualizado en cualquier momento por mutuo acuerdo de las partes y sin que en ningún caso supere el coste máximo de la plaza ocupada en vigor"[35].

---

35 Cada servicio susceptible de prestación indirecta gestionada mediante concierto tiene su norma. Puede acudirse al efecto al Catálogo de Servicios Sociales y conocer ahí los pormenores de cada caso: JUNTA DE CASTILLA Y LEÓN, "Catálogo de Servicios Sociales", https://serviciossociales.jcyl.es/web/es/como-acceder-servicios-sociales/catalogo-servicios-sociales.html (última visita, 15 de octubre de 2024). Por poner un ejemplo de la parte citada en este trabajo, podemos acudir al Decreto 179/2001, de 28 de junio, por el que se regula la acción concertada en materia de reserva y ocupación de plazas para la atención de niños y jóvenes dependientes de los Servicios de Protección a la Infancia de las distintas Gerencias Territoriales de Servicios Sociales (art. 6), de forma muy paralela a Decreto 12/1997, de 30 de enero, regulador de la acción concertada en materia de reserva y ocupación de plazas en centros de servicios sociales para personas mayores y discapacitados (art. 7) o la Orden EDU/1922/2022, de 22 de diciembre, por la que, se establecen las normas para la aplicación del régimen de conciertos educativos a los centros docentes privados de la Comunidad de Castilla y León, así como el procedimiento por el que se regirá la suscripción por primera vez a dicho régimen, la renovación de los conciertos educativos

Dicho lo anterior, para completar este apartado de financiación, es interesante comparar lo que ocurre al respecto en otras comunidades autónomas. Como expone *Lazo Vitoria* para Madrid, allí la norma general determina la obligación para la Administración competente de fijar anualmente "los importes de los módulos económicos correspondientes a cada prestación susceptible de concierto", excluyendo expresamente de este el *beneficio industrial* derivado de la prestación[36]. Esto, a ojos de la autora, no tiene un trasfondo tanto económico, como subjetivo; esta exclusión del beneficio industrial implicaría que "el legislador madrileño entiende que los destinatarios naturales del concierto social son, en realidad, las entidades sin ánimo de lucro", siendo esta la fórmula que utiliza la Comunidad de Madrid para limitar los sujetos susceptibles de celebrar conciertos públicos[37]. Como ya se ha expuesto, la normativa de Castilla y León si bien no realiza esa exclusión general de la acción concertada, otorga preferencia a las entidades sin ánimo de lucro. A lo sumo, en este sentido y en materia de financiación, reforzaría la acción de las entidades sin ánimo de lucro la previsión recogida por el art. 112 de la Ley de 2010 por la cual se establece la posible contribución de la Junta, cumpliéndose los requisitos adecuados, "a la financiación de los programas desarrollados por las entidades privadas sin ánimo de lucro que se adecuen a la planificación autonómica de los servicios sociales".

La Ley de 2010 y el Decreto de 2022 no establecen una limitación como la norma madrileña, si bien reconocen, como fuentes de financiación del sistema de servicios sociales de responsabilidad pública "las aportaciones de las entidades privadas para el mantenimiento de aquellos de sus programas, prestaciones, centros y servicios inte-

existentes, así como sus modificaciones durante los cursos escolares 2023/2024 a 2028/2029, cuyos módulos de financiación se especifican en el art. 5, una financiación que, dicho sea de paso, parece no ser proporcional a lo exigido y estar lejos de ser suficiente, según denuncian los propios centros.

36 LAZO VITORIA, Ximena, "Fórmulas de xestión indirectas (contractuais e non contractuais) na nova Lei 12/2022, do 21 de decembro, de servizos sociais da Comunidade de Madrid. Primeira regulación legal do 'concerto social' en Madrid", *Administración & cidadanía: revista da Escola Galega de Administración Pública* (17), 2022, pp. 149 y ss.

37 Ibidem.

grados en el sistema», siendo la principal línea «las consignaciones destinadas a tal fin en los presupuestos generales de la Comunidad de Castilla y León, y en los de las entidades locales competentes en materia de servicios sociales; junto con las aportaciones que, en su caso, realice la Administración del Estado"[38]. También los usuarios podrán, con sus aportaciones, participar de esa financiación. Unas aportaciones que, a priori, sí son más claramente limitadas por la norma[39], la cual determina, entre otras cosas, que nunca podrán superar el coste de la prestación efectivamente recibida, pero que, pese a ello, constituyen el grueso de los litigios actualmente vivos en materia de servicios públicos en la Comunidad de Castilla y León.

### *C) Conflictos y otras problemáticas surgidas en la Comunidad en torno a este sistema de prestación*

Los principales problemas advertidos en torno a este régimen del concierto social y del resto de formas de colaboración no contractuales en materia de servicios sociales advertidos en Castilla y León no distan de los apreciados en otras Comunidades, incluso, en otros Estados de la Unión Europea.

Si bien la sociedad o los operadores privados que participan de esta gestión indirecta de servicios sociales exponen los defectos y fugas del sistema, jurídicamente son fundamentalmente dos las grandes cuestiones más problemáticas y litigiosas: en primer lugar, la cuestión del *copago* o la financiación, esencialmente por el beneficiario del servicio, de la prestación recibida; y, por otro lado, la cuestión de la preferencia otorgada a las entidades sin ánimo de lucro frente a otros particulares, ambas antes mencionadas.

Esta última cuestión no es tanto un problema propio de la Comunidad de Castilla y León, como de todas las Comunidades Autónomas y del conjunto de Estados miembros de la Unión; la previsión relativa a la participación de las entidades sin ánimo de lucro procede de la transposición de la ya mencionada en toda la obra Directiva 2014/24/UE. Han sido varias las veces que el Tribunal de Justicia de

---

38 Art. 107 de la Ley.

39 Art. 111 de la Ley.

la Unión Europea (TJUE) ha tenido que tratar esta prioridad de las entidades sin ánimo de lucro en materia de contratación pública o concierto social[40]; una de ellas fue la propia justicia española, a través del Tribunal Superior de Justicia de Valencia, la que elevó hasta el Tribunal europeo una cuestión prejudicial sobre este tema. Como tanto la sentencia como la problemática ya han sido tratadas de forma completa en este trabajo, baste con apuntar sus conclusiones esenciales relevantes en este momento:

> "(...) el recurso exclusivo a las entidades privadas sin ánimo de lucro para garantizar la prestación de tales servicios sociales puede estar motivado tanto por los principios de universalidad y de solidaridad, propios de un sistema de asistencia social, como por razones de eficiencia económica y de adecuación, toda vez que permite que esos servicios de interés general sean prestados en condiciones de equilibrio económico en el orden presupuestario, por entidades constituidas esencialmente para servir al interés general y cuyas decisiones no se guían, como señala el Gobierno español, por consideraciones puramente comerciales (...) Cuando está motivada por tales consideraciones, la exclusión de las entidades privadas con ánimo de lucro de los procedimientos de adjudicación de los contratos públicos que tienen por objeto la prestación de tales servicios sociales no es contraria al principio de igualdad, siempre y cuando dicha exclusión contribuya efectivamente a la finalidad social y a la consecución de los objetivos de solidaridad y de eficiencia presupuestaria que sustentan ese sistema (...)"[41].

---

40 Vid. STJUE, Sala Quinta, de 11 de diciembre de 2014, (ponente D. Šváby), asunto C-113/13, o la STJCE, de 17 de junio de 1997 (ponente P.J.G. Kapteyn), asunto C-70/95. En esas sentencias se cuestiona la compatibilidad de este tipo de previsiones con las Directivas de contratación públicas o, incluso, con la propia libertad de establecimiento y la libre prestación de servicios reconocida por los tratados fundacionales (arts. 49 a 55 del Tratado de Funcionamiento de la Unión Europea, TFUE). En todos ellos las conclusiones son paralelas a las expuesta. Para profundizar al respecto vid. LAZO VITORIA, Ximena, "Prestación de servicios a las personas: ¿concierto social o contrato?", *Revista de Estudios de la Administración Local y Autonómica. Nueva Época* (20), 2023, pp. 31-46; DARNACULLETA GARDELLA, Mercé, "La colaboración público-privada en el ámbito de los servicios sociales", en DARNACULLETA GARDELLA, Mercé et al., *La colaboración público-privada en la gestión de servicios sociales,* Madrid, 2022, pp. 71-133; o VELASCO CABALLERO, Francisco "La Administración pública en la colaboración público-privada", *Revista Catalana de Dret public* (67), 2023, pp. 36-66.

41 Apartados 90 y 91 de la STJUE, Sala Cuarta, de 14 de julio de 2022 (ponente C. Lycourgos), asunto C-436/20.

Al margen de la legitimidad que incluso desde la Unión Europea se ha dado a esta cuestión, esta no deja de suscitar polémica no sólo por el hecho en sí mismo considerado, sino por la posibilidad, que incluso se desprende de algunas de las sentencias del TJUE expuestas, de que esto se traduzca en la creación de entidades sin ánimo de lucro *ad hoc* con el único objetivo de poder participar en este tipo de conciertos o colaboraciones, lo que aproxima este tipo de prácticas a un fraude de Ley instigado, para muchos, por la propia norma.

Por otro lado, los problemas en torno al copago de estas prestaciones limitan su discusión a un ámbito que escapa de estas líneas básicas y generales, como es el tributario. La cuestión principal versa en este caso, esencialmente, sobre el carácter voluntario o no de la recepción de estas prestaciones y, por tanto, sobre la legitimidad del copago que, en función de su naturaleza, será considerado como tasa o precio público, lo que implicaría diferencias en su cuantía, régimen y condición.

Ambos, tasa o precio público, son modalidades de ingreso público que contribuirían a la financiación del sistema, pero su naturaleza, requisitos y límites son distintos. Las tasas son tributos que se pueden definir como obligaciones legales y pecuniarias, establecidas en favor de un ente público en régimen de derecho público. Estas pueden aplicarse sobre la recepción de servicios cuando tal recepción no sea obligatoria o cuando los servicios o actividades no se presten por el sector privado. Como tales tributos, la cuantificación de una tasa debe atender a la manifestación de capacidad económica del receptor del servicio; esta cuantificación de una tasa se hará teniendo en cuenta, y como máximo, el coste real o previsible del servicio a recibir. Por su parte, un precio público no es un tributo y, por tanto, su valor es independiente de la capacidad económica de quien lo paga.

Un precio público puede derivarse de la recepción de ciertos servicios siempre que estos, aunque se presten por el sector privado, sean de solicitud voluntaria por parte del administrado y su cuantificación deberá cubrir, como mínimo dice el art. 25 de la Ley 8/1989, de 13 de abril, de Tasas y Precios Públicos, el coste del servicio prestado. Es decir, la problemática está en que el coste del servicio recibido es el valor máximo que puede imponer la Administración mediante una tasa y el valor mínimo en el caso de un precio público[42].

Al respecto, la jurisprudencia estima, esencialmente, que la previsión de las normas castellanoleonesas, que optan generalmente por el precio público, es legítima y adecuada considerando lo siguiente:

> "No cabe duda de que no hay voluntariedad cuando la solicitud del servicio viene impuesta por una disposición normativa. Las dudas aparecen cuando, como en el presente caso, no hay ninguna obligación legal de solicitar el servicio, pero éste trae causa de la situación de dependencia en que se encuentra el beneficiario del mismo (...) una cosa es que la Administración venga obligada a prestar tales servicios para satisfacer las necesidades de quienes se encuentran en una situación dependencia y otra muy diferente que sus beneficiarios (o representantes legales) carezcan de libertad para solicitarlos o de elegir entre el sector público o privado. (...) además, la solicitud para la prestación que da lugar al pago es voluntaria cuando el beneficiario de la misma puede rechazarla en el ejercicio de su autonomía personal y capacidad de decisión que, como es sabido, no se anula, ni desaparece por la mera circunstancia de haber sido declarado discapaz o en situación de dependencia"[43].

## IX.17.4. CONCLUSIONES

El régimen jurídico que regula la prestación de los servicios sociales en Castilla y León es amplio y complejo. Estas características son compartidas por el resto de Comunidades, pero el caso de Castilla y León, con el territorio más extenso del país y asolada por la despoblación y el envejecimiento, es aún más intrincado por sus condiciones y situación particular.

De todo el amplio mosaico de normas que conforman ese sistema, a la cabeza se sitúa la Ley 16/2010, de 20 de diciembre, de servicios sociales de Castilla y León y su Decreto de desarrollo 3/2022, de 17 de febrero, por el que se establece el régimen jurídico del concierto

---

42 Cfr. MENÉNDEZ MORENO, Alejandro, *Derecho financiero y tributario. Parte general: lecciones de cátedra*, 24a ed., Cizur Menor, 2023, pp. 124 y ss.

43 STSJ de Castilla y León, Sala de lo Contencioso Administrativo, de 8 de junio de 2023 (ponente María de la Encarnación Lucas Lucas), recurso de apelación 540 /2022.

social en determinados ámbitos del Sistema de Servicios Sociales de Responsabilidad Pública de Castilla y León.

Estas normas definen en Castilla y León el concierto como un instrumento de gestión indirecta de los servicios sociales públicos, de carácter subsidiario y naturaleza no contractual, que queda excluido de la normativa de contratación pública. Acotan el concierto social a determinadas prestaciones, que deben ser concretadas en cada momento por la Consejería competente. En principio, las condiciones acordadas mediante el concierto serían inmutables salvo que estas se modifiquen por razones de interés público o para, en su caso, actualizar esa contraprestación económica que perciba la entidad concertante. Su duración será, como máximo de 4 años, prorrogable por años hasta un máximo de ocho. El vencimiento de ese plazo supondría la extinción del concierto; y lo mismo ocurriría si se diesen cualquiera de las otras causas de extinción previstas por la normativa aplicable.

Un punto conflictivo de la normativa de Castilla y León, compartido por el resto de Comunidades Autónomas, tiene que ver con la preferencia otorgada a las entidades sin ánimo de lucro a la hora de establecer estos conciertos o, incluso, la exclusión de cualquier otro tipo de sujetos privados ante convenios u otras formas de colaboración; de esta forma, las entidades privadas con ánimo de lucro de Castilla y León tienen limitada su posibilidad de colaborar con la administración pública para la prestación de estos servicios al concierto o un contrato público. En todo caso, esta problemática ya ha sido tratada, incluso, por el TJUE.

El otro gran problema tiene que ver con la financiación de este sistema; más bien con la cofinanciación por los particulares receptores de sus prestaciones. Cuando la normativa castellanoleonesa habla del sistema de pagos y financiación de esta gestión, directa e indirecta, de los servicios sociales no ofrece un marco especialmente desarrollado. Respecto a los usuarios, la norma establece que estos podrán, con sus aportaciones, participar de esa financiación. La forma en que se aprueben y calculen esas aportaciones depende de su naturaleza de tasa o precio público, cuestión propia del derecho tributario y resuelta ya también por el Tribunal Superior de Justicia de Castilla y León en favor, generalmente, del precio público.

## IX.17.5. JURISPRUDENCIA

STJCE núm. 301/1997, de 17 de junio de 1997 (ponente P.J.G. Kapteyn). (ASUNTO C-70/95).

STJUE núm. 2440/2014, de 11 de diciembre de 2014, (ponente D. Šváby). (ASUNTO C-113/13).

STJUE núm. 559/2022, de 14 de julio de 2022 (ponente C. Lycourgos). (ASUNTO C-436/20).

STSJ de Castilla y León núm. 680/2023, de 8 de junio de 2023 (ponente María de la Encarnación Lucas Lucas). (Rec. de apelación 540/2022)

## IX.17.6. BIBLIOGRAFÍA

CONSEJO ECONÓMICO Y SOCIAL DE CASTILLA Y LEÓN, "Personas mayores de 65 años por estratos de edad y provincias en Castilla y León, 2018", https://www.cescyl.es/es/publicaciones/bases-datos-excel-informe-anual/base-datos-excel-informe-anual-2018/capitulo-3-calidad-vida-proteccion-social-castilla-leon-201/3-7-sistema-accion-social/3-7-2-prestaciones-servicios-sistema-servicios-sociales/personas-mayores-65-anos-estratos-edad-provincias-castilla— (última visita, 15 de octubre de 2024)

DARNACULLETA GARDELLA, Mercé, "La colaboración público-privada en el ámbito de los servicios sociales", en DARNACULLETA GARDELLA, Mercé *et al.*, *La colaboración público-privada en la gestión de servicios sociales,* Madrid, 2022, pp. 71-133.

DÍEZ SASTRE, Silvia, "La acción concertada como nueva forma de gestión de los servicios sanitarios", en AGULLÓ AGÜERO, Antonia (dir.), *Tributación, gestión, control del gasto y reparto constitucional del poder financiero,* Valencia, 2020, pp. 232-262.

GARRIDO JUNCAL, Andrea, *Los servicios sociales en el s. XXI: nuevas tipologías y nuevas formas de prestación,* Madrid, 2020.

JUNTA DE CASTILLA Y LEÓN, "Catálogo de Servicios Sociales", https://serviciossociales.jcyl.es/web/es/como-acceder-servicios-sociales/catalogo-servicios-sociales.html (última visita, 15 de octubre de 2024).

JUNTA DE CASTILLA Y LEÓN, "Estadística de Castilla y León: Cifras oficiales de la población", https://estadistica.jcyl.es/web/es/estadisticas-temas/cifras-oficiales-poblacion.html (última visita, 15 de octubre de 2024).

LAZO VITORIA, Ximena, "Fórmulas de xestión indirectas (contractuais e non contractuais) na nova Lei 12/2022, do 21 de decembro, de servizos sociais da Comunidade de Madrid. Primeira regulación legal do 'concerto social' en Madrid", *Administración & cidadanía: revista da Escola Galega de Administración Pública* (17), 2022, pp. 145-151.

LAZO VITORIA, Ximena, "Prestación de servicios a las personas: ¿concierto social o contrato?", *Revista de Estudios de la Administración Local y Autonómica. Nueva Época* (20), 2023, pp. 31-46.

MENÉNDEZ MORENO, Alejandro, *Derecho financiero y tributario. Parte general: lecciones de cátedra*, 24a ed., Cizur Menor, 2023.

SECRETARÍA GENERAL PARA EL RETO DEMOGRÁFICO DEL MINISTERIO PARA LA TRANSICIÓN ECOLÓGICA Y EL RETO DEMOGRÁFICO, "El reto demográfico y la despoblación en España en cifras", https://www.lamoncloa.gob.es/presidente/actividades/Documents/2020/280220-despoblacion-en-cifras.pdf (última visita, 15 de octubre de 2024)

VELASCO CABALLERO, Francisco "La Administración pública en la colaboración público-privada", *Revista Catalana de Dret public* (67), 2023, pp. 36-66.

VILLAR ROJAS, Francisco José, "Formas de gestión de los servicios sociales: en particular, la vinculación de gestores privados al sistema público mediante conciertos y convenios", *Documentación Administrativa* (271-272), 2005, pp. 389-412.

# *IX.18. La acción concertada social y las fórmulas no contractuales en la provisión de servicios de atención a la persona: Ceuta y Melilla*

**NOELIA BETETOS AGRELO**[1]
*Profesora Lectora de Derecho Administrativo*
*Universitat de Barcelona*

**Resumen**: En el presente trabajo se analizan el régimen jurídico y las fórmulas de prestación de los principales servicios de atención a las personas en las Ciudades Autónomas de Ceuta y Melilla. En particular, este estudio trata de clarificar el complejo régimen competencial y de gestión de los servicios en materia de asistencia social, sanidad y educación, con el objetivo de ofrecer una visión general acerca del estado del arte en dichos territorios.

**Palabras clave:** servicios sociales, sanidad, educación, Ceuta, Melilla.

**Índice**: 

### Abreviaturas empleadas:

AFA: Asociación de Familiares de Personas con Alzheimer y otras Demencias
COCEMFE: Confederación Española de Personas con Discapacidad Física y Orgánica
IMSERSO: Instituto de Mayores y Servicios Sociales
INGESA: Instituto Nacional de Gestión Sanitaria
LRBRL: Ley 7/1985, de 2 de abril, Reguladora de las Bases del Régimen Local

1 Este trabajo se ha realizado en el marco del Proyecto de investigación "Ciudades cuidadoras. Competencias y formas de gestión de los servicios de atención a las personas en las grandes áreas urbanas" del Ministerio de Ciencia e Innovación (PID2022-141428NA-I00).

LRJSP: Ley 40/2015, de 1 de octubre, de Régimen Jurídico del Sector Público
UNED: Universidad Nacional de Educación a Distancia

## IX.18.1. INTRODUCCIÓN

En nuestro ordenamiento jurídico, los servicios de atención a las personas se configuran como un instrumento clave para dotar de plena efectividad al cuarto pilar del Estado de Bienestar. Entre estos, de acuerdo con *Vaquer Caballería*, los más representativos son: los servicios sociales, la sanidad y la educación[2].

Así, en el presente estudio, se acomete el análisis del régimen jurídico y de las fórmulas de prestación de los principales servicios de atención a las personas en las Ciudades Autónomas de Ceuta y Melilla. En particular, en esta investigación, se ha tratado de clarificar el complejo régimen competencial y de gestión de los servicios en materia de asistencia social, sanidad y educación, con el objetivo de ofrecer una visión general y sucinta acerca del modo en que se están erogando tales servicios en dichos territorios, superando las dificultades que entraña la existencia de un marco normativo disperso y el hecho de que estén implicados múltiples actores en la provisión de los mismos.

## IX.18.2. LA PRESTACIÓN DE SERVICIOS SOCIALES EN LAS CIUDADES AUTÓNOMAS DE CEUTA Y MELILLA

Los Estatutos de Autonomía de Ceuta y Melilla reconocen, respectivamente, en el artículo 21.1.18 de la Ley Orgánica 1/1995, de 13 de marzo, del Estatuto de Autonomía de Ceuta y de la Ley Orgánica 2/1995, de 13 de marzo, del Estatuto de Autonomía de Melilla, la posibilidad de que las antedichas Ciudades Autónomas puedan ejercer algunas competencias en materia de asistencia social[3]. En todo caso,

---

2 Vid. VAQUER CABALLERÍA, Marcos "Los servicios atinentes a la persona en el Estado social", *Cuadernos de Derecho Público* (11), 2000, p. 36.

3 Existen numerosos estudios en los que se precisa el alcance de la locución asistencia social. Entre ellos, es necesario mencionar, como mínimo, los siguientes:

la competencia de estas ciudades comprenderá únicamente las facultades de administración, inspección y sanción, puesto que carecen de capacidad legislativa propia. No obstante, en aquellos supuestos en los que así lo autorice la legislación general dictada a nivel estatal, podrán ejercitar también la potestad normativa reglamentaria, en desarrollo del marco jurídico establecido por el Estado.

Al contrario de lo que ocurre en las Comunidades Autónomas, las ciudades de Ceuta y Melilla no tienen reconocida la competencia exclusiva en materia de servicios sociales[4], por lo que determinadas prestaciones, en particular, las relativas a la dependencia y otros servicios sociales relacionados con las personas mayores y los discapacitados, son de competencia estatal. Sin perjuicio de esto, y en cumplimiento de lo dispuesto en la disposición transitoria segunda de los respectivos Estatutos de Autonomía de Ceuta y Melilla, se efectuó, a finales de la década de los noventa del siglo pasado, el correspondiente traspaso de los medios personales, materiales y presupuestarios para atribuir a estas ciudades el ejercicio de algunas funciones y la prestación de determinados servicios en materia de asistencia social, cuya responsabilidad asumieron a partir de aquel momento[5].

---

PEMÁN GAVÍN, Juan, "Sobre el concepto constitucional de Asistencia Social: Estado y Comunidades Autónomas ante las actuaciones públicas de carácter asistencial", *Revista de Administración Pública* (161), 2003, pp. 239-283; VAQUER CABALLERÍA, Marcos, *La acción social: (un estudio sobre la actualidad del estado social de derecho)*, Valencia, 2002; o ALONSO SECO, José María y GONZALO GONZÁLEZ, Bernardo, *La Asistencia Social y los Servicios Sociales en España*, 2ª ed., Madrid, 2000.

4 Sobre el concepto de asistencia social, se pueden consultar las aportaciones de: ALMEIDA CERREDA, Marcos, "Las competencias de los municipios en materia de servicios sociales", en MUÑOZ MACHADO, Santiago (coord.), Tratado de Derecho Municipal vol. 3, Madrid, 2011, p. 2701, o, de este mismo autor, más recientemente, se puede consultar ALMEIDA CERREDA, Marcos, "El incierto futuro de los servicios sociales municipales", *Anuario de Derecho Municipal* (7), 2013, pp. 95 y 96; ALEMÁN BRACHO, Carmen y GARCÍA SERRANO, Mercedes, *Los servicios sociales especializados en España*, Madrid, 2009; o GARRIDO JUNCAL, Andrea, *Los servicios sociales en el s. XXI: nuevas tipologías y nuevas formas de prestación*, Madrid, 2020.

5 En particular, de acuerdo con lo dispuesto en el apartado B del Anexo del Real Decreto 1385/1997, de 29 de agosto, sobre traspaso de funciones y servicios de la Administración del Estado a la Ciudad de Melilla, en materia de asistencia social y del Real Decreto 30/1999, de 15 de enero, sobre traspaso de funciones

Por lo que respecta a los servicios regulados en la Ley 39/2006, de 14 de diciembre, de Promoción de la Autonomía Personal y Atención a las personas en situación de dependencia[6], en la disposición adicional undécima de dicha norma, se dispone que el Ministerio de Trabajo y Asuntos Sociales habrá de suscribir los correspondientes acuerdos con las Ciudades de Ceuta y Melilla para el establecimiento de centros y servicios de atención a la dependencia, pudiendo participar en el Consejo Territorial de Servicios Sociales y del Sistema para la Autonomía y la Atención a la Dependencia en la forma que éste determine. Fruto de esta posibilidad el Instituto de Mayores y Servicios Sociales (IMSERSO), que tiene atribuida la competencia para la gestión de los servicios de ayuda a domicilio básica y de teleasistencia domiciliaria básica en estos territorios[7], ha optado por delegar la ges-

---

y servicios de la Administración del Estado a la Ciudad de Ceuta, en materia de asistencia social, respectivamente, se traspasaron las siguientes funciones y servicios: la protección y tutela de menores, incluida la dirección, inspección, vigilancia, promoción, fomento y coordinación de los organismos, servicios y centros de protección y reforma de menores; la gestión de las guarderías infantiles y de los comedores sociales; el reconocimiento de la condición de familias numerosas, la expedición de títulos y su renovación, y el ejercicio de la potestad sancionadora; las actuaciones relativas a las áreas de mujer y juventud; la concesión y gestión de las ayudas de urgente necesidad, la concesión y gestión de subvenciones para entidades y centros con ámbito de actuación en Melilla, en las áreas de personas mayores, personas con minusvalía, primera infancia, marginados, alcohólicos y drogadictos.

6 Para un análisis exhaustivo de la Ley 39/2006, de 14 de diciembre, se remite a: LASAGABASTER HERRARTE, Iñaki, "La ley de promoción de la autonomía personal y atención a las personas en situación de dependencia: una reflexión desde la perspectiva competencial", *Revista d'estudis autonòmics i federals* (4), 2007, pp. 129-158; o ARROYO JIMÉNEZ, Luis y DOMÍNGUEZ MARTÍN, Mónica, "Municipios y Comunidades Autónomas en la gestión del sistema de autonomía y atención a la dependencia", en RODRÍGUEZ DE SANTIAGO, José María y DÍEZ SASTRE, Silvia (coords.), *La administración de la Ley de Dependencia*, Madrid, 2012, pp. 59-100.

7 En concreto, el artículo 1.2. Real Decreto 1226/2005, de 13 de octubre, por el que se establece la estructura orgánica y funciones del Instituto de Mayores y Servicios Sociales, que remite, a su vez, al artículo 66.1.c) del Real Decreto Legislativo 8/2015 de 30 de octubre, por el que se aprueba el texto refundido de la Ley General de la Seguridad Social, atribuye la competencia al Instituto de Mayores y Servicios Sociales para la gestión de los servicios complementarios de las prestaciones del sistema de la Seguridad Social, entre las que se encuentran la ayuda domiciliaria básica y la teleasistencia domiciliaria básica.

tión de estos servicios en las propias ciudades de Ceuta y Melilla, en virtud de la Resolución de 9 de octubre de 2018, del Instituto de Mayores y Servicios Sociales, de delegación de la competencia sobre la gestión de la ayuda a domicilio básica y teleasistencia domiciliaria básica a la Ciudad de Melilla y de la Resolución de 20 de noviembre de 2023, del Instituto de Mayores y Servicios Sociales, sobre delegación de la competencia sobre la gestión de la ayuda a domicilio básica y teleasistencia domiciliaria básica a la Ciudad de Ceuta.

Sin perjuicio de le delegación efectuada, los servicios de atención a las personas dependientes habrán de respetar, en todo caso, las disposiciones previstas en la Orden SAS/2287/2010, de 19 de agosto, por la que se regulan los requisitos y el procedimiento para la acreditación de los centros, servicios y entidades privadas, concertadas o no, que actúen en el ámbito de la autonomía personal y la atención a personas en situación de dependencia en las ciudades de Ceuta y de Melilla.

Asimismo, ambas Ciudades Autónomas han aprovechado la posibilidad de dictar normas con rango reglamentario, con el objetivo de adaptar la legislación estatal general a sus respectivas especialidades. Así, por un lado, la ciudad Ceuta cuenta con: el Reglamento de servicios sociales comunitarios de la Ciudad de Ceuta, aprobado definitivamente en la sesión ordinaria del Pleno de la Asamblea de la Ciudad de Ceuta, el día 23 de abril de 2007 y el Reglamento de prestaciones económicas de los servicios sociales de Ceuta, de 25 de febrero de 2010. Y, por otro lado, la Ciudad de Melilla ha promulgado el Decreto, de 16 de junio de 2017, relativo a la aprobación definitiva del reglamento de régimen interno de los centros de Servicios Sociales comunitarios de la ciudad autónoma de Melilla y el Reglamento regulador de las ayudas económicas y prestaciones para la atención a las necesidades sociales de la Ciudad Autónoma de Melilla, de 9 de febrero de 2018.

El cuadro normativo descrito en los párrafos precedentes ha de completarse necesariamente con las disposiciones de la Ley 7/1985, de 2 de abril, Reguladora de las Bases del Régimen Local (en lo sucesivo, LRBRL), en tanto que las Ciudades Autónomas, de acuerdo con la jurisprudencia del Tribunal Constitucional [entre otras, STC, en Pleno, de 20 de julio de 2006 (ponente Guillermo Jiménez Sánchez)] no tienen la consideración de Comunidades Autónomas, sino de entidades locales. Así, en este ámbito, el artículo 85 de la LRBRL dispone que los servicios públicos de competencia local habrán de gestionarse de la forma más sostenible y eficiente posible, bien acudiendo a fórmulas de gestión directa por la propia entidad local o por alguno de sus entes dependientes dotados de personalidad jurídica propia[8], bien recurriendo a la gestión indirecta, mediante la suscripción de contratos públicos, sujetándose en este último supuesto a la Ley 9/2017, de 8 de noviembre, de Contratos del Sector Público[9].

En primer lugar, dentro de las formas de prestación de los servicios sociales, de acuerdo con la Carta de Servicios Sociales de la Ciudad Autónoma de Melilla[10], los servicios de información, valoración, orientación y asesoramiento en materia de servicios sociales y de otros sistemas de protección social se ejercerán por los Centros de Servicios Sociales, bajo la dependencia directa de la Dirección General de Servicios Sociales. Asimismo, los Centros de Servicios Sociales serán los encargados de tramitar los procedimientos para la concesión de las prestaciones de emergencia social, de alojamiento temporal alternativo, de comedor social, del ingreso melillense de integración, de prestación básica familiar, así como las ayudas técnicas y demás subvenciones. Por su parte, la Ciudad Autónoma de Ceuta no dispone de una carta de servicios en materia de asistencia social. No obstante, en el Reglamento de Servicios Sociales Comunitarios de la Ciudad Autónoma de Ceuta, se atribuyen a los Centros de Servicios Sociales y Unidades de Trabajo Social idénticas facultades

---

8 Vid., para un análisis en profundidad acerca de las distintas fórmulas de gestión directa: SOSA WAGNER, Francisco, "La gestión propia y el organismo autónomo como formas de prestación de los servicios públicos locales", en UNIVERSIDAD COMPLUTENSE DE MADRID (ed.), *Actualidad y perspectivas del derecho público a fines del siglo XX: homenaje al profesor Garrido Falla* vol. 2, Madrid, 1992, pp. 835-843; o, SOSA WAGNER, Francisco, "La gestión de servicios públicos mediante una sociedad de capital íntegramente público y mediante una sociedad mixta", *Cuadernos de derecho local* (7), 2005, pp. 79-95.

9 El uso de los contratos públicos como instrumento para la gestión indirecta de los servicios sociales ha sido objeto de análisis en: BERNAL BLAY, Miguel Ángel, "La incidencia de la contratación pública en la gestión de los servicios sociales", *Revista Aragonesa de Administración Pública* (29), 2006, pp. 205-236.

10 El texto íntegro es accesible en: CIUDAD AUTÓNOMA DE MELILLA, "Carta de Servicios Sociales", https://www.melilla.es/melillaportal/RecursosWeb/DOCUMENTOS/1/12_6415_1.pdf (última visita, 15 de octubre de 2024)

para gestionar directamente los servicios de información, valoración, orientación y asesoramiento y la tramitación y concesión de las ayudas sociales.

En segundo lugar, por lo que respecta a la gestión de los servicios de ayuda a domicilio y de teleasistencia básicos, en las resoluciones del IMSERSO antes mencionadas, se contienen una serie de disposiciones acerca de las fórmulas que las Ciudades Autónomas van a poder emplear para gestionar estos servicios[11]. En concreto, en el artículo primero de ambas resoluciones, se establece que la prestación de los servicios de ayuda a domicilio y de teleasistencia podrá realizarse directamente, mediante medios propios, o bien con medios ajenos, recurriendo a las normas generales en materia de contratación pública o de convenios administrativos, respetando, en todo caso, los requisitos establecidos en las Instrucciones Técnicas y de Gestión que se dicten por el IMSERSO en las que se recogerán las obligaciones, condiciones técnicas y actividades específicas que deberán ser asumidas y desarrolladas por la empresa o entidad que resulte adjudicataria de los mismos[12]. En ambos supuestos, las Ciudades Autónomas han suscrito sendos contratos de gestión de servicios para la erogación de los servicios de ayuda a domicilio y de teleasistencia[13].

---

11 Se pueden consultar las particularidades relativas a la prestación de los servicios de asistencia a la dependencia en Ceuta y Melilla en el estudio elaborado por FERNÁNDEZ ORRICO, Francisco Javier, "El sistema integral de promoción de la autonomía personal y atención a las personas en situación de dependencia: Conceptos generales", en SEMPERE NAVARRO, Antonio Vicente y CHARRO BAENA, Pilar (coords.), *Comentario sistemático a la Ley de Dependencia: Ley 39/2006, de 14 de diciembre, de promoción de la autonomía personal y atención a las personas en situación de dependencia y normas autonómicas*, Navarra, 2008, pp. 217-247.

12 Los detalles relativos a la prestación de este servicio se detallan, para Melilla, en el Reglamento Regulador del Servicio de Atención Domiciliaria, publicado en el Boletín Oficial de la Ciudad de Melilla (BOME núm. 3986, de 30 de mayo) y en la Carta de Servicios en la que se regula el Servicio de Teleasistencia Domiciliaria de la Ciudad Autónoma de Melilla.

13 Asimismo, la Ciudad Autónoma de Melilla, que es titular de un centro de atención a personas con discapacidad intelectual, ha optado por recurrir a la gestión indirecta de acuerdo del mismo, de acuerdo con lo dispuesto en el artículo 85.2 B de la LRBRL, licitando el correspondiente contrato público.

En tercer lugar, es frecuente que se acuda a la figura de los convenios administrativos de colaboración para la provisión de algunos servicios sociales dirigidos a atender a las personas mayores, a aquellas que se encuentran en riesgo de exclusión social, a la juventud o a las mujeres. Estos pactos, según el artículo 47.1 de la Ley 40/2015, de 1 de octubre, de Régimen Jurídico del Sector Público (en adelante, LRJSP), son acuerdos adoptados por las administraciones públicas, los organismos públicos y entidades de derecho público vinculados o dependientes o las Universidades públicas entre sí o con sujetos de derecho privado para la consecución de un fin común a todas las partes implicadas. Como límite a la posibilidad de celebrar tales negocios, la LRJSP establece que no se podrá recurrir a estos mecanismos de colaboración cuando su objeto tenga naturaleza contractual.

En el ámbito de los servicios sociales, los convenios pueden utilizarse como instrumentos organizativos de naturaleza no contractual a través de los cuales las administraciones competentes pueden organizar la prestación de determinados servicios sociales, confiando su gestión a entidades de iniciativa social[14]. En este sentido, en Melilla, se ha hecho uso de esta posibilidad frecuentemente, suscribiendo numerosos convenios de colaboración con organizaciones sin ánimo de lucro y con otras asociaciones de análoga naturaleza[15], para sostener, entre otras actuaciones: plazas para la atención residencial a personas mayores o dependientes y para dar cobertura a las necesi-

---

14 Existen numeras aportaciones doctrinales que abordan el estudio de los convenios administrativos interadministrativos, entre ellas, es imprescindible mencionar las siguientes: VELASCO CABALLERO, Francisco, "Convenios administrativos en el sistema de promoción de la autonomía personal y atención a la dependencia", en RODRÍGUEZ DE SANTIAGO, José María y DÍEZ SASTRE, Silvia (coords.), *La administración de la Ley de Dependencia*, Madrid, 2012, pp. 101-142; SANTIAGO IGLESIAS, Diana, "Cooperación horizontal: los convenios interadministrativos", en GALLEGO CÓRCOLES, Isabel y GAMERO CASADO, Eduardo (dirs.), *Tratado de Contratos del Sector Público* vol. 1, Valencia 2018, pp. 618-664; GONZÁLEZ-ANTÓN ÁLVAREZ, Carlos, *Los convenios interadministrativos de los entes locales*, Madrid, 2002; o RODRÍGUEZ DE SANTIAGO, José María, *Los convenios entre administraciones públicas*, Madrid, 1997.

15 Sobre los convenios administrativos suscritos con particulares es menester consultar los estudios de: HUERGO LORA, Alejandro, *Los convenios urbanísticos*, Madrid, 1998, pp. 33-39; BUSTILLO BOLADO, Roberto, *Los convenios urbanísticos entre las administraciones locales y los particulares*, Navarra, 1996.

dades especiales de las personas que padecen Alzheimer u otros tipos de demencia; prestaciones para asistir a sujetos que padezcan algún tipo de discapacidad física o intelectual, o para gestionar la atención a familias y colectivos económicamente vulnerables[16].

Por su parte, en Ceuta también se ha hecho un uso recurrente de la figura de los convenios administrativos en materia social para colaborar con entidades sin ánimo de lucro. Así, existen varios convenios de colaboración suscritos, por ejemplo, con la Cruz Blanca "Hermanos Franciscanos Cruz Blanca", a quienes se atribuye la gestión del servicio de atención residencial de personas mayores o dependientes, confiándoles también la erogación de servicios propios de los centros de día y centros de noche. Además, la ciudad de Ceuta ha suscrito un acuerdo de esta naturaleza con la Cruz Roja, confiriendo a esta organización la gestión de prestaciones dirigidas a tutelar a familias vulnerables y para el mantenimiento de un centro de mayores. Por último, sin ánimo de exhaustividad, han firmado un convenio con Cáritas Diocesana, para que esta última entidad dispense la aten-

---

16 Así, a modo de ejemplo, sin ánimo de exhaustividad, en febrero de 2024, se aprobaron un total de cinco convenios en materia social por un valor de 1.3 millones de euros. En primer lugar, se suscribió un convenio con la Confederación Española de Personas con Discapacidad Física y Orgánica (COCEMFE) a la que se concedió una subvención de 240.789 euros para que gestione determinados servicios de información, de integración laboral, de ayudas técnicas o atención pedagógica. También se celebró un acuerdo con la entidad Cáritas Diocesana de Ceuta concediéndoles una subvención por cuantía de 459.000 euros. Con esta subvención se pretende atender a 560 familias, para luchar contra la pobreza y exclusión social; apoyar en las necesidades más urgentes de los colectivos vulnerables; favorecer su integración y llevar a cabo campañas de sensibilización de la sociedad. Igualmente, se ha autorizado un convenio con la Asociación de Familiares de Personas con Alzheimer y otras Demencias (AFA), al que se contribuye con una subvención de 244.169 euros, con el objetivo de implementar un proyecto de atención integral a personas mayores que padecen estas enfermedades. Otra de las subvenciones aprobadas se ha concedido a la Asociación Benéfica Séptem Solidaria. En concreto, este convenio tiene por objeto prestar atención a aquellas familias que se hallan en situación de vulnerabilidad, facilitándoles aquellos recursos básicos que son imprescindibles para la vida diaria. Por último, se ha de hacer referencia al convenio con la Asociación Síndrome de Down Ceuta, por importe de 177.417 euros, cuya ejecución está enfocada a promover y mejorar un elevado nivel de autonomía de las personas con síndrome de Down.

ción necesaria a aquellas personas que afrontan carencias económicas graves que les impiden satisfacer sus necesidades más básicas.

Por último, es necesario destacar que la Ciudad Autónoma de Ceuta también colabora activamente con numerosas asociaciones, en particular, apoyando financieramente la erogación de determinadas prestaciones sociales dirigidas a colectivos específicos, a personas que padecen enfermedades o a aquellas otras que tienen algún tipo de discapacidad física o intelectual[17].

## IX.18.3. LA PROVISIÓN DE SERVICIOS SANITARIOS EN LAS CIUDADES AUTÓNOMAS DE CEUTA Y MELILLA

Al igual que en el caso de los servicios sociales, los Estatutos de Autonomía de Ceuta y Melilla reconocen, respectivamente, en el artículo 21.1.19 de la Ley Orgánica 1/1995, de 13 de marzo, del Estatuto de Autonomía de Ceuta y de la Ley Orgánica 2/1995, de 13 de marzo, del Estatuto de Autonomía de Melilla, la posibilidad de que las antedichas Ciudades Autónomas asuman competencias en materia de sanidad e higiene. En todo caso, debe recordarse que la competencia que estas dos ciudades podrán ejercitar no es plena, ya que únicamente abarca el ejercicio las facultades de administración, inspección y sanción, en tanto que carecen de capacidad legislativa propia. No obstante, cuando la legislación general estatal autorice expresamente esta posibilidad, podrán dictar normas reglamentarias en desarrollo del marco jurídico establecido por el Estado.

En el año 2002, una vez concluido el proceso de transferencia de las competencias en materia de gestión sanitaria a las Comunidades Autónomas, se crea el Instituto Nacional de Gestión Sanitaria (en lo sucesivo, INGESA), que sustituiría al antiguo Instituto Nacional de la Salud[18]. Por lo que respecta al objeto de la presente investigación, las

---

17 La información utilizada se ha extraído del portal de transparencia: CIUDAD AUTÓNOMA DE CEUTA, "Entidades subvencionadas por la Ciudad Autónoma de Ceuta", https://www.ceuta.es/ceuta/entidades-subvencionadas (última visita, 15 de octubre de 2024).

18 Vid. el artículo 15 del Real Decreto 840/2002, de 2 de agosto, por el que se modifica y desarrolla la estructura orgánica básica del Ministerio de Sanidad y

competencias y la estructura orgánica del INGESA se disciplinan actualmente en el Real Decreto 118/2023, de 21 de febrero, por el que se regula la organización y funcionamiento del Instituto Nacional de Gestión Sanitaria, en donde se reconoce su condición de entidad gestora de la Seguridad Social, adscrita al Ministerio de Sanidad a través de la Secretaría de Estado de Sanidad. Se trata de una entidad con naturaleza jurídica de derecho público que tiene atribuida plena capacidad jurídica para el cumplimiento de sus fines, debiendo ajustar su actuación a lo dispuesto en el artículo 66 del Real Decreto Legislativo 8/2015, de 30 de octubre, por el que se aprueba el texto refundido de la Ley General de la Seguridad Social.

Por su parte, en el artículo 2. b) del citado Real Decreto 118/2023, de 21 de febrero, se establece que corresponde al INGESA la gestión de las prestaciones sanitarias en el ámbito de las ciudades de Ceuta y Melilla, y la realización de cuantas otras actividades sean necesarias para asegurar el normal funcionamiento de los servicios sanitarios en dichos territorios. En este ámbito, las Direcciones Territoriales de Ceuta y de Melilla, respectivamente, asumirán la dirección y la gestión de las competencias que corresponden al INGESA en materia sanitaria[19]. Y, a su vez, de ellas dependerá orgánica y funcionalmente

---

Consumo.

19 En este sentido, las competencias atribuidas a la persona titular de las Direcciones Territoriales de Ceuta y Melilla abarcarán la dirección, supervisión y coordinación del INGESA en el ámbito territorial de dichas ciudades. Asimismo, entre las principales funciones se han de destacar necesariamente: a) la representación del INGESA en dichos territorios; b) la dirección, coordinación y supervisión de los planes y actuaciones del INGESA; c) proponer una adecuada planificación de los recursos y del anteproyecto de presupuesto de los centros del INGESA en su respectiva ciudad, así como la propuesta de distribución del presupuesto asignado; d) la dirección y coordinación de las propuestas de los programas anuales de objetivos y presupuestos que se establezcan entre los órganos centrales del INGESA y las Gerencias de Atención Sanitaria; e) la gestión de las áreas de salud de las ciudades de Ceuta y de Melilla; f) la coordinación de los centros y de los recursos sanitarios del INGESA, así como la supervisión, seguimiento y control de sus objetivos y la evaluación de los planes y actuaciones de tales centros; g) la realización de las gestiones necesarias para el acceso a los servicios sanitarios de otras comunidades autónomas, cuando la asistencia a los pacientes no pueda prestarse con los recursos propios; h) la participación en los órganos de coordinación de Salud Pública entre el INGESA y el Gobierno de la ciudad; i) la formulación a la Dirección del INGESA de las propuestas de

la Gerencia de atención Sanitaria de las ciudades de Ceuta y Melilla, que se encargarán de la gestión de los servicios sanitarios del INGESA en cada uno de los citados territorios. De esta forma, la persona titular de la gerencia de atención sanitaria asumirá la representación y la responsabilidad derivada de la actividad de los centros de atención primaria y especializada existentes en las Ciudades Autónomas[20]. Se constata, por tanto, la voluntad del Real Decreto 118/2023, de 21 de febrero, de atribuir el núcleo esencial de las funciones relacionadas con la prestación de servicios sanitarios a las citadas gerencias de atención sanitaria[21].

Finalmente, la regulación contenida en el Real Decreto 118/2023, de 21 de febrero, dispone que, en las ciudades de Ceuta y Melilla, ha-

---

designación y cese de las personas titulares de las Gerencias de Atención Sanitaria, así como prestar su conformidad y elevar a la Dirección del INGESA las que realicen estas respecto a las personas que integren los equipos de dirección de las Gerencias de Atención Sanitaria; j) el resto de funciones que les sean encomendadas o delegadas por la Dirección del INGESA.

20 Vid. el artículo 11, apartados 1, 3 y 5 del Real Decreto 118/2023, de 21 de febrero, por el que se regula la organización y funcionamiento del Instituto Nacional de Gestión Sanitaria.

21 En particular, de acuerdo con el artículo 15 del citado Real Decreto, le corresponderán, como mínimo las siguientes funciones: a) la ordenación de los recursos humanos, materiales y financieros de los centros de atención primaria y especializada de la salud, mediante la programación, dirección, control y evaluación de su funcionamiento en el conjunto de sus divisiones y con respecto a los servicios que presta; b) la adopción de las medidas necesarias para hacer efectiva la continuidad de la prestación de la asistencia sanitaria en los centros de atención primaria y especializada de la salud, especialmente en los casos de pandemias, crisis y emergencias sanitarias u otras circunstancias similares; c) el fomento de una asistencia humanizada y de calidad con garantías bioéticas y basada en el mejor interés de los ciudadanos y pacientes, en el ámbito de sus competencias; d) la adopción de las medidas necesarias para que el funcionamiento de los niveles asistenciales y de las divisiones médica, de enfermería y de gestión y servicios generales para que funcionen de manera coordinada y con la máxima integración; e) la elevación de las propuestas de los programas anuales de objetivos y presupuestos a la Dirección Territorial; f) la formulación de propuestas de nombramiento, por el sistema de libre designación, conforme a lo previsto en las plantillas correspondientes, de las personas que integren el equipo de dirección de la Gerencia; g) la elaboración de informes periódicos sobre la actividad de la Gerencia y la presentación anual de la memoria de gestión.

brán de constituirse dos áreas de salud, como estructuras fundamentales a través de las cuales se canalizarán las prestaciones de atención primaria y de atención especializada del sistema sanitario, cuya gestión en dichos territorios corresponderá al INGESA.

Sin perjuicio de que la mayor parte de las competencias sanitarias se van a ejercer por estructuras estatales, algunas concretas funciones y servicios han sido objeto de traspaso, en virtud del Real Decreto 32/1999, de 15 de enero, sobre traspaso de funciones y servicios de la Administración del Estado a la Ciudad de Ceuta, en materia de sanidad, y del Real Decreto 1515/2005, de 16 de diciembre, sobre traspaso de funciones y servicios de la Administración del Estado a la Ciudad de Melilla, en materia de sanidad. En estas disposiciones se atribuyen a las antedichas Ciudades Autónomas: funciones de vigilancia, inspección, control y sanción en el ámbito de las actividades y servicios de competencia de la Administración Sanitaria del Estado; tareas de recopilación de información; de control sanitario en espacios públicos, entre otras de similar naturaleza, pero no la provisión de los servicios sanitarios en sentido estricto.

Aunque la capacidad normativa de las Ciudades Autónomas en este ámbito material de actividad se halla limitada, de conformidad con lo dispuesto en sus respectivos Estatutos de Autonomía; Ceuta y Melilla han hecho uso de la posibilidad de desarrollar la legislación estatal en vía reglamentaria. Esto ha dado lugar a la aprobación, en Ceuta, del Reglamento regulador de los centros, servicios y establecimientos sanitarios, de 31 marzo 2003, y, en Melilla, al Decreto 3607, de 29 de junio de 2010, por el que se desarrolla el reglamento relativo al procedimiento administrativo de autorización, renovación de centros, servicios y establecimientos sanitarios y la regulación del fichero automatizado de datos de carácter personal del registro de centros, servicios y establecimientos sanitarios.

Por lo que respecta a las formas de gestión de los servicios sanitarios, el artículo único de la Ley 15/1997, de 25 de abril, sobre habilitación de nuevas formas de gestión del Sistema Nacional de Salud establece que la gestión de los centros y servicios sanitarios y sociosanitarios puede llevarse a cabo directa o indirectamente a través de cualquier entidad de naturaleza o titularidad pública admitidas en derecho. En la citada ley se autoriza la utilización de entes interpuestos, dotados de personalidad jurídica propia, pública o privada, como pueden ser las sociedades públicas, los consorcios o las fundaciones. Asimismo, para simplificar las reglas relativas a las formas de prestación de los servicios sanitarios y dotar de un régimen jurídico más claro, se aprobó el Real Decreto 29/2000, de 14 de enero, sobre nuevas formas de gestión del Instituto Nacional de la Salud, reglamento en el que se desarrollan pormenorizadamente las diferentes fórmulas de gestión de los servicios sanitarios antes mencionadas.

Por un lado, la provisión de servicios sanitarios sin internamiento y los hospitales sitos en Ceuta y Melilla son de titularidad pública y se gestionan directamente por el INGESA, sin perjuicio de que a dichas Ciudades Autónomas les correspondan las facultades de autorización y registro de nuevos centros, y el ejercicio de las potestades de inspección y sanción.

Por otro lado, existen algunas prestaciones dentro de los servicios sanitarios que se están gestionando de forma indirecta en Ceuta y Melilla, a través de la suscripción de conciertos[22]. Esta posibilidad se encuentra expresamente admitida en el artículo 90.1 de la Ley 14/1986, de 25 de abril, General de Sanidad, en donde se establece que las administraciones públicas, en el ámbito de sus respectivas competencias, podrán establecer conciertos para la prestación de servicios sanitarios con medios ajenos a ellas. En el documento en el que se formalice el concierto, además de dejar constancia acerca de los derechos y obligaciones recíprocas que asumirán cada una de las partes, deberán adoptarse un conjunto de garantías dirigidas a asegurar que la atención sanitaria que se preste a los usuarios afectados por el concierto respete el principio de igualdad, sin que sea posible

---

22 Para un estudio en mayor profundidad acerca de la fórmula de los conciertos sanitarios en el ordenamiento jurídico español, se puede consultar: CUETO PÉREZ, Miriam, "La continuidad del concierto sanitario tras la Ley 9/2017, de 8 de noviembre, de Contratos del Sector Público", en JIMÉNEZ DE CISNEROS CID, Francisco Javier (dir.) *Libro Homenaje al Profesor Ángel Menéndez Rexach*, Madrid, 2018, pp. 885-912; o MENÉNDEZ REXACH, Ángel, "La gestión indirecta de la asistencia sanitaria pública. Reflexiones en torno al debate sobre la privatización de la sanidad", *Revista de Administración Sanitaria* 6 (2), pp. 269-296; o DOMÍNGUEZ MARTÍN, Mónica, "Formas de gestión indirecta de los servicios sanitarios y 'privatización' de la sanidad pública: (especial referencia al plan de medidas de la Comunidad de Madrid)", *Revista jurídica Universidad Autónoma de Madrid* (27), 2013, pp. 111-142.

introducir otras diferencias de trato diversas de aquellas inherentes a la naturaleza propia de los distintos procedimientos sanitarios, y que no se establecerán servicios complementarios respecto de los que existan en otros centros sanitarios públicos dependientes de la Administración concertante[23].

Un ejemplo de ello se halla contenido en la Resolución de 28 de mayo de 2021, de la Subsecretaría, por la que se publica el Convenio entre el Instituto Nacional de Gestión Sanitaria, la Tesorería General de la Seguridad Social y el Consejo General de Colegios Oficiales de Farmacéuticos, para el concierto por el que se fijan las condiciones para la ejecución de la prestación farmacéutica a través de las oficinas de farmacia de Ceuta y Melilla[24]. El objeto del mencionado convenio consiste, principalmente, en regular el régimen de colaboración entre las Oficinas de Farmacia situadas en las Ciudades Autónomas de Ceuta y Melilla, en su condición de establecimientos sanitarios privados de interés público, y el INGESA, con el objetivo de concretar las condiciones económicas en las que se van a desarrollar los servicios farmacéuticos de carácter profesional, y, en particular, el régimen de dispensación de productos farmacéuticos a los usuarios del sistema sanitario.

## IX.18.4. LA EROGACIÓN DE SERVICIOS EDUCATIVOS EN LAS CIUDADES AUTÓNOMAS DE CEUTA Y MELILLA

Por último, en los Estatutos de Autonomía de Ceuta y Melilla no se reconoce la posibilidad de que las antedichas ciudades autónomas puedan ejercer competencias en materia de educación. Ahora bien, en el artículo 23 de la Ley Orgánica 1/1995, de 13 de marzo, del Estatuto de Autonomía de Ceuta y de la Ley Orgánica 2/1995, de 13 de marzo, del Estatuto de Autonomía de Melilla, respectivamente, se dispone que estas ciudades, en el marco de la programación general de la enseñanza, podrán proponer a la Administración General del

---

23 Vid. el artículo 90.6 de la Ley 14/1986, de 25 de abril.

24 Este convenio tiene una vigencia temporal de cuatro años, en la medida en que le resultan de aplicación las reglas generales previstas en los artículos 47 y siguientes de la LRJSP.

Estado que integre la normativa estatal general con las peculiaridades docentes a impartir en los centros sitos en dichos territorios, con el objetivo de adaptar la prestación del servicio a las necesidades que se estimen prioritarias para sus respectivas comunidades.

Ante la falta de capacidad por parte de las ciudades de Ceuta y Melilla para asumir competencias en este sector, estas son ejercidas directamente por el Ministerio de Educación, Formación Profesional y Deportes. Así, de conformidad con lo dispuesto en el artículo 4 del Real Decreto 274/2024, de 19 de marzo, por el que se desarrolla la estructura orgánica básica del Ministerio de Educación, Formación Profesional y Deportes, corresponde a la Dirección General de Planificación y Gestión Educativa: el ejercicio de las funciones en materia de coordinación, apoyo, programación y gestión de las enseñanzas de su competencia en las Ciudades Autónomas; la planificación de las necesidades de infraestructura y equipamientos educativos; la fijación del régimen de funcionamiento de los centros docentes y la coordinación de la política de personal docente, así como la coordinación de los servicios de inspección[25]. Asimismo, de acuerdo con la disposición adicional tercera del citado Real Decreto 274/2024, de 19 de marzo, los servicios territoriales competentes en materia educativa que existen en las ciudades de Ceuta y Melilla dependerán del

---

[25] En este sentido, el tenor literal del artículo 4.1. del Real Decreto 274/2024, de 19 de marzo establece que: "Corresponde a la Dirección General de Planificación y Gestión Educativa ejercer las siguientes funciones: j) La coordinación y el apoyo, en el ámbito de sus competencias, a las unidades periféricas del Departamento en las ciudades de Ceuta y Melilla y la programación y gestión de las enseñanzas de su competencia. k) La planificación de las necesidades de infraestructura y equipamientos educativos en las ciudades de Ceuta y Melilla, en colaboración con el Organismo Autónomo Gerencia de Infraestructuras y Equipamientos de Cultura y con el Instituto Nacional de Tecnologías Educativas y de Formación del Profesorado, en los términos que se establezcan. l) El régimen de funcionamiento de los centros docentes y la coordinación de la política de personal docente en las ciudades de Ceuta y Melilla, en colaboración con la Secretaría General de Formación Profesional, en las enseñanzas de su competencia, y con la Subsecretaría. q) La coordinación de los servicios de inspección de las direcciones provinciales de las ciudades de Ceuta y Melilla".

Ministerio de Educación, Formación Profesional y Deportes, a través de la Secretaría de Estado de Educación[26].

Sin perjuicio de que formalmente el Estatuto de Autonomía de Ceuta no atribuye expresamente ninguna competencia en el ámbito de la educación a dicha Ciudad Autónoma, esta entidad local, en virtud de lo dispuesto en el artículo 20 del mencionado Estatuto, que le otorga la competencia genérica sobre la organización y funcionamiento de sus instituciones de autogobierno, ha dictado el Decreto de la Presidencia, de 23 de junio de 2023, por el que se establece la organización funcional de la Ciudad Autónoma de Ceuta. En el artículo primero, apartado cuarto, de ese Decreto se efectúa el elenco de competencias cuyo ejercicio corresponde a la Consejería de Educación, Cultura, Juventud y Deporte de la Ciudad Autónoma de Ceuta, entre las cuales se incluyen, en el campo educativo, *lato sensu*: 1) la promoción y fomento de la cultura y la educación; 3) las actuaciones dirigidas a complementar los servicios que, en relación con la educación y la formación, presta la Administración General del Estado, a través de programas de educación vial, alfabetización, educación cívica y fomento del conocimiento del acervo histórico ceutí; 4) la suscripción de convenios con el Ministerio de Educación y Formación Profesional; 5) la adopción de Convenios con la Universidad de Granada; 6) la gestión del Campus Universitario; 8) la concesión de becas y ayudas al estudio; 11) la elaboración de propuestas relacionadas con los objetivos de aumentar la oferta educativa universitaria en Ceuta y el establecimiento de mecanismos de colaboración con la Administración General del Estado a efectos de mejorar el nivel de los servicios y equipamientos educativos en Ceuta; 12) la gestión

---

26 A este respecto, es necesario tener presente lo dispuesto en la disposición transitoria segunda del Real Decreto 274/2024, de 19 de marzo, en donde se regula el régimen transitorio de desconcentración de funciones de contratación en las Direcciones Provinciales en Ceuta y Melilla. En concreto, en dicho precepto se dispone que: "Sin perjuicio de lo dispuesto en la disposición derogatoria segunda, continuará siendo de aplicación únicamente para las Direcciones Provinciales del Departamento en Ceuta y en Melilla, el Real Decreto 140/1990, de 26 de enero, de desconcentración de determinadas funciones de contratación en las Direcciones Provinciales del Ministerio de Educación y Ciencia, hasta que se apruebe la nueva orden de delegación de competencias del Ministerio de Educación, Formación Profesional y Deportes".

de las guarderías y escuelas Infantiles; 16) la gestión del Organismo Autónomo Instituto de Estudios Ceutíes, del Organismo Autónomo Patronato de Música, del Organismo Autónomo Instituto de Idiomas y del Consorcio de Centro Universitario de la Universidad Nacional de Educación a Distancia (UNED) en Ceuta.

Por su parte, la Ciudad Autónoma de Melilla, en el Decreto del Consejo de Gobierno de distribución de competencias entre Consejerías de la Ciudad de Melilla 2023-2027, de 31 de julio de 2023, ha delimitado también las competencias que corresponden a la Consejería de Educación, Juventud y Deporte, con un alcance general más reducido. En particular, la citada Consejería asumirá las siguientes competencias en el sector de la educación, entendido este último en sentido amplio: a) el control y gestión de instalaciones educativas y de colectivos sociales, incluida la limpieza; b) la gestión de programas de ayudas al estudio a nivel de educación infantil, primaria y especial; c) el fomento de actividades extraescolares y de refuerzo educativo; d) la participación de la Ciudad en la programación de la enseñanza; e) la cooperación con la Administración Educativa en la creación, construcción y sostenimiento de los centros educativos públicos; f) el ejercicio de la facultad de propuesta a la Administración del Estado de las peculiaridades docentes a impartir en los centros educativos, atendiendo a las necesidades que se estimen prioritarias por la comunidad melillense; g) el establecimiento del programa de escuelas infantiles de primer ciclo educativo; h) la gestión de la Escuela de Música y Danza; i) la gestión de la Escuela de Enseñanzas Artísticas; j) la programación de las Escuelas de Verano; k) y la formulación de programas de colaboración con la Administración del Estado en materia educativa.

Por lo que respecta específicamente a las fórmulas de prestación de los servicios educativos, es frecuente que el Ministerio de Educación, Formación Profesional y Deportes recurra a la figura de los conciertos educativos para la gestión de plazas adicionales en dichos territorios que complementen la oferta educativa proporcionada por los centros públicos[27]. Esta modalidad de prestación de los servicios

---

27 Para un estudio en profundidad de la figura de los conciertos educativos se remite a: GUARDIA HERNÁNDEZ, Juan José, "El concierto educativo no es una

educativos pretende garantizar la impartición de la educación básica obligatoria y gratuita en centros privados, asignando a dichas entidades un volumen de fondos públicos suficientes para sufragar el coste de dichas plazas. A este respecto, el artículo 116.1 de la Ley Orgánica 2/2006, de 3 de mayo de Educación, especifica que los centros que accedan al régimen de concertación educativa deberán formalizar con la Administración educativa que proceda el correspondiente concierto.

Así pues, teniendo en cuenta que el sistema educativo se organiza en etapas, ciclos, grados, cursos y niveles de enseñanza que abarcan la educación infantil, la enseñanza primaria y secundaria obligatorias, el bachillerato, la educación universitaria, así como la formación profesional, la formación para adultos o las enseñanzas de idiomas, artísticas y deportivas[28], es preciso tener en cuenta, como mínimo la relación de disposiciones normativas que se enuncian a continuación.

En primer lugar, es necesario traer a colación la Orden EFP/46/2021, de 22 de enero, por la que se dictan normas para la aplicación del régimen de conciertos educativos a partir del curso académico 2021/2022 en las ciudades de Ceuta y Melilla para el segundo ciclo de educación infantil, educación secundaria obligatoria y ciclos formativos de grado básico, en la cual se regula el régimen de presentación de solicitudes y de concesión de plazas concertadas en los territorios de Ceuta y Melilla.

En segundo lugar, también resulta esencial tener presente la Orden EFP/200/2023, de 22 de febrero, por la que se dictan normas para la aplicación del régimen de conciertos educativos a partir del curso académico 2023/2024 en las ciudades de Ceuta y Melilla, para las enseñanzas de educación primaria, de conformidad con lo previsto en la Ley Orgánica 8/1985, de 3 de julio, reguladora del Derecho a la Educación, en el Reglamento de Normas Básicas sobre Concier-

---

subvención. ¿Una controversia ya superada?", en GAMERO CASADO, Eduardo y ALARCÓN SOTOMAYOR, Lucía (coords.), *20 años de la Ley General de Subvenciones*, Madrid, 2023, pp. 93-102; ROMEA SEBASTIÁN, Ángel, Régimen jurídico de los centros concertados, Cizur Menor, 2003; o DÍAZ LEMA, *Los conciertos educativos en el contexto de nuestro derecho nacional, y en el derecho comparado*, p. 120.

28 Vid. el artículo 3.1 y 2 de la Ley Orgánica 2/2006, de 3 de mayo, de Educación.

tos Educativos, aprobado por Real Decreto 2377/1985, de 18 de diciembre, y en la Ley Orgánica 2/2006, de 3 de mayo, de Educación, modificada por la Ley Orgánica 3/2020, de 29 de diciembre. En dicha Orden se regulan las condiciones y el procedimiento para la suscripción o renovación de los conciertos educativos correspondientes a las enseñanzas de educación primaria de los centros privados de las Ciudades de Ceuta y Melilla[29].

La otra fórmula frecuentemente empleada por las ciudades de Ceuta y Melilla para la gestión de los servicios educativos son los ya mencionados convenios de colaboración interadministrativos, bien con el Ministerio de Educación, bien con algunas Universidades públicas.

Entre los principales convenios suscritos recientemente en materia de enseñanza de nivel infantil y enseñanzas básicas obligatorias, se han de destacar aquellos que financian la creación y el sostenimiento de escuelas infantiles[30], y aquellos otros dirigidos a la adopción de medidas específicas destinadas a paliar las carencias de los alumnos

---

29 Posteriormente, se ha dictado la Orden EFP/928/2023, de 21 de julio, por la que se resuelve la renovación y acceso de los conciertos educativos para la enseñanza de educación primaria a partir del curso académico 2023/2024 en las ciudades de Ceuta y Melilla, en la que se concretan los centros con los que se han suscrito nuevos conciertos o la renovación de los existentes previamente. En concreto, se han renovado los conciertos con seis centros de educación primaria en Ceuta y con otros tres centros en la ciudad de Melilla. Es necesario mencionar que dicha Orden ha sido sustituida por la Orden EFP/991/2023, de 17 de agosto, por la que se corrigen errores en la Orden EFP/927/2023, de 18 de julio, mediante la cual se resolvieron los expedientes de modificación de los conciertos educativos de educación infantil de segundo ciclo, educación secundaria obligatoria y ciclos formativos de grado básico a partir del curso 2023/2024, de los centros docentes privados de las ciudades de Ceuta y Melilla.

30 A este respecto, se han de mencionar: el Convenio entre el Ministerio de Educación, Formación Profesional y Deportes y la Ciudad de Melilla, para el apoyo técnico en educación infantil en centros docentes sostenidos con Fondos Públicos en la Ciudad de Melilla, durante el curso escolar 2024/2025; el Convenio entre el Ministerio de Educación y Formación Profesional y la Ciudad de Melilla para la creación y funcionamiento de escuelas infantiles dependientes del gobierno de la Ciudad de Melilla 2023; o la Resolución de 5 de junio de 2024, de la Secretaría General Técnica, por la que se publica la Adenda al Convenio con la Ciudad de Ceuta, para la creación de una escuela infantil de primer ciclo, con cargo al Mecanismo de Recuperación, Transformación y Resiliencia.

en situación de desventaja social, que requieren una atención educativa diferente a la ordinaria a causa de una escolarización tardía o irregular, por desconocimiento del idioma español o por la concurrencia de cualquier otro factor personal o social que dificulte el desarrollo de sus capacidades personales[31].

Además, también es necesario hacer una mención específica a los convenios de colaboración suscritos entre las ciudades de Ceuta y Melilla con la Universidad de Granada y con la UNED, ya que a través de los mismos las citadas Ciudades Autónomas financian los respectivos campus universitarios y las distintas titulaciones oficiales de grado y máster, así como promueven el desarrollo de otro tipo de actividades docentes e investigadoras[32]. Todo ello, como complemento a la subvención de más de 8.5 millones de euros, concedida por el Ministerio de Universidades, destinada a atender la financiación de los centros y enseñanzas universitarias en estos territorios.

---

31 A modo de ejemplo, se pueden mencionar la Resolución de 5 de agosto de 2024, de la Secretaría General Técnica, por la que se publica el Convenio con la Ciudad de Ceuta, para el desarrollo de diversos programas de interés mutuo centrados en acciones de compensación educativa y de formación de personas jóvenes y adultas desfavorecidas; la Resolución de 5 de agosto de 2024, de la Secretaría General Técnica, por la que se publica el Convenio con la Ciudad de Melilla, para el desarrollo de diversos programas de interés mutuo centrados en acciones de compensación educativa y de formación de personas jóvenes y adultas desfavorecidas; el Convenio de colaboración entre la Ciudad Autónoma de Melilla y el Ministerio de Educación, Formación Profesional y Deportes, para el desarrollo de diversos programas de interés mutuo (2024-2025); o el Convenio entre el Ministerio de Educación, Formación Profesional y Deportes y la CAM, para el apoyo técnico al alumnado con dificultades graves de autonomía escolarizado en centros docentes sostenidos con Fondos Públicos, durante el curso 2024/2025, entre otros.

32 Sin ánimo de exhaustividad, la colaboración entre la Universidad de Granada y las ciudades autónomas se ha plasmado, entre otros, en: el Convenio de colaboración entre la Ciudad Autónoma de Melilla y la Universidad de Granada para el fomento de actividades universitarias en Melilla, año 2024; el Convenio de colaboración entre la Ciudad Autónoma de Melilla y la Universidad de Granada para el fomento de la investigación en el Campus Universitario de Melilla, ejercicio 2024; o el Convenio de colaboración entre la Ciudad Autónoma de Melilla y la Universidad de Granada para la implantación de Grados y Másteres en el año 2024.

## IX.18.5. JURISPRUDENCIA

STC núm. 240/2006, de 20 de julio de 2006 (ponente Guillermo Jiménez Sánchez). (Conflicto en defensa de la autonomía local 4546/2000)

## IX.18.6. BIBLIOGRAFÍA

ALEMÁN BRACHO, Carmen y GARCÍA SERRANO, Mercedes, *Los servicios sociales especializados en España,* Madrid, 2009.

ALMEIDA CERREDA, Marcos, "El incierto futuro de los servicios sociales municipales", *Anuario de Derecho Municipal* (7), 2013, pp. 93-144.

ALMEIDA CERREDA, Marcos, "Las competencias de los municipios en materia de servicios sociales", en MUÑOZ MACHADO, Santiago (coord.), *Tratado de Derecho Municipal* vol. 3, Madrid, 2011, pp. 2701-2734

ALONSO SECO, José María y GONZALO GONZÁLEZ, Bernardo, *La Asistencia Social y los Servicios Sociales en España,* 2ª ed., Madrid, 2000.

ARROYO JIMÉNEZ, Luis y DOMÍNGUEZ MARTÍN, Mónica, "Municipios y Comunidades Autónomas en la gestión del sistema de autonomía y atención a la dependencia", en RODRÍGUEZ DE SANTIAGO, José María y DÍEZ SASTRE, Silvia (coords.), *La administración de la Ley de Dependencia,* Madrid, 2012, pp. 59-100.

BERNAL BLAY, Miguel Ángel, "La incidencia de la contratación pública en la gestión de los servicios sociales", *Revista Aragonesa de Administración Pública* (29), 2006, pp. 205-236.

BUSTILLO BOLADO, Roberto, *Los convenios urbanísticos entre las administraciones locales y los particulares,* Navarra, 1996.

CIUDAD AUTÓNOMA DE CEUTA, "Entidades subvencionadas por la Ciudad Autónoma de Ceuta", https://www.ceuta.es/ceuta/entidades-subvencionadas (última visita, 15 de octubre de 2024).

CIUDAD AUTÓNOMA DE MELILLA, "Carta de Servicios Sociales", https://www.melilla.es/melillaportal/RecursosWeb/DOCUMENTOS/1/12_6415_1.pdf (última visita, 15 de octubre de 2024)

CUETO PÉREZ, Miriam, "La continuidad del concierto sanitario tras la Ley 9/2017, de 8 de noviembre, de Contratos del Sector Público", en JIMÉNEZ DE CISNEROS CID, Francisco Javier (dir.) *Libro Homenaje al Profesor Ángel Menéndez Rexach,* Madrid, 2018, pp. 885-912.

DÍAZ LEMA, José Manuel, *Los conciertos educativos en el contexto de nuestro derecho nacional, y en el derecho comparado,* Marcial Pons, Madrid, 1992.

DOMÍNGUEZ MARTÍN, Mónica, "Formas de gestión indirecta de los servicios sanitarios y 'privatización' de la sanidad pública: (especial referencia al plan de medidas de la Comunidad de Madrid)", *Revista jurídica Universidad Autónoma de Madrid* (27), 2013, pp. 111-142.

FERNÁNDEZ ORRICO, Francisco Javier, "El sistema integral de promoción de la autonomía personal y atención a las personas en situación de dependencia: Conceptos generales", en SEMPERE NAVARRO, Antonio Vicente y CHARRO BAENA, Pilar (coords.), *Comentario sistemático a la Ley de Dependencia: Ley 39/2006, de 14 de diciembre, de promoción de la autonomía personal y atención a las personas en situación de dependencia y normas autonómicas,* Navarra, 2008, pp. 217-247.

GARRIDO JUNCAL, Andrea, *Los servicios sociales en el s. XXI: nuevas tipologías y nuevas formas de prestación,* Madrid, 2020.

GUARDIA HERNÁNDEZ, Juan José, "El concierto educativo no es una subvención. ¿Una controversia ya superada?", en GAMERO CASADO, Eduardo y ALARCÓN SOTOMAYOR, Lucía (coords.), *20 años de la Ley General de Subvenciones,* Madrid, 2023, pp. 93-102.

HUERGO LORA, Alejandro, *Los convenios urbanísticos,* Madrid, 1998.

LASAGABASTER HERRARTE, Iñaki, "La ley de promoción de la autonomía personal y atención a las personas en situación de dependencia: una reflexión desde la perspectiva competencial", *Revista d'estudis autonòmics i federals* (4), 2007, pp. 129-158.

MENÉNDEZ REXACH, Ángel, "La gestión indirecta de la asistencia sanitaria pública. Reflexiones en torno al debate sobre la privatización de la sanidad", *Revista de Administración Sanitaria* 6 (2), pp. 269-296.

PEMÁN GAVÍN, Juan, "Sobre el concepto constitucional de Asistencia Social: Estado y Comunidades Autónomas ante las actuaciones públicas de carácter asistencial", *Revista de Administración Pública* (161), 2003, pp. 239-283.

RODRÍGUEZ DE SANTIAGO, José María, Los convenios entre administraciones públicas, Madrid, 1997.

ROMEA SEBASTIÁN, Ángel, *Régimen jurídico de los centros concertados,* Cizur Menor, 2003.

SANTIAGO IGLESIAS, Diana, "Cooperación horizontal: los convenios interadministrativos", en GALLEGO CÓRCOLES, Isabel y GAMERO CASADO, Eduardo (dirs.), *Tratado de Contratos del Sector Público* vol. 1, Valencia 2018, pp. 618-664

GONZÁLEZ-ANTÓN ÁLVAREZ, Carlos, Los convenios interadministrativos de los entes locales, Madrid, 2002.

SOSA WAGNER, Francisco, "La gestión de servicios públicos mediante una sociedad de capital íntegramente público y mediante una sociedad mixta", *Cuadernos de derecho local* (7), 2005, pp. 79-95.

SOSA WAGNER, Francisco, "La gestión propia y el organismo autónomo como formas de prestación de los servicios públicos locales", en UNIVERSIDAD COMPLUTENSE DE MADRID (ed.), *Actualidad y perspectivas del derecho público a fines del siglo XX: homenaje al profesor Garrido Falla* vol. 2, Madrid, 1992, pp. 835-843.

VAQUER CABALLERÍA, Marcos, *La acción social: (un estudio sobre la actualidad del estado social de derecho)*, Valencia, 2002.

VAQUER CABALLERÍA, Marcos "Los servicios atinentes a la persona en el Estado social", *Cuadernos de Derecho Público* (11), 2000, pp. 31-72

VELASCO CABALLERO, Francisco, "Convenios administrativos en el sistema de promoción de la autonomía personal y atención a la dependencia", en RODRÍGUEZ DE SANTIAGO, José María y DÍEZ SASTRE, Silvia (coords.), *La administración de la Ley de Dependencia,* Madrid, 2012, pp. 101-142.